음악은 어떻게 치료적인가

감정, 인지, 신경과학적 기반에서 음악치료 이해를 위한 입문

| 강경선 저 |

학지사

들어가며

1995년 음악치료학이라는 당시 국내에서는 생소한 학문을 배우기 위해 미국 뉴욕대학교 석사과정에 입학하였다. 석사과정 첫 학기에 브롱스 정신병원 남자 병동의 환자 10여 명이 참석한 음악치료 세션을 견학한 적이 있었다. 음악치료사 선생님이 이들에게 나를 소개하자 모두 반갑게 인사하며 나에게 한국의 노래를 불러 달라고 요청했다. 지금이야 전 세계가 K-pop을 알지만 당시에는 남한과 북한도 구별하지 못하는 사람들이 많을 정도로 한국과 한국 음악에 대해 아는 미국인들이 별로 없었다. 이들의 음악활동을 견학한 후 나는 기타 반주로 〈그대 먼 곳에〉라는 노래를 한국어로 불렀다. 난 아직도 그때의 느낌을 잊을 수 없다. 내가 노래를 부르는 동안 그들은 정말 집중하여 나의 노래를 경청하고 있었고 가사는 알아들을 수 없지만 음악에 감동한 것 같았다. 노래를 마치자 모두 박수를 치며 정말 아름다운 노래였다고 말하면서 노래에 대해 설명해 달라고 했다. 나는 노래 가사의 내용을 영어로 설명해 주었다. 설명을 들은 어떤 환자는 이 노래가 아픈 사랑 노래를 부르는 것 같은 느낌이 들었는데 그 느낌이 맞았다고 말했다. 또 어떤 환자는 왜 이런 노래가 빌보드 차트 1위를 하지 않았는지 모르겠다고 하였다. 먼 나라 한국에서 온 작은 동양 여자가 부르는 한국의 가요가 짧은 순간이나마 이들에게 행복한 경험을 준 것이다. 사실 그들의 반응은 나에게 정말 뜻밖이었다. 난 그저 내가 기타 반주로 부를 수 있는 편한 노래이기에 이 곡을 선택했을 뿐 특별한 의도를 갖고 부른 것은 아니었기 때문이다. 이러한 현상은 음악치료에서도 종종 나타난다. 특별한 기대 없이 준비한 음악이 내담자에게 큰 반향을 불러일으키기도 하고, 반대로 치료적 목적을 갖고 사용한 음악이 내담자의 반응을 전혀 유도하지 못하기도 한다.

이 책은 음악치료에서 음악으로 어떻게 표현하고 소통하며 공감하는지, 그리고 그러한 현상이 어떻게 치료 효과를 낼 수 있는지에 대한 내용을 담고 있다. 이 책의 전체 내용을 간단하게 기술하자면 음악치료에 관해 제기될 수 있는 '왜(why)'와 '어떻게(how)'에 대한 답변이다.

제1장은 음악치료의 역사와 정의를 다루고 있다. 다만, 음악치료의 역사를 기술하기 위해 인류 역사상 음악이 치료적으로 활용된 경우를 연대기적 순이 아닌 세 가지 관점별 차원, 즉 종교적, 윤리적, 학문적 차원에서 접근하였다. 치료 음악의 역사를 물리적 시간을 기준으로 원시시대의 미신적 접근, 문명사회의 윤리적 접근, 현대사회의 과학적 접근이라는 시대적 변천으로 보는 경우도 있으나 이 세 가지 차원의 치료적 활용은 역사적으로 항상 공존했으며 21세기 현재에도 여전히 공존하고 있어 단순한 연대기적 기술은 의미가 없기 때문이다. 음악치료를 정의하기 위해서 음악치료와 연관된 음악교육, 심리치료 그리고 단순한 음악 처방과의 비교를 통해 음악치료의 학문적 정체성을 확립하려는 작업을 진행하였다. 그러나 음악치료에 대한 이해는 나라마다 조금씩 상이하며 음악치료의 정의는 여전히 정립 과정에 있다.

제2장은 음악치료의 토대가 되는 이론들을 소개하는 장이다. 먼저, 진화심리학적 관점에서 음악과 음악치료에 대한 내용이다. 음악의 기원 가설들 중 생존에 필수적인 적응적 기제인 구애론, 모자론, 사회유대론은 음악적 표현, 공감, 소통이라는 공통 기능에 초점을 맞추고 있다. 표현은 그 표현을 이해하고 같이 느낄 수 있는 공감을 필요로 하며 그 공감 능력이 바탕이 되어야 소통이 이루어진다. 소통을 위해서는 표현이 필요하고 표현은 일방적인 것이 아닌 상호적 의미를 교류할 수 있는 공감이 필요하다. 이러한 음악의 기능을 통해 짐작할 수 있듯이 인간의 음악활동 자체가 치료적 의미를 내포하고 있다.

다음은 뇌신경과학적 관점에서 음악과 음악치료를 이해하기 위한 내용이다. 물리적 세계의 소리와 음악이 우리 몸의 감각기관을 거쳐 최종적으로 뇌에 도착하여 지각, 인지하는 과정, 그리고 이후 두뇌에 도착한 음악적 정보가 뇌의 어느 영역에서 어떻게 처리되는지에 관한 음악 모듈성(music modularity)을 이해하기 위한 것이다. 또한 음악뇌전증, 음악환청, 실음악증, 음악공감각과 같은 음악 관련 신경학적 장애에 대하여 다루고 있다. 이러한 음악신경과학적 이론을 다루는 이유는 음악치료라는 응용학문에 학문적 기초를 담보하기 위함이다.

마지막은 음악치료에서 가장 핵심이 되는 감정에 관한 심리학적 및 진화심리학적 내용이다. 사고와 행동 사이에 존재하는 감정의 기능에 대한 다각적 측면의 이해와 음악에 대한 정서적 반응 경로인 BRECVEMA 모델, 음악적 감정의 측정방법을 다루고 있다. 음악적 감정 반응인 BRECVEM 모델의 소개와 함께 각각의 정서반응을 음악치료적 관점에서 어떻게 활용할 수 있는지 설명하였다.

제3장은 이 책에서 가장 많은 부분을 차지하는 음악과 인간발달에 대한 것이다. '태교음악에서 장송곡까지' 음악을 통해 이해하는 인간의 생애와 그에 따른 음악과 음악치료에 관한 내용이다. 이 중 태교음악과 태교음악치료, 신생아 집중치료실에서의 음악치료는 아직 국내에서는 생소한 분야여서 이번 기회를 통해 소개할 수 있게 되어 의미가 깊다. 아동을 위한 음악치료에서는 지능, 아동발달 그리고 음악발달 이론과 자폐스펙트럼 장애아동과 건강장애아동으로 분류되는 병원입원 아동을 위한 음악치료 이론과 실제에 대하여 다루고 있다. 청소년을 위한 음악치료에서는 청소년기 음악과 정체성, 문제행동과 음악의 연관성에 대한 이슈와 함께 랩음악치료라는 치료 방법을 소개하였다. 성인을 위한 음악치료에서는 성격에 따른 음악 선호도와 사용 방법, 그리고 독이 되는 음악과 약이 되는 음악에 대하여 분석하고 이를 기반으로 정신건강을 위한 음악의 사용에 대해 설명하였다. 노인을 위한 음악치료에서는 음악을 통한 회상과 몰입의 치료적 기능과 효과에 초점을 맞추어 음악치료 이론과 실제를 제시하였다.

제4장은 음악치료 실제에 해당하는 부분으로 진단평가와 방법을 소개하고 있다. 음악치료 진단평가의 치료적 가치와 의미, 진단평가 방법, 진단평가 과정 및 진단평가지 제작까지 음악치료 진단평가를 다각적인 측면에서 기술하였다. 또한 방법론에서는 연주하기(playing), 노래하기(singing), 감상하기(listening)의 음악활동을 어떻게 치료적으로 적용할 수 있는지에 대한 이론과 방법을 제시하였다.

제5장은 심리학적 이론에 기반한 음악치료를 소개하는 장이다. 음악심리치료는 심리학 이론을 기반으로 하지만 방법에서는 치료사의 개인적인 선택이 다양하게 반영된다. 예를 들어, 분석적 음악치료 이론은 정신분석에 기반하고 방법은 주로 즉흥연주가 사용된다. 그러나 정신분석을 위한 음악치료 방법은 즉흥연주에만 제한되지 않고 음악심상, 치료적 노래만들기 등 다양한 음악 중재가 사용될 수 있다. 무의식이라는 정신세계를 탐색하고 의식화시키는 작업에 치료사의 직관과 내담자의 역량에 따라 중재 방법이 선택될 수 있는 것이다. 행동주의, 정신분석, 인지행동, 긍정심리 이론 등은 음악심리치료에서 가장 보편적으로 활용되고 있는 이론들이다. 치료사는 이 심리학적 이론들을 기반으로 내담자의 변화를 위해 음악치료 환경에서 음악적 방법론을 통해 치료 프로그램을 구성한다.

제6장은 대표적인 음악치료 모델의 이론과 방법에 관한 내용이다. 창조적 음악치료, 분석적 음악치료, 성악심리치료, 심상음악치료, 신경학적 음악치료 모델들의 이론적 배경과 음악치료 방법 및 기법을 기술하였다. 각각의 모델은 음악의 치료적인 사용 방법 및 이론의 다

양성에 대한 이해를 돕는다.

이 책이 완성되는 과정에서 도움을 주신 많은 분에게 감사드린다. 먼저 길고 긴 시간 부족한 딸을 지켜봐 주신 존경하는 부모님께 깊이 감사드린다. 소중한 친구 강은진에게 감사를 전한다. 음악치료 비전공자의 시각에서, 책의 난이도와 전달력을 점검할 수 있는 매우 의미 깊은 피드백을 보내 주었다. 성신여자대학교 박사과정생 노인규, 이신원, 조형원, 임예신 선생님들과 음악신경과학자 박정미 박사님, 신경학적 음악치료 전문가 김태연 선생님께 감사드린다. 전문가인 이분들의 날카로운 조언의 담금질로 책의 내용이 제법 단단하게 벼려질 수 있었다. 마지막으로, 오랜 시간 함께 고되지만 기쁜 과정을 나누며 한 줄 한 줄 정성을 다해 교정 작업을 도와준, 나의 남편에게 깊은 감사의 마음을 전한다.

차례

제3장 음악과 인간발달 • 113

제 1 장

음악의 치료적 사용과 음악치료의 정의

1. 음악의 치료적 활용, 그 기원과 역사

2. 음악치료의 정의

내용 미리보기

1. 음악의 치료적 활용은 종교적 차원, 윤리적 차원 그리고 학문적 차원에서 진행된다.

2. 주술의식에서 반복적인 리듬과 멜로디, 빠른 템포, 큰 소리와 같은 물리적 요인과 음악을 통해 표현되는 문화적 신념, 그리고 생명에 대한 경외감에서 비롯된 악기에 대한 주술적 태도 등이 결합하여 사람들의 의식의 변성을 유도하는 것이다. 이 과정에서 음악은 신경생리학적 관점에서 볼 때 인간을 전적으로 우뇌 의존적인 알파파 상태로 유도하여 정신적 수용성을 높이는 촉매이며, 심리학적 시각에서 볼 때는 의식의 방어기제와 저항을 넘어 진정한 자기표현 행위를 돕는 도구이다.

3. 좋은 음악과 나쁜 음악으로 구분하여 좋은 음악은 권장하고 나쁜 음악은 규제하는 방식은 윤리적 차원에서 음악을 판단하는 것이다. 고대 그리스부터 중세를 거쳐 현대사회에 이르기까지 동서양을 막론하고 좋은 음악과 나쁜 음악의 구분은 존재하고 있다.

4. 최면치료의 아버지로 불리는 메스머는 프랑스 대혁명 전 치료 세션의 드라마틱한 효과를 위해 음악을 사용하였다. 그러나 그의 치료는 비과학적이고 비윤리적이라는 이유로 퇴출되었다. 이후 19세기에서 20세기 초반까지 정신치료에서 최면은 일반적이었고 음악은 최면과 치료의 효과를 높이기 위한 촉매제로 사용되었다.

5. 19세기 정신의학의 발전과 함께 음악으로 정신병을 치료하는 의학자, 음악가들의 활발한 활동이 20세기로 이어졌으며 제2차 세계 대전 이후 미국을 중심으로 음악치료가 대학에 학위과정으로 개설되면서 '음악치료사'라는 직업군이 등장하게 되었다.

6. '음악치료'는 음악의 치료적 사용과 효과에 관련된 현상과 경험이며 '음악치료학'은 음악적 경험에 대한 치료적 현상을 연구하고 임상에 적용하는 근거기반(evidence-based)의 독립적 학문영역이다.

7. 음악교육은 음악적 능력 발달에 목적을 두고, 음악치료는 음악 외적 영역의 발달, 변화, 개선을 목적으로 한다. 그런데 음악 능력 발달을 위한 음악교육이 음악 외적인 영역인 인지, 언어, 신체 발달로 나타나기도 하고 음악 외적 영역의 변화를 위한 음악치료가 음악적 능력의 발달이라는 부가적인 효과로 이어지기도 한다.

8. 내담자를 위한 치료적 음악을 선곡하는 것은 과학에서 추구하는 객관성, 보편성, 재현성을 충족시키기 어렵다. 내담자를 위한 좋은 음악을 선택하는 방식은 ① 음악적 요소, ② 문화적 요소, ③ 상황적 요소, ④ 목적 등을 고려하여 내담자에게 맞추어 제공해야 한다.

9. 음악심리치료와 심리치료는 내담자의 정신건강을 위해 다양한 심리학적 이론을 바탕으로 중재한다는 점에서는 같다. 전통적인 심리치료에서 대화, 말이라는 수단으로 심리치료를 진행한다면 음악심리치료는 음악감상, 음악 만들기, 악기 연주, 노래와 같은 음악활동이 치료를 위한 수단으로 추가된다. 그리고 음악심리치료에서 음악과 말의 비중에 따라 ① 치료로서의 음악(music as therapy), ② 음악 중심의 심리치료(music-centered psychotherapy), ③ 심리치료에서 음악(music in psychotherapy), ④ 음악을 사용하는 언어적 심리치료(verbal psychotherapy with music)로 구분된다.

10. 음악치료 정의의 핵심사항을 요약하면 다음과 같다. ① 음악치료는 자격을 갖춘 훈련된 음악치료사에 의해 시행된다. ② 음악치료는 내담자의 건강한 변화를 목적으로 시행된다. ③ 음악치료 중재는 심리, 사회, 재활, 의료, 교육 등 타 학문과의 융합적 이론을 기반으로 체계적이고 과학적인 근거에 기반하여 시행된다. ④ 음악치료에서 음악은 개인과 개인 또는 개인과 그 개인이 속한 집단과의 관계적 경험이다.

1. 음악의 치료적 활용, 그 기원과 역사

인류의 역사상 음악이 치료적으로 활용된 경우는 크게 세 가지 차원으로 분류하여 볼 수 있다. 그 첫 번째는 샤머니즘 등 종교적 차원에서 음악이 사용된 경우이고, 두 번째는 시대와 문화적 가치 판단에 따라 윤리적 차원에서 음악이 사용된 경우이며, 세 번째는 음악치료학의 등장과 더불어 인간의 몸과 마음의 치료를 위해 음악이 학문적 차원에서 사용된 경우이다. 이처럼 세 가지 차원에서 진행되어 온 치료 음악의 역사를 물리적 시간을 기준으로 원시시대의 미신적 접근, 문명사회의 윤리적 접근, 현대사회의 과학적 접근이라는 시대적 변천으로 보는 경우도 있으나 사실 이러한 연대기적 구분에는 이론(異論)의 여지가 있다. 이 세 가지 차원의 치료적 활용은 역사적으로 항상 공존했으며 21세기 현재에도 여전히 공존하고 있기 때문이다.

우선, 샤머니즘을 비롯한 종교에서 음악의 치료적 사용은 지금도 많은 문화에서 진행되고 있으며 초과학(para-science)의 영역으로 연구되기도 한다.

다음으로, 고대 그리스에서 시작되어 중세로 이어지는 '좋은 음악'과 '나쁜 음악'에 대한 윤리적 차원의 음악 분류 역시 현대사회에서도 흔히 볼 수 있다. '스트레스 완화를 위한 음악', '태교음악', '유아 두뇌 발달을 위한 음악' 등등 다양한 목적의 '좋은 음악'이 그 예이다. 과거와 다른 점이라면 좋은 음악을 정의하는 주체가 달라졌을 뿐이다. 과거에는 이데올로기적 목적으로 지배층에 의해 제시된 좋은 음악이 존재했다면 현재는 상업적 목적으로 이익집단에 의해 제시된 '좋은 음악'이 제공되고 있다.

마지막으로 대부분의 음악치료 저서에서 기술되고 있는 현대 학문적 혹은 과학적 음악치료 역시 이미 고대 그리스 시대로 그 시원을 찾아 올라가야 한다.

이처럼 음악의 치료적 활용은 시대별 혹은 연대기적 사건으로 분류될 수 있는 것이 아니라 현대에도 다양한 유형으로 여전히 공존하고 있는 상태이다. 이는 우리가 음악치료의 역사를 논하기 위해서 연대기적 기술방법을 선택하지 않고 종교적, 윤리적, 학문적 차원의 세 가지 분류를 통해 접근하려 하는 이유이다.

1) 종교적 차원에서 음악의 치료적 활용

종교상 제의에서 음악이 치료 도구로 사용된 최초의 흔적은 남아프리카 짐바브웨 지역의

한 벽화에서 찾을 수 있다. 약 2만 6천 년 전 것으로 추정되는 이 벽화는 병자를 치료하는 의식에서 노래하고 춤추는 주술사와 환자, 연주자를 묘사하고 있다.[1] 치료를 위한 의식에서 주술사는 음악과 춤이라는 격렬한 신체적 행위를 통해 영적 만남을 추구하는 것으로 보인다. 주술의식에서 음악[2]을 사용하는 것은 어느 문화에서나 볼 수 있는 보편적 현상이다. 음악은 군중을 최면 상태에서 영적 존재와 소통하게 하는 초월적 경험의 세계로 유도하는 작용을 하기 때문이다.

(1) 트랜스 상태로의 유도를 위한 음악의 물리적 요소들의 역할

주술의식에서 음악과 춤은 신과의 소통을 위하여 반드시 필요한 활동이었다. 한국의 '굿'을 보더라도 무당은 접신을 하기 전 빠르고 반복적인 장단의 음악에 맞추어 몸을 움직인다. 이때 주로 사용되는 악기는 장구, 북, 꽹과리 등과 같은 타악기로, 반복적인 장단의 소리는 의식의 변성 상태에서 또 다른 영과 접촉, 즉 빙의 또는 접신의 상태로 이끌어 가는 주도적인 역할을 한다. 윙켈맨의 샤먼에 관한 횡단문화 연구에 따르면 트랜스 상태에서 영적 여행을 하는 과정의 주된 특징은 노래 및 춤과 더불어 타악기인 드럼의 사용이다.[3] 타악기를 활용한 트랜스 상태로의 유도는 우리나라뿐 아닌 세계 각 지역 샤머니즘에서 보편적으로 진행되어 온 것이다.

트랜스 상태로의 유도는 몰입을 향한 고도의 집중을 필요로 한다. 음악은 사람들을 강렬한 각성 상태로 유도하면서 주술사와 환자가 주변의 환경에 의해 의식이 분산되는 것을 막고 치료의식에 집중하고 몰입하게 돕는다. 주술 음악의 공통적인 특징들인 중독성 있는 반복적인 리듬과 멜로디, 빠른 템포, 큰 볼륨, 주문(呪文) 등은 몰입을 지나 몰아지경의 트랜스 상태로 이끌며 듣는 이의 의식의 변성을 유도한다. [그림 1-1]에서 피셔(Roland Fischer)는 의식의

1) Joseph Moreno, "The Music Therapist: Creative Arts Therapy and Contemporary Shaman," in *Music Physician for Times to Come*, ed. D. Campbell(Wheaton, IL: Quest Book, 1992), 169.

2) 여기서 music은 오늘날 우리가 생각하는 음악만 하는 음악, 감상하는 음악과는 다른 의미이다. 원래 music은 music + dance를 의미하는 단어이다.

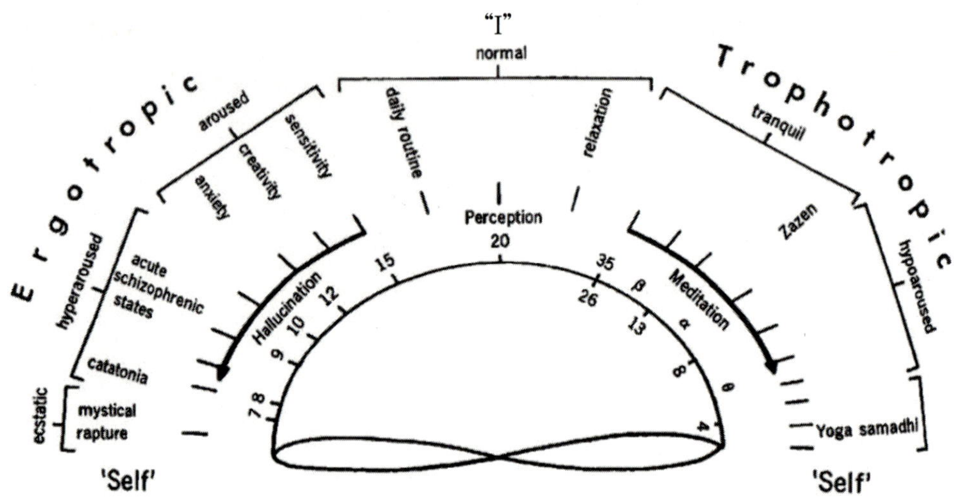

[그림 1-1] 피셔의 의식의 스펙트럼[4]

스펙트럼을 통해 주술음악과 같은 고각성 음악이 의식의 변성 상태로 가는 과정을 신경생리학적으로 설명하고 있다. [그림 1-1] 상 중심의 '정상(normal)', '나(I)'는 일상의 환경을 정상적으로 지각하는 상태이다. 오른쪽으로 갈수록 부교감신경의 작용으로 이완, 진정되는 낮은 각성상태(hypoarousal)이며 왼쪽으로 갈수록 흥분이 고조되는 고각성(hyperarousal)의 상태이다. 중심의 지각(perception)은 각성이 높아질수록 그림 좌측 상태(민감한, 창조적인, 불안한, 환각의, 신비적 체험의 상태)이며 각성이 낮아질수록 그림 우측의 상태[평온, 명상, 삼매(三昧)의 고도의 집중된 명상상태]이다. 양극단에 이르는 과정에서 신체적 · 정신적 경험은 다르지만 극단의 뇌파의 양상은 모두 알파파 파장으로 나타난다. 즉, 고각성이든 저각성이든 의식의 변성상태에서 경험하는 절대 평온은 유사한 상태라고 볼 수 있는 것이다.

(2) 트랜스 상태로의 유도를 위한 문화적 믿음의 역할

프랑스의 인류학자 루제(G. Rouget)는 주술의식에서 음악과 트랜스와의 관계 연구를 통해 인간을 트랜스 상태로 유도하는 특별한 음악적 법칙은 없다는 결론을 내린다.[5] 루제는 주술

3) Michael Winkelman, "Shamanism as the Original Neurology," *Zygone* 39(2004): 193-217.

4) Jörg Fachner, "Music and Altered States of Consciousness," in *Music and Altered States: Consciousness, Transcendence, Therapy and Addictions,* ed. David Aldrige and Jörg Facher(London: Jessica Kingsely Publishers 2006), 20.

5) Gilbert Rouget, *Music and Trance: A Theory of the Relations between Music and Possession*(Chicago: The University of Chicago Press 1985), 94-99 참조.

의식에서 트랜스 상태란 문화적 믿음(cultural belief) 안에 작용하는 내용 의존적 현상이기 때문에 이러한 문화적 믿음이 노래, 춤, 무용, 연극과 같은 예술행위를 통해 발현될 때 비로소 트랜스 상태가 나타난다고 주장한다. 그의 주장은 18세기 이후 근대 정신의학에서 환자를 트랜스, 즉 최면 상태로 유도하는 것은 음고, 음색, 음크기, 빠르기 등과 같은 음악의 물리적인 요소라는 기존의 인식을 바꾸는 계기가 되었다.[6] 다시 말해 주술의식에서 의식의 변성은 음악의 물리적 요인만이 아니라 그와 병행되는 주문이나, 종교적 방언 등으로 자극되는 심리적 요인이 같이 작용할 때 일어나게 된다는 것이다. 우리의 굿은 로제가 주장한 문화적 믿음과 음악, 무용 그리고 드라마적 요소가 만나 주술사(무당)의 의식의 변성을 유도하는 대표적인 경우이다. 죽은 자의 영혼을 달래 주는 의식은 기본적으로 우리 문화에서 죽은 자가 한을 풀지 못하면 저승에 가지 못하고 구천을 떠돌며 살아 있는 자들에게 해를 끼칠 수 있다는 믿음에 기반한다. 그리고 영혼의 한을 풀어 주는 의식은 노래, 무용, 연극과 같은 예술행위를 통해 구체적인 내용으로 표현되면서 집단과 개인에게 정서적 카타르시스를 경험하게 한다. 다시 말해, 주술의식에서 트랜스는 집단의 문화적 믿음이 음악적 자극을 통해 최고조의 각성을 유도하면서 나타나는 현상인 것이다.

(3) 트랜스 상태로의 유도를 위한 악기에 대한 주술적 태도

트랜스 상태로의 유도를 위한 음악에서 또 다른 한 축을 담당하는 것은 악기에 대한 원초적 태도이자 사고이다. 본래 악기는 동물의 죽음을 통해 만들어졌다. 우리 조상들은 소의 뿔을 혼(horn)으로, 동물의 뼈에 구멍을 내어 피리로 사용하였고, 가죽을 벗기어 북을 만들었으며, 힘줄로 연주용 활을 만들어 사용하였다.

동물의 희생을 통해 만들어진 악기는 사실 피의 산물, 즉 희생의 산물이었던 것이다. 현재 우리는 옛사람들처럼 동물을 직접 사냥하여 악기를 만들기보다는 누군가가 수고스럽게 만든 악기를 사용한다. 이 두 경우에 자신의 악기를 대하는 태도는 차이가 있을 것이다. 우리가 즐겨 먹는 닭의 경우를 그 비유로 들어 보자. 닭을 전문 음식점이나 매장에서 사 먹는 것과 살아 있는 닭을 직접 잡아서 먹는 것에는 분명 큰 차이가 있다. 살아 있는 닭을 직접 잡아 먹는 경우 우리는 그 생명을 의식하지 않을 수 없다. 그 때문에 닭 먹기를 거부하는 경우도 생길 수 있다. 심지어 어떤 사람은 닭을 죽일 때 닭의 소리, 피 흘리는 모습을 연상하며 괴로

6) James Kennaway, "Musical Hypnosis: Sound and Selfhood from Mesmerism to Brainwashing," *Social History of Medicine* 25(2) (2012): 271.

워할 수도 있을 것이다. 동물의 죽음을 통해 만들어진 악기를 다루는 옛사람들에게는 그렇게 자신이 죽인 생명에 대한 미안함, 경외감 등의 미신적 사고가 복합적으로 작용하였을 것이다.

원시 인류는 악기에서 나오는 소리가 죽은 동물의 소리라고 믿었다고 한다. 어쩌면 동물을 죽이고 악기를 만들기 위해 동물의 몸을 해체하는 과정을 직접 수행한 사람이라면 자신이 연주하는 악기 소리가 단순히 음악이 아니라 영혼의 소리라고 믿는 것이 부자연스러운 현상은 아니었을 것이다. 동물의 육신은 죽었지만 그 영혼은 소리가 되었다고 생각하기에 소의 뿔에서 나오는 소리는 소의 목소리이며, 곰의 뼈로 만든 피리의 소리는 곰의 영혼의 소리로 믿었다. 그래서 악기를 연주한다는 것은 영혼을 불러오는 것이며 영혼을 사로잡는 방법이기도 하였다. 때론 동물의 죽음으로 만들어진 악기에 피나 물, 기름과 같은 액체를 붓는 기름부음과 같은 의식을 통해 악기에서 영혼이 살아난다고 믿었다. 악기를 연주한다는 것은 되살아난 그들의 영혼의 이야기를 주술사를 통해 듣는 것이기도 했다.[7] 주술사는 음악을 통해 그들의 비밀스러운 이야기를 들을 수 있는 사람이었으며 음악으로 마술을 부려 영혼을 조정하고 설득하는 사람이기도 하였다. 모든 문화의 주술의식에서 음악, 주술사, 영혼과의 접촉이 보편적인 현상[8]이라는 것을 생각할 때 음악은 단순히 의식의 분위기를 위한 보조적인 방법이 아니라 치료 의식의 핵심이었던 영혼과 만남, 소통, 영적 여행을 위한 방법이었다.

7) Martin L. West, "Music Therapy in Antiquity," in *Music as Medicine,* ed. Peregrine Horder(Ashgate, 2000), 52.

8) Moreno, 같은 책, 167. 주술의식의 전통에서 음악과 치료는 셀 수 없이 많은 작은 부족들에서부터 오스트레일리아, 남아메리카, 북아메리카, 아프리카, 인도네시아, 알래스카, 아시아의 국가들에 이르기까지 전 세계에 나타나는 보편적인 현상이다.

그리스 신화에서 어린 헤르메스는 형인 아폴론의 소를 훔쳐서 달아나 형 아폴론을 매우 화나게 한다. 제우스의 중재로 일이 잘 해결되었고 헤르메스는 형 아폴론에게 거북이 껍질로 만든 리라를 선물하였다. 헤르메스는 거북이를 죽이면서 "너는 죽어서 아름다운 노래가 될 거야."라고 말하고 거북이 껍질로 리라를 만들었다고 한다.

수금(비파 또는 리라)

아폴론을 상징하는 악기로 알려진 리라는 헤르메스가 처음 발명한 것이라고 전해진다. 리라는 거북의 등껍질로 만들어졌고, 현을 감는 부분인 지주는 소의 뿔로 만들어졌다고 한다. 원래 서정시(lyric)라는 영어는, '리라의 반주에 맞춰 부르는 노래'라는 뜻이다.

(4) 주술의식에서 음악의 치료적 효과

앞에서 살펴본 것처럼 주술의식에서 인간은 음악을 사용함으로써 다양한 기제를 통해 의식의 변성을 유도해 왔다. 반복적인 리듬과 멜로디, 빠른 템포, 큰 소리와 같은 물리적 요인과 음악을 통해 표현되는 문화적 신념, 그리고 생명에 대한 경외감으로 비롯된 악기에 대한 주술적 태도 등이 결합하여 의식의 변성을 유도하는 것이다. 그렇다면 이제 트랜스 상태와 같은 의식의 변성이 일어날 때 우리 몸에서는 어떠한 변화가 일어나는지에 대한 현대 과학적 관점의 연구 결과들을 살펴보자.

트랜스 상태는 임상적으로 잠들기 직전과 같이 완전히 이완된 의몽매(疑夢寐)의 상태를 말한다. 의몽매의 상태란 몽매의 상태와 흡사하지만 동시에 어떠한 일에 몰입하고 있는 상태이다. 좀 더 일상적인 표현을 쓰자면 '○○에 정신이 빠져 있는' 상태이다. 우리가 음악에 빠져서 자신, 주변 환경, 그리고 자신이 하고 있는 활동에 대한 인식으로부터 분리되는 탈개인화(depersonalization), 탈지각화(deperception)와 같은 현상을 경험하는 동안 우리의 신체는 일상 의식과 다른 신호를 보낸다. 이 신호의 정체를 많은 연구에서는 '알파파'로 밝히고 있다.[9] 트랜스 상태 동안 우리의 두뇌는 알파파의 뇌파를 형성하는데 이 상태는 정신적으로 안정되고 쾌적하면서 개인의 역량을 최대한 발휘할 수 있는 상태이기도 하다. 또한 트랜스 상태에서는 분석적이고 비판적인 좌뇌보다는 우뇌가 활성화되는데[10] 이는 우리가 트랜스 상태에서 감상적이고 수용적인 경향을 나타내는 현상을 설명하는 근거가 되기도 한다.

두 번째 주술의식에서 음악은 그 자체가 심리치료적 요인으로 작용한다. 우선 주술의식에서 역동적인 음악적 경험은 감각과 정서를 고양시켜 최고조의 절정체험(peak experience)으로 이르게 한다. 절정체험은 감각적으로는 자신으로부터 벗어나 허공에 떠 있는 듯한 느낌을 가져다주며 심리적으로는 자기 충만감을 고양하고, 자기 자신과 타인 그리고 세계와의 소통을 가능하게 해 준다.[11] 즉, 주술의식에서 음악으로 유도된 감각적 흥분과 정서적 카타

---

9) 주술사들이 트랜스 상태에서 알파파라는 뇌파 상태를 보인다는 연구는 다음과 같다. J. Park et al., "Dynamics of Brain Electric Field During Recall of Salpuri Dance Performance," *Perceptual and Motor Skill* 95(2002): 955-962; T. Oohashi et al.,"Electroencephalographic Measurement of Possession Trance in the Field," *Clinical Neurophysiology* 113 (2002): 435-445; R. Kopiez et. al., "Tempo and Loudness Analysis of a Continuous 28 Hour Performance of Erik Satie's Composition Vexations," *Journal of New Music Research* 32(2003): 243-258. 이러한 연구들에서 나타나는 공통적인 현상은 주술사와 연주자 모두 음악 초반에 긴장 상태에서 나타나는 뇌파인 세타파가 흐르다가 의식의 변성 상태인 트랜스 상태로 들어갈 때 알파파의 뇌파로 바뀐다는 것이다.

10) Moreno, 같은 책, 175.

11) M. Susan Kossak, "Therapeutic Attunement: A Transpersonal View of Expressive Arts Therapy," *The Arts in Psychotherapy* 36 (2009): 13-18.

르시스의 절정체험은 심리적으로나 영적으로 가장 이상적인 자신의 기능을 발현하게 도와주어 치료를 촉진하는 중요한 촉매인 것이다.

또한 주술사의 치료는 트랜스 상태에서 노래와 춤을 통해 환자에게 소망하는 내용을 암시하는 행위이다. 이때 환자는 의식의 자기 통제력을 상실한 트랜스 상태에서, 주술사가 전달하는 병의 완쾌에 대한 암시를 무비판적으로 수용하게 된다. 이러한 과정은 음악을 매개로 한 '암시치료(suggestive therapy)'[12]로도 설명될 수 있다. 주술의식에서 음악은 트랜스를 유도하는 물리적 자극일 뿐 아니라, 심리적 측면에서는 공감과 억압으로부터의 해방, 그리고 병의 치유에 대한 암시를 순차적이거나 복합적으로 발생시키는 주요한 매개 역할을 수행한다. 주술의식에서 치료는 집단무의식의 반영이며, 그 집단무의식의 내용을 구체화하는 방법이 음악이나 춤과 같은 예술행위이다. 어쩌면 음악과 춤을 통해 일상 의식에서 변성된 의식으로 자유롭게 넘나드는 주술사는 과거 뛰어난 치료사이자 동시에 예술가였을 것이다.

현대 과학적, 심리학적 분석은 주술의식에서 음악이 사용된 이유와 음악의 치료적 기능에 대해 충분히 설명하고 있다. 주술의식에서 음악은 주술사와 환자 모두에게 음악을 통해 초월적 상태에서 잠재능력을 발휘하게 하는 촉매이다. 자기 통제력이 약해지는 트랜스 상태에서 환자는 음악을 통해 억압된 내용을 표현하고 주술사의 치료적 암시를 받아들임으로써 치료적 변화를 경험하는 것이다. 즉, 주술의식에서 음악은, 신경생리학적 관점에서 볼 때, 인간을 전적으로 우뇌 의존적인 알파파 상태로 유도하여 정신적 수용성을 높이는 촉매이며, 심리학적인 시각에서 볼 때는 의식의 방어기제와 저항을 넘어 진정한 자기표현 행위를 돕는 도구이다.

2) 윤리적 차원에서 음악의 치료적 활용

(1) 사회적 규제가 만든 좋은 음악 vs. 나쁜 음악

사람들은 누구나 좋아하는 음악과 싫어하는 음악이 있다. 그리고 특정 음악에 대한 호불호는 사람마다 다르다. 명작이라고 부르는 클래식 음악이라도 자신에게 불편하고 힘들게 느껴진다면 그 음악은 심리적으로나 생리적으로 부정적 영향을 주는 나쁜 음악이 될 수 있

---

12) 최면의 역사에서 가장 오래된 형태는 암시치료이다. 고대사회 최면에 대한 기록에 따르면 제사장, 수도사, 승려와 같은 종교지도자와 주술사, 민간 요법가들은 춤을 추고 노래를 부르면서 집단적 최면을 유도하여 암시 메시지를 통해 환자를 치료하였다고 한다. 설기문, 『최면과 최면치료』 (서울: 학지사, 2000), 138.

다. 반대로 누군가에게는 시끄럽고 정신없는 불편한 랩음악, 하드록 음악이 심리적 해방감을 준다면 그 음악은 그 사람에게 좋은 음악이 될 수 있는 것이다. 각자 취향과 심리적 상태에 따라 우리는 개인적으로 좋은 음악과 나쁜 음악을 구별한다. 그런데 좋은 음악과 나쁜 음악에 대한 정서적 반응에는 대부분의 경우 논리적 일관성이 결여되어 있다. 우리의 애국가를 생각해 보자. 애국가가 항상 좋은 음악으로 느껴지는가? 올림픽에서 금메달을 딴 우리 선수를 위해 울리는 애국가는 왠지 뭉클하고 벅찬 감동을 주는 음악이지만 지루하고 형식적인 행사에서 울리는 애국가는 짜증스럽게 느껴진다. 이처럼 맥락, 상황에 따라 음악에 대한 호불호가 갈리기도 한다.

음악에 대한 좋고 나쁨이라는 느낌은 윤리적 판단 이전의 감정 경험이다. 그런데 이 감정 반응은 이성적 판단을 흐리게 하기도 하여 사회적으로 부적절한 행동으로 이어지기도 한다. 그래서 각 시대와 문화마다 종교적, 정치적으로 추구하는 가치가 달랐고 그에 따라 음악을 통제하는 방식도 달라졌는데 그 통제를 위한 슬로건이 바로 음악을 윤리적 잣대로 평가하는 '좋은 음악', '나쁜 음악'이었다.

큰 단위의 집단인 국가가 형성되고 그 구성원이 지배층과 피지배층으로 나뉘면서 지배층이 추구하는 가치를 모든 사람에게 획일적으로 수용되도록 하기 위해 좋은 음악은 권장하고 나쁜 음악은 규제하는 방식의 음악 심의가 등장한다. 지배층의 논리대로 표현하자면, 좋은 음악의 권장을 통해 국민의 정서함양과 삶의 질을 높이기 위한 국가적 노력이 개입된 것이다. 여기서 우리가 주목할 것은 좋은 음악보다는 나쁜 음악으로 간주된 음악이다. 음악치료사의 입장에서 보면 나쁜 음악은 반치료적(counter-therapeutic) 음악이라고 볼 수도 있다. 그렇다면 좋고 나쁨의 평가 기준은 무엇이며 음악의 좋고 나쁨이 정말로 인간에게 영향을 미치는가?

음악이 자살을 부르는가?

1985년 12월 23일 온 세상이 크리스마스로 들떠 있을 때 미국 네바다주에서 18세 레이몬드와 20세 제임스라는 청년은 맥주를 마시고 대마초(cannabis)를 피우면서 전설적 록 그룹 주다스 프리스티의 음악을 듣고 있었다. 그들이 듣고 있던 음악은 주다스 프리스티의 앨범 'stained class'로 우리말로 번역하자면 '얼룩진 계층'이다. 그날 오후 실의에 빠진 두 젊은이는 권총으로 자살을 시도한다. 이 두 젊은이의 부모들은 이들의 자살 시도 후 이들이 들었던 음악의 밴드인 주다스 프리스티와 음반회사를 고소하였다. 부모는 자신의 아이들이 듣고 있던 음악 때문에 자살을 시도하게 되었다고 주장하였다. 주디스 프리스티의 앨범 중 'Beyond the realms of death(죽음의 영역을 넘어서)'의 가사 'he had enough/

he couldn't take anymore……. this is my life/I'll decide not you(그는 충분히 했어/그는 더 이상 감당할 수 없어. 이건 내 인생이야/내가 결정할 거야)' 등의 내용이 법정 다툼의 주요 논쟁이 되었다. 5년이 걸린 소송이었다. 법원은 이들 부모의 주장을 인정하지 않았다. 술, 대마초가 아닌 가수와 레코드 회사를 상대로 고소한 레이몬드와 제임스의 부모들의 모습은 음악이 청소년들에게 나쁜 행동을 유도할 수도 있다는 한 사회의 '나쁜 음악'에 대한 인식을 보여 주는 예이다.

Raymond Belknap James Vance

Associated Press

'Plaintiffs lost this case because they failed to prove that the defendants intentionally placed subliminal messages on the album and that those messages were a cause of the suicide and attempted suicide involved in this case.'

JUDGE JERRY WHITEHEAD

JOANNE HASKIN / United Press International

Judas Priest members—Glenn Tipton, left, K.K. Downing, Ian Hill and Rob Halford—during a break in the trial.

The Music Didn't Make Them Do It

■ **Verdict:** The rock band Judas Priest is absolved of planting subliminal messages on a record that families charged led to the deaths of two youths.

The ruling, which attorneys for the families say they will probably not appeal, leaves open the door on a broad new category of product-liability lawsuits, according to one of the attorneys in the case. Kenneth McKenna, who represented one of the mothers of the dead youths, said he already has several similar cases on tap in other states.

"I believe this is an excellent decision because it

출처: https://www.newspapers.com/article/the-los-angeles-times/17313723/

(2) 좋은 음악과 나쁜 음악에 대한 철학적 고찰과 역사적 검열

유럽에서는 고대 그리스, 중세, 근대 18세기까지 4체액설[13]을 기반으로 질병의 치료를 위해 음악을 처방해 왔다. 그러나 사실 우리가 정통의학으로 간주하는 고대 히포크라테스에서부터 현대까지 의료의 역사에서 음악의 치료적 힘은 형이상학적 추론에 근거한 내용으로 의학자들에게 별 관심을 받지 못했다.[14] 음악의 효과를 인정하지 않아서가 아니라 과학적 입증이 어려웠기 때문이다.

---

13) 네 가지 체액은 피, 점액, 황담즙, 흑담즙을 말한다. 어떤 체액이 주도적인가에 따라 다혈질, 점액질, 담즙질, 우울질로 개인의 성격을 분석하기도 한다. 과거 사람들은 각각의 체액이 조화로울 때 건강을 유지할 수 있지만 이 중 한 가지 체액이 지나치게 많거나 결핍되면 몸의 균형을 잃어서 정신과 신체의 건강에 문제가 생길 수 있다고 생각했다. 이러한 이론을 기반으로 음악을 몸의 조화를 위한 처방전으로 사용하기도 하였다.

14) Tony Wigram, Inge N. Pedersen & Lars O. Bonde, *A Compresensive Guide to Music Therapy: Theory, Clinical Practice, Research and Training*(London & Philadelphia: Jessical Kingley Publishers 2002), 17.

한편, 피타고라스, 플라톤, 아리스토텔레스, 공자에 이르기까지 동서양을 막론하고 많은 철학자는 훌륭한 인성을 위해 좋은 음악이 필요함을 강조하였다. 그렇다면 어떤 음악이 좋은 음악이었을까? 피타고라스가 생각한 좋은 음악은 오늘날도 유효할까?

사실 피타고라스는 수학자이면서 오늘날 서양 음계체계의 기초를 만든 위대한 음악 이론가였다. 피타고라스는 수를 통해 만물의 이치를 해석하고 그 본질을 규명하려 했다. 당연히 음악도 그랬다. 그는 천체에서 별들이 일정한 비율의 거리를 두고 질서정연하게 움직일 때 소리를 내는데 이 소리는 인간의 청력으로는 들을 수 없지만 물리적으로 존재하는 천체음악 'music of sphere'라고 믿었다.[15] 그리고 우주의 조화롭고 질서 있는 움직임을 반영하는 음악이 좋은 음악이고 이런 음악을 통해서만 인간의 영이 맑아질 수 있다고 주장하였다. 유신론자였던 피타고라스에게 우주는 신이 만든 가장 완벽한 세상이기에 이 천체를 미시적으로 반영한 음악이 완벽하게 좋은 음악이었던 것이다.

그렇다면 피타고라스의 영혼이 맑아지는 좋은 음악은 어떤 음악이었을까? 그 팁은 오늘

[그림 1-2] 피타고라스 음계

15) 오희숙, 『음악 속의 철학』(서울: 심설당, 2009), 61.

날 서양음계 체계의 기초를 다진 피타고라스 음계에 쉽게 찾아볼 수 있다. 현의 길이 전체를 1로 보았을 때 그 한가운데 1의 2분의 1 지점을 누를 경우 옥타브로 소리가 난다. 이 비율이 1:2이다. 다시 전체 현의 길이에 3분에 2에 해당하는 지점을 누르고 소리를 낼 경우 기준음이 도(C)인 경우 완전 5도 높은 솔(G) 음이 울린다. 2:3의 비율이다. 좀 더 분할해서 현의 4분의 3 지점을 누르고 소리를 낼 경우 완전 4도 높은 도(C) 음이 울린다. 이런 식으로 현의 길이를 계속 비율에 따라 분할할 경우 [그림 1−2]와 같은 음계가 나타난다.

피타고라스는 기준음을 가장 중요시 여겨 기준음과 수학적으로 조화롭게 가까이 있는 음들일수록 좋은 영을 만드는 음악의 요소로 생각했다고 한다. 피타고라스 음계를 통해 유추해 볼 때 피타고라스는 완벽한 협화음만을 사용하는 것을 좋은 음악으로 여긴 것이다.

피타고라스의 좋은 음악에 대한 수학적, 종교적 차원의 정의를 철학적, 정치적 차원으로 발전시킨 사람은 플라톤이었다. 플라톤은 이상 국가 건설의 실현은 교육을 통해서만 이루어질 수 있다고 믿었고 교육은 도덕성이 기반이 되어야만 한다고 주장했던 인물이다. 이러한 그의 기본 철학에서 알 수 있듯이 플라톤에게 음악은 미적 체험이기보다는 도덕성을 높이는 교육 수단이었다. 그래서 음악에 도덕적 가치를 부여한 윤리적 음악을 적극 권장했는데 당시의 기록에 따르면 부드러움, 나태, 한탄, 슬픔을 조장하는 음악은 이상국가 건설에 피해야 할 음악으로, 절제와 용기를 고무시키는 음악은 좋은 음악으로 규정하고 있다. 이것을 오늘날 음악으로 대비하여 분석해 보면 과거 우리나라에서도 많이 활용되었던 건전가요나 군가와 같은 음악은 좋은 음악이고 감성적인 사랑이나 사회에 저항하는 음악은 나쁜 음악이었던 것이다. 플라톤의 이러한 사상은 음악에 대한 정치적 개입을 정당화하는 근거가 된다.

파파게노 효과의 음악

모차르트의 오페라 〈마술피리〉의 등장인물 파파게노는 사랑하는 여인 파파게나를 잃고 상심한 나머지 자살을 하려고 한다. 이때 요정들이 나타나 노래를 들려주자 파파게노는 이 노래를 듣고 희망을 되찾고 파파게나를 다시 만나 행복한 삶을 되찾는다. 요정들이 들려준 노래의 도움으로 죽음의 유혹을 극복한 파파게노의 이야기에서 파생된 용어인 '파파게노 효과(Papageno effect)'는 이야기, 영화, 노래와 같은 문화예술적 요소들이 희망을 복돋아 줌으로써 자살 생각과 행동을 감소시키는 긍정적인 효과를 말한다.

'베르테르 효과(Werther effect)'가 자살과 관련된 미디어 보도가 자살 확산 위험을 높이는 현상을 의미하는 반면, 파파게노 효과는 미디어나 문화예술적 요소들이 부정적 행동을 차단하고 대신 희망과 회복력을 강화시키는 현상을 말한다. 이러한 파파게노 효과를 입증한 대표적인 노래 중 하나로 2017년 미국의 래퍼 DJ Logic의 '1-800-273-8255'를 들 수 있다. 미국 국립 자살 예방 생명의 전화(National Suicide Prevention Lifeline: NSPL)의 전화번호인 1-800-273-8255를 제목으로 한 이 노래는 절망과 고독 속에서 자살을 고민하던 한 사람이 도움을 요청하고 결국 삶의 이유를 찾게 된다는 내용의 가사를 담고 있다. 이 곡은 같은 해 빌보드 차트에 진입한 히트곡이었는데 흥미로운 것은 그해 자살 예방 생명의 전화에 걸려 온 전화가 약 30% 증가했다는 것이다. 연구에 따르면 2017년 자살 예방 전화 증가로 인해 약 250명 정도의 생명을 구할 수 있었다고 한다. DJ Logic의 노래는 자살 위기를 희망과 회복력의 이야기로 풀어내어 분명한 파파게노 효과를 일으킨 것이다.

Logic-1-800-273-8255

플라톤은 그의 저서 『법률』에서 '우리의 노래는 우리의 법'이라고 표현함으로써 국가가 대중의 음악을 반드시 규제하고 선별해야 한다는 음악규제를 강조하였다. 바로 오늘날 음반심의(music censorship)의 원조인 셈이다. 그는 건전가요나 신성한 음악을 제외한 노래와 무용음악을 반대하였으며 이것을 위반하는 것은 법을 위반하는 것과 같다고 주장하였다. 특히 새로운 음악의 소개에 있어서 매우 엄격하고 신중한 태도를 취하여 어떤 창작품이든 전문가의 평가 없이 비전문가인 대중 앞에 소개될 수 없다는 예술에 대한 심의를 시작한다. 이러한 플라톤의 예술에 대한 국가적 심의는 당시 주변의 이집트, 아테네, 크레타, 스파르타에까지 영향을 미치게 된다.[16] 흥미로운 것은 2,500여 년 전 플라톤의 음악규제가 구소련 공산주의 체제하에서 똑같이 반복되었다는 사실이다.

구소련에서는 러시아 젊은이들의 공산주의 사상을 약화시킬 것을 목적으로 하는 체제전복의 무기로까지 간주할 정도로 록 음악에 대한 반감이 강했다. 특히 비틀즈의 음악은 "적의

---

16) Lelouda Stamou, "Plato and Aristotle on Music and Music Education: Lesson from Ancient Greece," *International Journal of Music Education* 1(2002): 6.

이데올로기 선동, 영국의 침공(british invasion)"이라고까지 규정할 정도로 당시 젊은이들의 정신에 직접적인 위험요소로 간주하였다. 자본주의의 상징처럼 여겨지던 록 음악은 공산주의 체제를 거부하고 인민들의 저항을 자극하는 반 체제적 음악이었기 때문이다. 1986년 구소련은 공식적으로 구소련의 사회를 왜곡되게 묘사하는 어떤 음악도 금지하였다. 이러한 현상은 소련의 지배 체제하에 있던 근처의 공산국가인 동부 유럽의 국가들에서도 마찬가지였다. 정권에 부합하는 음악의 권장, 새로운 음악에 대한 철저한 심의, 유사한 정치체계를 추구하는 다른 나라에 미치는 영향까지 플라톤의 음악사상과 전통은 구소련에서 정확하게 다시 부활한 것이다.[17]

플라톤은 그의 저서 『국가』에서 이상 국가 건설을 위해서 시인들은 반드시 추방해야만 하는 사람들로 규정하는데 그 이유는 예술이 감정을 선동하여 무질서와 혼란을 불러일으킬 수 있다고 믿었기 때문이다.[18] 이성을 인간의 최고의 가치로 여겼던 플라톤에게 감정을 자극하는 예술, 좀 더 정확하게 말하자면 이성을 위협하는 감정의 예술은 금지해야 할 대상이며, 사회가 추구하는 가치를 강화하는 예술은 민중의 세뇌에 도움이 될 수 있는 프로파간다로서의 예술이었던 것이다.

플라톤은 나쁜 음악을 듣는 것은 곁에 나쁜 친구를 둔 것과 같으며 음악적 타락이 도덕적 타락으로 이어진다고[19] 역설할 정도로 음악이 인간의 정신에 미치는 영향에 대해 심각하게 생각하고 윤리적 음악, 즉 음악의 에토스(ethos)론을 주장한 인물이다.

이러한 사상은 종교에서도 마찬가지이다. 유대교, 기독교, 이슬람교의 음악에 관한 기록에서 공통적으로 나타난 주장은 음악은 감각적 쾌락을 가져오고 이러한 느낌은 방탕함과 사려 깊지 못한 행동을 야기한다는 것이었다. 그러나 음악은 종교적 목적으로 잘 사용될 경우 예배의식을 더욱 성스럽게 하고 신에 대한 경외감을 강화시켜 영적 기쁨의 원천이 되기도 한다. 이러한 이유로 예배의식과 관련된 종교적 내용을 담은 교회 음악은 좋은 음악으로, 그 이외의 음악에 대해서는 나쁜 음악으로 간주되었다. 초기 기독교에서는 교회 밖의 음악을 모두 금지시키려 하였는데 음악은 죄, 음란물, 이교도적인 모든 세속적인 것을 의미한다고 믿었기 때문이다.

역사적으로 정치와 종교에서 음악은 양날의 검과 같은 것이었다. 잘 사용하면 사람들을 응집하고 지배층이 원하는 신념을 주입하여 체제를 선전하고 유지하는 데 도움이 되는 것이

---

17) Peter Blecha, *Taboo Tunes: A History of Banned Bands & Censored Songs*(San Francisco: Backbeat Books, 2004), 4.
18) Paolo J. Knill, 『치료미학: 표현예술치료의 이론과 실제』, 이모영, 문소연 역(서울: 시그마프레스, 2011), 23.
19) Edward A. Lippman, *Musical Thought in Ancient Greece*(New York: Da Capo Press, 1964), 84.

었고 그 반대의 경우 기존 체제를 위협하는 것이었다. 그래서 더욱 좋은 음악과 나쁜 음악을 뚜렷하게 구분하여 좋은 음악을 권장하고 나쁜 음악은 금지하는 음악에 대한 이분법적 가치의 논리가 지배하였다.

종교에서 특정 음악 또는 음악 장르에 대하여 금지하는 행위는 현재에도 진행되고 있다. 다만, 법적 구속력이 없을 뿐 종교적 이념에 반하는 음악에 대하여는 여전히 반대의 목소리를 내고 있다. 과거 우리 사회에서도 다양한 이유로 많은 금지곡이 있었다. 그러나 과거 금지곡은 현재는 전혀 문제가 되지 않는 것들이 대부분이다. 추구하는 가치와 사회적 규범이 달라졌기 때문이다. 이제 우리 사회는 누군가가 좋은 음악을 억지로 권장하지 않는다. 우리 스스로 개인적인 목적으로 좋은 음악을 찾아 소비한다. 음반시장은 힐링이라는 타이틀 아래 스트레스에 좋은 음악, 태교에 좋은 음악, 아침에 좋은 음악, 불면증에 좋은 음악 등 다양한 종류의 좋은 음악을 상업적인 목적으로 내놓고 있고 우리는 그것을 선택하여 소비한다. 이제 좋은 음악은 음반회사, 다양한 웹 서비스에 의해 주도된다. 이 넓고 광활한 음반시장에서 무엇을 선택해야 할지 고민하는 것은 우리의 몫이다.

Imagine이 나쁜 음악?

음악치료사인 케이트는 유대인 노인 요양원의 파트타임 음악치료사로 고용되었다. 그리고 첫날 존 레논의 〈Imagine〉이란 노래로 음악치료 활동을 하다 바로 해고 통지를 받았다. 그 이유는 바로 우리가 알고 있고 이해하는 존 레논의 이매진과 유대인들의 해석은 전혀 다른 것이었기 때문이다. 가사 내용 중 'imagine there is no heaven'이란 구절은 신을 부정하는 것으로 유대인 할머니들에게는 매우 불경스러운 노래였던 것이다. 케이트는 그곳에서 단 한 번의 음악치료 세션으로 엄청난 비난과 항의를 받고 음악치료에 앞서 사람들마다 가지고 있는 금지곡에 대해 배우게 되었다.

존 레논의 〈Imagine〉

3) 학문적 차원에서 음악의 치료적 활용

(1) 히포크라테스에서 프로이트까지

서양사를 기준으로 마음의 병에 대한 이해와 그 대처 과정을 살펴보면 비교적 과학적이고 논리적인 체제를 갖추기 시작한 것은 고대 그리스 시대이다. 약 2,500년 전 히포크라테스는 정신병을 신경계의 이상으로 간주하고 과학적 관점에서 이해하려 했다. 과학이 아닌 인

문학적 관점에서 마음의 병을 치료하려던 사람도 있었다. 소크라테스와 같은 철학자들이었다. 이들은 의사가 육체의 병을 치료한다면 철학자는 영혼의 질병을 치료하는 '영혼(psyche)의 의사(iatros)'라고 공언하였다.[20] 당시는 심리학이란 학문이 나타나기 전으로 철학은 삶의 문제를 해결하는 데 새로운 깨달음과 내면의 통찰을 얻게 하는 치료적 학문이기도 했다. 고대 그리스 시대의 대표적인 의학자와 철학자의 마음의 병에 대한 이해와 치료가 과학적이면서도 인본적이라는 점에서 오늘날과 거의 다르지 않다는 점이 놀랍다.

그러나 이렇게 과학적이면서 인간 중심적인 마음의 병에 대한 접근은 중세시대로 오면서 모든 것을 신 중심으로 이해하고 해결하려는 종교적 형태로 바뀐다. 중세시대 우울증에 걸린 사람들은 신이 만들어 좋은 아름다운 이 세상을 감사할 줄 모르는 불경한 자로 간주되었다. 중세에는 멜랑콜리아라는 우울 증상을 '나태', '무관심'을 의미하는 '아세디아(acedia)'라고 지칭하면서 병을 가진 사람이라기보다 벌을 받아야 할 사람으로 보았다.[21]

약 천 년의 중세시대가 끝나고 근대로 넘어오면서 마음에 병에 대한 관점과 이해도는 점차 인간 중심으로 바뀌게 된다. 그중 가장 흥미로운 예가 바로 우울증, 멜랑콜리에 대한 사람들의 인식 변화이다. 르네상스를 거쳐 바로크 시대에 오면서 많은 예술가가 활발하게 활동하기 시작하는데 이때 천재적인 예술가들에게서 공통적으로 나타나는 성향이 있었다. 그것은 오늘날 우울증에 해당하는 바로 멜랑콜리였다. 곧 멜랑콜리를 천재성의 상징으로 보는 인식이 예술가들을 중심으로 나타나기 시작했다. 당시 사람들은 은연중에 우울이라는 에너지가 천재성을 발휘하게 하는 힘이라고 생각하였기에 바로크 시대 예술가들에게 '멜랑콜리하다'는 것은 칭찬으로 여겨지기도 하였다.[22] 시대의 변화와 함께 멜랑콜리는 신의 저주로 처벌받는 질병에서 예술적 창조성을 자극하는 에너지원으로 간주된 것이다.

신 중심에서 인간 중심으로의 변화는 마음의 병을 과학적으로 이해하고 치료하려는 근대과학으로 이어진다. 그러나 근대로 넘어온 이후에도 마음의 병, 정신병의 치료는 원시적인 수준에 머물러 있었다. 사실 더 끔찍한 일은 신본(神本)주의에서 벗어나 과학적 사관이 나타나면서 정신병을 외과적 수술과 같은 방법으로 치료하려는 시도들이 등장했다는 사실이다. 우리 몸 어딘가에 종양이 생겼을 때 수술로 제거하면 병이 낫는 것처럼 우리 마음의 병도 신체의 일부에 있다고 믿었던 의학자, 과학자들은 서슴없이 전기충격, 물고문 등 몸의 어딘가

20) For Socrates, cf. the opening scene of Plato's Charmides: for Democritus, see fragment 31(Diels and Kranz, 1952); Marke Ahonen, "Ancient philosophers on mental illness," *History of Psychiatry* 30(1) (2019): 3. 재인용.

21) Andrew Solomon, 『한낮의 우울』, 안승남 역(서울: 민음사, 2004), 30.

22) 김익진, 「프랑스 고전주의 시대의 멜랑콜리의 수용과 인식: 문학치료적 관점에서」, 『프랑스 어문교육』 31 (2009): 401.

에서 마음이 작용하는지를 찾기 위해 다양한 방법의 실험을 시도하였다. 정신병의 치료는 비인간적인 고문 수준의 치료였다. 그중 대표적인 예가 포르투갈의 의사 모니스(Egas Moniz, 1874~1955)의 전두엽 절제술이었다. 사실 말이 전두엽 절제술이지 실제 그 수술은 눈을 통해 긴 꼬챙이를 전두엽에 삽입해 마구 휘저어서 전두엽을 파괴하는 수술이었다. 이 수술을 받은 후 많은 환자는 겉으로 보이는 심각한 증상이 사라져 병이 나은 것처럼 보였다. 모니스 박사는 1949년 전두엽 절제술로 노벨의학상까지 받게 된다. 그러나 이 수술을 받은 사람들에게서 공통적으로 나타나는 문제점인 무력, 자신의 성격과 취향이 없이 영혼 없는 사람 같은 행동 등 정신병 증상과 함께 그 사람의 고유한 성격과 감정도 사라진다는 것이 발견된다. 전두엽의 기능이 사람의 감정과 행동을 제어하는 부분인데 이곳을 제거해 버림으로써 병리 증상이 사라짐과 동시에 사회적으로 전혀 기능하지 못하는 폐인으로 살 수밖에 없었던 것이다. 전두엽 절제술은 1970년대 이후 금지된다. 이 사건은 불과 반세기 전까지도 우리가 사람의 정신, 마음에 대하여 이렇게 무지하였다는 것을 단적으로 보여 주는 예이다.[23]

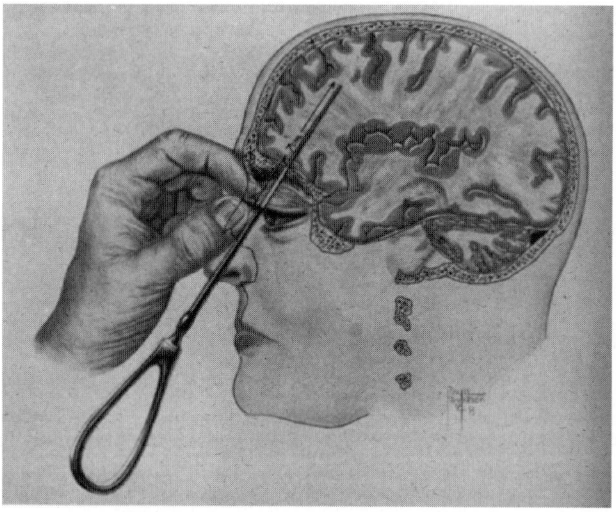

[그림 1-3] 모니스 전두엽 절제술 관련 사진

출처: https://www.bps.org.uk/psychologist/inside-lobotomies

인간을 컴퓨터와 같은 단순한 기계의 개념으로 생각하는 환원론적인 세계관을 가진 의사들은 정신의 문제를 뇌에서 찾으려 하였다. 의과학자들은 인간의 뇌를 행정지도처럼 영역

23) Ann J. Tierney, "Egas Moniz and the Origins of Psychosurgery: A Review Commemorating the 50th Anniversary of Moniz's Nobel Prize," *Journal of the History of the Neurosciences* 9(1) (2000): 22-36 참조.

별로 나누어 각각 담당하는 기능을 알아내려 하였다. 대표적으로 성공한 예가 프랑스의 의사 브로카(Paul Broca, 1824~1880)에 의해 발견된 브로카 영역이다. 브로카는 환자 중 지능과 정신상태에 문제가 없고 질문의 내용을 이해하는 것 같음에도 불구하고 어떤 질문이든 'tan'이라는 말만 하던 사람의 사후에 그의 뇌를 해부한 결과 좌뇌 전두엽 부분이 손상되었음을 발견하게 된다. 이후 이 부분이 '운동언어생산'을 관장하는 뇌의 영역으로 학계에 알려지고 그것을 발견한 사람의 이름을 따서 '브로카' 영역으로 명명된다.

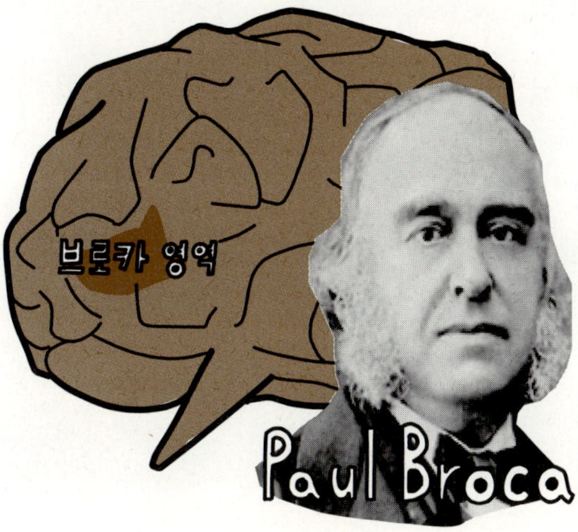

[그림 1-4] 브로카 영역

19세기 당시 의사들은 임상 증상을 관찰한 후 환자의 사후에 해부를 통해 문제가 뇌의 어디에서 기인했는지를 확인하는 방식으로 인간의 정신기능을 연구하였다. 당시 브로카처럼 정신기능과 관련된 뇌의 중추를 찾으려는 시도가 유행하였고 그러한 환경에서 심리적인 문제 역시 뇌의 특정 부분이 비정상적으로 작용하는 결과라고 보았다. 다만, 그 영역을 찾지 못할 뿐이라고 생각하고 있었는데 그 대표적인 질환이 바로 히스테리였다.

히스테리는 신체적으로 나타나는 마비, 감각 이상, 실어증, 실신이나 의식장애로까지 이어지는데 신경학적으로는 그 어떠한 병소도 찾을 수 없는 병이었다. 이러한 이유로 당시 독일, 오스트리아 등 독일어권 학계에서 히스테리는 해부학적으로 그 정확한 병소를 알 수 없는, 환자가 만들어 낸 꾀병 정도로 취급하였다. 반면, 프랑스에서는 대표적인 정신의학자인 샤르코(Jean Martin Charcot, 1825~1893)의 히스테리 최면치료법이 유행하고 있었다. 그는 프랑스 살페트리에르 병원에서 많은 사람 앞에서 최면으로 히스테리 환자를 치료하는 방식을 공개할 정도로 개방적이었고, 어떻게 보면 과학의 영역으로 보기 애매한 최면을 치료에 도입했다는 점에서, 급진적인 의학자이기도 했다. 샤르코는 히스테리의 원인을 '신경계가 취약하기 때문으로' 생각하고 나약한 마음에 최면을 걸어 긍정적인 생각을 주입하면 환자는 판단 없이 주입된 생각을 수용하고 증상이 낫는다고 보았다. 그리고 언젠가는 히스테리의 병소를 찾을 수 있을 것이라고 믿었다.

그림은 프랑스 화가 브루이에(Pierre Aristide Andre Brouillet)가 그린 것으로 제목은 '살페트리에르에서의 임상교육(A Clinical Lesson at the Salpêtrière)'이다. 샤르코가 히스테리 환자인 한 여인을 최면치료하는 것을 묘사한 것이다.

출처: https://en.wikipedia.org/wiki/Jean-Martin_Charcot

이러한 샤르코의 히스테리 치료에 영향을 받은 사람이 바로 프로이트(Sigmund Freud, 1856~1939)였다. 빈에 거주하던 프로이트는 샤르코가 있는 파리 살페트리에르 병원으로 유학을 떠난다. 그리고 거기서 약 6개월 동안 샤르코의 히스테리 환자 치료를 보고 배운 뒤 빈에서 자신이 배운 방식대로 최면치료를 하게 된다. 그런데 프로이트는 임상경험이 쌓이고 노련한 히스테리 전문 임상의로 변모하면서 샤르코에게서 배운 이론의 모순을 발견하게 된다. 샤르코는 히스테리의 원인이 되는 병변이 뇌의 알 수 없는 데서 온다고 추측했지만 해부학적 지식이 뛰어난 의학도였던 프로이트는 많은 히스테리 환자를 만나면서 히스테리성 신체화 증상과 뇌 병변은 관련이 없다는 사실을 발견하게 된 것이다. 이 발견을 통해 프로이트는 해부학적 지식으로 정신의 문제를 해결하려던 이론에서 벗어나 정신의 문제를 새로운 관점에서 보기 시작하면서 무의식이라는 정신세계 이론을 창시하게 된다.[24] 오늘날 우리가 알고 있는 정신분석이라는 학문이 나타난 데에는 히스테리 전환장애가 중요한 기여를 한 셈이다.

(2) 정신분석의 전주곡, 정신치료에서 음악

프로이트의 무의식 발견은 서구 유럽 정신사에 획기적인 사건이었다. 의식과 몸이라는 전통적인 이원론적 인식에 무의식이라는 새로운 정신세계를 접목한 것은 2,000여 년 동안 지배한 기독교 사상에 반하는 내용이기도 하였기 때문이다. 그런데 프로이트의 무의식이라는 획기적인 이론이 나올 수 있었던 것은 이미 프로이트 앞에 정신분석의 전주곡을 울려 주던 의학자들이 있었기 때문에 가능하였다. 그가 바로 오늘날 최면의 아버지로 불리는 안톤 메스머(Anton Franz Mesmer, 1734~1815)이다.

메스머는 독일 출신으로 비엔나 의과대학을 졸업한 정식 의사였으며 첼로, 피아노 그리고 글라스 아르모니카(glass arnomica)를 누구보다 잘 다룬 뛰어난 아마추어 음악가였다.[25] 그는 모차르트 아버지인 레오폴트 모차르트, 하이든, 글룩과 같은 당대의 유명한 음악가들과 교류하고 있었으며 이들로부터 자신의 치료세션에 음악에 대한 자문을 받기도 하였다. 메스머는 치료에서 음악을 사용하는 데 적극적인 인물이었다.[26]

메스머는 동물자기(animal magnetism)[27] 치료법이라는 독특한 방법으로 우울증에서 장님까지 다양한 증상의 사람들을 치료하면서 프랑스 대혁명 전 파리에서 선풍적인 인기를 누렸다.[28] 메스머는 모든 질병의 원인으로 몸속에 유체의 흐름을 방해하는 장애물이 있다고 보았으며 치료 방법으로 자석을 이용해 유체의 흐름을 원활하게 할 수 있다고 믿었다. 뉴턴의 만유인력의 법칙에서 아이디어를 얻은 그가 치료의 도구로 자석을 사용한 이유는 눈에 보이

---

24) Léon. Chertok & Raymond de Saussure, *The Therapeutic Revolution: From Mesmer to Freud*, trans. from French by Alex H. Kaplan(New York: Brunner/Mazel Publishers, 1979), 61-152 참조.

25) John S. Jenkins, "Medicine and Music in Vienna at the Time of Mozart," *Journal of the Royal Society of Medicine* 86 (1993): 658.

26) 당시 프랑스 왕비 마리 앙투아네트의 음악 선생님이자 낭만주의 작곡가였던 글룩(Christoph Willibald Gluk, 1714~1787)은 메스머의 치료세션에 기존의 작곡된 곡을 연주하기보다는 즉흥연주를 제안하였으며 메스머는 그의 제안을 치료에 반영하였다. David Toop, *Into the Maelstrom: Music, Improvisation and the Dream of Freedom before 1970* (New York: Bloomsbury Publishing 2016), 112.

27) 동물자기의 동물 'animal'은 라틴어 'anima'의 정신, 영, 생명을 의미하는 것으로 우리가 생각하는 동물과는 상관없는 단어이다.

28) Daniel Reiser, "The Encounter in Vienna: Modern Psychotherapy, Guided Imagery and Hasidism Post-World War I," *Modern Judaism-A Journal of Jewish Ideas and Experience* 36(3) (2016): 280.

지 않지만 서로 끌어당기는 힘을 가진 자기장 효과 때문이다. 그러나 그의 동물자기 치료법은 사실 유사과학(pseudoscience)으로 전혀 과학적인 치료법이 아니었다. 그럼에도 그의 치료에서 드라마틱한 치료 효과를 보이는 사람들이 있었는데 그들은 대부분 심인성 히스테리 증상을 보이는 여성들이었다. 심인성 히스테리는 당시 주류 의학계에서는 '꾀병' 또는 정확한 원인을 알 수 없는 신체적 질병으로 간주되었다. 당연히 치료법 역시 일관적이지 못했고 현대적 시각으로 볼 때 비과학적인 것이었다.[29] 사실 메스머의 치료방식이 각광을 받았던 또 다른 이유는 그 시대 의술의 야만성 때문이기도 했다. 당시 병을 고치는 의료기구들을 보면 현대적 관점에서 의료기구라기보다는 고문도구와 같은 수준이었다. 이러한 현실에서 환자들이 보기만 해도 공포스러운 의료도구들이 사용되는 소위 과학적 의료행위보다는 메스머의 신비주의적 치료방식을 선호했을 것은 자명하다.

메스머의 치료가 히스테리 여성들에게 효과적이었던 이유는 그가 주장한 동물자기 치료법이 아니라 치료과정 중 사람들을 최면 상태로 유도하여 억압된 마음의 내용을 발산하게 하는 방식의 치료법이었기 때문이다. 그리고 이러한 의식(ritual)과 같은 치료절차에서 음악은 반드시 필요한 부분이었다. 메스머의 치료실과 치료 현장은 기록에 따르면 다음과 같이 묘사되어 있다.

> 무거운 카펫을 깔고 기이한 별자리가 그려진 벽장식들을 걸고, 커튼이 드리워져 말소리와 비명, 발작적 웃음소리 같은 일상의 침묵을 깨고 자주 들려오는 소리를 차단했다. 전략적으로 배치한 거울들에 반사된 으스름한 빛 속에서 유체의 광선들이 환자를 지속적으로 강타했다. 관악기와 피아노 그리고 메스머의 노력으로 프랑스에 도입된 유리 '아르모니카'가 자아내는 부드러운 음악 연주는 강화된 유체의 물결을 환자의 영혼 깊숙이 들여보냈다.[30]

치료실에는 유체를 처리한 물이 담긴 통(baquet)이 있었고 사람들은 통 주위에 둥글게 둘러앉아 이동용 쇠막대기를 통해 유체가 환부에 닿도록 했으며 사슬로 줄을 묶어서 서로에게 유체를 전달했다. 이 과정에서 환자들은 몽유 상태에 이르거나 격렬한 발작을 일으키는 경우도 있었는데 이러한 일련의 과정을 통해 병이 치료되는 현상은 사람들의 넋을 잃게 할 정도의 놀라운 극적 퍼포먼스였다.

---

29) Robert Darnton, 『혁명 전야의 최면술사』, 김지혜 역(서울: 알마, 2016), 18. 로버트 단턴에 의하면 서양의 현대 의학 기술은 1830년대경 시작되었다고 한다.

30) 앞의 책, 32.

프랑스 환자들을 대상으로 메스머의 집단치료를 묘사한 그림[31]
Detail from a painting (possibly by C-L. Desrais, ca. 1780) depicting one of Franz Mesmer's group sessions.

출처: https://publicdomainreview.org/essay/mesmerising-science-the-franklin-commission-and-the-modern-clinical-trial/

메스머의 치료가 성공을 거두면서 당시 파리에서 그는 엄청난 인기를 얻었다. 프랑스 대혁명이 일어나기 전 약 10년 동안 파리에서 메스머와 그의 치료에 관한 인기는 '프랑스 전역을 휩쓴 전염병'이나 '열기구 비행의 인기를 뛰어넘는 메스머주의'[32]와 같다는 기사들이 각종 잡지에 실릴 만큼 대단한 것이었다. 메스머의 치료는 학회, 살롱, 카페에서 토론의 주제가 되었다. 특히 파리의 부유하고 영향력 있는 사람들 사이에서 그의 치료는 열광적인 칭송을 받았다.[33]

31) 이 그림은 메스머의 그룹 세션을 묘사한 그림이다. 오른쪽에 피아노를 치는 여인과 그 위 노래를 부르는 남자들이 있다. 메스머의 집단치료에 음악이 사용되었음을 보여 준다.

32) 앞의 책, 49. 1783년 프랑스에서는 열기구 첫 비행이 있었다. 당시 프랑스인들은 열기구 비행을 보면서 감동의 눈물을 흘리기도 하고 기절하기도 했다고 한다. 비교하자면 20세기 인간이 처음 달 탐사를 했던 사건 같은 것이었다. 열기구 비행과의 비교는 당시 프랑스에서 메스머에 대한 관심과 인기가 얼마나 대단한 것이었는지를 반영하는 내용이기도 하다.

그러나 찬사만 있었던 것은 아니다. 메스머의 치료는 무대 위의 조롱거리가 되기도 했고, 대중가요나 시를 통해 희화되기도 하였으며 결국에는 경찰 조사의 대상이 되어 사기꾼이라는 오명을 얻고 파리에서 추방된다.[34] 메스머의 치료가 돌팔이 의사의 사기 행각이라는 결론이 내려진 데에는 그의 치료행위가 비과학적일 뿐만 아니라 비도덕적이라는 이유도 있었다. 치료행위에서 사람들, 특히 여성들이 발작을 일으키고 의식의 자기통제력을 잃은 상태에서 병든 신체 부위를 만져도 저항 없이 받아들이는 모습을 보였다. 여기에서 우리가 주목할 것은 이러한 현상을 가능하게 했던 핵심적인 요인 중 하나가 바로 메스머릭 음악(mesmeric music)이었다는 사실이다.[35] 메스머의 치료에 대하여 누구보다도 더 잘 알고 있었을 것으로 추정되는 프랭클린(Benjamin Franklin, 1706~1790)[36]은 메스머의 치료적 성공에 음악이 결정적인 역할을 했다고 분석하였다.[37] 킹(H. King)은 메스머의 아르모니카 연주가 환자를 수용적 상태, 즉 최면에 적합한 의식의 변성 상태로 유도하였기에 가능하였다는 점은 분명하다고 분석하고 있다.[38] 메스머의 치료 세션을 관찰한 기록에 따르면 다음과 같이 기술되어 있다.

> 그의 치료에서 음악은 없어서는 안 될 꼭 필요한 것이다. 음악은 환자들을 요동치게 하기도, 불편하게 하기도, 진정시키도 하였다. 폭풍같은 음악은 환자를 위기의 상태로 몰았으며 부드러운 음악은 환자를 다시 진정시켰다. 메스머의 추종자 중 한 명인 콜레 드 보모레알(Caullet de Vaumoreal)은 음악의 분위기가 바뀜에 따라 환자들의 기분도 바뀌는 민감성이 나타남을 증명하였다.[39]

---

33) D. Corydon Hammond, "A Review of the History of Hypnosis through the Late 19th Century," *American Journal of Clinical Hypnosis* 56(2) (2013): 176.

34) Darnton, 같은 책, 73-74.

35) David A. Gallo & Stanley Finger, "The Power of Musical Instrument: Franklin, The Mozart, Mesmer, and the Glass Armnocia," *History of Psychology* 3 (2000): 328.

36) Kennaway, 같은 글, 273 참조. 벤저민 프랭클린은 당시 미국의 대사이자 메스머 치료 세션에서 즐겨 사용되던 악기인 글라스 아르모니카를 발명한 사람이다. 또한 후에 파리에서 메스머의 치료가 사회적으로 논란이 되자 루이 16세의 명령으로 프랑스 왕실조사위원회(French Royal Commission)가 1784년도에 착수되는데 프랭클린은 당대의 프랑스를 대표하는 과학자, 의학자들과 함께 위원회 일원으로 메스머의 치료를 조사한 인물이다.

37) 앞의 글, 273에서 재인용. 음악의 사용이 메스머의 치료적 성공에 결정적인 역할을 하였다는 분석은 Benjamin Franklin, *Report of Dr. Benjamin Franklin, and Other Commissioners, Charged by the Kind of France with the Examination of the Animal Magneticism*(London: J. Johnson, 1785), 23에 기록되어 있다.

38) Hyatt King, "The Musical Glasses and Glass Harmonica," *Proceeding of Royal Musical Association* 72(1945): 110. 이 부분은 앞에서 언급한 프랭클린의 분석과도 일치하는 부분이다.

39) Vincent Buranelli, *The Wiard from Vienna: Franz Anton Mesmer*(New York: McCann & Geoghegan Inc., 1975), 125.

영화 메스머 중 집단치료

글라스 아르모니카 연주 음악

벤저민 프랭클린이 발명한 글라스 아르모니카

그림은 벤저민 프랭클린이 글라스 아르모니카를 연주하는 장면을 Alan Foster라는 작가의 상상으로 그린 것으로 1927년 『Etude』라는 잡지의 커버이다.

출처: https://pabook.libraries.psu.edu/literary-cultural-heritage-map-pa/feature-articles/heart-blood-world-hydrocrystalophone

또, 왕실조사위원회의 보고에 따르면 메스머의 치료가 건강을 회복시켜 준다는 과학적 근거는 없으나 그의 음악이 환자들을 트랜스 상태로 유도했다는 사실은 분명히 명시하고 있다.

경련은 사지와 전신의 격렬한, 무의식적인 움직임, 목의 수축, 가슴의 욱신거림, 복부의 메스꺼움, 빠른 눈 깜빡임과 교차로 인한 메스꺼움, 날카로운 울음, 눈물, 딸꾹질, 통제할 수 없는 웃음으로 나타난다. 이러한 현상은 나른함과 백일몽의 상태, 즉 잠을 못 자거나 또는 잠을 자기 직전에 또는 그다음에 온다. (이런 상태에서) 피아노로 연주되는 음악의 음색이나 박자의 변화가 병자들에게 영향을 미치는 것이 관찰되었다. 그들은 갑작스러운 아주 작은 소리에도 깜짝 놀라 몸서리를 쳤고, 빠른 음악은 그들을 자극하고 다시 경련에 빠지게 하였다.[40]

메스머의 치료과정은 세 단계로 구성되어 있는데 환자를 최면 상태로 유도하는 도입, 이후 격렬한 신체적 감각 반응이 나타나는 '위기(crisis)'의 절정, 그리고 일상 의식으로 돌아오는 정리의 단계이다. 그 과정에서 위기는 환자들이 자의식과 방어기제가 작용되지 않는 진정한 자기와 접하는 자유로운 상태에서 심리적 배설물을 배출하기 위해 강렬하게 표현하고 몸으로 경험하는 해소, 즉 카타르시스의 단계이다. "환자들이 바닥에 쓰러져 몸을 뒤틀다 기절하는 일이 빈번했는데 그럴 때면 집사 앙투안이 기절한 환자를 '위기의 방'[41]으로 옮겼다."[42] 라는 내용은 위기의 과정이 얼마나 격렬했는가를 말해 준다. 여기서 주목할 점은 최면으로의 유도 그리고 격렬한 신체적 반응을 일으키는 위기를 불러오는 데 음악이 관여하고 영향을 준다는 왕실조사위원회의 결과이다. 그러나 음악을 사용했다는 사실이 당시 주류 의학계가 메스머의 치료를 사이비로 판단하는 근거가 되었던 것은 아니다. 핵심적인 원인은 메스머의 동물자기 이론이나 그의 특별한 치료적 기술과 방법에 대한 내용이 전반적으로 과학적이지 않다고 판단되었기 때문이다. 또한 암묵적으로는 그의 치료 세션이 기존의 의료행위와 너무나 거리가 먼 일종의 퍼포먼스에 가까웠다는 점도 큰 이유였다.[43]

그럼에도 그는 치료 작업에서 음악의 영향력을 과학으로만 설명하려 하였다. 1779년 발표한 『동물자기의 발견에 관한 소고(Mémoire sur la découverte du magnétisme animal)』에서 27개의 원리 중 16번째인 '동물자기는 소리에 의해 소통되고, 전파되고, 강화된다.'는 내용이다.[44] 이 부분이 유일하게 메스머의 배경음악 사용에 대한 이론적 근거를 추론할 수 있는 내용인데, 이 내용은 결국 '눈에 보이지 않는 소리의 파장이 전기적 유동체를 더 잘 전파하고 자기의 흐름을 더 유연하게 하여 환자의 병든 부분을 더 잘 치료할 수 있다.'는 그의 핵심 논리와 맥을 같이하고 있다.[45]

---

40) 앞의 책, 110.

41) 위기의 방은 회복실에 해당한다. 치료 중 쓰러진 환자는 회복실 침대에서 안정을 취하게 된다.

42) Darnton, 같은 책, 32.

43) Peregrine Horden, "Commentary on Part V, with Notes on Nineteenth-Century America and on Mesmerism and Theosophy," in *Music as Medicine*, ed. Peregrine Horden(Ashgate, 2000), 328.

44) Anton F. Mesmer, *Mesmerism,* trans. by George Bloch, (Los Altos: William Kaufmann, 1980), originally published as *Mémoire sur la découverte du magnétisme animal*(Paris, 1779), 68.

45) Gallo & Finger, 같은 글, 328.

메스머는 원시적인 엑소시즘과 근대 정신분석을 연결하는 과도기적 인물로 그의 치료방식은 최면치료와 정신분석 치료에 초석이 되었다는 평가를 받는다.[46] 메스머의 추방 이후에도 메스머식의 치료는 그의 추종자들에 의해 유럽 여러 도시에서 행해졌는데 그들을 메스머리스트(mesmerist)라고 불렀고 최면에 빠진 상태를 '메스머화된(mesmerized)'이라고 표현하였다. 그러나 메스머의 퇴출과 함께 부정적 이미지가 드리우면서 영국의 의사 브레이드(James Braid, 1795~1860)는 메스머화된 현상을 오늘날 우리가 사용하는 최면(hypnosis)이라는 단어로 재탄생시킨다. 브레이드는 프랑스의 메스머리스트인 샤를르 라퐁탱(Charles Lafontain)의 치료에 참관하여 치료법을 관찰한 후 메스머화된 현상을 신경성 수면(nervous sleep) 상태로 이해하였다. 그는 그리스어로 '잠'을 뜻하는 'hypno'에서 착안해 'hypnosis'라는 용어를 만들어 냈다. 이후 최면은 프랑스의 샤르코에 의해 본격적으로 정신치료의 과학적인 치료 방법으로 인식된다.

19세기에서 20세기 초반까지 정신치료는 최면적 암시(hypnotic-suggestion)와 동일한 의미로 받아들여질 만큼 정신치료에서 최면은 일반적이었고[47] 음악은 최면과 치료의 효과를 높이기 위한 촉매와 같은 존재였다. 샤르코를 중심으로 19세기 당시 정신의학계를 이끌어 가던 르냐르(P. Regnard), 비네(A. Binet), 페레(C. Féré) 등의 학자들은 최면에 공(gong), 튜닝포크(tuning fork), 자장가 등을 사용하였다.[48] 당시 정신의학자들이 사용한 음악 또는 소리는 미적, 정서적 차원의 접근이라기보다는 물리적 자극으로서 의식의 변성을 유도하는 유도체였다. 즉, 환자는 수동적으로 치료사가 제시하는 소리를 받아들이고 그 과정에서 신체적, 정신적으로 변화를 일으키는데 주로 소리에 자동반응(automatic response) 또는 자동반사(automatic reflex)적으로 강경증(catalepsy)을 보였으며 자신의 의지와 상관없이 치료사의 지시대로 반응하였다. 이때 최면에서 보여 준 환자들의 소리 또는 음악에 대한 자동반응 현상은 후에 생리 심리학(physiological psychology)의 출현에 기틀이 된다.[49]

음악을 통한 최면은 의식(conscious mind)을 넘어서 곧바로 자동적인 신체반응을 이끌어 낼 수 있다는 점에서 19세기 히스테리 치료에 효과적인 방법으로 인식되었다. 치료사가 음악을 이용하여 환자에게 최면을 유도하고 최면 상태에서는 음악적 암시를 통해 행동을 조정

46) Horden, 같은 책, 327.

47) Andreas H. Maehle, "The Power of Suggestions: Albert Moll and the Debate on Hypnosis," *History of Psychiatry* 25 (2014): 4.

48) Kennaway, 같은 글, 275.

49) 앞의 글, 272.

하여 의식의 심연에 감추어져 있던 내용을 알아낼 수 있었기 때문이다. 그러나 이 과정에서도 정신의학자들이 음악적 최면에 대한 근원적인 원인을 밝혀낼 수 있었던 것은 아니다. 샤르코는 최면을 유도하고 그 상태에서 자동적으로 행동까지 조정하는 물리적 자극으로서의 소리에 대한 과학적 규명을 하지 못하는 것에 대해 혼란스러워했다. 그의 기록을 보면 그가 청각 자극과 최면의 관련성에 대하여 합리적인 설명을 찾지 못해 답답해하는 모습을 볼 수 있다.

> 두 명의 히스테리 환자는 커다란 튜닝포크 소리박스에 앉았다. 내가 악기를 진동시키자마자 그들은 카타렙시(catalepsy) 상태로 빠졌다. 그리고 다시 진동을 멈추자 그들은 몽유(somnambulism) 상태로 빠졌다. 만약 다시 한번 튜닝포크를 진동시킨다면 그들은 다시 카타렙시 상태로 빠질 것이다. 이 현상이 과연 청감각(auditory sensitivity)의 흥분 때문인가? 그냥 일반적인 감각의 흥분 때문인가? 정말 모르겠다.[50]

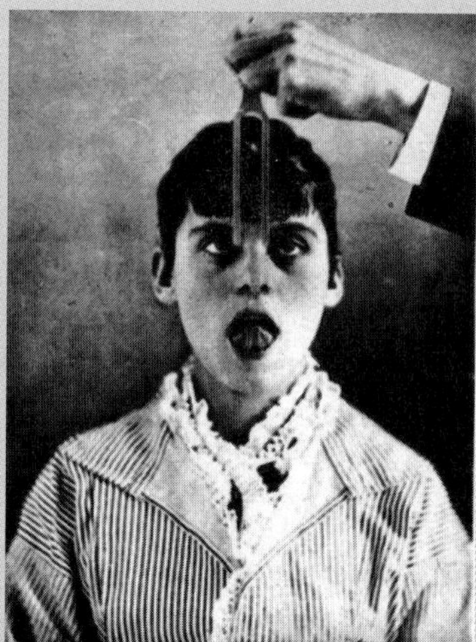

그림은 살페트리에르에서 여성 히스테리 환자가 의사가 사용하는 튜닝포크에 반사적인 반응으로 혀를 내밀고 있는 모습이다.

출처: Paul Richer, Nouvelle iconographie de la Salpêtrière (Paris, 1889), plate 34.[51]

50) 앞의 글, 275.

51) 앞의 글, 276에서 재인용.

메스머 이후 정신의학자들은 최면을 정신치료의 방법으로 활용하면서 최면을 위해 사용하는 소리와 음악을 신경생리학적 차원에서 이해하려 하였다. 즉, '과학적'인 인과관계를 찾으려 했던 것인데 만족할 만한 설명을 찾을 수가 없었다. 그러는 동안 프로이트가 치료 방법을 최면에서 자유연상으로 전환하면서 프로이트를 중심으로 형성된 정신분석 학계에서 최면은 사라지게 된다. 프로이트는 최면을 버리고 자유연상을 선택한 이유에 대해 분명한 설명을 하지 않았다.[52] 혹자들은 프로이트가 최면에 능숙한 치료자가 아니었기 때문이라고 하기도 한다. 물론 증거나 자료가 있는 정보는 아니다.

(3) 현대 음악치료의 탄생

이처럼 프로이트에 이르러 정신분석을 추종하는 정신치료계에서 최면과 함께 음악적 요소는 완전히 사라지게 된다. 하지만 한편에서는 19세기 정신의학의 발전과 함께 음악을 정신병 치료에 사용하고자 하는 비프로이트계의 정신의학자들도 있었다. 정신의학자 블루머(George Alder Blumer, 1857~1940)는 연주자를 고용하여 환자들을 위한 음악을 연주하도록 하였으며 1892년 「마음과의 관계에 있어서 음악(Music in its relations to the mind)」이라는 논문을 『미국정신이상학회지(American Journal of Insanity)』에 게재할 정도로 음악의 치료적 사용에 대한 관심이 높았다. 한편, 비슷한 시기 영국에서도 음악의 치료적 효과를 임상적으로 입증하고자 하는 음악가들이 있었다. 영국의 성공한 작곡가이자 웨스트민스트 대성당의 중요한 구성원이었던 하포드(Frederick Kill Harford, 1832~1906)는 음악 치유자들(musician healers)이라는 전문 음악가들을 모집하여 성 세실리아 조합(St. Cecilia Guild)을 구성한다. 그리고 음악의 치료적 효과를 입증하기 위해 영국의 여러 병원을 다니며 환자들을 위한 공연을 하였다. 그는 실험을 통해 진정의 음악(soothing music)[53]이 환자의 통증을 줄여 주고 불면증에 도움이 된다는 사실을 발견하고 그 결과를 처음으로 의학 저널인 『란셋(The Lancet)』[54]과 음악잡지(The Magazine of Music)에 발표하였다.[55] 이 밖에도 19세기에서 20세기 초반까지 근대 정신의학의 발전과 함께 정신의학계와 음악계에서 음악의 치료적 사용에 대한 관심이 높았다. 그리고 이들은 공통적으로 환자의 정신건강을 증진시키고 신체적 통증을 완화시

---

52) Rebecca Curtis, "The Use of Imagery in Psychoanalysis and Psychotherapy," *Psychoanalytical Inquiry* 36(8) (2016): 593.

53) soothing music은 주로 이완을 위한 음악으로 자장가와 같은 성격의 음악을 의미한다.

54) 『The Lancet』은 1823년 창간된 영국의 의학 저널이다.

55) Horden, 같은 책, 367-377.

키기 위해 음악을 들려주는 방식을 선택하곤 했다.

이렇게 정신의학계에서 병원의 환자들을 위해 음악을 치료적으로 사용하는 일이 늘어나면서 음악치료 임상 전문 인력을 배출하기 위한 교육기관이 등장하게 된다. 1918년 미국 컬럼비아 대학교의 음악치료 클래스를 시작으로 1946년 미국 캔자스 대학교에서 처음으로 음악치료가 정식 학위과정으로 개설되었다. 그리고 1950년에는 전국 규모의 음악치료협회(National Association of Music Therapy: NAMT)가 결성되었다. 미국에서 '음악치료학'이 정식 학문의 영역으로 등장하고 '음악치료사'라는 전문 직업이 탄생한 것이다.

현대 음악치료가 행해진 곳은 병원이었다. 19세기 말부터 제2차 세계 대전 직후 사이 영국과 미국의 대형 병원들은 환자들을 위한 오락으로 때론 통증 감소와 불면증 치료를 위해 보조적으로 음악을 사용하였다.[56] 오늘날처럼 전문 음악치료사라는 직업이 존재하지 않았던 당시 의료 관련 종사자들과 전문 음악가들의 협력을 통해 진행되었던 음악을 활용한 의료행위는 현대 음악치료가 임상의 현장에 출현하게 되는 계기가 된 셈이다. 특히 미국에서는 제2차 세계 대전 이후 레코드 산업의 발달과 함께 환자를 위해 음악을 들려주는 일이 많아지게 되었다. 그 과정에서 음악이 환자들의 기분을 전환시켜 주기도 하고, 신체적 통증을 감소해 주기도 했으며, 불안과 공포의 감정을 전환시켜 주기도 한다는 임상결과로 인해 음악의 치료적 활용 가능성을 인정받게 되었다.

요컨대 현대 음악치료는 제2차 세계 대전 직후 많은 사람이 정신적인 피폐 상태에 빠져 고통을 호소하면서 의료적 수요가 창출되었고, 병원에서의 이러한 수요에 레코드 산업의 부흥을 비롯한 기술적, 환경적 요소들이 결합하면서 탄생한 것이다.

2. 음악치료의 정의

음악치료라는 말은 영어 'music-therapy'의 번역어로 예술의 한 장르인 음악(music)과 의술 용어인 치료(therapy)가 합쳐진 복합어이다. 예술적 개념인 음악과 의술적 개념인 치료가 융합되어 새로운 행위 영역이자 학문 영역이 구성된 것이다. 이 융합적 개념은 태생부터 모순적 특성을 지니고 있다. 예술인 음악은 주관적 경험과 감성의 영역이고, 과학인 의학은 객

56) Helen M. Tyler, "The Music Therapy Profession in Modern Britain," in *Music as Medicine* ed. Peregrine Horden (Ashgate, 2000), 378.

관적 증명이 요구되는 이성의 영역이다. 학문적 분류로만 보았을 때 '음악'과 '치료'는 연관을 찾을 수 없는 서로 다른 영역에 위치한 듯 보인다. 그럼에도 이 조화될 수 없을 것 같은 예술과 과학의 융합인 음악치료는 현재 우리 사회에서 절대적으로 필요한 분야로 인식되어 임상과 학문의 영역에서 지속적으로 연구와 활용이 반복되며 완성을 향해 가고 있다.

음악치료는 제2차 세계 대전 이후 지금까지 학문적으로나 임상적으로 그 외연을 확장하면서 발전해 왔지만 오히려 가장 기본적인 정의의 문제에 있어서는 여전히 논의 중이다. 음악치료의 정의와 정체성에 관한 내용만을 다루는 전문 서적들[57]이 따로 출간될 정도로 음악치료에서 정의는 중요한 이슈이자 어려운 문제이다.

음악치료에서 음악과 치료는 서로 동등한 위상을 갖는다.[58] 음악치료에서는 창작, 감상, 연주 등의 음악행위와 내담자에 대한 진단, 중재, 평가와 같은 치료행위가 어우러져 시행된다. 하지만 이렇게 예술과 과학이 만났다고 해서 이를 융합이라고 보는 일은 마치 짬짜면을 하나의 요리로 간주하는 것과 마찬가지의 오류가 될 수 있다. 과연 '짬짜면'은 짜장과 짬뽕의 융합이라고 볼 수 있는가? 그렇지 않다. 짬짜면은 짬뽕과 짜장을 한번에 맛볼 수 있는 세트 메뉴일 뿐 짜장면이나 짬뽕과 다른, 새로운 요리는 아니기 때문이다. 이러한 문제가 음악치료의 정의 과정에서 여전히 대두되고 있다.

음악치료에는 많은 학문이 복합적으로 연계되어 있다. 음악심리학, 음악신경학, 음악교육학, 음악사회학 등 각각 고유한 독립학문인 심리학, 신경학, 교육학, 사회학이 음악과 결합된 학문들이 다시 융합된 학문이 음악치료이다. 음악을 구성하고 있는 원소적 구성요소인 소리, 진동을 중심으로 이와 관련된 학제간 관계를 그려 보면 [그림 1-5]와 같다.

[그림 1-5][59]에서 보면 음악치료학의 근접 학문으로 음악심리학, 심리학, 음악교육학, 교육학 등이 보이지만 그림상 근접해 있다고 음악치료학과 더 연관이 깊고, 멀리 있다고 연관이 낮은 것은 아니다. 왜냐하면 음악치료학은 음악교육학의 경우처럼 음악과 교육학의 단순 병합이 아니라 음악과 치료에 해당하는 모든 관련 학문이 복합적으로 융합되어 탄생한 학문이기 때문이다.

---

57) 음악치료의 정의와 학문적 직업적 정체성에 대한 전문적인 논의는 Kenneth E. Bruscia, *Defining Music Therapy* (Gilsum, NH: Barcelona Publishers, 1998); Kenneth Aigen, *The Study of Music Therapy: Current Issues and Concepts*(New York and London: Routledge, 2013)에서 심도 있게 다루고 있다.

58) 물론 음악이란 단어가 먼저 나옴으로써 음악이 치료의 도구가 되는 뉘앙스를 준다. 반대로 '치료음악'이었다면 치료해 주는 음악, 치료에 도움이 되는 음악으로 특정 병리 현상과 음악을 연결지어 선곡하는 행위로 생각하기 쉽다.

59) Charles T. Eagle, "An Introductory Perspective on Music Psychology," in *Handbook of Music Psychology*, ed. Donald Hodges(Washington: National Association for Music Therapy, 1996), 3.

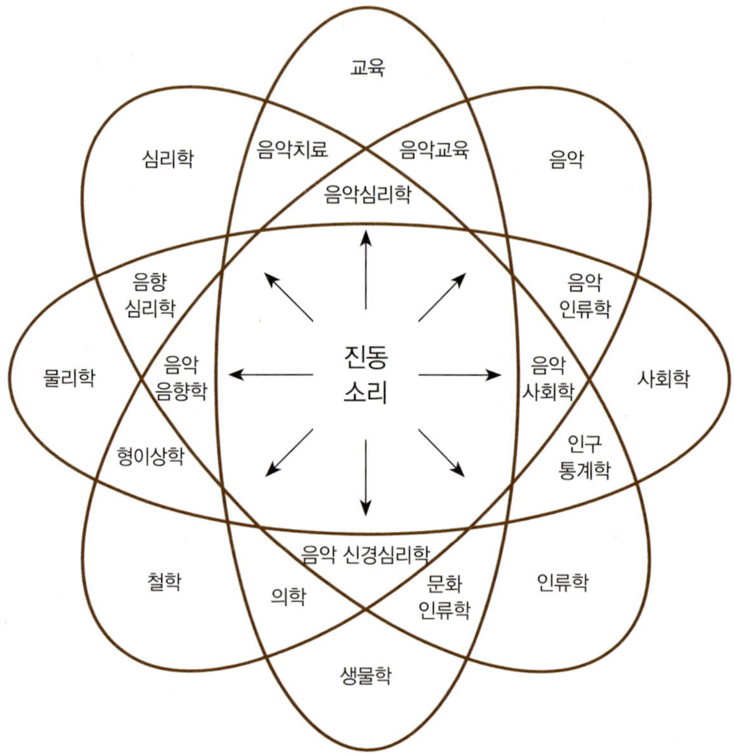

[그림 1-5] 음악심리학의 학제적 세계에 대한 기술적 분자 모델

현대 음악치료는 학문적으로나 임상적으로 '음악+치료'가 아닌 '음악치료'라는 고유한 정체성을 가진 분야로 정의되는 과정에 있다. 그러나 과학의 진보, 사회문화적 변화 그리고 인식의 변화에 따라 음악치료의 정의도 계속 변하고 있어 음악치료에 대한 정의 역시 이러한 변화에 따라 지속적으로 재정립되어야 한다. 이번 절에서는 21세기 현재 진행되고 있는 현대 음악치료의 정체성을 규명하기 위해 음악치료와 관련된 유사 학문들과의 교집합과 차이점을 밝히고 음악치료 내에서 관점에 따라 달라지는 음악치료의 다양한 정의에 대하여 알아보고자 한다.

1) 음악치료와 음악치료학

대학에서 우리는 학문분야에 따른 분류를 통해 전공을 설정한다. ○○'학(學)'이라 함은 독립적인 지식체계를 갖춘 개별학문을 칭한다. 그리고 그 학문을 담당하는 독립된 모집단위를 '학과'라고 칭한다. 현재 한국 대학에 개설되어 있는 음악치료 전공 모집단위가 '음악치료과'가 아니라 '음악치료학과'라고 하는 이유도 여기에 있다. '음악치료'는 음악의 치료적 사용과 효과에 관련된 현상과 경험이다. '음악힐링', '음악요법' 등 단어의 사용은 조금씩 다르더라도 샤먼의식의 음악에서부터, 서양 고전 음악, K-pop 음악까지 모든 음악은 누군가에게는 치료적으로 작용할 수 있다. 이러한 음악의 치료적 작용과 현상을 전문적으로 연구하는 분야가 바로 '음악치료학'이다. 음악적 경험에 대한 치료적 현상을 연구하고 임상에 적용하여 지식과 이론을 체계화하여 탄생한 음악치료학은 음악치료 관련 이론, 임상, 연구를 근거로 조직된 근거기반(evidence-based)의 독립적 학문영역이다. 비교하자면 '음악'과 '음악학'의 구분과 같다. '음악학(musicology)'은 'the study of music'으로 음악과 관련된 역사, 문화, 미학 등과 같은 모든 측면을 연구하는 분야이다. 음악이 연구 대상인 학문이 '음악학'이다. 인간의 음악활동은 그 정확한 기원을 알 수 없을 정도로 오래된 것이지만 음악학은 19세기에 와서야 탄생했다.[60]

음악치료와 음악치료학의 구분도 이와 같은 것이다. 인간의 음악치료행위는 시대와 문화를 막론하고 존재해 왔던 것이지만 '음악치료학'이 탄생한 것은 20세기 제2차 세계 대전 직후였다. 미국의 캔자스주에서 전쟁 후 병원에 입원한 병사들에게 음악이 심리적, 신체적으로 긍정적 변화를 가져온다는 것이 발견되면서 '음악치료학'이라는 새로운 학문이 태동하였다. 이후 음악치료는 고유한 지식체계를 갖춘 독립적 학문으로 정립되며 대학에서 학과가 생기고 '음악치료사'라는 전문 직업군이 등장하게 된다.

음악치료를 의미하는 영어 단어인 'music therapy'는 우리말로 번역하는 과정에서 '음악치료' 또는 '음악치료학'으로 혼용되어 쓰인다. 구글이나 파파고 번역기에도 '음악치료', '음악치료학'은 모두 'music therapy'로 번역되어 나온다. 그러나 앞에서 언급한 것처럼 우리말에서 '음악치료'와 '음악치료학'은 분명하게 구분되어야 한다.

2) 음악치료와 음악교육

'치료'라는 단어가 들어간 '심리치료', '언어치료', '물리치료'는 치료라는 단어 앞에 사용된 말이 치료의 수단이거나 목적이 된다. '언어를 치료하기 위해 언어를 사용한다.', '몸(physical)을 치료하기 위해 몸을 사용한다.', '심리, 마음을 치료하기 위해 심리적 방법을 동원한다.' 그런데 음악치료는 음악이 치료의 목적이 되지는 않는다. 음악이 치료의 목적이 된

---

60) 승윤희, 정진원, 『음악교육심리학』(서울: 학지사, 2021), 15. 1885년 Guido Adler는 '음악학 계간지'를 창설한 것을 계기로 음악학을 하나의 독립된 학문으로 다루었다.

다면 그 정확한 명칭은 '음치치료'가 더 적합할 것이다. 물론 이것은 비단 음악치료에만 국한된 현상은 아니다. 음악을 비롯한 미술, 연극, 무용/동작, 문학 등과 같이 예술적 행위가 치료의 방법으로 활용되는 모든 예술치료에 공통적으로 해당된다. 음악을 비롯한 다른 예술치료에서 예술행위는 치료의 목적이 되지 않는다. 다만, 수단으로 인식될 뿐이다.

음악치료에서 수단이 되는 음악은 음악치료사가 갖추어야 할 중요한 '기술(skill)'이다. 음악치료사의 음악적 능력은 필수적인 항목이다. 반면, 음악치료에서 내담자가 음악을 잘하고 못하고는 중요하지 않다. 하지만 내담자의 음악적 기술 진보와 치료적 진보의 상관성은 분명 존재한다. 예술적 행위에서 기술적 발전 없이 치료적 진보와 효과를 기대하기는 힘들기 때문이다. 창조적, 미학적 경험은 기술의 발전을 위한 노력 없이 가능하지 않다. 예술치료과정에서 예술행위를 잘하고자 하는 내담자의 의지는 치료적 입장에서 매우 중요한 요소이다. 기술적 노력과 진보가 중요하게 다루어지지 않는다면 성취감이라는 성공적 경험은 의미가 없는 것이 될 수 있기 때문이다.

음악치료도 예외는 아니다. 음악행위를 잘하는 것이 치료의 목적이 되지는 않지만 치료목적을 위한 교육적인 부분을 간과할 수는 없다. 따라서 음악치료에서는 음악이 목적이 되는 음악교육행위가 필연적으로 더해진다. 물론 음악치료와 음악교육은 '음악'이라는 공통분모를 가지고 있고 궁극적으로 대상의 변화를 유도한다는 점에서 유사해 보이지만 근본적으로 다른 가치를 지향하는 개념이다. 승윤희는 이 둘의 근원적인 차이점을 다음과 같이 구분하고 있다.

> 첫째, 교육이 변화를 위한 지식과 기술 습득을 주목적으로 여기는 것에 비해 치료의 지식과 기술은 건강을 위한 수단일 뿐이며 치료의 목적은 오직 건강과 관련된 것이 우선이다. 둘째, 교육에서 학습주제는 보편적이고 개인에게 특별한 것이 아닌 반면, 치료에서 주제는 항상 개인적인 것이다. 셋째, 학생/교사의 관계와 내담자/치료사의 관계는 역할 책임, 친근 정도, 역동성, 내용 면에서 실질적으로 모두 다르다.[61]

앞에 기술된 것처럼 음악교육과 음악치료는 '목적', '학습주제', '관계'에서 분명한 차이가 있다. 가장 뚜렷한 차이점은 교육과 치료는 분명 다른 결과를 기대한다는 것이다. 음악교육은 음악적 능력의 발달을, 음악치료는 음악 외적 영역의 발달, 변화, 개선을 목적으로 한다.

---

61) 승윤희, 「학교교육에 있어서 음악치료의 의미와 교육적 활용방법학」, 『음악과 민족』 32 (2006): 441-442.

그런데 음악교육과 음악치료에서 공통분모인 음악활동의 효과는 각각의 영역에서 추구하는 목적 이외에 부가적인 효과가 나타나기도 하는데 그것은 상호중첩적이다. 음악 능력 발달을 위한 음악교육이 음악 외적 영역인 인지, 언어, 신체 발달로 나타나기도 하고 음악 외적 영역의 변화를 위한 음악치료가 음악적 능력의 발달이라는 부가적인 효과로 이어지기도 한다. 무엇보다도 음악적 경험에서 얻는 '성취감', '성공적 경험', '자존감', '자기효능감' 등과 같은 경험은 음악교육과 음악치료에서 중첩되는 중요한 결과이다.

3) 음악치료 vs. 음악 요법(음악치료사는 음악 처방사?)

음악치료사는 음악을 치료의 방법과 도구로 사용하는 전문가이다. 사람들은 흔히 음악치료사를 '좋은 음악을 선곡해 주는 사람', '증상, 문제를 제거해 주거나 원하는 상태로 만들어 주는 음악을 선곡해 주는 사람'으로 여긴다. 비교하자면 '음악 처방전'을 주는 '음악 의사' 또는 처방해 주는 '음악 약사' 같은 역할을 예상하는 것이다. "우울증에는 어떤 음악이 좋은가요?", "태교에는 어떤 음악을 들어야 아기가 정서적으로 안정적이고 똑똑해지나요?", "스트레스에는 어떤 음악을 들으면 괜찮은가요?" 이러한 질문을 하는 사람들은 음악치료사가 정확한 음악 처방을 내려 주기를 기대한다. 마치 두통을 치료하기 위한 아스피린처럼 증상에 필요한 음악 약을 원하는 것이다. 이것은 동서양을 막론하고 음악치료에 대한 가장 보편적인 생각이었다. 그리고 한때는 이러한 '음악 약', '음악 처방'이 음악치료로 간주되던 시대도 있었다. 물론 지금도 그 전통은 우리 사회에 남아 있다. 온라인상에 올라온 다양한 효과성을 주장하는 음악들은 여전히 존재하고 우리는 별 의심 없이 감상하기도 한다.

그러나 '스트레스에 좋은 음악', '불면에 좋은 음악' 등과 같은 효과성을 주장하는 소위 '음악 약'들은 효과성이 입증된 것이 아니라 누군가의 주관적 경험을 바탕으로 주장되고 있는 것에 불과하다. 그 음악을 선정한 사람과 비슷한 정서적, 문화적 공감대를 형성하고 있는 누군가에게는 효과가 있을 수 있지만 그렇지 않은 사람들에게는 같은 효과가 나타나지 않을 수도 있다. 즉, 음악치료라는 단어의 개념 정의에서 '치료'에 해당하는 과학적 속성인 '객관성', '보편성', '재현성'이 보장되지 않는다. 아스피린은 객관적인 데이터를 기반으로 두통에 효과성을 인정받은 약이다. 일부 특이 체질을 가진 경우를 제외하면, 인종이나 성별에 관계없이 누구나 복용할 수 있다. 보편성을 가진 것이다. 또한 두통을 느낄 때마다 약을 복용해도 진통제의 효과는 계속 재현된다. 몸에 복용하는 약은 과학적 속성을 모두 갖추고 있다.

그렇다면 마음에 복용하는 음악적 약은 어떠한가? 1993년 저명한 과학 학술지 『네이처

(nature)』에 모차르트의 음악이 시공간 능력을 향상시킨다는 실험 결과에 대한 논문[62]이 게재되면서 모차르트 음악은 소위 '똑똑하게 만드는 음악'으로 세계적인 주목을 받았다. 이후 학술지의 세계적인 인지도와 신뢰를 바탕으로 모차르트 음악은 음반시장에서 태교음악, 유아정서, 인지발달 음악 등 다양한 이름으로 꾸준한 수요가 형성되고 있다. 그러나 이후 모차르트 효과의 허상이 드러나게 된다. 1996년 영국의 한 연구팀이 BBC 방송의 도움을 받아 10~11세 영국 초등학교 5학년 학생들 약 8,000명을 대상으로 시공간능력 테스트 전 10분간 모차르트의 음악, 블러(Blur) 밴드의 음악, 언어 설명을 듣게 한 결과 영국의 록 밴드 블러의 음악을 들은 집단의 점수가 가장 높게 나타났다.[63] 모차르트가 아닌 블러 효과가 나타난 것이다. 실험 결과는 모차르트의 음악이 아동들을 똑똑하게 만드는 것이 아니라 긍정적 정서와 적절한 각성을 일으키는 음악적 요소가 자극으로 작용할 때 인지수행능력이 향상된다는 것을 입증한 것이었다.

그렇다면 똑같은 실험을 우리나라 10~11세 초등학생 5학년 학생들에게 한다면 어떤 결과가 나올까? 과연 영국과 똑같은 결과가 나올까? 당연히 그렇지 않을 것이라고 나는 장담한다. 왜냐하면 블러 밴드의 음악은 우리나라 어린이들에게 생소한 음악이기 때문이다. 블러는 영국인들에게 꽤 유명하고 친숙한 음악밴드로 그들의 음악은 어쩌면 대부분의 초등학생에게 모차르트보다 더 익숙하고 기분 좋은 노래였을 것이다. 결국 인지수행능력에 직접적인 영향을 미치는 것은 모차르트라는 특정 작곡가의 음악이 아니라 음악 자체의 정서와 환기 수준이라는 결론을 낼 수 있다.

이 실험을 통해서 짐작할 수 있듯이 과학에서 추구하는 객관성, 보편성, 재현성을 지닌 치료적 음악을 선정하는 것은 결코 쉽지 않은 일이다. 그 이유는, 첫째, 음악의 수용은 개인의 주관적 경험의 문제이기 때문에 객관적 잣대를 적용하기에는 어렵기 때문이다. 둘째, 음악 선호도는 문화 의존적이기에 보편적이지 않다는 문제도 개입된다. 셋째, 음악적 경험은 유동적이기에 경험의 정확한 재현은 어렵다는 사실도 이러한 난해함을 가중시키는 원인이다. 같은 음악이라도 다른 시간, 다른 장소, 다른 사람과의 경험에 따라 달라질 수 있으므로 음악의 수용이 치료적으로 활용될 때 언제나 같은 효과를 재현할 수 있다고 보기 어렵다. 결국 우리가 복용하는 약의 효과처럼 객관적이고, 보편적이며, 재현성을 기대할 수 있는 '음악 약'의 처방은 사실상 거의 불가능한 일이다.

---

62) France H. Rauscher & Gordon Shaw & Katherin N. Ky, "Music and Spatial Task Performance," *Nature* 365 (1993): 611.

63) Glenn Schellenberg & Susan Hallam, "Music Listening and Cognitive Abilities 10-and 11-years old: The Blur Effect," *Annals of New York Academy of Science* 1060 (2005): 202-209.

그렇다고 음악치료에서 음악을 약처럼 처방하는 행위를 단순히 비과학적이란 이유로 배제해야 한다는 주장이 옳은 것은 아니다. "스트레스로 머리가 터져 버릴 것 같아요.", "우울해서 아무것도 할 수 없어요."라고 호소하며 좋은 음악을 추천해 달라는 내담자에 "그건 음악치료가 아닙니다."라고 거절하는 음악치료사는 없을 것이다. 음악치료사는 당연히 내담자에게 치료에 효과적인 '좋은 음악'을 추천하거나 직접 사용할 것이다. 여기서 의미하는 '좋은 음악'은 당연히 '약이 되는 음악', '치료적 음악'이다. 이때 내담자를 위한 좋은 음악을 선택하는 방식은 ① 음악적 요소, ② 문화적 요소, ③ 상황적 요소, ④ 목적 등을 고려하여 내담자에게 맞추어 제공해야 한다. 우선, 음악에 반응하는 인간의 보편적 성향(예를 들어, 빠르고 경쾌한 음악에 긍정적 정서반응을 보이고 느리고 낮은 에너지의 음악에 우울한 느낌을 갖는 것), 문화적 요소(연령, 사회계층, 지역 등 개인 또는 집단이 가지는 음악적 문화), 상황적 요소(개인 또는 집단이 처한 상황), 그리고 마지막으로 현재의 기분에서 목표하는 감정의 설정(예를 들어, 현재 감정이 우울이라면 음악을 통해 바라는 감정은 행복감)을 통해 치료사는 내담자에게 적절한 음악을 선택해 주어야 한다는 것이다.

결국 음악치료사는 "스트레스에는 모차르트 피아노곡을 들으세요.", "수면을 위해 바흐의 골드베르크 변주곡을 들으세요."라고 일방적으로 '음악 약'을 처방해 주는 사람이기보다는 내담자의 심리, 신체, 문화, 교육 등 전반적인 상태를 고려하여 음악을 선정해 줄 수 있는 능력을 갖추어야 한다.

그러나 분명히 해야 할 것은 이러한 방식의 음악 처방이 음악치료의 전부는 아니라는 점이다. 음악 처방은 음악치료의 극히 일부에 해당한다. 음악치료의 궁극적인 목적은 음악을 통해 내담자의 음악 외적 영역의 변화를 가져오는 것이므로 일시적인 감정의 변화를 목적으로 음악을 처방하는 것을 치료의 전부로 볼 수는 없기 때문이다. 우울한 기분이 일시적이라면 음악을 통해 기분의 변화를 가져올 수 있지만 우울의 원인이 내면의 엉켜 있는 감정과 사고의 복합적 형태라면, 심지어 의식에서 인지하지 못하는 무의식의 작용이라면 일시적인 음악 처방은 궁극적인 해결책이 될 수 없고 따라서 음악치료의 최종 목적이 될 수도 없는 것이다. 근본적인 해결을 위해서는 우울의 원인을 찾고 해결을 위한 중재의 과정이 필요하다. 이것이 진정한 의미의 음악치료에 해당된다.

역사 속의 음악 처방

성경 사무엘 상 16장 23절에는 "하나님께서 부리시는 악령이 사울에게 이를 때에 다윗이 수금을 들고 와서 이를 탄즉 사울이 상쾌하여 낫고 악령이 떠나더라."라고 기록되어 있다. 이 기록을 해석해 보면 당시 심한 마음의 병을 앓고 있던 사울왕을 다윗이 음악으로 치료했음을 알 수 있다. 그런데 왜 음악일까? 당시의 사회문화적 상황을 고려하면 사울왕의 치료에 왜 음악이 사용되었는지 추측할 수 있다.

시기는 약 기원전 11세기이고 종교적으로 엄격한 이스라엘이라는 국가의 왕이 병에 걸렸다. 그것도 신의 저주라고 여겨지는 정신병이다. 당시 우울증과 같은 정신의 문제는 신의 저주, 또는 악령에 씐 것으로 여겨졌는데 왕이 이런 심각한 문제를 갖고 있다니……. 지금도 그렇지만 국가 최고 통수권자의 건강은 특급 비밀이었을 것이다. 그런데 당시로서는 주술 외에 별다른 치료법을 찾을 수 없었던 상황에서 비공개적으로 사울왕을 치료할 수 있는 가장 공식적이면서 왕의 비밀을 지킬 수 있는 방법은 음악뿐이었던 것이다. 어느 문화에서나 음악 연주회는 왕을 기쁘게 하기 위한 당연한 의례였기 때문이다. 그래서 최측근인 다윗을 불러 수금을 연주하게 하였고 그 음악을 통해 오늘날의 언어로 표현하자면 스트레스, 우울, 불면, 강박과 같은 마음의 병을 없애지 않았을까? 그렇다면 다윗은 사울왕을 위하여 어떠한 연주를 해 주었을까? 기록은 사용된 악기가 하프류의 악기라는 것만을 말해 줄 뿐 음악에 대한 내용은 없다.

역사 속의 음악 처방 일화 중 현재 우리도 감상할 수 있는 음악이 있다. 바로 바흐(J. S. Bach, 1685~1750)의 골드베르크 변주곡이다. 이 곡은 1741년경 러시아의 백작 카이저링크를 위해 만들어진 곡이라고 한다. 카이저링크 백작은 불면증을 치료하기 위해 수면제 대용으로 쓰일 수 있는 곡을 바흐에게 의뢰했고, 바흐는 자신에게 궁정 음악가 자리를 얻을 수 있도록 많은 도움을 준 백작에게 보답하는 마음으로 이 곡을 작곡해 보냈다. 이 음악이 오늘날 바흐의 피아노 연습곡으로 유명한 골드베르크 변주곡(Goldberg Variation BWV.988)이다. 당시 백작의 개인 연주자였던 골드베르크의 이름을 따서 바흐가 골드베르크 변주곡이라고 이름을 붙였다고 전해진다. 이러한 일화로 이 음악은 시중에서 불면증에 좋은 음악으로 팔리고 있다.

골드베르크 변주곡

4) 음악심리치료와 심리치료

'음악치료'라는 말에는 '음악으로 사람의 마음을 치료함'이라는 심리치료적 개념이 동반된다. 때론 음악치료가 곧 심리치료라고 인식되기도 한다. 그러나 음악치료는 심리치료적인 영역뿐만 아니라 의료 영역이나 특수교육에서도 적용되어 왔다. 즉, '마음'이라는 추상적인 내용의 변화뿐만 아니라 내담자의 운동, 행동, 언어와 같이 표면적으로 드러나는 영역에서도 음악의 치료적 사용은 일반적이다. 그래서 심리치료적인 부분에 초점을 두는 음악치료와 다른 음악치료를 구분하기 위해 '음악심리치료(music psychotherapy)'라는 특정 분야가 등장한 것이다. 물론 이러한 구분은 미국을 중심으로 한 북미 음악에서 행해지고 있는 것이다. 유럽에서의 음악치료는 이미 그 태생부터 음악심리치료였다.[64]

음악심리치료와 전통적인 심리치료는 내담자의 정신건강을 위해 다양한 심리학적 이론을 바탕으로 중재한다는 점에서는 같다. 음악치료 모델 중 분석적 음악치료(Analytic Music Therapy: AMT), 심상음악치료(Guided Imagery and Music: GIM), 성악심리치료(vocal psychotherapy)는 각각 프로이트, 융, 위니컷 등의 심층심리학적 이론을 기반으로 하고 있다. 또한 '인지행동 음악치료', '긍정심리 음악치료', '수용전념 음악치료' 등 이미 심리학에서 사용되고 있는 이론과 방법을 음악치료 안에서 재구성하여 임상에서 적용하기도 한다. 전통적인 심리치료에서 대화, 말이라는 수단으로 심리치료를 진행한다면 음악심리치료는 음악감상, 음악 만들기, 악기 연주, 노래와 같은 음악활동이 치료를 위한 수단으로 추가된다. 브루시아에 따르면 이때 내담자와 치료사의 말, 대화 그리고 음악활동의 비중과 역할에 따

64) Aigen, 같은 책, 22.

라 음악치료행위는 다음과 같이 네 가지 층위로 구분된다.[65]

(1) 치료로서의 음악

치료에서 음악적 경험 자체만으로도 치료적 이슈가 드러나고 해결되는 것에 해당한다. 기존의 작곡된 음악의 재창조연주, 즉흥적으로 음악을 만들기, 음악감상 등 음악활동을 통해서 내담자가 긍정적 변화에 대한 강한 동기부여를 갖게 된다면, 또 긍정적인 정서, 사고, 행동으로 변화했다면, 그것은 음악이 치료제가 되는 치료로서의 음악(music as therapy)이다. 음악감상이나 연주를 통한 카타르시스, 성취감, 깨달음, 영적 체험 등이 이에 해당된다.

(2) 음악중심의 심리치료

음악중심의 심리치료(music-centered psychotherapy)는 음악활동을 통해 치료적 이슈가 제기되고 해결되는 것을 지칭한다. 이때 말은 내담자의 음악적 경험 그리고 그와 관련된 치료적 이슈에 대한 이해를 돕기 위해 사용된다.

(3) 심리치료에서 음악

언어와 음악은 치료적 이슈를 탐색하고 통찰에 이르기 위한 방법으로 사용된다. 음악 중심의 심리치료와 굳이 차이를 둔다면 치료에서 언어의 역할과 중요성의 비중이 높다는 것이다. 음악 중심의 심리치료가 음악적 표현, 경험에 임상적 가치를 두는 치료과정이라면 '심리치료에서 음악(music in psychotherapy)'은 대화, 표현, 통찰을 유도하고 안내하는 매개가 된다. 다시 말해 음악이 치료적 목적을 이루는 데 중요한 역할을 하지만 '심리치료로서 음악', '음악중심의 심리치료'에서처럼 음악적 활동과 경험 자체가 임상적 의미를 지니는 변형적 치료(transformative therapy)[66]의 성격은 아니다. 오히려 언어적 중재를 통해 치료에 필요한 통찰에 이르게 한다는 점에서 통찰치료(insight therapy)의 형태로 보는 것이 옳다.

---

65) Kenneth Brucia, "The Introduction of Music Psychotherapy," in *The Dynamics of Music Psychotherapy*, ed. Kennth Bruscia(Gilsum, NH: Barcelona Publishers, 1998), 2-3의 내용을 저자가 재기술한 것이다.

66) 변형적 치료(transformative therapy)는 심리치료에서 부적응적 사고, 감정, 행동 등을 적응적으로 변환시키는 것을 의미한다. 광의에서 모든 치료는 변형적 치료이다. 예술치료(음악, 미술, 무용, 문학 등)에서는 예술적 경험이 내담자의 변화를 유도하는 핵심적인 요인으로 작용하며, 이러한 치료를 변형적 치료라고 한다. 예를 들어, 감정의 내용을 예술활동을 통해 표현하고 카타르시스를 경험한 후 심리적 변화가 이루어지는 과정이 변형적 치료에 해당한다. 이 글에서 변형적 치료와 통찰치료로 구분한 것은 음악이라는 경험 중심의 치료와 말을 통한 이성적 통찰(insight)을 중요시하는 전통적 심리치료 간의 차이를 구분하기 위해서이다.

(4) 음악을 사용하는 언어적 심리치료

음악을 사용하는 언어적 심리치료(verbal psychotherapy with music)는 언어 중심의 심리상담치료에 가깝다. 말, 대화 중심으로 치료가 진행되며 음악은 치료를 촉진하기 위한 보조적 수단으로 사용된다.

이와 같은 브루시아의 구분은 음악심리치료에서 음악의 비중과 역할에 대한 것으로, 근본적으로 심리치료사와 음악심리치료사 사이에 일어날 수 있는 정체성의 구분을 위한 제시는 아니다. 오히려 음악심리치료와 심리치료 사이의 연결고리가 얼마나 견고한지를 보여주는 예라고 볼 수 있다. 심리치료와 음악심리치료는 인간의 감정, 행동, 사고의 변화를 목적으로 심리학적 이론과 치료적 기법을 기반으로 접근한다는 점에서 같다.

하지만 심리치료와 음악심리치료 간에 변별적 특성은 분명히 존재한다. 음악이 심리치료적 차원에서 작동되는 경우는 세 가지 경우로 나누어 볼 수 있다.

첫째, 음악가들이 사람들에게 감동을 주는 경우이다. 무대 위 열광적인 음악은 우리의 스트레스를 풀어 주기도 한다. 병원 로비에서 울리는 아름다운 선율은 환자들을 우울과 통증으로부터 잠시나마 해방시켜 준다. 우연히 거리에서 버스킹하는 가수의 노래 가사는 삶에 대한 새로운 통찰을 제공하기도 한다. 일상에서 흔히 일어나는 이러한 음악적 경험은 일시적이지만 분명 넓은 의미에서의 심리치료적 효과로 이어지기도 한다. 그러나 이러한 음악적 경험을 '치료적'이라고 할 수는 있어도 '치료'라고 말할 수는 없다. 이들 음악가들을 '치료하는 음악가'라고 할 수는 있어도 '음악치료사'라고 할 수는 없다. 치료사로서의 자격을 갖추지 않았을 뿐만 아니라, 음악이 치료적 목적으로 사용되지 않았기 때문이다. 여기서 음악의 목적은 즐거움과 감동이다. 치료적 효과는 부수적인 것이다.

둘째, 심리치료사 또는 정신 의료계 관련자들이 치료를 목적으로 음악을 활용하는 경우이다. 심리치료사와 정신과 의료진이 치료에서 음악, 미술, 문학, 연극과 같은 예술 매체를 활용하는 일은 흔히 볼 수 있다. 이들은 음악치료사로서 훈련을 받지 않았지만 치료를 위해 음악을 보조적으로 사용한다. 치료에서 음악은 때론 오락으로, 때론 내담자의 심리상태를 진단하는 수단으로, 때론 내담자의 감정표현 도구가 된다. 물론 음악치료사의 관점에서 보았을 때 이들의 음악 중재에서 전문성을 인정하고 신뢰하기 힘들겠지만 풍부한 음악적 경험과 지식을 가진 심리치료사가 치료에서 음악을 사용하는 것은 윤리적으로 전혀 문제가 되지는 않는다. 여기서 음악은 치료를 목적으로 한다. 하지만 음악의 활용 형태는 한정되어 있다.

셋째, 음악심리치료사가 하는 전문음악치료의 경우이다. 전문적인 음악치료 학위과정을 이수하고 자격을 갖춘 사람들로 내담자의 감정, 행동, 사고의 변화에 동인으로 작용하는 치료적 요소에 음악적 경험(experience), 음악적 통찰(insight), 음악적 소통(communication)의 수준과 강도를 조율한다. 치료사는 내담자의 표현에 지지적 음악으로 함께하고 있음을 인식하게 하거나 때론 내담자가 차마 표현하지 못하는 내용을 대신 음악으로 표현해 주기도 한다. 치료사는 내담자의 필요에 따라 보호자처럼, 지지자처럼, 동반자처럼 음악을 조율한다. 심리치료에서 치료사와 내담자의 소통은 경청하고 말하는 것이 번갈아 이어짐으로써 이루어지는 반면, 음악심리치료에서 치료사와 내담자는 동시에 음악 안에서 소통한다. 이때 치료사와 내담자는 음악적 소통 안에서 동맹관계, 전이, 역전이, 저항과 같은 역동적 관계를 유지하게 된다. 여기서 음악은 치료 목적을 위한 수단이자 방법이 되며 음악의 활용은 맞춤형으로 진행된다.

한편, 음악을 치료의 도구로 사용하는 음악심리치료에서 예술의 본질인 아름다움의 경험은 치료적 요소 중 하나이다. 물론 치료에서 예술작품에 대한 해석은 종종 논란의 중심에 있어 왔다. 영국의 예술치료사협회 회장 월러(D. Waller)는 '아름다움은 예술을 활용한 심리치료에서 고민할 사항이 아니다.', 또 달리(T. Dalley)는 '미학적 기준은 예술치료에 있어 전혀 중요하지 않다.'라고 주장하기도 한다. 주로 미술치료에서 내담자의 작품 평가에 관한 내용으로 진단과 표현의 도구로서 예술의 치료적 가치를 인정하지만 '예술적 가치를 가져야만 치료적'인 것은 아니라는 의미를 내포하고 있다. 또, 미적 체험이 치료의 필요조건은 아니라는 것이기도 하다. 반면, 프랑스의 포레스티에(R. Forestier)는 예술의 궁극적인 목적인 미적 체험이 부재한 예술치료는 예술치료의 본질을 외면한 것으로 평가한다.[67]

그렇다면 음악심리치료의 경우 음악을 통한 미적 체험은 필요조건인가? 충분조건인가? 심리학자 매슬로(A. Maslow)는 사랑에 빠졌을 때나 아름다운 음악을 경험할 때와 같은 황홀한 경험이 사람을 변화하게 하는 동인이 된다고 주장한다. 그는 이러한 점에서 아름다운 음악은 심리치료와 똑같은 일을 한다고 보았다.[68] 긍정심리학에서는 긍정적 정서를 체험함으로써 부정적 정서의 독소가 해독된다고 본다. 음악을 통한 미적 체험은 당연히 부정적 정서를 희석시키는 치료적 용매이다. 내담자의 감정을 다루는 음악심리치료에서 미적 체험은 필요조건이다. 음악심리치료에서 음악행동은 치료와 감동 모두를 목적으로 한다.

---

67) Richard Forestier, 『예술치료의 모든 것』, 김익진 역(강원: 강원대학교 출판부, 2013), 40.

68) Thomas Schafer, Mario Smukalla & Sarah A. Oelker, "How Music Changes Our Lives: A Qualitative Study of Long-Term Intense Musical Experience," *Psychology of Music* 42(2014): 527.

음악치료 안에서 음악적 아름다움을 경험하는 것은 치료적 요인을 내포하고 있으므로 치료사는 내담자가 미적 경험을 가질 수 있도록 음악적 환경을 조성해야 한다. 결국 음악치료사는 치료사이자 예술가이어야 하는 것이다.

5) 음악치료 정의의 다양성

제2차 세계 대전 이후 음악치료는 '음악치료학'이라는 학문의 영역으로 인정받고 있으며 음악치료학을 공부하고 자격을 갖춘 '음악치료사'들은 북미, 남미, 유럽, 오세아니아, 아시아, 아프리카 등 많은 나라에서 일하고 있다. 그런데 '음악치료'의 정의는 나라마다 조금씩 상이하다. 우선, 현대 음악치료가 탄생한 미국 음악치료협회의 음악치료 정의는 다음과 같다.

> 음악치료는 치료적 관계 안에서 자격을 갖춘 전문 음악치료사가 치료 목적을 달성하기 위해 임상적 그리고 근거기반의 음악 중재를 시행하는 것이다. 음악치료 중재는 건강증진, 스트레스 관리, 통증완화, 감정 표현하기, 기억력 향상, 의사소통 향상, 신체 재활 촉진, 그 외 다양한 의료 및 교육적 목적하에 이루어진다.[69]

이 정의는 음악치료를 시행하는 사람이 음악치료 학위와 자격증을 가진 사람이라는 것과 근거기반의 음악 사용이라는 과학적 측면을 강조하고 있다. 좀 더 상술하자면 정신적 · 신체적 건강의 회복과 증진을 원하는 내담자를 정규 학위 과정을 통해 음악치료를 공부하고 자격증을 취득한 음악치료 전문가가 음악을 과학적 근거에 기반한 방법과 체계적 과정으로 사용해야 한다는 것이다. 즉, 전문성과 체계성이 강조되고 있다.

영국 전문음악치료사협회(Association of Professional Music Therapists: APMT)에서의 정의는 다음과 같다.

> 음악치료는 내담자와 치료사 사이의 상호적 관계의 기본틀을 제공한다. (내담자와 치료사와의) 관계의 성숙(성장)은 내담자의 상태뿐만 아니라 치료의 형태에도 변화를 일으킨다. 치료사는 임상적 환경에서 음악을 창의적으로 사용함으로써 내담자와 상호관계를

69) America Music Therapy Association(AMTA) 홈페이지 음악치료 정의 참조(https://www.musictherapy.org/about/musictherapy/).

확립하려 하는데 이러한 내담자와의 음악적 경험의 공유는 치료적 목적을 성취하게 한다. 치료사는 내담자의 병리와 개인적 요구에 대한 이해를 기반으로 치료 목적을 설정한다.[70]

영국 전문음악치료사협회의 정의는 음악치료와 음악치료사의 정체성과 전문성에 대한 언급이 없이 치료의 형태와 치료사와 내담자와의 관계, 성장, 창조적 음악이라는 다소 추상적인 개념으로 음악치료에 대하여 정의하고 있지만 치료사와 내담자 그리고 음악적 경험과 사용이라는 음악치료의 본질에 대하여 설명하고 있다. 전체적으로 음악치료에 대한 정의는 관계를 중요시하는 심리치료 특히 정신분석적 치료를 정의하는 프레임과 유사하다.

독일 음악치료협회(Deutsch Musiktherapeutische Desellschaft)는 음악치료에 대하여 다음과 같이 정의하고 있다.

> 음악치료는 의학, 사회과학, 심리학, 음악학 그리고 교육학과 밀접하게 상호작용하는 '임상중심의 과학분야'이다. 본질적으로 음악치료는 약물 및 물리치료와 달리 심리치료적 특징을 갖는다. 음악치료 방법은 동등한 기반에서 심층심리학, 행동치료–학습이론, 체계적, 인지학적 그리고 전체론적-인본주의 접근방식을 따른다.[71]

독일 음악치료의 정의는 음악치료가 약물치료나 물리치료와 같이 몸에 물리적 변화를 일으키는 치료가 아니라 심리치료라는 점을 강조하고 있다. 또, 심리치료적 이론의 적용에 있어서 어떤 특정 이론에 치우치지 않고 동등하게 다양한 심리학적 이론을 기반으로 한다는 점이 기술되어 있다.

프랑스 음악치료협회에서의 음악치료 정의는 다음과 같다.

> 음악치료는 모든 형태의 소리와 음악을 표현, 의사소통, 성격의 구조화, 관계분석의 수단으로 사용하는 것이다. 이것은 임상(심리치료) 또는 심리교육학적, 사회적 프레임워크의 일부이다. 음악치료는 개인 또는 그룹으로 모든 연령대에서 시행된다. 음악감상(수용적 음악치료), 음악 연주(적극적 음악치료) 또는 이 두 가지를 조합하는 많은 기술이 있다.[72]

---

70) Lesley Bunt & Sarah Hoskyns, "Setting the Scene," in *The Handbook of Music Therapy,* ed. L. Bunt & S. Hoskyns (London & New York: Routledge, 2002), 10.

71) Deutsch Msuiktherapuetische Gesellscahaft 홈페이지 음악치료 정의 참조(https://www.musiktherapie.de/musiktherapie/was-ist-musiktherapie/).

영국, 독일과 프랑스의 음악치료에 대한 정의에는 미국과는 다소 상이한 점이 보인다. 유럽인들은 미국인들과 달리 음악치료가 태생적으로 음악심리치료인 것으로 인식하고 있다. 이러한 현상은 남아메리카 음악치료 사회에서도 마찬가지이다.[73]

음악치료에 대한 정의는 기본적으로 음악을 치료의 도구로 사용한다는 개념적 이해는 같지만 다소 상이한 차이점이 나타난다. 음악치료라는 학문에 대한 문화적 · 학문적 관점이 다르기 때문이다. 세계음악치료연맹(The World Federation for Music Therapy: WFMT)에서는 이러한 차이점을 포괄하는 다음과 같은 정의를 내리고 있다.[74]

> 음악치료는 삶의 질 최적화와 신체적, 사회적, 의사소통적, 정서적, 지적, 영적 건강과 웰빙의 증진을 추구하는 개인, 집단, 가족, 또는 공동체의 의료, 교육, 일상적 활동에 개입하는 음악과 그 요소들을 전문적으로 사용하는 것이다. 음악치료 연구, 임상, 교육 그리고 임상훈련은 문화적, 사회적, 정치적 맥락에 따라 전문적인 기준에 기초한다.

세계음악치료연맹에서는 다양한 문화와 사회에서 이루어지는 음악치료를 고려하기 위한 방편으로 '맥락적'이라는 단어로 음악치료의 연구, 임상, 교육, 임상훈련에서 다양성과 차이점을 인정하는 부분을 추가하고 있다. 다시 말해 음악치료에 대한 정의에서 심리치료적 이해가 강한 유럽의 전통, 미국을 중심으로 한 북미권의 재활, 심리, 교육 등 다양한 영역에서 사용되는 광의의 음악치료를 모두 포괄하는 내용이다. 물론 세계음악치료연맹의 정의에는 아시아, 오세아니아, 아프리카, 남아메리카 등 다양한 문화권의 음악치료에 대한 이해와 적용의 유연한 이해가 담겨 있기도 하다.

6) 음악치료의 정의와 이슈

(1) 음악치료의 정의

음악치료가 학문, 임상의 영역으로 자리를 잡게 되면서 음악치료에 대한 정의는 조금씩

72) Association Fransaise de Musicotherapie 홈페이지 음악치료 정의 참조(https://www.afm-musicotherapie.org/la-musicotherapie).

73) Aigen, 같은 책, 22.

74) Jane Edwards, "Conceptualizing Music Therapy: Five Areas that Frame the Field," in *The Oxford Handbook of Music Therapy* ed, Jane Edwards(Oxford University Press, 2015), 3.

진화하고 있다. '음악을 치료에 사용하는 것'과 같이 '음악'과 '치료'라는 단어 조합의 단순 개념적 해석에서 음악치료의 전문성, 과학성, 학문적 정체성을 표명하는 정의들이 음악치료라는 치료행위를 한정하고 있다. 미국의 경우 음악을 치료에 사용하는 사람의 자격, 치료 목적에 맞고 근거에 기반한 음악 중재라는 점을 강조함으로써 음악치료가 전문 지식과 기술을 필요로 하는 영역이라는 주장을 하고 있는 듯 보인다.

의사는 의학적 지식을 기반으로 진단하고 약을 처방하고 수술을 한다. 심리치료사는 심리치료를 위한 심리측정과 고유한 심리치료적 방법을 활용한다. 물리치료사는 몸에 대한 지식과 치료를 위한 기술을 필요로 한다. 언어치료사 역시 마찬가지이다. 앞서 언급된 분야들은 모두 자격시험을 요구하는 분야로 지식과 기술을 필요로 한다. 이처럼 음악치료도 전문적인 지식과 기술이 필요한 직업임을 모든 음악치료의 정의에서 공히 밝히고 있다.

그렇다면 '우리에게 음악치료란 무엇인가?'라는 질문에 우리는 어떠한 입장에서 설명할 수 있을까? 미국, 영국, 독일, 프랑스 그리고 세계음악치료연맹에서 제시한 음악치료의 정의를 기반으로 핵심사항을 정의해 보면 다음과 같다.

- 음악치료는 자격을 갖춘 훈련된 음악치료사에 의해 시행된다.
- 음악치료는 내담자의 건강한 변화를 목적으로 시행된다.
- 음악치료 중재는 심리, 사회, 재활, 의료, 교육 등 타 학문과의 융합적 이론을 기반으로 체계적이고 과학적인 근거에 기반하여 시행된다.
- 음악치료에서 음악은 개인과 개인 또는 개인과 그 개인이 속한 집단과의 관계적 경험이다.

(2) 음악치료의 정의에서 이슈: 예술적 감흥

이상에서 살펴본 바와 같이 음악치료를 정의하기 위해서는 음악치료사의 전문성, 중재의 과학성, 치료 목적의 구체성 등이 제시되고 있다. 그런데 이 정의들을 분석하면서 드는 의문점은 정작 음악치료에서 중요한 음악적 경험에 대한 구체적인 언급이 어디에도 없다는 사실이다. 음악을 단순히 물리적 자극제로만 사용한다면 학습, 행동수정, 재활 훈련에 어떻게 사용할지에 대한 지식과 기술만 필요하다. 그런데 음악치료에서는 음악이 심리적 변화를 유도하는 과정에서 음악을 통한 절정 체험, 미적 체험과 같은 예술적 감흥의 역할이 중요하다. 여기서 예술적 감흥이란 말은 거창한 예술론을 의미하는 것은 아니다. 누군가에게 베토벤의 운명 교향곡이 영혼을 울리는 명작인 것처럼 5세의 자폐증 아동에게 세상에서 처음 듣는

〈반짝반짝 작은 별〉이란 동요가 기쁘고, 즐겁고, 생기 있는 느낌을 주는 예술적 경험이 될 수 있다. 때론 치료사의 어떠한 개입보다 음악 자체가 주는 예술적 감흥이 치료적 요소로 작용하기도 한다. 음악치료에서는 이것을 치료로서의 음악(music as therapy)이라고 한다.

이처럼 음악치료에서 음악적 경험 자체의 치료적 가치가 인정됨에도 불구하고 예술적 감흥은 좀처럼 언급되지 않고 있다. 프랑스의 음악치료사 포레스티에는 예술치료에 예술적 감흥 또는 감동이 있다는 점이 다른 물리치료나 언어치료와의 차이점이라고 주장한다. 즉, 음악을 포함한 다른 예술치료의 고유함이 바로 예술적 감흥이라는 점을 강조하고 그것의 치료적 가치와 영향력의 중요성을 강조하는 것이다. 물론 음악치료에서 음악적 경험은 단순 오락음악에서부터 심층적 예술음악까지 그 폭과 깊이가 다양하다. 그리고 오락음악, 예술음악을 구분하여 각각의 특징과 효과를 종합적으로 설명하는 것도 어렵다. 각각의 기능과 역할 그리고 효과도 다르기 때문이다. 그럼에도 우리가 음악치료에서 절대 간과해서는 안 되는 부분이 바로 예술적 감흥, 즉 음악의 예술성에 대한 치료적 가치이다.

제 2 장

음악치료의 이론적 토대

1. 음악과 진화
2. 음악과 두뇌
3. 음악과 감정

내용 미리보기

1. 음악치료학적 관점에서 음악의 기원과 인류의 음악활동에 대한 고찰은 우리 삶에 있어 음악이 어떠한 유용성을 지니는가에 대한 근원적인 탐색이다.
2. 인류 진화 과정에서 음악은 인류의 생존에 꼭 필요한 적응의 산물이라는 주장과 언어발달 과정에서 우연히 탄생한 우연의 산물이라는 주장이 제기되고 있다. 적응의 산물로서의 음악의 기원 가설은 성선택설에 기반한 음악의 구애론, 어머니와 아기와의 관계와 소통에서 기원했다는 모자론, 그리고 집단 사회의 통합과 협력을 위한 수단으로 사용되었다는 사회유대론을 들 수 있다.
3. 음악이 인류 진화 과정에서 언어의 우연한 부산물이라는 주장은 음악이 치료적으로 활용될 수 있음을 암시하는 두 가지 요소를 담고 있다. 첫째, 음악과 언어의 뇌신경망의 중첩이다. 음악과 언어가 뇌에서 중첩적인 신경망을 형성한다는 것은 언어와 음악이 상호 의존적 또는 상호 보상적 기능을 수행할 수 있음을 의미한다. 둘째, 음악의 쾌락적 요소이다. 음악행위가 주는 쾌락은 인간의 정서를 풍요롭게 하는 적응적 기제이며 영양제이다.
4. 음악이 인류의 진화에서 생존에 필수적인 '적응적 산물'이라는 가설에 따르면 인간의 음악을 통한 표현, 공감, 소통이라는 행위는 생존 본능이다. 따라서 이 이론은 음악치료적 관점에서 보았을 때 음악이 인간의 건강과 안녕 그리고 소통능력을 향상시키는 치료적 기제로 활용될 수 있음을 뒷받침해 주고 있는 것이다.
5. 음악신경과학은 음악치료라는 응용학문의 기초가 된다. 뇌의 음악활동, 음악적 두뇌에 대한 이해는 근거기반의 과학적 음악치료를 위한 전제조건이 되기 때문이다.
6. 1745년 스웨덴 과학 아카데미 학술지에 올로 폰 대린이 음악은 우뇌가 관장한다고 주장한 이후 19세기 브로카에 의해 언어 관장 영역이 좌뇌라는 것이 발견되면서 '언어중추는 좌뇌', '음악 중추는 우뇌'라는 이분적 이해가 지배적이었다. 그러나 20세기에 들어서면서 언어중추가 좌뇌라는 점은 인정하지만 음악을 우뇌에서 관장한다는 우뇌 음악중추이론은 맞지 않는 것임이 증명된다. 현재 뇌신경과학에서는 음악과 관련된 뇌 기능은 개별적인 부분이 아닌 전체 시스템으로 이해해야 하며 언어영역처럼 뇌에 음악영역이 따로 존재하는 것이 아니라 음악 관련 신경망(music related neuronal network)이 존재하는 것으로 본다.
7. 소리는 물체의 진동, 공기의 진동이라는 물리적 현상에서 고막의 진동, 귓속뼈와 달팽이관을 거쳐 청각신경의 흥분이라는 생리적 과정을 통해 뇌의 측두엽에서 지각하게 된다.
8. 인간의 가청 영역은 20~20,000Hz이지만 노화와 함께 가청 영역은 줄어든다.
9. 지구의 평균 진동은 7~12Hz로 이 진동은 인간이 가장 안정감을 느끼는 뇌파 상태인 알파파와 일치한다.
10. 우리가 음악적 정보를 범주화하는 방식으로는 선천적으로 타고난 지각적 범주화, 학습에 의해 형성된 개념적 범주화, 암묵적 기억이 작용하는 정서적 범주화가 있다.
11. 우리가 노래와 연주라는 음악활동을 할 때 우리 뇌는 전 영역에서 활성화된다. 음악 지각은 측두엽, 음악의 반사적 운동 반응은 소뇌, 음악적 기억은 해마, 음악적 맥락에 대한 예상과 연주를 위한 운동 실행 명령은

전두엽, 노래하기는 브로카 영역, 악기 연주는 운동피질과 감각피질, 악보 보기는 후두엽이 활성화된다.

12. 음악 모듈성(music modularity)은 뇌에서 음악이 얼마나 많은 분절된 단위로 서로 복잡하게 얽혀서 정보를 처리하는지 보여 주는 개념이다.

13. 음악뇌전증, 음악환청, 음악공감각, 실음악증은 음악 관련 신경학적 장애이다.

14. 감정이라는 내적 역동은 주관적 판단에 의한 것으로 그 경험에 대해 우리는 생리적으로 반응하고 상황에 적절한 대처 반응을 하려는 동기를 갖게 되며 그것을 사회적으로 표현한다.

15. 인간의 행동은 사고와 감정의 결과물이다. 사고는 감정이라는 엔진이 추진력 있게 작동해야 행동으로 나타나고, 감정은 사고라는 제어 장치가 있어야 사회적으로 용납되는 방식으로 표출된다.

16. 감정은 행동 동기화 시스템을 작동시키는데 그 동기 시스템은 본능적, 원초적인 피질하 경로와 문화, 사회적 학습에 의한 대뇌피질의 경로가 있다. 감정의 판독은 우리의 행동 동기화 시스템을 작동시킨다.

17. 음악적 감정은 음악 자체가 가지는 특징적 요소, 청자, 그리고 청자가 어떠한 맥락과 환경에서 음악을 경험하는가에 의해 형성된다.

18. 음악적 감정반응은 뇌간 반사 반응, 리듬 동조화, 평가적 조건, 감정적 전염, 시각적 심상, 에피소드 기억, 음악적 기대, 미적 판단에 의해 형성된다.

19. 음악적 감정의 측정은 대표적으로 유사한 감정을 표현하는 형용사로 군을 나누는 범주적(categorical) 방식과 수평은 정서가로 수직은 환기로 하는 2차원적(dimensional) 접근이 있다.

1. 음악과 진화

1) 음악의 기원

지금의 슬로베니아 지방에서 약 4만 년 전의 것으로 추정되는 동물의 뼈로 만든 피리가 발견되었다. 원시인류부터 음악활동을 했었다는 것을 입증할 수 있는 최초의 발견이다.

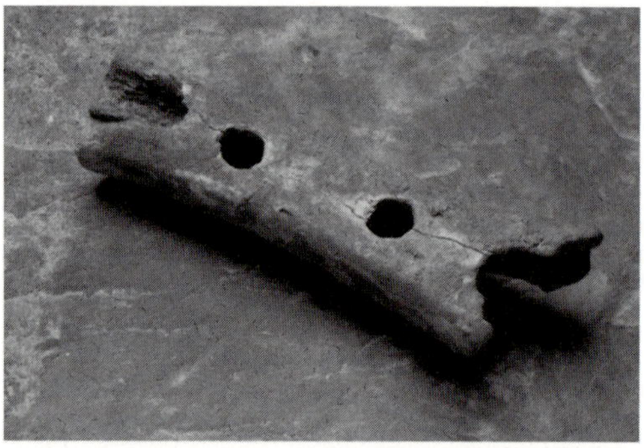

[그림 2-1] 슬로베니아 지방에서 발견된 동물의 뼈로 만든 피리

출처: https://www.nms.si/en/collections/highlights/343-Neanderthal-flute

우리 인류는 왜 음악활동을 시작했으며 지금까지 해 오고 있을까? 일부 학자들의 주장에 따르면 진화 생물학적 관점에서 볼 때 생존과 번식에 음악의 유무가 결정적인 영향을 미치지는 못한다. 인지심리학자 핑커(Steven Pinker)는 진화에서 음악은 언어발달과정 중 우연히 나타난 부산물로 청각적 치즈케이크(auditory cheesecake)라고 지칭한다. 언어발달과정에서 우연히 발생한 음악이 달콤한 치즈케이크를 먹는 것 같은 청각적 쾌락을 주었기 때문에 지금까지 이어져 왔을 뿐, 음악은 인류의 생존에 아무런 직접적인 기여를 하지 않는다는 것이다.[1] 물론 그의 주장은 음악의 기원에 관한 수많은 이론 중 하나에 불과하다. 그의 이론과 반대로 음악을 인류의 진화 과정에의 적응적 산물로 생존과 번영에 꼭 필요한 것이라고 주장하는 학자들도 많다. 각각의 이론은 우리 조상들이 음악을 삶에 어떻게, 왜 사용했는지에 대한 생물학적 그리고 진화심리학적 이론을 기반으로 형성된 가설들이다.

---

1) Steven Pinker, 『마음은 어떻게 작동하는가』, 김한영 역(서울: 소소, 2007), 809-824. 이 책에서 핑커는 음악의 진화론적 무용론을 주장하고 있다.

음악이 인류 진화 과정에서 적응의 산물인지 우연의 산물인지에 대한 정확한 답은 알 수 없다. 하지만 이 우연과 필연의 문제가 음악치료에서 그리 중요한 의미를 갖지는 않는다. 음악치료학의 관점에서 중요한 것은 인류 진화 과정에서 음악의 기원에 대한 고찰이 바로 우리 삶에서 음악의 유용성을 밝히는 일이 될 수 있다는 사실이다. 이것은 어쩌면 우리 삶에서 음악이 어떻게 치료적 요소로 작용할 수 있는지에 관한 근본적인 탐색의 과정이 될 수 있는 것이다. 음악의 기원에 관해서는 세 가지 가설이 주로 받아들여지고 있다.

(1) 구애론: 본래 음악은 구애의 수단이었다

언젠가 TV 예능 프로그램에서 사회자가 어느 유명한 작곡가에게 왜 음악가가 되었냐고 물어보았다. 그러자 작곡가는 어린 시절 교회에서 짝사랑하던 여학생에게 잘 보이기 위해 기타를 배우기 시작하면서 음악가의 길을 걷게 되었다고 답하였다. 그는 덧붙여 '만약 이 세상에 여자가 없고 남자만 있다면 난 음악가가 아닌 파이터가 되었을 것이다.'라는 말을 했다. 그의 말은 자신을 음악에 몰입하게 하는 본질적인 에너지의 원천이 음악 자체보다는 이성이었음을 의미한다. 이 인기 작곡가의 에피소드를 들으면서 역사적으로 위대한 예술가들에게 언제나 예술적 영감의 원천이 되는 뮤즈가 있었다는 것이 떠올랐다. 많은 문화에서 음악의 주제 대부분이 사랑이란 점, 또 모든 문화에서 구애할 때 부르는 사랑의 세레나데가 있다는 점, 그리고 노래를 부르는 주체는 구애하는 남자라는 공통점을 볼 때 음악이 구애에서 기원했다는 이론은 어느 정도 설득력이 있어 보인다. 여성에게 프러포즈하는 남성은 아름다운 음악으로 자신의 사랑을 표현하고 여성이 감동하는 모습은 러브스토리의 스테레오타입이라고 해도 과언이 아니다. 그러나 음악의 기원에 관한 다윈의 성선택설 이론에 따르면, 이 세레나데의 아름답고 순수한 이미지는 동물의 세계에서는 짝짓기를 목적으로 수컷이 애타게 울부짖는 소리와 다름없다.

다윈은 그의 저서 『인간의 유래, 그리고 성에 관한 선택(The descent of man, and selection in relation to sex)』에서 음악이 구애의 수단에서 기원하였다고 주장한다. 그의 이론을 요약하면 다음과 같다. '동물의 세계에서 소리, 신호음은 수컷들이 암컷을 유혹하기 위한 방법이다. 새들은 번식기에 아름다운 노래와 다양하고 신기한 울음소리를 낸다. 동물의 세계에서 나타나는 이러한 현상은 수컷이 암컷에게 자신의 매력을 호소하기 위한 수단이거나 아니면 이성을 부르는 신호음인 것이다.' 그러나 이러한 행위는 자연의 세계에서 볼 때 적에게 자신의 존재를 들켜 공격받을 수 있는 위험한 행동이다. 생존에 어떠한 도움도 되지 않고 오히려 방해만 되는 행위임에도 불구하고 존재한다면 분명 더 강력한 존재의 이유가 있다는 것을 의미한다. 그 존재의 이유가 바로 성선택설이다.[2]

성선택설은 상대방이 무엇을 선호하는지 인지할 수 있는 수준의 발달된 지능을 요구한다. 각 개체의 수컷들은 상대 암컷이 더 크고 아름다운 노래를 좋아한다는 것을 알고 있고 그것이 선택에 중요한 요인으로 작용한다는 것을 인식하고 있기 때문에 자연에서 자신의 위치를 노출시킬 수 있는 위험에도 불구하고 멀리 들릴 수 있도록 큰 소리를 낸다.

그렇다면 새보다 훨씬 지능이 높은 우리 인류 남성의 음악행위에는 어떤 의미가 들어 있을까?

음악은 현상적으로는 성선택 과정에서 사랑의 세레나데를 부르는 구애의 행위이지만 내면적으로는 자연 선택과정에서 이익이 될 만한 형질, 특성, 성향 등을 표현하는 수단이다. 그 이유로, 첫째, 음악이 몸을 쓰는 행위라는 데 집중해 볼 필요가 있다. 더 큰 소리, 더 아름다운 소리를 낸다는 것은 건강함의 지표이다. 악기를 만들고 연주한다는 것은 발달된 도구지능을 가지고 있다는 것을 의미한다. 한마디로 남성의 음악행위 자체는 육체적, 지적 능력을 과시하는 표시라고 볼 수 있는 것이다. 둘째, 남성의 음악행위는 암묵적으로 자신이 집과 양식이 모두 구비되어 음악적 여흥을 즐길 수 있을 만큼 여유롭다는 사실을 과시하기 위한 것이다. 셋째, 아름다운 음악을 연주할 때 상대방이 좋아한다는 것을 아는, 즉 상대방의 마음을 읽는 사회적 지능이 발달되어 있음을 의미한다. 요약하자면 원시시대 음악을 잘하는 남성은 건강하고, 똑똑하고, 부자이고, 여성의 마음까지 이해하는 오늘날 관점에서 보면 완벽한 이상형의 신랑감인 것이다. 종족 보존을 위해 남성은 자신의 가치를 음악으로 뽐내고 여성은 남성의 음악활동을 통해 똑똑하고 건강한 2세를 낳게 해 줄 이상적인 남편감을 신중하게 판단하는 것이다.

(2) 모자론: 음악의 시작은 엄마와 아기와의 관계이다

음악의 기원을 설명하는 또 다른 가설은 최초의 인간관계인 엄마와 아기 사이의 소통을

---

2) Kim Kleinman, "Darwin and Spencer on the Origin of Music; Is Music the Food of Love?" *Progress in Brain Research* 217 (2015): 7-8.

위해 음악이 탄생했다는 가설이다. 인간은 다른 종의 동물들과 비교했을 때 매우 무력한 상태로 태어나 오랜 시간 부모의 돌봄을 필요로 하는 존재이다. 그 이유는 인류가 직립보행으로 진화하면서 골반과 산도(출산길)가 좁아진 탓에 태아의 크기, 특히 두뇌와 신체 골격의 크기에 제약을 받았기 때문이다. 결과적으로 인류의 직립보행은 혼자서는 아무것도 할 수 없는 아기들을 태어나게 하는 결과를 낳았고 자식을 키우는 데 더 많은 시간과 에너지를 소비하게 만들었다는 것이다. 특히 주 양육자인 엄마는 적어도 생후 몇 년간은 아기의 절대적인 보호자로서 역할을 해야 한다. 이 과정에서 어머니와 아기의 긴밀한 상호작용을 돕기 위한 진화론적 기제로 특이한 소통 형태가 존재하게 되었다. 그 대표적인 유형이 바로 언어 습득 이전 유아와의 소통을 위해 엄마가 보내는 감성적 메시지인 유아어와 자장가이다. 이러한 형태의 의사소통은 감정적이고 음악적인 성격을 띠게 된다.[3]

유아어(Infant-directed speech: IDS, 유아를 지향한 말)는 아직 완전한 언어능력을 획득하지 못한 유아들에게 이야기하는 독특한 방식의 언어이다. 예를 들어, 엄마는 아기에게 이야기할 때 평상시와는 다른 억양과 용어를 쓴다('오르르 까꿍', 과도한 억양으로 '배고퐈쪄용' 등등). 유아어의 일반적인 특징은 소리는 높고, 높낮이 폭은 다양하며, 모음이 강조되어 발음이 길어지기도 하며, 쉼표가 분명하고, 어구는 짧으며, 반복된다는 점이다. 이렇게 말하는 이유는 유아들이 단어의 의미를 알아듣기 전 말의 리듬, 박자, 멜로디에 큰 관심과 반응을 보이기 때문이다. 즉, 엄마가 말하는 정보를 알아듣는 것이 아니라 엄마의 억양(intonation)에서 감정을 전달받기 때문이다. 엄마의 유아어는 과장된 운율로 언어습득 이전의 아기에게 감정을 표현하고 아기는 엄마의 감정을 읽고 공감하는 과정에서 엄마와 아기 사이에 유대감과 애착이 형성된다. 물론 이때 엄마의 얼굴표정도 소리와 함께 감정 소통에 중요한 역할을 한다.

엄마의 유아어에서 좀 더 발달된 감정의 언어가 엄마의 노래이다. 아기를 위한 엄마의 노래 중 대표적인 것은 자장가이다. 자장가는 어느 시대, 어느 문화에서나 존재하는 보편적인 음악이다. 자장가는 스코틀랜드의 자장가든 인디언의 자장가든 우리나라의 자장가든 공통된 특징이 있는데 그것은 형식적으로 4~5개 정도의 적은 음이 사용된다는 점, 음악 구조상 긴장이 없고, 보통 빠르기에서 조금 느린 빠르기로 따라 부르기가 쉽다는 점이다. 또한 가사

3) Steven Mithen, 『노래하는 네안데르탈인』, 김명주 역(서울: 뿌리와 이파리, 2008), 283.

내용도 자연과 사랑에 관한 것으로 아기에게 가장 안전하고 편안한 분위기를 만들어 준다.

(3) 사회유대론: 음악의 탄생은 사회적 유대감의 강화를 위한 것이었다

사람들은 집단을 이루어 모이면 노래를 부른다. 축구장, 야구장과 같은 스포츠 행사나, 교회를 비롯한 다양한 종교 단체들도 모이면 노래를 부른다. 또, 다양한 집단은 자신을 대표하는 음악을 가지고 있다. 애국가, 교가, 단가 등 집단의 크고 작음에 상관없이 그리고 공식적이든 비공식적이든 음악은 집단 행사에 필수 불가결한 요소처럼 보인다. 인간의 반복되는 행동은 반드시 이유가 있고 그에 따른 생리적 기제가 작용하는 것이 진화의 원리이다. 영국의 진화심리학자 던바(Robin Dunbar)는 함께 노래 부르는 행위의 목적이 집단 유대감 및 결속력 제고라고 주장한다.[4]

진화에서 협력은 생존에 매우 중요하다. 포식자 방어, 사냥, 육아 등 우리 조상들은 사실상 거의 모든 활동에 협력을 필요로 했다. 동물의 세계에서도 개체 간의 협력은 생존 확률을 높여 주기 때문에 유대감 형성에 많은 노력을 쏟는데 그 방식은 털 고르기나 이 잡아 주기 같은 사회적 그루밍(social grooming)을 통해 진행된다. 사회적 그루밍의 진화된 방식이 함께 노래하기이다. 인간은 유인원과 다르게 예술적 뇌를 발전시켰고 또 집단의 수가 커지면서 개체 간 신체적 접촉을 요구하는 사회적 그루밍이 불가능했기 때문에 그 대체 수단으로 탄생한 것이 바로 함께 노래하기라는 것이다.[5]

음악활동을 하면 뇌에서 행복감을 느끼게 하는 엔도르핀이 분비된다. 특히 집단이 함께 노래하며 율동하는 과정에서 엔도르핀 수치의 상승으로 인한 행복감이 확대되고 이는 집단원들 간의 유대감 증진으로 이어진다. 집단 음악활동이 우리 몸에 긍정적인 생화학적 변화를 일으킨다는 것은 이미 현대 과학에서 많은 실험을 통해 입증된 결과이다.[6]

진화에서 생존에 유리한 행위에는 강화를 위한 생리적 보상이 주어진다. 인간의 공동 음악활동의 목적이 협력이고 이러한 행동을 유지시키기 위해 행복감이라는 보상이 주어졌다는 것이 집단 음악활동에 대한 진화심리학적 해석이다. 집단원들의 음악활동이 유대감을 강화한다는 증거는 블래킹(John Blacking)의 남아프리카 벤다족 연구에서도 볼 수 있다. 문

4) Robin Dunbar, "The Origins and Function of Musical Performance," *Frontiers in Psychology* 14(2023): 1257390.

5) Daniel Levitin, 『호모무지쿠스』, 장호연 역(서울: 마티, 2008), 68.

6) Bronwyn Tarr, Jacques Launay & Robin Dunbar, "Music and Social Bonding: 'Self-Other' Merging and Neurohormonal Mechanisms," *Frontiers in Psychology* 5 (2014), 1096 논문 참조. 집단 음악활동의 동시성(synchronization)과 움직임(movement)은 사회적 유대감(social bonding)을 강하게 한다.

명사회와 동떨어져 원시적 삶을 살고 있는 벤다족은 부족민들이 식량이 풍부하여 사리사욕을 추구할 가능성이 있을 때 공동 음악활동을 한다. 높은 수준의 협력이 필요한 공동 음악활동을 하면서 사회 전체의 이익을 위해 함께 협력해야 할 필요를 되새기는 것이다.[7]

결국 사회유대론은 우리라는 공동체 의식을 강화시키기 위한 목적에서 음악이 기원했다는 이론이다. 그리고 그 흔적은 현재 거의 모든 문화권에 존재하고 있다.

2) 음악의 기원에 대한 치료적 함의

앞서 살펴보았듯이 음악의 기원에 관해서는 두 종류의 가설, 즉 음악이 인류의 생물학적, 사회적 진화를 위한 '적응적 기제'라는 가설과 음악은 단지 우연한 '언어의 부산물, 문화적 산물'이라는 가설이 대립하고 있다. 하지만 음악치료학의 입장에서 어떤 가설이 더 설득력이 있는가는 중요하지 않다. 중요한 것은 대립되는 이 두 종류의 가설 모두 음악이 인류의 진화 과정에서 다양한 역할을 수행하면서 음악행위가 인간의 삶에 도움이 되는 방식으로 발전해 왔으며 그 흔적은 우리의 두뇌와 심리 그리고 행동에 남아 있다는 사실을 공통적으로 인정하고 있기 때문이다.

(1) 진화 과정에서 우연이 빚어낸 음악과 음악치료

인지심리학자 핑커는 '음악은 진화에 우연한 최고의 히트상품'이라고 주장한다.[8] 그의 가설에 따르면 '진화에서 생존에 필수적인 언어가 먼저 생겨났고 그다음 음악이 우연히 발생한 것'이며 '음악은 생물학적으로 생존에 전혀 이익이 되는 산물은 아니지만 쾌락을 준다'. 그의 가설은 음악치료적 관점에서 볼 때 음악이 어떻게 치료 기능을 갖게 되는지를 이해하기 위해 핵심적 요소를 내포하고 있다. 첫째, 음악과 언어의 유사성이다. 두뇌에서 음악은 기본적으로 언어의 영역에 뿌리를 두고 파생되었으므로 음악과 언어는 뇌과학적 관점에서 볼 때 많은 유사성을 가지고 있다. 실제로 운동언어 생산을 관장하는 영역으로 알려진 우리 뇌의 브로카 영역은 음악적 통사에 관여한다. 음악과 언어를 관장하는 신경망은 중첩된다.[9] 이런 뇌과학적 사실을 뒷받침하는 예로 난독증(dyslexia)[10]을 가진 사람들에게서는 리

---

7) John Blacking, *How Musical is Man?*(London: Farber & Farber, 1973), 41-65.

8) Steven Pinker, *How the Mind Works*(New York: Norton, 1997), 528.

9) Burkhard Maess, et al., "Musical Syntax is Processed in Broca's Area: An MEG Study," *Nature Neuroscience* 4(5)(2011): 540-545.

듬, 박자, 빠르기와 같은 음악의 시간성에 관련된 정보처리에 결함이 보인다.[11] 반면, 이들은 음악의 음고, 음정, 선율적인 부분에서는 문제가 없다. 음악에서 일반적으로 멜로디는 우뇌에서, 리듬은 좌뇌에서 처리한다는 사실을 감안하면 난독증에서 나타나는 음악적 시간성의 문제는 좌뇌의 언어 관장 부위와 관련된 문제에서 기인하는 것이라는 논리적 추론이 가능하다. 물론 난독증의 원인에 대해서는 아직 밝혀지지 않았지만 글을 읽고 쓰는 문제와 음악의 시간적 정보처리의 문제가 중첩된다는 점은 매우 흥미롭다. 이처럼 음악과 언어가 뇌에서 중첩적인 신경망을 형성한다는 것은 언어와 음악이 상호 의존적 또는 상호 보상적 기능을 수행할 수 있음을 의미한다. 이런 뇌과학적 논리를 바탕으로 진행되는 것이 신경학적 음악치료이다. 신경학적 음악치료는 뇌에서 언어라는 커다란 구조물이 파괴되었을 때 구조물에 남아 있던 잔존 구성 요소들인 음악을 이용하여 복구할 수 있게 만드는 작업이다.

두 번째로 음악의 쾌락적 요소이다. 핑커는 언어 소통의 강화를 위한 쾌락 보상 채널로 음악이 이용되었다고 주장한다. 먹는 것, 성교하는 것은 종의 생존을 위해 필수적인 행동이다. 이 생물학적 행동은 우리 두뇌에 쾌락이라는 보상을 제공함으로써 반복을 위한 욕구를 자극한다. 그런데 인간은 몸에 이득이 되지 않는 음식을 먹거나, 아기를 생산할 의도가 없는 섹스를 하기도 하고 심지어 쾌락만을 목적으로 몸에 해로운 마약과 같은 중독성 약물을 복용하기도 한다. 이러한 행동들은 진화론적 입장에서 적응적 행태라고 볼 수는 없지만 우리 두뇌의 쾌락 보상체계는 원래 목적과 부합하는지에 대한 판단 없이 똑같이 쾌락을 보상해 준다. 마찬가지의 논리를 언어와 음악에 적용하면, 언어는 생존에 꼭 필요한 영양가 있는 음식인 반면, 음악은 생존에 절대적으로 필요한 것은 아니지만 먹었을 경우 달고 맛있는 치즈케이크와 같이 감각적 쾌락을 제공하는 것이다.[12] 진화에서 이러한 현상을 굴드(Steven Jay Gould)는 건축의 스팬드럴(spandrel)[13]과 비교하여 설명한다. 즉, 음악은 진화에서 언어의 부산물로 나타난 '우연한 히트상품'이며 단순 쾌락 추구 행동(pleasure-seeking behavior)이라는 해석이다.

---

10) 난독증은 정상지능을 가지고 있으며 시력에 문제가 없음에도 불구하고 글을 읽고 쓰는 데 문제가 있는 신경학적 증상이다.

11) Katie Overy, "Dyslexia and Music: From Timing Deficits to Musical Intervention," *New York Academy of Sciences* 999 (2003): 498.

12) Pinker, 같은 책, 528.

13) 스팬드럴은 아치의 꼭대기와 천장 사이의 대략 삼각형 공간을 가리키는 건축에서 유래되었다. 스팬드럴은 아치 위의 돔을 설치하는 과정에서 어쩔 수 없이 생긴 부산물이다. 진화 생물학에서는 이 삼각형 부분의 장식을 사람들이 특별한 의미가 있는 것처럼 해석하는 것에 대해 비판하면서 음악은 건축의 스팬드럴에 해당한다고 주장한다.

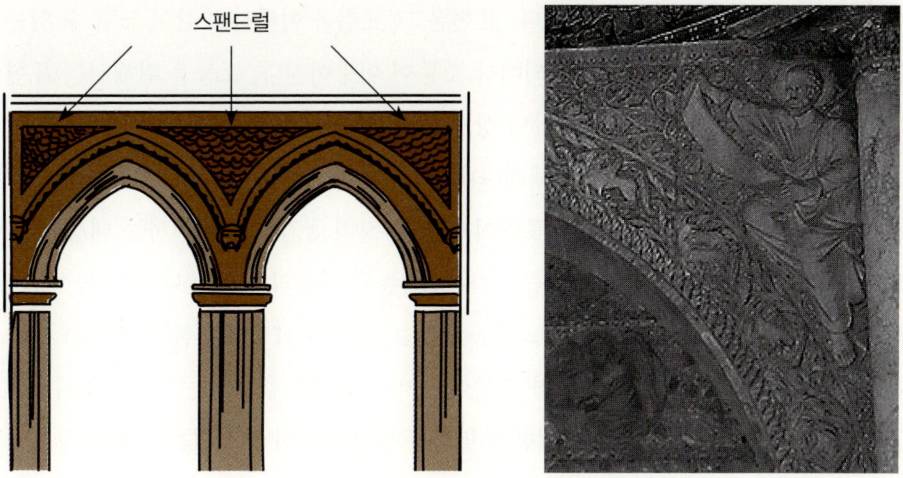

[그림 2-2] 스팬드럴

오른쪽 그림 출처: https://www.wikiwand.com/es/Constricci%C3%B3n_(biolog%C3%ADa)

굴드와 핑커의 주장은, 인류의 진화에서 음악의 역할을 폄하하는 듯한 느낌을 주긴 하지만 인류의 음악활동에 대한 보상이 즐거움, 미적 체험, 감동이라는 점을 고려한다면 충분히 공감할 부분이 있다. 무엇보다도 음악적 쾌락 추구는 식욕이나 성욕과 달리 부작용이 없는 행위이다. 생존에 꼭 필요한 욕구인 음식을 추구하는 식탐이 오늘날 비만이라는 부작용을 낳고 성욕은 성병이나 그 외 현대 사회에서 복잡한 가족 문제를 불러일으킨다. 식욕, 성욕은 진화에서 생존에 필수적이기에 뇌에 쾌락이라는 보상을 받았지만 오늘날 그 쾌락은 절제되지 못하면 심각한 문제를 불러오기도 한다. 반면, 음악을 비롯한 예술적 즐거움을 추구하는 행동은 절제되지 않는다고 해서 식욕이나 성욕 같은 수준의 문제를 야기시키지는 않는다. 오히려 음악이나 미술에 대한 끊임없는 욕구는 예술의 완성과 기술의 발전으로 이어진다. 끊임없는 예술적 욕구는 기술적 장인(artisan)이나 예술가(artist)를 만드는 힘이 된다. 음악은 달콤하지만 치즈케이크와 달리 아무리 먹어도 살이 찌지 않으며, 미적 체험은 많이 하면 할수록 인간의 정서를 풍요롭게 해 주는 일종의 영양제 같은 것이다.

(2) 표현, 소통, 공감

앞서 언급한 바 있는 음악의 기원에 관한 세 가지 가설, 즉 구애론, 모자론, 사회유대론은 진화에서 적응적 기제로서의 음악의 기능과 역할을 설명해 주고 있다. 음악치료학의 입장에서는 이 이론들 모두가 인정하고 있는 공통된 음악적 기능이 존재한다는 사실에 주목할 필요가 있다. 그 공통 기능은 표현, 소통 그리고 공감이다. 이 세 개의 기능은 서로 독립적으로 존재하지 않고 유기적으로 연결되어 있다. 표현은 그 표현을 이해하고 같이 느낄 수 있는 공감을 필요로 하며 공감 능력이 바탕이 되어야 소통이 이루어진다. 소통을 위해서는 표현이 필요하고 표현을 통해 일방적인 것이 아닌 상호적 의미를 교류할 수 있기 위해서는 공감이 필요하다. 구애를 위한 애절한 사랑의 세레나데, 아기에 대한 사랑이 가득 담긴 자장가, 집단원들 간의 우정의 노래는 모두 감정의 표현이자 그 감정이 공감되기를 원하는 대상자가 있다. 그리고 음악은 표현하는 자와 공감하는 자 사이에 놓인 일종의 소통의 다리이다.

진화심리학자 디사나야크(Ellen Dissanayake)는 인류의 예술행위를 특별화하기(making special)의 욕망으로 본다. 예술을 향한 충동에는 비일상성을 추구하는 특별화하기의 욕망이 작용하기 때문이라는 것이다.[14] 이러한 특별화하기의 욕망이 생성되는 이유는 보상이 주어지기 때문이다. 어떤 새는 짝짓기 때가 오면 놀라울 정도로 아름다운 노래를 불러 상대를 유혹한다. 또 어떤 새는 자신의 둥지를 아름답게 장식한다. 집단의 우두머리는 특별한 장식으로 자신이 우두머리임을 나타낸다. 무대 위에서 오페라 가수나 무용가들은 과장된 동작으로 무대인사를 한다. 이러한 노력의 대가는 바로 피택될 확률이 높아진다는 것이다. 모두 다른 목적이지만 특별화하기의 욕망은 이렇듯 대상으로부터 특별한 감정을 불러일으키기 위해, 일정 부분 통일된 패턴이나 형식이 부여된 미학적 표현으로 나타난다. 그런데 아름다움을 표현하기 위해서는 기술이 필요하다.

예술이라는 의미의 단어인 'art'의 그리스어 어원은 기술 'techne'이다. 플라톤은 정치론에서 '신에게 버려진 인간은 파멸에 이를 수밖에 없는데 이러한 파멸을 피하기 위해 신들이 인간에게 살아남을 수 있는 방법을 알려 주었으며 그 방법이 예술이다.'라고 말하고 있다. 여기서 예술은 인간의 제반활동을 통칭하는, 정치기술, 직조기술, 말하는 기술 등을 말한다. 이러한 활동을 통해 인간은 스스로를 돌보며(soin: 혹은 치료), 예술은 인간의 안녕을 도모하는 활동을 의미한다.[15] 따지고 보면 이미 이 시대부터 예술은 치료라는 말과 많은 의미를 공유하고 있었던 셈이다.

음악치료에서도 이러한 인간의 미학적 표출 본능은 매우 유용하게 활용될 수 있다. 아름답게 표현하기 위해서는 음악적 기술의 발전이 있어야 하고 이는 노력을 요구한다. 기술에 대한 노력은 의지(der Wille)의 발현이며 이 의지는 선택적 가치를 높이기 위한 본능적 욕구로부터 출발하는 것이다. 이 의지의 표현이 다른 이들에게 감홍으로 이어질 때 우리는 인정

---

14) Ellen Dissanayake, "The Core of Art-Making Special," *Journal of the Canadian Association for Cuurriculum Studies* 1(2) (2003): 17-18.

15) Richard Forestier, 『예술치료의 모든 것』, 김익진 역(강원대학교 출판부, 2012), 29.

받고 선택받았다는 느낌을 갖는다. 모든 종류의 치료에서 그렇듯이 음악치료에서도 이 의지는 무엇보다도 중요한 요소이다.

지금까지 우리는 음악의 기원을 설명하려는 다양한 가설이 음악의 치료적 기능과 가능성에 대한 근거로 활용될 수 있음을 살펴보았다. 음악이 인류의 진화에서 생존에 필수적인 '적응적 산물'이라는 가설에 따르면 인간의 음악을 통한 표현, 공감, 소통이라는 행위는 생존 본능이다. 따라서 이 이론은 음악치료적 관점에서 보았을 때 음악이 인간의 건강과 안녕 그리고 소통능력을 향상시키는 치료적 기제로 활용될 수 있음을 논리적으로 뒷받침해 주고 있는 것이다. 한편, 음악이 인류의 진화 과정에서 발생한 적응적 산물이 아니고 단순한 언어의 부산물이라는 가설의 경우에도 인간의 언어발달과 언어 재활치료에 음악이 얼마나 중요한 역할을 할 수 있는지를 역설적으로 인정하고 있는 셈이다. 더구나 21세기 획기적인 수준으로 발달한 뇌과학은 뇌의 발달에 있어 음악과 언어의 역할이 중요하다는 것을 이미 여러 차례 밝힌 바 있다.

결국 우리는 음악의 기원에 관한 모든 가설이 음악을 활용하여 인간의 정서적, 신체적 문제들을 해결하는 음악치료행위에, 자의든 타의든 간에, 이론적 정당성을 부여하고 있다는 점을 확인할 수 있다.

2. 음악과 두뇌

하트(heart)는 심장을 의미한다. 심장은 마음 특히 사랑을 상징하는 단어로 쓰인다. 현대과학은 이제 심장이 사랑을 관장한다고 믿지는 않지만 여전히 하트 표식은 사랑을 의미한다. '심장이 두근거린다', '가슴이 찢어진다', '간이 부었다' 등 우리가 사용하는 관용적인 표현들에서 마음과 몸의 기관이 밀접하게 연관된 것들이 많다. 일반적으로 심장, 간, 애, 위, 장 등이 들어간 표현들은 감정과 연관된 것들이 많다. 반면, 이성적인 부분은 머리와 연관 짓는다. '뜨거운 가슴 차가운 머리'라는 말처럼 머리는 감정에 휩싸이지 않는 차가운 이성을 상징한다. 그러나 이제 우리는 감정이 심장이 아닌 뇌에서 지각하고 반응하는 현상이라는 것을 안다. 사랑에 빠져 심장이 두근거리는 것도 뇌의 작용이며 분노하여 폭력적인 행동을 하는 것도 모두 뇌의 명령에 의해서이다. 우리 몸무게의 2% 정도를 차지하는 뇌가 우리를 조정한다는 것은 부정할 수 없는 사실이다.

현대 과학은 음악감상 행위를 뇌의 지각 인지 작용으로 보고 있다. 음악 연주는 뇌의 운동 명령과 그 명령을 신체가 실행하는 결과이다. 음악을 만드는 것은 뇌 안에서 일어나는 사고와 감정의 창조적 협업이다. 음악감상, 연주, 작곡을 비롯한 모든 음악적 활동은 결국 뇌에 의해 관장된다. 그러므로 근거기반의 과학적 음악치료에 대한 임상적, 사회적 관심과 요구가 커지는 지금 음악치료사에게 '뇌의 음악활동', '음악적 두뇌'에 대한 이해는 필수적이다. 화학, 생물학 같은 기초과학이 의학이라는 응용학문에 필요한 것처럼 음악과 두뇌에 관련된 '음악신경과학'은 음악치료라는 응용학문의 기초가 된다. 이번 절에서는 현대 과학으로 설명하는 음악과 관련된 뇌의 활동, 즉 우리 뇌가 음악이라는 물리적 세계의 정보를 어떻게 처리하는지에 대한 기초적인 지식과 음악과 관련된 두뇌의 신비에 대하여 기술하고자 한다.

1) 음악의 신체적 수용과정과 뇌의 작용

'우리는 음악을 어떻게 듣는가?'라는 질문에 과학적 측면만을 본다면 음악이 가지는 물리적 속성과, 우리의 생리적 반응, 그리고 뇌의 지각과 인지에 관한 모든 내용을 담고 있다. 다시 말해 물리학, 생리학, 뇌신경학의 복합 영역이다. 이 과정을 간단하게 요약하면 다음과 같다. 소리는 공기 중의 물체가 1초에 몇 번 진동하느냐에 따라 음고를, 진동의 진폭에 따라 음세기를, 그리고 진동의 파형에 따라 음색을 나타낸다. 물체의 진동은 공기의 압력 변화를 일으키고 귀라는 감각기관을 통해 뇌의 청각 담당 기관인 측두엽에 도달하게 된다. 이것을 우리는 지각(perception)이라고 한다. 전달된 음악은 우리 기억의 저장고에 있는 자료들과 비교하여 전에 알던 음악이면 알아차리고(recognize) 새로운 것이면 기억의 저장고 한 부분에 저장한다. 이때 경험하는 음악의 내용에 대하여 우리는 정서적, 생리적으로 반응한다. 그러므로 음악의 전달 경로는 외부 물적 세계에서 시작하여 몸이라는 감각기관을 거쳐 뇌를 통해 심적 세계로 전달되는 과정이다.

그렇다면 음악을 관장하는 뇌의 영역은 어느 부위인가? 1745년 스웨덴의 올로 폰 대린(Olof von Dalin, 1708~1763)은 『스웨덴 과학 아카데미 학술지(Kongliga Svenska Vetenskaps Academiens Nya Handlingar, Journal of the Swedish Academy of Science)』에 '노래하는 벙어리(Berättelse om en dumbe, som kan siunga, On a mute who can sing)'라는 제목의 논문을 기고하였다. 이 논문에서 대린은 우뇌에서 음악을 관장한다는 주장을 처음으로 제기하였고, 이를 통해 '음악중추' 이론이 세상에 소개되었다. 논문의 저자는 언어 능력은 거의 상실했음에도 음악의 멜로디를 정확하게 허밍할 수 있었던 뇌졸중 환자의 증상을 통해 우뇌가 음악중추임을 확신했던 것이다.[16] 이후 19세기에 들어서 신경학자들은 우리의 감각, 행동, 감정, 인지가 뇌의 어느 영역에서 관장되는지 명확하게 알 수 있다고 믿으며 행정구역 지도처럼 뇌지도를 만들었다. 그 시작은 프랑스의 신경학자 브로카(Paul Broca, 1824~1880)였다. 브로카는 뇌손상 환자의 사후 해부를 통해 말은 이해하지만 말을 하지 못하는 운동 언어 실어증의 원인이 좌뇌 전두엽에 위치하는 한 영역의 손상 때문이라는 것을 발견하게 된다. 앞에서 언급한 바 있듯이 이후 이 영역은 브로카의 이름을 따서 브로카 영역으로 명명된다.

브로카에 의해 언어중추가 좌뇌에 있음이 확인되면서 '음악은 우뇌', '언어는 좌뇌'라는 해석은 더욱 힘을 받았다. 그러나 20세기 초 포이히트방거(Erich Feuchtwanger, 1889~1935)는 음악과 언어에 대한 이러한 이분법적 도식에 문제를 제기한다. 1930년에 출간한 그의 저서 『실음악증, 청지각과 상상 그리고 그것의 구조적 영역의 병리적 심리학에 관한 연구, 특히 음악과 언어를 중심으로(Amusia, Studien zur pathologischen Psychologie der akustischen Wahrnehmung und Vorstellung und ihrer Strukurgebiete, besonders in Musik und Sprache)』에서 그는 대뇌의 한 특정 영역에서 음악을 관장한다고 단정하는 것은 음악의 다양한 요소를 고려하지 않고 너무나 단순화한 이론이라고 반박하면서 음악의 지각, 인지, 이해, 연주 등 다양한 음악활동은 두뇌에서 언어영역보다 훨씬 더 복잡한 영역의 복합적 작용으로 설명되어야 한다고 주장한다.[17] 그의 연구는 기존의 이론, 즉 음악중추(music center)는 우뇌에 있다는 이분법적 사고를 벗어나는 전환적 계기가 되었다. 현재 뇌신경과학에서는 음악과 관련된 뇌 기능은 개별적인 부분이 아닌 전체 시스템으로 이해해야 하며 언어영역처럼 뇌에 음악 영역이 따로 존재하는 것이 아니라 음악 관련 신경망(music related neuronal network)이 존재하는 것으로 본다.

어쨌든 인간의 가청 영역에서 진동하는 소리라고 해도 일단 그 소리는 귀라는 청각기관을 거쳐 뇌에 도착할 때 지각(perception)된다. 해부학적 측면에서 인간의 귀는 외이, 중이, 내이 세 부분으로 나뉜다. 외이는 귓바퀴에서 귓구멍으로 부르는 이도(auditory canal)를 거쳐 고막까지를 말한다. 그리고 고막 안쪽에서 달팽이관 전까지를 중이라고 한다. 중이는 유스타키오관을 통해 목과 연결되어 있다. 기압이 낮거나 높은 곳에 있을 때 귀가 멍해지는 경

16) Eckart Altenmüller, Stanley Finger, & Francois Boller, *Music, Neurology, and Neuroscience: Historical Connections and Perspectives* (Elsevier, 2015), 74-75.

17) John Brust, "Music and the Neurologist: A Historical Perspective," *Annals New York Academy of Sciences* 930(1) (2001): 145.

우 침을 삼키면 멍멍한 증상이 사라질 때가 있는데 그 이유는 유스타키오관이 움직여 압력 조절을 돕기 때문이다. 중이는 공기로 차 있는데 공기관이 몸 안의 소리인 심장박동이나 소화기 기관의 소리를 듣지 못하도록 차단하여 외부의 소리만을 들을 수 있게 해 준다.[18] 중이의 공기관 안에는 세 개의 뼈로 이루어진 이소골이 있으며, 이 세 개의 뼈가 진동을 증폭시켜 주는 역할을 한다. 중이는 고막에서 내이 사이의 공간으로 고막의 진동을 내이의 달팽이관까지 전달해 주는 부분이다.

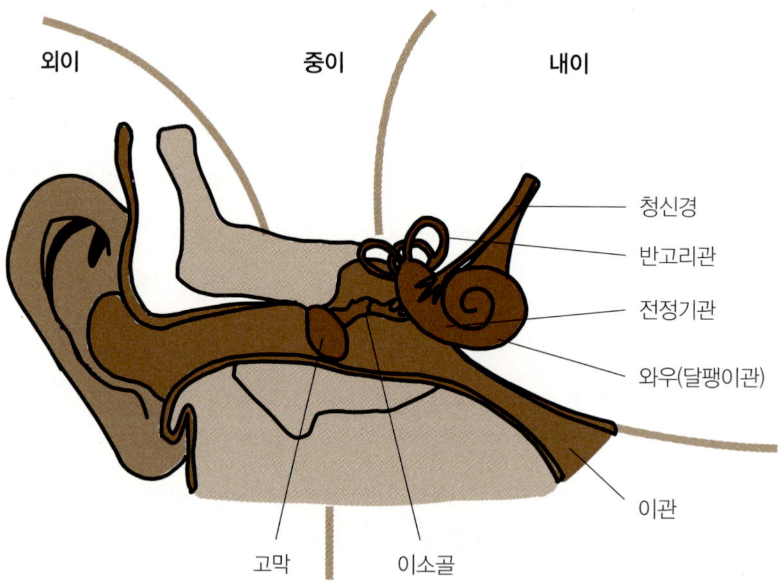

[그림 2-3] 청각기관의 구조

내이는 평형감각에 관여하는 전정기관과 세반고리관, 중이에서 전달된 음파를 신경 흥분으로 전환하여 소리를 인식하도록 하는 달팽이관으로 이루어져 있다. 공기의 진동이 외이의 이도를 타고 고막까지 전달되어 고막을 진동시킨다. 고막의 진동은 중이에 있는 세 개의 뼈인 이소골을 통해 내이의 난원창으로 전달된다. 내이의 달팽이관에서 이 진동이 전기 신호로 변환되어 청각 신경을 통해 뇌의 측두엽에 전달된다.

공기 중 사건인 진동이 귀라는 감각기관을 거쳐 뇌에서 지각되는 데는 감각기관의 정상적인 기능과 동시에 청각적 사건에 대한 '주의집중'이 요구된다. 우리 뇌는 주변의 환경을 모두 지각하지는 않는다. 지각하더라도 철저한 위계질서에 의해 움직인다. 독서나 과제

18) 이석원, 『음악인지과학』(서울: 심설당, 2013), 109.

를 하면서 음악을 들을 수 있지만 그 음악은 듣는(hearing) 음악이지 감상하는(listening) 음악이 아니다. 우리 두뇌에서 현재 집중하고 있는 일이 전경(foreground)이고 음악은 배경(background)이다. 우리는 동시에 여러 가지 일을 수행한다고 생각할 수 있지만 우리 뇌는 우선순위에 따라 일을 수행한다.

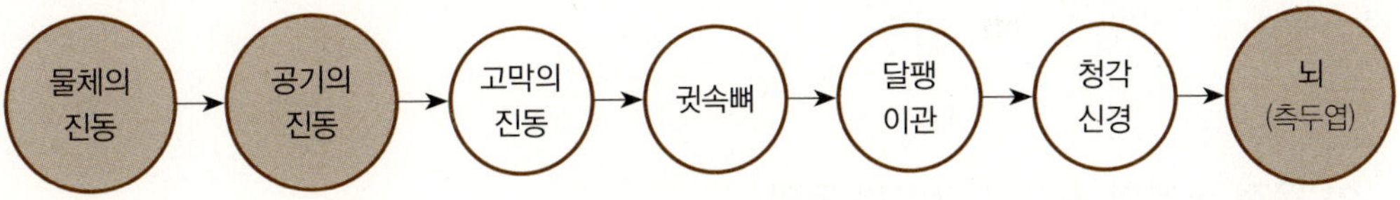

[그림 2-4] 소리의 지각

뇌에서 청각정보를 지각하기 위해서는 두 가지 조건이 필요하다. 첫째, 귀의 가청 영역 안의 소리여야 한다. 인간의 가청 영역은 20~20,000Hz이다. 그러므로 20Hz 이하나 20,000Hz 이상의 물리적 진동은 물리적 세계에서 존재해도 소리로 지각하지 못한다. 감각기관은 물적 세계를 접하는 데 한계점이 있기에 우리의 한계점을 넘는 정보는 우리의 뇌에 전달되지 않는다. 인간의 가청 영역은 나이가 들면서 고주파의 가청 능력이 감소하여 약 15,000Hz까지 줄어든다고 한다. 예를 들어, 17,000Hz 소리가 나면 젊은 사람은 그 소리를 들을 수 있지만 나이 든 사람은 들을 수 없는 것이다.

둘째, 우리의 감각기관을 통해 들어오는 정보는 망상활성체계(reticular activating system)에서 필요한 정보, 다시 말해 우리가 주의집중하는 정보만을 뇌의 해당 영역에 전달한다. 뇌에서 필요한 정보만 보내는 정보처리 필터링으로 인해 우리는 다행히도 실제 물리적 세계에 존재하는 것보다 훨씬 적은 정보를 지각하게 된다. 예를 들어 보자. 더운 여름 집에 들어와 에어컨을 튼다면 에어컨을 틀자마자 에어컨 돌아가는 소리를 지각할 것이다. 잠시 후 TV를 켜고 드라마를 시청할 때면 아마 에어컨 소리를 전혀 인식하고 있지 않을 수도 있다. 처음에는 에어컨 소리가 전경이었지만 TV 드라마에 집중하면서 에어컨 소리는 배경으로 전환되었기 때문이다. 처음 에어컨 소리는 청각기관의 청신경들에 의해 뇌간에 전달되어 주의집중을 받아 측두엽의 청각피질에서 우리 뇌가 지각하게 된다. 그러나 우리가 드라마에 집중하면서 우리의 주의가 에어컨 소리에는 집중되지 않기 때문에 이전과 똑같이 존재하는 소리지만 뇌의 지각으로 이어지지 않는다.

드라마를 시청하다 극 중 감동적인 주제음악을 듣게 된다면 대뇌피질 안쪽에 있는 감정의 뇌라고도 불리는 변연계에서 정서적 반응을 보인다. 특히 사랑과 같이 강력한 정서를 불러일으키는 음악에 변연계의 활성화는 두드러진다. 정서적 반응은 우리 몸의 생리적 반응으로 나타난다. 세로토닌이나 도파민 같은 신경전달물질이 분비되기도 하고 뇌의 해당 부위가 활성화되면서 생리적, 신체적 변화를 가져오기도 한다.

정리해 보면, 물리적 세계에 존재하는 진동 에너지는 감각의 세계(청각과 촉각)를 거쳐 뇌의 지각 및 인지의 세계로 전달된다. 뇌는 들어온 정보를 비교 · 분석하며, 이 과정에서 정서적 반응과 생리적 반응이 일어난다.

2) 물적 세계의 소리와 알파파 음악

우리가 세상을 지각할 때 우리의 감각을 이용해서 보고, 듣고, 느끼는 모든 것은 에너지의 진동이라는 한 가지 단순한 현상으로 수렴된다. 모든 에너지는 주기성을 갖고 진동하는데 이 진동이 초당 얼마나 빠르게 움직이는지에 따라 우리의 감각 경험은 달라진다.

자외선(ultraviolet light)은 초당 약 750~790테라헤르츠(THz)의 주파수로 진동하며, 이는 가시광선의 범위를 넘어 시각으로 인지할 수 없는 영역이다. 자외선보다 낮은 주파수 범위는 가시광선으로, 약 400~750THz이다. 이 범위는 우리가 무지개로 알고 있는 빛의 파장이다. 그보다 낮은 주파수 범위는 적외선(infrared radiation)으로, 주로 1~400THz이다. 적외선은 지구가 태양으로부터 얻는 열에너지의 주요 원천이며 인간의 체온과 관련된 감각으로 느껴질 수 있다. 기가헤르츠(Gigahertz, GHz)는 1GHz=1,000,000,000Hz로, 무선 통신에서 자주 사용된다. 메가헤르츠(Megahertz, MHz)는 1MHz=1,000,000Hz로, FM 라디오 주파수는 일반적으로 88~108MHz이다. 킬로헤르츠(Kilohertz, kHz)는 1kHz=1,000Hz[19]이며, 인간의 가청 영역은 약 20Hz에서 20kHz이다. 이처럼 시각, 촉각, 청각은 다른 감각이지만 이 서로 다른 감각기관이 감지하는 것은 결국 진동 에너지이다.[20]

그것은 뇌의 경우도 마찬가지이다. 뇌의 움직임도 결국 진동이다. 뇌의 전기적 파동을 뇌파(brain waves)라고 한다. 뇌전도 EEG(Electroencephalogram)는 뇌의 전기적 활동의 파동이 초당 몇 회나 진동하는지를 측정한다. 뇌의 전기적 파동 상태는 우리의 정서와 신체 상태에 따라 다른 파동을 보이는데, 일반적으로 알파(α), 베타(β), 세타(θ), 델타(δ), 감마(γ) 파동으

19) 헤르츠(Hertz)라는 단위는 초당 진동의 빈도(frequency of vibration)수를 표기하는 단위로 독일의 물리학자 하인리히 헤르츠(Heinrich Hertz)의 발견으로 그의 이름을 따서 표기하는 방식이다. 음악에서 음고(pitch)의 물리적 측정 단위이다.

20) Daniel Schneck & Dorita Berger, *The Music Effect: Music Physiology and Clinical Applications*(London & Philadelphia: Jessica Kingsley Publishers, 2006), 46.

로 구분된다. 뇌의 전기적 파동이 초당 14~30Hz 정도의 진동이 나타나면 베타파라고 하는데 이때 우리의 정신상태는 깨어 있어서 무엇인가 정신활동을 하고 있는 일상적인 상태이다. 알파파는 8~13Hz로 심리적으로 가장 안정되고 정신적으로 상쾌한 상태일 때 나타나는 뇌파이다. 세타파는 수면상태에서 나타나는 것으로 4~7Hz이다. 그리고 델타파는 깊은 잠에 빠졌을 때 0.5~4Hz 이하의 파동으로 나타난다. 한편, 우리가 무엇인가에 고도로 집중한 상태일 때 뇌에서 30Hz 이상의 파동이 나타나는데 이를 감마 밴드라고 한다.

이 여러 개의 파장 중 아마 우리에게 가장 익숙한 파장이 바로 알파파일 것이다. 알파파는 우리가 정신적으로 그리고 신체적으로도 상쾌한 상태로, 이 상태에서 우리는 가장 기분 좋은 경험을 할 수 있다. 그래서 음반시장과 온라인 웹서비스에는 우리의 뇌파를 알파파 상태로 만들어 준다는 음악들이 팔리고 있다. 그런데 이 음악들이 정말 우리 뇌파를 알파파로 이끌까? 우선, 물리적으로 '알파파 음악'은 있을 수 없다. 알파파는 약 8~13Hz로 우리의 가청범위인 20Hz보다 아래이기에 들을 수 없다. 그러므로 알파파 음악이라는 말은 잘못되었다. 좀 더 정확하게 표기한다면 알파파로 유도하는 음악은 있을 수 있다. 우리가 특정 음악을 들을 때 그 음악이 뇌에 알파파의 파장을 일으킨다면 그 음악은 알파파로 유도하는 음악이다. 그렇다면 우리는 왜 알파파를 가장 이상적인 상태로 느낄까? 그 이유는 지구의 진동 주파수에 있다. 우리가 느끼지 못하지만 지구 역시 외부의 자극으로 진동한다. 일명 '슈만 공명' 또는 '지구의 주파수'라고 불리는 지구의 진동은 평균 7~12Hz의 주파수대이다. 흥미롭게도 인간의 뇌파 중 알파파와 일치하는 주파수대이다.[21] 이것은 우리가 지구가 진동하는 주파수대에 신체적 리듬을 맞추어 적응하였음을 의미한다. 그렇기 때문에 지구의 진동상태와 일치된 신체정신적 상태를 우리는 이상적으로 느끼는 것이다.

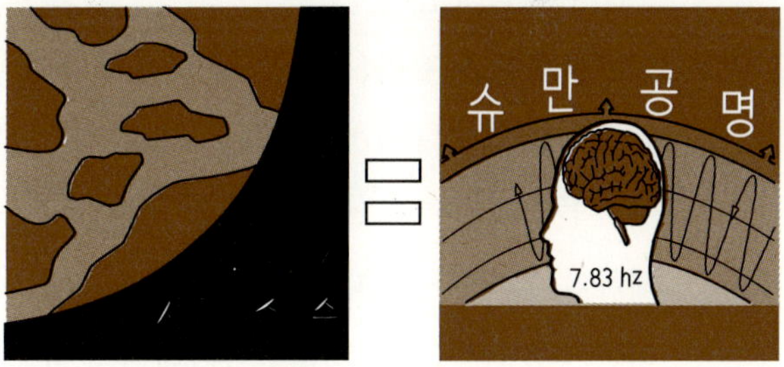

3) 음악적 범주화와 기억

우리 뇌는 정보를 한 덩어리로 처리하려는 성향이 강하다. 숨은그림찾기가 쉽지 않은 이유는 외부의 정보를 종합적으로 처리하려는 전체적 정보처리(global information processing)

21) Iona Miller, "Schuman resonance," *Mexus Magazine* 10(3) (2003).

성향이 강해서 전체에서 부분을 찾는 지엽적인 정보처리(local information processing) 작업이 방해를 받기 때문이다. 우리의 정보처리 성향은 숲 전체를 보려고 하는데 숨은그림찾기는 숲속의 나무들 중 어딘가에 붙어 있는 벌레 모양의 거울을 찾으라고 한다. 한참 노력을 기울여야만 할 수 있는 일이다.

우리는 전체적으로 정보를 처리하고 그 정보를 더 간단하게 범주화(categorization)한다. 유사한 형태끼리 범주화하는 방식이 외부세계의 많은 정보를 줄여서 기억하기 쉽게 하기 때문이다. 음악적 정보도 마찬가지이다. 우리는 음악을 경험하는 과정에서 음들을 묶어서 듣는데 무작위로 묶는 것이 아니라 특정한 원리에 입각하여 음들을 모은다. 이 묶음의 원리는 지각적 수준, 개념적 수준, 정서적 수준의 세 가지 차원으로 구분되며 각각의 범주화는 음악에 대한 기억과 관련되어 있다.

(1) 지각적 범주화

우리가 음악적 정보를 범주화하는 방식은 선천적으로 타고난 지각적 범주화(perceptual categorization)[22]로 원시적 묶기(primitive grouping)라고도 불린다. 형태주의(Gestalt) 심리학에서 시각적 정보처리 방식을 청각에 적용한 것이다. 이러한 범주화는 음악을 경험하는 과정에서 앞뒤 맥락에 대한 이해를 필요로 하는 작업기억(working memory)이 작용한다.

① 유사성의 원리

바이올린, 비올라, 첼로로 구성된 현악기와 플루트의 편성에서는 세 개의 현악기가 음량이 더 크더라도 플루트 소리가 두드러져 들린다. 유사한 음색을 가진 현악기들은 하나로 묶어서 들리고 플루트 소리는 따로 들리기 때문이다. 시각적 정보처리와 비교해 보면 좀 더 이해하기 쉽다. 다음 그림처럼 검은색 동그라미와 흰색 동그라미가 모여 있을 때 우리는 검은색은 검은색끼리 흰색은 흰색끼리 구분하고 유사한 것들을 묶어서 정보를 처리한다. 이것을 유사성의 원리(principle of similarity)라고 한다.

---

22) Bob Snyder, *Music and Memory: An introduction* (MIT Press, 2001), 82-83 참조. 지각적 범주화는 일차지각(primary perception), 원시적 묶기(primitive grouping)라고도 한다. 학습에 의한 범주화가 아니라 선천적으로 타고난 범주화 능력이기 때문이다.

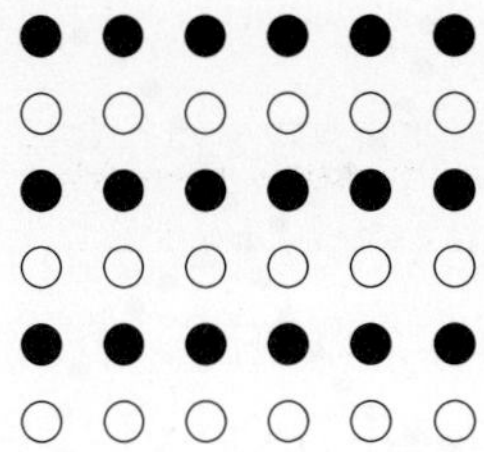

② 근접성의 원리

근접성의 원리(principle of proximity)는 우리가 가까이 있는 것끼리 묶어서 정보를 처리한다는 것이다.

앞서 제시한 악보를 피아노로 연주해 보면 실제 보이는 것과 다르게 '미파솔라'에 더 가깝게 들린다. 우리가 청각정보를 음높이의 거리상 가까운 것들끼리 묶어서 처리하기 때문이다. 다음 그림에서도 6개의 줄을 2줄씩 3쌍으로 본다. 서로 가까운 것끼리 묶어서 정보를 처리하는 근접성의 원리 때문이다.

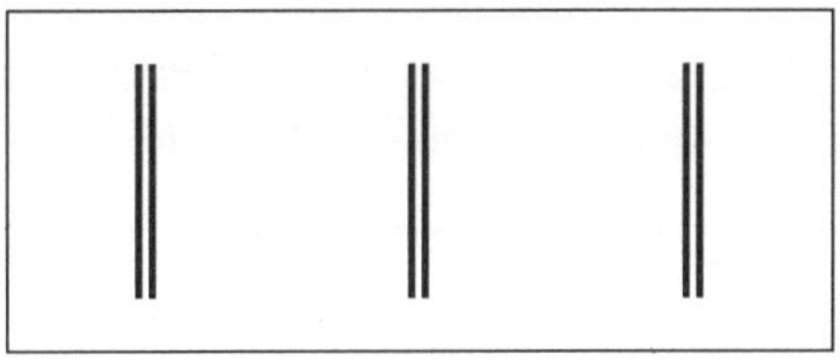

③ 연속성의 원리

연속성의 원리(principle of good continuation)란 음들이 모여 음악을 이루면 그것은 방향성을 갖게 되고 이러한 방향성은 음과 음의 연결 흐름에서 어떠한 예측성을 갖게 한다는 것이다. 음악적 흐름에서 선행음이 후행음을 이미 잉태하고 있다는 의미에서 이 예측성을 잉태의 원리로도 부른다. 예를 들어, 이끎음 '시'는 으뜸음 '도'로 상행 해결하려 한다. '시'라는 음은 독립적인 것이 아니라 그 음에 이미 으뜸음 '도'를 잉태하고 있는 상태이다. 그래서 우리는 이끎음 '시'를 들으면서 동시에 다음에 올 '도'를 예측하게 된다. 다시 말해 음악을 들으면서 마음속에 다음 음을 기대하고 원만하게 연결되길 바란다. 시각적으로 보면 다음 두 개의 선에서 연속선상에 흐르는 방향성을 묶어서 본다는 것을 의미한다.

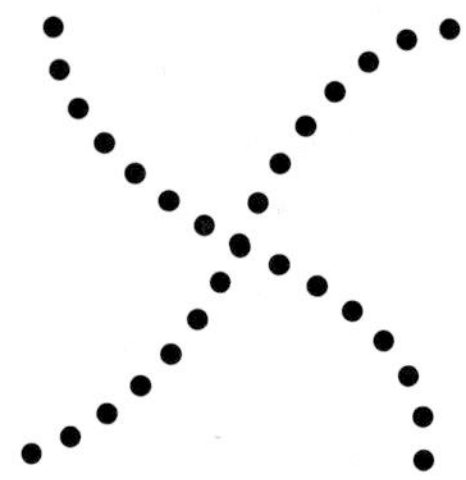

④ 완결성의 원리

다음 그림처럼 동그라미와 네모는 완벽한 형태가 아니다. 그러나 우리는 여전히 동그라미와 네모로 인식한다. 우리의 마음이 여기 빈 공간을 메웠기 때문이다. 완결성의 원리(principle of closure)에 따라 음악에서도 순차적인 음계 진행에서 음이 하나 빠지더라도 우리는 그 부분을 자연스럽게 채워서 하나의 선율로 지각한다. 음들의 연결 모임인 선율을 묶어서(chunking) 지각하고, 음색을 구별하며, 음악의 흐름을 예상하고, 음악적 완성을 기대하는 이 모든 것은 음들의 모임을 형상(Gestalt)화하여 체계적으로 지각하는 과정이다.

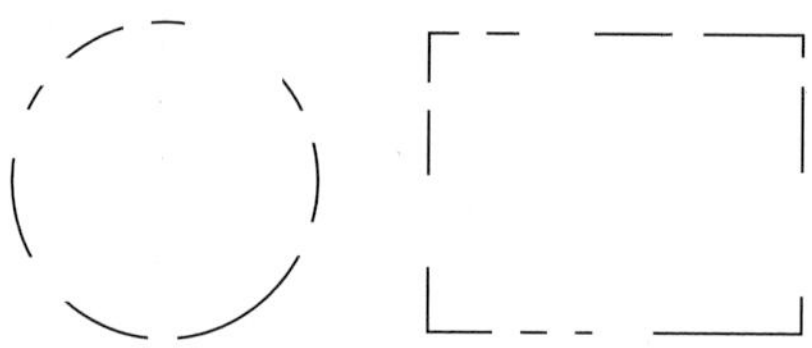

그러나 이러한 형태주의 이론은 시각적 지각을 설명하기 위한 것으로 음악에 적용할 때 제한이 발생한다. 첫째, 음악은 시각처럼 한번에 형태화시킬 수 없고 시간의 흐름에 따라 진행되기 때문에 기억에 의존하여 전후관계에 의해 형태화시켜야 한다. 그런데 이러한 음악의 시간적 개념을 형태주의 이론은 고려하고 있지 않다.[23] 둘째, 인간의 타고난 기제라는 선천적이라는 말도 부분적으로만 맞다. 유아기 아동은 이미 기억을 통해 그리고 자신을 둘러싼 음악적 문화에 익숙해져 있기 때문에 음악적 법칙이 체화(embodied)되어 있는 상태이다.[24] 그런데 인간의 음악적 정보처리가 학습이 아닌 우리의 타고난 성향이어서 원시적 지각이라고 주장하는 형태주의 이론은 이 부분 역시 간과하고 있는 것이다.

---

23) 이석원, 같은 책, 218-219.

24) 태교음악, 엄마의 목소리를 기억하는 유아기 음악 반응 연구, 불협화음보다 협화음을 선호하는 선호도의 형성은 유아기 음악지각이 순수하게 선천적인 것이라기보다는 어느 정도 기억과 학습이 작용하고 있음을 의미한다. 즉, 순수한 상향처리 지각방식이라기보다는 부분적이라는 것이 더 적절할 것이다.

(2) 개념적 범주화

개념적 범주화는 하향식 정보처리(top-down information process)에 해당한다. 학습과 음악적 문화에 의해 형성된 음악적 정보처리 방식으로 개인의 음악 지각은 선행경험과 관련이 있다. 개념적 범주화는 학습된 묶음(learned grouping) 또는 도식에 의한 묶음(schema-driven grouping)이라고 한다.[25)]

개념적 범주화가 하향식 정보처리라는 것은 장기기억과 관련되어 있다는 것을 의미한다. top-down이라는 말에서 top은 두뇌의 장기기억, down은 알아차림을 의미한다. 이러한 개념적 범주화는 내재화된 음악적 문법 도식에서부터 복잡한 음악 형식까지 다양하다. 예를 들어, 처음 듣는 피아노곡인데 작곡가가 쇼팽이라고 확신하거나 새로 데뷔한 아이돌의 음악을 듣고 이들이 특정 작곡가의 곡을 받은 것으로 추측하기도 한다. 이러한 확신과 추측이 가능한 것은 이미 우리의 장기기억 속에 특정 작곡가의 음악 스타일, 형식 등 많은 정보가 가득하기 때문이다. 우리가 오랜 시간 쇼팽의 음악을 연주와 감상을 통해 경험하였다면 우리 장기기억 속에 쇼팽과 관련된 모든 음악적 정보가 모인 쇼팽 방이 하나 있는 것과 다름없다. 그래서 쇼팽 피아노곡과 유사한 정보가 들어오면 장기기억 속의 정보와 교환하면서 정확하게 그 피아노 음악을 알아차리거나 장기기억 속 쇼팽 음악 정보를 기준으로 쇼팽의 음악일 것이라고 추측하는 것이다. 이러한 것을 개념적 범주화라고 한다.

(3) 정서적 범주화[26)]

베를린 필하모닉 오케스트라가 연주하는 베토벤의 〈합창 교향곡〉과 뉴욕 필하모닉 오케스트라가 연주하는 〈합창 교향곡〉의 차이를 아는 사람이라면 아마 그 사람은 클래식 애호가이거나 합창 교향곡을 꽤 많이 들었던 사람일 것이다. 그래서 멜로디, 리듬, 음악적 구조와 같은 음악에 대한 전체적인 개념적 정보, 즉 '아는 것(knowing)'을 넘어 두 오케스트라의 음악적으로 다른 느낌을 구분할 수 있는 것이다. 여기서 느낌은 암묵적 기억(implicit memory)으로 개념적으로 분명한 사실을 설명하기 모호하지만 몸과 마음에서 자동적으로 반응하는 정서, 생리적 반응 같은 것이다.

한편, 개념적으로 음악을 알지 못해도, 다시 말해 음악을 외현적으로 기억하지 못해도 우리의 정서는 그 느낌을 기억하여 반응하기도 한다. 음악은 종종 개념적 범주화에 들어가지

---

25) Snyder, 같은 책, 83-85 참조.

26) 앞의 책, 86-88 참조. 이 책에서 저자는 음악의 표현적 측면을 뉘앙스(Nuance)의 범주화로 기술하였으나 음악의 표현적 느낌을 기억하고 구분한다는 의미에서 정서적 범주화로 번역하였다.

못하지만 정서적 범주화에서 작용하기도 하기 때문이다. 실제 미국의 한 실험에서 기억장애 중 하나인 코르사코프 증후군[27] 환자를 대상으로 음악적 기억에 관한 실험을 한 결과 기억을 저장하지 못하는 사람들에게도 암묵적 기억은 활성화되는 것으로 나타났다. 실험은 대상자들에게 매우 문화적으로 낯선 한국 노래를 들려주고 그들의 음악적 선호도 변화를 측정하는 것이었다. 실험 결과 음악에 노출된 횟수가 많을수록 음악에 대한 선호도가 증가하였다.[28] 기억을 저장하지 못하는 사람들이 반복적인 음악 경험에 선호도가 높아졌다는 사실은 음악에 대한 정서적 반응에 암묵적 기억이 작용한다는 것을 방증하는 것이다.

4) 뇌의 영역별 음악활동과 음악 모듈

치매 노인이 음악치료에 참석했다고 상상해 보자. 치료사가 노인이 과거에 좋아했던 〈아빠의 청춘〉이라는 노래를 들려주자 노인은 그 노래를 경청한다. 치료사가 그 노래를 잘 안다면 같이 불러 볼 것을 제안하자 치료사의 반주에 맞추어 노인이 노래를 부른다. 이제는 노래와 함께 리듬에 맞추어 작은북도 쳐 본다. 이 짧은 음악활동 동안 노인의 뇌에서는 과연 어떤 일이 벌어지고 있을까?

치료사가 피아노 반주에 맞추어 아빠의 청춘이라는 노래를 부를 때 노인은 친숙한 노래를 듣고 있다. 음악을 지각하는 측두엽이 활성화된다. 신나는 음악에 자기도 모르게 발장단을 맞춘다. 본능적이고 감성적인 움직임에 관련하는 소뇌의 반응이다. 아빠의 청춘이라는 노래가 점차 흐르면서 노인은 '원더풀 원더풀'이라는 후렴구가 나올 것을 예상하고 있다. 그 예상은 현재 노인이 음악적 맥락을 파악하고 있다는 것을 의미하며 현재의 맥락을 파악한다는 것은 좀 전의 음악적 사건에 대해 기억하고 있다는 것이다. 기억을 담당하는 해마와 미래에 벌어질 사건을 예측하고 계획하는 전두엽이 일을 하고 있는 것이다. 노인의 기억 속에 익숙한 노래 가사를 이해하면서 베르니케 영역이 활성화된다. 음악에 맞추어 노래를 하면서 브로카 영역도 활발하게 활동한다. 이제 손으로 느끼는 미세한 감각을 조절하며 리듬에 맞추어 북을 친다. 두정엽의 감각피질이 참여한다. 그리고 전두엽이 음악의 일정한 빠르기와 박자에 맞추어 손을 위아래로 움직여 북을 치도록 운동피질에 명령하면서 연주가 이루어진

27) 코르사코프 증후군(Korsakoff Syndrome)은 만성적 알코올 섭취로 인한 기억장애 증상이다. 새로운 기억을 저장하지 못한다. 그러므로 매일 똑같은 노래를 들어도 늘 새로운 노래로 인식한다.

28) Marcia K. Johnson, Jung K. Kim & Gail Risse, "Do Alcoholic Korsakoff's Syndrome Patients acquire Affective Reactions?" *Journal of Experimental Psychology: Learning, Memory, and Cognition* 11(1) (1985): 22.

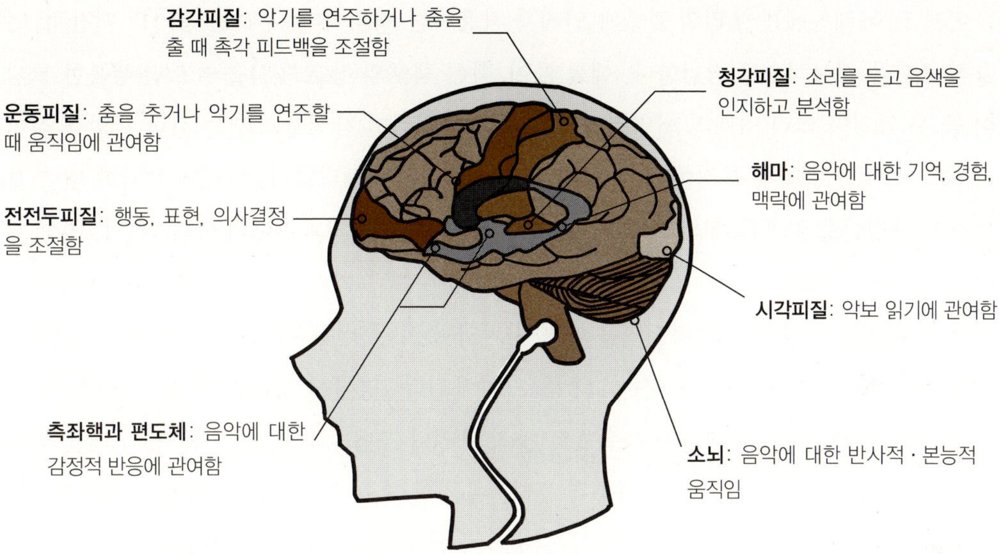

[그림 2-5] 음악과 뇌

다. 전두엽은 어떤 행동을 계획하고 집행하는 곳으로 전두엽의 명령이 있어야 '연주'라는 의도적인 움직임이 실행되기 때문이다. 음악에 본능적으로 움직이는 동작이 소뇌의 작용이라면 자신의 의지로 움직이는 행위는 전두엽의 명령을 하달받은 운동피질에서 실행하는 것이다. 만약 치료사가 색깔 악보를 보여 주면서 특정 색에 해당하는 부분만 연주하라는 과제를 준다면 악보를 보는 후두엽도 참여하게 된다. 음악을 듣고 음악활동을 하면서 기분이 좋아졌다면 뇌의 쾌락 중추인 변연계의 측좌핵(nuleus accumbens)에서 도파민이 분출되었을 것이다. 이처럼 우리가 생각할 때 단순하게 실행하는 음악활동 같지만 뇌는 정신없이 일을 한다. 한마디로 뇌 전체가 흥분의 상태인 것이다.

이제 뇌의 영역별 음악활동에서 좀 더 복잡한 음악적 정보처리에 대하여 알아보자. 페레츠와 그의 동료들은 음악이라는 총체적인 하나의 덩어리가 우리 뇌에서 얼마나 많은 분절된 단위로 서로 복잡하게 얽혀서 정보를 처리하는지 음악 모듈성(music modularity)이라는 개념을 통해 보여 주고 있다.[29] 귀라는 감각기관을 거쳐 뇌에 청각적 자극이 입력되면서부터 소리는 음악과 언어영역으로 나뉘어 처리된다. 여기서 음악은 다시 리듬, 박자와 같은 시간의 조직과 음정, 멜로디, 조성과 같은 선율적 조직으로 나뉜다. 일반적으로 리듬에는 좌뇌, 멜로디에는 우뇌가 활성화되는 경우가 많다. 여기까지 순수한 음악적 마음의 작용이다.

---

29) Isabelle Peretz & Max Coltheart, "Modularity of Music Processing," *Nature Neuroscience* 6(7) (2003): 690.

이제 그 아래쪽에는 우리의 감정과 인지가 작용하는 영역이다. 우리는 음악의 시간적, 선율적 표현을 정서적으로 경험한다. 예를 들어, 빠른 템포의 장조 음악을 들으면 행복한 느낌이 들 수 있지만 느린 템포의 서정적인 멜로디에 격정적인 감정을 느끼는 사람은 없을 것이다. 여기까지는 음악적 특징에 대한 보편적인 감정반응에 해당한다. 그런데 음악에 대한 보편적인 감정반응은 사람에 따라 그 강도가 다르다. 음악 인지과정에서 학습, 기억, 연상 작용 때문이다.

우리 뇌는 청각 자극이 입력되었을 때 장기기억 속의 음악 목록에 있는 것인지 확인한다. 정확하게 아는 음악일 경우 우리는 그것을 알아차린다. 영어식 표기로 하자면 '재인식하다(recognize)'이다. 아는 노래는 마음속으로 불러 보거나 조용히 따라 불러 본다. 노래를 부르기 위해 발성계획을 구성하여 노래를 부른다. 예를 들어, 〈생일 축하〉 노래를 듣고 있다고 치자. 이 청각 자극이 입력되면 노래 가사는 언어 담당의 음향과 음운의 모듈로, 노래의 선율은 음고 조직, 리듬과 박자는 시간 조직 모듈에서 처리한다. 음악의 선율적, 시간적 특징을 통해 정서표현이 분석된다. 또한 동시에 이 노래를 들으면서 우리는 두 가지로 반응할 수 있는데, 우선 생일 축하 노래를 기억 목록에서 찾아 알아차리고 발성계획을 구성하여 노래를 따라 부르는 반응이다. 만약 이 노래 또는 노래 가사와 관련된 기억을 가지고 있다면 음악과 관련된 연상 반응이 나타난다. 후천적으로 얻은 경험과 학습이 개입된다. 어린 시절 가족들과 함께했던 작은 생일파티의 기억과 더불어 지금은 세상을 떠난 부모님을 떠올린다면 생일 축하 노래의 가사, 멜로디, 리듬, 박자, 빠르기와 같은 요소들의 조합에 의한 음악적 감정 너머의 또 다른 감정을 경험할 것이다. 연상의 내용에 따라 감정 반응도 달라진다. 반면, 두드리기와 같은 반응 행동은 음악의 시간적 조직화인 리듬과 박자에 직접적으로 연결되어 있다. 음악을 들으면 나도 모르게 음악에 맞추어 몸을 움직이는 반응은 음악의 시간성 리듬 동조화에 해당한다. 뇌에서 처리하는 음악 지각인지와 연상의 과정이 없는 자동적 반응이다.

[그림 2-6]처럼 우리가 노래 하나를 듣고 그 정보를 처리하는 데 각 박스 중 하나가 결함이 있거나 제대로 작동하지 않으면 음악적 정보처리에서 문제가 생긴다. 예를 들어, 선율적 정보처리에 문제가 있는 경우 일반적으로는 음치, 전문용어로는 실음악증(amusia)으로 분류된다. 흔히 '박치'라고 불리는 사람들은 음악의 시간적 조직화 모듈의 문제인 것이다.

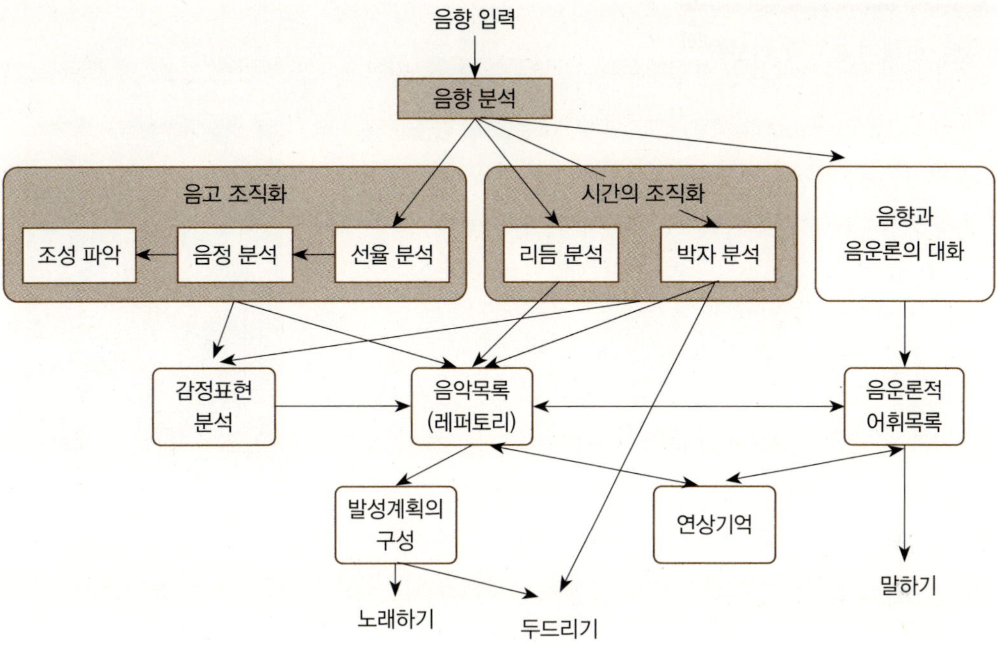

[그림 2-6] 음악 모듈

5) 음악 관련 신경학적 장애

인간의 음악적 능력은 음고 분별 능력이 전혀 없는 '음치' 또는 전문 용어로 실음악증에서 한 번 들은 음을 정확하게 인식하는 '절대음감', '음악천재'까지 개인차가 크다. 이러한 개인차는 유전과 학습에 영향을 받는다. 그러나 특이하고 극단적인 현상의 경우 유전과 학습으로는 설명할 수 없는 현상들도 있다. 음악 관련 뇌신경학적 증상들이다. 뇌와 관련된 신경학적 문제는 아직까지 정확한 기제를 알 수 없으므로 많은 부분 재미 위주의 흥미로운 현상으로만 언급되어 왔다. 정상적 지능이지만 음악적 능력이 결핍된 실음악증, 반대로 낮은 지능에도 천재적 음악적 능력을 보이는 음악서번트, 음악에 특이한 신경학적 증상을 보이는 사람들은 원인을 알 수 없었기 때문에 많은 사람의 흥미를 끌었던 것이다.

라벨의 음악과 뇌질환[30]

라벨(Maurice Ravel, 1875~1937)의 볼레로는 그의 작품들 중 가장 자주 연주되는 곡이다. 그런데 이 곡에 대하여 일부 학자들은 '병리적 마음의 작품(The work of a pathological mind)'이라고 평가하며, 작곡 당시 이미 라벨에게 전두 측두엽 위축(fronto-temporal atrophy)의 초기 증상이 나타난 것으로 추측한다. 그 이유는 볼레로 하면 떠오르는 주제 멜로디가 작품 내내 변함없이 18번이나 반복되기 때문이다. 라벨에 관한 연구에 따르면 볼레로는 1928년 초연되었는데 그의 문제가 나타나기 시작한 것은 1927년부터였다. 라벨의 친구 중 한 명인 주르당 모항주(Jourdan-Morhange)의 기록에 따르면 라벨이 콘서트에서 자신의 곡을 연주하던 중 곡을 까먹거나 피날레에서 코다로 건너뛰는 실수를 여러 차례 보였다고 한다. 중추 신경계 손상의 첫 번째 명확한 징후가 나타나기 시작한 시점을 학자들은 1927년쯤이나 그 이전으로 추측한다.

라벨의 증상은 시간이 갈수록 두드러지게 나타나기 시작했다. 1931~1932년 라벨은 두 대의 피아노 협주곡 첫 공연과 유럽투어를 하였는데 이때 동행한 마르그리트 롱(Marguerite Long)은 라벨이 자신의 지갑, 시계, 기차표와 같은 물건을 모두 잊어버리고 이상한 행동을 했다고 기록하고 있다. 프랑스의 신경학자 테오필 알라주아닌(Théophile Alajouanine)에 따르면 라벨은 언어장애, 운동 실행증의 문제가 있었지만 음악에 대한 청각인지능력은 온전했다고 한다. 라벨은 다른 기억은 다 잊어버리고 피아노 연주, 악보 읽기, 악보 사보 등도 더 이상 할 수 없는 상태에 이르게 되었지만 과거의 알고 있던 음악은 기억하였다. 말년에 그는 자신의 머릿속에 음악이 있지만 그것을 악보에 옮길 수 없다는 것에 대해 한탄했다고 한다.

볼레로가 라벨의 뇌질환이 이미 진행되고 있을 때 작곡·발표된 것으로 추측하는 일부 학자들은 이 곡이 알츠하이머병의 영향을 나타낸다고 주장한다. 그러나 라벨 사후 부검이 이루어지지 않았기 때문에, 그의 정확한 신경학적 상태와 병리적 원인에 대해서는 명확히 알 수 없다.

라벨의 볼레로

(1) 음악 뇌전증

언젠가 한 학생이 자신이 근무하는 복지관의 한 발달장애우가 특정 소리에 심각한 발작을 일으킨다고 전했다. 지적 능력이 낮아서 언어적으로 자신이 경험하는 현상을 설명하기 어려우며 타인과의 의미 있는 소통이 어렵기 때문에 증상에 대하여 추측만 할 뿐이라고 했

30) Luigi Amaducci, Enrico Grass and Francois Boller, "Maurice Ravel and Right-Hemisphere Musical Creativity: Influence of Disease on His Last Musical Works?," *European Journal of Neurology* 9(2002): 75-82 발췌·요약.

다. 어떻게 이 발작 증상을 치료할 수 있을까? 나는 이 문제를 세미나의 주제로 하여 해당 발달장애우를 어떻게 치료하면 좋을지 학생들에게 각자의 의견을 물었다. 논의 끝에 나온 주제는 두 가지로 추려졌다. 첫 번째 의견은 아동이 발작을 일으키는 음악과 관련된 안 좋은 기억이 있을 것이다. 장애아동의 발작 원인이 어디서 왔는지 찾고 안전한 환경에서 이 음악을 새로운 기억으로 자리 잡게 함으로써 그 음악에 대한 혐오스러운 기억을 교정하자는 의견이었다. 두 번째는 과거에 대한 추적 또는 탐색보다는 점진적으로 그 음악에 노출되게 하여 음악을 발작 없이 견딜 수 있도록 훈련하는 행동주의 기반의 노출훈련이 어떻겠냐는 의견이었다. 그러나 해당 아동은 이 두 가지 방법이 전혀 통하지 않는 영역에 있었다. 발작이 일어나지 않게 하는 단 한 가지 방법은 음악에 노출되지 않는 것이었다. 따라서 음악치료사가 할 수 있는 일은 전혀 없었던 것이다. 그 이유는 바로 그 아동이 10,000,000명 중 1명 꼴로 나타난다는 희귀한 음악 뇌전증(musicogenic epilepsy) 환자였기 때문이다.[31] 음악 뇌전증은 특정 음악소리가 뇌전증을 유도하는 매우 특이한 현상이다. 아직 정확한 원인이 밝혀지지 않았으며, 사람마다 음악의 종류도 다양하게 나타난다. 어떤 사람은 교회 종소리에만 뇌전증 증상을 보이는가 하면 또 어떤 사람은 특정 대중가요 또는 클래식의 특정 패시지에 뇌전증 증상을 보인다. 다른 뇌전증 증상과 똑같은 신체 증상을 보이지만 원인은 오직 음악이라는 것이 다른 점이다.

(2) 음악환청

'hallucination'은 시각, 청각, 촉각 등의 감각이 물리적 세계에 존재하지 않는 것을 경험하는 현상을 총칭하는 말이다. 음악환청(musical hallucination)은 물리적 세계에서 실제 음악이 존재하지 않는데 뇌의 청각영역에서 자체적으로 활성화해서 음악을 듣게 되는 현상이다. 음악환청의 원인에 대한 정확한 설명은 아직 밝혀지지 않았으나, 일반적으로 뇌전증으로 인해 측두엽 자체가 활성화되었을 경우, 조현병이나 심한 우울증, 약물 복용에 의해 음악환청이 나타나기도 하며, 갑작스러운 청각 상실로 측두엽에서 들어오던 정보를 받지 못할 경우 나타나기도 한다고 알려져 있다. 음악환청이 일반 환청 또는 이명과 다른 현상은 환청으로 음악만 들린다는 것이다.

---

31) Peter W. Kaplan, "Musicogenic Epilepsy and Epileptic Music: A Seizure's Song," *Epilepsy & Behavior* 4(5) (2003): 949. 국제뇌전증연맹(International League Against Epilepsy: ILAE)에서도 음악 뇌전증은 희귀한 형태로 분류한다. 대부분의 경우 음악을 듣는 것으로 발작이 유발되지만, 연주, 생각 또는 꿈에서 발작이 유발될 수도 있다고 한다.

(3) 음악 공감각

귀는 청각, 눈은 시각, 피부는 촉각, 혀는 미각, 코는 후각이라는 감각정보를 처리한다. 각각의 감각기관은 하나의 감각정보만을 처리한다. 그런데 하나가 아닌 여러 감각으로 경험하는 사람들도 있다. 이들은 A 음을 들었을 때 노란색을 본다거나, B 음을 들었을 때 짠맛을 느끼기도 한다. 어떤 사람은 바흐의 음악을 들으면 회색을, 플루트의 소리에는 핑크색을 보기도 한다. 이것을 음악 공감각(music synesthesia)이라고 한다. 우리에게도 잘 알려진 뛰어난 음악가 중에서도 음악 공감각을 가지고 있는 사람들이 있다. 리스트(F. Liszt, 1811~1886), 시벨리우스(J. Sibelius, 1865~1957), 메시앙(O. Messiaen, 1908~1992), 번스타인(L. Bernstein, 1918~1990), 바이올리니스트 펄먼(I. Perman, 1945~) 등이다.[32] 이 증상의 정확한 원인 또한 알려지지 않았다.

(4) 실음악증

실음악증(amusia)은 선천적으로 음악적 능력이 결핍된 사람들로 전체 인구의 4~5%가 실음악증인 것으로 추정된다.[33] 100명 중 4~5명은 우리가 음치, 박치라고 놀리는 사람들로 이들은 아무리 노력해도 절대 음악을 잘할 수 없는 뇌를 가지고 태어난 사람들이다. 우리가 일상에서 가끔 접하는 특별히 '음악적이지 못한' 사람들이 여기에 해당한다고 볼 수 있다. 실음악증은 뇌의 문제로 추정되지만 언어처럼 삶에 치명적인 문제가 되지 않으므로 크게 문제시되지 않는다.

실음악증은 사고나 병을 앓고 난 후 또는 측두엽 제거술을 받은 이후 후천적으로 나타나기도 한다. 실음악증은 음악을 제대로 지각하지 못하는 문제뿐만 아니라 음악과 관련된 다양한 운동 영역과도 관련이 있다. 손의 운동 능력에 전혀 문제가 없음에도 악기를 연주하지 못하는 악기 실행증(instrumental apraxia), 악보를 받아 적지 못하는 음악 실서증(musical agraphia) 등이 있다.

실음악증은 다른 정신기능은 정상범주인데 오직 음악적 능력만이 결여된 것으로 뇌의 신경학적 문제로 인한 현상이다. 이와 반대로 정신장애에도 불구하고 음악적 능력에서 유독 뛰어난 능력을 보이는 사람들도 있다. 대표적인 예가 바로 음악서번트이다. 그 정확한 원인

---

32) Stela Drăgulin & Fulvia A. Constantin, "Sound-To-Color Synesthesia and Its Influence on the Level of Emotion," *Cogniție Muzicală* 1(2017): 53.

33) Isabelle Peretz & Krista L. Hyde, "What is Specific to Music Processing? Insights from Congenital Amusia," *Trends in Cognitive Sciences* 7(8) (2003): 363.

을 알 수 없기에 '서번트 증후군(Savant syndrome)'이라고 명명한다. 자폐스펙트럼장애나 지적장애와 같이 현저하게 떨어지는 지능에도 불구하고 음악에만 특별한 능력을 보이는 증상이다. 서번트와 같은 천재적 능력은 아니어도 윌리엄 신드롬 역시 절대음감 비율이 높고 타고난 음악적 능력을 가진 장애로 알려져 있다.[34] 몇몇 학자들은 이들의 신경학적 기능 이상이 음악에 뛰어난 능력을 발현하게 하는 신경기질에 영향을 주는 것이 아닌가 추정한다.

6) 뇌신경과학 기반의 음악치료

음악치료에서 실음악증 또는 음악 뇌전증과 같은 음악 관련 신경학적 장애에 관한 의학적 진단은 반드시 필요하다. 내담자의 음악적 특성에 대한 정확한 진단 없이 불가능한 치료 목적을 세우고 노력한다면 내담자와 치료사 모두에게 좌절감만을 줄 뿐이다. 실음악증으로 의심되는 내담자는 음악적 능력의 향상을 기대할 수 없다. 악기 연주와 노래 부르기 같은 능동적 음악활동은 실패와 좌절감만 줄 뿐이기 때문에 성공적 음악 경험을 통한 성취감, 자존감, 자기 효능감 증가와 같은 치료 목적은 절대 이루어질 수 없다. 또한 음악이 뇌전증을 유도한다면 현재로서는 뇌전증을 유도하는 음악을 피하는 것이 유일한 방법이다. 음악 관련 신경학적 문제는 대부분 그 정확한 원인을 알 수 없어 명확한 치료 방법도 없다.

하지만 음악 신경과학적 발견은 분명 음악치료에 응용될 수 있다. 진화에서 음악과 언어가 하나의 뿌리에서 파생된 소통의 도구라는 점에서 음악과 언어는 많은 부분 공유 신경망을 가지고 있을 것이라는 추측이 음악신경과학자들의 연구를 통해 입증되고 있다. 음악신경과학에서 다루는 음악 관련 신경망과 뇌영역이 언어와 밀접한 관련이 있다는 발견은 음악과 언어가 상호 보완적인 역할을 수행할 수도 있다는 것을 의미한다. 즉, 뇌에서 언어라는 구조물이 파괴되었을 경우 남아 있는 음악이라는 자재를 재건축에 활용하는 것이다.

물론 개인이 어떠한 훈련과 경험을 해 왔는지에 따라 음악적 두뇌는 사람마다 다르다. 음악과 언어가 분리된 신경망을 가진 사람들의 경우 실어증으로 언어적 능력은 상실했어도 음악적 능력을 유지하고 있거나 반대로 음악적 능력을 상실하였음에도 언어적 능력을 보유하고 있는 경우도 종종 있다. 어떤 사람은 음악과 언어의 신경망이 중첩되어 있다. 그래서 음악훈련이 언어재활에 효과적으로 나타나기도 한다. 예를 들어, 난독증 아동들에게 일정 기간 음악훈련을 시키면 이들의 언어능력이 향상된다.[35] 브로카 실어증 환자를 대상으로 적

---

34) Howard M. Lenhoff et al., "Williams Syndrome and the Brain," *Scientific American* 277(6) (1997): 68.

용되는 멜로디 억양치료(Melodic Intonation Therapy: MIT) 역시 음악훈련이 언어재활에 도움이 된다는 뇌가소성 이론을 뒷받침한다. 그런 의미에서 뇌의 음악적, 비음악적 정보처리에 대한 지식은 정확한 중재를 위해 필수적이다. 예를 들어, 멜로디 억양치료에서 치료사는 환자 얼굴을 마주 보고 노래를 부르며 왼쪽 다리를 가볍게 두드린다. 여기서 환자와 서로 마주 보는 행동과 환자의 다리를 두드리는 데에는 모두 신경학적 이유가 있다. 첫째, 환자에게 치료사의 노래하는 입을 보게끔 하는 것은 환자의 거울 신경체계의 활성화를 위한 것이다. 우리 뇌에는 상대방의 행동을 보는 것만으로도 같은 운동 영역이 활성화되는 거울 신경체계가 존재하기 때문에 이러한 행동은 운동언어 활성화에 자극이 된다. 둘째, 왼쪽 다리를 가볍게 두드리는 것은 멜로디를 관장하는 우뇌 영역의 자극을 주기 위한 것이다(뇌는 정보를 교차하여 전달한다. 좌뇌의 문제는 우측 신체의 문제로, 우뇌의 문제는 좌측 신체의 문제로 나타난다). 멜로디 억양치료는 내담자의 운동 언어 훈련을 위해 말과 음악의 중간 정도의 운율에 말을 훈련하는 방법으로, 훈련 방법은 간단해 보이지만 뇌의 기능을 알아야 더 효과적인 방식의 중재를 할 수 있다(제6장 5. 신경학적 음악치료 참조).

3. 음악과 감정

음악을 포함한 모든 예술치료에서 치료사의 가장 기본적인 역할은 언어영역 밖에 위치하여 언어로는 묘사가 불가능한 감정 세계를 내담자가 예술적 도구를 활용하여 표현할 수 있도록 유도하는 일이다. 예술치료에서는 이성과 논리로는 표현 불가능한 개인의 내면을 몸짓, 그림, 소리 등의 감각적 방식으로 형상화하여 표현하게 한다. 음악치료사의 경우 멜로디, 화성, 리듬, 음색, 형식, 다이내믹 등 다양한 음악적 요소들을 활용하여 내담자의 감정이 역동적으로 펼쳐질 수 있도록 유도한다. 시간에 따른 음들의 움직임은 기승전결의 순서로 펼쳐지는 이야기처럼 다양한 감정을 불러일으킨다. 작곡한 사람, 연주하는 사람, 듣는 사람은 다르더라도 우리는 음악을 통해 슬픔, 기쁨, 평화, 사랑과 같은 보편적인 감정을 경험한다. 때론 음악에 자신의 경험과 감정을 투사하여 자신만의 방식으로 해석하고 표현하기도 한다.

음악치료는 오랫동안 억압되었거나 애써 외면했던 감정을 탐색하여 표현해 보고, 과도하

35) 앞의 글 '진화 과정에서 우연이 빚어낸 음악과 음악치료' 참조.

게 드러나는 경우 타인에게 불편감을 줄 수 있는 감정을 조절하며, 의식의 저편에 묻혀 있던 감정을 찾아 그 실체를 파악할 수 있도록 돕는 행위이다. 음악을 감상하고, 연주하고, 작곡하는 모든 음악적 행위는 우리 감정 에너지의 흐름과 밀접한 관계가 있다. 무엇보다도 음악은 감정 에너지를 아름다운 방식으로 전환(transformation)하여 사용할 수 있도록 한다. 그 에너지는 현실에 기반하여 내담자를 둘러싼 현재와 과거 기억의 내용이기도 하며 내담자의 환상 속에 만들어진 것이기도 하다. 따라서 음악치료사에게 인간의 감정에 대한 전문적 지식과 이해는 필수적이다. 이번 절에서는 인간의 감정, 음악적 감정 그리고 음악치료에서 감정에 대하여 고찰해 보겠다.

1) 감정과 기분

감정(emotion), 정서(affect), 기분(mood)이라는 단어들은 비슷한 의미로 이해되고 일상의 언어생활에서는 의미의 차이 없이 혼용되기도 한다. 그러나 전문용어로 사용될 때 이 단어들 사이에는 미묘한 차이가 있다. '정서(affect)'는 겉으로 드러나는 감정표출을 의미하는 것으로 얼굴표정, 목소리 톤, 제스처 등을 통해 즉각적으로 드러나는 짧은 순간의 감정의 움직임을 말한다. '감정(emotion)'은 주관적 경험, 생리적 변화, 표현적 행동, 인지적 과정을 포함하는 복잡한 심리적 상태로 'affect'보다 내적, 심리적 요소가 강하다. '기분(mood)'은 '감정'보다 오래 지속되는 마음의 상태를 표현할 때 사용되는 단어이다. 요약하자면 '정서(affect)'는 감정의 외적 표현, '감정(emotion)'은 구체적인 심리적 상태, 그리고 '기분(mood)'은 오래 지속되는 감정 상태를 의미한다.

치료적 차원에서 분명한 구분이 필요한 개념은 '감정'과 '기분'이다. 감정이 어떤 자극에 의해 일시적으로 나타나는 비교적 강한 내적 역동 현상이라면 기분은 특정한 원인을 명확히 알 수 없고 훨씬 긴 기간 동안 나타나는 전반적인 기분을 의미한다. 그래서 우울증, 양극성 장애와 같은 정서 장애를 DSM-5-TR에서는 기분장애(mood disorder)의 범주로 분류하고 있다. 진단에 우울한 감정, 또는 이와 반대로 극단적 흥분 상태인 '조증(manic)' 상태를 정의할 때 특정 상태가 2주 이상 계속되었는가를 기준으로 삼는다. 이러한 현상이 일시적 감정이 아닌 무드, 즉 장기적 기분상태인가를 확인하는 것이다.

감정과 기분은 개념상 분명한 차이점이 있다. 우선, 감정은 항상 행동을 통해서 방금 형성된 내적 역동을 해소하려는 강한 행동 경향성을 가지지만 기분은 꼭 그렇지는 않다. 감정은 사랑, 기쁨, 질투, 설렘과 같은 특정 형태를 갖고 있지만 기분은 전반적으로 긍정적, 부정적으로 구분된다. 그런데 중요한 것은 개념상 감정과 기분의 차이는 분명하지만 서로 긴밀하게 영향력을 행사한다는 것이다. 특정 감정을 반복적으로 경험하거나 그 지속시간이 길어질 경우 기분으로 변화될 수 있다. 또, 현재의 기분은 특정 감정을 형성하는 데 영향을 준다. 예를 들어, 우울한 기분에서는 자신을 둘러싼 환경에 대하여 부정적으로 평가하고 느끼며 행복한 기분에서는 이와 반대로 경험하기도 한다. 음악에서도 마찬가지이다. 우리는 우울할 때 멜랑콜리한 음악을, 행복할 때는 밝은 음악을 더 선호한다.

〈표 2-1〉은 감정과 기분의 특성을 비교한 것이다. 음악치료에서 음악적 경험에 대한 반응은 감정에 해당하며 내담자의 전반적인 기분은 무드에 해당한다고 볼 수 있다.

〈표 2-1〉 감정과 기분의 특성

감정(emotion)	기분(mood)
• 감정은 분명한 원인으로 인한 현상	• 분명한 원인을 알기 힘듦
• 일시적	• 지속적
• 다양한 형태	• 긍정적 또는 부정적
• 행동 경향성(action-oriented)	• 행동 경향성이 약함(less action oriented)
• 장기적일 경우 기분으로 변환될 수 있음	• 현재 기분이 감정에 영향을 줌

2) 인간의 기본감정

인간의 감정은 복잡하다. 인간이 고등한 개체로 진화하면서 감정은 집단의 문화, 종교, 사회적 규칙과 법, 개인 간의 관계 역동이라는 다양한 요소의 영향을 받게 되었다. 그 결과 인간의 감정은 동물적인 기본감정에서 더 세분화되고 복잡해진 것이다. 그 실체가 명확하지 않은 미묘한 감정, 미움과 사랑이 동시에 존재하는 양가감정, 원래 모습이 숨겨진 왜곡된 감정, 여러 감정이 번갈아 가며 엄습하는 혼돈의 감정 등, 인간의 감정은 다양한 형태로 우리 마음을 지배하여 행동과 사고를 조정한다. 결국 치료는 감정의 실체와 뿌리를 찾는 일, 즉 그 원형을 찾는 일이다.

그러나 이러한 복잡한 감정도 기본감정으로부터 출발하여 형성되는 것이다. 즉, 아무리 복합적인 감정이라도 기본감정의 결합체이고 아무리 왜곡된 감정이라도 실체는 기본감정의 범주 안에 있다. 그렇다면 인간의 기본감정이란 무엇인가? 기본감정은 시대와 문화를 뛰어넘는 보편적인 감정이며 인간의 타고난 감정이다. 이러한 보편적이고 타고난 감정을 나타내는 수단은 바로 얼굴표정이다. 다윈(C. Darwin, 1809~1882)은 처음으로 인간의 표정이 어느 지역, 어떤 집단에서나 똑같은 보편성과 선천성을 갖는다는 이론을 주장하며 인간의 보편적인 기본감정을 분노, 행복, 놀람, 역겨움, 슬픔, 공포 여섯 가지로 나누었다.[36]

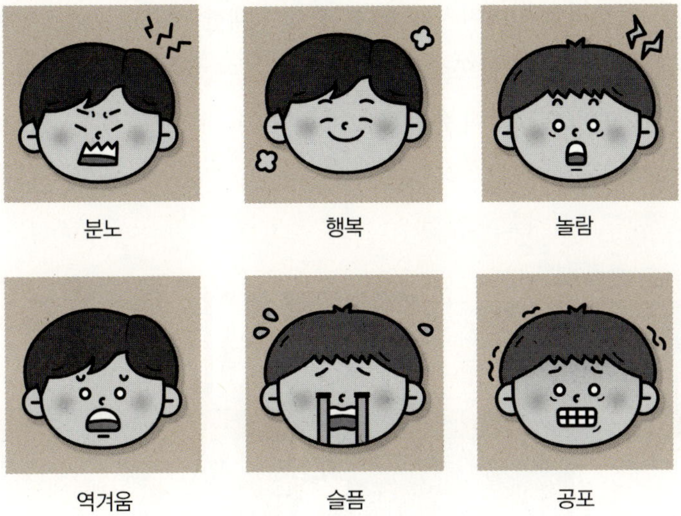

[그림 2-7] 인간의 기본감정

인간의 기본감정은 얼굴표정뿐만 아니라 그에 해당하는 감정적 소리(emotional vocalization)로 표현된다. 즉, 행복은 웃음소리(laughing)로, 슬픔은 흐느끼는 소리(sobbing)나 우는 소리(crying) 그리고 한숨 소리(sigh)로, 분노는 으르렁거리는 소리(groaning)로, 혐오는 구역질(gagging)이나 소리 지르기(screaming)로, 공포는 또 다른 형태의 소리 지르기로 표현되는 것이다.

3) 감정의 다원적 이해

감정은 특정의 외적 또는 내적 사건에 의해 잠시 일어나는 내적 역동이다. 이 내적 역동은 주관적, 생리적, 기능적, 사회적, 표현적 측면 등 다각도에서 드러난다. 공포감정을 예로 들어 보자. 길을 가다 자신의 뒤에 걸어오는 사람이 자신을 스토킹한다는 생각이 든다. 이것은 주관적인 판단이다. 이 주관적인 판단은 공포감정을 일으킨다. 이때 우리 몸은 긴장, 각성상

36) Rachael E. Jack, et al., "Facial Expressions of Emotion are not Culturally Universal," *Proceedings of the National Academy of Sciences* 109(19) (2012): 7241.

태로 돌입한다. 심장과 맥박이 빨라지고 호흡이 가빠진다. 걸음이 점점 빨라지는 운동 반응이 나타난다. 이 상황에서 공포감정은 도망가는 행동을 야기시키는 원인이 된다. 도망가는 행위는 상황에 적절히 대처하려는 반응인 것이다. 그리고 이러한 반응은 공포에 질린 얼굴 표정이나 떨리는 목소리로 이어지기도 한다. 상황에 대한 개인의 주관적인 판단이 어떻게 생리적 반응과 함께 행동과 표현으로 나타나는지를 보여 주는 예이다. 만약 같은 상황이라도 다르게 판단한다면 다른 감정이 유도될 것이다.

[그림 2-8] 감정은 어떻게 생기는가: 자극, 각성, 인지적 해석

〈표 2-2〉 감정의 측면별 반응 및 표출 양상

측면 구분	반응	표출
주관적	• 감정의 자각 • 감정의 인지적 해석	• 자기 보고 "나는 ~한 감정을 느껴"
생물학적	• 각성 • 신체적 준비 • 운동 반응	• 뇌회로 • 자율신경계 • 내분비(호르몬)계
기능적(목적적)	• 목표지향적 행동 준비	• 문제 상황에서 도전, 회피, 협력 등 상황에 적절한 대처 반응
표현적(사회적)	• 의사소통	• 얼굴표정 • 신체자세 • 목소리

때에 따라서는 주관적 판단에서 생물학적 반응까지만 나타나고 행동과 표현은 억제되기도 한다. 직장 상사의 꾸중에 불쾌한 감정을 느끼게 되면 몸에서 스트레스 반응이 나타나지만 그 사실을 숨기고 아무런 표현을 하지 않는 경우가 대부분이다. 감정은 형성되었지만 그 감정에 대한 적절한 행동과 표현이 억압되는 상황이다. 이런 유형의 억압이 반복될 경우 심리적, 신체적, 그리고 행동상의 이상 증상이 다양한 형태로 나타날 수 있다.

4) 감정, 사고, 행동 사이의 관계

진화에서 감정은 행동을 위한 판단 기제이다. 감정의 판단이 공포면 도피나 자기보호 행동으로, 분노면 파괴 행동으로, 역겨움이면 회피 행동으로, 사랑, 즐거움이면 다가가는 행동으로 이어진다. 특정 감정으로 인해 심리적 역동이 일어났다면 그것은 '행동하라'는 명령이다. 감정이라는 내적 역동이 일어났을 때 강력한 에너지를 동반하는데 이 에너지의 자연스러운 흐름은 분출이고 그 분출의 길이 바로 행동이기 때문이다. 그러나 감정대로 행동하는 사람은 많지 않다. 인간의 감정과 행동 사이에는 사회적 역학관계가 개입된 이성적 사고를 거치는 단계가 있기 때문이다.

인간의 행동은 사고와 감정의 결과물이다. 여기서 사고와 감정은 서로 상반되는 개념이다. 사고가 이성과 논리를 바탕으로 한다면 감정은 감성과 본능을 바탕으로 한다. 이 상반된 개념이 서로 어떤 방식으로 상호작용을 하느냐에 따라 인간 행동의 형태와 질이 달라진다. 충분한 생각을 통해 올바른 판단이라고 여긴 사고만 있을 뿐 그것에 대한 감정적 동요가 없다면 행동으로 이어지기 힘들다. 반면, 사고를 거치지 않고 감정적인 판단에만 의존할 경우 즉각적인 행동은 사회적인 문제를 불러올 수 있으며 범죄로까지 이어질 수도 있다. 사고는 감정이라는 엔진이 추진력 있게 작동해야만 행동으로 나타나고, 감정은 사고라는 제어 장치가 있어야만 사회적으로 용납되는 방식으로 표출된다.

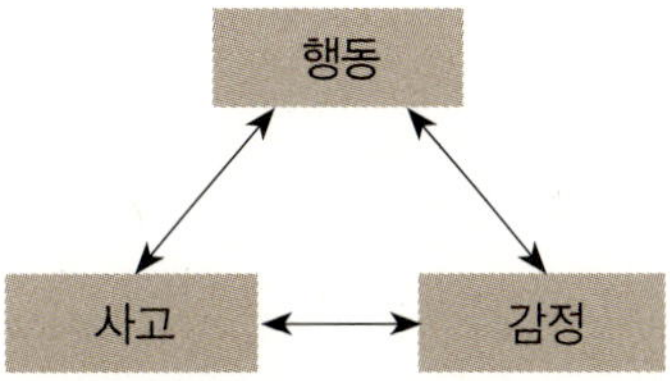

[그림 2-9] 감정, 사고, 행동의 삼각관계

사실 행동이라는 표면적인 행위에는 사고와 감정이 모두 관여하지만 역사적으로나 현재 우리 사회에서도 감정과 사고, 즉 이성과 감정을 동등하게 대우해 주지 않는다. '사람이 좀 감정적이다.' 이런 말은 부정적 뉘앙스를 품고 있는 반면, '그 사람 참 이성적이야.'라는 말은 칭찬으로 이해되는 경우가 많다. 그래서 감정은 늘 억압하고 드러내지 않는 것이 미덕으로 여겨졌다. 그러나 감정은 억누를수록 더 표출되려는 탄성이 강해지는 속성이 있다. 이성이 억누르는 힘이 강할 때는 괜찮지만 이성의 힘이 약해졌을 때 자신도 모르게 엉뚱한 방향으로 튀어 올라 사고를 치기도 한다. 사실 정신병원과 교도소는 종이 한 장 차이이다. 부정적인 강력한 에너지를 가진 감정이 타인을 향한 행동으로 나타날 때 사회적 처벌로 가게 되는 것이 교도소이며, 이 감정이 자신을 향해 공격할 때 상처입은 마음이 가는 곳이 정신병원이다. 우리는 감정이라는 내적 역동이 늘 사고와 행동 사이에서 팽팽한 삼각관계를 잘 유지하고 있을 때 정상적이고 건강한 삶을 유지할 수 있다.

5) 감정의 행동 동기 시스템

감정에 대한 행동은 두 가지 시스템으로 작동한다. 하나는 본능적, 원초적 시스템의 작동이다. 생존과 관련된 것으로 대뇌피질 경로를 거치지 않고 곧바로 행동으로 이어지는 본능적인 행동이다. 누군가로부터 공격을 받거나 뜨거운 물건을 만지거나 갑작스러운 큰 소리를 듣거나 등 어떤 사건이 생존과 관련하여 연관이 있을 때 우리는 본능적으로 대뇌피질과의 소통 없이 곧바로 피질하 구조와 경로를 통해 즉시 행동한다. 주로 사건 자극의 감각적 특성에 대한 즉각적, 자동적, 무의식적 반응으로 정서를 활성화하는 행동 동기 시스템이 작동되는 것이다.

반면, 문화, 사회적 학습에 의한 감정반응 경로와 작동양식은 다르다. 프랑스에서 처음 만나는 사람들이 볼에 뽀뽀하는 것은 반가움의 인사이다. 그러나 우리나라에서 그러한 인사는, 특히 처음 만난 남녀 사이의 표현은 불쾌감을 줄 수 있는 행동이기도 하다. 개인의 행동은 사회문화적 학습사에 의해 영향받은 감정이 고등한 대뇌의 경로를 거쳐 표출되는 것이기 때문이다.

이처럼 감정은 행동의 동기화 시스템을 작동시킨다. 우리 내면에 감정이 작동하면 그 감정에 해당되는 행동으로 이행하려는 의도가 촉발되는데 이것을 동기부여라고 한다. 이 동기부여의 정도에 따라 우리의 행동이 달라진다.

긍정적 감정에서 우리는 무엇이든 할 수 있다는 자신감으로 새로운 것을 시도하기를 주저하지 않는다. 반면, 우울과 같은 부정적 정서에서는 어떠한 행동을 시도했을 때 실패의 경우를 먼저 생각한다.[37] 우울한 감정에서는 어떠한 행동을 시도하기보다는 회피하고 침잠하는 경향이 강해진다. 우울증 집단과 일반 통제집단의 뇌파 비교에서도 우울증 집단의 좌뇌 전두활성화(left-side frontal activation) 정도가 일반 통제집단보다 떨어지는데 이는 접근기제의 감소와 회피기제의 증가를 의미한다.[38]

이러한 현상은 음악 선호에서도 반영되어 나타난다. 우울증 환자와 일반인을 대상으로 선호 음악을 분석한 결과, 우울증 환자들은 분노나 고각성(high arousal)을 유도하거나, 활동적인(energetic) 음악을 싫어하는 것으로 나타났다.[39] 음악적으로도 접근기제에 가까운 높은 에너지의 음악에 대하여 거부감을 보이는 것이다. 이 연구는 개인의 정서적 상태가 음악 선호에도 반영된다는 것을 보여 주고 있다.

슬픔은 인간의 기본감정 중 하나이다. 기본감정은 진화에서 꼭 필요한 적응적 기제로 생존에 반드시 필요한 감정이다. 일반적으로 행동을 통해 해소되어야 하는 기본감정은 해소 과정에서 인간에게 생물학적 이득을 가져다준다. 예를 들어, 기쁨이란 기본감정이 야기하는 동기부여를 통해 행복한 사람들은 어떤 일에 도전할 때 열심히 노력하면 된다는 낙관적인 태도를 취하게 되고 이는 인류가 발전해 오는 데 긍정적인 요소로 작동해 왔다. 그렇다면 슬픔도, 그리고 그 슬픔과 직접적으로 연관된 우울도 모든 기본감정처럼 우리에게 진화에 유리한 적응적 기제로 작동할 수 있어야 한다. 우리를 걱정과 비관에 빠져들게 하고, 도전을 두려워하는 회피 행동을 불러오는 우울이라는 감정이 우리에게 어떠한 생물학적 이득을 가져다주는 것일까?

네스(R. M. Nesse)는 이 슬픔의 적응적 기제를 '내적 에너지의 할당'으로 설명한다. 행복이 접근의 기제를 활성화시켜 무엇인가 적극적으로 활동하게 함으로써 에너지를 소비시키는 반면, 슬픔은 회피 기제를 활성화함으로써 에너지 소비를 막는다는 것이다. 즉, 우리는 슬픔이라는 감정에 빠져 있을 때 에너지 할당에 신중한 태도를 보인다. 예를 들어, 반복적으로 실패 또는 상실을 경험한 사람은 같은 일에 도전하는 것을 포기하거나 비관적인 태도를 취한다. 실패, 상실과 같은 과거의 슬픈 경험이 우리를 더 현실적으로 만들기 때문이다. 이것을 학술 용어로 우울한 현실주의(depressive realism)라고 하는데 슬픔이 침잠과 반추적 사고로 삶을 깊이 재평가하는 동기가 된다는 이론이다. 즉, 우울한 사람들에게서 나타나는 낮은 에

---

37) Marko Punkanen, Tuoma Eerola & Jaakko Erkkila, "Biased Emotional Preferences in Depression: Decreased Liking of Angry and Energetic Music by Depressed Patients," *Music and Medicince* 32(2) (2011): 114.

38) Jeffrey Henriques and Richard Davidson, "Left Frontal Hypoactivation in Depression," *Journal of Abnormal Psychology* 100(4) (1999): 535-545.

39) Punkanen, Eerola & Erkkila, 같은 글, 114.

너지나 사회적 고립, 과거에 대한 반추적 사고는 진화론적 관점에서 보았을 때 또 다른 실패와 상실을 막기 위해 에너지의 할당에 신중한 태도를 보이는 전략적 반응이라는 것이다.[40]

행동 동기 시스템과 관련되어 또 하나 주목해야 하는 요소 중의 하나가 공감능력이다. 자신의 감정을 인식하는 것만큼 타인의 감정을 인식하는 능력 역시 인간의 생존에 필요한 요소이다. 공동체를 이루고 살아가는 인간은 유대감과 협업 능력이 필수적이기 때문이다. 타인의 감정을 인식하고 그에 따르는 적절한 행동을 취해야 조화로운 집단 생활이 가능하다. 초상집에서 음식이 맛없다고 투덜거리거나, 기분 좋은 회식날 노래방에서 신나게 노래를 부르는데 혼자 슬픈 노래를 하는 사람은 참으로 눈치 없는 사람으로 간주된다. 당연히 집단에서 배척될 확률이 큰 사람이다. 연인 관계에서도 상대방의 감정을 제대로 판독하지 못하는 사람은 관계를 지속적으로 유지하기 어렵다. 반면, 타인의 감정을 잘 판독하는 사람은 공동체 적응에 유리하다. 직장 상사의 표정, 말투, 태도에서 상사의 현재 감정 상태를 잘 판독한 사람은 그렇지 않은 사람보다 더 적절히 행동할 수 있을 것이다. 감정의 판독은 어떤 다음 행동을 해야 할지 동기화 시스템을 작동시키기 때문이다.

타인의 감정을 판독하는 능력은 인간의 타고난 본능이다. 태어난 지 얼마 안 된 아기도 엄마의 얼굴표정에 정서적 반응을 한다. 그런데 이 고유한 능력에 문제가 있는 사람들도 있다. 다른 사람의 감정에 공감하는 능력이 현저하게 떨어지는 자폐증이나 사이코패스와 같은 사람들이다. 이들은 타인의 고통과 슬픔에 공감하지 못한다. 공동체에서 함께 어우러져 살아가기 힘든 사람들이다.

6) 음악적 감정 형성요소: 청자, 음악, 상황

우리는 일반적으로 빠르고 경쾌한 장조의 음악에 동적 기쁨을, 느리고 어두운 단조의 음악에 정적 슬픔을 연결시킨다. 물론 이러한 감정반응이 항상 일어나는 것은 아니다. 음악적

---

40) Randolph M. Ness, "What Good is Feeling Bad," *The Science* 31(1991): 34-37.

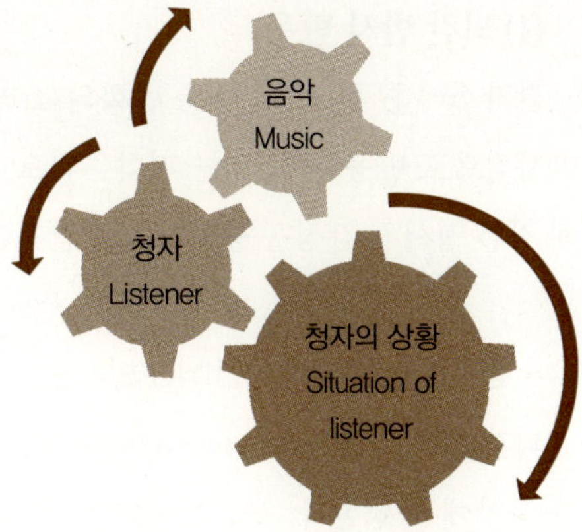

[그림 2-10] 음악적 감정 형성요소

감정은 음악 자체가 가지는 특징적 요소인 빠르기, 음색, 음고, 음크기 등등이 영향을 줄 뿐만 아니라 개인의 배경이나 개인이 처한 환경과 결합하여 형성되기 때문이다. 요약하면 음악, 청자, 상황이라는 요소가 서로 톱니바퀴처럼 결합하여 드러나는 것인데 어떤 때는 상황적 요소가, 어떤 때는 음악적 요소가, 또 어떤 때는 그 사람의 개인적인 요소가, 불규칙적으로 작용하며 감정을 형성한다. 예를 들어, 한창 사랑에 빠져 있을 때 연인과 함께 듣던 음악은 사랑의 감정을 더 충만하게 하였지만 헤어진 후 그 음악은 아픔이 된다. 또한 문화, 학습, 사회적 위치 등 개인의 특성도 음악적 감정에 영향을 준다. 개인의 상황적 요소 변화가 음악에 대한 감정반응을 변화시키는 것이다. 또한 개인의 문화적 배경 역시 음악적 감정반응에 직접적인 영향을 준다.

필자가 독일에서 공부할 때 우리 아파트 주민의 90%가 튀르키예 이민자들이었다. 내가 관찰한 이들은 사교적이며 늘 음악과 함께하는 사람들이었다. 아파트에서는 어느 집인지 몰라도 항상 튀르키예 음악이 흘러나왔다. 그런데 난 몇 년을 살아도 이들 음악의 차이가 잘 들리지 않았다. 기쁜 음악, 슬픈 음악, 종교음악 등 대충 음악적 구분이 있어야 하는데 나에게는 끝까지 이러한 구분 없이 그냥 좋지도 싫지도 않은 이국적인 튀르키예 음악이었다. 분명 당시 튀르키예 이웃들의 음악은 다양한 감정을 담은 음악이었을 것이지만 해당 문화권 사람이 아닌 나에게는 그 감정이 전달되지 않은 것이다.

7) 음악에 대한 정서적 반응 경로: BRECVEMA 모델[41]과 음악치료의 예시

저슬린에 의하면 우리가 음악을 경험하고 그것에 대해 정서적으로 반응할 때는 다양한 경로를 통한다. 본능에 따른 선천적 반응에서부터 문화와 학습에 의해 형성된 경로, 그리고 개인적인 경로까지 그 구분은 모두 여덟 가지이다.

---

41) Patrik N. Juslin, "From Everyday Emotions to Aesthetic Emotions: Towards a Unified Theory of Musical Emotions," *Physics of Life Reviews* 10(3) (2013): 235-266. 이 논문에 소개된 BRECVEMA model의 의미와 음악치료에서 고려해야 할 사항을 필자가 기술한 것이다.

(1) 뇌간 반사 반응

갑작스러운 큰 소리, 빠른 변화의 소리, 불협화음, 응급한 소리 등에 우리는 자동적이고 반사적으로 반응한다. 이는 진화론적으로 볼 때 '위험'이라는 청각적 신호를 받아들이기 위해 강한 정서적 각성을 동반한 감정반응이다.

☞ 음악치료: 비정상적인 뇌간 반사 반응을 보인다면?

뇌간 반사 반응(brain stem reflex)은 놀람, 공포의 감정으로 강한 각성을 일으키는 소리 또는 음악에 해당한다. 우리는 이러한 청각적 자극에 대해 행동으로 즉각 반응한다. 예를 들어, 갑작스럽게 들리는 손톱으로 칠판을 긁는 것 같은 불쾌한 소리는 누구나 귀를 막거나 얼굴을 찌푸리는 방식으로 반응한다. 그런데 이러한 즉각적인 반응이 우리가 일상적으로 경험하는 소리에도 민감하게 나타나기도 한다. 작은 소리에도 과민감성(hypersensitivity)으로 반응하거나 전기 청소기와 같은 특정 소리에 귀를 막거나 도망가는 방식으로 행동하기도 하는 것이다. 자폐증은 청각 자극에 예민하게 반응하는 대표적인 유형이다. 따라서 뇌간 반사 반응을 보이는 경우 그것이 특정 경험에서 온 것인지 감각의 민감성 때문인지에 대한 분석이 필요하다.

(2) 리듬 동조화

음악을 통해 전달되는 리듬은 청자의 신체적 리듬(예를 들어, 심장박동, 호흡 등)에 영향을 준다. 우리 몸이 강력한 주기성을 갖는 음악 리듬에 동조되기 때문이다. 뇌간 반사 반응이 '놀람', '공포'와 같은 즉각적인 반응이라면 리듬 동조화는 점차적으로 나타나는 반응이다. 우리는 반복적인 리듬에 지속적으로 노출될 경우 신체 동조화 반응에서부터 강한 각성의 초월적 경험을 하기도 한다. 또, 집단에서 음악에 맞추어 통일된 움직임을 하는 것은 집단원들에게 소통의 쾌감을 제공하는 요소이기도 하다.

☞ 음악치료: 신체 동조화에서 의식의 변성까지

리듬 동조화(rhythmic entrainment)는 인간의 본능적인 반응이다. 신경학적 음악치료는 리듬 동조화라는 인간의 본능적인 반응 현상을 이용한다. 음악의 시간적 요소인 리듬, 빠르기, 박자는 환자의 신체적 재활 훈련에 사용되는데, 규칙적이고 반복적인 리듬은 우리 몸에 생리적 각성 반응을 일으키고 신체적 동조화를 유도하기 때문이다. 또한 집단 타악기 연주 또는 드럼 서클과 같은 음악 중재는 집단원들이 함께 통일된 리듬을 연주하거나 앙상블 연주를 함으로써 소속감, 유대감, 음악적 즐거움을 경험하게 되는데 이는 리듬 동조화 경험이 주는 강한 각성과 쾌락이기도 하다. 이러한 경험이 지속되면 의식의 변성이 일어나기도 한다. 이는 주술의식에서 반복적인 큰 소리의 리듬적 음악들이 사용되는 공통적인 이유이기도 하다.

(3) 평가적 조건화

평가적 조건은 음악과 사건이 연계되어 감정을 형성하는 것이다. 예를 들어, 어린 시절 공포 영화에서 〈섬집 아이〉라는 노래를 듣고 난 이후부터 그 음악이 공포 경험과 연결되는 경우이다. 행동주의 심리학에서 자극-반응의 조건화처럼 '섬집 아이'는 무조건적 자극에서 공포 영화라는 경험에 의해 공포 감정으로 조건화 자극이 된 것이다. 이처럼 부정적 사건과 연합된 음악은 부정적 조건화로, 긍정적 사건과 연합된 음악은 긍정적 조건화의 결과로 이어진다. 여기서 음악에 대한 평가적 조건화(evaluative conditioning)를 갖게 되는 것은 학습과 경험에 의해 형성되는 것이지만 음악과 사건을 연합하여 평가하는 능력은 인간의 타고난 능력이다. 진화에서 음악 또는 소리를 연합하여 평가적으로 기억해야만 생존에 이롭기 때문이다. 위험한 짐승의 소리, 자연재해의 소리, 사랑의 노래, 우정의 노래 등 인류는 해로운 것과 이로운 것을 끊임없이 평가하며 진화해 왔다. 평가의 결과는 감정을 형성하고 그 감정은 적응적 행동으로 나타난다.

☞ 음악치료: 음악에 대한 내담자의 평가는 경험을 말한다

음악치료에서 내담자가 특정 음악에 대하여 어떠한 평가적 조건을 갖고 있는가는 진단평가 과정에서 알아보아야 한다. 예를 들어, 한 내담자가 어린 시절 특정 노래를 듣고 행복했던 가족 여행을 기억한다고 가정해 보자. 이 노래는 내담자에게 긍정적 · 평가적 조건화를 일으키므로, 치료과정에서 이 노래를 사용하여 내담자의 긍정적 감정을 유도하고 안정감을 제공할 수 있다. 반면, 다른 내담자가 동일한 노래를 듣고 부모의 이혼을 연상한다고 가정하면, 이는 부정적 · 평가적 조건화의 예이다. 치료사는 이 경험을 탐색하고 내담자가 감정을 처리하도록 돕는 데 해당 노래를 사용할 수 있다. 이처럼 음악과 관련된 과거 경험을 동반한 평가는 그 평가가 긍정적, 부정적 경험일 경우 모두 내담자의 경험, 정서, 사고를 탐색해 볼 수 있는 좋은 경로가 된다.

(4) 감정 전염

어떤 음악을 듣는가에 따라 감정의 변화가 일어나기도 한다. 예를 들어, 베토벤 피아노 소

나타 〈열정〉을 들으면서 빠르고 격렬한 피아노 음들의 움직임에 동조되어 흥분되는 느낌을 갖는다면 우리는 베토벤의 음악에 또는 그 음악을 연주하는 연주자의 음악에 감정 전염(emotional contagion)이 된 것이다. 언어로 비교해 보자. 누군가 당신에게 "지금 여기서 뭐 하세요?"라고 질문할 때 신경질적인 톤인지, 의심하는 톤인지, 정중하게 물어보는 톤인지 언어적 의미 자체보다는 억양에 의해 감정적 반응이 형성되는 것을 발견하게 될 것이다. 즉, 우리의 감정 형성에 영향을 주는 것은 개념적인 언어의 의미보다는 음성적인 측면이다. 감정의 형성에 절대적인 영향을 미치는 것은, 언어의 음성적 특징처럼 음악이 전달하는 청각적 패턴이다. 감정 전염은 상대방이 의도하는 표현과 감정에 공감하는 것이다. 그러므로 상대방의 감정을 잘 읽고 공감하는 감정 전염은 집단생활을 하는 인간사회에서 사회적 상호작용을 원활하게 하여 생존에 유리하게 작용할 수 있도록 하는 적응적 기제이다. 단, 음악적 감정의 전염은 집단의 음악 문화에 영향을 받는 요소이기도 하다.

☞ 음악치료: 감정 전염은 보편적, 문화적, 개인적 이해가 필요하다

감정 전염은 보편적 평가 반응과 문화적 공유 반응으로 구분할 수 있다. 예를 들어, 갑작스러운 큰 소리에 놀라거나, 빠르고 역동적인 리듬에 신체적 움직임으로 반응하는 것은 인간의 본능적인 반응이다. 반면, 문화적 공유 반응은 같은 문화를 공유하는가 그렇지 않은가에 따라 다르게 나타난다. 예를 들어, 인도 음악이 표현하는 감정 내용에 한국 사람이 공감하기는 쉽지 않다. 인도의 애절한 사랑 노래에서 애절함도, 사랑도 느끼지 못할 수 있다. 다만, 인도 음악이라는 것만 인식할 수 있을 뿐이다. 문화적 공유의 정도가 약한 이국 음악이기 때문이다. 음악을 통한 감정 전염은 음악적 언어[42]에 대한 상호 소통이 가능해야 원활하게 진행된다. 다시 말해 한쪽에서 표현하는 것을 다른 쪽에서 제대로 이해해야 한다. 이것을 음악치료 상황에 대입해 보자. 치료사와 내담자의 음악은 치료에서 소통의 언어이다. 즉흥연주, 노래, 음악감상 등 음악치료에서 치료사는 자신이 느낀 내담자의 감정을 다양한 방식으로 음악에 반영하기도 하며, 내담자는 자신의 감정을 음악으로 표현하기도 한다. 이때 치료사의 음악에 내담자는 얼마나 감정적으로 전염이 될까? 다시 말해 얼마나 공감할까? 반대로 내담자의 음악을 치료사는 어떻게 느낄까? 만약 상실의 슬픔을 표현하는 내담자의 음악을 치료사가 평화로운 이완으로 해석한다면 어떨까? 치료사의 지지와 위로의 음악을 내담자가 잔소리와 간섭과 같은 짜증으로 느낀다면 어떨까? 소통은 절대 이루어지지 않을 것이다.

---

42) 여기서 음악적 언어는 각 문화의 음악적 특징을 나타내는 음계, 형식, 리듬 특성 등을 말한다.

치료에서 음악적 감정을 유발하는 감정 전염은 개인적 요소에 대한 이해를 필요로 한다. 여기서 개인적 요소는 내담자에 대한 이해만을 의미하지 않는다. 치료사 개인도 문화적, 사회적, 음악적으로 어떠한 언어를 사용하는 경향의 사람인지에 대한 스스로의 분석이 필요하다. 인도어를 쓰는 사람에게 인도어로 소통하고자 노력하는 한국 사람을 생각해 보자. 인도어를 쓰지만 한국 방식으로 생각한 표현을 구사한다. 소통은 이루어지지만 인도어를 쓰는 사람과 한국 사람이 쓰는 인도어는 다르다. 탱고 음악은 우리에게 누가 연주하든 그냥 탱고 음악이다. 그러나 아르헨티나 사람들은 다른 나라 사람들의 탱고 음악을 금방 구별할 수 있다고 한다. 우리도 외국 사람이 아리랑을 부를 때 비슷한 경험을 한다. 치료사가 내담자에게 어떠한 음악적 언어를 구사해야 하는지에 대한 치료사 스스로의 이해는 바로 치료사 자신의 개인적 분석으로부터 시작된다.

(5) 시각적 심상

음악을 듣고 그 음악에 해당하는 시각적 이미지를 떠올리는 것을 시각적 심상이라고 한다. 필자는 개인적으로 드뷔시의 〈달빛〉이라는 피아노곡을 들으면 제목처럼 어두운 밤을 밝히는 환한 보름달과 그 달빛이 비치는 작은 호수가 떠오른다. 에릭 사티의 〈짐노페디〉를 들으면 따뜻한 태양 아래 넓은 광장에서 평화로이 먹이를 먹는 새들의 이미지가 연상된다. 반면, 그레고리안 합창을 들으면 어둡고, 싸늘하고, 엄숙하면서도 긴장이 가득한 성당의 모습이 상상된다. 이렇게 다양한 시각적 심상을 떠올리게 하는 음악은 셀 수 없이 많다. 음악을 듣고 시각적 심상을 떠올리는 것은 자연스러운 현상으로 자동적 반응에 가깝다. 왜 우리는 현실에 존재하지 않는 상상의 내용을 마음에 떠올리면서까지 감정을 형성하는 기제를 작동시키는 것일까? 어떤 사건에 대하여 시각적 심상을 형성한다는 것은 생존을 위한 사전 시뮬레이션으로 볼 수 있다. 멀리서 늑대의 울음소리를 들으면 늑대의 모습을 심상으로 떠올린다. 그래야 위험을 인식하고 이에 대비하는 행동을 할 수 있다. 연구에 따르면 음악에 대한 시각적 심상의 형성은 음악의 수용능력 형성과 삶의 경험 축적이 필요하기 때문에 대략 만 2~5세 사이에 형성된다.

☞ 음악치료: 시각적 심상에 부여하는 의미가 중요하다

음악에 대한 시각적 심상은 보편적이면서 개인적인 투사 반응이 나타나는 영역이다. 음악적 표현 자체에 대한 이미지 도식(image-schemata)은 보편적인 반응이다. 예를 들어, 상승하는 멜로디 라인에 날아가는 새를 연상하거나 플루트의 소리에 노래하는 새소리를 떠올리는 것처럼 특정 음악적 요소가 시각적 이미지를 자극하기도 한다. 동시에 이러한 음악에 대한 시각적 심상이 개인의 감정과 연결될 경우 투사적 심상이 된다. 예를 들어, 음악을 들으며 어두운 밤을 환하게 비치는 달빛이 연상되는데 어떤 사람은 그 느낌이 외로웠다고 표현하기도 하고 어떤 사람은 풍요롭고 평화로웠다고 표현하기도 한다. 음악이 주는 시각적 심상은 유사하다 하더라도 그 심상에 대해 어떠한 의미를 부여하고 그 의미가 어떠한 감정을 유도하는지는 개인마다 다르다. 음악치료에서 내담자의 시각적 심상을 분석할 때는 심상 그 자체보다는 그 심상에 내담자가 부여하는 의미와 느낌이 중요하다.

(6) 에피소드 기억

음악은 특정 에피소드를 연상하게 하여 감정을 불러일으키기도 한다. 청소년기 음악, 첫사랑의 음악, 처음 남들 앞에서 연주해 본 음악, 친구와 우정의 음악 등 삶에서 특정 시점 혹은 사람과 관련된 사연의 음악은 누구에게나 있다. 이런 음악들은 과거의 사건들을 떠올리며 현재의 자기와 연결하는 것으로 주로 과거에 대한 향수(nostalgia)에서 비롯되는 다양한 감정을 포함한다. 이는 세 번째 평가적 조건과 유사한 듯하지만 엄밀하게는 다르다. 평가적 조건화는 행동주의 심리학의 자극-반응과 같은 고전적 조건화처럼, 음악이 특정 경험에 의해 좋고 나쁨 등의 기본적인 감정 평가를 갖게 되는 기제를 의미한다. 반면, 에피소드 기억은 기본적인 감정을 넘어 음악과 관련된 모든 기억과 감정을 포함한다.

☞ 음악치료: 음악은 기억의 마중물

모든 치료는 기억에 의존한다. 몇십 년 전 어린 시절 기억에서부터 한 시간 전 일어난 친구와의 다툼까지 치료에서 내담자가 이야기하는 모든 것은 기억의 내용을 꺼내오는 것이다. 그런데 우리의 기억은 늘 왜곡이라는 그림자를 동반한다. 과거의 사건을 있는 그대로 기억하지 않고 시간이 흐르면서 기억의 내용에 살을 붙이거나 빼는 등 자기 입맛에 맞게 기억을 편집하는 경향이 강하다. 누구나 이 기억의 왜곡에서 자유로울 수는 없다. 그런데 감각적 경험은 감정과 연결되어 생생한 기억을 형성한다. 기억의 인출 경로에서 대뇌의 인지적 평가 경로가 아닌 본능적 경로를 거쳐 인식되기 때문이다. 냄새는 우리가 본능적인 경로로 기억하는 대표적인 감각기억이다. 르두(Joseph E. LeDoux)는 감정과 기억의 관계 연구에서 냄새와 음악 같은 특정 감각 자극이 과거의 기억과 감정을 생생하게 불러오는 강력한 단서(cue)가 된다고 보았다.[43] 예를 들어, 어린 시절 맡았던 외할머니의 된장찌개 냄새를 우연히 어느 시골 식당에서 맡았을 때 우리는 그 순간 외할머니의 얼굴, 집안 분위기, 어린 시절 따뜻한 감정까지도 한꺼번에 떠올릴 수 있다. 이는 단지 냄새 때문이 아니라, 그 냄새가 감정과 연결된 에피소드 기억을 본능적으로 자극했기 때문이다. 이와 비슷하게 고등학교 때 친구들과 함께 어울려 듣던 당시 아이돌 노래를 40대에 듣는다면 그때의 친구들과의 기억, 감정들이 생생하게 되살아나기도 한다. 이 역시 음악이 감정이 담긴 기억을 순수한 형태로 인출해 내는 촉발자로 작용한 결과이다. 이처럼 감각적 경험과 연결된 기억은 당시의 감정과 함께 저장된 원형 기억을 직접 불러낸다. 특히 인생의 중요한 시기나 사람과 연결된 음악은 편집되지 않은 채로 기억 속에 남아 있다가, 특정 곡을 듣는 순간 그대로 떠오르게 된다. 음악적 기억의 이러한 특성은 기억을 잃어버린 치매 환자의 기억을 환기시키기 위해 음악이 효과적인 촉매제가 될 수 있다는 것을 시사한다. 음악치료 임상현장에서 일상의 기억은 잃어버렸지만 음악적 기억은 정확하게 기억하는 치매환자를 흔히 볼 수 있다. 실제로 한 80세 치매 노인 할머니는 〈오빠 생각〉이라는 노래를 듣자 어린 시절을 떠올리며 음악과 관련된 사건, 사람, 그때의 감정들을 생생하게 기억했다. 나중에 확인한 결과 모두 정확한 기억이었다. 음악이 기억의 저장고에 있는 내용을 꺼내오는 단서가 된 것이다. 음악을 통한 에피소드 기억의 환기와 자극은 과거의 기억을 떠올리게 하는 감정 유도 장치이다.

(7) 음악적 기대

음악적 기대(musical expectancy)는 음악적 감정 형성 요소 중 가장 늦게 형성된다. 음악은 언어처럼 개인의 환경에서 자연스럽게 체화된다. 음악과 언어는 모두 법칙 기반하에 사용되기에, 우리의 정서 및 인지에 체화된 언어와 음악을 들으면서 우리는 단순히 현재의 내용만을 인지할 뿐만 아니라 예상도 함께한다. 예를 들어, '나는 당신을…….' 이 문장에서 우리는 '좋아해', '미워해', '고용하겠어' 등과 같은 대화의 맥락에 따라 '당신을' 다음에 '나'라는 주체의 의지를 보여 주는 동사를 기대한다. 만약 '나는 당신을 미안해.'라고 한다면 우리가 알고 있는 통사론적 법칙에 어긋나는 틀린 표현이다. 이처럼 음악에서도 음악적 선율의 흐름, 화성적 흐름에 우리가 기대하는 법칙이 있는데 이것을 음악적 통사(syntax)라고 한다.

우리는 언어에서처럼 음악에서도 맥락에 맞는 전개를 예상한다. 그 예상이 뻔한 것이라면 지루하거나 전혀 새롭게 느껴지지 않는다. 예를 들어, 음악가에게 I–IV–V–I의 단순한 화성의 노래를 들려준다면 한 번 듣고 바로 기억하지만 여러 번 들으려 하지는 않을 것이다.

---

43) Joseph E. LeDoux, *Emotion as Memory: Anatomical Systems Underlying Indelible Neural Traces*, as cited in Klaus R. Scherer and Marcel R. Zentner, "Emotional Effects of Music: Production Rules," in *Music and Emotion: Theory and Research*, ed. Patrik N. Juslin and John A. Sloboda (Oxford: Oxford University Press, 2001), 369.

예상대로 이어지는 이야기가 지루한 것처럼 항상 예상을 빗나가지 않는 음악적 진행 역시 그렇다. 반면, 음악적 전개를 전혀 예상할 수 없다면 음악적 감정은 형성되지 못한다. 장조, 단조 중심의 조성음악에 익숙한 사람에게 무조(atonal music: 조성 없는 음악) 12음 기법의 현대음악은 어떠한 예상도 할 수 없는 무질서한 소리만으로 느껴질 뿐이다.

음악은 청취자의 기대를 확인하거나 위반함으로써 감정적 반응을 일으킬 수 있다. 기대의 확인은 종종 만족감이나 기쁨을 제공하기도 하며, 예상치 못한 음악적 전개(위반)는 놀라움, 긴장감 또는 흥분을 불러일으킬 수 있다. 우리는 음악을 들을 때 이전 경험과 문화적 배경을 바탕으로 다음 음악적 사건을 예측하기 때문이다.

☞ 음악치료: 음악적 발달 수준에 따른 중재

음악적 기대는 발달과 관련된 점을 고려해야 한다. 아동과의 음악치료에서 V–I 종지의 개념을 형성한 아동은 치료사가 V 화성을 길게 늘이고 있을 때 종지를 예상하고 그에 맞는 행동을 하려 한다. 반면, 음악적 종지 개념이 형성되지 않은 아동은 화성 진행과 상관없이 음악이 끝났을 때 끝났다고 생각한다. 이처럼 아동이 어떠한 음악적 기대를 가지고 있는지에 대한 정확한 분석이 있을 때 치료사는 아동의 행동과 정서의 변화를 위한 음악을 효과적으로 사용할 수 있다.

(8) 미적 판단

음악 감정 이론에서 미적 판단(aesthetic judgment)은 음악이 감정을 유발하는 고차원적 심리 메커니즘으로 간주된다. 이는 음악을 들을 때 단순히 감정을 느끼는 것을 넘어 그 음악이 '아름답다', '감동적이다'와 같이 예술적 가치에 기반하여 평가하는 과정을 의미하며, 단순한 선호(preference)나 친숙함(familiarity)과 구별되는 심리 작용이다. 다른 BRECVEM 메커니즘이 진화적으로 더 오래되고 자동적인 처리에 기반하는 반면, 미적 판단은 청자가 음악을 '예술'로 인식하고, 미적 기준을 적용할 때 활성화되는 인지적 · 정서적 평가 과정이라는 점에서 차별화된다. 이 판단은 지각적, 인지적, 정서적 입력이 통합된 처리 과정을 포함하며, 청자가 개인적으로 중요하게 여기는 아름다움, 표현력, 기술, 독창성 등의 예술적 가치 기준에 따라 정보를 선별하고 해석한다. 따라서 미적 판단은 보편적 반응이 아니라 개인차가 큰 심리 작용이며, 문화적 배경, 음악적 전문성, 청취 맥락, 삶의 경험 등 다양한 요소에 의해 깊이 영향을 받는다.

☞ 음악치료: 아름다움을 경험하는 것 자체가 치료이다.

음악적 감동, 아름다움을 경험하는 것 자체가 치료적이다라는 관점은 음악 중심 음악치료의 핵심 요소이다. 내담자가 음악을 들으며 '아름답다', '감동적이다'라고 느끼는 순간, 그 경험은 단순한 감정의 표현을 넘어, 자신의 존재와 삶, 감정, 가치에 대한 깊은 인식을 이끌어 낸다. 특히 고통, 상실, 트라우마로 인해 내면이 조각난 사람에게는, 아름다움을 느낄 수 있는 능력의 회복이 곧 삶의 회복으로 이어질 수도 있다. 따라서 음악치료는 내담자가 음악을 통해 아름다움을 '느끼고', '머물고', '표현할 수 있도록 돕는 과정'이며, 그 경험 자체가 이미 치유의 장이 된다.

8) 음악적 감정의 측정

음악적 경험의 측정에는 심장박동이나 혈압, 뇌파와 같은 생리적 반응을 통한 측정과 주관적 경험에 대한 자기보고가 있다. 생리적 반응 측정은 객관적인 정보를 제공해 주지만 섬세하고 정교한 감정 반응을 반영하기 어렵다. 반면, 주관적 자기보고는 정확한 객관적 데이터로서는 정확성이 떨어지지만 비교적 다양한 감정의 스펙트럼을 보여 줄 수 있다. 주관적 자기보고의 음악적 감정 측정 방법으로는 범주적(categorical) 접근방식과 차원적(dimensional) 접근방식이 있다.

(1) 범주적 접근방식: 형용사 분류법

형용사 목록 분류법은 1935년 헤브너[44]가 개발한 체크리스트이다. 그는 음악에 대한 감정을 묘사하는 67개의 형용사를 8개의 군으로 범주화하였다. 각 군의 형용사들은 유사한 의미이지만 음악적 느낌을 표현할 때 미묘한 차이를 표현하는 데 유용하다. 예를 들어, 바버의 〈현을 위한 아다지오〉는 비통한(doleful), 모차르트의 〈레퀴엠: 라크리모사〉는 애도하는(mournful)에 해당한다. 물론 이것은 필자의 주관적 느낌이다.

(2) 차원적 접근방식

음악적 감정의 측정은 정서가(emotional valence)와 환기(arousal)라는 두 가지 차원으로 측

44) Katherine Hevner, "Expression in Music: A Discussion of Experimental Studies and Theories," *The American Journal of Psychology* 48(2) (1936): 249. 헤브너의 형용사 분별법은 음악과 감정에 관한 검사표의 중요한 지표가 되었다.

1. 영적인(spiritual)
숭고한(lofty)
경외심을 일으키는 (awe–inspiring)
위엄 있는(dignified)
신성한(sacred)
엄숙한(solemn)
냉정한(sober)
진지한(serious)

2. 애처로운(pathetic)
비통한(doleful)
슬픈(sad)
애도하는(mournful)
비극적인(tragic)
우울한(melancholy)
좌절된(frustrated)
침울한(depressing)
음울한(gloomy)
힘겨운(heavy)
어두운(dark)

3. 꿈꾸는 듯한(dreamy)
유순한(yielding)
부드러운(tender)
감상적인(sentimental)
갈망(longing)
열망(yearning)
애원하는(pleading)
구슬픈(plaintive)

4. 차분한(calm)
한가로운(leisurely)
서정적인(lyrical)
조용한(quiet)
만족스러운(satisfying)
평온한(serene)
마음을 달래는(soothing)

5. 유머러스한(humorous)
장난스러운(playful)
엉뚱한(whimsical)
상상력이 풍부한(fanciful)
진기한(quaint)
명랑한(sprightly)
섬세한(delicate)
가벼운(light)
우아한(graceful)

6. 즐거운(merry)
기쁜(joyous)
명랑한(gay)
행복한(happy)
쾌활한(cheerful)
밝은(bright)

7. 기분이 들뜬(exhilarated)
날아오르는(soaring)
의기양양한(triumphant)
극적인(dramatic)
열정적인(passionate)
깜짝 놀라게 하는 (sensational)
동요된(agitated)
흥미진진한(exciting)
충동적인(impetuous)
가만히 못 있는(restless)

8. 활기찬(vigorous)
강건한(robust)
단호한(emphatic)
호전적인(martial)
육중한(ponderous)
장엄한(majestic)
의기양양한(exalting)

[그림 2-11] 헤브너 형용사 분류 목록

정하는데, 이것을 이차원적 모델(2 dimentional model: 2D)[45]이라고 한다. 2차원 모델에서 수평선은 정서가로 오른쪽으로 갈수록 긍정적 정서, 왼쪽으로 갈수록 부정적 정서이다.

수직선은 우리의 각성에 대한 정도를 측정하는 축으로, 위로 갈수록 높은 각성, 아래로 갈수록 낮은 각성이다. 이렇게 정서가를 수평으로, 각성 정도를 수직으로 하여 사분면이 형성된다. 각 사분면 극단의 음악을 예로 들면, 높은 각성의 매우 긍정적인 음악은 사각형의 오른쪽 위쪽의 꼭짓점에 해당하는 부분이다. 이 음악은 우리가 운동할 때나 춤을 출 때 사용되는 활동적이고 신나는 음악이다. 반대로 높은 각성의 부정적 정서의 음악은 왼쪽 위쪽 꼭짓점에 해당하며, 우리를 굉장히 짜증나게 하고 거슬리게 하는 음악이다. 각성이 높다는 것은 긍정적일 때는 신나고 즐거우며 활동적인 것을 의미하지만 부정적일 때는 당장 제거해야만

45) James Russell, "A Circumplex Model of Affect," *Journal of Personality and Social Psychology* 36(6) (1980): 1161. 정서가와 환기로 음악적 감정을 측정하는 2차원적 모델은 제임스 러셀에 의해 처음 개발된 모델이다.

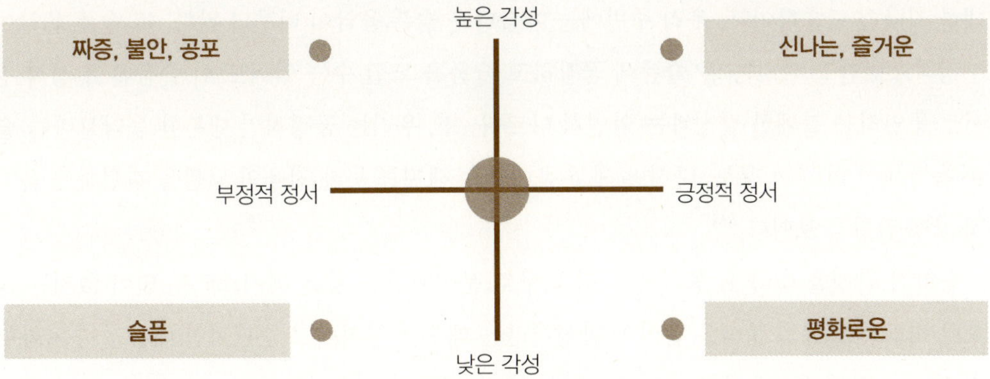

[그림 2-12] 음악적 감정의 이차원적 모델

안정을 찾을 수 있는 불쾌한 자극이다. 왼쪽 아래 꼭짓점 근처에 해당하는 부분은 매우 낮은 각성의 부정적 정서의 음악으로, 우리를 멜랑콜리하게 만드는 슬픈 음악이다. 그리고 오른쪽 매우 낮은 각성의 긍정적 정서의 음악은 평화로운 음악에 해당한다.

그럼 각성과 정서가에서 어떠한 치우침도 없는 중심 영점에 해당하는 음악은 어떤 음악일까? 이는 우리의 이목도 별로 끌지 않고 정서적으로도 특별한 반응을 일으키지 않는 음악이다. 사각형의 꼭짓점에 해당하는 음악이 주목을 끌고 강한 정서적 반응을 일으키는 전경음악(foreground music)이라면, 중심의 음악은 그것들과 반대되는 배경음악(background music)일 것이다.

이러한 구분은 음악에서 하나의 정서 상태를 선택하는 일차원적 측정과 달리 수평축 정서가와 수직축 각성으로 평가하여 음악적 감정에 대한 위치를 분석한다는 비교적 객관적이고 합리적인 분석이다. 특히 특정 감정에 해당하는 음악을 바로 쉽게 선곡할 수 있다. 예를 들어, 각성에서 수직과 수평선이 교차하는 점을 0점으로 하여 윗부분을 +, 아랫부분을 −로, 오른쪽을 +, 왼쪽을 −로 하여 −10에서 +10점 사이에 점수로 음악적 감정을 정한다고 하자. 수직축 0점에서 수평축 긍정적 정서 쪽으로 2~3까지에 해당하는 음악은 공부하는 데 또는 어떤 정신적 작업을 하는 데 배경음악으로 적절할 것이다. 그리고 스트레스를 벗어나 휴식을 취하고 싶을 때라면 낮은 각성의 긍정적 음악인 평화스러우면서도 잔잔하고 반복적인 선율과 리듬이 있는 뉴에이지 피아노 음악이 어울릴 것이다. 이런 방식의 음악적 감정 측정은 굳이 개념적 의미가 부여된 하나의 형용사를 선택하는 것이나 단어의 의미를 차등적으로 분류하는 것과 달리 수학적으로 음악적 감정을 측정할 수 있는 간편함이 있다.

그러나 이 모델의 한계점은 음악적 정서가를 이분법적으로 긍정, 부정으로만 나눈다는 것이다. 슬픈 음악은 부정적 음악, 기쁜 음악은 긍정적 음악이라는 이분법적 구분은 음악에 대한 지나친 단순화이다. 우리 주변에는 아름다운 슬픈 음악이 너무나 많다. 그 슬픈 음악이 부정적으로만 느껴지는가? 슬픔에 공감하고 슬픔을 느낄 수는 있어도 이 슬픔은 부정적 정서로 통일하는 불쾌한 감정과는 엄연히 다르다. 또, 우리는 긍정적인 행복한 음악보다는 슬픈 음악에서 더 강한 흥분, 다시 말해 온몸이 서늘해지는 듯한 전율의 느낌을 경험하는 음악적 감정 편향을 보인다.[46]

음악적 감정을 수나 표 등의 수학적 도구로 분석한다는 것은 억지스러운 면이 없지는 않으나 이러한 종류의 분석은 음악적 감정이라는 매우 추상적이고 주관적인 내용을 수치화할 수 있다는 점에서 유용하다.

46) 행복한 음악보다 슬픈 음악에 더 강한 정서적 반응을 보인다는 연구는 Avram Goldstein, "Thrills in Response to Music and Other Stimuli," *Physiological Psychology*, 8 (1980): 126-129; Jaak Panksepp, "The Emotional Sources of 'Chills' Induced by Music," *Music Perception* 13 (1995): 171-208에서 보고하고 있다.

제 3장

음악과 인간발달 (태교음악에서 장송곡까지)

1. 태교음악
2. 미숙아와 신생아를 위한 음악치료
3. 아동을 위한 음악치료
4. 청소년을 위한 음악치료
5. 성인을 위한 음악치료
6. 노인을 위한 음악치료

내용 미리보기

1. 태아는 임신 24주 차 정도부터 청각 자극에 반응하기 시작하여 27주쯤 약 96%의 태아가 250~500Hz가량의 음고에 반응하며 임신 33~35주 정도에는 1,000~3,000Hz까지 들을 수 있다.
2. 태중에 경험한 음악은 태아의 뇌 발달뿐만 아니라 태어난 후 음악발달에도 긍정적인 영향을 미친다.
3. 음악태교는 산모와 태아 모두에게 이로운 방식의 전략을 사용해야 한다. 엄마가 스트레스를 받으면서 지나치게 태아 위주의 음악을 선택하거나 태아에게 필요한 다양한 안정적 자극은 고려하지 않고 엄마의 선호에만 집중해서 특정 음악만을 고집하는 것도 좋지 않다. 엄마에게 평온함을 주는 음악, 태아와 교감할 수 있는 음악, 태아의 발달을 위한 규칙성과 구조적 형식이 잘 갖추어진 다양한 음악이 필요하다.
4. 태교음악치료는 음악치료사가 산모를 위해 또는 산모와 함께 음악감상, 음악 만들기, 노래하기, 악기 연주하기, 음악과 함께 운동과 호흡하기 등 임신 전 과정에 능동적으로 중재하는 것을 말한다.
5. 태교음악치료는 산모의 임신 시기에 따라 1단계 산모의 심신안정을 위한 음악치료 및 태교음악 선곡, 2단계 아기와 산모와의 교감을 위한 음악치료, 3단계 출산 준비를 위한 음악치료, 4단계 음악출산으로 시행된다.
6. 미숙아를 위한 음악치료는 의료진과 가족들의 동의하에 시행한다.
7. 미숙아를 위한 음악 중재는 아기의 발달 상태에 따라 적절한 방법을 선택한다.
8. 아기의 신체, 생리적 징후를 파악하고 아기의 상태와 필요(안정, 숙면, 발달 등)에 따른 음악 중재를 한다.
9. 음악 선곡은 전반적으로 자장가와 유사한 특징의 음악을 선택하고 반주 악기는 기타 또는 작은 하프 등 하나의 악기로 한다. 가토 드럼의 심장박동, 오션 드럼의 자궁 환경의 소리와 같은 악기를 사용하여 아기에게 친숙한 음악적 환경을 제공한다.
10. 음악은 아기의 상황에 따라 녹음 음악, 라이브 음악을 사용할 수 있다. 녹음 음악의 경우 아기는 엄마의 목소리를 기억하므로 엄마의 노래, 이야기를 녹음하여 사용하는 것이 좋다.
11. 조산에 대한 트라우마와 아기에 대한 불안과 걱정으로 가득한 아기 엄마를 위한 음악 심리치료 또는 아기와 엄마가 함께하는 가족 중심의 음악치료는 엄마와 아기의 유대감 발달에 효과적이다.
12. 아기의 필요에 따라 목소리만 사용한 토닝, 자장가 불러 주기, 악기 반주를 동반한 자장가, 빨기 능력 향상을 위한 PAL 사용, 음악과 다감각 자극, 음악과 캥거루 케어와 같은 중재가 시행된다.
13. 음악과 지능, 음악과 인지발달에 관련된 많은 이견이 있지만 음악의 전이효과(transfer effect)는 음악교육과 음악치료에서 공통적으로 인정하는 부분이다.
14. 피아제의 인지발달이론, 비고츠키의 사회문화적 요소를 고려한 근접발달이론, 오켈포드의 음악이론에 근거한 소리의 의도 발달이론들은 음악치료에서 아동의 발달과 음악의 관계를 설명해 주는 주요 이론들이다.
15. 자폐스펙트럼장애 군에 속한 사람들에게서는 보통 사람들과 유사한 음악적 정서반응이 나타나기도 하지만 절대음감의 능력을 보이는 등 음악에 특별한 관심과 재능을 보이는 경우가 발견되기도 한다.
16. 병원 입원 아동을 위한 음악치료는 의료 시술과 관련된 통증, 불안, 불면, 호흡 등과 같은 증상 중심의 음악

치료, 아동의 생각과 감정에 초점을 둔 음악심리치료, 기타 발달과 훈련을 위한 음악치료를 들 수 있다.

17. 의료적 음악치료(medical music therapy)는 전문 음악치료사가 음악감상, 연주, 작곡 등 모든 형식의 직접적인 음악활동을 통해 환자를 진단평가, 중재, 평가하는 것이다. 이러한 점에서 녹음된 음악을 환자에게 들려주는 반응 중심의 음악 의료(music medicine)와는 다르다.

18. 병원 입원 아동을 위한 수용적 음악치료는 음악에 맞추어 호흡 훈련하기, 음악을 감상하며 심상 경험하기 등으로, 아동의 불안, 통증, 불면과 같은 증상 완화와 우울과 같은 심리적 이슈를 다루기 위해 사용된다.

19. 청소년기 음악은 정체성과 또래와의 관계성에 중요한 부분이다.

20. 청소년들의 음악 추구의 목적은 기분 조절로 그 세부 사항은 즐거움, 회복, 강한 감각 추구, 기분전환, 방출, 정신적 작업, 위로의 일곱 가지 유형이 있다.

21. 환경적으로 취약한 청취자인 청소년들이 폭력, 외설, 물질 남용 등을 묘사하거나 암시하는 음악을 접하며 문제행동을 학습할 수도 있다. 그러나 이는 뒤집어 생각하면 문제행동을 보이는 비행 청소년들이 자신들의 삶을 반영하는 음악의 스타일과 내용을 선호하는 것일 수도 있다. 청소년들의 문제행동과 음악의 명확한 인과관계를 입증하기는 어렵다.

22. 랩음악치료는 주제 선정, 비트 선정, 글쓰기, 랩형식 다듬기, 완성된 랩음악 불러 보기, 소감 나누기의 과정으로 진행된다.

23. 랩음악이 청소년을 위한 음악치료에 효과적인 이유는 진실성, 창조적 자기표현, 강렬한 에너지 발산에 있다.

24. 성격 5요인 모델과 음악 관련 연구 결과에 따르면, 성격과 음악 선호도 및 음악적 경험 간의 연관성이 어느 정도 인정되고 있다. 특히 신경증이 높은 사람들은 슬픔과 같은 부정적인 정서의 음악에 더 민감하게 반응한다는 것이 많은 연구에서 공통적으로 발견된 결과이다. 그러나 음악과 성격 간의 관계에 대해 일관된 이론을 도출하기는 어렵다.

25. 개인의 성격특성과 기분을 고려하지 않고 음악을 사용했을 경우 음악은 삶을 더 부적응적으로 만들기도 한다. 성격 유형 중 신경증적 성향이 높은 사람이 음악을 반추의 시간과 정신적 가상공간으로, 부정적 감정을 방출하는 수단으로 사용할 경우 특히 그러하다. 또한 현재의 감정과 사고를 회피, 부정하기 위한 방법으로 음악을 사용할 경우 억압된 감정의 응축된 에너지는 더욱 강렬해질 뿐이다.

26. 음악에의 몰입, 인지적 재평가를 촉진하는 위로와 용기를 주는 노래, 사색과 평가의 정신적 작업의 요소들은 약처럼 치료적 효능을 이끌어 낼 수 있다.

27. 음악을 활용한 기분 조절 모형은 선행사건(A) → 정서반응(R) → 음악 대처(C) → 결과(C)의 과정에서 기분 조절을 위한 음악 대처(C)는 개인의 성격과 음악 선호도에 의해 결정된다.

28. 정신건강을 위해 음악을 활용할 때는 어떤 음악을 듣는가보다는 음악을 어떠한 심리적 기제로 사용하는가

에 주목해야 한다.

29. 음악치료사는 내담자의 성향, 상황, 음악 선호도에 따라 각각 다른 치료 전략으로 접근한다. 치료사는 보편성과 객관성보다는 다양성과 특수성을 고려해야 한다.

30. 정신건강을 위한 음악치료에서 음악은 반추에서 탐색으로, 부정(denial)에서 수용으로 전환되어야 한다. 감정의 방출은 안전한 환경에서 이루어져야 한다. 또한 인지적 재평가 및 건강한 통찰이 이루어질 수 있는 다각적 접근의 음악 중재가 이루어져야 한다. 무엇보다도 음악 경험 자체가 긍정적 경험이어야 한다. 음악을 통한 아름다운 경험과 타인과 연결되는 유대감 등의 감정은 자연스럽게 삶의 변화를 가져오기 때문이다.

31. 집단 음악치료에서 음악 선곡과 음악활동은 집단치료의 치료적 요소를 내포하고 있어야 한다. 집단 음악치료에서 집단 응집력, 보편성, 카타르시스, 희망의 요소들은 음악이 매개가 되었을 때 더 효과적인 결과를 도출해 낼 수 있다.

32. 집단 음악치료 세션에서 음악은 오락, 과정 중심의 음악 만들기(즉흥연주), 완성 중심의 음악 만들기(재창조연주) 등은 물론 다른 표현예술 매체와 연계되기도 한다.

33. 자전적 기억의 회상절정 현상은 음악에도 나타난다. 청소년기와 초기 성인기를 노래연령(song-specific age: SSA)이라 칭하는데, 이 시기의 선호 음악을 우리는 일생에 걸쳐 가장 잘 기억한다.

34. 음악적 노스탤지어의 요소는 ① 노래의 친숙성, ② 노래와 연관된 기억, ③ 노래에 대한 정서, ④ 정서적 각성이다. 이러한 요소와 더불어 개인의 기분상태(mood)와 성격특성(personality trait)에 의해 경험의 강도가 조절된다.

35. 과거를 떠올리는 향수의 음악을 통해 우리는 풍부한 사회적 관계를 상기하게 되고 그것은 안정감 및 자존감의 상승을 유도하며 자존감은 미래에 대한 긍정적 태도를 강화시킬 수 있다.

36. 치료적 노스탤지어는 현재와 정체성의 연결, 대통합을 도와주는 것이다.

37. 밈(Music-Evoked Autobiographical Memory: MEAM)은 일반적인 내용에서 세부적인 내용으로 기억의 활성을 촉진한다.

38. 내측 전전두피질(medial prefrontal cortex)는 자전적 기억, 음악, 감정을 통합하여 관장하는 기관이다.

39. 노인을 위한 음악치료는 선호 음악을 사용하되 노인의 기능과 상태에서 따라 단계적 난이도로 구성한다.

40. 노인의 선호 음악을 선택하여 그 음악을 치료사가 노인의 기능과 상태에 최적화할 때 음악활동에 대한 도전과 기술 향상에 대한 노력으로 이어지며 이는 곧 만족감, 성취감 같은 보상으로 나타난다.

1. 태교음악

1) 태교음악의 선곡

태교(prenatal care)는 탄생 전의 돌봄 또는 교육을 의미한다. 태아의 발달 과정에서 청각기관은 다른 감각기관보다 더 특별한 의미를 갖는다. 엄마의 자궁 안에 있는 태아는 눈이 있어도 볼 수 없다. 미각, 후각 역시 주변의 유체로 가득 차 있기 때문에 사용할 수 없다. 하지만 청각기관은 다른 감각기관보다 그 기능이 잘 발휘되어 세상을 인식하고 배우는 통로가 된다. 소리는 공기보다 물속에서 5배나 빨리 전달되기 때문이다. 소리의 진동은 유체 안에서 더 확장되어 피부와 귀에 전달된다.

태아는 임신 24주 차 정도부터 청각 자극에 반응하기 시작한다. 태아는 낮은 음고의 소리 진동에서부터 성장하면서 점차 높은 음고의 소리를 지각할 수 있게 된다. 임신 27주가량에 약 96%의 태아가 250~500Hz 정도의 음고에 반응한다. 남성의 평균 음고가 125Hz, 여성의 평균 음고가 220Hz인데 평균치로만 보았을 때 태아는 이미 27주 이전에 엄마와 아빠의 목소리에 반응할 수 있는 것이다. 임신 33~35주 정도 되는 태아는 1,000~3,000Hz까지 들을 수 있다.[1] 피아노의 가장 높은 음이 4,186Hz이니까 이 정도면 대부분의 음악을 지각하는데 전혀 문제가 없는 것이다. 물론 태아가 듣고 반응하는 소리 또는 음악은 우리가 지각하는 것과 다르다. 엄마의 뱃속은 사실 굉장히 시끄럽다. 엄마 심장 소리, 혈관의 피 흐르는 소리, 뱃속의 다양한 소화기관에서 내는 소리 등 자궁 내 소리환경이 존재하기 때문이다. 그리고 외부의 소리는 복부를 지나서, 자궁과 양수막을 거쳐 투과하는 과정에서 변형이 생긴다.[2]

엄마의 뱃속에 있는 태아에게 외부의 소리는 태아의 행동과 두뇌 발달에 직접적인 영향을 미친다. 긍정적인 영향을 미치는 소리 환경은 규칙성과 새로운 자극이 공존하는 음악이다. 규칙성은 음악을 소리와 구별하고 조직화된 소리로 들리게 하는 음악적 구조와 형식을 말한다. 새로운 자극은 음악의 규칙성을 기반으로 한 변화를 의미한다. 예를 들어, 어린 시절 〈반짝반짝 작은 별〉이란 노래는 우리가 좋아하던 음악이었다. 그러나 청소년기에 들어서면서 선호 음악은 바뀌게 된다. 신체, 인지, 사회성 등 전반적인 발달과 함께 음악적 취향

---

1) Kristen J. Gerhardt & Robert M. Abrams, "Fetal Hearing: Implications for the Neonate," in *Music Therapy for Premature and Newborn Infants*, ed. Monika Nöcker-Ribiaupierre, (Barcelona Publishers, 2004), 23.

2) 앞의 책, 21.

도 바뀌기 때문이다. 그러나 선호 음악은 인간의 발달 단계에 따라 바뀌더라도 조성음악, 음악의 시작과 끝의 법칙, 리듬과 박자의 규칙성 등 음악을 구성하는 기본적인 규칙은 크게 바뀌지 않는다. 이것을 태교음악에 대입해 보자. 태아가 가장 익숙하고 안정적으로 느끼는 소리는 자궁 안의 소리환경이다. 그래서 갓 태어나 칭얼거리는 아기에게 엄마 심장 소리나 백색소음을 들려주면 금세 안정을 찾는 것을 볼 수 있다. 그런데 아기에게 계속 엄마 뱃속에서 듣던 심장박동과 같은 리듬만 들려주면 아기는 발달하지 못한다. 뇌신경계의 발달을 위해서는 새로운 자극이 필요하기 때문이다. 규칙적인 리듬에 정서를 담은 멜로디가 첨가되고, 정서의 색깔을 더욱 명확하고 풍부하게 해 주는 화성이 더해지면서 때론 하나의 악기에서 여러 악기가 어우러지는 앙상블은 태아에게 새로운 자극이다. 실제로 음악치료 중 대부분의 산모는 태아가 새로운 음악적 자극에 움직이는 반응을 보인다는 점을 인지하곤 한다.

다양한 음색의 악기 소리, 음악적 구성과 형식은 소리를 변별하고 기억하는 능력에 기초가 된다. 또, 태중에 경험한 음악 자극은 태어난 후 음악발달에도 긍정적 영향을 미친다. 신인숙과 김애자가 471명의 유치원 아동과 부모를 대상으로 한 조사에 따르면 부모의 태교음악에 대한 인식도가 높을수록 그리고 임신 중 음악태교를 실천한 경우 유아의 음악적 능력이 높게 나타났다고 한다.[3] 올바른 음악태교가 태아의 발달에 긍정적인 영향을 미친다는 것은 분명한 사실이다.

음악태교에서 사람들은 똑똑하고 정서적으로 안정된 아기를 기대하면서 엄마보다는 아기에 집중하여 음악을 선택하려고 한다. 그런데 우리는 아기가 그 음악을 좋아하는지 싫어하는지 알 수가 없다. 또, 엄마와 아기는 한 몸의 상태이기 때문에 아무리 아기에 좋다고 하더라도 그것을 접하는 엄마가 좋다고 느끼지 못하고 스트레스를 받으면 좋은 결과를 기대할 수 없다. 실제로 음악치료센터에서 발달장애아동의 엄마가 아동의 장애를 억울해하고 비탄해하며 음악치료사에게 질문한 적이 있었다. “선생님! 전 도저히 이 상황을 받아들일 수가 없어요. 제가 이 아이를 가졌을 때 얼마나 열심히 태교를 했는지 몰라요. 좋다는 음식만 먹고, 좋다는 음악만 항상 듣고 지냈어요. 저희 시어머니가 미래의 손주를 위한 클래식 전집을 사 주셔서 늘상 클래식 음악만 듣고 태교를 했거든요.” 이때 치료사가 다시 물었다. “어머니는 클래식 음악을 들으면서 행복하셨나요?” 어머니의 대답은 단순했다. “아니요. 좋다니까 그냥 꾹 참고 들었어요.” 그 어머니는 미래의 자식을 위해 자신의 기분이나 선호 따위는 일찌감치 희생하고 아기만을 위한 노력을 했던 것이다. 음악을 들으면서 자신이 받는 불편함과 스트

3) 신인숙, 김애자, 「태교와 음악환경이 유아의 음악 능력에 미치는 영향」 『아동교육』 15(1) (2006): 123-137.

레스가 아기에게 부정적인 영향을 미친다는 생각보다 클래식 음악을 들어야만 IQ, EQ가 높은 아기가 태어난다고 믿었기에 고통을 감수했던 것이다. 물론 이 일로 장애를 가진 아동이 태어났다고 볼 수는 없다. 그러나 확실한 것은 엄마가 스트레스를 받으면 스트레스 호르몬이 분비되고 그것은 모두 태반을 통해 고스란히 태아에게 전달된다는 것이다. 임신 중 엄마가 먹는 것이 아기에게 그대로 전달되는 것처럼 엄마의 정서 상태도 아기에게 전달된다.

16세기 프랑스의 왕 앙리 4세의 어머니는 임신 중 매일 아침 여성 연주자를 불러 음악을 연주하게 했다고 한다. 하루를 음악태교로 시작했던 것이다. 이 당시부터 이미 사람들은 태아도 음악을 들을 수 있고 아름다운 음악은 태아의 성품 형성에 영향을 끼친다고 믿었던 것 같다.[4]

여기서 궁금한 것은 과거의 그 음악들이 과연 어떤 음악이었는가이다. 음악에 대한 명확한 기록은 없지만 짐작컨대 당시가 서양음악사에서 르네상스 시대였으며 여성 연주자 한 명으로 기록된 것으로 보아 당시 유행하던 류트란 악기의 연주가 아닐까 추측해 본다. 앙리 4세의 어머니는 자신과 태아를 위한 개인 전용 연주자의 아름다운 음악

앙리 4세의 어머니는 이런 음악을 듣지 않았을까?

[그림 3-1] 류트를 연주하는 모습

출처: https://commons.wikimedia.org/wiki/File:Gerard_ter_Borch_(II)_-_The_Concert_-_WGA22116.jpg

---

4) M. F. Castarede, La Voix et les Sortilèges, (Paris: Les Belles Lettres, 1987), quoted in Gerhardt & Abrams, *Music Therapy for Premature and Newborn Infants*, 21.

을 들으면서 행복한 음악태교를 했었을 가능성이 크다.

음악태교는 산모와 태아 모두에게 이로운 방식의 전략을 사용해야 한다. 앞서 언급한 경우처럼 스트레스를 받으면서까지 지나치게 태아 위주의 음악을 선택하거나, 태아에게 필요한 다양한 안정적 자극은 고려하지 않고 자신의 선호에만 집중해서 특정 음악만을 고집하는 것은 좋지 않다. 엄마에게 평온함을 주는 음악, 태아와 교감할 수 있는 음악, 태아의 발달을 위한 규칙성과 구조적 형식이 잘 갖추어진 다양한 음악이 필요하다.

2) 태교음악치료

태교음악치료는 음악치료사가 산모를 위해 또는 산모와 함께 음악감상, 음악 만들기, 노래하기, 악기 연주하기, 음악과 함께 운동과 호흡하기 등 임신 전 과정에 능동적으로 중재하는 것을 말한다. 태교음악치료에서 음악치료사는 산모의 임신 시기와 심리적, 신체적 상태를 고려하여 산모에게 이상적인 음악 중재를 계획하여 시행한다. 음악치료의 형태는 임산부 집단 음악치료와 치료사와 임산부와 함께하는 개인음악치료로 나눌 수 있다.

태교음악치료는 산모의 임신 시기에 따라 달라진다. 1단계 임신 초기에는 산모의 심신 안정에 초점을 맞추어 음악치료를 진행한다. 심리적으로는 엄마가 된다는 막연한 기대 또는 불안에 대한 이슈를 치료사와 나누고 표현하는 능동적인 음악치료와 더불어 일상에서 음악태교를 위해 치료사와 함께 음악을 선곡하고 감상해 보는 시간을 갖는다. 이때 음악 선곡은 산모에게 긍정적 정서와 시각적 이미지를 줄 수 있는 음악으로 구성한다. 음악의 장르는 클래식, 뉴에이지, 재즈, 동요, 포크음악, 대중가요, 종교음악에 이르기까지 산모의 선호에 따라 다양하게 구성할 수 있다. 어떤 산모는 꼭 클래식 음악만을, 또 어떤 산모는 종교적 가치를 중요시 여겨 종교음악만을 고집할 수도 있다. 그러나 미래에 태어날 아기를 위해서라면 음악도 편식하는 것보다는 골고루 경험하는 것이 좋다. 특히 임신 중후반기로 들어서면 태아의 청각기능이 외부의 소리에도 반응할 정도로 발달하면서 음악은 산모뿐만 아니라 태아에게도 직접적인 영향을 준다. 그러므로 이 시기부터의 음악은 태아에게 발달을 위한 새로운 자극제가 된다.

임신 중기의 산모를 위한 음악치료에서 음악은 태아와 산모의 정서적 교감을 위한 매개로 사용되기 시작한다. 태어날 아기를 위해 하고 싶은 말을 노래로 만들기도 하고 음악을 매개로 아기와 함께하는 심상을 떠올리기도 한다. 특히 음악적 태담, 태어날 아기를 위한 노래 또는 아기를 위한 주제곡 만들기는 산모에게는 말로 하기 불편한 태담을 노래로 만들어 불러 줄 수 있다는 이점이 있다. 또한 태아에게는 엄마의 목소리와 노래의 선율을 기억하여 엄마의 존재를 인식하고 기억하게 해 주는 효과가 있다. 엄마가 태중에 불러 주던 음악을 아기가 태어난 후에도 기억한다는 것은 이미 실험을 통해서도 입증된 사실이다.

임신 후기로 가면 산모는 급격한 신체적 변화를 경험하게 된다. 그리고 이에 맞추어 음악치료사는 출산 준비를 위한 실질적인 음악치료를 시행한다. 무거워진 몸을 위해 음악에 맞추어 간단한 체조하기, 출산 시 필요한 호흡법을 음악 악구(phrase)에 맞추어 훈련하기, 출산에 대한 불안감을 감소시키기 위한 긴장이완과 심리적 안정을 제공한다.

마지막으로 음악출산(music birth)[5]이다. 음악출산은 출산 과정에 의료진뿐만 아니라 음악치료사도 함께 참여하여 출산을 위한 음악 중재를 시행하는 것을 말한다. 산모의 통증 감소, 호흡을 위한 음악 중재, 그리고 아기가 태어났을 때 임신 중 산모가 만들었던 아기를 위한 주제곡을 엄마, 아빠가 함께 부르며 아기의 출생을 축하하는 축제의 분위기를 만들기도 한다. 사실 이 부분은 일반적인 출산하고는 거리가 먼 이야기로 들리지만 실제 이를 원하는 병원 또는 산모에게 시행되고 있는 특별한 출산이다.

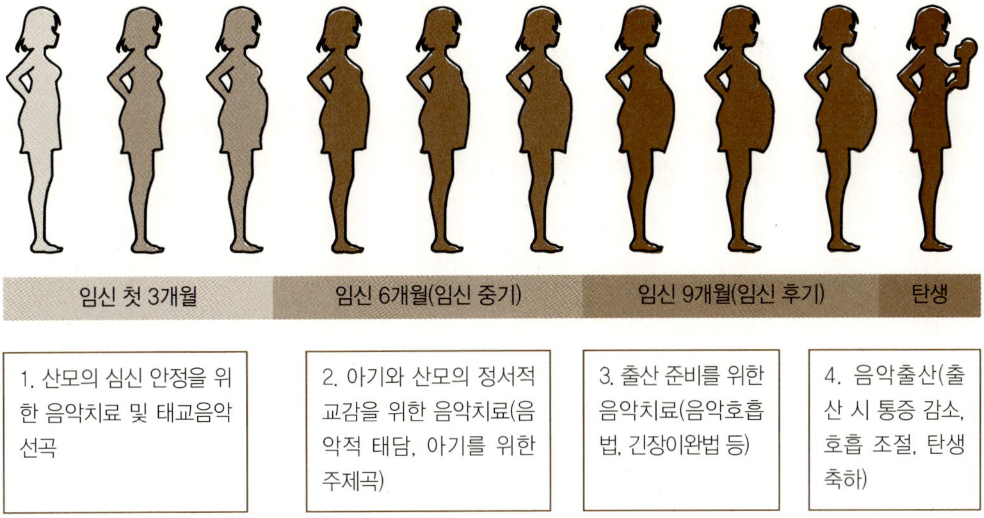

[그림 3-2] 임신 단계에 따른 음악 중재 전략

5) 음악출산은 특별한 서비스를 제공하는 국내외 일부 병원에서 시행하는 것으로 일반 산부인과에서 시행하는 보편적인 출산은 아니다.

누구를 위한 음악인가?

언젠가 어떤 분이 "갓 태어난 자신의 아기에게 어떤 음악을 들려주면 좋은가요?"라는 질문과 함께 "꼭 클래식 음악만을 들어야 하나요?"라는 의문을 제기했다. 그분 말에 의하면 처음 두 달은 아기를 위해 매일 클래식 음악만을 들었는데 자신이 힘들어서 포기했다고 한다. 그래서 나는 그분께 물어보았다. "선생님은 왜 클래식 음악이 힘드세요?" 그분이 머뭇거리면서 대답하기를 "그냥 어렵고, 재미없고, 잘 알지 못하니까요." 이유는 그분에게 클래식 음악은 낯선 음악이었기 때문이다. 사실 음악도 특정 장르를 즐기기 위해서는 학습과 노력이 필요하다. 재즈나 클래식이 그 대표적인 음악 장르이다. 이분에게 모차르트나 바흐의 음악은 낯선 음악이기에 즐길 수 없을 뿐만 아니라 때에 따라서는 고통이었던 것이다. 매일 김치에 밥 먹던 사람이 크림소스 스파게티를 먹을 때 느끼는 느끼함 같은 것이랄까? 그런데 만약 이분이 전에 클래식 음악을 알고 접할 수 있는 기회가 충분히 있었다면 지금처럼 고통스러움을 느꼈을까? 아마 그렇지 않을 것이다. 음식과 같이 음악도 문화적인 것이어서 어떤 문화적 환경에 노출되어 있느냐에 따라 취향과 선호가 결정된다. 당시 그분에게 내가 한 대답은 "아기를 위해 꼭 클래식 음악을 들을 필요는 없지만 만약 아기가 이런 장르의 음악을 전혀 접해 보지 않는다면 나중에 선생님처럼 이런 음악에 고통스러워하겠죠."였다.

2. 미숙아와 신생아를 위한 음악치료

1) 미숙아의 정의와 문제

국내의 경우 「모자보건법 시행령」 제1조의2(미숙아 및 선천성이상아의 기준)에 따르면 "미숙아는 임신 37주 미만의 출생아 또는 출생 시 2.5kg 미만인 영유아로서 보건소장 또는 의료기관의 장이 임신 37주 이상의 출생아 등과는 다른 특별한 의료적 관리와 보호가 필요하다고 인정하는 영유아"[6]를 의미한다. 미숙아를 정의하는 기준이 출생 시 체중과 재태기간(gestational age)임을 알 수 있다.

미숙아들은 엄마의 자궁 밖의 삶에 적응할 만한 신체, 생리, 신경계가 완전히 발달하지 않았기 때문에 건강상 매우 취약하다. 폐가 발달하는 시기인 34주 이전에 태어난 미숙아나 출생체중이 극소저체중아는 신생아 호흡곤란 증후군(respiratory distress syndrome: RDS), 기관

6) www.law.go.kr/법령/모자보건법시행령

지폐이형성증(bronchopulmonary dysplasia: BPD), 뇌실내 출혈(intraventricular hemorrhage: IVH), 뇌실주위백질연화증(cystic periventricular leukomalacia: PVL),[7] 패혈증(sepsis), 신생아 난청, 미숙아 망막증(retinopathy of prematurity: ROP)[8] 그리고 기타 중추신경계, 순환기계, 소화기계 등의 심각한 선천성 기형(major congenital anomalies)이 나타날 수 있다.[9] 이러한 복합적인 위험으로 인해 미숙아는 선천적 장애를 지닐 가능성이 정상적으로 태어난 아기에 비해 높다. 학습장애, 시각운동 문제, 주의 집중력, 기억력, 언어발달의 지체 등이 미숙아들이 지니는 대표적인 문제이다.[10]

2) 신생아 집중치료실에서 음악의 기능

병원에서 신생아를 위한 음악 사용은 1970년대 미국의 간호 영역에서 보조적인 방식으로 시작되었다. 아기에게 안정을 주기 위해 막연히 모차르트나 브람스의 자장가와 같은 부드러운 진정음악(soothing music)을 틀어 주는 형태였다. 그러다가 1990년대 미국, 독일, 호주, 영국 등에서 전문 음악치료사들이 신생아 집중치료실(Neonatal Intensive Care Unite: NICU)의 미숙아들을 위한 음악치료 임상 사례와 연구를 발표하면서 음악치료의 중요성과 전문성이 차츰 인식되기 시작하였다. 하지만 신생아 집중치료실에서 치료를 위한 구체적인 목적을 갖고 담당 의사, 간호사, 전문 음악치료사, 사회복지사까지 아기와 산모를 위한 전인적인 돌봄이 이루어지기 시작한 것은 비교적 최근의 일이다. 그 이후 비록 길지 않은 기간 동안이지만 신생아 관련 연구자들은 아기의 발달과 건강을 위해 다양한 음악 중재를 시도해 왔다. 아기의 발달을 위한 기술적인 음악 적용에서부터 아기와 엄마가 함께하는 가족 중심의 음악심리치료에까지 NICU에서 음악치료의 적용은 전인적인 돌봄으로 진화하고 있다.

(1) 소음을 차단하는 음악

충분히 준비되지 못한 상태에서 세상에 나오는 미숙아에게 탄생은 엄마의 자궁이라는 완벽한 보호환경이 갑작스럽게 사라지는 경험이다. 아기는 탄생과 함께 엄마로부터 분리되어

---

7) 뇌실 주변의 백질 조직이 괴사 및 손상되는 질병으로 운동감각, 인지신경 손상, 사지마비 등의 후유증과 관련이 있는 것으로 알려진 증상이다.

8) 망막혈관이 완전히 형성되지 않은 채 태어나 출생 후 혈관형성과정 장애로 인한 질환이다.

9) 국립보건연구원, "Korean Neonatal Network Annual Report" 2018, 질병관리청 국립보건연구원

10) Helen Shoemark & Trish Dearn, "Music Therapy in the Medical Care of Infants," in *The Oxford Handbook of Music Therapy*, ed. Jane Edward (Oxford University Press, 2016), 25.

고통스러운 치료절차와 더불어 신생아 집중치료실의 익숙하지 않은 청각 환경에 직면하게 된다. 이 과정에서 청각적 환경은 아기가 직면하는 가장 두드러진 환경의 변화이다.

아기는 엄마의 심장박동처럼 언제나 규칙적이고 예상 가능한 소리가 들리던 환경에서 갑자기 엄마로부터 분리되어 인큐베이터의 차가운 기계음과 예상하지 못한 주변 소음들에 둘러싸이게 된다. 아기의 생존에 필요한 여러 의료 기기와 의료진의 소리이기에 소거할 수도 없이 어쩔 수 없이 들어야 하는 소리들이다. 다만, 이러한 환경 소음이 아기 발달에 부정적인 영향을 미칠 것을 고려하여 미국 소아과 학회(American Academy of Pediatrics)에서는 신생아 집중치료실의 소음이 45dB를 넘지 않을 것을 권고하고 있다. 그러나 현실적으로 신생아 집중치료실의 소음은 이보다 큰 것이 일반적이다. 소음 수준은 50~80dB이며 가장 시끄러울 때는 120dB까지 이른다.[11]

신생아 집중치료실에서 지나친 소음에 노출될 경우 아기는 심장박동, 혈압, 호흡이 증가하고 산소포화도는 감소하는 양상으로 스트레스 징후를 보인다. 이렇게 받은 스트레스로 인해 교감 자율신경계가 내분비계의 시상하부, 뇌하수체, 부신축을 활성화하여 아기의 두뇌 발달에 필요한 에너지 비축량을 고갈시킨다. 뇌 발달에 결정적인 시기에 부정적인 청각 환경으로 인해 아기의 발달이 부진해지는 상황으로 이어지는 것이다.[12]

미숙아는 청각 자극에 민감하다. 당연한 현상이다. 미숙아로 세상에 막 태어난 아기에게 주변 환경을 경험하는 가장 발달된 감각이 청각이기 때문이다. 소리에 대한 민감성 그리고 뇌 발달에 중요한 시기라는 요소는 초기 청각적 경험의 질이 얼마나 중요한지를 시사한다. 소리에 민감한 아기에게 좋지 않은 소리는 뇌 발달에 부정적인 영향을, 좋은 소리는 긍정적인 영향을 미칠 것은 자명하다. 그렇다면 아기에게 좋지 않은 소리는 구체적으로 어떤 것일까? 우선, 아기에게 스트레스를 주는 소리는 큰 소리의 소음이다. 그런데 신생아 집중치료실의 환경 소음을 최소한 줄인다고 하여도 기계적이며 예측 불가능한 소리를 없앨 수는 없다. 이러한 조건에서 아기에게 소음 노출을 최소화하는 방법은 음악으로 소음을 차단(masking)하는 방법이다. 음악은 신생아 집중치료실의 환경소음을 가려 줄 뿐만 아니라 규칙적이고 예상 가능한 구조로 조직화된 안정감을 줄 수 있기 때문에 바람직한 청각 환경을 만들어 줄 수 있다.

---

11) Frederike B. Haslbeck & Dirk Bassler, "Music from the Very Beginning-A Neuroscinece-Based Framework for Music as Therapy for Preterm Infants and Their Parents," *Frontier in Behavioral Neuroscience* 12(2018): 2.

12) Elisha M. Wachman & Amir Lahav, "The Effects of Noise on Preterm Infants in the NICU," *Archives of Diseases in Childhood Fetal Neonatal Edition* 9(4) (2011): 305-309. 이 논문은 신생아 집중치료실의 소음이 신생아에게 미치는 영향에 대한 논문들을 리뷰해서 정리한 글이다.

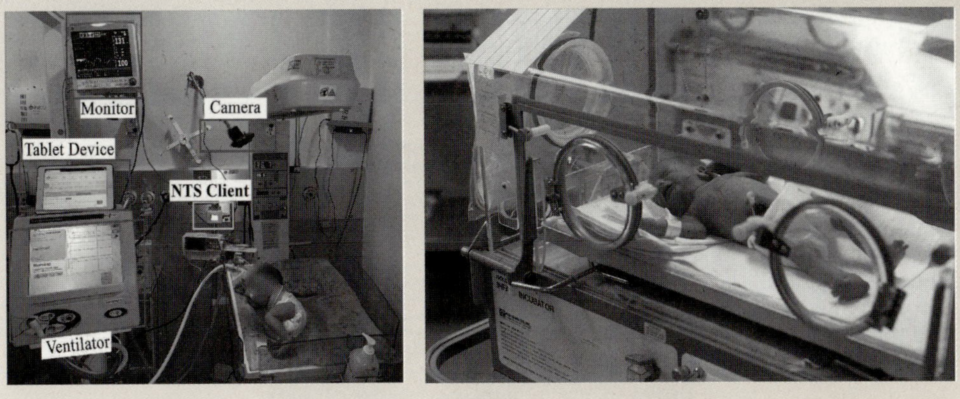

- Monitor: 아기의 심장박동 수, 산소포화도, 혈압 등을 지속적으로 확인함
- Ventilator: 호흡을 도와주는 장치. 아기의 폐 성숙이 채 완성되지 않아 자발호흡이 가능하지 않을 시 호흡을 할 수 있도록 아기의 폐에 공기를 넣어 주고 내쉬도록 도와주는 역할을 함. 이후 상태가 완화되면 폐에 연결된 관을 빼고, 양압기를 사용하여 아기 코에 튜브를 꽂아 코로 양압환기를 함
- Incubator: 아기가 엄마의 자궁 안에 있는 환경을 조성하며, 체온유지와 감염에서 보호하는 역할을 함. 간호사가 처치 시 멸균글러브를 사용함

(2) 뇌 발달을 촉진하는 음악

신생아 집중치료실에서 음악이 미숙아의 심장박동, 산소포화도, 숙면, 각성의 감소, 영양 섭취를 위한 빨기 능력 향상, 울음 감소 등과 같이 생리적, 행동적 변화를 유도한다는 것은 이미 많은 연구를 통해서 입증되었다.[13] 위의 사진에서처럼 다양한 기기를 통해 아기가 음악에 어떻게 반응하는지 행동과 생리적 변화를 관찰, 측정할 수 있는 조건이 가능했기 때문이다. 반면, 음악이 뇌 발달에 미치는 영향에 대한 연구는 비교적 최근에 이루어졌다. 미숙아의 뇌 활동을 측정하기는 힘들기 때문에 음악이 뇌에 어떠한 영향을 주는지는 알 수 없었다. 그런데 최근 스위스 연구팀이 미숙아를 대상으로 음악감상 집단과 음악이 없는 통제 집단의 뇌영상 촬영을 통해 분석한 결과 음악이 감각과 고차 인지기능(high order cognitive function)[14]에 관여하는 뇌 신경회로의 연결을 활성화한다는 사실을 발견하였다.[15] 이 연구

13) Jayne Standley, "Music Therapy Research in the NICU: An Updated Meta-Analysis," *Neonatal Network* 31(5) (2012): 313.

14) 고차 인지기능은 추론, 의사결정, 체계적인 사고, 창의성 등의 정신적 과정을 지칭한다.

15) Lara Lordier et al., "Music in Premature Infants Enhances High-Level Cognitive Brain Networks," *Proceedings of the National Academy of Sciences* 116(24) (2019): 12103-12108.; Lara Lordier et al., "Music Processing Preterm and Full-Term Newborns: A Psychophysiological Interaction(PPI) Approach in Neonatal fMRI," *NeuroImage* 185(2019):

를 통해 미숙아에게 음악적 자극이 필요하다는 사실이 입증된 셈이다. 그렇다면 음악은 아기의 뇌 발달에 어떻게 긍정적 영향을 미치는가?

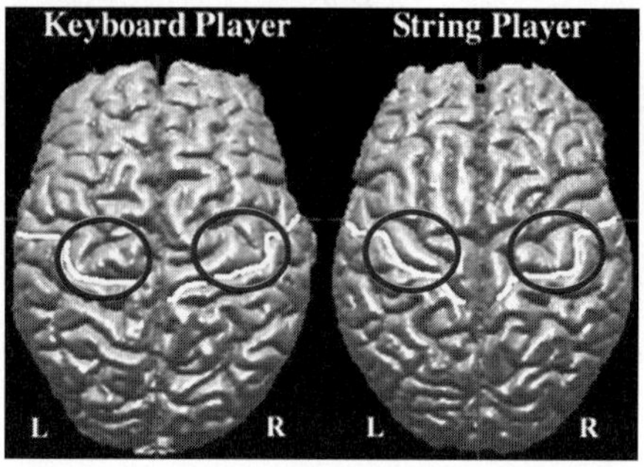

[그림 3-3] 연주하는 악기 특성에 따라 전중심회(precentral gyrus)에서 나타나는 전형적인 해부학적 차이

이 사진은 건반악기 연주자와 현악기 연주자의 뇌를 비교한 것으로 건반악기 연주자의 경우 좌우뇌의 중심 부분에 오메가 모양의 피질을 볼 수 있으나 왼손의 정교한 움직임만 사용하는 현악기 연주자의 경우 우뇌만 오메가 사인이 나타난다. 훈련에 따른 경험 의존적 뇌 가소성을 보여 주는 대표적인 예이다.[16]

사실 음악과 관련된 뇌 발달에 관한 논의는 주로 음악교육과 음악신경과학에서 음악훈련이 우리 뇌의 구조적, 기능적 변화를 유도한다는 뇌 가소성(brain plasticity)에 관련된 것들이었다. 좀 더 엄격하게 말하면 경험 의존적 가소성(experience-dependent plasticity)인데, 여기에서 경험은 생존에 필요불가결한 경험과는 반대되는 개념, 즉 살면서 경험할 수도 있고 또 안 할 수도 있는 그런 경험을 말한다. 그리고 우리의 뇌는 경험의 종류에 따라 형태가 달리 발달한다. 예를 들어, 음악가와 비음악가의 뇌 구조는 다르다. 음악가들 중에서도 건반악기 연주자와 현악기 연주자의 운동피질 모양도 다르다. 우리 뇌는 우리가 어떠한 경험을 했는가에 따라 변하는 가소성을 가졌기 때문이다. 여기서 경험은 생존에 필수적이거나 없으면 장애가 생기는 그러한 개념은 아니다. 이에 반해 반드시 필요한 경험도 있다. 경험 기대적 가소성(experience-expectant plasticity)에서의 경험이다. 우리 뇌가 환경에서 당연히 경험할

857-864. 두 연구 모두 스위스 연구진들에 의해 발표된 논문으로 주저자가 같고 모두 작곡가 안드레아스 폴렌바이더(Andreas Vollenweider)의 음악을 사용했다. 스위스의 작곡가이자 하프연주가인 폴렌바이더의 음악을 들어 보면 형식 면에서 재즈, 뉴에이지, 클래식 등 장르의 구분이 없는 컨템포러리 음악이며 악기 구성에서도 전통적인 서양 클래식 악기와 드럼세트, 벨, 하프, 첼로, 동양의 가야금과 비슷한 악기까지 다양하다. 전형적인 조성음악이다. 그런데 음악 사용에 대한 근거에 있어서 아기들에게 음악을 들려주고 그들의 행동반응을 관찰한 결과 불편함을 발견하지 못했기 때문에 사용한다는 다소 모호한 근거였다.

16) Gotfried Schlaug, et al., "Effect of Music Training on the Child's Brain and Cognitive Development," *Annals of the New York Academy of Sciences* 1060(1) (2005): 221.

것으로 기대하는 감각자극들이다. 예를 들어, 아기는 태어나서 다양한 감각 경험을 통해 시각, 청각, 운동 시스템 등을 발달시킨다. 그런데 신경발달이 활발히 이루어지는 시기에 특정 감각 자극이 차단되거나 결핍되면 해당 영역의 발달에 치명적인 결함을 가져올 수 있다. 예를 들어, 어린 시절부터 피아노를 배운 사람과 성인이 되어 피아노를 배운 사람의 뇌는 다르겠지만 성인이 되었다고 피아노를 배울 수 없는 것은 아니다(경험 의존적 가소성). 반면, 언어발달이 왕성하게 이루어지는 시기에 적절한 언어 자극이 없으면 아기는 언어발달을 하지 못한다(경험 기대적 가소성). 언어는 피아노처럼 어른이 되어서도 배울 수 있는 기술이 아니라 결정적 시기가 지나면 발달이 불가능해진다. 쉽게 말해 경험 기대적 가소성은 '때를 놓치면 안 되는' 신경학적 발달을 의미한다.

신생아의 발달과 소음의 영향

2006년 8월에 SBS 특별 다큐 〈소리가 약이다〉라는 프로그램이 방영된 적이 있었다. 방송 내용 중 이제 갓 태어난 신생아들이 울며 보챌 때 엄마의 심장 소리, 웅웅거리는 듯한 백색소음과 유사한 소리를 들려주자 아기는 울음을 그치며 바로 편안한 상태로 잠드는 것을 보여 주었다. 음악도 아니고 엄마 목소리도 아닌 이 아무 의미 없는 소리에 신생아가 왜 편안함을 느끼는지는 아마 쉽게 짐작할 수 있을 것이다. 그것은 바로 아기가 엄마 뱃속에서 들었던 친숙한 소리이기 때문이다. 그렇다면 만약 아기가 편안함을 느끼고 바로 안정된 반응을 보이는 단순 심장박동 소리나 백색소음과 유사한 소리만을 들려주면 어떻게 될까? 아기는 현재의 안정을 찾을지는 몰라도 지속적으로 발달을 하지는 못할 것이다. 무엇보다 언어 능력을 발달시켜야 하는 아기들에게 단순 소음에 지속적으로 노출시키는 것은 아기를 둘러싼 새로운 문화적 소리를 차단하여 발달의 다음 단계로 가는 것을 방해한다. 2003년 『사이언스(Science)』에 발표된 논문 「환경의 소음이 청각 피질의 발달을 지연시킨다」[17]에서는 쥐 실험을 통해 단순 소음에 반복적으로 노출될 때 그 위해성이 얼마나 큰지 보여 주고 있다. 그리고 이 실험을 바탕으로 인간의 아기도 다양한 언어적, 음악적 자극이 차단된 상태에서 단순 소음에 지속적으로 노출되면 정상적인 아동발달에 문제가 생길 수 있음을 추론하고 있다. 만약 아기가 보채는 행동을 멈추고 좋아한다고 해서 지속적으로 이러한 소음에만 노출시킬 경우, 1세 이후 아기의 언어발달은 지체될 수 있다. 이를 근거로 최근에는 엄마의 자궁 환경에서 들었던 소리와 자장가를 섞은 음악들이 유아를 위한 음악으로 시판되기도 한다.

17) Edward F. Chang & Michael M. Merzenich, "Environmental Noise Retards Auditory Cortical Development," *Science* 300(5618) (2003): 498-502.

그렇다면 경험 기대적 가소성과 음악활동 사이에는 구체적으로 어떤 관계가 있는 것일까? 음악은 언어와 달리 특정의 발달시기를 놓친다고 해서 장애가 생기는 것은 아니다. 음악적 경험이 없다고 발달에 치명적인 결함이 생긴다는 연구 결과는 없다. 하지만 음악이 아동의 발달에 필수적인 자극제는 아니라 하더라도 아동의 언어와 인지 발달을 위한 뇌의 성장에 긍정적인 역할을 한다는 점은 분명하다. 단순히 음악을 듣는 것만으로도 우리 뇌의 청각 피질은 지각한 소리를 다양한 피질영역 및 피질하(subcortical)영역을 통해 교류하면서 기억, 감정, 학습에 관여하기 때문이다. 이러한 음악적 정보처리 능력은 임신 32주만에 태어난 미숙아도 지니고 있기 때문에[18] 이미 앞에서 언급한 스위스 연구팀의 연구 결과에서 살펴보았듯이 아기를 적절한 음악에 노출시키는 일이 뇌 발달에 직접적인 영향을 준다는 사실에는 의문의 여지가 없다.

음악이 아기의 뇌 발달에 중요한 역할을 하는 이유는 음악적 정보처리 과정에서 분별능력과 분리능력의 바탕이 되는 섬세한 인지기술이 요구되기 때문이다. 상상해 보자. 병원에서 많은 전자 기기의 배경 소리에 브람스의 자장가 피아노 음악이 들려온다. 아기는 형식과 규칙성이 없고 조직화되지 않은 배경의 소리에 노출되어 있다가 규칙성, 예측성, 반복성을 갖춘 조직적인 형태의 소리에 주의를 기울이게 된다. 그 과정에서 아기는 일상의 배경 소리와는 다른 음악의 선율, 리듬, 음색, 화성, 스타일, 표현적 특징 등 여러 측면의 음악적 요소들을 선택적으로 듣고 인식한다. 특히 신생아는 음악적 정보에 매우 민감하다. 신생아는 태중에 들었던 엄마의 목소리와 노래를 기억할 뿐만 아니라 협화음과 불협화음을 구분하고 리듬, 미터, 음색, 템포, 음가(음길이) 그리고 음악적 악구 변화에 민감하게 반응한다.[19] 아기의 뇌는 음악을 감상할 때 다양한 부위가 자극되며 매우 복잡하고 정교하게 작동되고 있는 것이다. 그러므로 미숙아에게 음악을 들려주는 일은 미숙아 뇌세포의 신경학적 연결을 활발하게 촉진시켜 발달에 중요한 역할을 하게 된다.

과거 신생아 집중치료실에서는 미숙아의 단순 생존에 집중하여 치료하였다. 그러나 의술의 발달로 신생아의 생존율이 높아지며 현재는 단순 생존에 그 목적을 두기보다는 뇌를 비롯한 신체의 발달에 결함이 생기지 않도록 유아기 이후의 정상적 발달 가능성을 높이는 데

---

18) Lara Lodier et al., "Music in Premature Infants Enhances High-Level Cognitive Brain Networks," 858.

19) Daniel Pernai et al., "Functional Specializations for Music Processing in the Human Newborn Brain," *Proceedings of the National Academy of Sciences* 107(10) (2010): 4758-4763. 연구에서는 신생아를 대상으로 오리지널 버전의 음악을 들려주었을 때 우뇌 편재화 반응을 보였다. 그러나 조(key)를 바꾸고 화성을 불협화음으로 바꾸자 아기의 우반구 청각 피질 혈류량이 급격하게 줄어들고 좌반구의 하전두피질(inferior frontal cortex)과 변연구조(limbic structure)의 활성화가 나타났다. 이러한 결과는 신생아의 음악적 정보에 대한 민감성을 보여 준다.

까지 치료의 목표를 설정하고 있다.

3) 신생아와 엄마를 위한 음악치료

(1) 엄마의 목소리

엄마의 목소리는 태아에게 단순한 청각(auditory) 자극을 넘어선 다중 자극의 경험을 제공한다.[20] 정상적인 자궁환경에서 태아는 엄마의 목소리를 들을 뿐만 아니라 진동(vibratory)을 느끼고 엄마의 목소리에 맞추어 움직이기도 하면서 발달한다. 이러한 정상적인 과정을 거쳐 세상에 태어난 아기는 엄마와 경험했던 것들을 기억한다.[21] 이것은 아기가 최초의 사회적 관계인 엄마에 대한 인지적 표상을 갖고 있다는 것을 의미한다. 억양과 변조가 있는 엄마의 목소리를 통해 아기는 엄마의 성격, 감정의 변동, 마음의 상태 등을 가늠하게 된다. 엄마가 사용하는 말과 노래는 아기의 미래 언어가 될 모국어 발달을 위한 사운드 코드를 구성한다. 엄마가 사용하는 말의 운율(speech prosody), 노래의 멜로디, 말의 리듬, 빠르기와 같은 요소들은 아기가 음절, 단어, 어구를 식별하여 정보를 처리하는 데 중요한 단서를 제공해 주기 때문이다.

조산은 태아가 안정적인 자궁 환경의 소리에서 벗어나 새로운 청각적 세계를 경험하게 만드는 상황이다. 아기는 엄마의 자궁에서 들었던 익숙한 소리에서 갑자기 신생아 집중치료실의 기계 소리 세계로 던져지는 것이다. 미숙아에게 이러한 청각적 환경의 갑작스러운 변화는 불안과 공포를 야기할 것이다. 이러한 상태에서 엄마의 목소리는 아기에게 자궁 안의 안정되었던 청각 환경을 환기시키며 자궁 밖의 낯섦을 극복하는 데 도움이 될 수 있다. 그래서 미숙아 치료실에서는 아기에게 말을 걸고 책을 읽어 주며 노래를 불러 주는 엄마의 목소리를 녹음하여 미숙아에게 들려주는 방법들이 사용된다. 물리적으로 엄마가 곁에 없더라도 늘 듣던 엄마의 목소리는 태아기부터 갖고 있던 엄마에 대한 인지적 표상으로 작용하며 아기의 안정에 절대적인 도움을 주기 때문이다. 때론 엄마의 심장박동 소리를 첨가하여 그 소리가 베이스 리듬처럼 들리게 하고 엄마의 노래는 선율과 가사로 전달하는 방식도 사용된다. 녹음을 이중으로 해야 하는 등의 수고로움이 있지만 아기가 익숙하고 안정적인 엄마의 심장박동

---

20) Charlene Krueger, "Exposure to Maternal Voice in Preterm Infants: A Review," *Advance Neonatal Care* 10(1) (2010): 2.

21) Christine Moon & Robin Cooper & William P. Fifer, "Two-day-olds Prefer Their Native Language," *Infant Behavior and Development* 16(4) (1993): 495-500. 연구에 따르면 신생아는 다른 여성의 목소리보다는 자기 엄마의 목소리를, 외국어보다는 엄마의 모국어 소리를 선호한다고 한다.

소리와 노래를 함께 들으면서 찾게 되는 평안의 효과는 그 어느 치료보다 크다.

가끔 노래 부르는 것이 불편하고 자신을 음치라고 생각하는 엄마는 세계적인 성악가가 녹음한 자장가를 아기에게 들려주는 경우도 있는데 그것은 바람직한 방법이 아니다. 아기에게 중요한 것은 멋진 노래가 아닌 엄마의 목소리와 숨소리 그리고 그 소리들이 지닌 운율이나 템포 등의 인지적 표상이기 때문이다. 엄마와 아기의 애착관계는 노래 그 자체가 아니라 아기를 향한 엄마의 소통 의지로 형성되는 것이다.

미숙아와 엄마의 상태에 따라 이러한 소통을 위해 녹음이 사용되는 경우도 있지만 사실 가장 이상적인 것은 상황이 허락한다면 엄마가 직접 노래를 불러 주는 것이다. 엄마가 아기와 함께 있을 경우 엄마는 본능적으로 유아지향적 노래 부르기(infant-directed singing) 행동을 보이는데 이러한 방식의 엄마 노래는 아기의 신체 및 정서 상태를 안정시키는 데 효과적이다.[22] 이때 음악치료사가 기타나 작은 하프류의 악기로 노래의 반주와 화음을 넣어 주면서 현장의 아기와 엄마의 신체, 정서적 상태를 반영한다면 그 효과는 배가될 것이다.

유아지향적 노래하기

아직 언어가 발달하지 않은 유아들에게 특별한 방식으로 이야기하는 것을 '유아지향적 말하기(infant-directed speech)'라고 한다. 유아어는 어느 문화나 언어와 상관없이 유사한 특징을 갖는데 일상적으로 성인이 대화하는 방식과는 현격한 차이가 있다. 먼저, 사람들이 유아에게 말할 때는 음고가 높아지고 말의 리듬감과 다이내믹이 강해진다. 말의 속도는 느리고 억양이 과장되어 표현되기도 한다. 또한 '까까', '응가' 등 사용하는 단어 역시 일상표현과는 상이하다. 트레흅과 그의 동료들은 똑같은 노래를 부르더라도 엄마가 아기와 함께할 때와 아기가 없을 때 노래하는 방식이 다르게 나타나는 현상을 발견하고 유아지향적 말하기에서 영감을 얻어 '유아지향적 노래하기'라는 말을 처음 사용하였다.[23] 엄마는 아기에게 노래를 불러 줄 때 정서적, 신체적으로 아기가 잘 들을 수 있도록 조율하며 노래를 부른다. 유아지향적 말하기와 마찬가지로 유아지향적 노래하기도 일상의 노래와는 달리 율동 등 모든 요소에서 과장적 특징을 지니고 있다. 말하기와 다른 점이라면 음악의 규칙성과 반복성으로 반복적인 리듬과 선율의 흐름이 있으며 예상할 수 있는 음악적 구조 안에서 노래가 진행된다는 점이다.

---

22) Laurel J. Trainor et al., "The Acoustic Basis of Preferences for Infant-Directed Singing," *Infant Behavior and Development* 20(3) (1997): 384.

23) Sandra Trehub, Anna M. Unyk & Laurel J. Trainor, "Maternal Singing in Cross-Cultural Perspective," *Infant Behavior and Development* 16(1993): 285-295.

(2) 신생아를 위한 음악

신생아에게 들려주어야 할 음악이라면 시대와 문화를 막론하고 대부분 자장가를 떠올릴 것이다. 엄마는 아기에게 노래를 부를 때 특별한 방식으로 부른다. 여기서 특별한 방식이란 아름다운 목소리, 정확한 음정, 감동적인 음악성 등과 같은 음악적 표현의 예술성을 의미하는 것이 아니라 아기와의 조율(attunement)을 위한 엄마의 본능적인 노력을 의미한다. 엄마의 본능적인 노력은 유아지향적 노래하기 방식으로 나타난다. 엄마는 아기를 보면서 또는 신체적으로 접촉하면서(예: 캥거루 케어) 자장가 또는 자장가와 유사한 타입의 음악을 아기가 잘 들을 수 있도록 조율하며 들려준다. 엄마가 아기를 안고 자장가를 불러 주는 행위가 바로 아기를 위한 최고의 음악 치료행위인 것이다. 신생아와 엄마를 위한 음악치료 중재에서도 음악적 특징은 큰 차이가 없다. 요약해 보면 다음과 같다.

[그림 3-4] 캥거루 케어

- 음악 구성: 노래하는 목소리 또는 노래와 악기 한 개의 반주(기타, 하프)
- 높은 음역대의 여성 보컬 또는 어린이들의 목소리 노래
- 녹음 음악보다는 라이브 음악이 좋다. 현재 아기의 상태를 반영하고 음악으로 특정 상태를 유도하기 위해 음악적 요소들을 조율할 수 있기 때문이다. 그러나 아기의 상태와 신생아 집중치료실의 환경에 따라 녹음 음악이 사용되는 경우도 있다.
- 음악 소리의 크기는 65~70dB 정도를 넘지 않는다.
- 화성적으로 단순한 진행으로 장조 또는 5음 음계(pentatonic)를 사용한다.
- 하루의 음악감상 시간은 1.5시간 정도가 적절하며 30분 음악감상, 30분 휴식, 다시 30분 음악감상의 시간적 간격을 갖는다.

엄마의 심장 소리

아동심리학자 소크(Lee Salk, 1926~1992)는 엄마들이 아기를 안을 때 대부분 왼쪽 심장에 아기의 머리를 두고 안는다는 것을 발견하였다. 255명의 오른손잡이 엄마들을 아기 출산 후 4일 동안 관찰한 결과, 83%가 왼쪽 가슴에 아기를 안았다. 오른쪽으로 아기를 안은 비율은 고작 17%에 불과했다. 32명의 왼손잡이 엄마들에 대한 관찰에서도 78%가 아기를 왼쪽 가슴, 22%가 오른쪽 가슴에 안았다. 왼손잡이 엄마들에게 아기를 왼쪽으로 안은 이유를 물어봤을 때 그들은 '내가 왼손잡이니까 왼쪽으로 아기를 안는 것이다.'라고 답하였다. 오른손잡이 엄마들에게 같은 질문을 했을 때 '내가 오른손잡이니까 아기를 왼쪽으로 안는 것이다.'라고 답하였다. 이러한 결과는 엄마는 본능적으로 아기를 왼쪽 가슴에 안는 것을 선호한다는 것을 보여 준다. 아기를 엄마의 심장 소리가 잘 들리게 왼쪽 가슴에 머리를 두고 안는 행동은 어떠한 의식적인 행동이라기보다는 본능적인 행동인 셈이다.[24)]

(3) 아기와 엄마를 위한 음악심리치료

미숙아의 탄생은 아기뿐만 아니라 부모에게도 큰 고통을 안겨 준다. 부모는 현실적으로는 입원으로 인한 경제적 비용과 정상적인 가정생활의 어려움 그리고 심리적으로는 예상치 않은 분만과 응급 상황, 미숙아의 탄생에서 아기의 건강에 대한 불안과 공포, 죄책감, 비탄에 이르기까지 다양한 부정적 상황과 정서를 경험한다. 이러한 스트레스 요인들은 외상 후 스트레스 증상(Post Traumatic Symptom: PTS)으로 발전하기도 한다. 실제로 미숙아를 출산한 엄마들은 적어도 한 개 이상의 외상 후 증상을 보이며 건강한 아기를 출산한 엄마들보다 외상 후 증상을 경험할 가능성이 매우 높은 것으로 알려져 있다.[25)]

외상 후 스트레스 증상은 엄마의 주의집중과 실행기능에 부정적인 영향을 주어 부모 민감성(parental sensitivity)을 현저하게 떨어뜨린다. 불안하고 우울한 엄마는 아기가 보이는 소

---

24) Lee Salk, "The Role of the Heartbeat in the Relations Between Mother and Infant," *Scientific American* 228(5) (1973): 24.

25) Kaboni W. Gondwe & Diane Holditch-Davis, "Posttraumatic Stress Symptoms in Mothers of Preterm Infants," *International Journal of Africa Nursing Sciences* 3 (2015): 8-17.

통 단서인 눈맞춤, 몸의 움직임, 아기가 내는 소리들을 제대로 해석하지 못하며 적절한 반응도 하지 못한다.[26] 부모 민감성이 떨어질수록 아기와의 애착관계는 불안정해진다.[27] 아기의 건강한 발달을 위해 엄마의 돌봄이 같이 이루어져야 하는 이유가 여기에 있다.

신생아 집중치료실에서의 음악치료는 치료사가 아기를 위해 음악을 중재하는 개별치료와 아기와 엄마가 함께하는 가족치료가 동시에 진행된다. 엄마가 함께 참여하는 가족 중심의 음악치료는 엄마가 아기를 가슴에 안고 노래를 들려주거나 불러 주는 일명 '캥거루 케어'를 동반한 음악 중재가 대표적인 방식이다. 엄마는 아기를 어루만지며 아기는 익숙한 엄마 목소리와 가슴의 심장 소리를 듣는다. 여기에 치료사의 부드럽고 안정적인 음악이 더해지면 엄마와 아기는 심리적 안정감을 느끼며 정서적 유대감이 증진된다. 특히 엄마는 아기와의 소통을 통해 유대감을 경험하면서 엄마로서의 자신감과 자기 효능감을 쌓아 가게 된다.[28]

또한 음악심리치료는 출산 트라우마와 관련된 작업을 통해 엄마의 조산과 관련된 경험도 극복하게 돕는다. 미숙아 산모가 경험하는 두려움, 죄책감, 분노 및 수치심 등을 해소해 주며 조산 및 신생아 집중치료실 환경과 관련된 경험을 이해할 수 있도록 돕는 것이다. 치료는 산모에게 자신과 환경에 대한 올바른 통찰력을 갖게 하고 내면의 자원을 활성화할 수 있도록 촉진한다. 주로 산모들이 엄마가 된 느낌이 무엇인지에 대한 생각과 표현을 유도하고, 갑작스러운 출산으로 인해 물리적으로 아기와 분리된 상황에서 중단된 아기와의 유대 과정을 다시 설정하며 다른 산모들과의 소통과 나눔을 경험하게 함으로써 산모들의 회복탄력성을 강화시킨다.[29]

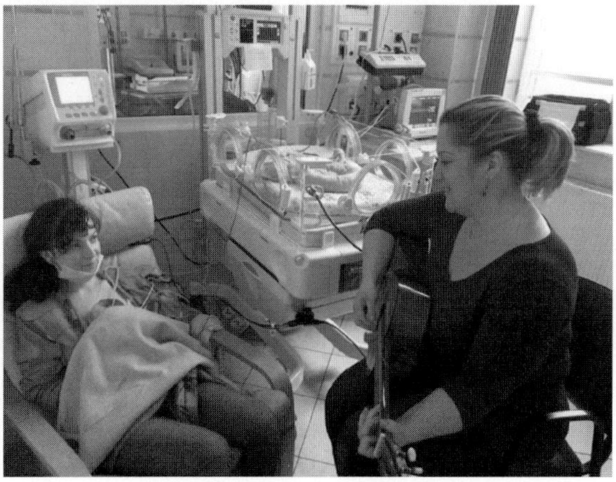

[그림 3-5] 캥거루 케어 음악치료

출처: https://www.nature.com/articles/s41390-020-01235-2/figures/1

26) Phyllis Zelkowitz, et al., "Early Maternal Anxiety Predicts Cognitive and Behavioural Outcomes of VLBW Children at 24 Months Corrected Age," *Actat Paediatrica* 100(5) (2011): 700.

27) Tracey Evans., Koa Whittingham, & Roslyn Boyd, "What Helps the Mother of a Preterm Infant Become Securely Attached, Responsive and Well-Adjusted?" *Infant Behavior and Development* 35(1) (2012): 1-11.

28) Mark Ettenberger & Yenny M. B. Ardila, "Music Therapy Song Writing with Mothers of Preterm Babies in the Neonatal Intensive Care Unit(NICU)-A Mixed-Methods Pilot Study," *The Arts in Psychotherapy* 58(2018): 43.

29) Monika Nöcker-Ribaupierre, "Premature Infants," in *Guidelines for Music Therapy Practice in Pediatric Care,* ed. Joke Bradt (Barcelona Publishers, 2013): 89.

4) 신생아를 위한 음악치료 방법

(1) 발달에 따른 음악 적용

미숙아에게 음악을 적용하는 데는 아기의 발달 상태가 고려되어야 한다. 오랜 시간 독일의 뮌헨 대학교 신생아 집중치료실에서 음악치료사로 일한 뇌커 리바우피에르(Monika Nöcker-Ribaupierre)는 음악의 사용을 다음과 같은 발달의 상태에 따라 분류하고 있다.[30]

- 초극소저체중아(Extremely low birth weight infant: ELBW)는 1kg 이하 체중으로 주로 재태기간 23~24주 사이에 태어난 아기이다. 초극소저체중아에게 음악적 자극은 적절하지 않다.
- 극소저체중아(Very low birth weight infant: VLBW)는 1.5kg 이하의 체중으로 태어난 아기로 재태기간은 대략 25~28주 사이이다. 엄마 또는 치료사의 부드럽고 조용한 토닝으로 음악 중재를 시작한다. 악기 연주는 아직 시행하지 않는다.
- 저체중아(Low birth weight infant: LBW)는 2.5kg 이하로 태어난 아기로 재태기간은 대략 28~31주 사이이다. 사전에 녹음된 음악을 조심스럽게 들려주면서 음악적 자극이 아기를 지나치게 자극하는 징후가 있는지 주의 깊게 모니터한다.
- 재태기간 32주경에 태어난 아기는 전형적인 저체중아로 분류된다. 아기는 청각적 자극 및 다중 모델 자극을 수용할 수 있는 내성을 갖게 된다. 이 시기는 캥거루 케어 및 마사지와 함께 엄마와 치료사의 허밍 혹은 자장가가 좋다.
- 재태기간 34주경에 태어난 아기는 부모 또는 돌봄자에게 사회적 반응을 하기 시작한다. 아기와 상호작용하는 노래 부르기를 통해 아기의 사회적 상호작용을 강화시킬 수 있다.
- 재태기간 36주경에 태어난 아기는 청각적 자극에 대한 반응이 상태에 따라 달라지고 예측도 한다. 아기는 이제 낮은 주파수의 소리에 익숙해지고 다양한 자극(시각, 청각, 촉각)을 통합하는 교차모드 능력도 발달된다. 예를 들어, 아기는 만지고, 잡는 행동에 목소리를 사용하고, 사회적 상호작용에 답하고, 긍정적인 자극에 반응하여 미소를 지을 수 있다.

---

30) Nöcker-Ribaupierre, 같은 책, 79. 연구자는 아기의 재태기간에 따른 음악 적용으로 표기하였다. 그러나 국내의 경우 재태기간보다는 아기의 몸무게를 기준으로 아기의 상태를 분류한다.

음악치료 중재는 신생아 집중치료실의 기본 가이드라인을 따라야 하며 무엇보다도 주치의와 보호자의 공식적 의뢰가 있어야만 한다. 또한 장소의 특성상 출입하는 치료사들은 병원 및 신생아 중환자실의 감염관리 지침을 준수하며 치료를 진행해야 한다. 보통의 경우 집중치료실에 들어가기 전 소독 공간에서 외부에서 입고 있던 겉옷과 신발을 벗어 사물함에 넣고, 멸균 가운, 헤어캡을 착용하며 손소독을 진행한 후 신생아 집중치료실 안으로 들어갈 수 있다. 만약 아기에게 처치를 하거나 접촉이 있게 될 경우 멸균글러브를 사용한다. 신생아 중환자실 출입이 허용된 음악치료사는 가지고 들어가는 악기 및 도구들에 대한 소독과 관리도 이에 준하여 준비하는 것이 필요하다. 아기의 면역 기능이 약해 감염에 취약하기 때문이다.

(2) 음악치료 전 점검 사항

미숙아를 위해 음악치료를 시행하기 전 치료사는 반드시 아기와 관련된 전반적인 사항을 숙지해야 한다. 점검 사항은 병원과 치료사마다 차이가 있지만 일반적으로 아기의 의학적 상태, 생리적 반응, 우는 행동, 심리사회적 요구, 수유행동, 감각 및 고유수용성 자극에 대한 반응, 통증, 진정제의 필요성에 대한 정보를 수집한다. 음악치료 중재의 사전 정보로 음악치료 의뢰 목적, 엄마의 태교음악, 엄마 목소리의 범위, 가족의 종교와 같이 치료사가 음악 사용 시 고려할 점도 점검해야 한다.

(3) 신생아를 위한 음악 중재 범주

신생아 집중치료실에서의 음악 중재는 사전 진단평가를 통해 아기와 아기 가족들의 요구를 기반으로 시행된다. 미국 뉴욕 Beth Israel 병원의 루이 암스트롱 음악의료센터(Louis Armstrong Centre for Music and Medicine)의 음악치료사 로이(Joanne Loewy)는 의료진과 보호자들이 중재를 의뢰할 때 주로 의뢰하는 내용을 다음과 같이 여섯 범주로 나누고 있다.[31)]

① 아기와 부모의 유대감
② 짜증(아기의 강렬한 울음)
③ 호흡곤란

31) Nöcker-Ribaupierre, 같은 책, 105-106. 참조. 기본적인 여섯 개의 범주 구분은 J. Loewy의 내용이지만 음악치료 내용은 저자가 새롭게 구성하였다.

④ 수유–빨기–체중 증가
⑤ 진정–수면–통증 감소
⑥ 자기조절

음악 중재는 치료 목적을 성취하기 위해 음악을 어떻게 쓸 것인가의 문제이므로 로이의 구분은 상황과 목적에 따른 음악 중재를 수행하는 데 기준이 될 수 있다. 다음의 음악치료 중재는 기본적으로 로이의 내용을 기반으로 저자가 재구성한 것이다.

① 아기와 부모의 유대감을 위한 음악 중재

음악치료의 목적은 엄마와 아기의 건강한 애착관계 형성 및 발달에 있다. 엄마는 아기와 피부로 접촉하면서 부드러운 노래를 불러 준다. 엄마와 아기의 신체적 접촉에 엄마와 음악치료사의 음악이 청각적 환경이 된다. 아기는 엄마 품에 안겨서 엄마의 심장 소리와 엄마 또는 아빠의 목소리, 치료사의 간단한 기타 반주 소리를 듣게 된다. 노래는 간단한 자장가 또는 아기가 태중에 들었던 익숙한 노래로 음은 5개 이상을 넘지 않는 것이 좋다. 캥거루 케어와 함께한 음악치료 중재에 사용한 노래를 부모와 분리되어 있는 시간에 아기가 잘 때, 환경적인 변화가 있을 때 사용한다면 부모와 아기의 애착관계에도 도움이 될 수 있다.

② 짜증–울음(강렬한 고음)

아기의 울음은 아기가 불편감을 표현할 수 있는 유일한 수단이다. 아기는 종종 강렬한 고음의 울음으로 자신의 짜증, 불편감을 표현하는데 이때 엄마는 아기를 달래기 위한 다양한 방법을 취한다. 그 방법 중 하나가 노래이다. 치료사는 아기의 울음에 맞추어 토닝을 한다. 처음에는 아기의 울음소리에 맞추어 음악을 반영하다 점차 안정적이고 규칙적인 음악으로 동화시킨다. 치료사는 아기의 행동과 소리에 따라 즉흥적으로 연주하고 노래하다 아기가 안정을 찾으면 익숙한 노래로 전환한다.

필요에 따라 청각, 촉각, 시각, 전정 자극과 음악을 함께하는 '음악과 다중모델 자극(music and multimodel stimulation: MMS)'을 사용한다. 아기를 안고(촉각) 규칙적으로 흔들어 주면서(전정, vestibular) 아기와 눈맞춤(시각)을 하기도 하고 아기의 이목을 끌 만한 작은 악기나 인형 등을 보여 주며 음악을 들려주는 것이다.

③ 호흡곤란

가토 드럼(gato drum)은 아기의 호흡이 불규칙할 때 규칙적인 리듬으로 호흡 조절에 도움이 되는 악기이다. 사람의 심장 소리와 유사한 가토 드럼 연주를 통해 규칙적이고 예상 가능한 리듬을 아기에게 들려주면 아기는 신체적으로 동조된다. 즉, 규칙적인 외적 음악 자극에 불규칙한 내적 신체 리듬이 동화됨으로써 균형을 찾는 것이다. 또한 엄마의 자궁환경 소리와 유사한 오션 드럼(ocean drum) 소리를 사용하여 아기에서 친숙한 소리 환경을 제공함으로써 아기의 호흡에 안정을 줄 수도 있다.

[그림 3-6] 가토 드럼과 오션 드럼

* 주의: 폐가 성숙되기 시작하는 35주 이전에 출생한 미숙아의 경우 신생아호흡곤란증후군(RDS)을 보이는 경우가 많다. 자발호흡에 어려움이 있는 미숙아들의 경우 호흡곤란, 청색증, 산소포화도 저하 등 호흡과 관련된 문제가 나타날 수 있으며, 이때 의료진은 투입되는 산소의 압력이나 양을 조정하거나 응급한 상황일 경우 폐표면활성제 투입, 기도삽관 등 응급처치를 한다. 치료사의 음악 중재는 응급 상황이 아닌 호흡 조절을 목적으로 할 때만 가능하다.

④ 섭식-빨기-체중 증가

스탠들리(Jayne Standley)는 미숙아들의 빨기 능력 향상을 위해 자장가에 의해 작동되는 인공 젖꼭지(Pacifier Activated Lullaby: PAL)[32]를 개발하였다. 아기의 섭식과 체중 증가에 필수적인 빨기 능력 향상을 위해 특별히 고안된 기계로 인공 젖꼭지와 스피커가 연결되어 있어서 아기가 젖꼭지를 제대로 빨면 스피커에서 자장가가 나오는 기계이다. 음악이 행동에 대한 강화제로 사용되는 것이다. 물론 음악이 강화제로 작용되기 위해서는 아기가 반복해서 듣고 싶은 음악이어야 한다. 아기에게 평안함과 안락함을 주는 소리가 제공되어야 아기의 빨기 행동이 강화된다. 아기에게 익숙한 음악, 아기가 평소에 잘 반응하는 음악을 파악하는 것이 치료사의 중요한 일이 될 수 있다.

---

32) PAL은 유선 인공 젖꼭지와 스피커를 연결하여 아기가 젖꼭지를 제대로 빨면 스피커에서 자장가가 나오게 하는 기계로 음악이라는 보상을 받기 위해 아기가 자발적으로 빨기 연습을 하게 하는 것이다.

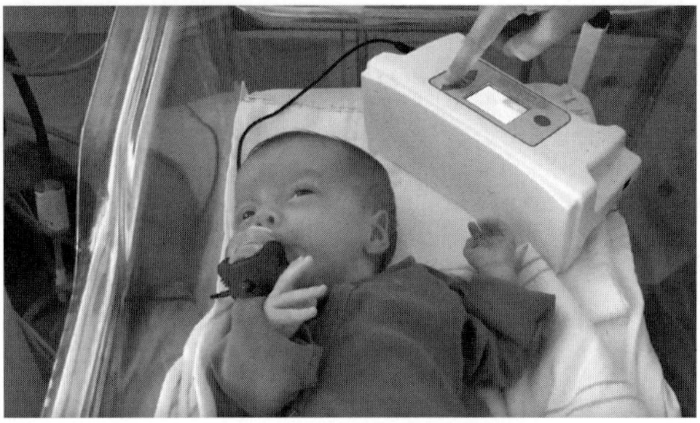

[그림 3-7] PAL을 이용한 빨기 훈련

출처: https://wearable-technologies.com/news/special-pacifier-plays-songs-to-help-premature-babies-develop-skills-to-suck-for-milk

⑤ 진정-수면-통증

고통스러운 치료절차를 경험하는 동안 아기가 통증에 집중하지 못하도록 주의를 분산시키기 위한 음악치료행위가 필요하다. 이때는 아기에게 충분한 각성이 일어날 필요가 있는 만큼 자장가와는 다른 분위기의 음악을 사용해도 좋다. 시술 후에는 차분한 음악으로 아기를 진정시키고 수면을 유도한다. 치료사는 자장가풍의 음악으로 아기를 진정시키는 음악적 환경을 제공한다.

⑥ 자기조절

유아 발달의 핵심은 자기조절 능력이다. 단순하고 일관된 리듬과 멜로디는 아기가 환경에 적응하는 데 도움이 된다. 예측 가능하고 질서 있는 음악에 반복적으로 노출시키면 아기의 행동, 생리적 조직화 그리고 신경학적 경로의 발달이 촉진될 수 있다.

3. 아동을 위한 음악치료

임상에서 음악은 아동의 인지, 정서, 사회, 행동 등 전반적인 현재의 발달상태를 진단하는 데 중요한 도구가 된다. 아동의 음악 모방 능력, 창의성, 음악을 통해 표현하는 심리적 표상, 노래와 연주를 통해 볼 수 있는 소, 대근육 발달 상태 그리고 음악활동 중 타인과의 상호작용, 음악 학습 속도 등 음악은 자연스러운 환경에서 아동의 있는 그대로를 담아내는 매개가 되기 때문이다. 즉, 음악이 아동을 진단하는 진단평가 자체가 되기도 한다. 이러한 진단을 기반으로 치료사는 치료 목적을 설정하고 그 목적을 성취하기 위한 전략을 세우고 그에 따른 음악 중재를 시행한다. 이후 아동의 음악적, 비음악적 변화의 평가를 통해 진단의 정확성과 중재의 적절성, 효과성을 분석하게 된다.

아동을 위한 음악치료 전 과정을 관통하는 핵심 단어는 바로 '발달'이다. 그러므로 아동 발달 심리학과 음악적 발달에 대한 이해가 전제되어야 한다. 이번 절에서는 아동을 위한 음악치료의 기초 이론에 해당하는 전반적 발달과 음악적 발달에 대하여 알아보고 이를 음악치료 임상에 어떻게 적용하는지 살펴보자.

1) 음악과 지능

[그림 3-8] 밀턴 프리드먼

음악과 지능은 어떤 관계가 있을까? 지금까지 연구에 따르면 모차르트, 바흐, 베토벤과 같은 천재 음악가들은 평균 이상의 높은 지능을 가지고 있다고 한다.[33] 일반 아동들을 대상으로 한 대단위 연구들에서도 음악과 지능은 부정할 수 없는 관계가 있음이 입증되었다.[34] 시쇼어(Carl Seashore, 1866~1949)는 "비교적 지적 능력이 낮은 사람이 음악활동에서 중요한 역할을 수행할 수도 있다. 그러나 위대한 음악가는 언제나 뛰어난 지성을 가진 사람이었다."[35]라는 주장을 통해 음악과 지능의 관련성을 강조하고 있다. 음악을 잘하는 사람이 지능도 높다는 견해이다. 그러나 음악과 지능의 이러한 가설이 적용되지 않는 예도 많이 있다. 예를 들어, 노벨경제학상을 수상한 미국의 프리드먼(Milton Friedman, 1912~2006)은 어린 시절 음악 레슨도 받았지만 평생 실음악증에 가까운 음악적 핸디캡을 갖고 살았다.[36] 미국의 루스벨트 대통령, 쿠바의 체 게바라도 음악 능력이 평균보다 낮았던 것으로 알려진 인물들이다. 한편, 지적장애 수준의 낮은 지능이지만 음악에서 뛰어난 능력을 발휘하는 사람들도 있다. 바로 음악서번트들

33) Joanne Ruthsatz & Douglas K. Detterman, "An Extraordinary Memory: The Case Study of a Musical Prodigy," *Intelligence* 31 (2003): 511.

34) Richard Lynn & Adrienne Gault, "The Relation of Musical Ability to General Intelligence and the Major Primaries," *Research in Education* 36(1986): 59-64; Richard Lynn, Graham Wilson & Adrienne Gault, "Simple musical tests as measures of Spearmans' g." *Personality and Individual Differences* 10(1989): 25-28.

35) Ruthsatz & Detterman, 같은 글, 511.

36) Isabelle Peretz & Krista L. Hyde, "What is Specific to Music Processing? Insight from Congenital musia," *Trends in Cognitive Sciences* 7(8) (2003): 363.

[그림 3-9] 톰 위긴스

이다. 19세기 미국의 유명한 음악서번트인 시각장애인 톰(Blind Tom Wiggins, 1849~1908)은 지적 장애에 해당하는 매우 낮은 지적 능력에도 불구하고 뛰어난 음악적 능력을 보여 주었던 대표적인 인물이다. 톰은 미국 남부의 흑인 노예로 자폐와 지적장애, 시각장애를 동반한 음악서번트였다. 그가 구사할 수 있는 단어는 100개도 채 되지 않았지만 암보로 연주할 수 있는 음악 레퍼토리는 5,000개가 넘었다고 한다.[37] 톰은 뛰어난 피아노 실력으로 당시 미국의 대통령인 제임스 뷰캐넌 앞에서도 연주하고 유럽 순회공연까지 하였다.

성공한 음악가가 되기 위해서는 지능(intelligence), 영역 특수 기술(domain specific skill)[38] 그리고 노력(practice)이라는 세 가지 조건이 필요하다.[39] 앞에서 언급한 것처럼 성공한 음악가들은 지능이 높고 뛰어난 음악적 능력을 타고났으며 여기에 성공을 위해 많은 노력을 했던 사람이다. 반면, 음악서번트는 선천적으로 뇌의 음악 회로가 특별히 발달된 상태로 타고난 사람이다. 그러나 낮은 지능을 가지고 있고 사회적 성공을 위한 노력이 부재하다. 노벨상을 탄 수재는 지능이 뛰어나고 음악을 잘하고 싶어 노력하는 사람이지만 선천적으로 음악적이지 못하게 태어났다.

각각의 사례에서 우리는 음악과 지능의 관계에 대해 다음과 같이 정리해 볼 수 있다.

> '음악적 지능이 높은 사람이 일반 지능도 높다.'
> '일반 지능이 높다고 음악적 지능이 높은 것은 아니다.'
> '일반 지능이 낮다고 음악적 지능이 낮은 것은 아니다.'

음악과 인지발달을 연관 지을 때 논쟁이 되는 것은 음악이 지능에 종속된 영역인가 아니면 독립적인 영역인가의 문제이다. 정상지능에도 불구하고 음악적 능력이 현저하게 낮은 사람이나, 반대로 낮은 지능에서 음악적 능력만 뛰어난 사람의 경우처럼 예외적인 사람들에게서는 음악이 지능과는 독립된 영역에서 제어되는 것이 아닐까 생각할 수 있다. 뇌에서 음악만을 관장하는 특수한 회로가 존재한다면 음악은 일반적 발달과는 상관없이 뇌의 독립적

---

37) Donald Treffert, 『서번트 신드롬: 위대한 백치천재들의 이야기』, 이양희 역(서울: 홍익출판사, 2006), 44-47.
38) 여기서는 음악과 관련된 뇌의 특별한 능력을 말한다.
39) Ruthsatz & Detterman, 같은 글, 511.

인 영역에서 제어되고 있다고 생각할 수 있는 것이다. 그러나 이것을 입증할 만한 과학적 근거는 아직 없다. 실음악증, 음악서번트와 같은 극히 드문 현상에서만 발견될 뿐이다.

서번트나 실음악증과 같은 특수한 경우가 아니라면 일반적으로 사회, 정서, 인지, 신체와 같은 일반적 발달과 음악적 발달은 강한 연관이 있는 것으로 알려져 있다. 이 부분에서 많은 음악교육가와 음악치료사는 음악이 발달에 중요한 영향을 주는 독립 변인으로, 음악 외적 영역들이 음악에 의해 변하는 종속 변인으로 생각한다. 소위 음악의 '전이효과(transfer effect)'[40]에 대한 믿음은 음악교육과 음악치료의 공통분모이기도 하다. 그러나 일반적 발달이 음악적 발달을 이끄는 것인지, 즉 인지발달에 따라 음악발달이 이루어지는 것인지, 음악활동이 신체, 사회, 인지발달로 이어지는지에 관해서도 명확하게 밝혀진 바는 아직까지 없다.[41] 다만, 선천적인 요인뿐만 아니라 개인을 둘러싼 환경, 즉 후천적 음악 경험에 따라 음악적 발달의 속도와 강도에 차이가 있다는 것은 확인된 사실이다.

2) 아동의 음악발달

음악발달이 어떤 방식으로 진행되는가에 대한 설명은 일반적으로 교육학의 발달이론에 근거를 두는 경우가 많다. 생물학적 발달에 기초한 음악발달 이론들은 전통적인 피아제(Jean Piaget, 1896~1980)의 이론에 기반한 이론들이다. 그러나 피아제의 이론은 아동을 둘러싼 환경의 영향을 간과한다는 비난을 받고 있다. 환경적 요인을 고려하지 않은 채 아동이 독립적으로 세상을 탐구하고 알아 가는 '작은 과학자'로 보고 있는 것이다. 이에 반해 비고츠키(Lev Vygotsky, 1896~1934)는 아동의 발달에 사회문화적 요인을 중요한 부분으로 보았다. 그의 이론은 음악교육과 학습에도 응용되어 아동 음악발달에 효과적인 교육 모델의 기반이 되기도 한다. 한편, 음악학자 오켈퍼드(Adam Ockelford)는 전통적인 발달심리학 이론 기반이 아닌 자신의 고유한 음악이론에서 유래한 음악발달 이론을 제시하였다. 그의 이론은 자폐증과 중증 학습장애 아동들을 연구하면서 발전한 것으로 음악을 소통의 수단으로 간주하는 것으로부터 출발한다는 특징이 있다.

---

40) Adrian North & David Hargreaves, *The Social and Applied Psychology of Music*(Oxford University Press, 2008), 346. 서구 문화에서 음악교육은 음악교육 자체보다는 음악을 통해 읽기, 시공간기술, 언어학습, 사회기술, 정서발달과 같이 음악 외적인 영역 발달에 훨씬 더 많은 관심을 가지고 있다. 음악교육의 혜택이 다른 영역에 긍정적인 영향을 미치는 것을 음악의 '전이효과(transfer effect)'라고 한다.

41) H. F. Abeles & L. A. Custodero, 「음악학습과 음악적 발달」, 『음악교육의 주요 이슈-21세기의 이론과 실천』, 오지향 역(서울: 음악세계, 2017), 154.

각각의 모델은 각기 다른 관점에서 아동의 음악발달에 대한 이론으로, 아동음악치료의 진단, 중재, 평가의 과정에서 치료사가 아동의 상태를 다각적인 관점으로 파악하는 데 도움이 될 것이다.

(1) 피아제의 인지발달 단계와 음악발달

일반적인 인간발달에서처럼 음악발달도 단계적 발달과정을 거치는 것일까? 예를 들어, 아기는 고개를 가누고 옹알이를 하고 몸을 뒤집고 기어다니다 서서 걷고 말을 하기 시작한다. 처음부터 서서 걷고 말하는 아기는 없다. 아기는 많은 준비 단계를 거쳐서 서서히 말하는 수준에 이르게 된다. 마찬가지로 처음부터 노래를 부르고 악기를 연주하는 아기는 없다. 옹알이를 하고 손의 감각과 운동 능력이 발달하면서 악기를 만지고 조작적으로 다루는 능력이 형성된다. 운동, 인지발달처럼 음악발달 역시 발달 초기 단계적인 과정을 통해 이루어진다. 이러한 단계적 발달과정의 대표적인 이론 중 하나가 바로 피아제의 인지발달이론이다.

피아제의 인지발달 단계는 감각운동기(0~2세), 전조작기(2~7세), 구체적 조작기(7~9세), 형식적 조작기(9~11세)로 구분된다. 감각운동기의 아기는 자신의 감각 경험을 통해 세상을 알게 된다. 아기가 빨기, 물건 입에 넣기, 움켜잡기, 발로 차기, 옹알이 등의 행동으로 자신을 둘러싼 환경에 반응하고 인지능력을 키워 가는 것이다. 생후 약 8개월쯤부터 아기는 대상영속성(object permanence)을 보유하게 된다. 탄생 초기 아기는 어떤 대상이 눈앞에서 사라지면 세상에서 없어지는 것으로 이해한다. 엄마가 손바닥으로 얼굴을 가렸다가 까꿍하면서 다시 나타나는 까꿍(peekaboo)놀이에 아기가 신기해하며 까르르 웃으면서 반응하는데 이는 손바닥 뒤에 엄마가 존재한다고 생각하지 않고 갑자기 나타났다고 믿기 때문이다. 감각운동기의 아기는 자신을 둘러싼 음향 환경에 청각과 몸으로 경험한다. 옹알이, 발성, 딸랑이 흔들기, 엄마의 노래 듣기 등이 감각운동기 아기가 경험하는 음악환경이다.

전조작기 아동은 말을 하기 시작하면서 개념과 상징에 대한 이해가 발달한다. 예를 들어, 감각운동기에서 '빠른' 혹은 '느린'이라는 속도 개념은 직접 빠르게 또는 느리게 연주하는 모습을 관찰하고 들어야 그 개념을 이해한다. 반면, 전조작기에 들어서면 아동은 이러한 개념들의 의미를 이해하기 시작한다. 이 시기 언어발달과 함께 아동은 다양한 노래를 익히고 습득하게 된다.

구체적 조작기 아동은 전조작기의 자기중심적 사고와 행동을 벗어나 공동체와 상대방의 관점을 이해하기 시작한다. 또한 보존개념이 발달하여 물체의 위치나 모양이 달라도 본질은 변함이 없다는 것을 깨닫게 된다. 이 보존개념이 음악발달에서도 동일하게 나타난다. 아동은 이 시기 음악에서 템포와 양식 그리고 조성이 바뀌더라도 멜로디가 바뀌지 않으면 같은 음악으로 인식한다.[42] 그러나 피아제의 이론대로 구체적 조작기에 인지적 보존개념이 형성되는 데 반해, 그에 대응하는 음악적 보존개념도 형성되는지는 분명치가 않다. 실제 7세 아동들을 대상으로 피아제의 보존개념 과제 테스트와 멜로디를 전조하여 음악적 보존개념을 알아보는 실험을 한 결과, 음악적 보존개념과 피아제의 인지적 보존개념은 대응되지 않는 것으로 나타났다.[43] 일반적으로 음악적 보존개념은 더 일찍 쉽게 형성되는 것으로 추정된다.

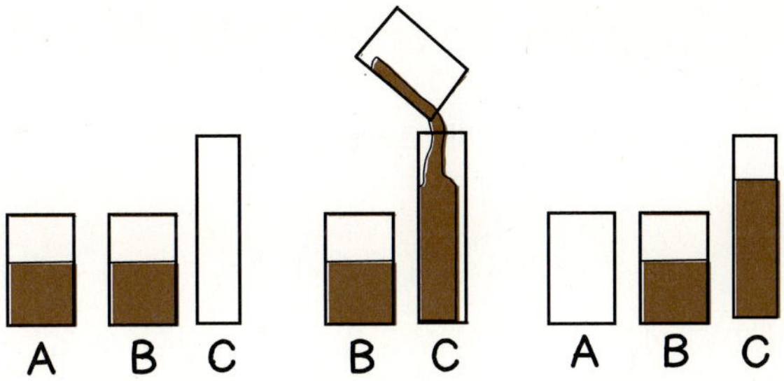

[그림 3-10] 피아제의 보존개념: A, B에 담긴 물은 같은 양이다. 만약 A 글라스의 물을 C에 담으면 눈에 보이는 물의 부피는 달라 보이지만 실제로 물의 양은 같은 것이다. 이와 같은 개념을 인식하는 것이 보존개념이다.

형식적 조작기는 아동에서 청소년으로 성장하는 시기로 추상적 사고가 가능하다. 음악적으로도 추상적인 개념을 다루는 정교한 음악 분석이 가능해진다.

(2) 비고츠키의 사회문화적 발달 이론과 음악발달

비고츠키는 피아제와 함께 아동발달 심리학의 양대 산맥을 이루는 인물이다. 그는 아동이 어떤 문제를 스스로 해결하는 능력과 타인의 도움을 받아 문제를 해결하는 능력 사이를 근접 발달 영역(Zone of Proximal Development: ZPD)으로 보고 이 사이의 간극은 아동의 환경에 따라 달라진다고 보았다. 환경적인 요소가 발달에 중요한 부분을 차지한다는 이론이다. 예를 들어, 주 양육자인 어머니가 한국어에 익숙하지 못한 외국인일 경우 아동의 언어발달은 상대적으로 늦어진다. 아동의 지능과 언어 능력이 정상 수준이라도 한국어로 항상 소통하고 상호작용하는 다른 또래 아동에 비해 한국어에 익숙하지 않은 외국인 어머니와 지내

---

42) Donald A. Hodges, *Music in the human experience: An introduction to music psychology*(Routledge, 2019), 276.

43) David Nelson, "An Interpretation of the Piagetian Model in Light of the Theories of Case," *Bulletin of the Council for Research in Music Education* 92(1987): 27.

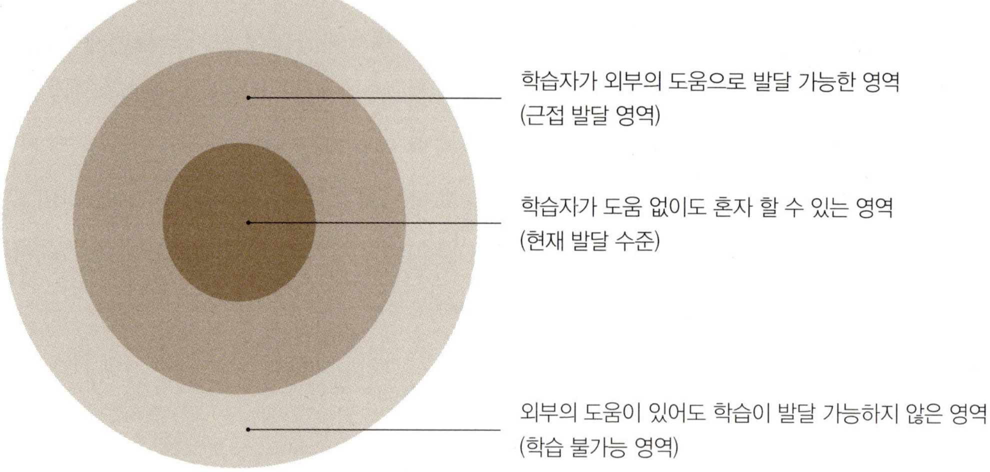

[그림 3-11] 비고츠키의 근접 발달 영역

는 환경 때문이다. 예를 들어, 한 아동의 현재 상태가 다른 아동과 똑같은 수준이며, 이 수준을 '1'이라 하자. 그리고 이 아동이 타인의 도움을 받아 성장할 수 있는 잠재 발달의 한계를 '10'이라 치자. 이때 환경적으로 풍부한 자극, 교육, 상호작용이 있는 아동의 경우 1에서 10까지 발달할 수 있지만 그렇지 못한 아동의 경우 발달의 정도가 최대치에 도달하기는 어렵다는 것이다.

비고츠키의 근접 발달 영역은 음악교육과 음악치료의 관점에서도 큰 의미를 갖는다. 번(C. Byrne)은 음악교육에서 비고츠키의 이론을 기반으로 모델링(modelling), 스캐폴딩(scaffolding), 코칭(coaching), 페이딩(fading)의 4단계 모델을 제시하고 있다.[44] 이 모형의 4단계 중 스캐폴딩 단계가 비고츠키의 근접 발달 영역에 해당하는 단계이다. 음악교육자는 현재 아동의 수준이 발전할 수 있도록 도움을 줌으로써 음악적 능력을 향상시킬 수 있다. 아동의 잠재적 능력을 이끌어 내는 과정으로 음악교육과 음악치료가 중첩되는 부분이기도 하다. 스캐폴딩에 해당하는 음악치료과정은 노도프-로빈스의 음악치료에서 볼 수 있다.

노도프-로빈스의 '창조적 음악치료의 과정'에서는 첫 단계에서 음악을 통해 아동과 만나기 위해 치료사가 아동의 행동, 음성, 정서 등을 음악적으로 반영하고 모방한다. 다음 단계로 아동이 치료사의 음악에 반응하고 음악활동에 자발적으로 참여하는 시기이다. 마지막 단계는 아동이 음악적으로 더 자유롭게 표현하고 치료사와 의미 있는 상호작용을 할 수 있

44) Hodges, 같은 책, 281.

〈표 3-1〉 음악 교수-학습의 4단계 모델

단계	접근방법	참여 정도
1. 모델링	교육자는 아동에게 모델링하고 아동은 듣고 관찰한다. 예를 들어, 교육자가 리코더를 보여 주고 어떻게 악기를 잡고 소리를 내는지 보여 준다.	교육자의 능동적 활동/아동의 수동적 관찰
2. 스캐폴딩	아동이 현재 능력 수준을 넘어 더 발전할 수 있도록 가이드해 주는 것이다. 예를 들어, 리코더로 노래를 연주하고 다른 악기와도 합주할 수 있는 수준으로 지도하는 것이다.	교육자 능동적 가이드/아동의 능동적 학습
3. 코칭	아동이 악기 연주기술이 늘고 자신감을 갖게 되면 독립적으로 연주하고 새로운 시도도 해 본다. 이때 교육자는 아동이 다음 단계로 발전할 수 있도록 격려해 주거나 기술적 조언을 한다.	교육자는 아동이 질문이나 도움을 청할 때 능동적으로 도와줌/아동의 능동적 학습
4. 페이딩	아동은 스스로 학습하면서 새로운 노래, 즉흥연주, 또는 악기로 음악을 만들어 본다.	교육자는 수동적 관찰자/아동은 능동적 학습자

도록 아동의 음악적 기술을 발전시키는 단계이다. 이 마지막 단계가 현재 아동의 음악적 능력을 향상시키기 위한 스캐폴딩에 해당한다. 음악적 기술 향상은 성취감, 자존감 향상, 심미적 체험의 증가와 같은 긍정적 심리 경험을 주기 때문이다.

(3) 오켈포드의 의도의 소리 모형

음악학자인 오켈포드(Adam Ockelford)[45]는 오랫동안 자폐스펙트럼장애 및 음악과 관련된 연구를 통해 의사소통 수단으로서 음악적 발달 모형인 '의도의 소리(Sound of Intent: SoI)'를 발표하였다. 그는 음악적 발달 단계를 〈표 3-2〉와 같이 6단계[46]로 구분하고 있다.

〈표 3-2〉 'Sound of Intent' 음악발달 프레임워크를 구성하는 6단계

수준	기술		핵심 인지발달
1	혼란과 무질서 (Confusion and chaos)	C	소리에 대한 인식 없음

45) 영국 로햄튼 대학교의 음악과 교수이자 응용음악연구 센터의 디렉터이다. 대부분의 음악적 구조는 베리에이션을 가진 모방이라는 자이곤(zygon) 이론을 세운 인물이다. 음악서번트, 음악신동, 자폐스펙트럼장애와 같이 특별한 음악적 능력과 관련된 연구를 수행하여 많은 논문과 저서를 출간하였다.

46) Adam Ockelford, "The Sounds of Intent Project: Modelling Musical Development in Children with Learning Difficulties," *Tizard Learning Disability Review* 20(4) (2015): 3.

2	인식과 의도성 (awareness and Intentionality)	I	소리에 대한 인식과 소리의 다양성에 대한 새로운 인식
3	관계, 반복, 규칙성 (relationships, repetition, Regularity)	R	음악적 사건들 간 관계성의 가능성과 의미에 대한 인식
4	음군의 형성 (sounds forming Cluster)	C	음군과 음군들 사이의 관계성에 대한 지각 발달
5	구조적 연결의 심화 (deeper structural Links)	L	전체 악곡 및 악곡 이면의 박자와 음높이의 체계에 대한 인식 발달
6	성숙한 예술적 표현 (mature artistic Expression)	E	음악 작품에 표현된 서사적 은유에 대한 정서적 어법의 발달된 인식

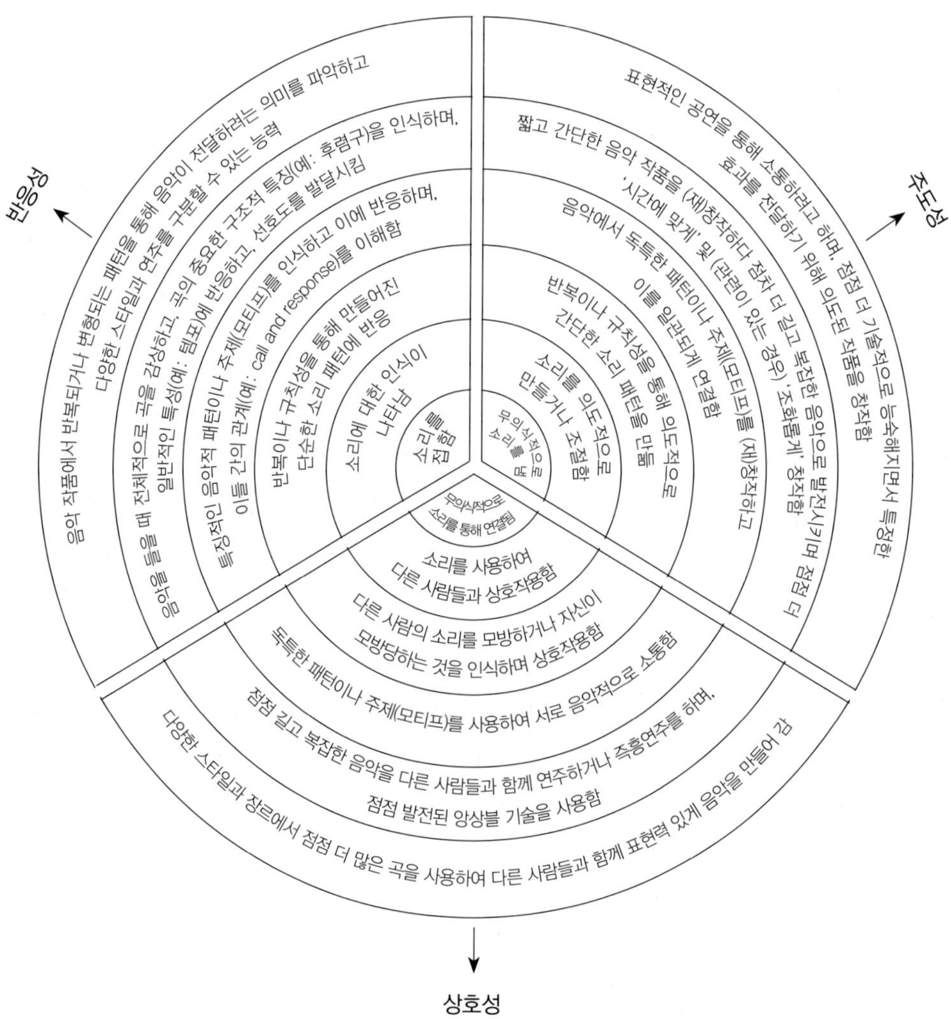

[그림 3-12] Sound of Intent의 시각적 표상[47]

오켈포드는 음악적 참여 영역을 반응적 영역(reactive: 감상하기, 음악에 반응하기), 주도적 영역(proactive: 유발하기, 창작하기, 소리 컨트롤하기), 상호작용적 영역(interactive: 다른 사람들과 소리 만드는 활동에 참여하기)으로 나누고 [그림 3-12]와 같은 소리 모형을 제시하였다.

오켈포드의 SoI 모형은 음악치료 진단평가와도 유사한 내용을 포함하고 있다. 창조적 음악치료에서 아동의 반응, 치료사와 아동의 관계, 음악적 상호작용에 대한 질적 평가와 비교되는 모형이기도 하다.[48]

3) 장애아동을 위한 음악치료

「장애인 등에 대한 특수교육법」 제15조에 따르면 장애를 1. 시각장애, 2. 청각장애, 3. 지적장애, 4. 지체장애, 5. 정서 · 행동장애, 6. 자폐성장애, 7. 의사소통장애, 8.학습장애, 9. 건강장애, 10. 발달지체, 11. 그 밖에 두 가지 이상의 장애가 있는 경우 등 대통령령으로 정하는 장애로 범주화하고 있다.[49] 이 범주에 해당하는 아동 중에서 특수교육이 필요한 사람으로 진단, 평가되면 특수교육대상자로 선정되어 특수교육과 특수교육 관련 서비스를 받게 된다. 「장애인 등에 대한 특수교육법」 제2조에 따르면 '특수교육'과 '특수교육 관련 서비스'를 다음과 같이 정의하고 있다.

> "특수교육"이란 특수교육대상자의 교육적 요구를 충족시키기 위하여 특성에 적합한 교육과정 및 제2호에 따른 특수교육 관련 서비스 제공을 통하여 이루어지는 교육을 말한다.
>
> "특수교육 관련 서비스"란 특수교육대상자의 교육을 효율적으로 실시하기 위하여 필요한 인적 · 물적 자원을 제공하는 서비스로 상담지원 · 가족지원 · 치료지원 · 지원인력배치 · 보조공학기기지원 · 학습보조기기지원 · 통학지원 및 정보접근지원 등을 말한다.

장애아동은 신체, 지능, 정서, 행동 등 특별한 돌봄, 특별한 교육을 필요로 하는 아동들로 이들을 위한 음악치료는 전반적인 발달과 성장이 치료의 목표가 된다. 그러므로 음악치료

---

47) 앞의 글, 4.

48) 창조적 음악치료의 진단평가와 평가에 관련된 내용은 K. Brucia의 저서 *Improvisational Models of Music Therapy*, 36-38 참조.

49) 대한민국 법제처, 장애인 등에 대한 특수교육법, 법률 제18637호(2021. 12. 28. 일부개정), 제15조 [특수교육대상자의 선정], 국가법령정보센터, https://www.law.go.kr/법령/장애인등에대한특수교육법.

중재를 어떻게 수행하는가의 방법과 기법에 집중하기보다는 대상에 대한 이해를 기반으로 대상에 적합한 음악활동을 구성하여야 한다.

(1) 자폐스펙트럼장애

자폐스펙트럼장애(autistic spectrum disorder: ASD)란 언어능력, 의사소통 능력, 행동에서의 전반적인 발달장애를 나타내는 증상으로 '자폐', 즉 '자신 안에 갇혀 있는'이라는 단어가 말해 주듯 외부와의 철저한 단절, 고립이 이 장애의 주된 특징이다. 1943년 처음으로 미국의 카너(Leo Kanner, 1894~1981) 박사에 의하여 '유아기 자폐증(early infantile autism)'[50]이라는 이름으로 세상에 알려진 이 증상은 아직까지 그 정확한 원인이 규명되지 못하고 있다. 다만, 여러 가지 자폐요인 가능성 이론들이 시대와 학문분야에 따라 심리, 환경, 유전, 인지, 뇌신경학적 관점에서 제기되곤 하였다.

자폐스펙트럼장애를 진단하는 주요 특징을 DSM-5(Diagnostic and Statistical Manual of Mental Disorder, Fifth Edition)에서는 "첫째, 사회적 소통과 상호작용의 결함, 둘째, 제한적이고 반복적이며 상동적인 행동, 관심 및 활동, 셋째, 생후 2년 이내에 초기 발달에 나타남, 넷째, 증상이 임상적으로 유의미한 손상을 초래해야 함, 다섯째, 지적장애 또는 전반적 발달지연으로 잘 설명되지 않음"이라고 기술하고 있다.[51] 이러한 광의의 진단적 특징 이외에 자폐스펙트럼장애는 소리 또는 음악에 특별한 관심과 재능을 보이기도 한다.

① 음악에 특별한 관심과 재능을 가진 자폐아동

앞서 기술한 자폐스펙트럼장애를 진단하는 기준들 이외에 음악에 대한 특별한 관심과 재능은 자폐아동들의 또 다른 특이점이기도 하다. '유아기 자폐증'이 처음 알려진 이후 자폐아동들의 특별한 음악적 능력과 관심은 수많은 연구에서 보고되어 왔다. 그러나 자폐아동들의 음악적 능력과 자폐증상의 상관관계를 뒷받침할 만한 분명한 근거는 없다. 다만, 확률적으로 이들이 일반 아동이나 지적장애 아동들에 비해 음악적 관심이 높은 것은 최근 연구에서도 밝혀진 사실이다. 말, 음악, 환경소음이라는 청각 자극에 대해 정상적인 발달 상태의 일반 아동들과 자폐스펙트럼 장애아동들의 반응이 어떻게 다른지 알아보는 행동반응 실험에서는 다음과 같은 결과가 나타났다. 첫째, 자폐아동들은 일반 아동들보다 음악, 언어, 환

---

50) Leo Kanner, "Autistic Disturbance of Affective Contact," *Nervous Child* 2(3) (1943): 217-250.

51) American Psychology Association, *Diagnostic Statistic Manual of Mental Disorder* (5th ed.) (Washington, DC: American Psychiatric Association, 2013), 50-52.

경소음의 세 가지 조건에서 모두 높은 반응을 보였다. 둘째, 일반 아동들은 음악, 말, 환경소음에 유사한 정도의 반응을 보인 반면, 자폐아동들은 음악 조건에서 말이나 환경소음과 비교하여 통계적으로 유의미한 차이가 날 정도로 높은 반응을 보였다.[52] 이 연구 결과를 보면 자폐스펙트럼 장애아동들은 일반 아동들에 비해 청각적으로 민감한 반응을 보이고 말, 음악, 환경소음 중 음악에 특히 높은 반응을 나타낸다는 것을 알 수 있다. 이에 더해 자폐인들은 전문 음악인들에게서보다 높은 절대음감 출현율을 보인다. 절대음감 출현 비율은 일반인 0.05%에서 0.01%, 전문 음악인 0.64%이지만 자폐인의 절대음감 출현 비율은 20명 중 1명 꼴인 5%이다.[53] 이러한 절대음감 출현율은 천재적인 음악적 능력과 자폐스펙트럼장애가 공존하는 음악서번트의 경우 거의 100% 해당한다고 해도 과언이 아니다. 밀러(Leon K. Miller)의 저서 『음악서번트』[54]에 따르면 역사적으로 유명했던 13명의 음악서번트는 모두 절대음감을 소유한 것으로 기술되어 있다.

미로뉴런 시스템이란?

1990년대 이탈리아 파르마 대학교 리촐라티(Giacomo Rizzolatti, 1937~) 신경과학 연구팀은 뇌의 운동피질(motor cortex)을 연구하기 위해 원숭이의 운동피질에 센서를 삽입하였다. 이 센서는 원숭이가 운동 행동을 하면 해당 세포들의 활성화되고 이것을 기계에서 소리로 송출되게 하는 것이었다. 어느 날 연구원 중 한 명이 케이지에 갇힌 원숭이가 보는 앞에서 책상 위의 바나나를 집었는데 이것을 관찰하던 원숭이의 운동신경세포가 활성화되는 소리가 났다. 책상 위에 있는 바나나를 잡기 위해 손을 뻗어서 집은 운동 행동을 한 것은 분명 연구원이었는데 단순히 이 행동을 관찰하던 원숭이 뇌의 운동피질에서 같은 영역이 활성화된 것이다. 처음에 연구팀은 기계의 고장으로 오해했었다. 그러나 추후 심층적인 실험과 연구를 통해 연구진은 타인의 행동을 관찰할 때 영장류의 뇌는 그 행동에 해당하는 운동 영역이 똑같이 활성화되는 거울신경세포를 가지고 있다는 것을 발견하게 된다. 원숭이에서 발견된 이 거울신경세포는 인간에게서는 좀 더 복잡하고 다양한 방식으로 나타난다. 특히 타인의 행동을 내 안에서 똑같이 내재화하여 그것의 의미와 감정을 해석하는 인간의 공감능력을 뇌신경학적으로 이해하는 단초가 되었다.

---

52) Istvan Molnar-Szakacs & Pamela Heaton, "Music: A Unique Window into the World of Autism," *Annals of the New York Academy of Sciences* 1252(1) (2012): 320.

53) Walter A. Brown et al., "Autism-Related Language, Personality, and Cognition in People with Absolute Pitch: Results of a Preliminary Study," *Journal of Autism and Developmental Disorders* 33(2) (2003): 163-164.

54) Leon K. Miller, *Musical Savants: Exceptional Skill in the Mentally Retarded*(Psychology Press, 1989).

② 자폐아동들의 음악적 정서반응

우리는 타인이 찡그리며 괴롭거나 역겨운 표정을 지을 때 본능적으로 그 표정을 내재화하여 자신도 모르게 그 표정을 복사한다. 소파에 누워서 축구경기를 보더라도 TV 속 축구선수들의 움직임에 우리 뇌의 운동 영역은 같이 활성화된다. 우리 두뇌에 거울신경세포라는 신경 시스템이 작동하기 때문이다. 거울신경세포 시스템의 작용으로 우리는 타인의 행동을 내재화하여 복사하고 타인의 감정을 인식하는 공감 능력을 갖는다. 그런데 모든 사람에게 보편적인 신경 시스템이 제대로 작용하는 것은 아니다. 그 대표적인 예가 바로 자폐스펙트럼장애이다. 자폐인들은 타인의 얼굴표정이나 목소리에서 표현되는 감정을 해석하는데 결함을 가지고 있다. 이것이 자폐스펙트럼장애의 주요 증상인 사회적 상호작용과 의사소통에 문제가 되는 부분이다. 뇌신경과학에서는 이러한 문제의 원인을 두뇌 거울신경체계의 고장(broken mirror neuron system)으로 추론한다.[55] 예를 들어, 우리는 상대가 얼굴을 찌푸리고 가슴을 어루만지며 서글픈 말투와 억양으로 "가슴이 아프다."라고 하면 부정적 경험으로 인해 '우울하다.', '마음의 상처로 힘들다.'의 의미로 받아들인다. 그러나 상대방의 표정과 말투와 억양을 읽지 못하면 말 그대로 '신체의 일부인 가슴에 통증을 느낀다.'라고 해석할 수 있다.

그런데 타인의 얼굴표정이나 목소리에 표현된 감정을 해석하는 데 결함을 가진 자폐스펙트럼장애인들이 음악적 감정에는 정상인들과 별 차이 없이 반응한다. 영국 런던 대학교 히튼(Pamela Heaton) 연구팀은 자폐, 아스퍼거, 일반 아동들에게 장조, 단조의 음악을 들려주

---

55) Vilayanur S. Ramachandran & Lindsay M. Oberman, "Broken Mirrors: A Theory of Autism," *Scientific American* 295(5) (2006): 62-69.

고 음악적 정서에 해당하는 슬픈 얼굴 또는 기쁜 얼굴을 선택하게 하였다. 실험은 각 집단의 아동들이 청각 자극에 일치하는 시각 자극을 맞히는 방식이었다. 연구 결과 이 집단들 사이에 유의한 차이는 없었다. 자폐스펙트럼장애인들의 음악적 정서반응이 일반인들과 유사하였던 것이다.[56]

음악적 정서반응에 대한 생리적 반응 측정 연구에서도 성인 고기능 자폐 집단과 일반 성인 집단의 비교에서 음악적 정서반응의 차이는 없었다. 연구팀은 실험 참여자들이 음악을 감상하는 동안 피부를 통해 전기적 상태를 측정하여 정서반응을 알아보는 피층 전기 반응 측정(galvanic skin response measure)을 하였다. 그리고 실험 참여자들은 음악에 대한 자신의 감정에 맞는 단어를 선택하였다. 연구 결과 집단 간 차이는 나타나지 않았다.[57]

최근 뇌 영상측정에서도 자폐스펙트럼장애의 음악적 정서반응이 일반인과 다르지 않음이 증명되었다. 연구팀은 나이와 지능이 유사한 성인 고기능 자폐스펙트럼장애 집단과 대조군 정상 집단의 슬픈 음악과 행복한 음악에 대한 감정 반응을 기능적 자기공명영상(functional Magnetic Resonance Imaging: fMRI)으로 촬영하였다. 연구 결과 두 집단은 음악감상 시 유사한 신경활성화가 나타났다. 다시 말해 슬픈 음악, 행복한 음악에 대한 감정 반응은 자폐스펙트럼 집단과 정상 집단이 다르지 않았다. 이 연구에서 한 가지 발견한 사항은 자폐스펙트럼장애에서 슬픈 음악보다는 행복한 음악에 뇌의 반응 활동성이 더 컸다는 것이다.[58]

이러한 결과는 자폐아동들의 사회적 자극에 대한 무시가 음악에는 일어나지 않는다는 것을 의미한다. 즉, 얼굴표정이나 목소리로 타인의 감정을 해석하고 공감하지 못하지만 자폐인들의 음악적 감정 인식은 정상적으로 작동한다는 것이다.

③ 자폐스펙트럼장애 아동을 위한 음악치료는 어떻게 할 것인가

자폐아동을 위한 음악치료는 어떠한 방식으로 진행되어야 한다고 규정하는 단일 방법론과 이론은 없다. 그러나 그간의 축적된 경험과 연구 결과를 바탕으로 정리하자면 다음과 같다.

---

56) Pamela Heaton, B. Hermelin, & Linda Pring, "Can Children with Autistic Spectrum Disorders Perceive Affect in Music? An Experimental Investigation," *Psychological Medicine* 29(1999): 1405-1410.

57) Rory Allen, *A Comparative Study of the Effects of Music on Emotional State in Normal Adults and those with High Functioning Autism* Ph. D. thesis, Goldsmiths (University of London, 2010).

58) Line Gebauer, et al., "Intact Brain Processing of Musical Emotions in Autism Spectrum Disorder, but More Cognitive Load and Arousal in Happy vs. Sad Music," *Frontiers in Neuroscience* 8 (2014): 192.

- 아동의 기능 상태와 선호 음악 및 음악활동, 그리고 치료 목적에 따라 철저하게 미리 계획하여 음악을 사용하는 '구성적 음악치료'와 음악치료 환경에서 치료사와 아동이 자유로운 음악적 소통을 만들어 가는 '자유즉흥연주'까지, 사용될 수 있는 음악의 스펙트럼은 넓다.
- 치료 초기 음악적 반응을 유도하여 소통하기 위해 아동의 행동과 정서를 반영하고 모방하는 방식의 즉흥연주로 진행하다가 아동과의 관계 형성이 어느 정도 이루어지면 아동의 행동수정을 위한 구조화된 음악 중재가 적용되기도 한다. 즉, 치료사는 상황에 따라 유연하게 다양한 층위의 음악 중재를 시행한다.
- 치료 목적의 중요성과 우선 순위에 따라 음악 중재가 적용된다. 예를 들어, 심각한 상동행동 감소를 목적으로 즉흥연주 중심의 음악치료를 진행하다가 아동의 상동행동이 감소했다면 다음으로 아동의 표현 언어능력 향상을 위해 아동에게 익숙한 노래를 중심으로 노래 부르기 활동이 추가되기도 한다.
- 음악 중재는 치료사와 음악을 만들어 가는 과정에 집중하는 기악 즉흥연주, 즉흥 노래, 기존의 음악을 연주하는 재창조연주, 음악감상, 음악과 율동, 음악과 미술과 같이 치료 목적에 따라 다양한 방법이 적용된다.
- 아동을 위한 음악치료는 문제행동의 치료뿐만 아니라 발달을 위한 교육적인 부분을 고려해야 한다. 악기 사용 방법과 연주능력 향상과 같은 음악적 기술 발달을 위한 치료사의 다양한 시도가 필요하다.
- 자폐스펙트럼장애 아동을 위한 치료과정에서 음악은 단순 청각적 자극에서, 감각적 즐거움, 심미적 체험까지의 다양한 층위에서 이루어진다.

(2) 병원의 건강장애 아동의 음악치료

건강장애는 만성질환으로 3개월 이상 장기 의료지원이 필요한 장애를 의미한다.[59] 이에 해당하는 아동들은 백혈병, 소아암, 기타 만성적이고 심각한 신체적 질환으로 장기입원 또는 통원치료 등 계속적인 의료적 지원과 학교 생활 및 학업 수행 등에서 교육적 지원을 필요로 한다.

이들을 위한 음악치료는 주로 병원학교 시스템하에서 진행되는데 병원학교란 장기입원으로 정상적인 학교생활이 어려운 건강장애 학생들을 위해 병원 내에 설치된 파견 학급 형

---

59) 장애인 등에 대한 특수교육법(법률 제20351호 2025. 2. 28.)

태의 학교를 칭한다. 병원학교 운영의 목적은 장기입원이나 통원치료로 인해 정상적인 학교 교육을 받기 어려운 건강장애 환아들에게 적절한 교육을 제공하는 것이다. 국내에서는 1999년 서울대학교에서 어린이 병원 내에 병원학교 설치를 시작으로 현재 전국 37개의 병원 소아 병동에서 병원학교가 운영되고 있다.[60]

병원학교 수업은 건강장애 환아들의 건강상태와 학습능력을 고려한 교과 교육 위주이지만 다른 한편으로는 아동들의 불안과 스트레스를 줄여 주기 위한 지원 역시 중요한 부분을 차지한다. 음악치료 또는 음악활동은 대부분의 병원학교에서 아동들에게 제공되는 교과 활동 중 하나이다.

① 병원 입원 아동들을 위한 음악치료사의 역할

미국 뉴욕의 Mount Sinai Beth Israel 병원에는 1994년부터 전설적인 재즈 뮤지션인 루이 암스트롱의 재단의 후원을 받아 루이 암스트롱 음악치료 센터가 운영되고 있다. 뉴욕의 대형 병원에서 운영되는 이 음악치료 센터에는 전문 음악치료사들이 환자들의 건강과 삶의 질 향상을 위해 다양한 음악 의료 서비스를 제공하고 있다. 필자는 뉴욕에서 공부할 때 여러 번 이 병원을 방문하여 관찰한 적이 있었는데 당시 음악치료 대상자는 대부분 소아, 청소년들이었다.

'태어난 지 얼마 되지도 않은 아기는 주사를 맞기 전에 본능적으로 엄청난 두려움으로 울어 댄다. 항암 치료로 머리카락이 다 빠진 소아암 아동은 자신의 변한 모습에 우울해한다. 수술을 앞둔 아동은 불안하다. 수술 후에는 통증으로 고통스럽다. 매일 주삿바늘을 꽂고 사는 아동은 병원이 공포스럽게 느껴진다.' 등등 어른에 비해 고통을 이겨 낼 힘이 약한 아동들에게 병과의 싸움은 더 처절하였다.

당시 필자가 흥미롭게 관찰한 음악치료는 우는 아기를 달래는 음악치료였다. 태어난 지 몇 달 안 된 아기가 주사 치료 전 본능적으로 다가올 고통을 감지하고 자지러지게 울고 있었다. 엄마와 의료진들의 달래려는 노력에도 아기의 처절한 울음은 계속되었다. 의료진들은 음악치료사를 불렀고 치료사는 기타와 몇 개의 흥미로운 소리를 내는 장난감 같은 작은 악기를 가지고 아기에게 노래와 연주를 하기 시작하였다. 음악은 잘 기억이 나지 않지만 치료사의 음악은 불안과 공포로 우는 아기의 소리에 맞추어 시작하였다. 정신없이 휘몰아치는

60) 이혜인, 건강장애 아동 음악치료에 대한 소아 청소년 관련 전문의들의 인식도 연구, (성신여자대학교 석사학위논문, 2020), 14.

음악, 진정의 음악, 유머러스한 음악 등에 아기는 짧은 시간 음악에 집중하다가 다시 울기를 반복하였다. 기다리고 있던 의료진들은 아기가 음악에 주의를 기울이고 반응하는 짧은 시간에 아기에게 주사를 놓았다. 잠시 방심한 사이 주사를 맞은 아기는 더 흥분하여 울었지만 이내 치료사의 잔잔한 음악에 평안을 찾았고 엄마 품에서 잠이 들었다.

당시 음악치료에 대하여 아무것도 모르던 필자는 이렇게 큰 소아 청소년 병원에서 음악치료사의 일이 단지 '우는 아기 달래기인가?'라는 생각을 했었다. 그런데 그 '우는 아기 달래기'에는 다양한 음악치료적 의미가 담겨 있다. 아기의 울음은 공포, 불안이라는 심리적 상태가 울음이라는 행동으로 나타난 것이다. 이때 몸은 호흡, 산소포화도, 심장박동 등과 생리적 징표로 위급상황 경보를 울린다. 이 위급상황을 진정시키는 것이 바로 음악치료사의 작업이다.

당시 음악치료사의 작업은 주사, 환부 소독 등과 같은 의료적 처치(medical procedural)에 동반되는 통증과 불안을 다루는 것이었다. 병원 입원 아동들에게 의료적 처치는 일상이지만 늘 불안과 공포를 동반한다. 그리고 그러한 심리적 불편감은 근육 긴장도를 높여서 통증에 대한 민감도를 높인다. 음악치료사는 의료 처치 동안 아동이 느끼는 공포와 통증을 음악으로 분산시킨다.

의료적 처치와 함께 의료 검진에서도 아동들에게 약 대신 음악을 사용하기도 한다. 물론 간편하게 약물을 사용하는 것이 편하지만 아직 어린 영유아에게 아주 드물게라도 나타날 수 있는 부작용 때문에 일부 보호자들은 약물에 대한 불안감을 가지기도 한다. 실제 이러한 불안감으로 인해 미국에서 부모들이 요청하여 약 대신 음악을 사용하는 방법이 효과적인지 알아보는 연구가 진행되었다.[61] 연구는 병원 입원 1개월에서 5세까지의 아동 60명을 대상으로 뇌파(Electroencephalogram: EEG) 측정 동안 진정을 위한 약인 클로랄 하이드레이트(Chloral hydrate) 복용과 음악치료의 효과를 비교한 연구이다. 전통적으로 클로랄 하이드레이트는 뇌파 측정과 같은 다양한 의료적 측정에 단기 진정을 위해 사용되는 약물이다. 연구자들은 뇌파 측정 전 진정과 수면을 위해 클로랄 하이드레이트를 복용한 집단과 음악치료 집단의 수면 시간, 수면까지 걸린 시간, 수면과 진정의 수준 정도를 비교하였다. 음악치료 집단은 측정 전 치료사가 라이브로 아동에게 친숙한 노래와 자장가, 부드러운 타악기와 기타 연주를 들려주었다. 치료사는 아동의 반응을 음악에 반영하면서 점차적으로 안정되고

61) Joanne Loewy et al., "Sleep/Sedation in Children Undergoing EEG Testing: A Comparison of Chloral Hydrate and Music Therapy," *Journal of PeriAnesthesia Nursing* 20(5) (2015): 323-331.

편안한 음악으로 바꾸며 진행했고 아동은 이에 동조화되어 진정, 수면에 이르게 되었다. 연구의 매개변수로 작용할 수 있는 연령, 성별, 보호자 참여 유무, 수면 부족도 통제하였다. 연구 결과는 음악치료가 약물 복용보다 월등하게 효과적이었다. 음악치료 참여자의 97.1%, 약물 복용자의 50%가 뇌파 측정을 성공적으로 마칠 수 있었다. 음악의 효과성이 이렇게 두드러지게 나타날 수 있었던 이유는 사실 4년 동안 7명의 음악치료사가 개별적으로 아동의 음악선호도와 음악 반응을 고려하여 맞춤형 음악 중재를 하였기 때문이다. 아마 아동과의 상호작용 없이 일방적인 음악감상이었다면 다른 결과가 도출되었을지도 모른다.

병원 소아과 환자들에게 라이브 음악 중재는 치료사와 아동의 상호작용과 치료사의 맞춤형 중재를 의미한다. 수술 전 불안과 공포, 수술 후 통증, 또는 일상적인 의료 처치에서 느끼는 불편감, 입원으로 인한 고립감, 우울감 등 입원 아동들이 직면하고 있는 문제에서 오는 아동의 건강과 심리 상태 그리고 개별 아동의 음악 문화를 고려하여 치료사는 맥락에 맞는 음악을 중재하는 것이다.

라이브 음악은 아동의 생리적, 행동 반응에 맞게 치료사가 변화를 조율할 수 있어 불안, 통증, 공포와 같은 다양한 심리적, 생리적 증상 조절에 효과적이다. 이러한 효과는 다른 중재와의 비교에서도 확연히 드러났다. 영국 런던의 소아과 병원에서는 심장 또는 호흡기 질환을 가진 입원 아동 37명을 대상으로 음악, 책 읽어 주기, 상호작용 없음(통제조건) 세 개의 조건에서 아동들의 생리적 반응인 산소포화도, 심장박동, 통증[62]을 사전, 사후 평가하였다. 실험은 아동 입원실 침대 옆에서 부모님 참석하에 진행되었다. 실험의 오염을 막기 위해 이중 맹검법(double blind)으로 연구 내용과 목적을 은폐하였다. 연구 결과, 라이브 음악 조건에서 아동의 통증과 심장박동에 가장 뚜렷한 긍정적 효과가 나타났다.[63]

이처럼 병원에서 아동들을 위한 음악의 효과성을 입증하는 실험은 적지 않다. 그러나 병원 입원 아동이라는 취약한 대상으로 실험을 하기 위해서는 많은 제약 조건이 따르기에 음악 중재의 효과성을 과학적으로 증명할 만한 실험방법과 조건의 엄격성, 윤리성을 충족하고 통계적으로 의미 있는 양적 데이터를 충분히 확보하는 데는 한계가 있는 것이 현실이다. 그럼에도 소아 병동의 의료진과 음악치료사들의 노력으로 이루어진 적지 않은 선행 연

62) 이 연구에서 사용한 통증평가는 Children's Hospital of Eastern Ontario Pain Scale(CHEOPS)로 어린 아동의 수술 후 통증을 평가하기 위한 방법으로 사용된다. 간호사가 아동의 울음(crying), 표정(facial expression), 상태(torso), 움직임(legs), 언어(verbal), 만짐(touch) 6개 영역을 측정한다.

63) Elena Longhi, Nick Pickett & David Hargreaves, "Wellbeing and Hospitalized Children: Can Music Help?" *Psychology of Music* 43(2) (2015): 188-196.

구들로 인해 미국, 영국, 호주, 독일 등과 같은 국가에서 음악치료는 소아병동의 통상적 치료(standard care)가 되어 가고 있다. 대표적으로 미국의 경우 최고의 소아병원으로 선정된 50개 병원 중 49개 병원에서 적어도 1명 이상의 전문 음악치료사를 고용하고 있다.[64]

② 병원 입원 아동을 위한 음악치료 접근법의 특징

병원 입원 아동을 위한 음악치료는 크게 세 가지로 구분된다. 첫째, 시술을 위한 진정, 시술 합병증(sedation complications)으로 인한 호흡, 의식혼미 등의 증상 완화, 통증 감소, 불면과 같은 증상 중심의 음악치료이다. 이 경우 아동의 행동과 감각에 초점을 맞추어 음악을 중재한다. 둘째, 특정 유형의 질병(소아암, 천식, 화상 등)과 관련된 음악심리치료이다. 이때 음악심리치료는 아동의 생각과 감정에 초점을 맞춘다. 셋째, 기타 발달과 훈련을 위한 음악치료이다. 아동의 전반적인 발달을 위한 음악, 재활 훈련을 위해 음악이 사용되는 경우이다. 임상적 목적에 따라 치료사는 아동과 음악을 함께 연주하는 방식의 능동적 음악치료(active music therapy)와 음악을 선곡하여 들려주는 수용적 음악치료(receptive music therapy) 중 선택하거나 또는 절충적으로 사용하기도 한다. 예를 들어, 증상 중심의 음악치료는 아동의 증상 감소를 위해 주로 음악을 들려주는 수용적 음악치료가 진행된다. 반면, 음악심리치료에서는 아동이 직접 자신의 감정과 생각을 음악으로 표현하는 능동적 음악치료적 접근이 주가 된다.

③ 음악치료 장소

병원에서 음악치료는 음악치료실, 입원실, 기타 다용도 독립공간에서 진행되는 것이 일반적이다. 음악치료실의 경우 음악치료에 필요한 다양한 악기가 구비되어 있고 소음 방지를 위해 방음장치가 설비된 방이라면 이상적인 환경이다. 사생활 보호와 다양한 악기를 경험할 수 있는 음악적 환경에서 음악치료를 진행할 수 있기 때문이다. 아동이 이동이 어려운 상태라면 치료사는 입원실에 직접 방문하여 음악치료를 한다. 아동의 음악적 참여가 가능하다면 치료사는 아동과 함께 음악 연주, 노래하기와 같은 음악활동을 진행한다. 아동이 의식이 혼미하거나 움직이기 어려운 상태라면 치료사 혼자 라이브로 음악을 들려준다. 이때

---

64) David Knott., et al., "Music Therapy for Children with Oncology & Hematological Conditions and Their Families: Advancing the Standards of Psychosocial Care," *Journal of Pediatric Hematology/Oncology Nursing* 39(1) (2022): 50. 2021년 미국의 잡지 US News & World Report 보고이다.

치료사는 호흡 조절, 진정과 이완, 의식의 개선 등과 같은 아동의 필요 사항을 고려하여 적합한 음악을 선곡하고 연주한다. 마지막으로 기타 다용도 종합실은 음악치료뿐만 아니라 미술치료, 레크리에이션, 종교행사 등 다양한 활동이 이루어지는 공간으로 치료사와 아동이 정해진 시간에 방문하여 음악치료를 진행하는 곳이다.

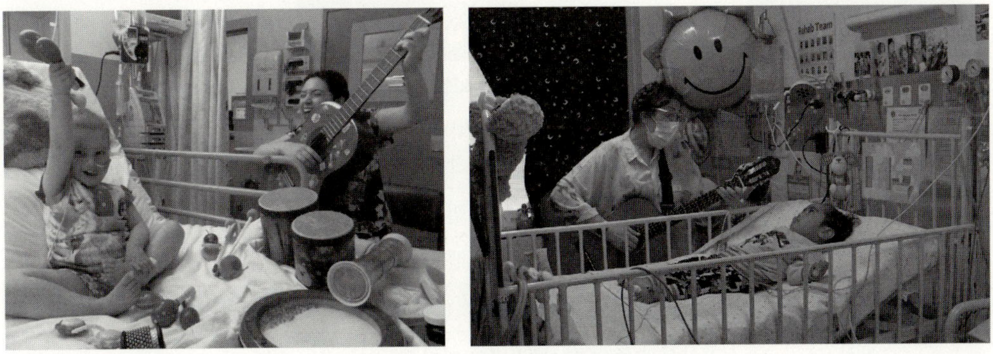

[그림 3-13] 입원 아동을 위한 음악치료

출처: https://pickleberryhospitalconcerts.org/why-music/
https://www.csme.org.au/how-to-make-a-difference.html

의료진의 음악치료 의뢰

병원에서의 음악치료는 일반적으로 주치의 또는 의료사회복지사의 의뢰를 통해 이루어진다. 이때 담당자의 의뢰서가 음악치료사에게 전해지고 치료사는 의뢰서의 정보를 기반으로 환자를 위한 음악치료 진단과 중재를 한다. 다음은 뉴욕의 Mount Sinai Beth Israel 병원의 루이 암스트롱 음악치료 센터의 의뢰서 모델을 저자가 일부 수정 · 보완한 것이다.[65]

65) Joanne Loewy, "Medical Music Therapy for Children," in *Music Therapy Handbook*, ed. Barbara L. Wheeler(New York: Guilford Press, 2015), 430.

<table>
<tr><th colspan="4">음악치료 의뢰서</th></tr>
<tr><td>환자 이름</td><td colspan="3"></td></tr>
<tr><td>진단명</td><td colspan="3"></td></tr>
<tr><td>입원실</td><td colspan="3"></td></tr>
<tr><td>보호자 성명</td><td></td><td>환자와의 관계</td><td></td></tr>
<tr><td colspan="4">음악치료 의뢰 사유(해당 사항에 ✓하시오.)</td></tr>
<tr><td>불안/공포</td><td colspan="3">( ) 분리 불안(Separation anxiety)
( ) 수술 전후 불안(Pre-postoperative anxiety)
( ) 범불안(Generalized anxiety)</td></tr>
<tr><td>통증/스트레스</td><td colspan="3">( ) 호흡곤란 ( ) 긴장 이완 필요</td></tr>
<tr><td>고통에 대한 표현</td><td colspan="3">( ) 우울 또는 함묵 ( ) 과잉행동</td></tr>
<tr><td>대처</td><td colspan="3">( ) 질병에 대한 직면과 극복 ( ) 자존감 ( ) 의사소통/사회성</td></tr>
<tr><td>의식</td><td colspan="3">( ) 의식 수준의 향상[66] ( ) 기타</td></tr>
<tr><td colspan="4">기타 음악치료 의뢰 사항에 대한 상세한 기술</td></tr>
<tr><td colspan="4"></td></tr>
<tr><td colspan="4">의견</td></tr>
<tr><td colspan="4"></td></tr>
<tr><td colspan="4">의뢰자 성명:
내선번호:
날짜:</td></tr>
</table>

66) 환자의 의식이 혼수상태이거나 비정상적인 상태일 때 의식의 회복을 위한 조치로 음악 사용을 원할 때를 의미한다. 예를 들어, 혼미한 의식 상태에서 아동에서 친숙한 노래를 들려주면 아동은 친숙한 상황으로 인식하고 안전하게 느낀다.

④ 음악의료와 의료적 음악치료

음악의료(music medicine)와 의료적 음악치료(medical music therapy)의 차이점이라면 라이브 음악의 사용이다. 병원에서 전문 음악치료사에 의해 이루어지는 의료적 음악치료는 치료사와 환자의 상호작용, 라이브 음악, 다양한 음악 중재와 진단부터 평가까지 체계적으로 이루어진다. 음악의료와 의료적 음악치료의 구분은 〈표 3-3〉과 같다.

〈표 3-3〉 음악의료와 의료적 음악치료의 구분

	음악의료	의료적 음악치료
음악치료 구성	음악, 환자	음악, 환자, 음악치료사
음악치료	비음악치료사 의료진	전문 음악치료사
음악치료 활동	녹음된 음악 선곡하여 들려주기 (수용적 음악치료)	음악감상, 연주, 작곡 등 모든 형식의 음악활동
특징	환자와의 관계 중심이 아니라 음악에 대한 환자의 반응 중심	1) 치료사와 내담자의 관계 중심 2) 즉흥연주, 재창조연주, 작곡 등 모든 형식의 음악적 경험 3) 진단평가, 중재, 평가의 체계적 과정

⑤ 병원 아동을 위한 음악치료사 중재의 특징

병원에서 진행되는 음악치료와 특수교육에서의 음악치료가 특별히 다른 점이라면 불안, 공포, 통증, 우울 등과 같은 이슈와 관련된 음악 사용이다. 앞에서 필자는 반복적으로 악기 구성으로는 '기타 및 작은 하프류 악기와 부드러운 음색의 타악기', 치료사의 '안정된 목소리', '익숙한 노래와 자장가 또는 비교적 단순한 구조의 노래와 허밍'과 같은 요소를 언급하였다. 다시 말해 전체적인 개념에서 조감하자면 전형적인 엄마의 자장가와 같은 분위기의 음악 중재이다. 그러나 음악을 치료적으로 사용할 때 이러한 개략적인 접근은 '불안해하는 아동에게 모차르트 자장가를 불러 주세요.'라고 말하는 것과 같다. 모차르트 자장가를 불러 줄 사람은 음악치료사가 아니어도 된다.

음악치료사는 전체적인 개념하에서 각 개별 아동들에게 음악의 효과를 극대화하기 위해 섬세하게 접근하는 사람이다. [그림 2-11]에서 설명한 헤브너의 감정 형용사는 음악치료사의 음악 중재에서 미묘한 차이 또는 섬세함을 설명하기 좋은 표이기도 하다. 3, 4, 5군의 형용사가 병원 입원 아동들을 위한 음악치료 시 치료사가 고려해야 할 음악적 표현이다.[67] 각

67) 감정 형용사 3, 4, 5군만 사용한다는 의미가 아니라 치료 목적인 진정, 안정, 통증 감소를 위한 요소에 해당하는 음악적 감정 유도를 말한다.

군의 단어들은 정서적으로 유사한 분위기이지만 조금씩 다르다. 예를 들어, 3군의 '꿈꾸는 듯한'과 '부드러운'은 비슷하면서도 미묘하게 다르다. '부드러운(tender)' 음악이 〈반짝반짝 작은 별〉로 알려진 모차르트의 피아노 솔로 음악이라면 '꿈꾸는 듯한'은 여기에 좀 더 몽환적인 요소가 첨가될 때의 느낌이다. 구체적인 예를 들자면 슈만의 〈트로이메라이〉가 꿈꾸는 듯한 느낌에 더 가까울 것이다.

음악치료사는 음악 자체가 가지고 있는 정서와 함께 음악 구조의 복잡성과 악기 구성을 아동에 맞게 재구성하여 편곡(arrange)하거나 편곡된 음악을 선곡한다. 치료사는 아동이 선호하는 음악을 분위기에 맞게 재창조한다. 예를 들어, 아동이 좋아하는 K-pop 가수의 노래를 댄스음악이 아닌 기타 반주의 포크송 분위기로 연주하고 불러 본다. 아동은 익숙한 음악에 통증이나 불안에 집중하는 감정과 감각을 전환하게 되고 규칙적이고 안정된 음악적 특징(악구, 리듬과 박 등)에 생리적, 정서적으로 동조화하게 된다.

병원에서 이루어지는 음악의료와 의료적 음악치료의 차이점이라면 아동에게 적절한 음악을 선곡하여 들려주는 음악의료와 달리 의료적 음악치료는 아동의 필요와 요구에 따른 섬세한 정서적 표현과 아동의 인지적 수준과 취향에 따른 음악적 복잡성을 기반으로 음악을 선곡하고 연주 또는 들려준다는 점이다. 전문 음악치료사의 음악적 기량과 아동의 음악에 대한 이해, 그리고 아동의 증상과 심리상태 분석에 따른 적절한 중재가 요구된다. 다음의 예를 보자.

> 10세 소아암 아동 연수는 방사선치료를 받기 위해 대기실에서 엄마와 함께 기다리고 있다. 열 살이지만 매우 작은 체구로 치료 전 불안과 짜증으로 엄마 가슴에 얼굴을 묻고 안겨 있다. 엄마는 아동을 안고 아동을 진정시키려고 노력하고 있지만 엄마 역시 불안한 기색이 역력하다. 불안한 엄마는 아동에게 위로가 되지 못한다. 엄마의 불안이 때로는 아동에게 죄책감마저 들게 한다. 의료사회복지사의 요청으로 음악치료사는 모녀에게 다가가 간단한 인사 후 아동에게 친숙한 노래를 불러 주기 시작한다. 처음 치료사는 아동의 뒷모습만 보고 노래를 부른다. 아동이 엄마의 가슴에 얼굴을 묻고 있기 때문이다. 그러나 점차 음악이 흐르자 아동은 고개를 돌려 음악치료사를 쳐다본다.

이 이야기는 의료 처치 전 아동과 엄마의 불안과 공포를 진정시키기 위한 음악치료사의 수용적 음악치료 중재 사례이다. 이때 중요한 것은 치료사가 부르는 노래들이 모두 일관적인 특징을 가져야 한다는 점이다. 노래는 다르더라도 같은 key, 같은 반주, 같은 빠르기여야 한다. 서로 다른 노래들이지만 끊어지는 느낌 없이 이어져야 하는 것이다. 예를 들어, 치료사가 브람스의 자장가를 기타 반주, A 장조, 60bpm 빠르기로 연주하였다면 다음 노래로 브람스의 자장가와 같은 조건에서 아동이 좋아하는 〈곰 세 마리〉를 노래하면서 연주해야 한다. 익숙한 노래와 음악적 조건의 일관성이 호흡 조절, 긴장 이완, 심장박동을 안정적으로 조절하게 한다. '불안'이라는 증상을 감소시키는 것을 목적으로 하는 증상 중심 음악치료 중재의 예이다.

병원에서 아동을 위한 음악치료에서 불안과 통증이라는 증상에 초점을 맞춘 음악 사용의 기본적인 원칙은, 첫째, 아동의 선호 음악을 사용한다. 둘째, 선곡한 음악의 정서는 아동의 필요와 치료 목적에 맞는 것을 설정한다([그림 2-11] 헤브너의 감정 형용사 참조). 셋째, 음악적 요소(리듬, 화성, 빠르기 등)는 아동의 취향과 인지적 수준에 맞게 구성한다.

⑥ 병원 아동을 위한 수용적 음악치료

병원에서 아동은 치료사와 다양한 악기를 연주해 보고 입원 중인 다른 친구들과 앙상블 연주도 하면서 환자가 아닌 한 개인으로서 자신의 음악적 역량과 기분을 표현하는 시간을 갖는다. 이 과정에서 음악은 오락으로서뿐만 아니라 입원 아동들의 발달, 심리적 돌봄, 재활 등 다양한 영역에 긍정적 영향을 미친다. 병원에서 이루어지는 이러한 능동적 음악치료는 다른 아동들과의 음악치료 세션과 별 차이는 없다. 그런데 병원이라는 환경에서는 능동적 음악활동뿐만 아니라 수용적 음악치료의 요구가 높은 편이다. 의식이 혼미한 아동, 의료처치 또는 수술 전 불안한 아동, 공포로 잠 못 이루는 아동, 통증으로 고통스러운 아동에게 능동적인 음악활동을 기대하기는 어렵기 때문이다. 이러한 상황에서 음악치료사는 각 개별 아동을 위해 선정한 음악을 들려준다.

수용적 음악치료는 치료사가 직접 연주하고 노래하는 라이브 음악 또는 녹음된 음악을 아동에게 들려주는 음악치료 접근법이다. 음악에 맞추어 호흡 훈련하기, 음악을 감상하며 심상 경험하기는 아동의 불안, 통증, 불면과 같은 증상 완화와 우울과 같은 심리적 문제를 다루기 위해 사용된다.

◎ 호흡 훈련을 위한 '풍선 불기' 심상

불안과 통증을 느낄 때 사람들은 종종 얕은 숨을 쉬거나 숨죽인 상태가 된다. 그러므로 통증을 느끼거나 불안한 상태일 때 호흡에 집중하고 규칙적인 호흡 패턴을 유지하는 것은 불안과 통증 감소에 효과적인 방법이다. 또한 이 호흡 조절 방법은 천식과 같은 호흡기 문제를 가진 아동에게 심상을 떠올리게 한 다음, 음악에 맞추어 재활 훈련을 할 때에도 효과적이다. 치료사는 아동에게 음악 안에서 소리 내어 '들이쉬고', '내쉬고'를 반복적으로 지시한다.

바흐, G 선상의 아리아

눈을 감고 혜인이 앞에 풍선들이 있다고 상상해 보자. 아직 불지 않은 작은 풍선들의 색깔은 무엇인지 자세히 보세요. 풍선들 중 마음에 드는 색깔의 풍선을 입으로 가져와 보세요. (아동의 호흡에 맞는 음악을 선정하여 배경음악을 들려주기 시작한다.) 자, 이제 깊은 숨을 들이쉬고 풍선으로 내쉽니다. 들이쉬고 내쉬고 (음악에 맞추어 치료사는 아동과 같이 호흡하면서 반복적으로 '들이쉬고', '내쉬고'를 지시한다.) 풍선이 점점 커지네요. 동그란 (선택한 색깔) 빨강 풍선이 충분히 커졌으면 이제 풍선을 하늘 위로 날려 보아요.

(풍선의 색깔을 바꾸어 계속 호흡 훈련을 할 수도 있다.)

◎ 좋아하는 장소에 대한 심상 내레이션(음악과 소망심상)

좋아하는 장소 심상은 입원 아동을 위해 많이 사용되는 방법이다. 음악을 감상하면서 자신이 가고 싶은 장소를 상상하는 심상 경험은 심리적이나 생리적으로 긍정적 변화를 가져온다.[68] 치료사는 음악을 들려주면서 다음과 같은 내레이션을 하며 심상여행의 동반자로 아동과 상호 교류하기도 한다.

사티, 짐노페디 No. 1.

혜인이가 가고 싶은 곳, 혜인이가 좋아하는 곳을 생각해 봐요. 그곳은 아마 밖에 있을 수도 있고 이 안에 있을 수도 있겠지. 아마 아무도 모르는 비밀스러운 장소일 수도 있을 거야. 자, 그 멋진 장소를 떠올려 봐. 그곳에는 아마 너와 함께 다른 사람들도 있겠지……. (심상 속에 아동과 함께 있는 가족, 친구 또는 애완견 이름을 말하게 한다.)

내레이션과 음악은 아동의 상상을 활성화시키기 적합한 것을 선택한다. 예를 들어, 화상 아동에게 시원한 느낌의 감각을 활성화시키는 이야기와 음악으로 심상을 활성화시킨다.

68) 물리적으로 존재하지 않는 정신세계의 심상 경험이 몸의 변화를 가져온다는 것은 과학적으로도 밝혀진 사실이다. 음악과 심상에서 심상의 치료적 효과 참조.

울창한 숲속의 오솔길에 작은 사슴이 보입니다. 사슴과 눈이 마주치자 사슴은 자신을 따라오라는 듯 앞서 달려갑니다. 나도 사슴을 따라 달려갑니다. 사슴과 함께 도착한 곳에서 물소리가 멀리서 들려옵니다. 물소리를 따라 들어가 보니 작은 폭포가 보입니다. 시원한 물 향기와 산뜻한 풀내음이 섞인 공기를 마시며 사슴과 함께 아름다운 경관을 감상합니다. 나는 조심스럽게 물속에 한 발을 담가 봅니다. 발끝에 차가운 느낌이 전해집니다. 이제 두 발 모두 담가 봅니다. 온몸이 시원해집니다. 숲속의 시원한 바람이 내 얼굴을 감쌉니다…….

Lawson-With you

4. 청소년을 위한 음악치료

'로미오와 줄리엣은 왜 죽었을까?' 필자가 지금도 생생하게 기억하고 있는 독일에서의 논술시험 문제이다. 물론 정답이 있는 문제는 아니었고 십대 청소년들의 비극적인 사랑에 대하여 어떻게 논리적으로 표현하는지를 평가하기 위한 독일어 능력 논술문제였다. 난 당시 내가 뭐라고 썼는지는 전혀 기억나지 않지만 같이 시험 본 친구의 말만 기억난다. 그 친구 왈, '첫사랑이니까 죽었지.'였다. 아마 그 친구는 심리적 면역력, 근력이 약한 청소년들에게 세상에서 처음 경험하는 사랑과 고통은 삶을 지탱하기 힘들었을 것이라는 이론으로 논술을 완성한 것 같다. 이들이 첫사랑이 아니고 두 번째 사랑이었다면? 이들의 10대가 아니고 20대 또는 30대였다면? 과연 죽음을 선택했을까?

세상에서 경험하는 모든 첫 번째는 항상 긴장과 불안을 야기한다. 세상에 태어나는 것, 유치원에 가는 것, 친구를 처음 사귀는 것, 중학교에 가는 것 등등 소위 인간발달 단계에서 다음의 각 단계로 진입할 때 항상 흥분과 기대라는 긍정적 측면과 긴장과 불안이라는 부정적 정서가 교차하게 된다. 청소년기는 아동에서 어른으로 진입하는 첫 번째 단계이다. 이 첫 번째 진입 단계에서 청소년들은 신체적, 정서적인 변화에 직면하면서 다양한 형태의 전환기적 혼란을 경험한다. 몸은 성인에 가깝지만 정신적으로는 아동기를 벗어나지 못한 상태에서 경험하는 심리적 고통은 그래서 더욱 견디기 힘들다. 이에 더해 환경적으로는 학업과 입시라는 커다란 무게를 짊어지고 있다. 이번 절에서는 청소년들의 건강한 발달에 음악이 왜, 어떻게 사용되는지에 대하여 알아보겠다.

1) 청소년과 음악

(1) 음악과 집단정체성

인간발달 과정 중 영아기 엄마의 노래는 아기에 대한 엄마의 사랑을 느끼게 해 주는 중요한 소통 도구이자 엄마의 존재에 대한 신뢰이기도 하다. 엄마의 노래는 곧 안정이자 사랑이 된다. 이후 초기 아동기를 거쳐 학령기는 아동이 속한 문화의 음악을 내재화하고 음악을 통한 놀이와 학습이 이루어지는 시기이다. 그러다 청소년기에 들어서면서 음악은 자기 결정에 의한 중요한 취미 문화가 된다. 청소년들은 아동기 시절보다 음악에 대한 뚜렷한 취향과 선호도를 보이며 다른 어떤 연령층보다 음악을 가장 적극적으로 소비하는 주체가 된다. 이들은 자신이 좋아하는 뮤지션들의 음원을 사고 콘서트를 찾아다니며 팬덤 형성의 중심이 되는 연령층이기도 하다. 이렇듯 청소년기는 그들의 일상에서 음악에 대한 소비와 요구가 가장 높게 일어나는 시기이다.[69] 그리고 음악에 대한 적극적인 취미 문화는 또래 관계를 형성하는 중요한 매개로 작용한다. 음악이 단순히 취미 문화를 넘어서 좋아하는 음악, 뮤지션을 통해 친구관계, 집단 문화를 형성하고 그들의 집단 정체성이 되기도 한다. 음악 스타일에 부합하는 패션이나 태도, 음악이 추구하는 정신[70]에 따른 신념과 주장은 청소년 자신의 정체성을 말해 주는 배지(badge)인 셈이다.[71] 자신이 속한 기관, 출신을 알리기 위해 가슴에 배지를 달고 자신의 정체성을 알려 주는 것처럼 음악은 청소년 정체성의 배지인 것이다. 청소년들에게 선호하는 음악을 공유한다는 것은 같은 소속이라는 의미이며 이것은 강한 유대감과 친밀감을 형성하는 데 기여한다. 그러므로 청소년기 음악은 집단정체성 및 또래와의 관계성에 중요한 부분이 된다.

(2) 음악과 기분 조절

청소년들은 음악을 자신의 소속을 분명히 하는 징표로 사용하면서 또 다른 한편으로는 음악을 온전히 혼자만의 개인적인 영역으로 사용하기도 한다. 이 시기 이성적 사랑, 기성세

---

69) A. C. North, David Hargreaves & Susan A. O'Neil, "The Importance of Music to Adolescents," *British Journal of Education Psychology* 70(2000): 256-257.

70) 청소년들이 선호하는 음악 장르는 단순히 음악적 스타일에만 국한된 것이 아니라 그들의 패션, 언어, 태도, 사고에 영향을 준다. 예를 들어, 랩음악을 좋아하는 청소년들은 래퍼들의 고유한 패션, 언어 사용, 일상에서의 태도를 모방할 뿐만 아니라 음악적 내용에 공감한다. 청소년들에게 어떤 장르의 음악을 선호한다는 것은 음악 자체를 넘어 그 장르의 문화를 수용하는 것이다.

71) Simon Frith, *Sound Effects: Youth, Leisure, and the Politics of Rock 'n' Roll*(New York: Pantheon, 1981), 27.

대에 대한 저항과 반항, 내가 누구이고 무엇을 원하는지, 어떻게 살아야 하는지 등 다양한 문제에 직면하면서 청소년들은 공감하고, 투사하고, 위로받고, 때론 현실의 복잡한 문제를 회피하기 위해 음악을 자기조절을 위한 도구로 사용한다. 이러한 현상은 과거보다 현대 사회에서 더 강하게 나타나는데 이는 음악 소비 분야에서의 기술적 발달 덕분이다.

현재 대다수 청소년의 음악 소비는 언제든 손안의 작은 기기를 통해 이루어진다. 음악은 시간과 공간의 제약을 받지 않는 가장 접근이 용이한 문화이자 레저이며 어디서든 자신만을 위해 창조하는 가상의 공간이 되었다. 이러한 시대적 변화와 청소년기의 발달적 특징이 더해지면서 오늘날 청소년들은 과거 어떤 세대보다도 훨씬 더 많은 시간을 음악소비에 할애한다.

기술의 발달로 인한 음악적 체험 방법의 변화는 음악의 사회 심리적 기능의 변화로 이어진다. 개인적인 감정표현이나, 사회적 공유와 미적 체험 같은 음악의 사회 심리학적 기능에 더해 음악을 통한 개인적인 자기조절(self-management)이라는 새로운 기능이 주목받고 있다. 휴대용 기기의 편이성 덕분에 용이해진 음악활동은 일상에서 음악을 통한 무드 조절을 가능하게 만들었고 이는 과거와 대비되는 현대의 사회심리학적 현상이다.[72] 현대인들은 풍부한 음악정보를 자기 주도적으로 자기조절을 위해 사용하는 방식을 선택하고 있다. 이러한 현상은 자기 결정 의지가 강해지고 취미 문화에 몰입하기 시작하는 청소년기에 더욱 두드러진다.

사리칼리오와 에르킬라(Saarikallio & Erkkila)는 청소년들의 음악 소비의 주된 목적은 무드 조절(mood regulation)이며 추구하는 감각과 감정에 따라 다음과 같이 일곱 가지 유형으로 구분될 수 있다고 말한다.[73]

첫째, 청소년들의 음악추구 목적은 즐거움, 오락(entertainment)이다. 긍정적인 기분을 유지 또는 상승시키기 위해 음악으로 즐겁고 행복한 느낌을 경험하는 것이다. 둘째, 회복(revival)으로 스트레스를 받았거나 지쳤을 때 음악을 통해 이완하고 새로운 에너지를 얻음으로써 일상의 리듬을 회복한다. 셋째, 강한 감각자극(strong sensation)으로, 이것은 음악을 통해 강력한 감각적 쾌락을 경험하기 위한 것이다. 강한 비트와 강렬한 사운드의 음악을 통한 감각적 쾌락의 경험이다. 특히 청소년기는 음악과 관련되어 가장 격렬한 경험(Strong

72) David Hargreaves & A. C. North, "The Functions of Music in Everyday Life: Redefining the Social in Music Psychology," *Psychology of Music* 27(1999): 71-83 참조.

73) Suvi Saarikallio & Jaako Erkkila, "The Role of Music in Adolescents' Mood Regulation," *Psychology of Music* 35(2007): 96.

Experiences related to Music: SEM)[74]을 하는 시기이다.[75] 넷째, 기분전환(diversion)의 목적이다. 원치 않는 생각과 감정을 음악을 통해 잊는 행위이다. 현재 분노, 슬픔, 짜증과 같은 부정적 감정을 잊고 긍정적인 상태로 전환시키기 위해 의도적으로 긍정적인 정서를 유도하는 음악을 경험하는 것이다. 다섯째, 방출(discharge)로 자신의 부정적인 감정을 음악으로 발산하여 기분을 조절하는 것이다. 앞의 전환이 부정 감정을 긍정적으로 전환하기 위해 반대 감정을 유도하는 음악을 사용한다면 방출은 현재의 감정을 음악을 통해 직면하고 표현한다는 점이 다르다. 음악적 카타르시스에 해당한다. 여섯째, 정신적 작업(mental work)은 맥락상 숙고의 시간을 위한 음악이라는 표현이 더 적절한 것 같다. 음악 안에서 사색과 재평가의 시간을 갖는 것으로 음악 자체에 몰입하고 감상하는 것이 아니고 현재 자신의 문제에 집중하게 하는 배경음악의 경우를 말한다. 마지막으로는 위로(solace)이다. 슬프고 힘들 때 자신에게 위로가 되는 음악으로 기분을 조절하는 경우이다. 격려, 용기, 희망과 같은 주제의 노래들은 대표적인 위로의 음악들이다.

청소년들의 기분 조절을 위한 음악 사용은 즐거움, 위안, 감정표현, 정화 등과 같은 음악의 치료적 유용성을 추구하는 행위이다. 그 목적은 기분의 변화, 즉 주관적 안녕감을 위한 노력으로 이것은 궁극적으로는 사회적 적응을 위한 시도에 해당된다.

(3) 음악과 문제행동

청소년들의 음악 선호와 문제행동의 상관관계는 많은 논란의 여지가 있음에도 불구하고 꾸준히 제기되고 있는 주제이다. 특히 헤비메탈과 랩[76]음악은 청소년들의 폭력, 자살, 약물 및 알코올 남용, 외설적인 성 등과 관련된 문제행동과 음악 선호와의 관련성을 다루고 있는 연구에서 항상 논란의 중심에 있다. 실제로 미국, 호주, 캐나다에서 발표한 연구들에 따르면 헤비메탈과 랩음악을 선호하는 청소년들은 더 적대적이며, 비행, 공격성, 약물 및 알코올 남용, 무모한 행동이 높다고 한다.[77]

---

74) SEM은 음악을 통한 '절정체험'으로 최고조의 행복과 충만감의 음악적 경험이다.

75) Alf Gabrielsson & Siv Lindström Wik, "Strong Experiences Related to Music: A Descriptive System," *Musicae Scientiae* 7(2003): 157-217.

76) 여기서 헤비메탈과 랩음악이라는 장르 자체가 문제행동을 일으키는 음악이라는 것이 아니라 이들 음악 장르에서 빈번하게 나타나는 폭력, 자살, 사탄숭배, 음란한 성행위, 약물 또는 알코올 남용, 여성 또는 인종에 대한 비하적인 가사 등 사회적으로 문제가 되는 내용에 대한 수용적 태도 또는 멋있게 왜곡하여 표현하는 내용을 의미한다.

77) Jeffrey Arnett, "Adolescents and Heavy Metal Music: From the Mouths of Metalheads," *Youth & Society* 23(1991): 76-98; Graham Martin, Michael Clarke & Colby Pearce, "Adolescent Suicide: Music Preference as an Indicator of Vulnerability," *Journal of the American of Child and Adolescent Psychiatry* 32(1993): 530-535; Karen R. Scheel &

우선, 고대 아리스토텔레스나 플라톤이 주장한 것처럼 저속한 음악을 들으면 그 인격과 행동도 저속해진다는 주장은 여전히 청소년들의 문제행동과 음악 사이의 연관성에 관한 연구들에서 입증되고 있다. 폭력적인 랩 뮤직 비디오에 노출된 남성은 비폭력적인 비디오를 보거나 비디오를 전혀 보지 않은 남성보다 폭력 사용에 대하여 수용적이었다.[78] 이러한 현상에 대한 사회인지적 추론으로는 반사회적 내용이 포함된 음악 스타일에 대한 선호는 반사회적 도식(schema)을 활성화하고 이는 다시 실제 반사회적 행동으로 이어질 수 있다는 것이다.[79] 사회학습이론으로 음악과 문제행동의 연관성을 설명하고 있는 연구들이다.

밴듀라(Albert Bandura, 1925~2021)의 사회학습 이론에 따르면 개인의 반사회적이고 공격적인 행동은 부모를 비롯한 가까운 성인들과의 초기 경험에 의해 형성된다. 폭력적인 환경에서 성장한 아동은 폭력적인 행동 패턴을 갖는다. 만약 부모의 부재로 인해 아이들에게 발달에 필요한 욕구가 충족되지 않으면 아이들은 그들이 학습할 다른 역할 모델을 찾는데 이때 미디어는 훌륭한 옵션을 제공해 준다. 이들은 소위 '취약한 청취자(vulnerable listener)'로 솔직하면서도 자극적인 음악과 음악 문화에 쉽게 빠져든다.[80]

청소년들은 메탈, 랩음악과 그 문화의 행동 규범을 자신의 정체성으로 생각하고 행동하기도 한다. 예를 들어, 래퍼들에게 '진실성'은 중요한 가치이다. 솔직한 표현은 때론 누군가에 대해 불편한 언어로 욕하는 행위, 즉 '디스'[81]하는 행동으로 나타나기도 한다. 다른 사람을 '디스'하는 것을 솔직함으로 여기는 문화에서 청소년들은 별 죄의식 없이 그런 행동을 하기도 한다. 이에 더해 청소년들은 누군가의 일탈된 라이프 스타일이나 행동특성을 따라 하려는 경향이 있다. 사회적 물의를 일으킨 유명 뮤지션의 행동에 대해 비판적이기보다는 이들의 행동을 '멋있다'고 생각하고 모방하는 청소년들을 쉽게 볼 수 있다. 또, 청소년기 음악 문

J. S. Westfeld, "Heavy Metal Music and Adolescent Suicidality: An Empirical Investigation," *Adolescence* 34(1999): 253-273; Simon Singer, Murray Mevine & Susyan Jou, "Heavy Metal Music Preference, Delinquent Friends, Social Control, and Delinquencey," *Journal of Research in Crime and Delinquency* 30(1993): 317-329; Kevin J. Took & David S. Weiss, "The Relationship Between Heavy Metal and Rap Music on Adolescent Turmoil: Real or Artifact?" *Adolescence* 29(1994): 613-621; Kathryn Urberg et al., "Adolescent Social Crowds: Measurement and Relationship to Friendships," *Journal of Adolescent Research* 15(2000): 427-445. 앞에 기술한 논문들은 헤비메탈과 랩음악이 청소년들의 문제행동과 관련이 있음을 보고하고 있다.

78) James Johson, Lee Jackson & Leslie Gatto, "Violent Attitudes and Deferred Academic Aspirations: Deleterious Effects of Exposure to Rap Music," *Basic and Applied Social Psychology* 16(1995): 27-41.

79) Maarten H. Selfhout et al., "Heavy Metal and Hip-hop Style Preferences and Externalizing Problem Behavior," *Youth & Society* 39(2008): 437.

80) Susan C. Gardstrom, "Music Exposure and Criminal Behavior: Perception of Juvenile Offenders," *Journal of Music Therapy* 19(1999): 211.

81) '디스'는 영어 'disrespect'의 줄임말로 랩을 통해 상대방의 비난하고 폄하하는 말을 의미한다.

화인 배지 효과로 주류 문화에 편입하고 싶은 욕구를 가진 청소년들이 그 행동을 따라 하기도 한다.[82]

결국 청소년기 음악 문화는 단순히 음악의 향유의 차원에서 그치는 것이 아니다. 청소년들은 적극적으로 그들이 선호하는 음악 문화와 음악적 내용을 이상화하고 자신의 것으로 내재화함으로써 사고와 행동에 영향을 받는다. 무엇보다도 음악 자체의 강한 비트와 사운드, 그리고 공감 가는 가사 내용은 '취약한 청취자'들에게 쉽게 각인된다. 그러나 다른 한편에서는 음악이 청소년을 문제행동으로 유도하는 것이 아니라 문제행동을 보이는 부적응 비행 청소년들이 선호하는 음악이 랩과 헤비메탈 음악이라고 주장한다.

미국의 음악치료사 가드스트롬(Susan C. Gardstrom)은 범법 청소년을 대상으로 한 연구에서 남자 범법 청소년들의 80% 이상이 랩음악을 선호한다는 것을 보고하였다. 그러나 그가 발견한 것은 청소년들이 자신들의 사고와 행동, 현실을 거울처럼 반영하기에 랩음악을 선호한다는 것이었다.[83] 그는 랩음악이 범법 행동을 하도록 유도한다는 어떤 결정적인 근거를 찾을 수 없다고 주장한다. 비교하자면 사람들이 폭력과 살인이 난무하는 추리소설을 즐겨 읽는다고 살인과 폭력을 저지르지 않는 것처럼 음악적 내용과 청소년의 문제행동이 직접적인 관련이 있다고 보기는 어렵다는 것이다.

사실 랩과 헤비메탈 음악이 비행 청소년들에게서만 유독 사랑받는 장르는 아니다. 일반 청소년들에게도 랩과 메탈 음악은 인기 있는 장르이다. 일부 비행 청소년들이 랩과 메탈 음악을 선호한다고 하여 이들의 문제가 음악 때문이라고 단정하는 것은 '살인 범죄 소설을 많이 읽으면 살인을 한다.'와 같은 주장이 되는 것이다.

음악은 삶을 모방한다. 특히 랩음악의 가사는 청소년들이 고유한 방식으로 자신을 표현하는 '시'이기도 하다. 누군가의 노래 가사가 자신의 현실이라면, 누군가의 감정 표현이 자신의 마음이라면, 누군가의 생각이 나와 같은 생각이라면, 우리의 마음은 그 음악이 전하는 감정과 내용에 공명하게 된다. 그래서 그 음악을 좋아하고, 해당 음악 문화의 행동 규범을 자신의 정체성으로 생각하고, 그 음악을 자신처럼 공감하는 다른 또래를 사귄다. 청소년기 음악과 관련된 이러한 현상은 당연하고 자연스러운 과정이기도 하다.

---

82) Selfhout et al., 같은 글, 437.
83) Gardstrom, 같은 글, 207.

2) 청소년을 위한 랩음악치료

(1) 엘리건의 랩치료

미국의 심리치료사 엘리건(Don Elligan)은 문제 청소년을 위한 치료에서 랩음악을 주로 사용한다. 음악치료사가 아님에도 그가 치료에서 랩음악을 사용하는 것은 청소년들과 소통하고 그들의 감정, 사고, 행동의 변화까지 이끌어 내는 매개로 랩음악이 효과적이라는 사실을 임상을 통해 경험했기 때문이다. 다음은 그의 랩치료[84] 과정이다.

① 진단평가의 단계

진단평가 단계(assessment stage)에서 치료사는 내담자가 선호하는 랩노래, 가수, 그룹에 대하여 이야기해 보고 랩음악 중에서 어떤 곡과 음악가를 좋아하는지, 또 싫어하는 음악 또는 가수가 있는지 알아본다. 또한 내담자가 랩음악에 영향을 받았는지 그리고 그것이 자신의 개인적 정체성에 영향을 주는지 알아본다.

② 동맹관계 단계

치료적 동맹관계 단계(therapeutic alliance stage)를 만드는 것은 치료의 성공에 중요한 부분이다. 치료사는 음악을 매개로 내담자와 긍정적 친밀관계를 만들기 시작한다. 내담자가 좋아하는 음악을 같이 들으면서 가사의 내용을 같이 해석하고 토론해 본다. 이때 치료사는 내담자의 음악을 판단하지 않고 어떤 주제에도 오픈되어 있다는 것을 확인시켜 준다. '이 가사는 너무 폭력적이어서 좋지 않아.', '이 부분은 너무 선정적이어서 청소년에게 해로워.'와 같은 판단이나 말은 동맹관계 형성에 부정적으로 작용한다.

③ 재구성 단계

내담자와 치료적 동맹관계가 형성되면 치료사는 재구성 단계(reframing stage)를 실행한다. 치료사는 내담자가 좋아하는 특정 스타일의 랩에서 다른 타입의 랩음악을 소개하고 알려 주면서 내담자의 음악적 경험의 폭을 확장하려 시도한다. 예를 들어, 내담자가 폭력적인 내용의 갱스터 랩[85]을 주로 선호한다면 돈, 정치, 또는 영적 랩과 같은 다른 종류의 음악을

---

84) Tiphanie Gonzlesz & B. Grant Hayes, "Rap Music in School and Counseling Based on Don Elligan's Rap Therapy," *Journal of Creativity in Mental Health* 4(2009): 163-164.

85) 엘리건은 랩음악의 장르를 갱스터 랩, 물질주의 랩, 정치적 랩, 긍정적 내용의 랩, 영적 랩, 그 외 기타로 구분한다. 랩음

소개하고 가사의 의미를 해석하면서 심층적인 감상을 시도한다. 재구성 단계는 궁극적으로 치료사가 내담자에게 새로운 가사를 소개하고 토의 또는 개사와 같은 활동을 통해 인지적 재구축을 시도하는 단계이다.

④ 역할극 단계

역할극 단계(role play stage)에서 내담자는 함께 랩 가사 쓰기를 한다. 이 시기 흥미로운 현상이라면 많은 내담자가 자신이 쓴 가사를 '시'로 언급하기 시작한다는 것이다. 내담자가 가사를 창조하고 해석함에 따라 치료사는 내담자에게 특정 주제의 가사 쓰기 도전, 다른 관점에서 가사 쓰기(예를 들면, 학교폭력 가해자 입장에서의 억울함 대신 학교폭력 피해자 입장에서의 감정 가사 쓰기)와 같이 인지적 재구성을 위한 가사 쓰기 방법을 시도한다.

⑤ 행동과 유지의 단계

행동과 유지의 단계(action and maintenance stage)에서는 내담자가 쓴 내용을 행동으로 전환하도록 격려한다. 예를 들어, 분노를 조절하는 데 어려움을 겪는 내담자가 순간적인 분노를 조절하기 위해 어떤 행동을 해야 하는지 실천할 수 있는 가사 내용을 쓰고 그것을 일상에서 실천하게 하는 것이다. 치료사는 모델링과 강화를 통해 내담자가 그 행동이 유지될 수 있도록 격려한다.

엘리건의 랩치료는 인지행동 심리학 이론을 기반으로 한다. 치료과정에서 랩음악은 청소년들의 심리적 이슈와 내용을 알아보는 진단평가 도구가 되며, 서로의 의견을 나누는 관계 형성의 매개이다. 랩음악을 통해 진단평가와 관계형성이라는 치료적 기반을 마련한 후 청소년들의 인지적 재구축을 위한 치료작업이 시작된다. 새로운 음악의 소개, 다른 관점에서 랩 가사 생각해 보기, 가사 쓰기의 과정이다. 마지막으로 일상에서 수정 행동이 유지될 수 있는 방법을 알아보고 실천한다. 인지행동 심리치료사인 엘리건의 이론과 방법이 그대로 랩치료에 반영된 것이다.

다음은 필자가 속한 음악치료대학원에서 진행한 음악치료 한 회기 중 랩음악치료과정이다.

악은 초기 미국사회에서 소외받고 천시받았던 흑인, 히스패닉 인종들의 사회에 대한 불만과 분노 그리고 그들의 노골적인 욕망을 노래하는 거친 노래로 시작했지만 현재는 신에 대한 찬양까지 그 영역이 다양하게 확장되고 있다.

◎ 청소년을 위한 랩음악치료과정[86]

랩음악치료 사례

14세의 K 학생은 분노조절장애를 갖고 있었다. 학교에서 거칠고 반항적인 아이로 유명했고 학교 선생님들도 아이가 너무 거칠어서 다루기 힘들어했다. 그는 항상 음악을 듣고 다닌다는 단순한 이유로 음악치료에 의뢰되었다. 처음 학생은 치료실에 들어와서 치료사와 눈맞춤도 없고 치료사가 어떤 말을 건네도 무시하고 귀에 헤드폰만 끼고 혼자 음악만 듣고 있었다. 이렇게 45분의 치료시간을 혼자만 앉아서 치료사를 무시하는 행동은 2주 동안 지속되었다. 그 기간 동안 치료사는 헤드폰 너머로 간신히 들리는 음악을 듣고 찾아서 공부하였다. 그리고 2주 후 K에게 소통을 위한 인사말이 아닌 “너 듣는 음악 OO 아니니?”라고 물었다. 그러자 이 학생이 처음으로 치료사를 쳐다보면서 “아세요?”라고 의아한 듯 물어보는 것이었다. 2주 만의 첫마디였다. 이후 치료사는 자신이 공부한 랩 지식을 모아서 학생이 듣고 있는 아티스트와 그의 음악에 대하여 이야기를 나누었다. 마침내 치료사와 학생의 대화의 장이 열리게 되면서 치료에서 가장 중요한 치료사와 내담자 사이의 친밀관계를 형성할 수 있는 기회가 만들어졌다. 치료사는 학생과 랩음악 이야기를 하면서 음악을 통해 학생을 진단평가하였다. 어떤 래퍼를 좋아하는지? 왜 그 래퍼를 좋아하는지? 어떤 내용의 랩 가사에 심취해 있는지 등등 랩음악은 학생의 생각과 감정을 진

86) 권용주, 강경선, 「청소년을 위한 랩음악치료 가사분석 연구」, 『한국음악치료학회지』 22(1) (2020): 25-42.

단할 수 있는 가장 좋은 분석의 자료가 된다. 왜냐하면 랩음악, 래퍼들이 추구하는 가장 중요한 가치가 바로 진실성, 진심이기에 이들에게 음악은 가장 솔직한 자기표현의 투사체이기 때문이다. 이후 치료사는 학생이 좋아하는 랩음악을 함께 불러 보고 연주해 보았다. 그것이 폭력적이고 불편한 욕설을 내포하고 있더라도 처음에는 학생의 음악을 존중하고 그의 음악과 함께하였다. 전략적으로 음악을 통해 학생과 동맹 관계를 맺는 과정이다. 청소년 시절에는 서로 좋아하는 가수와 음악 스타일을 공유하는 것이 친구를 사귀는 데 매우 중요한 매개가 되는데 관계형성에 그것을 이용한 것이다.

이후 어느 정도 친밀관계가 형성되면서 치료사는 새로운 방향을 제시하기 시작하였다. 학생 K의 경우 어려운 집안 환경에 대한 불만과 콤플렉스로 돈과 관련된 물질주의 랩과 분노를 폭력적으로 표출하는 갱스터 랩에 심취해 있었는데 치료사는 다른 형태의 새로운 랩도 소개해 주었다. 그리고 랩 가사에 대해서도 서로 토론해 보았다. 이후 치료사는 학생에게 직접 랩 가사를 써 볼 것을 권유하였다. K는 자신의 주요 이슈인 돈과 폭력을 주제로 돈을 벌고 쓰는 것에 관한 내용을 폭력적인 언어로 표현하였다. 치료사는 학생이 쓴 가사에서 욕설을 빼고 자신의 느낌과 생각에 대하여 진솔하게 표현해 볼 것을 제안하였다. 랩 가사를 쓰는 데 언어적 표현이 어느 정도 정제된 후 치료사는 학생의 분노를 다루는 치료를 진행하였다. 강렬한 비트에 진실성이 있으면서도 표현은 은유와 상징을 담은 미학적 시적 표현으로 음악을 만들었다. 음악적으로는 강렬한 공격성과 분노를 담고 있지만 말, 가사는 정제되고 세련된 더 나아가 시적인 예술적 표현, 때론 위트 있고 재미있는 표현으로 내면의 창의성을 발휘하게 하는 과정이다. 이 부분이 랩치료에서 가장 핵심적이고 중요한 부분이다. 음악을 포함한 모든 예술치료의 근간이 되는 명제는 '창의적 자기 표현은 치료적이다.'이다. 진솔하고 솔직한 가사에 운율과 라임에 맞추어 아름답고 재미있게 음악적으로 표현하기 위해 가사를 다듬는 조형(shaping)의 과정이 바로 창조적 자기표현에 해당하는 것이다.

K는 자신의 분노를 랩음악치료를 통해 정제되고 세련되게 표현하는 방법을 배움으로써 음악적인 성취감과 심리적인 카타르시스를 경험하였다.

◎ 청소년을 위한 랩음악치료가 효과적인 이유

- 랩음악은 진실성, 솔직함을 추구하는 음악 장르이기에 랩음악을 통해 청소년들의 생각과 감정을 진단하기에 용이하다.
- 랩음악 공유는 치료사와 청소년의 치료적 동맹관계를 형성하게 한다.
- 랩 가사 쓰기는 창조적 자기표현이다. 모든 창조적 자기표현은 치료적이다.
- 랩음악은 청소년의 강렬한 에너지를 발산하게 한다.
- 랩음악에서 비트, 빠르기와 같은 음악적 선택은 청소년에게 음악적 자치권을 부여받는 경험을 준다.
- 랩음악의 반복적인 특징은 즉흥적인 랩음악 만들기에 용이하다.

◎ **청소년을 위한 랩음악치료 시 고려사항**

- 랩음악을 좋아하는 청소년이어야 한다.
- 청소년이 선호하는 랩이 부정적인 내용이더라도 처음에는 수용하고 존중해 준다.
- 관계 형성이 되면 치료사는 새로운 음악적 방향을 제시한다.
- 랩음악은 청소년의 에너지를 충분히 반영하는 강렬한 음악을 사용하되 가사는 정제되고 창의적이며 아름다움과 재미가 있는 것으로 유도한다.

5. 성인을 위한 음악치료

아동을 위한 음악치료에서는 '발달'이, 청소년을 위한 음악치료에서는 '발달'과 '정체성'이, 그리고 노인을 위한 음악치료에서는 인생 후반기의 특성과 관련된 이슈가 치료의 구심점이 된다. 그런데 실제 임상에서 성인을 위한 음악치료의 경우 일관된 구심점을 잡거나 예상하기가 쉽지 않다.

심리학자 에릭슨(E. Erikson, 1902~1994)이 주요 과업으로 보았던 성인 전기의 대인관계와 성인 후기의 생산성[87]에 관련된 주장을 21세기에 적용하기에는 사실 사회적으로 달라진 것들이 너무 많다. 대표적으로 결혼의 문제를 들 수 있다. 요즘 모든 사람이 적정 결혼 연령에 결혼하는 것은 아니다. 비혼을 선택하는 사람, 결혼하지만 자녀를 출산하지 않는 사람들은 이제 우리 사회에서 흔하게 볼 수 있다. 또한 SNS가 보편화되면서 온라인상에서 비대면 대인관계는 대면 대인관계만큼 일상적인 현상이다.

이러한 사회적 변화와 함께 음악의 사용과 의미도 변화하고 있다. 이제 우리는 손안의 작은 기기를 통해 언제든지, 자기 주도적으로, 자기 치료를 위한 음악을 사용한다. 인공지능시대를 이야기하는 지금은 AI가 사람들에게 음악을 추천해 주기도 한다. 이러한 변화의 과정에서 음악치료사의 역할은 무엇일까? 이번 절에서는 '성인을 위한 음악치료' 과정에서 고려되어야 할 전반적인 기본 지식과 임상에서의 적용에 대하여 알아보겠다.

---

87) 에릭슨은 인간발달 과정에서 성인전기는 부모로부터 독립하여 사회인으로 성장하는 과정에서 대인관계 과업의 성공 여부에 따라 친밀감 또는 고립감의 시기로 보았다. 이후 성인 중기는 결혼과 자녀양육에서부터 사회적으로 생산성 있는 활동이 이루어지는 시기로 이 시기 삶의 흔적과 업적, 주요한 과업의 성공 여부에 따라 생산적인 삶인지 침체적 삶인지가 결정된다고 하였다.

1) 음악과 성격

쇼스타코비치-왈츠

우리가 호화롭게 장식된 커다란 무도회장에 있다고 상상해 보자. 갑자기 쇼스타코비치의 '왈츠' 음악이 흘러나온다. 수줍은 사람은 왈츠의 기본 리듬에 최소한의 발동작으로 반응한다. 외향적인 사람은 누군가에게 다가가 파트너가 되어 줄 것을 요청하고 음악에 맞추어 커다란 무도회장을 누비며 아름답게 춤을 춘다. 또 어떤 사람은 혼자서 사색하듯 눈을 감고 음악에 맞추어 몸을 움직인다. 사람들은 왈츠라는 음악 특성에 맞는 움직임을 취하지만 그 움직임의 양식은 각기 다르다. 동일한 왈츠 음악을 듣는 사람들의 행동반응이 이렇게 각기 다른 이유는 현재의 기분, 왈츠 음악에 대한 문화적 친숙도, 그리고 개인의 성격적 요인들이 작용하기 때문이다. 이 중 행동에 가장 결정적인 요인으로 작용하는 것이 바로 성격특성이다.

누군가의 행동을 예측할 때 우리는 그 사람의 성격을 가장 먼저 고려한다. 성격을 결정짓는 변수는 유전과 환경이다. 그렇다면 환경을 구성하는 한 요소인 음악은 성격을 결정짓는 변수가 될 수 있을까? 앞의 예에서 음악이 왈츠가 아니라 디스코였다면 어땠을까? 왈츠 음악에 파트너와 춤을 추었던 외향적인 사람은 디스코 음악에도 춤을 출까? 그렇지 않을 수도 있다. 디스코 음악을 좋아하지 않거나 익숙하지 않은 사람이라면 춤을 추지 않을 것이다. 사실 음악활동을 통해 성격을 예측하거나 성격으로 음악 선호도를 예측하기 위해서는 음악 외의 많은 변수가 고려되어야 한다. 그럼에도 심리학에서 음악은 언제나 개인의 심리상태와 성격을 분석하고 진단하는 중요한 도구가 되어 왔다. 프로이트는 음악을 무의식의 승화로 융은 원형적(archetypal)인 무엇인가를 담고 있는 것으로 보았다. 그러나 이들에게서 분석이나 진단 그리고 치료로서의 음악에 대해서 구체적으로 언급한 기록은 찾을 수 없다.

음악이 개인의 성격특성을 알 수 있는 척도로 사용될 수 있다고 주장한 사람은 심리학자 카텔(Raymond Cattell, 1905~1998)이었다. 그는 음악이 개인의 무의식에 대한 중요한 정보를 준다고 판단하고 음악 선호 측정도구를 만들기도 했다.[88]

그러나 대부분의 심리학자는 음악에 대한 선호도는 무의식적 측면보다는 외현적으로 알 수 있는 성격과 연관되어 있다는 점에 무게를 두고 연구해 왔다. 이 중 음악과 관련된 성격

88) Raymond B. Cattell & J. C. Anderson, The Measurement of Personality and Behavior Disorders by I. P. A. T Music Rreference Test. *Journal of Applied Psychology* 37, No 6(1953): 446-454.

특성 분석에 가장 폭넓게 사용되는 측정방식은 '5요인 성격 구조 모델'이다.

5요인 성격 구조 모델은 60개 이상의 언어와 문화 집단에서 보편적으로 나타나는 특성이기도 하다.[89] 5요인 성격 유형은 신경증(neuroticism), 외향성(extraversion), 개방성(openness), 성실성(conscientiousness), 친화성(agreeableness)으로 각각의 유형에서 점수의 높음, 중간, 낮음에 따라 개인의 특성을 진단하는 것이다. 〈표 3-4〉는 편의상 5요인 성격특성의 정도에 따른 분류이다.[90]

〈표 3-4〉 5요인 성격특성의 분류

	N(신경증)	E(외향성)	O(개방성)	A(친화성)	C(성실성)
+(높은 점수)	민감한 (reactive)	외향적 (extravert)	탐험적 (explorer)	순응가 (adapter)	계획적인 (focused)
=(중간 점수)	반응적인 (responsive)	양향적 (ambivert)	중도적 (moderate)	협상가 (negotiator)	균형 잡힌 (balanced)
−(낮은 점수)	회복탄력적인 (resilient)	내향적 (introvert)	관습형 (preserver)	도전가 (challenger)	유동적인 (flexible)

성격은 음악 선호도를 예상하는 예측변수가 되기도 한다. 반대로 음악 선호도로 성격특성을 예측하기도 한다. 〈표 3-4〉에서 보이는 'N(신경증)' 성향이 높은 사람은 감정적으로 안정의 요구가 높은 사람들이다. 이들은 감정적으로 불안정하고 우울과 불안에 취약하며 스트레스에 매우 민감하게 반응한다. 반면, N이 낮은 사람은 스트레스에 잘 대처하고 자신의 감정을 잘 조절함으로써 회복탄력성이 높은 편이다. 신경증적 성향이 높은 사람들은 모든 성격 유형 중 감정 조절을 위한 목적으로 음악을 가장 많이 사용한다. 음악적 정서 경험에서도 다른 성격 유형보다 민감하고 정서적 영향력을 더 받는 편이다. 특히 우울, 불안, 슬픔과 같은 부정적 정서를 느끼는 강도가 외향적(E)인 사람들보다 높다.[91]

신경증은 음악을 치료적으로 사용하려는 욕구가 높은 유형으로 음악치료에 오는 많은 사람 중 신경증 유형이 높다. 이들은 아름다운 또는 즐거운 음악으로 기분이 전환되기를 희망하며 음악치료에 참여하지만 음악활동에서 긴장과 불안이 높아 치료 초기에 지지적이고 안

---

89) Pierce J. Howard & Jane M. Howard, 『청소년 이해를 위한 심리학: 성격 5요인에 기반한 진로 학습 상담 지침서』, 김동일 역(서울: 학지사, 2018).

90) 앞의 책, 132.

91) Toma Chamorro-Premuzic & Adrian Furnham, "Personality and Music: Can Traits Explain How People Use Music in Everyday Life?" *British Journal of Psychology* 98(2) (2007): 175.

전한 환경을 조성하는 것이 필요하다.

E는 외향적인 사람으로 활발하고 사교적이며 사회적 상호작용에 대한 선호도와 활동 수준이 높다. 외향적인 사람들은 감각 자극적 즐거움, 각성을 높이기 위한 수단으로 음악을 사용한다. 그래서 청소, 조깅, 운동 또는 데이터 입력 같은 단순 작업을 할 때 배경음악을 즐겨 사용한다. 또한 감각적 자극 추구 성향이 높아서 힙합, 펑크, 소울, 일렉트로와 같이 에너제틱하고 리드미컬한 음악과 컨트리, 종교음악, 가요와 같은 발랄하고 관습적인[92] 음악을 선호한다.[93] 외향성의 경우 '즐거운', '신나는'과 같은 긍정적 정서의 음악에 더 긍정적 영향을 받으며 슬픈 음악에는 크게 민감하지 않다.[94] 다시 말해 신경증 성향의 사람과 비교했을 때 즐거운 음악에는 더 즐거움을 느끼고 슬픈 음악은 덜 슬프게 느낀다.

O는 새로운 경험에 대한 개방성을 의미한다. 경험에 대한 개방성이 낮은 사람들은 보수적이어서 변화에 대한 저항이 높고 전통적인 가치와 관습을 중요시하는 경향이 강한 반면, 개방성이 높은 사람들은 상상력이 풍부하고 창의적이며 개방적인 태도로 새로운 아이디어와 다양한 문화를 받아들인다. 새로운 것에 대한 개방성이 높은 사람들은 단순한 음악보다는 클래식이나 재즈처럼 사색적이고 복잡한 음악을 선호한다. 여기서 클래식과 재즈는 동요나 포크 음악처럼 단순한 음악과 상반되는 개념으로 음악 구성, 화성, 악기편성 등이 복잡하고 어려운 음악 장르이다. 또한 O가 높은 사람은 '○○ 연주자의 연주는 훌륭해.', '○○의 음악은 칭찬할 만해.', '○○ 장르의 음악을 나는 ○○하게 생각해.' 등 음악에 대한 지적 관여와 인지적 분석이 높은 편이다. 단순한 음악보다는 지적 자극으로서의 음악을 선호한다.[95]

상상력, 심미성, 모험적 행위, 창의성으로 대변되는 개방성이 높은 사람은 음악치료를 진행할 때 즉흥연주와 같은 창의적인 음악활동에서 치료적 수혜를 받을 가능성이 높다. 개방성이 높은 사람일수록 새로운 경험 자체를 좋아하고 불확실성을 잘 견디는 특성 때문이다. 매크레이(McCrae)는 심미적 경험을 할 때 전율을 느끼는 것이 개방성을 가장 잘 나타내는 지표라고 주장한다.[96] 이러한 점에서 심상음악치료와 같이 음악을 통한 심상경험도 개방성이 높은 사람들에게 효과적인 중재 방법이 될 수 있다.

---

92) 관습적(conventional)이라는 말은 음악에서 충분히 예측되는 화성 진행, 멜로디 방향성, 음악 구조의 법칙을 의미한다.

93) P. J. Rentfrow & S. D. Gosling, "The Do Re Mi's of Everyday Life: The Strucure and Personality Correlates of Music Preference," *Journal of Personality and Social Psychology* 84(6) (2003): 1236. 이 논문은 미국인 3,500명을 대상으로 성격은 5유형 성격 모델로, 음악은 네 가지 음악 구성 특정으로 성격과 음악선호도의 상관관계를 분석한 논문이다.

94) Chamorro-Premuzic & Furnham, 같은 글, 177.

95) 앞의 글, 177.

96) M. Miserandiono, 『성격심리학』, 정영숙 외 공역(서울: 시그마프레스, 2013), 39.

A는 친화성으로 타인과의 관계에서 협조적이고 상호 배려적인 성향의 사람들이다. 친절하고 원만한 대화와 협력을 중요시하기 때문에 수용, 용납, 갈등회피와 같은 특성을 보인다. 한마디로 '모두 잘 지내자' 형의 사람이다. 반면, A가 낮은 사람은 도전적이고 저항이 높다. 청소년기는 A가 낮은 시기이기도 하다. 친화성이 높은 사람들은 행복한, 부드러운, 기쁨과 감동이 느껴지는 음악을 선호하는 반면, 공포스러운(scary) 음악을 선호하지 않는다.[97]

C는 성실성을 의미한다. 성실성이 높은 사람은 자기 통제를 잘하고 완벽주의를 추구하며 목표 지향적이다. 또한 계획적이고 조직적이며 목표를 달성하기 위해 꾸준하고 근면하게 노력한다. 반면, C가 낮은 사람은 유동적이고 개방적이며 무심하거나 덜 조직화되어 있고 무책임한 사람으로 비칠 수 있다. C가 높은 사람이 어떤 일에 직렬 프로세스라면 C가 낮은 사람은 멀티 태스킹을 하는 병렬 프로세스형이다. 이것저것 다양한 흥미를 왔다 갔다 한다.

성실성이 높은 사람은 음악의 완성도를 추구하는 경향이 강하다. 음악치료에서 직관력과 상상력을 요구하는 즉흥연주와 같은 음악활동을 처음부터 시작하는 것은 이들에게 부담감과 거부감을 줄 수 있다. 그래서 이러한 성향의 사람들을 직관적이고 자유로운 자기표현의 즉흥연주를 할 수 있는 상태로 이끄는 것이 치료의 목표가 되기도 한다.

음악과 성격 간의 관계를 탐색한 연구에서, 성격특성 분석은 비교적 일관된 방법으로 활용되어 왔다. 반면, 음악의 특성 분류는 성격에 비해 일관성이 부족하며, 연구자들은 이를 해결하고자 다양한 방식으로 음악을 분류해 왔다. 대표적인 분류 접근은 세 가지로 나뉜다.

첫째, 음악 장르를 기준으로 한 분류이다. 록, 팝, 클래식 등 문화적이고 형식적인 범주에 따라 음악을 구분하는 방식이다. 둘째, 음악의 정서적 특성에 따른 분류로, 음악이 전달하는 감정에 따라 '분노', '공포', '행복', '부드러움' 등으로 구분한다. 셋째, 청취자가 지각하는 정서적 · 인지적 특성과 반응 양식에 기반한 분류이다. 이 접근은 음악이 지닌 정서적 분위기, 에너지 수준, 복잡성, 가사 내용 등의 속성을 종합하여, 음악을 심리적 차원(dimension)으로 분류한다.

렌트프로(Rentfrow)와 가슬링(Gosling)은 이러한 차원적 접근을 바탕으로 선호 음악을 네 가지 범주로 제시하였다. 첫째, 사색적이고 복잡한(reflective and complex) 차원의 음악이다. 주로 클래식, 재즈와 같은 장르로 대표되는 구조적으로 정교하고 복잡한 음악으로 인

---

97) Jonna K. Vuoskoski & Tuoma Eerola, "The Role of Mood and Personality in the Perception of Emotions Represented by Music," *Cortex* 47(2011): 1099-1106. 연구진은 피험자들에게 분노, 공포, 행복, 슬픔, 부드러움의 감정을 대표하는 음악을 들려주고 5요인 성격 유형에 따른 음악적 감정에 대한 지각을 알아보았다.

지적 몰입과 정서적 성찰을 유도한다. 둘째, 강하고 반항적인(intense and rebellious) 차원의 음악이다. 록, 얼터너티브, 헤비메탈과 같이 높은 에너지와 강한 정서를 담은 음악으로, 자극 추구와 독립적인 자기표현의 욕구와 관련이 깊다. 셋째, 경쾌하고 전통적인(upbeat and conventional) 차원의 음악이다. 팝, 컨트리, 영화 사운드트랙, 종교 음악과 같이 조화롭고 듣기 쉬운 음악이다. 사회적 안정감과 긍정적 정서를 선호하는 성향과 연관된다. 넷째, 에너지 넘치고 리드미컬한(energetic and rhythmic) 차원의 음악이다. 랩, 펑크, 일렉트로닉 댄스 음악(EDM)처럼 강한 비트와 리듬으로 신체 움직임과 활력을 자극하는 음악이다. 신체 활동성과 활력을 중시하는 성향과 관련이 있다.[98)]

이상에서 살펴본 음악과 관련된 각각의 분류, 분석 방법들은 음악치료를 실행하는 음악치료사에게는 매우 유용한 것이지만 절대적인 것은 아니며 한계도 지니고 있다. 특히 장르 또는 음악 스타일에 따른 성격 분류는 일관성을 갖기 힘들다. 음악 장르와 스타일은 연령, 직업, 교육 등 다양한 문화적 요소에 영향을 받기 때문이다. 예를 들어, 힙합음악을 좋아하는 주 소비층은 남자 청소년들이고, 재즈와 클래식 음악은 중장년층이 주로 좋아한다. 음악의 정서적 차원 역시 정서가(valence)를 수평, 각성(arousal)을 수직으로 하여 4분기로 구분하는데 여기서 슬픈 음악은 부정적 정서와 낮은 환기의 음악이다. 아름다운 슬픈 음악에 우리는 '슬픔'이라는 감정도 느끼지만 다른 한편으로 '미적 체험'이라는 긍정적 경험도 한다. 결코 부정적 정서만 있는 것은 아니다. 그러나 이러한 부분을 측정하기는 어렵다. 음악적 특징 차원의 분석을 통해서도 음악적 특색을 설명하기는 애매하다. 예를 들어, 업비트와 관습적 음악 범주로 구분되는 컨트리, 사운드트랙, 종교 음악, 팝은 조성적이고 구조화된 음악이라는 것 이외에는 같은 범주로 나누기 위한 공통적 특색을 찾기 어렵다.

살펴본 바대로 음악과 성격의 연관성에 관한 연구는 1953년 심리학자 카텔을 필두로 현재까지 대부분 심리학자에 의해 수행되어 왔다. 그래서 이들의 성격 분석은 어느 정도 일관성이 있지만 음악 분석과 범주화에 이르면 일관성을 찾기 힘들 때도 많다. 최근에는 음악의 음향학적 속성을 컴퓨터로 분석하는 방법이 사용되기도 하지만 사실 템포, 다이내믹, 리듬, 화성 등 음악을 구성하고 있는 개별 요소들을 통해 음악 전체를 파악하려 하다 보면 중대한 오류를 범할 가능성이 매우 높다. 음악이라는 게슈탈트(Gestalt)는 부분의 단순한 합이 아니라 그 합이 만들어 내는 합 이상의 그 무엇을 포함하고 있기 때문이다.

이러한 많은 제약에도 불구하고 음악과 성격의 연관성에 관한 연구는 심리학, 음악심리

98) Rentfrow & Gosling, 같은 글, 136.

학, 음악치료학, 음악신경과학, 인지과학 등의 영역에서 지속적으로 진행되고 있다. 특히 심리학에서 음악과 성격의 연관성에 관한 연구는 '성격이 다르면 선호 음악도 다를까? 선호 음악으로 성격을 예측할 수 있을까?'라는 의문에서 시작되었다. 지금까지의 연구 결과를 종합하면 성격과 음악 선호도의 상관관계는 어느 정도는 설명될 수 있지만 연령, 문화, 교육, 성별 등과 같은 변수의 통제가 어렵기 때문에 법칙 형태의 일관적인 설명을 도출해 내기는 힘들다. 그러나 한 가지 인정되고 있는 발견은 신경증적 성향이 높은 사람들의 음악 사용 특성이다. 이들은 '즐거운', '신나는' 같은 긍정적 정서의 음악보다는 슬픔과 같은 부정적 정서의 음악에 더 영향을 받으며 부정적인 정보를 더 많이 회상한다. 이러한 특징은 뇌영상을 통해서도 증명된 사실로 신경증적 성격은 부정적 자극에 반응하는 뇌 영역 활성도가 높은 반면, 외향형 성격은 보상과 접근 행동에 반응하는 뇌 영역의 활성도가 높다.[99] 결론적으로 성격 특성은 음악 선호도와 음악적 경험에 영향을 준다고 볼 수 있다.

2) 음악과 기분[100]

음악을 듣고 악기를 연주하고 노래하는 모든 음악활동, 음악 경험은 어떤 방식으로든 우리에게 다양한 보상을 준다. 우리는 기분과 상황에 따라 각기 다른 보상을 기대하며 음악을 사용한다. K-pop 댄스음악은 즐거움을 준다. 하루 종일 스트레스에 시달리다 집에 돌아와 듣는 유키구라모토의 피아노 음악은 피로로부터 회복되는 느낌을 준다. 우리는 때와 상황에 따라 원하는 정서 상태를 경험하기 위해 또는 현재의 정서 상태로부터 벗어나기 위해 기분 조절을 목적으로 음악을 전략적으로 사용한다. 그리고 이러한 음악의 효과는 음악치료학을 언급하지 않더라도 과학, 인문학, 심리학, 교육학까지 광범위한 학문의 영역에서 회자되고 있다. 그러나 음악이 언제나 긍정적인 수혜만 주는 것은 아니다. 과거의 '좋은 음악', '나쁜 음악' 이데올로기를 말하는 것이 아니다. 바로 기분 조절 대처가 적응적인 방식이 아닌 경우 음악이 반치료적(counter-therapeutic)으로 작용할 때이다. 효과성을 기대하며 약으로 생각하고 사용했지만 결과적으로 독으로 작용한 음악을 의미한다. 이러한 현상은 최근에서야 연구되기 시작하였다.

---

99) Vuoskoski & Eerola, 같은 글, 1100.

100) 기분은 'mood', 감정은 'emotion'으로 심리학에서 기분은 장기적인 정서 상태를, 감정은 일시적인 정서 상태를 지칭하는 단어로 사용된다. 그러나 음악에서 기분은 일시적인 감정과 동일하게 사용되는 경우가 많다.

(1) 독이 되는 음악 사용: 건강하지 않은 음악 기분 조절 전략

개인의 성격특성과 기분을 고려하지 않고 음악을 사용했을 경우 음악은 삶을 더 부적응적으로 만들기도 한다. 그 대표적인 예가 음악이 반추(rumination)의 시간 그리고 반추의 정신적 가상 공간으로 사용될 때이다.

반추는 부정적인 경험과 감정 또는 문제에 대하여 반복적으로 과도하게 생각하는 것으로 반추를 많이 하는 사람일수록 우울증에 취약하다. 성격 5유형 중에는 신경증(N)의 유형과 높은 상관을 보인다.[101] 다시 말해 스트레스에 민감하게 반응하는 신경증적 성향이 높은 사람이 어떤 부정적인 사건을 경험하게 되면 그 경험과 감정을 반복적으로 머릿속에서 되뇌면서 우울의 늪에 빠지는 경우가 많다는 것이다. 성격특성인 신경증적 성향이 반추라는 행동을 유도하고 반추는 우울이라는 결과를 가져온다. 그런데 문제는 음악이라는 달콤한 정신적 가상의 공간에서 반추의 시간을 보낼 때 더 오래, 더 반복적으로 반추적 행동을 하게 됨으로써 스며들듯 쉽게 우울에 빠져들고 헤어나지 못하게 되는 것이다.

한 연구에서 온라인 스트리밍 플랫폼 음악 사용자들의 정신건강 상태와 성격에 대해 조사를 한 후 6개월 동안 이들의 음악활동을 추적한 결과 우울증 위험도가 높은 사람들과 그렇지 않은 사람들 사이에 뚜렷한 차이가 나타났다. 첫째, 우울증 위험도가 높은 사람들은 슬픈 음악에 대한 선호도가 높았다. 예상된 결과이다. 사람들의 음악 선호도는 정서 일치 편향적이기 때문이다.[102] 둘째, 우울증 고위험군 집단의 음악 의존도가 더 높았다. 우울증 위험도가 높은 사람들이 건강한 사람들에 비해 음악 의존도가 높다는 것은 음악을 자신의 기분조절에 더 적극적으로 사용한다는 것을 의미한다. 첫 번째와 두 번째를 종합하면 우울증 고위험군 집단은 슬픈 음악으로 슬픈 감정을 대처하려는 정서조절 방식을 취하고 있다는 것을 알 수 있다. 여기까지의 음악 사용은 사실 특별히 문제가 되지 않는다. 문제는 세 번째로, 우울증 고위험군 집단이 슬픈 음악 소비에 대한 반복성과 반추행동이 높다는 것이다. 반복적으로 슬픈 음악을 반추의 도구로 사용하는 우울한 사람들은 우울감에 익숙해지면서 우울한 감정으로부터 벗어나지 못한다.[103] 음악이 반추와 우울에 일조하지만 '친근하고 편안한 음악'과 우울을 동일시하여 빠져나오기를 거부하기 때문이다. 다시 말해, 우울증 고위험군의

---

101) Sandra Garrido & Emery Schubert, "Moody Melodies: Do They Cheer Us Up? A Study of the Effect of Sad Music on Mood," *Psychology of Music* 43(2) (2015): 246.

102) J. K. Vuoskoski & T. Eerola, 1100. 정서 일치 편향적 음악 선호도는 현재 자신의 기분과 일치하는 감정의 음악을 선호함을 말한다. 우울할 때 슬픈 음악이, 즐거울 때는 행복한 음악이 더 끌리는 현상이다.

103) Aayush Surana, Yash Goyal & Vinoo Alluri, "Static and Dynamic Measures of Active Music Listening as Indicators of Depression Risk," arXiv preprint ar Xiv: 2009(2020): 13685.

반복적인 슬픈 음악감상은 부정적 정서를 강화시키는 부적응적 대처 방식으로 작동될 수도 있는 것이다. 다음의 예를 보자.

A, B 두 사람은 모두 연인과 이별 후 우울한 기분이다. 그래서 자신들의 마음을 위로해 줄 음악으로 오펜바흐의 〈재클린의 눈물〉이라는 슬픈 첼로 곡을 듣고 있다. A는 이 음악을 들으며 애절한 멜로디와 첼로의 음색에 매료되어 슬픔을 느낀다. 첼로의 선율이 이야기처럼 기승전결로 펼쳐지는 것 같고 음악의 흐름에 따라 때론 애잔한 슬픔에 가슴이 먹먹함을 느끼다 비탄의 슬픔이 느껴지는 부분에서 눈물이 흐른다. 슬픈 음악에 A는 위로받는 느낌이었다. 음악이 끝나고 A는 슬프고 아름다운 경험에 강한 정서적 환기와 함께 기분이 한결 나아진 것을 느꼈다. 반면, B는 음악을 들으면서 과거 자신을 버리고 떠난 여자 친구를 회상한다. 음악 안에서 그녀와 함께했던 달콤한 시간을 떠올린다. 그러나 그 달콤했던 시간은 지금 그녀를 그리워하는 괴로움으로 변해 있다. 또, 음악을 들으면서 왜 그녀가 그를 떠났는지 생각하고 또 생각해 본다. 그녀에 대한 분노의 감정이 치밀어 오른다. 그러다 다시 그녀에 대한 그리움과 외로움, 슬픔의 감정이 밀려온다. 음악을 감상하는 내내 그는 이별한 연인과의 일들을 생각하며 괴로워한다. B에게 음악은 반추의 시간과 정신적 공간이 된 것이다.

같은 음악을 경험했지만 A는 음악을 통해 기분이 정화되고 개선된 경험을 하였고, B는 음악 안에서 반추하면서 기분이 악화되었다. '슬픈 음악의 역설', 즉 슬픈 음악이 주는 정화의 치료적 경험이 누구에게나 적용되는 것은 아니라는 것을 보여 주는 예이다. 똑같은 슬픈 음악을 경험하더라도 반추적인 사람이 그렇지 않은 사람보다 음악감상 후 우울감이 증가한다.[104)]

또한 반추를 많이 하는 우울한 사람들은 외부의 정보를 더 부정적으로 처리한다. 똑같은 말을 듣더라도 부정적인 단어나 문장에 더 편향적으로 주의를 기울이며 타인의 얼굴표정도 부정적으로 해석한다. 이러한 현상은 음악에서도 마찬가지로 나타난다. 똑같은 음악이라도 우울 성향이 높은 사람은 그렇지 않은 사람보다 더 슬프게 느낀다.[105)] 예를 들어, 에릭 사티의 〈짐노페디〉라는 음악을 어떤 사람은 평화로운 음악으로 느끼지만 우울한 사람들은 슬픈 음악으로 경험한다. 마치 우울이라는 마음의 상태가 세상을 접하는 모든 감각의 정보를 우울 편향적으로 필터링해서 뇌에 전달하는 것과 같은 이치이다.

---

104) Garrido & Schubert, 같은 글, 244.

105) Sandra Garrido & Emery Schubert, "Music and People with Tendencies to Depression," *Music Perception: An Interdisciplinary Journal* 32(4) (2015): 313.

오펜바흐의 〈재클린의 눈물〉

〈재클린의 눈물〉은 독일 태생의 프랑스 작곡가 자크 오펜바흐(Jacques Offenbach, 1819~1880)가 작곡한 첼로 연주곡이다. 미발표작이었던 이 작품은 오펜바흐가 죽고 약 100년이 지난 후 독일의 첼리스트 베르너 토마스 미푸네(Werner Thomas Mifune, 1941~)가 발견하며 유명해진 곡이다. 재발견된 이 곡에 연주자는 '재클린의 눈물(Les larmes du Jacqueline)'이라는 이름을 붙였고 앨범으로도 제작하였다.

이 음악이 유명해진 것은 구슬프고 아름다운 선율 덕분이지만 사실 이 음악의 주인공인 재클린(Jacqueline de Pre, 1945~1987)의 비극적인 삶이 많은 이에게 안타까움을 자아냈기 때문이었다. 재클린은 16세에 런던에서 데뷔한 후 천재적인 첼리스트로 인정받고 있었다. 그러다 1967년 당시 22세의 나이로 아르헨티나 출신 유대인 지휘자 바렌보임(Daniel Barenboim, 1942~)과 결혼하게 된다. 재클린은 집안의 반대에도 불구하고 유대교로 개종까지 하면서 당시 그녀에 비해 '별 볼 일 없었던' 바렌보임을 선택하였다. 이들의 만남은 슈만과 클라라의 만남과 비교될 정도로 음악계에서 세기의 사건이었다. 결혼 후 이들은 함께 연주 여행을 다니기도 하고 음반도 출시하면서 행복한 시간을 보냈다. 그러나 행복은 그리 오래가지 못했다. 결혼 6년 후, 고작 28세에 다발성 경화증이라는 희귀병에 걸려 그녀는 더 이상 연주를 할 수 없게 되었고 남편 바렌보임은 병든 아내를 떠났다. 아내가 병마와 싸우는 사이에 바렌보임은 유대인 출신 러시아 피아니스트와 동거하며 두 아이를 낳고 가정을 이루어 살고 있었다. 그러나 재클린은 하염없이 그를 기다리다 42세의 나이로 세상을 떠났다. 그녀가 죽은 이후에도 바렌보임은 단 한 번도 그녀의 묘지를 찾지 않았다고 한다.

영국의 유복한 집안에서 태어나 어린 시절부터 천재로 인정받고 살았던 그녀가 불치병과 사랑하는 사람의 배신으로 고통스러워하고 또 한편 그를 그리워하면서 14년이라는 투병 기간을 보냈을 것을 상상해 보면 '재클린의 눈물'의 의미를 제대로 느낄 수 있을 것이다.

▲ 토마스 미푸네가 재클린에게 헌정한 앨범 사진

▲ 재클린과 바렌보임

재클린의 눈물

정신건강에 좋지 않은 영향을 주는 또 다른 음악 사용 방식은 방출(discharge)이다. 방출은 부정적인 감정을 음악을 통해 분출하는 것으로 언뜻 스트레스 해소에 효과적인 음악 사용 방식처럼 보인다. 예를 들어, 분노의 감정을 노래방에서 큰 소리로 부르는 것, 누군가를 욕하는 가사를 들으며 대리만족을 느끼는 것 등이 이에 해당한다. 감정의 방출이 건강하지 못한 음악 사용 방식이라고 한다면 '표현하면 치료적이다'라는 음악치료의 치료 기전에 어긋나는 것처럼 들린다. 그런데 실제 대학생들의 기분 조절을 위한 음악 사용 방식과 정신병리의 상관관계를 조사한 연구에서 음악을 통해 부정적인 감정을 발산하는 방출 전략을 많이 사용하는 사람들이 우울, 불안, 스트레스 수준이 높을 것으로 예상되었다.[106] 다시 말해 우울, 불안, 스트레스에 취약한 사람들이 음악을 통한 부정적 정서의 방출이라는 기분 조절 전략을 사용할 경우 건강한 결과를 가져오지 못한다는 것이다.

우울, 불안, 스트레스에 취약한 사람들은 성격 유형 중 신경증(N)적 성향이 높은 사람들이다. 음악을 통한 부정적 감정을 분출하는 기분 조절 전략은 외향성(E)이 높은 사람들에게는 별문제가 되지 않는다. 음악의 부정적인 감정에 상대적으로 영향을 덜 받기 때문이다. 그러나 감정이 불안정하고 기복이 심한 신경증적 성향이 높은 사람들의 감정 분출은 '언 발에 오줌 누기'와 같은 결과를 가져온다. 음악활동은 우리 몸의 포도당을 사용하여 스트레스 호르몬인 코르티솔과 같은 독성을 몸에서 사라지게 함으로써[107] 일시적으로 해소의 시원함을 주기도 한다. 그러나 그것은 일시적인 생리적 현상이다. 이 생리적 현상이 사라지면 신경증적 성향이 높은 사람들은 표현 이후 반추 경향성이 높기 때문에 더 큰 우울과 불안에 빠질 수 있다.

신경증적 성향이 높은 사람들이 음악을 통해 부정적 감정을 표현할 때 그 대처 방식이 효과적이기 위해서는 안전장치가 필요하다. 바로 부정적 정서의 표현에 대하여 공감과 지지를 보여 주고 새로운 방향에 대해 제시해 줄 수 있는 조력자 또는 치료사와 같은 사람들의 역할이다(제3장 5. 성인을 위한 음악치료 – 3) 정신건강과 음악치료 참조).

건강하지 못한 음악 사용의 마지막은 현재 감정과 사고를 회피, 부정하기 위한 방법으로 사용하는 경우이다. 다음의 예를 보자.

지연은 친한 친구의 생일파티에 초대받지 못했다. 무슨 일인지 알고 싶었지만 자존심이

---

106) Casandra Thomson, John Reece, & Mirella Bebedetto, "The Relationship Between Music-Related Mood Regulation and Psychopathology in Young People," *Musica Scientiae* 18(2) (2014): 150-165.

107) 이 책 제4장 2. 음악치료 방법 - 2) 노래하기 참조.

> 상해서 모른 척하고 지내고 있다. 그러나 그 일로 인해 지연은 거절당했다는 불쾌감과 동시에 슬픔을 느낀다. 그런데 다른 한편으로 '나보다 못한 하찮은 애한테 거절당한 것에 슬퍼하다니.'라는 생각으로 슬픔을 느끼는 자신에게 분노한다. 지연은 친구와의 오랜 우정이 우정이 아니었을지도 모른다는 허망함으로 우울했지만 우울감을 인정하기 싫어서 즐거움, 오락의 음악으로 자신의 감정을 부정하고 회피한다. 요즘 유행하는 신나는 힙합음악, 댄스음악들을 들으면서 자신의 일차감정인 우울감을 부정한다. 사실 우울한 기분에 신나는 음악은 남의 옷을 입은 것처럼 불편하다. 그러나 혼자 조용히 있으면 자꾸 불쾌한 생각과 감정이 떠오르고 슬픈 음악을 들으면 우울감이 엄습할 것이 두려워 의식적으로 빠르고 신나는 음악에 기분을 조절하려 노력한다. 그러나 우울이라는 감정을 부정하고 억압할수록 우울의 그림자는 더 커진다.

감정이라는 내적 역동은 반대의 에너지로 억누르려 할수록 탄성이 더 커지고 사라지지 않는 성질을 가지고 있다. 자신의 솔직한 감정에 대한 회피와 부정을 목적으로 하는 음악 사용은 우울감을 더 강화시킬 뿐이다.[108]

(2) 약이 되는 음악: 건강한 기분 조절 전략(미적 체험, 재평가의 시간)

음악으로 기분을 조절한다는 것은 부정적 정서를 조절한다는 것을 의미한다. 너무 흥분된 상태라도 그것이 사랑과 같은 설렘의 경험이면 우리는 그 상태를 계속 유지하고 싶어 한다. 너무 이완된 상태라도 그 상태가 평온한 상태라면 변화를 원치 않는다. 반면, 공포, 불안, 분노와 같은 부정적 흥분상태 또는 우울과 같은 부정적 저각성(低覺性) 상태에서 우리는 기분을 조절하려 노력한다. 그렇다면 어떤 음악을 어떻게 사용하면 우리의 기분이 부정에서 긍정으로 변화될까?

우선, 우리는 아무런 노력을 특별히 하지 않아도 즐거운 음악, 아름다운 음악, 평화로운 음악에 기분이 좋아지기도 한다. 맛으로 비교하자면 선호하는 음악은 단맛에 해당한다. 단맛은 입에서 즐거울 뿐만 아니라 빠른 시간 안에 에너지를 충전해 준다. 힘들고 지칠 때 단 음식을 먹으면 기운이 솟고 기분이 좋아지는 것처럼 선호하는 음악은 단맛과 같은 역할을 한다. 특히 슬픔이라는 쓴맛을 경험하고 있을 때 나의 슬픔을 공감해 주는 음악 그리고 높은

---

108) Vino Alluri et al., "Maladaptive Music Listening Strategies are Modulated by Individual Traits," *Psychology of Music* 50(6) (2022): 1779.

미적 체험을 제공하는 음악은 기분을 상승시킨다.[109] 그러나 이때 중요한 전제조건이 하나 있다. 그 첫 번째가 바로 몰입(absorption)이다. 청자가 자신에게 일어난 슬픈 사건보다는 음악에 몰입해야 한다는 것이다. 음악이 배경이 되고 반추가 전경이 되는 인지 처리과정은 기분 변화를 가져오기 힘들다. 음악에 몰입하는 슬프지만 아름다운 경험은 기분 조절에 효과적이지만 슬픈 음악을 들으며 자신에게 몰입하는 일은 기분의 변화를 가져올 수 없다.[110]

두 번째는 인지적 재평가(cognitive reappraisal)를 돕는 음악이다. 사리칼리오(S. Saarikallio)에 따르면 'mental work'는 기분 조절을 위한 음악 사용 목적 중 하나이다.[111] 여기서 '정신적 작업'은 음악 경험 동안 사색 또는 반추하는 시간을 의미한다. 우리는 음악을 들으면서 또는 연주하면서 현실과 전혀 다른 판타지의 세계에 빠지기도 하고 과거의 기억을 떠올리기도 하며 미래를 계획하고 다짐하기도 한다. 현재 시간과 공간에서 소리라는 물리적 현상으로 존재하는 음악은 우리에게 환상, 과거, 미래라는 정신적 가상 공간을 제공한다. 이 정신적 가상 공간에서 음악을 통해 부정적인 감정과 사고를 재평가하는 것이다.

인지적 재평가는 감정 조절을 위해 가장 효과적인 방법 중 하나이다.[112] 인지적 재평가의 예를 들어 보자. 중간고사 성적이 좋지 않은 진영은 우울하다. 시험 기간 동안 자신이 좋아하는 드라마를 참지 못하고 역주행했던 것이 화근이었다. 시험 끝나고 봐도 될 것을 참지 못한 자신이 원망스럽지만 시험은 이미 끝난 상태이다. 진영은 기말고사에 만회하기로 결심한다. 드라마의 유혹에 빠져 시간을 허비하지 않는다면 다음에는 충분히 좋은 성적을 낼 수 있을 것이라고 생각한다. 진영의 예는 우리가 일상에서 흔히 하는 인지적 재평가의 자기조절이다.

이미 일어난 사건을 바꿀 수는 없지만 그 사건에 대한 평가에 따라 우리의 감정이 달라진다. 만약 중간고사를 망쳤다는 사건으로 진영이 장학금을 받지 못할 것이라는 생각, 장학금

---

109) Annemieke J. Von den Tol & Jane Edward, "Listening to Sad Music in Adverse Situations: How Music Selection Strategies Relate to Self-Regulatory Goals, Listening Effects and Mood Enhancement," *Psychology of Music* 43(4) (2014): 475.

110) Sandra Garrido & Emery Schubert, "Adaptive and Maladaptive Attraction to Negative Emotions in Music," *Musicae Scientiae* 17(2) (2013): 147-166. 실험에서 슬픈 음악에 몰입(absorption)이 높고 사색(reflectiveness)적인 사람은 긍정적인 효과를 기대할 수 있는 반면, 반추적인 사람은 그렇지 않았다.

111) 앞의 절 4. 청소년을 위한 음악치료 참조.

112) Adam Augustine & Scott H. Hemenover, "On the Relative Effectiveness of Affect Regulation Strategies: A Meta-Analysis," *Cognition & Emotion* 23(6) (2009): 1181-1220; Thomas L. Webb, Eleanor Miles & Paschal Sheeran, "Dealing with Feeling: A Meta-Analysis of the Effectiveness of Strategies Derives from the Process Model of Emotion Regulation," *Psychology Bulletin* 138(4) (2012): 775-808. 감정 조절에 방법에 대한 두 연구의 메타분석 결과 인지적 재평가(reappraisal)과 전환(distraction)이 가장 효과적인 방법으로 나타났다.

을 받지 못하면 휴학을 해야 하고 휴학을 하면 등록금을 벌기 위해 아르바이트를 해야 하며 아르바이트 때문에 취업 준비를 못하고 결국 취업을 못하는 파국적 결말까지 생각한다면 어떨까? 중간고사라는 사건에 '다음에 잘 보면 되지.'라고 생각하는 사람과 '난 망했어.'라고 생각하는 사람은 같은 사건에 대해 전혀 다른 감정을 경험한다.

우리는 일상에서 의도적으로 인지적 재평가를 위해 노래를 사용하는 경우가 많다. '위로'와 '용기'를 주는 노래들은 감상자 또는 연주자에게 특정 메시지를 전달한다. '할 수 있을 거야', '걱정 말아요', '수고했어, 오늘도' 등등 위로와 용기를 주는 노래들은 현재의 부정적 사고와 감정을 긍정적으로 전환하도록 도와준다. 인지적 재평가를 유도하는 노래들이다. 물론 이러한 위로와 용기의 노래들은 현재의 부정적인 사고가 결코 도움이 되지 않고 삶에 오히려 방해가 될 때 필요한 중재이다. 예를 들어, 앞의 진영은 위로와 용기를 주는 노래들을 들으면서 중간고사를 망친 것에 대한 반성과 기말고사를 잘 대비해야겠다는 대책을 세우고 현재의 부정적 감정을 전환한다. 인지적 재평가를 도와주는 노래 가사는 친구이자 치료사와 같은 역할을 한다.

한편, 우리는 가사가 없는 음악을 들으며 사색을 통해 인지적 재평가의 시간을 갖기도 한다. '평가의 시간', '사색의 시간'에 음악은 정신이 외부에 분산되는 것을 막고 현재의 정신적 공간에 집중하도록 도와준다. 이때 음악은 우리의 생각과 감정에 몰입하도록 하는 배경음악이어야 한다. 개인의 취향에 따라 선호하는 음악은 다양하겠지만 사색을 위한 배경음악은 예측 가능하고 안정적이어야 하므로 악기 편성은 1~2개 정도로 간단한 것이 효과적이다. 중요한 것은 음악이 아닌 '나에게 집중하는 것'이다.

사람마다 자신의 기분을 변화시키고 긍정적 에너지를 주는 음악이 있다. 그 사용 방식도 각기 다르다. 어떤 사람은 에너지를 방출하는 방식의 표현에 기분이 개선되고 어떤 사람은 조용히 아름다운 음악을 들으면서 안정을 취할 때 기분이 조절된다. 사용 전략에서도 음악이 전경인가 배경인가에 따라 다르다. 음악이 전경이 되는 경우 음악에 충분히 몰입하고 공감함으로써 기분이 개선되는 경우이고 음악이 배경이 되는 경우는 인지적 재평가를 위한 사색의 시간을 통해 건강한 에너지를 얻기도 한다.

(3) 음악을 활용한 기분 조절 모형

선행사건(Antecedent event)－정서반응(Response)－음악 대처(music Coping strategy)－결과(Consequence)로 이어지는 모형이다.

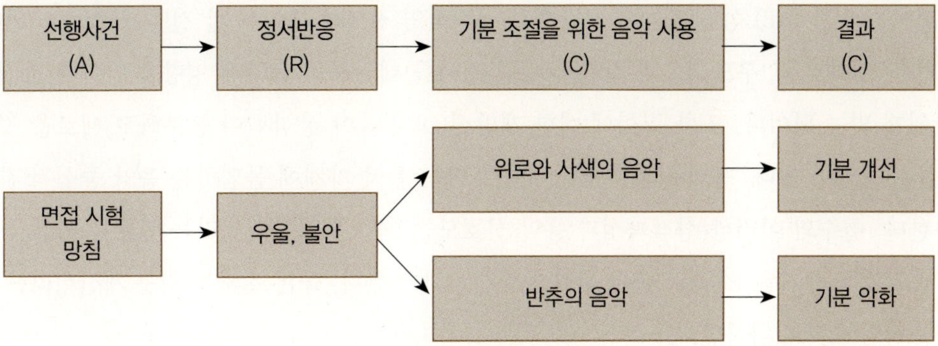

[그림 3-14] ARCC 모델

> 영희는 오늘 취업을 위한 영어 면접시험을 망치고 집에 돌아왔다(선행사건). 발표 공포증이 자신의 취업을 막는다는 생각에 우울하고 앞으로도 취직하기는 힘들 것 같다는 불안이 엄습해 온다. 불안하고 우울한 마음을 달래기 위해 자신의 플레이리스트에서 음악을 선곡하여 듣는다(기분 조절을 위한 음악 사용). 자신이 평소 좋아하던 노래를 들으면서 상처받은 마음을 위로한다. 조용한 발라드 음악과 솔직한 가사가 영희의 마음을 위로한다(위로). 음악을 들으면서 이번엔 운이 좀 나빴을 뿐이라고 생각한다. 발표 공포증만 치료하면 자신은 얼마든지 취업할 수 있는 사람이라고 생각한다(사색: 인지적 재구성). 한참 동안 음악에 젖어 있다가 영희는 어느 정도 기분이 조절된 후 음악을 끄고 다른 일을 시작한다(결과).

이는 음악을 기분 조절을 위해 건강한 방식으로 사용한 예이다. 만약 영희가 음악을 들으면서 낮에 본 면접 당시의 경험을 반복적으로 생각하고 후회하고 슬퍼한다면 음악은 영희의 반추 행동을 강화시켜 기분을 더 악화시키는 결과를 가져온다. 같은 상황이지만 음악 대처 조절 방식에 따라 다른 결과가 나타난다. 그리고 다른 대처에 영향을 주는 요소는 성격특성과 음악 선호도이다. 다음은 성격특성과 음악 선호도가 음악 선택과 사용 방식에 어떻게 다르게 나타나는지를 보여 주는 예이다.

> 20대 남자 철수는 학교에서 시험을 망쳤다(선행사건). 이로 인해 우울과 불안이 밀려온다(정서반응). 기분전환을 위해 음악을 선택하려고 한다. 최신 힙합 노래를 들으면서 빠르고 강한 비트의 에너지에 자연스럽게 기분이 전환되고 즐거움을 느낀다(음악 대처 방식과 결과).

철수는 외향적(E) 성향이 높은 사람으로 긍정적인 정서의 음악에 잘 전염(contagion)된다. 흥겨움, 평화로움, 부드러움과 같은 긍정적 정서를 제공하는 음악에 영향을 받아 기분전환이 쉽게 되는 편이다. 또한 경험에 대한 개방성(O)이 높아 상상력이 풍부하고 새로운 것에 대한 수용성이 높다. 음악을 들으면서 자신보다는 음악 자체에 몰입하는 음악 중심적 감상을 한다. 철수의 이러한 성격특성과 음악 선호도는 그가 힙합음악이라는 선호 음악을 선곡하고 그것을 즐거움, 전환과 같은 전략으로 사용하게 한다. 물론 결과는 기분 개선이라는 감정 조절의 효과로 나타난다.

> 40대 대기업 과장인 영철은 회사에서 승진에 실패했다(선행사건). 우울하고 불안한 기분이 밀려온다(기분상태). 평소 오페라를 좋아하던 영철은 슬픈 아리아를 들으면서 슬픔에 빠져 있다. 서정적인 아리아에서부터 고도의 테크닉으로 감정을 발산하는 비르투오소 성악가들의 음악을 감상하면서 좀 전의 우울과 불안이 나아지는 것 같은 느낌이 든다.

영철은 감정의 안정성을 요구하는 신경증(N)적 성향과 완벽주의를 추구하는 성실성(C) 그리고 개방성(O)이 높은 편이다. 사색적이고 복잡한 음악 장르를 선호하며 기분전환을 위해 자주 음악을 전략적으로 사용한다. 오늘 그는 고난도의 테크닉과 정제된 아름다움의 아리아들을 통해 미적 체험을 하면서 카타르시스를 느낀다. 그는 음악을 통해 정화되고 회복되는 경험을 한다.

앞의 두 사람은 모두 음악을 통한 기분 조절을 건강하고 성공적인 방식으로 사용한 예이다. 힙합과 오페라 아리아는 전혀 다른 음악이지만 자신의 성격과 음악 선호도에 맞게 건강한 방식으로 음악을 사용했기에 긍정적 정서라는 같은 결과를 도출할 수 있었다. 반면, 같은 음악이라도 사용 전략에 따라 결과가 달라질 수도 있다.

3) 정신건강과 음악치료

(1) 음악적 탄력성

음악치료는 일시적인 긴장 이완, 통증 감소와 같은 감각적, 생리적 변화, 우울, 불안과 같은 비교적 지속적인 심리적 변화, 그리고 장기적으로는 인격의 변화를 목적으로 한다. 그러나 심리학자들은 유전과 개인이 살아온 환경에 의해 결정되는 성격은 성인이 된 이후 바뀌는 일이 거의 없는 것으로 본다. 다만, 일시적으로 어떠한 사건 또는 경험에 의해 5요인의 성격

특성 중 특정 요인이 상승하거나 낮아질 수도 있다. 예를 들어, 질병, 실직, 사별, 이혼, 배신 등 삶을 살아가는 동안 어떠한 사건으로 인한 스트레스로 일시적인 성격특성 수준의 변화가 나타나기도 한다. 실직 상태에서는 N(신경증)의 수준이 상승하고 C(성실성)의 수준이 일시적으로 낮아질 수 있다. 직장이 없고 수입이 없는 상태가 불안과 우울을 높일 수 있으며 규칙적인 생활에서 벗어난 상태에서 자기관리가 소홀해질 수 있기 때문이다. 그러나 재취업 이후 성격은 다시 원래대로 돌아온다. 개인의 성격은 회복탄력성이 꽤 높다.[113]

성인이 된 이후 음악 선호도 역시 성격만큼 고정적이다. 개인의 문화, 성격, 인지적 수준 등에 따라 선호 음악이 고정되며 이러한 음악 성향은 대체로 큰 변화 없이 일관적이다. 클래식을 좋아하던 사람이 갑자기 트로트로, 재즈를 좋아하던 사람이 랩음악 팬으로 변하는 일은 거의 보기 힘들다. 물론 클래식 음악을 즐겨 듣던 사람이 일시적으로 기분과 상황에 따라 트로트 노래를 즐기기도 한다. 반대로 트로트 음악을 즐기던 사람이 클래식 음악을 듣고 음악적 감동을 느끼기도 한다. 신나는 트로트, 강렬한 비트의 랩음악, 바이올린 선율이 아름다운 클래식 음악, 멜랑콜리한 블루스 음악 등 자기 취향과 다른 음악적 경험은 일시적으로 기분의 변화를 준다. 그러나 이러한 음악적 일탈 이후 대부분은 다시 원래의 자기 취향으로 돌아온다.

(2) 음악적 방어기제

정신분석에서는 우리가 자아를 보호하기 위해 억압, 승화, 투사, 합리화, 부정 등 다양한 방어기제를 사용한다고 설명한다. 치료는 개인이 사용하는 방어기제가 무엇인지 그리고 방어기제 이전 원래의 감정과 욕망이 무엇인지에 대한 분석과 표현을 통해 통찰을 얻는 과정이다. 마찬가지로 음악치료에서도 '음악 대처 방식', '음악을 통한 자기조절'은 자아의 방어기제처럼 음악적 방어기제에 해당된다. 조절이 필요한 부정적인 상황에서 음악이라는 경험을 통해 우리는 감정의 회피, 전환, 위로, 회복, 즐거움, 투사 등 다양한 기제를 사용한다. 자기 주도적 음악 사용이 만연한 현대 사회에서 정신건강을 위해서는 어떤 음악을 듣는가의 문제가 아니라 음악을 어떠한 심리적 기제로 사용하는가에 주목해야 한다. 아무리 아름다운 음악이라도 음악을 사용하는 방식이 정신건강에 도움을 주지 못한다면 그 음악은 해로운

---

113) Paul T. Costa & Robert R. McCrae, "Peronality in Adulthood: A Six-Year Longitudinal Study of Self-Reports and Spouse Ratings on the NEO Personality Inventory," *Journal of Personality and Social Psychology* 54(5) (1988): 853. 이 연구는 사람들이 6년 동안 이혼, 죽음, 질병, 실직과 같은 스트레스 유발 사건을 기록한 보고서를 분석하였다. 일부 사람들은 6년 후에 특정 수준의 성격 변화를 보였지만, 대부분의 사람은 원래의 성격으로 돌아왔다. 이는 인생의 큰 사건들이 성격에 영구적인 변화를 가져오지 않는다는 것을 의미한다.

음악이다. 그러나 사실 우리는 그 해로움을 잘 느끼지 못한다.

베버의 〈현을 위한 아다지오〉는 슬프지만 아름다운 음악이다. 슬픔은 부정적 감정이지만 음악의 아름다움 덕에 우리 뇌는 쾌락이라는 보상을 받게 된다. 이때 경험하는 쾌락은 음식, 섹스, 약물 남용과 같은 자극에 쾌락 반응을 보이는 뇌의 영역과 중첩된다.[114] 우리는 미적 체험을 정신적이고 영적인 감동이라고 생각하지만 사실 뇌의 보상 시스템은 식욕과 성욕처럼 본능적인 쾌락과 동일한 형태의 쾌락을 제공하는 것이다.

뇌에서 쾌락을 느끼는 보상은 행동을 강화시킨다. 식욕은 생존에 필수적이기에 먹는다는 행위에 뇌는 쾌락을 느끼게 해 준다. 그러나 우리가 먹는 것은 개인의 건강에 따라 독이 될 수도 있고 약이 될 수도 있다. 단 음식은 누군가에게는 중요한 에너지원이지만 당뇨병 환자에게 단 음식은 독이 된다. 그러나 우리 뇌의 쾌락 중추는 그러한 판단을 하지 않는다. 때론 건강하지 않고 맛만 있는 해로운 음식에 더 짜릿한 쾌락으로 보상해 주기도 한다. 이러한 원리는 음악에도 적용된다. 아름다운 음악은 자꾸 경험하고 싶어진다. 그런데 음악이 주는 쾌락은 그것이 우리에게 약으로 작용하는지 독으로 작용하는지에 대한 판단을 방해하고 뇌의 보상 시스템만 활성화시킨다.

예를 들어, 신경증이 높은 사람이 개인적인 고통에 휩싸여 있을 때 음악을 반추 또는 회피로 사용한다면 그것은 바람직하지 않은 대처이다. 음악을 부적응적으로 사용하고 있는 것이다. 하지만 이 음악은 쾌락을 동반하기에 그 사람은 음악을 반복적으로 사용한다. 흥미로운 것은 건강하지 않은 방식으로 음악을 사용하는 사람들이 음악을 통해 어떠한 수혜도 받지 못하면서 음악이 정신건강에 도움이 될 것이라고 믿고 있다는 사실이다.[115] 우울한 기분에 슬픈 음악을 들으면서 과거의 좋지 않은 기억을 반추하고 우울이라는 부정적인 감정을 음악을 통해 더 강하고 깊게 경험하면서도 음악이 해롭다고 생각하지 않는다. 왜곡된 방식으로 음악을 사용하면서도 전혀 인지하지 못하는 현상이다. 이는 자아를 보호하기 위해 다양한 방식의 방어기제를 작동시키는 무의식적 행동과 닮아 있다.

사람들의 음악 사용 목적은 미적 체험, 즐거움, 감정방출 등 다양하지만 궁극적 목적은 자기조절(self-regulatory)이다. 음악을 습관적으로 듣는 사람이라도 음악이 자신의 취향과 기분에 맞지 않으면 언제나 음악을 바꾸어 현재의 기분과 일치하거나 또는 원하는 기분으로 전환하기 위해 음악을 사용한다. 그러나 이러한 자기 주도적 음악 사용이 언제나 건강한 결

---

114) Anne Blood & Robert Zatorre, "Intensely Pleasurable Responses to Music Correlate with Activity in Brain Regions Implicated in Reward and Emotion," *Proceedings of the National Academy of Science* 98(20) (2001): 11818.

115) Alluri et al., 같은 글, 1781.

과를 가져오지는 않는다.

기분 조절을 위한 음악 사용 방식은 이제 정신건강을 예측하는 변수로도 사용된다.[116] 특히 우울증은 음악선호와 활용에서 병리적 특성을 잘 드러내는 질환 중 하나이다. 우울한 사람은 높은 에너지와 분노의 음악을 싫어한다.[117] 우울증이라는 낮은 각성 상태와 반대되는 높은 에너지의 음악에 거부감을 느끼는 것이다. 정서편향적인 음악 선호 현상이다. 또한 우울증 환자들은 분노와 같은 부정적인 정서를 표현하고 조절하는 데 어려워한다. 우울증의 특징인 회피기제의 영향이다. 가장 두드러진 특징은 음악이 '반추'의 도구가 된다는 것이다.[118]

음악은 분명 우리의 삶을 풍요롭게 한다. 그러나 건강하지 못한 방식으로 사용할 경우 정신건강에 약이 아닌 독으로 작용할 수도 있다. 음악이 주는 쾌락(미적 체험, 즐거움, 신남 등)을 다양한 심리적 방어기제로 사용할 때이다. 우리의 정신건강에 어떤 음악이냐보다는 음악을 어떻게 사용하는가가 중요하다. 사용하는 방식이 건강한지 건강하지 않은지를 측정하는 측정도구[119]가 개발될 정도를 음악은 정신건강과 밀접한 관련을 갖는 매체로 자리 잡고 있다.

(3) 정신건강을 위한 음악치료 중재

공격적이고 충동적인 성향의 사람이 분노의 상태에서 폭력적인 가사를 듣는 것은 적대감을 증가시킨다. 자신의 경험과 연관된 기억을 반추할 때 이러한 적대감과 분노는 더 강하게 나타난다. 반면, 분노의 감정을 드럼 연주로 에너지를 사용하는 것은 공격성을 감소시킨다. 과거의 부정적인 경험과 생각, 감정을 반복적으로 떠올리는 반추적 성향의 사람에게 슬픈 음악감상은 우울이라는 기분에 침잠하게 만드는 부적응적 기분 조절 방식이다.[120] 그러나 일반적으로 슬플 때 슬픈 음악을 듣는 것은 심리적으로나 생리적으로 정화의 경험을 줌으로

116) Casandra J. Thomson, John E. Reece & Mirella Di Benedetto, "The Relationship Between Music-Related Mood Regulation and Psychopathology in Young People," *Musicae Sciencetiae* 18(2) (2014): 150-162.

117) Marko Punkanen, Tuoma Eerola & Jaako Erkkila, "Biased Emotional Preferences in Depression: Decreased Liking of Angry and Energetic Music by Depressed Patients," *Music and Medicine* 3(2) (2011): 114.

118) 음악과 반추 관련 내용은 앞의 참고문헌 참조.

119) Suvi Saarikallio, Christian Gold & Katrina McFerran, "Development and validation of the Healthy-Unhealthy Music Scale," *Child and Adolescent Mental Health* 20(4) (2015): 210-217. 이 도구의 주 목적은 청소년들이 음악을 건강하게 그리고 역기능적인 효과가 나오는 건강하지 못한 방식으로 사용하는 것에 대한 측정을 위해 개발되었다. HUMS는 13개의 문항 중 8개는 건강하지 못한 방식의 사용에 대한 것이며 5개는 건강한 방식의 음악 사용에 관한 문항이다.

120) Garrido & Schubert, 같은 글, 244.

써 효과적인 방법이기도 하다.[121] 이렇듯 음악치료사는 내담자의 성향, 내담자가 처한 상황적 맥락, 음악 선호도에 따라 각각 다른 치료 전략으로 접근해야 한다. 음악치료사는 보편성과 객관성이 아닌 다양성과 특수성을 고려해야 하기 때문이다.

다음은 성인을 위한 음악치료의 과정과 방법에 대한 대략적인 가이드라인이다.

① 성격특성에 따른 음악치료 접근법

음악치료에서 개인의 성격은 음악치료 전략 또는 방법을 결정하는 데 중요한 요인이 된다. 예를 들어, 완벽주의를 추구하는 지나치게 조직적이고 성실한 사람(C+)은 앙상블 연주, 합창, 노래 만들기와 같은 완성 중심의 음악활동에서 결점 없는 연주를 지향하고 자기 비판적인 성향이 강하다. 음악적 몰입보다는 음악적 완성에 초점을 둔다.[122] 만일 완벽주의 성향이 높은 사람에게 치료 초기 내면 탐색이라는 목적으로 즉흥연주를 시작한다면 오히려 불안을 높일 수 있다. 계획적, 조직화와 반대인 자유롭고 즉흥적인 연주는 내담자의 성향과 정반대되는 접근법이다. 이러한 성격특성의 내담자들이 자기 개방을 편안하게 할 수 있도록 하기 위해서는 치료 초기 수동적인 음악 경험으로 시작하는 것이 적합하다. 이때 내담자의 정서가 우울이라면 치료사는 내담자의 정서에 일치하는 낮은 에너지의 음악으로 시작한다.

반대로 경험에 대한 개방성(O+)이 높은 사람이라면 즉흥연주, 치료적 노래 만들기와 같은 창조적인 음악활동으로 시작하는 것이 효과적이다. 개방성이 높은 사람들에게 이미 알고 있는 노래에 가사만 바꾸는 '가사 넣기'와 같은 중재와 표현방식은 유치하고 재미없게 느껴질 수 있다. 일반적으로 연령이 높아질수록 새로운 경험에 대한 개방성(O−)이 낮아지는 경향이 있다.[123] 그러므로 개방성이 낮은(보수적인) 사람들에게는 익숙한 노래와 음악을 사용하는 것이 치료에 효과적이다.

〈표 3−5〉는 내담자의 성격, 음악 선호도, 음악 대처 방식에 따른 분석과 음악치료 접근법의 예시이다. 심층적인 진단평가라기보다는 치료사의 간단한 치료 계획서에 해당한다.

---

121) David Huron, "Why is Sad Music Pleasurable? A Possible Role of Prolactin," *Musica Scientiae* 15(2) (2011): 146.

122) Felicity A. Baker, *Therapeutic Songwriting: Developments in Theory, Methods, and Practice* (Springer, 2016), 60.

123) Brent W. Robert, Kate E. Walton & Wolfgan Viechtbauer, "Patterns of Mean-Level Change in Personality Traits across the Life Course: A Meta-Analysis of Longitudinal Studies," *Psychological Bulletin* 132(1) (2006): 1.

〈표 3-5〉 음악치료 접근법의 예시

대상	20대 중반의 우울증 여성
성격특성	N+E−O−A+C+= 스트레스에 취약하고 민감하며 내성적이다(N+E−). 새로운 것에 대한 도전을 두려워하고(O−) 대체로 순응하는 태도를 취하며(A+) 매우 성실하다(C+). 또한 타인의 눈치를 많이 보며 자기 비판적인 태도가 강하다(N+).
음악 문화	조용하고 우울한 가요, 뉴에이지
선호 음악활동	음악감상
음악감상 목적	기분 조절
정서조절 전략	정신적 작업/음악을 감상하며 지난 시간을 반추
치료 목적	자존감 향상(현재의 우울감이 자신을 가치 없게 생각하는 낮은 자존감에서 기인)
음악치료 전략	내담자에게 익숙한 분위기의 음악을 선곡하여 감상하고 토의하는 수동적인 방식으로 시작한다. 이 과정에서 음악을 통한 내담자의 반추적 태도를 탐색으로 전환한다. 치료사와의 관계가 편안해지면 내담자의 감정을 솔직하게 표현하는 방법으로 음악을 사용한다. 가사 넣기와 같은 간단한 표현에서부터 음악과 다른 표현예술 매체인 글쓰기, 그림 그리기 등을 결합한 표현, 노래 만들기와 즉흥연주와 같은 창조적인 표현을 통해 자신에 대한 통찰을 얻게 한다. 치료사는 새로운 경험에 대한 개방성(O)이 낮고 지나치게 순종적(A)이며 의존적인 내담자가 도전적이고 독립적으로 음악활동에 참여하고 표현할 수 있도록 음악적 · 언어적으로 지지하며 안전한 환경을 제공한다.

치료의 첫 번째 절차는 언제나 내담자에 대한 충분한 정보와 분석을 통해 음악치료를 어떻게 진행할지 결정하는 것이다. 따라서 치료사는 내담자의 성격특성과 현재의 정서, 행동, 사고 등의 문제에 대한 분석과 진단을 통해 음악치료 전략을 설정한다.

② 치료 전략

내담자의 일상에서 기분 조절을 위한 음악 대처 방식을 분석한다. 내담자에게 건강하지 않은 방식의 음악 사용은 치료과정에서 건강한 방식으로 전환한다.

첫째, 반추는 탐색으로 전환한다. 음악을 들으면서 혼자 반추한다는 것은 부적응적 음악 사용이다. 반면, 치료사와 음악활동(감상, 노래 만들기, 연주 등)을 하면서 자신이 혼자 반추하던 것들을 노출하는 것은 치료의 시작이 된다.

둘째, 부정(denial)은 수용으로 전환한다. 음악을 회피의 기제로 사용하는 내담자는 슬픔 대신 기쁨, 분노 대신 우울과 같은 다른 정서를 유도하기 위한 방법으로 음악을 사용한다. 이런 경우 내담자의 음악적 방어기제는 부적응적 음악 사용이다. 현재 감정에 대한 부정을 수용으로 전환하기 위해서는 치료사와의 친밀관계와 내담자의 공감을 불러일으키는 음악 경험이 필요하다.

셋째, 방출은 안전한 환경에서 이루어지게 한다. 앞에서 언급한 것처럼 음악으로 자신의 부정적 감정을 표출하는 것이 모든 사람에게 효과적인 것은 아니다. 오히려 부정적 결과를 가져오는 경우가 많다. 치료에서 안전한 감정 방출이 이루어지도록 한다(다음 예시 참조).

넷째, 인지적 재평가 또는 통찰이다. 정서와 행동의 변화를 위해서는 사고의 변화가 필요하다. 통찰, 깨달음도 같은 맥락이라고 볼 수 있다. 음악을 통한 인지적 재평가가 이루어지기 위해서는 치료사의 음악 중재가 단계적으로 조직화되어야 한다. 동시에 음악적 경험의 강도가 커야 한다. 음악이라는 외부 자극이 내담자의 내면에 강한 울림을 주어야 하기 때문이다.

> 직장인 여성 A는 직장 상사와의 갈등으로 우울과 분노의 감정에 지배되어 살고 있다. 퇴근 후 혼자 조용한 음악을 들으면서 분노의 마음을 진정시키려 노력한다. 가끔은 친구들과 만나서 상사에 대해 흉보고 욕하면서 스트레스를 풀어 보지만 별로 도움이 되지 않을 뿐만 아니라 자신의 계속되는 불만과 짜증에 주위 친구들조차 자신을 피하는 것 같은 생각이 든다. 친구들과 노래방에 가서 슬픈 노래를 부르면서 울어도 보고 공격적인 노래를 부르며 마음속 분노를 표출해 보았지만 집에 가는 길에 또는 다음날 자신의 행동이 '진상'은 아니었는지 후회가 되기도 한다.

비슷한 상황에 처한 B는 음악심리치료를 받는다. 치료에서 그녀는 상사와의 갈등으로 인한 스트레스를 말한 후 젬베를 연주하면서 상사에게 하고 싶은 말과 욕을 있는 그대로 랩 스타일로 표현한다(날것의 표현). 치료사는 그녀의 연주에 반주하면서 그녀의 표현을 음악 안에서 추임새와 같은 말로 지지하고 공감해 준다. 연주 후 치료사는 B의 표현에 그녀가 얼마나 힘든 시간을 보냈는지 그리고 지금 얼마나 힘든지 알 수 있었음을 말해 준다. 이후 치료사는 B가 상사와의 갈등에서 경험하는 정서와 그 정서에 해당하는 인지적 반응, 행동적 반응, 신체적 반응을 기록하여 B가 원하는 스타일의 음악으로 불러 본다(정제되고 조직화된 표현). 이때 치료사는 내담자가 자기 감정의 질감과 가장 가까운 음악을 선택할 수 있도록 블루스, 발라드, 힙합, 보사노바 등등 다양한 스타일을 소개한 후 그중 하나를 선택하게 한다.

노래 만들기 예시

당신이 내게 커피 심부름을 시킬 때 (감정을 일으키는 상황)

나는 심한 분노와 모욕감을 느끼지 (나의 감정)
나는 당신의 종이 아닌데 (감정에 대한 인지)
그러나 난 참고 그가 원하는 대로 해 주지 (나의 행동)
이럴 때마다 온몸에 힘이 빠지네 (신체적 반응)

그리고 다른 한편으로 노래 역할극과 즉흥연주를 시도해 본다. 치료사는 간단하게 두 개의 코드 피아노 반주로 B가 하고 싶은 말을 즉흥 노래로 해 보도록 한다. 이후 치료사는 상사 역할로 B의 노래에 답하는 노래를 한다. 다시 역할을 바꾸어 B가 상사가 되어 보고 치료사가 B의 역할을 한다. B는 상사의 역할을 하면서 상사가 바라보는 자신을 생각해 본다. 또, 자신이 선택적으로 상사에게 민감하게 반응하는 것은 아닌지 생각해 본다(상황에 대한 인지적 재구성을 도와주는 표현).

B의 경우 음악을 통한 방출은 충분한 안전장치를 동반한 치료적 방출이다. 치료사는 처음에 B가 있는 그대로의 감정을 표현하도록 하였을 뿐만 아니라 그녀의 표현을 더 강조하였다. 쉽게 말해 일상에서 '같이 욕해 주고 공감해 주는 친구' 같은 역할을 한 것이다. 두 번째로는 자신의 감정과 행동을 좀 더 정제되고 구조화된 방식으로 표현하게 한다. 마지막으로는 보다 자유로운 방식의 자유 즉흥 노래하기로 치료사는 B가 상황에 대한 인지적 재구성을 할 수 있도록 도와준다. 이러한 과정은 내담자의 부적응적 음악 사용 방식인 반추와 안전하지 않은 방출을 치료적 틀 안에서 건강한 방식으로 탐색, 방출, 인지적 재구성이 될 수 있도록 돕는다.

다섯째, 미적 체험, 즐거움과 같은 음악을 통한 긍정적 경험 자체이다. 치료는 기본적으로 문제 중심적 접근이다. 문제를 찾아내고 그것을 해결하려는 데 초점이 맞춰져 있기 때문이다. 그러나 때로는 문제에 집중하는 대신 다른 긍정적 경험으로 삶을 풍족하게 할 때 우리는 마음의 변화를 느끼기도 한다. 문제 중심이 아닌 음악을 통한 아름다운 경험, 충만한 경험, 타인과 연결되고 하나 되는 유대감 등의 감정은 자연스럽게 삶의 치유적 에너지가 된다.

마음에 새 물 붓기

깨끗한 맑은 물에 어느 날 오염물이 날아와 떨어졌다. 종지에 담겨 있던 물은 흑빛으로 변했다. 다시 맑은 물로 만들기 위해 나는 젓가락으로 오염물을 건지기 시작했다. 그러나 물색이 다시 이전의 맑은 모습이 보이기까지는 요원해 보였다. 나는 오염물을 하나씩 건지는 대신 새로운 맑은 물을 붓기 시작했다.

물이 넘치면서 더러운 오염물들이 종지 밖으로 튀어 나가고 종지 안의 물은 어느새 다시 맑은 물이 되었다.

맑은 물이 우리의 마음이라면 오염물은 삶에서 경험하는 시련이다. 삶의 시련은 우리에게 많은 정신적 고통을 주기에 우리는 치료라는 방법을 통해 종지 안의 오염물을 제거하려고 한다. 젓가락을 사용할지 숟가락을 사용할지 우리는 더 효과적인 도구와 방법을 고민한다. 종지 속의 오염물을 건져 내기 위한 문제 중심의 치료 접근법이다. 그러나 때로는 오염물에 집중하는 대신 새로운 물을 쏟아부을 때 종지 안의 물이 더 쉽고 빠르게 맑아지기도 한다. 새로운 물이 바로 긍정적 정서 경험이다. 오염과는 상관없지만 긍정 경험이라는 새로운 맑은 물을 계속 부으면 우리의 마음은 새로운 물로 맑아지기도 한다. 물론 새로운 맑은 물을 종지에 붓기 위해서도 새로운 맑은 물을 찾아, 더 큰 그릇에 담고 다시 작은 종지에 초점을 맞추어 부어 넣는 수고를 필요로 한다.

음악적 기술을 익히는 것, 타인과 함께 조화로운 음악을 만들어 가는 작업 또는 새로운 음악을 탐색하고 알아 가는 것 등 긍정적인 음악 경험을 위해서도 노력은 필요하다. 오염된 마음의 물에 음악이라는 맑은 물을 넣기 위한 작업이자 긍정적 경험을 하기 위한 노력이 필요한 것이다. 물론 때로는 커다란 노력 없이도 아름다운 음악을 듣는 것 자체가 마음의 물을 맑게 하기도 한다.

정신건강을 위한 음악의 치료적 사용 키워드는 '긍정정서'이다. 음악을 통한 긍정정서는 음악의 아름다움을 경험하는 미적 체험, 음악을 통해 마음을 정화하는 카타르시스, 음악을 통한 즐거움, 유대감, 일치감 등 감각적 쾌락에서부터 영적 충만함에 이르기까지 그 경험의 질과 폭이 다양하다. 그리고 음악치료에서 음악을 통해 긍정적 정서를 경험하는 것 자체가 마음에 새 물을 붓는 작업이다.

(4) 성인을 위한 집단 음악치료의 치료적 요소

집단치료는 비슷한 어려움이나 정신건강의 문제를 겪는 개인들이 모인 집단을 훈련받은 전문 치료사가 중재하는 치료 형태이다. 알코올중독 집단, 우울증 집단, 도박중독 집단, 사별경험 집단 등 다양한 유형의 삶의 문제를 가진 사람들은 그 문제에 대한 해결을 목적으로 정해진 시간과 장소에 모여서 자신의 경험, 생각, 감정을 공유하면서 문제 해결에 대한 통찰을 얻고 대인관계 기술을 습득하게 된다. 이 과정에서 치료사는 집단 구성원들의 상호작용이 원활하게 이루어지도록 진행하고 적절한 피드백을 제공한다.

집단 음악치료에서는 표현, 상호작용, 통찰, 지지라는 치료적 요소가 언어와 음악을 통해 동등하게 이루어진다. 우울감을 호소하는 갱년기 주부를 위한 집단 음악치료를 예로 들어 보자. 지난 과거에 대한 회한으로 우울감을 호소하는 갱년기 주부들에게 치료사는 '용서하는 마음'과 '감사하는 마음'이라는 주제로 선곡한 노래를 감상하거나 함께 불러 보고 이에 대하여 이야기를 나눈다. 이후 참여자들은 자신의 경험과 감정을 투사하는 노래도 만들어 본다. 한 참여자가 노래를 부를 때 다른 참여자들은 악기로 반주하거나 함께 불러 줌으로써 지지와 공감을 표현한다. 또, 서로의 노래에 대해 언어적 피드백을 주고받기도 한다.

집단 음악치료에서 음악 선곡과 음악활동은 집단치료의 치료적 요소를 내포하고 있어야 한다. 얄롬은 성공적인 집단치료를 위한 치료적 요소로 희망, 이타심, 보편성, 정보전달, 사회기술발달, 모방행동, 대인관계학습, 집단 응집력, 카타르시스, 실존적 요인들, 1차 가족집단의 교정적 재현 등 11가지를 제시하였다.[124] 그중 집단 응집력, 보편성, 카타르시스, 희망은 음악이 매개가 되었을 때 더 효과적인 결과를 기대할 수 있다.

첫째, 집단이 함께하는 음악활동은 집단 응집력을 강하게 한다. 음악활동이 집단의 응집력과 화합에 도움이 된다는 것은 진화심리학적 이론으로 이미 현대 과학에서 증명된 사실이기도 하다(제2장 참조). 또한 집단 음악치료에서 합창, 앙상블 연주, 집단 즉흥연주와 같이 음악을 만들어 가는 과정에서 집단원들은 타인의 소리를 듣고 조화로운 어울림의 소리를 만드는 경험을 통해 나눔, 경청, 배려와 같은 사회성의 기초가 되는 기술들을 습득하게 된다.

둘째, 보편성(universality)이다. 우리는 자신의 어려움과 문제가 혼자만의 것이 아닌 다른 사람들도 경험하는 보편적인 것임을 깨달을 때 현재 자신의 어려움을 일반적이고 자연스러운 것으로 수용하게 된다. 그리고 이러한 과정에서 고립감과 외로움은 줄어든다.

집단치료에서 보편성은 '동병상련'에 해당한다. 같은 어려움을 겪는 사람들이 서로 공감하고 이해하며 관계를 형성하고 서로 지지하고 도와주는 것이 바로 집단치료에서의 보편성이다. 다시 말해, 동병상련의 유대감이 치료적 요소로 작용한다는 것이다. 예를 들면, 갱년기 우울증으로 나타나는 심리적, 신체적 변화와 문제를 나누는 것은 현재 자신의 경험이 혼자만의 문제가 아니라는 것을 인식하고 서로를 위로하고 정보를 공유하는 과정으로 이어질 수 있다.

집단 음악치료에서 음악은 집단원들의 경험과 시대와 문화의 공유 보편성을 나누는 매개가 된다. 우선, 음악을 통해 현재 자신의 문제 또는 이슈를 표현하는 것은 경험을 나누고 그것이 자신만의 문제가 아니라는 것을 깨닫는 과정이다. 이에 더해 같은 시대 같은 문화를 공유한 집단원들은 시대와 문화를 대표하는 음악 문화를 나누고 공감대를 갖는다. 이러한 공감대는 다시 집단 응집력과 유대감을 강화시키는 중요한 요인으로 작용한다.

셋째, 카타르시스이다. 카타르시스의 경험이 주는 효과에 대해서는 고대 그리스 철학자 아리스토텔레스로부터 근대 정신의학자 프로이트에 이르기까지 강조되고 있다. 카타르시스는 고대 그리스 연극에서 시작된 용어로 작품을 통해 감정에 공감하고 감정을 표현함으로써 감정의 찌꺼기까지 발산하여 느끼는 정화의 경험이다. 주로 비극을 통해 사람들은 슬픔

---

124) Irvin Yalom, *The Theory and Practice of Group psychotherapy*, 4th ed. (Basic Book, 1995), 1-68 참조.

을 충분히 경험하고 난 후 슬픈 감정에서 벗어나 안정감을 찾는다고 하여 '비극의 역설'이라고 표현된다. 이 비극의 역설은 음악에서도 동일하게 작용한다. 치료에서 음악은 감정을 자극하는 촉진제이자 감정을 표현하는 도구이다. 그런데 음악적 카타르시스가 특별한 의미를 갖는 이유는 표현의 안전함이다. 여기서 '안전함'이란 형식과 구조를 갖추고 미를 추구하는 음악적 예술 표현을 의미한다. 감정의 내용을 모두 적나라하게 표현하는 것은 일시적으로 배설의 시원함을 줄 수 있지만 그 표현의 방식이 노골적이고 적나라할 경우 언제나 수치심과 후회 등의 부작용이 따르게 된다. 그러나 치료에서 음악의 예술적 표현은 아름답고 안전한 카타르시스를 경험하게 한다.

넷째, 희망의 고취이다. 희망은 미래에 대한 긍정적 기대와 열망으로 어려움을 극복하고 좋은 결과를 기대하는 감정과 연결된 단어이다. 희망은 치료의 시작에서 끝까지 내담자의 변화와 성장을 위한 치료의 정신적 동기로 작용한다. 변화된 자신을 위해 해야 할 것과 하지 말아야 할 것, 수용해야 할 것과 버려야 할 것 등에 대한 통찰을 얻고, 희망을 통해 자신의 열망을 인식하는 것은 치료의 모든 과정에서 필수적인 요소이다.

성인을 위한 집단 음악치료에서 집단의 특징에 따라 치료 목적은 다를 수 있지만 앞서 언급한 집단 응집력, 보편성, 카타르시스, 희망의 요소들은 그 목적의 여하와 상관없이 성공적인 집단 음악치료의 기본요소이다. 치료사는 집단 음악치료 세션에서 음악활동과 음악 선곡 시 집단의 다이내믹과 시기에 따라 각각의 치료적 요소를 고려하여 구성한다. 예를 들어, 치료 초기에는 집단 응집력 향상을 위해 집단원들이 함께 노력하여 곡을 완성해 보는 활동을 계획한다. 콰이어차임 화성 연주와 같이 조화와 협력이 필요한 연주 활동을 해 본다. 이때 음악 선곡은 집단원들의 음악 문화와 기능 수준을 고려한다. 음악적 능력은 낮지만 선호음악에 대한 취향이 클래식이라면 유명한 클래식 음악 멜로디를 쉽게 편곡한 곡으로 연주해 본다. 또, 치료 초기에는 집단원들이 음악을 통해 자연스럽게 적절한 자기 개방을 하게 하여 보편성을 인식하도록 한다. 물론 이때 사용하는 음악은 집단원들의 음악적 문화에 부합되는 것이어야 한다.

이후 집단이 어느 정도 성숙하면, 다시 말해 집단원들 사이에 신뢰와 유대감이 형성된 치료 환경이 조성되면 치료사는 음악으로 집단원들의 내면의 부정적인 감정의 찌꺼기까지 발산시킬 수 있는 음악활동을 구성하여 시행한다. 카타르시스는 부정적 정서와 관련된 감정을 분출하게 하여 감정해소, 감정 해방을 경험하게 하지만 충분히 성숙하지 않은 환경에서는 오히려 부작용이 일어날 수 있다.

마지막으로 희망은 치료 초기부터 끝까지 중요한 치료적 요소이다. 치료 종료 전에 부정적인 감정을 배설한 후 정화된 마음에 새로운 희망으로 채우는 것이다. 그런데 이때 희망은 실현 가능한 희망, 구체적인 계획을 동반한 희망, 삶의 변화시키는 희망이어야 한다. 예를 들어, 이한철의 노래 〈슈퍼스타〉의 '괜찮아 잘될 거야' 강산에 〈너라면 할 수 있어〉, 카니발의 〈거위의 꿈〉 같은 노래들은 대표적으로 희망과 꿈, 긍정적 미래를 노래한다. 이러한 노래들은 미래를 위한 노력과 준비를 충분히 하고 있지만 심리적으로 불안하고 걱정하는 사람에게는 힘을 줄 수 있다. 반면, 희망적인 메시지가 담긴 노래라 할지라도 아무런 대책 없이 부정적인 감정을 회피하기 위한 수단으로 작동될 때 그 노래는 전혀 치료적이지 않다.

여기 가정폭력 피해 여성을 위한 집단 음악치료의 예가 있다. 집단 음악치료를 받은 10명의 여성은 모두 퇴소 후 자녀와 혼자 어떻게 살아가야 하는지에 대한 불안과 걱정이 높다. 이 중 어떤 여성은 제빵 기술을 익히고 자격증을 준비하고 있고 다른 여성은 아무런 준비 없이 막연히 불안한 마음만 갖고 있다. 이들에게 희망의 노래는 어떻게 받아들여질까? 실현 가능하고 구체적이며 새로운 삶으로 변화를 줄 수 있는 희망을 꿈꾸는 사람에게 음악은 용기를 준다. 반면, 현실에 기반하지 않고 아무런 준비 없는 사람에게 희망의 노래는 아무 의미가 없다.

〈표 3-6〉 알코올 중독 성인을 위한 집단 음악치료

대상	알코올 중독 성인을 위한 집단 음악치료
집단 구성 및 정보	• 집단구성: 남성 5명, 여성 3명(30대 후반~50대) • 참여동기: 중독재활 프로그램의 일환으로 참여
치료 목적	• 자기 인식 및 감정 표현 능력 향상 • 동료들과의 정서적 교류를 통한 고립감 완화 • 긍정적 자아상 회복 및 회복 동기 고취
음악치료 전략	• 집단 응집력: 앙상블 연주, 합창, 서로의 음악지원 • 보편성: 음악을 통한 감정 및 사고 공유와 나눔 • 카타르시스: 음악을 통한 감정 표현 • 희망: 희망적 가사 나누기, 자작 희망 노래 제작, 목표 상상하기

〈표 3-7〉 주제별 치료적 요소와 음악활동 예시

주제	음악활동	음악 특징
집단 응집력	• 타악기 리듬합주 • 부르고 응답하기: 한 명이 리듬/멜로디를 만들면 나머지가 응답하며 따라 하는 방식 • 합창 또는 화음 만들기 • 콰이어차임/핸드벨 연주	함께하는 즐거움의 음악

보편적 경험과 공감	• 내 인생의 음악 나누기: 중독 전 혹은 중요한 시기에 들었던 노래를 소개하고 감정 나누기 • 경험 공감 음악 나누기: '혼자 외롭고 두려웠을 때' 들었던 노래 또는 노래 만들어 보기	공감과 나눔의 음악
감정 정화 및 해소(카타르시스)	• 감정 즉흥연주: 슬픔, 분노, 억울함 같은 감정을 악기로 표현해 보기 • 감정이입 감상: 슬픈 감정이 담긴 노래를 들은 후 떠오르는 기억과 감정 나누기 • 노래 만들기를 통한 감정 표현: 나의 감정을 담은 짧은 가사나 멜로디 만들기	감정의 찌꺼기를 꺼내오는 음악
희망과 자기확장	• 희망 노래 부르기&메시지 나누기: 희망적 가사 낭독 또는 따라 부른 후 '가장 마음에 남는 구절' 공유하고 그 이유 나누기 • 희망 선언문 노래 만들기: '나는 앞으로 ~하고 싶다', '나는 이런 나를 믿는다'를 주제로 개인의 다짐과 바람을 담은 자작 노래(또는 후렴) 만들기 • 미래 편지송: 1년 후 나에게 편지를 작성한 뒤, 이를 배경음악에 맞춰 낭독 또는 '미래 편지송' 만들기 • '꿈의 노래' 만들기: 내가 바라는 미래를 주제로 노래 만들기	희망을 고취시키는 음악

〈표 3-8〉 주제 간 연결 활동

연결 주제	활동	치료적 요소
'나의 과거-현재-미래'	과거를 상징하는 노래, 현재 감정을 담은 즉흥연주, 미래를 노래하는 희망 가사 만들기	보편성+카타르시스+희망
'우리의 콘서트'	서로의 작사, 작곡한 노래를 발표하고 응원 메시지 전달	집단 응집력+희망+카타르시스

치료사의 이야기

♪ 첫만남

첫날 명호(가명) 씨는 음악치료실에 들어와 구석진 곳에 앉아 눈을 내리깔고만 있었다. 자기소개조차 어렵다며 입을 꾹 다물었고, 자기 순서가 되자 고개만 살짝 숙였다. 그의 태도에서는 '나는 이 자리에 있는 것이 짜증 나.'라는 메시지가 느껴졌다. 나는 본능적으로 알 수 있었다. 나의 친절함이나 위로의 말이 오히려 그에겐 어색하고 위선적으로 느껴질 수 있다는 것을. 그는 이미 수많은 치료와 상담을 받아 왔었기에 나는 말보다 음악으로 그를 존중하고 위로하고자 했다.

♪ 처음 어울려 본 소리 – 집단 응집력

2회기쯤 나는 콰이어차임 활동을 준비했다. 각 집단원들에게 음 하나씩을 배정하고, 함께 '작은 별' 멜로디를 완성해 보는 방식이었다. 명호 씨는 조용히 자신의 콰이어차임을 집어 들었다. 처음엔 소리가 어긋났고 박자도 맞지 않았다. 그러다 어느 순간, 명호 씨가 정확한 타이밍에 자신의 음을 울렸다. 그와 동시에 누군가 "오, 잘했어요!" 하고 웃으며 격려했다. 그때 명호 씨는 처음으로 고개를 들었다. 그리고 아주 미세하지만 분명한 미소를 지었다. "함께 만드는 화음 소리가 참 좋네요. 다른 사람들과 어울린다는 느낌이 이런 거군요." 그가 그날 내게 건넨 첫마디였다. 작은 화음이 그를 조용히, 그러나 분명하게 집단 안으로 이끌고 있었다.

♪ 나만 그런 게 아니었네요 – 보편성

4회기는 '인생의 노래'를 나누는 날이었다. 명호 씨는 망설이다가 박정현의 〈You mean everything to me〉를 꺼냈다. "결혼할 때 이 노래로 축가를 불렀어요. 근데……, 이제 아내는 날 떠났어요." 말끝이 떨렸고, 방 안은 정적에 잠겼다. 그때, 다른 참여자가 입을 열었다. "저도 와이프랑 이혼한 지 5년 됐어요. 아들이랑 5년째 못 보고 있어요. 전 아직도 유치원 때 찍은 사진만 봐요." 그날 우리는 알코올 남용이 초래한 삶의 상실과 상처를 조용히 나눴다. 음악은 그들의 기억을 불러오고, 정서를 공유하게 했다. 그것은 공감과 나눔의 시간이자, 깊은 통찰의 시간이기도 했다. 명호 씨는 "나만 그런 게 아니었네요."라고 말하며 씁쓸한 미소를 지었다. 그러나 그 미소 뒤에는 어쩐지 안도와 위안도 느껴졌다.

♪ 음악이 열어 준 감정의 문 – 카타르시스

6회기에는 감정 즉흥연주 활동을 진행하였다. 나는 참여자들에게 감정 카드를 제시하고, 각자가 고른 감정을 악기로 표현해 보도록 하였다. 명호 씨는 주저 없이 '분노'를 집어 들고, 큰북을 선택했다. 그는 아무 말 없이 북을 세게, 반복해서 두드렸다. 처음엔 날것 그대로의 거칠고 격한 소리였지만, 내가 함께 맞춘 피아노 반주와 어우러지면서 '분노'라는 감정의 윤곽이 드러나기 시작했다. 연주가 끝났을 때 그는 고개를 숙인 채 어깨를 들썩이며 조용히 울었다. "처음엔 나에게 사기 친 그놈한테 화가 났었는데 연주하다 보니 나한테 화가 나 있었네요." 그 연주는 그가 처음으로 정직하게 마주한 감정이었다. 그리고 음악은 그 감정을 있는 그대로 꺼내어 표현할 수 있도록 열어 준 안전한 문이었다.

♪ 나는, 아직 노래할 수 있다 – 희망

마지막 8회기에는 그동안의 과정을 정리하고, 우리는 '미래의 나에게' 보내는 짧은 희망 노래를 만들기로 했다. 명호 씨는 '내일은 작지만, 오늘보다 한 걸음, 다시 아들을 향해…….'라는 내용의 가사를 써 와서 노래를 만들었다. 그리고 자신의 노래를 불렀다. 그가 노래를 부를 때, 나는 피아노로, 다른 집단원들은 작은 타악기로 함께 반주를 해 주었다. 악기가, 사람이, 음악이, 그의 소리를 들어 주고 지지해 주는 순간이었다. 그의 노래가 끝나자, 우리는 박수가 아니라 조용한 침묵으로 그를 안았다. 그건 감동의 침묵이었고, 경외의 시간이었다. 그는 "선생님, 저는 진짜 다시 노래할 수 있을 줄 몰랐어요. 근데 오늘……. 제 노래가 울리더라고요."

명호 씨는 처음엔 자신의 목소리조차 내지 못하던 사람이었다. 하지만 집단이라는 울타리 속에서, 소리로 어우러지고, 다른 이들과 상처를 나누고 위안을 얻고, 자신의 감정을 음악으로 토해 내고, 마침내 '자신의 노래'를 가진 사람이 되었다. 이 여정은 단지 음악의 여정이 아니었다. 그의 삶을 다시 연결하고, 그의 마음을 다시 살아 움직이게 한 회복의 서사였다. 음악은 그에게 치유의 도구이자, 동반자였다.

(5) 성인을 위한 집단 음악치료의 구성적 요소

집단 음악치료 시작 전 치료사는 집단의 특징과 치료 목적에 따라 세션에서 사전에 활동을 계획하는 구조화 방식과 계획하지 않는 비구조화 방식 중 선택한다. 비구조화된 집단 음악치료는 집단원들의 음악활동에 대한 자발성이 높고 음악을 통한 자기 탐색, 상호 교류에 대한 동기가 충분한 집단에서는 가능하다. 치료사의 직접적인 제시와 가이드가 없어도 자유로운 분위기에서 음악활동과 토의활동이 원활하게 이루어지는 집단이라면 비구조화된 집단 음악치료가 더 효과적이다. 그러나 치료 초기 또는 집단원들의 자발성이 낮을 경우에는 치료사가 사전에 음악활동과 음악을 준비한다. 일반적으로 집단치료는 구조화된 방식이 더 많이 사용되지만 상황에 따라 활동의 방법과 내용을 즉흥적으로 바꾸기도 한다.

집단 음악치료에서 음악활동과 음악 선곡은 집단에 따라 다르지만 다음과 같은 요소들은 모든 집단에 공통적으로 필요한 부분이기도 하다.

① 오락적 요소

치료에서 오락적 요소는 치료 초반기 어색한 분위기를 완화하고 집단원들 간의 친밀감 형성을 위해 사용된다. 오락적 요소는 경쟁 구도의 게임적 구성과 유머적 요소를 담은 음악활동을 구상한다. 일종의 아이스브레이킹 행위라고 할 수 있다.

◎ 음악게임: 음악 알아맞히기

- 음악의 전주를 들려주고 알아맞히기
- 클래식 음악을 샘플링한 대중가요를 들려주고 이들의 공통점 찾기(예: 아이비 〈유혹의 소나타〉, 영탁 〈찐이야〉에 나오는 클래식은? 답: 베토벤 〈엘리제를 위하여〉)

◎ 음악 유머

- 빈오케스트라의 신년 음악회 라데츠키 행진곡 지휘자에 맞추어 박수 치기

라데츠키 행진곡 바렌보임

• 타자기 교향곡에서 타자기 벨 소리에 맞추어 방향 바꾸기

타자기 교향곡

② 과정 중심의 음악 만들기 vs. 완성 중심의 음악 만들기

음악치료에서 과정 중심(process oriented)의 음악 만들기는 즉흥연주에 해당한다. 타악기 즉흥연주, 피아노 즉흥연주, 성악 즉흥연주는 '지금 여기' 음악적 다이내믹이 어떻게 형성되고 변해 가는지 인식하며 교류와 표현이 이루어지는 과정 중심의 음악 경험이다. 반면, 완성 중심(product oriented)의 음악 만들기는 재창조 음악활동으로 기존의 만들어진 음악을 치료에서 연주하는 것이다. 즉흥연주의 과정 중심이 아닌 음악이 어떻게 완성되는가에 초점이 맞추어진다. 합창과 앙상블 연주는 집단원들의 협력과 조화가 필요한 활동으로 성공적인 음악의 완성은 집단원들의 소속감과 응집력을 강화시킨다.

③ 음악과 다른 표현예술 매체의 활용

음악치료에서 음악은 다른 표현예술의 매체와 혼용 또는 변환(transform)되어 사용되기도 한다. 음악에 몸을 움직이는 동작과 무용, 음악을 듣고 떠오르는 심상을 그림으로 그리기, 음악을 언어화하거나 언어를 음악화하는 글쓰기, 음악을 연극적인 요소와 결합한 음악극 또는 음악심리극 등이 내담자의 자기 탐색과 통찰을 위해 사용된다.

인간의 상호작용의 움직임을 소리로 전환하여 표현하는 치료과정

6. 노인을 위한 음악치료

연령, 건강, 사회적 지위는 노인을 정의하는 중요한 요소가 된다. 국내의 경우 「노인복지법」에서 65세 이상을 노인으로 규정한다.[125] 65세 이후 노인은 생계지원, 건강진단, 경로우대 등 사회복지의 혜택을 받을 수 있다. 이러한 복지 혜택이 제공되는 이유는 65세라는 나이가 사회적, 생물학적 쇠퇴의 시작을 의미하기 때문이다. 직장에서 은퇴하면서 사회적 역할을 상실하고, 몸은 노화되어 전과 같은 에너지를 갖지 못한다. 물론 이러한 현상이 65세 이후 모든 사람에게 일어나는 것은 아니다. 어떤 사람은 65세 이전에 노화가 심해지기도 하며, 또 어떤 사람은 70세 이후에도 사회적으로나 생물학적으로 건강한 삶을 영위한다. 그러나 이러한 개인 간의 차이에도 불구하고 인간발달의 과정에서 노년기가 인생의 마지막 과정이라는 사실은 분명하다.

노년기는 삶을 정리하고 회고하는 시기이다. '과거는 회한으로 가득하고 미래는 희망이 없고 어떻게 살아가야 할지 불안하기만 하다.'라고 느낀다면 그 사람의 노년기는 절망이다. 반면, '과거는 힘들고 어려운 일도 많았지만 잘 헤쳐 왔고 그 과정이 있었기에 오늘의 내가 있을 수 있다. 앞으로 남은 삶은 나(또는 나와 가족, 사회)를 위해서 더 재미있고 의미 있는 삶을 살겠다.'라고 생각한다면 그 사람은 성공적인 노년기를 보내고 있는 사람이다. 에릭슨이 말하는 노년기 '절망 대 통합'[126]의 내용을 요약한 것이다. 이론적으로 노년기 대통합을 이룬 사람은 행복하고 그렇지 못한 사람은 불행할 것이 자명하다. 그러나 실제 완벽하게 절망적인 사람은 있을 수 있지만 완벽하게 대통합을 이루고 만족한 삶을 사는 사람은 많지 않다. 상실, 죽음, 시간이라는 변수의 작용 때문이다.

생애 주기에서 마지막 시기는 우리가 소유하고 있던 것들을 잃는 상실의 시기이다. 우리는 노화와 함께 건강의 상실, 사랑하는 친구, 배우자의 죽음으로 인한 관계의 상실, 사회적 지위의 상실을 경험한다. 다음으로 노화와 함께 인간이라면 누구나 피할 수 없는 죽음을 점점 더 가까이 인식하고 살게 된다. 우리는 죽음을 두려워한다. 살아 있는 어떤 사람도 죽음을 알지 못하기 때문이다. 그다음으로, 인간은 노화와 더불어 시간의 모순을 겪는다. 노화가 진행될수록 얼마 남지 않은 제한적 시간에 대한 두려움과 동시에 일상에서 남아도는 시간을

125) 대한민국 법제처, 노인복지법, 법률 제19060호 (2022. 10. 18. 일부개정), 제3조 [정의], 국가법령정보센터, https://www.law.go.kr/법령/노인복지법.

126) Kathleen S. Berger, *The Developing Person through the Life Span*, 3rd ed. (New York: Worth Publishers, 1994), 40.

어떻게 보낼지 모르는 무료함을 겪게 된다. 이는 의미 없는 장수(meaningless longevity)가 일상화된 현대인들이 겪는 시간의 아이러니이다.

상실과 죽음은 인간이라면 누구나 피할 수 없는 실존의 문제이다. 그러나 시간의 문제는 개입이 가능하다. 과거는 지나갔지만 현재의 관점에 따라 그 해석과 느낌이 달라질 수도 있다. 우리는 현재의 시간을 노력을 통해 의미 있는 시간으로 만들며 행복한 노년기를 보낼 수 있다. 누구에게나 똑같이 부여되는 시간이지만 그 시간을 지각하는 사람에 따라 시간이 주는 의미는 달라진다. 물리적인 시간은 모든 사람에게 동일하지만 의식의 시간은 다를 수 있는 것이다.

노인을 위한 음악치료는 시간에 대한 인식과 경험을 어떻게 다루는가에 초점을 두어야 한다. 음악을 통한 과거의 시간 그리고 음악활동이라는 현재의 시간이 노인을 위한 음악치료에서 어떻게 적용될 수 있는지 알아보자.

1) 노인을 위한 음악치료 이론(음악은 회상과 몰입의 시간)

(1) 회상절정 효과와 노래연령

우리가 인간의 기억에 대해서 완벽하게 알고 있는 것은 아니지만 지금까지의 연구에 의해 밝혀진 바에 따르면 몇 가지 특이점이 있다. 첫째는 태어난 후 유아기 시절을 기억하지 못하는 '유아기 기억상실증(childhood amnesia)'이다. 특히 한 살 이전을 기억하는 사람은 거의 없다. 또 다른 특이점은 회상절정 현상(the reminiscence bump effect)이다. 60, 70, 80, 90년을 살아온 사람들이라도 기억의 회로가 가장 명확하고 선명하게 활성화되는 시기는 바로 10~30세 사이이다.[127] 인간의 자전적 기억은 시기별로 골고루 퍼져 있는 것이 아니라 특정 시기에 더 진하게 분포되어 있는 특성이 있다.

자전적 기억의 '회상절정 효과'는 음악에도 정확하게 반영된다. 우리는 청소년기와 초기 성인기에 좋아했던 노래를 가장 잘 기억하고 그때의 음악 선호도(preference)는 일생 동안 유지된다.[128] 물론 음악 취향(musical taste)은 연령에 따라 달라지기도 한다. 청소년기에 록

---

127) Khadeeja Munawar, Sara K. Kuhn & Shamsul Haque, "Understanding the Reminiscence Bump: A Systematic Review," *PloS One* 13(12) (2018): 1.

128) Morris B. Holbrook & Robert M. Schindler, "Some Exploratory Findings on the Development of Musical Tastes," *Journal of Consumer Research* 16(1) (1989): 119-124. 이 연구를 수행한 연구자들은 흥미롭게도 경영학과 교수들이었다. 소비자의 행동 분석을 위한 연구의 일환으로 음악적 취향, 선호와 인간발달의 상관관계를 알아본 결과 노래연령(song-specific age)이라는 개념을 소개하였다.

과 힙합을 좋아하다가 나이가 들면서 클래식이나 재즈로 바뀌기도 한다. 하지만 음악 취향이 변해도 회상절정 효과가 강한 시기의 노래는 과거의 향수를 자극하며 긍정적 정서를 불러일으킨다. 고등학교 졸업 후 10년, 20년이 지나 만나는 동창회에서 그때의 노래를 함께 듣고 부르며 그 시절을 회상하는 친구들의 모습은 드라마나 영화에서 흔하게 볼 수 있는 장면이다.

회상절정 현상이 음악과 만나면 그 감정과 기억은 더 강화된다. 청소년기 첫사랑의 음악을 생각해 보자. 첫사랑, 청소년기, 음악이라는 요소들의 연합은 우리 뇌에 강력한 화학작용을 일으켜 우리 감정을 요동치게 한다. 그러나 시간의 흐름과 함께 이러한 화학반응은 어느 순간부터 더 이상 작용하지 않는다. 첫사랑도 끝났고 청소년은 어느덧 노인이 되었다. 희미해지는 기억 속에 어느 날 접한 첫사랑의 음악은 기억의 마중물이 되어 그 시절의 경험, 사건, 사람 등 많은 것을 다시 떠오르게 한다. 젊은 시절에는 젊음과 사랑이 화학반응을 일으켜 감정을 요동치게 했다면 늙은 후에는 젊음과 사랑을 떠올리게 하는 음악이 감정을 유도한다. 첫사랑의 얼굴은 기억하지 못할지라도 함께 불렀던 노래는 또렷하게 기억한다. 왜 그럴까? 그 첫 번째 이유는 강력한 감정 경험은 기억을 강화하기 때문이다.

둘째는 바로 '노래연령'[129]이다. 유년기, 청소년기, 성인기, 노년기와 같은 인생의 단계에서 청소년기와 초기 성인기는 음악을 가장 적극적으로 소비하는 시기이며 동시에 생애를 통틀어 노래에 대한 감수성이 최대치에 이르는 시기이다. 이 시기가 지나면 새로운 음악을 접하고 향유하려는 음악에 대한 개방성[130]과 음악에 대한 감수성이 완만하게 떨어지기 시작한다. 생애에서 음악에 대한 민감성이 최대치인 시기에 우리의 음악 취향과 선호도의 원형이 형성된다. 그래서 이 특별한 시기를 '노래연령'이라고 한다. 이러한 현상은 우리 주변에서도 흔히 볼 수 있다.

7080 음악회에서는 1970~1980년대에 20대를 보낸 장년들이 그 시대의 노래를 함께 불러보고 추억하는 시간을 갖는다. 1970~1980년대 이후에 우리나라 대중음악은 엄청난 변화와 발전을 이루었지만 7080 음악 세대 사람들은 그들이 청소년 또는 성인 초기에 경험했던 음악에 특별한 애착을 갖는다. 바로 그 시기가 그들의 노래연령이기 때문이다. 당연히 사람들

129) '노래연령'은 영어의 'song-specific age: SSA'를 번역한 것으로 인생에서 청소년기와 초기 성인기에 해당하는 15~24세 사이에 음악 선호도가 결정되고 그것이 일관적으로 유지되기에 이 시기를 지칭하는 의미로 '노래 특정 연령'으로 직역할 수 있으나 필자는 '노래연령'으로 기술하겠다.

130) 성격특성 5유형 중 경험에 대한 개방성은 노화와 함께 줄어들고 새로운 경험보다는 기존의 것을 지키려는 보수적인 성향을 보인다. 이러한 성향은 음악에서도 마찬가지이다. 새로운 음악보다는 기존에 알았던 음악을 향유하려는 경향이 강하다.

은 이 시기를 회상하는 노래들을 가장 잘 기억하고 다른 시기의 음악보다 애틋한 느낌을 갖는다. 첫사랑 이후 30대의 두 번째, 세 번째 사랑에서 더 강한 정서적 경험을 했더라도 우리는 20대 초반의 첫사랑의 노래를 더 잘 기억한다. 노래와 첫사랑이라는 인생의 통과의례 사이의 연상 그리고 음악적 원형[131]이 결정되는 '노래연령'의 시기이기 때문이다.

노래연령

1989년에 출간된 「Some exploratory findings on the development of musical tastes(음악적 취향의 발달에 관한 탐험적 발견)」이라는 논문에서 처음으로 'song-specific age:SSA 노래연령'이라는 개념이 소개된다. 이 논문의 저자인 홀브룩(Holbrook)과 쉰들러(Schindler)는 미국 컬럼비아 대학교와 럿거스 대학교의 경영대학 교수였다. 음악연구가 아니라 소비자의 소비 취향과 패턴을 알아보기 위한 일환으로 진행된 연구였다. 이들은 일상에서 나이가 들어도 항상 젊은 시절 음악의 영향을 벗어나지 못하고 그 시절의 음악을 선호하는 사람들을 보았고 그러한 현상을 설명하는 체계적인 논문이 부재하다는 것을 발견하여 연구를 수행하게 되었다. 연구 내용은 1932년부터 1986년 사이에 빌보드 탑 10에 들었던 노래 28개를 선정하여 16세에서 86세 사이의 사람들에게 들려주고 연령과 대중음악 선호문제를 분석한 것이었다. 연구 결과 인간발달 과정에서 음악 선호도는 23.47세에 정점을 찍은 이후 50년 동안 천천히 감소하는 거꾸로 된 U 자 형이었다([그림 3-15] 참조).

노래연령은 대중음악에 대한 민감성이 최대치가 되는 시기이며 좋아하는 노래에 대한 감정도 역시 극대화되는 시기이다. 같은 노래라도 10대와 20대 초반이 느끼는 감정과 40대에 느끼는 감정이 다르다는 것이다. 예를 들어, 1970년대 유행했던 노래 중 하나인 트윈폴리오의 〈하얀 손수건〉은 당시에 청소년기와 성인 초기에 있었던 사람들에게는 지금도 아련한 향수의 노래지만 당시 40세였던 사람들에게는 선호 음악일지라도 그 강도가 훨씬 약하다.

이후 2013년 독일의 연구자 헤밍(Hemming)은 논문 「Is there a peak in popular music preference at a certain song-specific age? A replication of Holbrook & Schindler's 1989 study(특정 노래의 연령에 따른 대중 음악 취향의 절정은 존재하는가? 1989년 홀브룩과 쉰들러의 연구 재현)」에서 1989년 논문의 실험을 재현한 결과 노래연령은 17.36세였다. 같은 연구방법이었지만 1989년 미국에서 23.47세였던 것이 24년 후 2013년 독일에서는 17.36세로 노래연령이 6.11세 낮아졌다.[132] 이후의 '노래연령' 관

---

131) Holbrook & Schindler, 같은 글, 123. 인간의 음악적 취향은 다양한 영향을 받으며 유아기, 아동기, 청소년기까지 유연하게 발전한다. 그러다 최종적으로 초기 성인기 다양한 영향이 조화롭게 합쳐져 개인의 음악적 취향이 확고해지고 안정화되는 경향이 있다. 음악적 원형(musical prototype)은 인간 발달과정에서 청소년기와 성인 초기에 형성된 음악 취향을 의미한다.

132) Jan Hemming, "Is there a peak in popular music preference at a certain song-specific age? A replication of Holbrook & Schindler's 1989 study," *Musicae Scientiae* 17(3) (2013): 293-304.

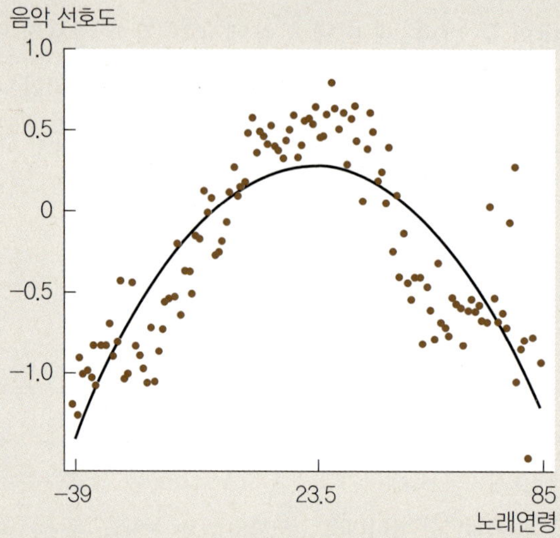

[그림 3-15] Holbrook과 Schindler가 관찰한 SSA와 표준화된 음악 선호도 등급(집계 데이터) 사이의 역 U 자형 관계[133]

련 연구에는 노래연령이 점점 낮아지는 경향을 보였다. 2018년 온라인 플랫폼인 Spotfy에서 시행된 연구에서 여성의 노래연령은 13세, 남성은 14세였다. 2021년도 연구[134]에서는 14.16세였다.

일생에 걸쳐 좋아하는 노래에 가장 민감하게 반응하는 '노래연령'의 정점은 시대의 변화와 함께 점점 낮아지고 있다. 아마 기술의 발달로 음악을 접하는 방식이 변화하고 사회적으로 청소년기의 연령이 낮아졌기 때문으로 보인다. 그러나 다른 한편으로 노래연령이 시사하는 바는 바로 정점을 찍은 후 점점 새로운 음악에 대한 투자나 도전이 약해진다는 것이다. 다시 말해 Holbrook & Schindler에서 노래연령의 정점이 23.47세라는 것은 약 24세 이후부터 접하는 노래들에서는 정서적 강도가 점점 떨어진다는 것이다. 그리고 그 연령이 점점 낮아지고 있다. 연구 결과로만 보면 현재 중학생들은 그들이 선호하는 노래에 대해 대학생들보다 더 민감하게 반응한다. 그러나 필자는 회상절정 효과의 시기를 10~30세로 보듯이, 노래연령과 관련된 기존의 연구를 종합해 볼 때, 노래연령을 청소년기에서 초기 성인기까지인 14~24세 사이로 보는 것이 적절하다고 본다.

---

133) Holbrook & Schindler, 같은 글, 122.

134) Reinhard Kopiez, Jan Weigang, Friedrich Platz & Nina Duevel, "Farewell to Holbrook & Schindler's(1989) Song-Specific Age?-Little evidence for lifelong influence of age-specific musical preferences," *Music &Science* 4(1) (2021): 3, quoted in Seth Stephens-Davidowitz, "The Songs That Bind," New York Times, February 10, 2018.

노스탤지어 정의의 변천사

17세기 알프스 산중의 척박한 나라였던 스위스의 국민들은 프랑스, 독일, 이탈리아 등 유럽 각지 다른 나라의 전쟁에 용병으로 고용되는 일이 빈번하였다. 당시 유럽에 전쟁이 잦았는데 스위스 용병은 용감하고 충성스럽기로 유명했다. 그러나 이 용감한 스위스 군인들도 고향 알프스를 떠난 머나먼 타국에서 고향을 그리워하는 '향수병'으로 우울증, 불안, 불면증, 식이장애와 같은 증상으로 고통받는 일이 나타났다. 이러한 증상에 대해 당시 스위스의 의사 요하네스 호퍼(Johannes Hofer, 1669~1752)는 그리스 어원인 nostos '고향으로의 귀환'과 algos(algai) '고통 또는 괴로움'에서 '고향으로 돌아가고 싶은 괴로운 마음'이라는 뜻의 nostalgia라고 명명하고 원인을 뇌의 질환(cerebral disease)에 의해 나타나는 질병으로 보았다. 19세기에 들어서면서 노스탤지어는 뇌신경질환이 아니라 용병이나 선원처럼 고향을 떠나 있는 심리적으로 취약한 사람들을 괴롭히는 우울증과 유사한 정신병적 증상으로 인식되었다.[135] 20세기 중반 정신역동 심리학자들은 노스탤지어를 초기 어린 시절로 돌아가고자 하는 잠재의식의 욕구(subconscious desire)로 간주하여 억압적 강박장애(repressive compulsive disorder)로 분류하였다. 그러다 20세기 후반에 와서야 노스탤지어는 'a longing for one's home during a period of absence from it' 고향을 떠나 있는 동안 고향을 그리워하는 향수병(homesickness)과 뚜렷하게 분리된 의미를 갖게 되면서 질병이라는 꼬리표를 떼게 된다.[136]

현재 새로운 옥스퍼드 사전(New Oxford Dictionary)상의 노스탤지어의 정의는 'a sentimental longing or wistful affection for the past(과거의 대한 감상적인 갈망 또는 아쉬운 감정)'이다. 그리고 그 감정의 정체는 '달콤 또는 달콤 씁싸름함(bittersweet)'으로[137] '힘들었지만 그때가 좋았지.'이다.

'과거에 대한 향수'는 음악, 영화, 패션 등 대중문화 전반에 언제나 안전한 마케팅이다. 소위 '향수 팔이'라는 이름으로 사람들에게 힘들었던 또는 지금과는 다른 과거를 아름답게 포장하여 '그때가 좋았지.'라고 생각하게 한다. 노스탤지어는 과거 제거해야 할 병에서 이제 생산성의 원천이 된 것이다.

노스탤지어는 정신건강에서도 주목하고 있는 현상이다. 회상을 통해 나타나는 과거 지향적 감정이지만 현재의 정서에 영향을 줄 뿐만 아니라 미래에 대한 낙관성에 중요하게 작용하기 때문이다.

---

135) Clay Routledge, et al., "Nostalgia as a Resource for Psychological Health and Well-Being," *Social and Personality Psychology Compass* 7(11) (2013): 808.

136) Constantine Sedikides, et al., "Nostalgia Past, Present, and Future," *Current Directions in Psychological Science* 17(5) (2008): 304.

137) Frederick S. Barrett et al., "Music-Evoked Nostalgia: Affect, Memory, and Personality," *Emotion* 10(3) (2010): 400. 노스탤지어와 관련된 감정은 과거 행복한 경험을 회상함으로써 느끼는 긍정적인 것이지만 슬픔과 같은 부정적인 감정을 동반하기도 한다. 또, 슬픔과 기쁨이 공존하는 '혼합된 감정(mixed emotion)'이기도 하다. 그래서 'bittersweet'라는 표현을 쓴다. 시대적 역경을 헤치고 살아온 우리나라의 노인 세대에는 'bittersweet'가 노스탤지어의 감정으로 더 적절할 것이다.

(2) 노스탤지어와 음악

어린 시절은 미래에 대한 꿈을 꾼다. 살날이 많기에 소망하고 희망하는 것을 이룬 자신의 모습을 그려 본다. 나이가 들면 과거를 회상한다. 굴곡진 삶의 희노애락을 돌아보는 것은 웬만한 드라마나 소설보다 더 드라마틱하다. 인생의 자전적 경험은 언제나 이야기의 콘텐츠가 될 수 있기 때문에 어느 카피문구에서 표현하고 있듯이 '노인은 위대한 스토리텔러'이다.

과거를 회상하고 그 시절의 감성에 젖는 것을 '노스탤지어'[138]라고 한다. 우리는 살면서 때론 의도적으로 때론 무의식적으로 과거를 추억하는 정신적 시간여행을 한다. 이 시간에 대해 우리는 '향수에 젖는다'라는 표현을 쓰는데 여기서 향수에 '젖게 하는', 즉 과거의 경험과 감정에 젖게 하는 강력한 유도제 중 하나가 바로 음악이다.

어떤 음악이 우리를 향수에 젖게 할까? 언제 우리는 향수에 젖을까? 우리가 향수에 젖는다는 것은 심리적으로 어떠한 의미일까? 다음의 예를 보자.

> 70세의 남성 A는 〈아침 이슬〉이란 노래를 불러 본다. 대학 시절 자주 불렀던 노래이다(친숙함). 친구들과 술잔을 기울이며 민주주의와 인생을 이야기하던 그 시절이 생각난다. 출세를 위해 세상과 타협하고 고시공부를 할 것인가 세상을 바꾸기 위해 민주주의, 노동운동을 할 것인가 고민하던 시절이다(노래와 연관된 기억들). 그 시절 그는 어디로 가야 할지 몰라서 괴로웠다. 아침 이슬은 당시 그의 고통을 분출하는 노래이자 희망의 노래이기도 했다(노래에 대한 정서: bittersweet). 지금도 이 노래를 들으면 가슴 한구석에 당시 함께했던 친구들, 나에게 모든 기대를 거셨던 고향의 부모님 그리고 자주 가던 술집이 떠오르면서 아련한 뭉클함이 느껴진다(정서적 각성 정도).

음악을 통해 향수에 젖는다는 것은 앞서 제시한 예에서처럼 ① 노래의 친숙성, ② 노래와 연관된 기억, ③ 노래에 대한 정서, ④ 정서적 각성 정도가 음악과 관련된 맥락적 요소들로 작용한다. 그리고 개인의 기분상태(mood)와 성격특성(personality trait)에 의해 경험의 강도가 조절된다.[139] 다음의 예는 같은 노래가 누군가에게는 과거를 그리는 노스탤지어의 노래이고 누군가에게는 그저 씁쓸한 연상임을 보여 준다.

---

138) 노스탤지어의 국내 번역은 향수(鄕愁)로 고향을 그리워하는 것을 의미한다. 엄격하게는 노스탤지어의 의미와 다소 상이하지만 '향수'라는 단어는 일상에서 노스탤지어의 의미와 유사하게 사용되기에 노스탤지어와 혼용해서 사용하겠다.

139) 앞의 글, 391. 음악을 통한 노스탤지어 경험은 맥락적 수준과 기분과 성격이라는 개인적 수준에 의해 그 경험의 정도가 결정된다.

70대 남성 A에게 〈아침 이슬〉은 향수를 불러일으키는 노래이다. A 남성은 노래를 들으며 향수에 젖어 과거의 긍정적 감정과 부정적 감정을 모두 떠올리고 재경험한다. 여기까지는 일반적인 인생 회고에 해당한다. 중요한 것은 과거를 현재 어떻게 기억하는가이다. '산업화 시대를 이끌어 갔고 민주주의를 위해 노력했던 그 시대의 자신과 같은 사람들이 있었기에 오늘날 우리나라가 이렇게 발전한 것이다.'라는 인식은 현재 자신에 대하여 긍정적 정체성을 가지게 하며 미래에 대해서도 낙관적인 태도를 취하게 한다. 이와 반대의 경우는 어떨까?

> B 남성은 〈아침 이슬〉이란 곡을 들으며 젊은 시절 학생운동으로 감옥에서 고문을 받았던 기억을 떠올렸다. 당시에는 정의를 위해, 나라를 위해 자신의 목숨도 기꺼이 바치겠다고 생각했지만 지금 되돌아보니 변절한 친구들은 출세하여 잘살고 자기처럼 끝까지 정의를 외친 사람은 초라한 말년을 맞이하고 있다. 인생이 후회스럽다. 자신의 정체성이 혼란스럽다. 남은 미래 역시 비관적이다.

〈아침 이슬〉은 이 두 사람에게 어떤 차이의 노래일까? 바로 A에게 아침 이슬은 당시의 사회와 문화를 연상케 하는 달콤 씁쌀한 노스탤지어이지만 B에게는 과거 개인적인 상처 그리고 그 상처가 여전히 현재형으로 이어지는 '씁쓸한' 연상이다. 다시 말해 B에게 〈아침 이슬〉은 노스탤지어의 노래가 아니다. 이처럼 같은 음악이라도 누군가에게는 아련한 향수를 자극하지만 누군가에게는 씁쓸한 연상으로 떠오른다. 노인을 위한 음악치료에서 자주 사용되는 과거의 친숙한 노래를 불러 보고 이야기하는 방식은 즉흥연주나 노래 만들기와 같은 창조적인 접근법보다 쉬워 보여도 노래 선곡은 언제나 양날의 칼과 같다. 음악치료사는 개인과 집단의 특성을 분석하여 음악을 선곡하고 선곡한 음악을 통해 어떤 방향으로 대화를 이끌어 갈지 그 방향성을 미리 설정해야 한다.

노스탤지어의 노래는 노인들의 '노래연령(대략 14~30세 사이)'을 기준으로 주제[140]별로 구분한다. 예를 들어, 1970년대 대학 시절을 보낸 사람들에게 '공감과 위안의 노래', '대학 시절 축제의 노래', '당시의 유행가' 등은 정신적 시간여행으로 초대하는 음악들이다.

과거 경험을 회상하는 것은 노인 대상 심리치료에서 보편적인 치료적 접근법이다. 특히 노스탤지어와 같이 '감상적인 갈망'을 일으키는 자전적 기억의 송환은 노인의 우울감 감소

140) 여기서 주제는 음악치료 목적과 같은 맥락이다.

에 효과적인 방법으로 알려져 있다.[141] 그렇다면 노스탤지어 경험의 실체가 되는 구성요인은 무엇인가?

노스탤지어 경험의 실체를 알아보기 위해 연구자들은 20~80대의 사람들에게 1,000~1,500자 정도 길이의 노스탤지어에 해당하는 이야기를 글로 쓰게 하였다. 그리고 이들의 글을 내용분석(content analysis)한 결과 사람들의 노스탤지어에는 다음과 같은 전형적인 특징이 있었다. 첫째, 과거에 대한 향수에는 항상 가족, 연인, 친구와 같은 가까운 사람(people)들과 결혼, 가족 모임, 휴가와 같은 인생의 중요한 사건(event) 또는 특별한 장소(place)가 있다. 둘째, 자신이 주인공으로 다른 사람들과 함께 등장한다. 자신의 이야기 서사에서 주변 사람들 없이 솔로로 등장하거나 관찰자로 등장하는 일은 거의 없다. 셋째, 주인공이 고난과 역경을 이기고 변화, 성장, 성공하는 전형적인 자수성가적 이야기가 주를 이룬다. 넷째, 사람들이 과거 이야기를 회상할 때 부정적 정서보다는 긍정 정서를 더 많이 표현한다.[142]

내용분석 결과를 종합하면 사람들은 인생에서 특별히 의미 있는 시절 경험을 자신을 주인공으로 하여 가까운 주변 인물과 특정 사건을 중심으로 자전적 고난 극복의 이야기 구조로 만들어서 성공적인 또는 긍정적인 결과로 마무리 짓는다는 것이다.

이와 같은 노스탤지어적 기억의 송환은 심리적 변환을 불러올 수 있는 중요한 동인이 된다. 노스탤지어 경험이 심리적으로 어떤 기능을 하는지는 크게 두 가지 관점에서 볼 수 있다.

첫째, 관계와 의미가 주는 긍정적 영향이다. 가족, 사랑과 같은 개념은 노스탤지어를 구성하는 핵심적인 원형들이다.[143] 우리는 향수를 불러일으키는 음악 또는 노래 가사를 통해 가족, 친구들, 동료와 같이 가까운 사람들과의 관계에서 경험한 사랑과 우정, 우애 등과 같은 감정과 그들과 함께했던 소중한 경험들을 떠올린다. 노스탤지어의 음악이 자신의 삶 속에서 중요했던 사람들과 그 관계의 의미를 상기시키는 것이다. 그리고 이 사회적 관계와 가치는 자존감의 기초가 된다. 개인의 자존감은 관계적 그리고 사회문화적 과정에서 형성되기 때문이다. 이에 더해 자존감은 미래에 대한 긍정적인 태도를 강화시킬 수 있는 변인이다. 연구에 따르면 과거의 긍정적 기억을 많이 떠올리는 사람일수록 삶의 의미와 목적을 더 높게

---

141) Juan P. Serrano et al., "Life Review Therapy Using Autobiographical Retrieval Practices for Older Adults with Depressive Symptomatology," *Psychology and Aging* 19(2) (2004): 272.

142) Tim Wildschut, et al., "Nostalgia: Content, Triggers, Functions," *Journal of Personalilty and Social Psychology* 91(5) (2006): 975.

143) W. Cheung, et al., "Back to the Future: Nostalgia Increase Optimism," *Personality and Social Psychology Bulletin* 39(11) (2013): 1486.

인지한다고 한다.[144] 요약하면, 과거를 떠올리는 향수의 음악을 통해 우리는 풍부한 사회적 관계를 상기하게 되고 그것은 안정감 및 자존감의 상승을 유도하며 자존감은 미래에 대한 긍정적 태도를 강화시킬 수 있다.

다음은 필자가 현장에서 활동하던 시절 호스피스 완화 병동에서 경험한 한 노년 남성 이야기이다. 음악이 불러일으킨 향수가 1시간이라는 짧은 시간 동안 얼마나 다양한 감정의 변화를 가져왔는지 그리고 음악과 함께하는 회상이 인생의 끝자락에 선 그에게 얼마나 활기 있고 의미 있는 시간이었는지를 알게 해 준 음악치료 세션이었다.

향수

넓은 벌 동쪽 끝으로
옛이야기 지줄대는 실개천이 휘돌아 나가고,
얼룩배기 황소가
해설피 금빛 게으른 울음을 우는 곳
그곳이 차마 꿈엔들 잊힐리야…….
(정지용 시)

말기암 환자들이 입원해 있는 호스피스 병동의 음악치료실에서 한 노년 남자가 노래를 들으며 흐느껴 운다. 이 노래의 가사 때문인지 서정적인 멜로디 때문인지 알 수는 없지만 다른 이들 앞에서 나이 먹은 남자는 쉽게 눈물을 보이면 안 된다는 사회적 통념도 이 상황에서는 아무런 구속력을 발휘하지 못한다. 이제 남자는 코까지 풀어대며 엉엉 운다. 알 수 없는 주변 사람들은 당황하고 불편한 마음으로 이 노래가 끝나길 기다린다.

음악이 끝난 후 20대 후반의 젊은 음악치료사는 "이 노래를 잘 아시나 보죠? 혹시 이 음악에 특별한 기억이 있으신가요?"라고 조심스럽게 물어본다. 남자는 "태어나서 처음 듣는 노래입니더."라고 짧고 무뚝뚝하게 대답한다. '어떻게 이렇게 유명한 노래를 처음 들어 보지?', '도대체 이 노래의 무엇이 70을 바라보는 남자가 생전 처음 보는 사람들 앞에서 울게 만들었을까?'라는 의문점이 모두의 얼굴에 쓰여 있는 듯했다.

J라는 이 남자는 일평생 시골에서 농사를 업으로 살다 어느 날 말기암 판정을 받고 서울 S 병원의 호스피스 완화병동에 입원하였다. '먹고 살기 바쁜데 무슨 사치로 음악이냐.'라는 이 남자의 말에서 그가 지금 느끼는 분노와 인생의 회한이 느껴진다. 모든 말기암 환자들이 그렇듯 J 역시 어느 날 갑자기 자신

144) Wildschut, et al., 같은 글, 812.

에게 닥친 병마의 불행에 이날 이때까지 힘들게 열심히 살았는데 왜 나에게 이런 시련이 오는가라는 억울함과 이렇게 얼마 살지 못하고 가는 인생인데 무엇 때문에 그렇게 악착같이 힘들게 살았나 하는 회한의 감정을 드러낸다.

잠시 후 감정을 추스른 J는 아름다운 멜로디와 함께 이 노래의 가사가 너무나 자신의 어린 시절 기억 속의 고향을 잘 묘사하고 있어서 놀랐고 그 시절 어머니가 간절히 생각나 감정을 주체할 수 없었다고 말한다. '향수'라는 노래는 잘 알지만 그 가사의 내용을 이해하지 못하는 젊은 음악치료사가 가사 중 몇 가지 질문을 던지자 시인 정지용이 J의 고향 풍경을 노래 가사로 쓴 게 아닌가 싶을 정도로 그는 자세하게 설명해 준다.

노래 가사를 통해 자신의 고향 풍경을 설명하면서 J는 어느새 너무나 활기차고 신이 난 어린아이 같은 천진한 모습으로 변해 가고 있었다. 그의 모습은 평온하고 행복해 보였다. 참으로 아이러니하다. 자신의 어린 시절 시골 풍경을 노래하는 음악은 듣는 것만으로도 눈물을 감추지 못하면서 그 풍경을 설명하면서는 저렇듯 생기 있고 행복한 모습으로 변하다니…….

그가 처음 음악치료 시간에 왔을 때 음악이 좋아서라기보다는 호기심에 병원에서의 지루한 시간을 달래려고 온 듯하였다. 그리고 그와의 몇 마디 대화에서 우리는 그가 음악과 음악 하는 사람들에 대하여 좋지 않은 선입견을 가지고 있음을 알 수 있었다. 시골에서 농사만 짓던 그에게 음악은 돈 있고 한가로운 사람들이 즐기는 사치 그 이상도 이하도 아니었다. 어쩌다 술이나 한 잔 하고 부르는 트로트 가요가 그가 즐기는 음악의 전부였다. 그러나 그날 그가 경험한 음악은 '그리운 어머니', '어린 시절 정겹고 평화로운 고향 풍경', '고향에서 친구들과 놀던 시간' 등을 떠올리게 하는 노스탤지어의 자극제였다. 그는 지루함과 동시에 분노와 짜증에 가득 차서 음악치료실에 들어와 한동안 꺼이꺼이 울다가 즐겁게 과거를 회상하며 음악치료실을 떠났다.

노래는 그의 기억 속에 이름만 불러 보아도 눈물이 쏟아지는 '어머니', 얼굴만 떠올려도 미소가 지어지는 친구들을 소환하여 사회적 관계를 상기시켰다. 자신을 아끼던 사람들을 떠올리며 자신의 정체성과 존재에 대하여 긍정적으로 인식하는 기회를 가졌을 것이다. 자존감과 연결된 부분이다. 아마 음악치료실을 나가면서 개선된 기분으로 삶에 대한 분노보다는 정리와 통합을 생각했을지도 모른다. 그러나 그의 경험을 '사회적 관계', '자존감', '낙관성'이라는 심리학적 용어로 끼워 맞추어 설명하는 것보다 중요한 것은 노래를 통해 향수에 젖어 소중한 사람들을 떠올리며 느끼는 감정은 불안과 분노로 가득 찼던 인생의 마지막 장에서 옅은 미소를 불어넣어 주었다는 것이다.

향수

둘째, 자기 서사에 대한 자긍심이 주는 긍정적 영향이다. 역경을 딛고 성공한 서사를 떠올리고 표현하는 것은 기분을 고양시킨다. 영화나 드라마 그리고 우리 주변에서도 자신의 무용담 또는 성공담에 한껏 고양된 기분을 드러내는 노인들을 자주 볼 수 있다. '내가 왕년에…….'로 시작하는 이야기에는 언제나 우쭐한 우월감이 있다. 그 기억은 정확하지 않을 수 있고 과장되었을 수도 있다. 어떤 사람은 '내가 왕년에 …… 한 가닥 했었다' 식의 서사를 위해 '한 가닥'을 어떻게 해서든 찾아내려 한다. 앞으로 살날들보다 살아온 날들이 많은 노인들은 과거에 기대어 현재를 산다. 현재를 살고 있지만 과거에 기대어 산다는 것은 한편으로는 축적된 삶의 경험을 바탕으로 세상을 보고 판단하고 행동하는 지혜로운 삶일 수 있다. 그러나 다른 한편으로는 변화와 도전이 불편하고 지난 시절에 대한 막연한 향수만을 향유하며 현재를 부정하는 삶일 수도 있다. 에릭슨의 인간발달 마지막 8단계의 '대통합 대 절망'의 이슈이다. 분명하게 다른 삶이지만 한 가지 공통점은 나름 '한 가닥' 했던 과거가 현재의 자신을 세워 주는 동력이 된다는 것이다.

미국의 사회학자 데이비스(F. Davis, 1925~1993)는 노스탤지어를 '기억의 은행에 예치된 예금(deposit money)'에 비유한다. 현재 우리의 상황이 의심스럽고 모호할지라도 은행에 든든한 예금이 있기에 언제나 꺼내 쓸 수 있으며 그 예금은 미래에 대한 대출 담보까지 된다는 것이다. 다시 말해 현재의 상황이 어려울지라도 과거의 성공과 행복한 기억들이 우리를 지탱하고 우리가 가치 있는 존재임을 상기시켜 준다는 뜻이다.[145] 심리학적 용어로 표현하자면 '과거의 자신에 대한 긍정적 자아상은 현재 자신의 정체성 확립과 자존감 증진 및 낙관적 태도 보존에 긍정적 영향을 준다.'가 될 것이다.

여기 70대 여성이 트윈폴리오의 〈우리들의 이야기〉를 부르고 있다. 노래와 함께 그녀는 과거 젊은 시절 명동의 음악다방에서 친구들과 즐거운 시간을 보내던 시절을 떠올린다. 자주 가던 다방의 DJ에게 이 노래를 신청하곤 했었다. 당시 그녀는 지방에서 서울로 상경하여 양재학원을 다니며 양장점의 보조로 일하면서 꿈을 키우던 시기였다. 오빠들처럼 대학에 가고 싶었지만 딸이라는 이유로 부모님은 대학 진학을 반대하셨다. 얌전히 집에 있다가 시집이나 가라는 말씀뿐이었다. 서울에 상경할 수 있었던 것은 오빠들 뒷바라지를 자처하였기에 가능했다. 집안일, 학원, 양장점 일 등으로 정신없는 시간(과거 가족, 친구, 직장동료 등 회상은 사회적 연결성)을 보내던 시절 트윈폴리오의 음악은 언제나 아름다운 휴식이었다. 그 후 세월이 흘러 그녀는 결혼을 하고 자녀를 낳아 기르면서도 자신의 의상실을 개업하여 운영하다 은퇴하였다. 지금 생각해 보니 시부모님 모시고 아이들 키우면서 양장점 일까지 어떻게 해 왔는지 자신이 대

세시봉

145) Fred Davis, "Nostalgia, Identity and Current Nostalgia Wave," *Journal of Popular Culture* 11(2) (1977): 420.

단하게 느껴진다(자존감). 돌아보니 힘들었지만 열심히 살았다. 가끔씩 자신이 늙었다고 느껴질 때 서글픈 마음이 들면 트윈폴리오의 음악을 들어 본다. 다시 꿈 많았던 20대로 돌아가 본다. 몸은 늙었지만 아직 20대의 마음은 여전하다. 아직 무엇인가 할 수 있을 것 같은 마음이 든다(삶에 대한 낙관성).

노스탤지어가 낙관성을 증진시킨다![146]

과거의 행복했던 또는 달콤 쌉싸름했던 기억은 음악과 함께 소환되어 우리를 향수에 젖게 한다. 이 현상에 대하여 심리학, 경영학, 심리치료에서 바라보는 관점은 다르지만 한 가지 공통점은 노스탤지어는 과거 지향적 감정이지만 현재와 미래를 예측할 수 있게 한다는 것이다. 2013년 출간된 논문 「Back to the future: Nostalgia increases optimism」에서는 과거 지향적 감정인 노스탤지어와 미래에 대한 사고 및 태도와 연결된 낙관성 사이의 연관성을 보고하고 있다. 논문의 실험에서 연구자들은 14~67세 664명을 대상으로 네덜란드 온라인 웹사이트를 통해 노스탤지어의 노래와 그렇지 않은 노래에 대한 경험의 차이를 알아보았다. 실험 결과 노스탤지어 노래에서 사람들은 과거에 대한 향수를 더 많이 느꼈다. 또한 노스탤지어 노래 조건에서 자존감과 낙관성이 더 높았다. 한 가지 주목할 점은 노스탤지어의 노래와 비교 조건의 노래에서 노래의 긍정적 무드와 행복함은 차이가 없었다는 것이다. 즉, 긍정적이고 행복한 기분이 들게 하는 같은 음악이라도 향수를 자극하는 노래가 자존감과 낙관성을 증진시키는 데 더 효과적이라는 것이다.

다른 실험에서는 127명의 대학생을 대상으로 향수를 불러일으키는 노래의 가사와 그렇지 않은 가사에 대한 자존감과 낙관성의 차이를 분석하였다. 연구자는 참여자들에게 새로운 옥스퍼드 사전(New Oxford Dictionary)에서 정의한 노스탤지어의 의미를 전달하고 이들에게 자신을 향수에 젖게 만드는 3곡의 노래 제목과 아티스트를 적어서 제출하게 하였다. 연구자들은 3주 후 참여자들을 각각 노스탤지어 노래 가사 읽기 조건과 그렇지 않은 가사 읽기 조건을 경험하게 한 후 사회적 연결성, 자존감, 낙관성 그리고 노래 가사에 대한 긍정적 무드와 행복감을 측정하였다. 연구 결과 사회적 연결성, 자존감, 그리고 낙관성이 노스탤지어 노출 조건에서 더 높았다. 연구자들은 이러한 결과에 대하여 다음과 같은 모델을 제시한다. 이 모형은 긍정적 과거를 추억하는 노스탤지어가 사회적 연결성, 자존감, 그리고 낙관주의에 직간접적으로 연결되어 있다는 것을 의미한다.

이 논문의 첫 번째 실험 참여자의 연령은 14~65세, 두 번째 실험 참여자 연령은 대학생이라는 점에서 노인으로 일반화하는 데는 무리가 있다. 다만, 노래를 통한 과거 지향적인 노스탤지어 경험이 미래의 낙관성 형성에 직간접적으로 영향을 미치는 경로는 음악치료 목적 설정에 중요한 기초 자료가 된다. 예

146) Cheung, et al., 같은 글, 1484.

를 들어, 과거 가족, 친구들과의 정서적 유대감을 회상하는 노래를 통해 사회적 연결성을 상기시켜, 현재의 자존감과 미래에 대한 낙관성을 키우는 이 과정은 치료의 세션을 구성하는 데 이론적 근거로 활용될 수 있다.

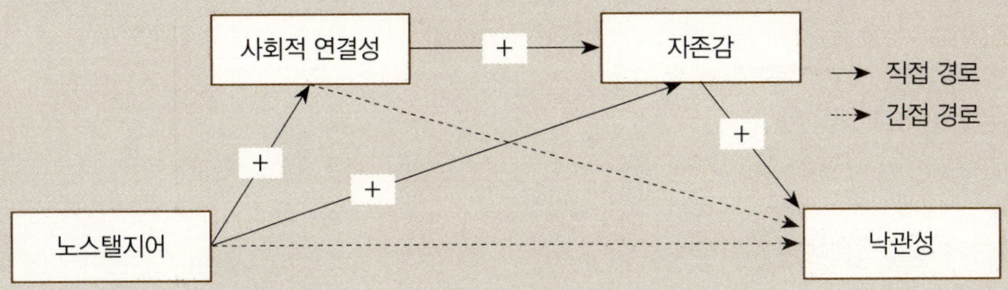

[그림 3-16] 노스탤지어와 낙관성 사이의 경로 모델[147]

그러나 노스탤지어는 치료적 효과를 가져올 수 있는 요소가 되는 동시에 오히려 현실 도피를 위한 방편으로 작동될 수도 있다. 노스탤지어는 걱정, 근심, 외로움과 같은 부정적 심리에 반작용(counteract)한다.[148] 특히 외로움은 노스탤지어와 높은 상관을 갖는 정서이다. 외로움을 많이 느낄수록 과거를 떠올리며 향수에 젖는 행동도 자주 나타난다. 추억을 소환하여 과거를 그려 보는 정신작업이 외로움을 상쇄시키기 때문이다. 이것은 역으로 부정적 정서가 향수를 자극하는 요인으로 작용한다는 것을 의미한다. 이에 더해 개인의 성격특성이 부정적 감정에 취약한 신경증(N+) 성향이 높다면 다른 사람들보다 더 많이 과거를 그리워하며 향수에 젖어서 현재를 살아갈 확률이 높다.[149]

현재 삶이 팍팍하고 어려울수록 사람들은 '그때가 좋았지.'라고 생각하며 과거로 회기하려는 경향이 강하다. 그래서 과거의 것이 지금보다 더 좋고, 과거가 더 행복했던 것처럼 아름답게 만들어 판매하는 향수 자극 마케팅은 안정적인 마케팅 중 하나이다. 복고에 대한 긍정적 이미지는 곧 상품에 대한 긍정적 이미지로 이어지고 이는 상품의 소비로 연결된다. 음악에서도 이러한 현상은 마찬가지이다. 베이비 부머 세대들이 은퇴하면서 그들을 대상으로 하는 음악 행사를 흔하게 볼 수 있다. '마케팅'에서 향수는 '그때가 좋았지.'라는 이미지와 느

147) 앞의 글, 1491.

148) Wildschut, et al., 같은 글, 304; X. Zhou et al., "Counteracting Loneliness: On the Restorative Function of Nostalgia," *Psychological Science* 19(10) (2008): 1023.

149) Barrett et al., 같은 글, 398. 이 논문에서는 노스탤지어 추구 현상의 개인적 요인을 기분상태와 성격특성의 작용으로 본다. 부정적 기분상태와 신경증적 성격특성이 노스탤지어 추구와 높은 상관을 갖는다.

낌을 전달하여 구매를 자극한다. 그렇다면 치료에서는 어떨까? 과거의 행복과 성공은 현재의 무엇으로 연결되어야 성공적인 치료일까? 바로 현재 개인의 정체성에 연속성을 갖게 하는 향수여야 한다. 과거와 현재 사이 정체성이 연속성을 가지는가에 따라 노스탤지어 경험은 부정적일 수도 긍정적일 수도 있다.[150]

고깃집 사장님은 화가?

필자는 어느 날 전직 화가가 운영한다는 삼겹살집에서 고기를 먹은 일이 있었다. 지인들과 같이 간 고깃집에는 대략 70대로 보이는 멋쟁이 사장님이 우리를 맞이하여 주었다. 사장님과 친분이 있어 보이는 나의 지인은 깍듯하게 '○화백님'이라는 호칭으로 그의 현재가 아닌 과거의 정체성에 더 큰 가치와 의미를 부여하는 듯하였고 사장님도 '화백님'이라는 호칭이 많은 사람 앞에서 불리는 것을 자랑스럽게 여기는 것 같았다. 그림에 대하여 잘 모르던 나는 지인에게 그가 유명한 화가였는지 물어보았다. 그런데 그는 유명한 화가가 되고 싶었던 '자칭' 화가이지 남들이 인정해 주는 화가가 아니었다. 삼겹살집에 이곳저곳 걸려 있는 그림은 그의 자기 표현에 그친 수준으로 아무도 그의 그림을 돈 주고 사지 않았다. 삼겹살 가게는 생계를 위한 그의 진짜 직업이었다. 나는 지인에게 왜 사장님을 화백님이라고 부르냐고 물어보니 '화백님'이라고 부르면 서비스가 좋아진다고 하였다. 그는 화가 지망생이라는 과거도, 고깃집 사장님이라는 현재도 부정하고 자신이 만들어 놓은 '화가'라는 정체성으로 살고 있다. 그리고 그 허상을 알아차린 사람들은 그를 '화백님'이라고 부르며 이익을 챙기고 있다.

노스탤지어 경험은 현재의 '나'와 과거의 '나'의 만남이다. 그런데 노년기 현재의 '나'는 과거의 '나'를 숭배하는 경향이 높다. 그러나 그 숭배가 지나치거나 현재의 '나'와 과거의 '나'의 소통이 완전히 차단된다면 현재의 '나'에게는 애도만 있을 뿐이다.

현재 뇌졸중으로 몸이 불편한 노인에게 발레리나로 활동하던 과거의 찬란한 자신을 떠올리는 것은 일시적으로 기분을 좋게 한다. 행복한 과거의 회상은 긍정적 정서를 환기시키기 때문이다. 그러나 과거 발레리나로서의 정체성과 현재 뇌졸중 환자로서의 정체성의 간극을 느끼는 순간 우울감은 더 깊어진다. 과거의 나와 현재의 나는 서로 낯선 사람이기에 소통이 차단된 상태이기 때문이다. 치료는 과거의 '나'와 현재의 '나' 사이의 소통이 이루어지게 함으로써 정체성의 연속성을 느끼게 해 주는 것이다. 예를 들어, 과거에 춤을 잘 추는 발레리나였다면 현재는 발레에 대한 지혜와 지식을 과거보다 더 많이 축적한 어른으로 인식하게

150) Davis, 같은 글, 419.

한다. 과거의 나를 숭배하기보다는 이제 어른으로서 과거의 나를 칭찬해 주어야 한다. 단순한 쾌락적 향수가 아니라 현재 어른으로서 과거의 자신을 더 잘 이해하고 분석하는 수준에서 해석적 향수가 있어야 한다. 치료는 과거에 대한 단순한 동경으로 끝나는 것이 아니라 건강한 방식의 해석적 향수를 통해 지혜[151]로운 자신을 인식하는 것이 중요하다.

그렇다면 치료적 회상은 무엇인가? 에릭슨은 인생의 8단계에서 회고가 문제를 해결하고 자아의 대통합을 촉진한다고 하였다.[152] 인생의 마지막 단계에서 회고가 문제를 해결하고 통합을 도와준다는 것은 언뜻 납득이 가지 않는 부분이기도 하다. 과거를 회상한다고 어떻게 평생 원수로 여긴 사람을 용서할 수 있겠는가? 과거를 회상한다고 과거에 잘못한 자신의 죄책감으로부터 벗어날 수 있겠는가? 그런데 우리는 인생 회고의 드라마틱한 효과를 에릭슨 이전에 이미 소설을 통해 알고 있다. 소설 〈크리스마스 캐럴〉[153]에 등장하는 수전노 스쿠루지 영감은 크리스마스 전날 밤 같이 사업을 하던 동업자 말리의 유령을 만나 자신의 과거, 현재, 미래의 모습을 보고 자신의 죄를 뉘우치고 심적 변화를 경험한다. 치료적 관점에서 보면 한 번의 생생한 회상을 통해 엄청난 '지혜'를 얻은 것이다. 물론 현실이 아닌 소설 속 이야기이지만 스크루지의 이야기는 인생의 마지막 장에서 자신의 삶에 대한 회고가 반성적 성격을 띨 때 깨달음을 경험할 수 있다는 것을 보여 주는 예이다.

미국의 정신과 의사이자 노인 전문가였던 버틀러(Robert Bulter, 1927~2010)는 1960년대부터 노인들에게 과거 회상을 자극하는 사진, 오디오 테이프 등을 이용하여 임상에서 처음으로 회상치료를 소개하여 효과성을 입증한 인물이다. 이후 인생 회고는 노인 대상 심리치료에 전형적인 방법 중 하나로 여겨지고 있다. 소설가 찰스 디킨스에서 심리학자 에릭슨 그리고 정신의학자 버틀러에 이르기까지 삶에 대한 지혜와 깨달음을 얻는 과정으로서 회고의 중요성을 인식하고 있었던 것이다.

151) 에릭슨은 '지혜(wisdom)'를 노년기 대통합의 중요한 매개로 보았다.

152) Serrano et al., 같은 글, 272.

153) 영국의 소설가 찰스 디킨스(Charles Dickens, 1812~1870)가 1843년에 발표한 소설이다.

(3) 몰입과 음악

영화 〈쉘 위 댄스〉와 〈비지터〉는 주인공들이 안정적이고 틀에 박힌 일상을 살다가 새로운 세계를 접하게 되면서 삶의 재미와 의미를 느끼게 된다는 공통점이 있다. 〈쉘 위 댄스〉에서 주인공은 '춤'을 통해서, 〈비지터〉에서는 '젬베'라는 북 종류의 타악기를 통해서 무엇인가 몰입(flow)하는 삶이 주는 행복감이 얼마나 중요한지를 보여 준다.

몰입은 어떠한 활동에 집중하여 시간의 흐름이나 고민 또는 고통도 잊은 채 그 활동에 완전히 빠져 있는 상태를 의미한다. 젬베 연주에 빠져 있는 사람은 젬베 연주를 하면서 시간 가는 줄 모르고 세상의 모든 걱정을 잊은 채 오로지 연주에만 집중하며 그 시간을 즐긴다. 사교춤에 빠진 사람은 춤을 추는 시간이 아닌 시간에도 온통 춤과 관련된 생각으로 가득 차 있어 지루할 시간이 없다. 이들에게 춤과 음악은 활동 자체가 보상이자 의미 있는 자기 목적성 경험(autotelic experience)[154]이다. 칙센트미하이는 음악과 몰입이 강하게 연결되어 있다고 소개하였다.[155] 왜냐하면 사람들이 음악활동을 하는 동기가 바로 칭찬, 보상과 같은 외적인 요인보다는 음악을 통해 경험하는 아름다움, 즐거움 등과 같은 내적인 동기라고 보기 때문이다.

자기 목적성 경험이 높은 상태에서 우리는 자신의 능력과 도전의 수준을 균형 있게 조절하여 즐거움과 성취감을 느낀다. 놀이(play)와 일(work) 사이의 균형을 잘 유지할 때 나타나는 현상이다.[156] 예를 들어, 시니어 합창단에 가입하여 노래활동을 하는 것은 일종의 레저활동으로 놀이에 해당한다. 합창단에서 베이스를 담당하는 사람이 연주회를 앞두고 정확한 음정으로 노래하고 다른 단원들과 조화로운 화성을 만들기 위해 노력하는 것은 기술 향상을 위한 '일'에 해당한다. 자기 목적성이 높을수록 기술 향상을 위한 '일'에 해당하는 '훈련', '노

154) 자기 목적성 경험에서 'auto'는 '자동적', '스스로'를 의미하고 'telos'는 '목적'이라는 뜻을 갖고 있다. 따라서 'autotelic' 그 자체가 목적을 가지고 있다는 것을 의미한다. 자기목적성은 칙센트미하이의 9개의 몰입 요소 중 하나이다.

155) Alic Chirico, et al., "When Music 'Flows'. State and Trait in Musical Performance, Composition and Listening: A Systematic Review," *Frontiers in Psychology* 6 (2015): 2.

156) 앞의 글, 3

력'에 우리는 더 몰입한다. 즐거운 몰입은 기술의 향상으로 이어지고 이러한 경험은 자기 개발과 성장을 촉진하며 삶의 질과 만족도를 높이는 데 기여한다.

이러한 현상은 음악치료에서도 마찬가지이다. 음악치료사는 각 개인마다 다양한 치료적 목적을 가지고 중재하지만 한 가지 중요한 점은 음악활동이 내담자에게 재미와 의미를 모두 주어야 한다는 것이다. 의미만 있고 재미가 없으면 음악활동 참여에 대한 동기가 저하된다. 재미만 있고 의미가 없으면 음악치료라기보다는 오락에 가깝다. 파킨슨병 환자의 보행 훈련을 위한 음악치료 예를 들어 보자. 치료사는 환자가 좋아하는 노래를 환자에 맞게 최적화하여 보행 훈련에 사용한다. 이때 환자가 보행 훈련을 훈련으로 인식하기보다는 '놀이'로 인식한다면 치료는 '재미'와 치료적 '의미'를 모두 포함한 중재이다. 음악활동에 대한 '재미'는 활동에 대한 자기 목적성 경험을 높인다. 반면, 치료사가 선택하고 환자에 맞게 최적화한 음악이라도 환자에게 재미를 주지 못한다면 음악치료는 '물리치료', '작업치료'와 별 차이가 없을 것이다. 음악치료 임상에서 음악은 내담자의 내적 동기를 일깨워 자기 목적성 추구 행동이 일어나게 하는 '재미'를 줄 수 있어야 한다. 그리고 그 재미 안에 치료적 의미도 함께해야 한다.

2) 노인을 위한 음악치료의 실제

노인의 정신적 · 육체적 문제가 다양한 만큼 노인을 위한 음악치료는 그 목적과 방법도 다양하다. 병리적인 부분에 초점을 맞춘다면 뇌졸중, 파킨슨병과 같은 노년기 질병으로 인한 신체의 문제를 음악을 활용하여 재활 훈련을 하는 신체재활 영역, 치매와 같은 인지적 문제에 대한 인지재활, 그리고 노년기 우울와 같은 심리재활 영역으로 구분할 수 있다. 그러나 치료의 영역별 구분보다는 노인의 상태와 기능에 따라 종합적인 효과를 기대할 수 있는 중재가 필요하다. 뇌졸중 노인에게 신체 재활 훈련을 위한 음악도 중요하지만 병으로 인한 심리적 위축감, 우울감 역시 신체 재활 동기에 중요한 부분이다. 치매 노인의 경우 음악을 통한 운동과 심리적 접근은 인지 재활에 효과적이다. 비교적 건강한 노인의 경우에도 음악활동을 통한 신체, 인지, 심리적 개선은 서로 독립적인 것이 아니라 상호적이다. 그러므로 치료사는 노인의 전반적인 건강을 고려하여 음악과 음악활동을 선택하여야 한다.

(1) 선호 음악의 이해

노인 대상 음악치료에서 가장 많이 언급되는 용어가 바로 '선호 음악(prefered music)'이다.

선호 음악은 단순히 '좋아하는 노래' 이상의 복합적 개념이다. 음악 그 자체에 대한 취향(장르, 스타일, 상황별 음악 등), 음악과 관련된 기억, 현재 감정과의 일치 경향성, 사회문화적 배경, 반복 노출에 의한 친숙성, 성격, 생리적 반응 등이 얽혀 형성된다. 특히 노인의 경우, 선호 음악은 자서전적 기억과 밀접하게 연결되어 있으며, 긍정적 기억을 점화하는 음악은 정서와 자기 정체성에 직접적인 영향을 줄 수 있다. 그러므로 노인을 위한 음악치료에서 선호 음악과 관련된 다음의 세 가지 사항을 고려해야 한다.

첫째, 선호 음악은 친숙한 음악과는 구분되어야 한다. 노인 음악치료에서 간혹 노인들에게 익숙한 음악을 선호 음악으로 간주하는 경우가 있으나, 모든 친숙한 음악이 반드시 선호되는 것은 아니다. 예를 들어, 어떤 노인은 트로트가 익숙하지만 그 장르를 개인적으로 싫어한다고 말할 수 있다. 반면, 이전에는 잘 알지 못했던 음악이라도 새롭게 접하면서 선호하게 되는 경우도 있다. 따라서 음악에 대한 선호도, 친숙성, 감정 반응 사이에는 분명한 간극이 존재하며, 음악치료사는 이 요소를 면밀하게 고려하여 음악을 선정하고 적용해야 한다. 이는 단순한 선곡의 문제가 아니라, 내담자의 정서적 반응과 치료적 개입의 질에 직결되는 임상적 판단이 요구되는 영역이다.

〈표 3-9〉 선호 음악과 친숙한 음악 구분

유형	예시
친숙하지만 싫은 음악	"트로트는 익숙하지만 듣기 싫어요."
친숙하고 선호하는 음악	"옛 가요를 들으면 따뜻해져요."
선호하지만 친숙하지 않은 음악	"재즈는 잘 몰랐지만 듣다 보니 좋아요."

둘째, 선호하는 음악 중에서도 좋아하는 음악과 감동을 주는 아름다운 음악의 구분이다.

〈표 3-10〉 음악 반응 평가

음악적 경험 유형	친숙도	좋아함 (재미/반복 청취)	아름다움 (감동/영적 체험)	음악적 특징	치료적 활용
1. 친숙하고 아름다운 음악	높음	높음	높음	깊은 감동을 주는 친숙한 음악: "모차르트 피아노 소나타 K. 331의 선율은 나에게 언제나 감동을 줘."	회상, 정화

2. 친숙하지만 좋아하지 않는 음악	높음	낮음	낮음	익숙하지만 정서적으로 맞지 않거나 싫은 음악: “어릴 적부터 많이 들었지만 트로트는 정서적으로 나와 맞지 않아.”	선곡 제외 또는 탐색용
3. 친숙하지 않지만 아름답게 느껴지는 음악	낮음	중간	높음	처음 들었을 때 감동을 주는 클래식: “요요마의 바흐 무반주 첼로 모음곡을 처음 들었는데 깊은 감동을 받았어.”	심미적 감상, 통찰 유도
4. 좋아하지만 아름답다고 느껴지지는 않는 음악	중간	높음	낮음	신나는 트로트, 팝 발라드 등: “BTS의 다이너마이트는 흥겹고 신나지만 감동적이지는 않아.”	기분전환, 참여 유도, 자기표현
5. 전혀 반응 없는 음악	낮음	낮음	낮음	낯설고 흥미 없는 음악	선곡 제외

〈표 3-10〉 중 5번을 제외한 1, 2, 3, 4는 노인 대상 음악 치료 활동을 구성할 때 필수적으로 고려해야 할 요소들이다. 감동을 불러일으키는 음악, 자기 탐색을 촉진하는 음악, 새로운 심미적 경험을 주는 음악, 재미와 기분전환을 유도하는 음악 등, 음악이 지닌 다면적 치료 효과를 면밀히 고려하여, 노인의 정서적 상태, 인지적 수용력, 사회적 맥락에 맞는 음악을 신중하게 선정하고 중재해야 한다.

셋째, 친숙한 음악과 기억의 관계를 고려한 음악 선택이 중요하다. 이를 위해 활용할 수 있는 개념이 내재적 중요성과 외재적 중요성의 조합에 따른 3×3 평가 반응 매트릭스이다. 이 매트릭스는 두 가지 평가 축으로 구성된다.

- **내재적 중요성**: 음악 자체에 대한 개인의 정서적 반응(긍정, 중립, 부정)
- **외재적 중요성**: 해당 음악이 특정 사건이나 기억과 맺고 있는 정서적 연결의 성격(긍정, 무관, 부정)

이 두 축의 조합을 통해 총 아홉 가지 반응 유형으로 분류할 수 있으며, 각 유형에 따라 치료적 접근 방식과 중재 시 주의해야 할 점이 달라진다.

〈표 3-11〉 내/외 중요성에 따른 음악 반응 유형

내/외 중요성	외재 긍정(+): 긍정적 사건	외재 중립(0): 사건 없음/무감정	외재 부정(−): 부정적 사건
내재 긍정(+): 긍정적 정서의 음악	① 음악 자체도 좋고, 연관된 사건도 긍정적	② 음악 자체는 좋으나 사건 연결은 없음	③ 음악은 좋지만 부정적 기억과 연결됨
내재 중립(0): 음악에 큰 반응 없음	④ 음악은 별로 특별하지 않지만 기억은 좋음	⑤ 음악과 기억도 별로 특별한 반응 없음	⑥ 음악적 감흥은 없으나 기억은 부정적
내재 부정(−): 부정적 정서의 음악	⑦ 음악은 싫지만 기억은 긍정적	⑧ 음악도 싫고 연관 기억도 없음	⑨ 음악도 싫고 부정적 기억과 연결됨

친숙한 음악과 기억의 연결에 대한 각각의 반응을 분석해 보면 다음과 같다.

① 내재 긍정/외재 긍정

이 유형은 음악 자체도 좋고, 그 음악과 연관된 기억이나 사건도 긍정적인 경우이다. 예를 들어, "이 곡을 들으면 가족과 함께 떠났던 여행이 떠올라요. 바다도 햇살도 음악도 모두 정말 좋았어요." 같은 반응이다. 이러한 음악은 높은 정서적 몰입을 유도하며, 자전적 기억 회상을 효과적으로 촉진하기에 치료적 활용도가 매우 높다.

② 내재 긍정/외재 중립

이 유형은 음악은 좋아하지만, 특별히 기억나는 사건이나 연관된 경험은 없는 경우이다. "이 곡 멜로디가 마음을 편안하게 해 줘요. 무슨 기억이 떠오르진 않지만 그냥 좋아요."처럼 감정적으로 긍정적인 영향을 줄 수 있으나 자서전적 회상 자극은 크지 않을 수 있다. 정서적 안정과 휴식, 분위기 조성에 효과적이다.

③ 내재 긍정/외재 부정

이 유형은 음악 자체는 아름답고 좋지만, 해당 음악이 상기시키는 사건이나 기억은 부정적인 경우이다. 예를 들어, "이 곡은 아직도 아름답다고 느껴지지만, 예전에 헤어질 때 들었던 노래라 들으면 울컥해요."와 같은 반응이 여기에 포함된다. 이런 경우 정서적 충돌이 일어날 수 있으므로 치료적 개입에 신중함이 요구된다. 치료사와의 신뢰 관계가 충분히 형성된 상태에서, 또는 심리적으로 안전한 집단 환경이 보장될 때 다루는 것이 바람직하다. 적절히 활용된다면 감정의 표현과 정서적 통합을 유도할 수 있는 중요한 자원의 음악이지만, 무리한 접근은 감정을 과도하게 자극하거나 억압된 정서를 드러나게 하여 정서적 불안을 유발할 수 있다. 예를 들어, 본래는 슬픔을 자연스럽게 표현하기 위한 음악활동이었으나, 예상치 못한 죄책감, 수치심, 분노 등으로 정서가 왜곡되거나 압도되어 반치료적인 반응을 불러오는 경우이다. 그러므로 세심한 임상적 판단이 요구된다.

④ 내재 중립/외재 긍정

음악 자체에는 큰 반응이 없지만, 그 음악이 특정 긍정적인 기억이나 사건과 연결되어 있는 경우이다. 예를 들어 "음악은 잘 모르겠지만, (또는 음악 자체는 내담자의 선호 타입이 아닌 장르일 경우) 어릴 적 아버지와 함께 들었던 노래예요."와 같은 반응이다. 회상이나 이야기 나눔을 통한 관계 형성에 유용할 수 있다.

⑤ 내재 중립/외재 중립

음악에 대해서도, 음악과 관련된 기억에 대해서도 특별한 감정 반응이 없는 경우이다. "그냥 평범한 음악 같아요. 별생각도 안 나고 감흥도 없어요."처럼 감정적 반응도 낮고 회상 자극도 미약하여, 치료적 효과가 제한적일 수 있다. 다만, 중립적 분위기 조성이 필요할 때 사용할 수 있다.

⑥ 내재 중립/외재 부정

음악 자체에 큰 감흥은 없고, 음악이 떠올리게 하는 기억이나 사건이 부정적인 경우이다. 예를 들어, "이 곡은 잘 모르겠지만, 이 시기에 좋지 않은 일이 많았어요."와 같은 반응이다. 음악의 정서 효과도 미미하고 부정적 기억 자극 위험이 있으므로 사용을 피하는 것이 바람직하다.

⑦ 내재 부정/외재 긍정

음악 자체는 싫지만, 긍정적인 사건이나 기억과 연결된 경우이다. 예를 들어, "이 노래 자체는 별로인데, 이걸 들으며 손주와 함께 춤췄던 기억은 좋아요."라는 반응이 이에 해당한다. 그러나 매우 드문 경우이다. 일반적으로 관련 기억이 긍정적인 경우 음악에 대한 정서반응 역시 긍정적이다. 음악에 대한 거부감이 클 경우 치료 효과가 반감될 수 있으므로, 사려 깊은 접근이 필요하다.

⑧ 내재 부정/외재 중립

음악 자체도 싫고, 연상되는 특별한 기억이나 개인적 의미도 없는 경우이다. 예를 들어, "이 음악은 별로예요. 그냥 그런 것 같아요."와 같은 반응이다. 정서적 반응도 미미하고 자서전적 연결성도 없기에, 치료적 의미가 거의 없는 유형이며 활동에서 제외하는 것이 좋다.

⑨ 내재 부정/외재 부정

음악도 싫고, 그 음악이 떠오르게 하는 사건도 부정적인 경우이다. 예를 들어, "이 노래는 끔찍한 일이 떠올라서 듣기 힘들어요."라는 반응이다. 가장 주의해야 할 유형으로, 부정적 기억 자극과 정서적 불안정 가능성이 높다. 피해야 할 음악이다.

(2) 선호 음악의 사용 방법

노인들의 인지재활과 심리재활 그리고 부분적으로 신체재활(신체재활은 제6장 5. 신경학적 음악치료 참조)에 친숙한 노래를 치료적으로 사용하는 방법에 대하여 알아보자.

① 밈의 기능

〈과수원길〉이라는 노래는 A, B 두 사람에게 모두 어린 시절을 떠올리게 하는 노래이다. A는 어린 시절 학교에서 배웠던 노래로 기억한다. 〈과수원길〉이라는 노래를 안다는 것은 의미기억(semantic memory)이 작동되고 있다는 것이다. B는 국민학교 시절 동네에서 짝사랑하던 오빠에게 잘보이고 싶어서 열심히 불렀던 노래이다. 그 오빠는 과수원집 아들이었고 하얀 얼굴에 언제나 단정하게 옷을 입었다. 지금 생각해 보니 열 살 소녀의 사랑이었다. B에게 〈과수원길〉은 자전적 기억 속 열 살 소녀의 짝사랑이라는 사건 기억을 불러일으키는 밈(Music-Evoked Autobiographical Memories: MEAMs)의 노래이다. B의 이야기는 필자가 암 병동에 입원한 어느 60대 여성의 이야기를 들은 것이다.

〈과수원길〉은 A, B 모두에게 '아는 노래'이다. 노래가 흘러나오면 〈과수원길〉이라는 노래라고 알아차릴 수 있고(recognize: 재인) 언제든지 불러 볼 수 있다(retrieval: 인출). 이 노래는 A, B 모두의 장기기억에 비교적 견고하게 자리 잡은 노래인 듯하다. 그런데 이 곡에 대한 기억의 성격은 다르다. A에게는 그냥 아는 '의미기억'이고 B에게는 사연이 있는 '삽화기억'이다. B에게 〈과수원길〉은 자전적 기억, 음악, 감정이 연합하여 강력하고 생생한 기억을 떠올리게 하는 노래이다. 그리고 이러한 경험은 우리 뇌의 내측 전전두피질(medial prefrontal cortex: mPEC)을 활성화시킨다.[157]

우리 뇌의 내측 전전두피질은 자전적으로 중요한 사건과 연관된 노래에 그렇지 않은 노래보다 더 활성화된다. 흥미로운 것은 기억의 내용이 구체적일수록 mPFC의 활성도가 높다는 것이다. B는 과수원길이라는 노래와 함께 어린 시절 짝사랑, 동네 오빠, 그 오빠의 외모와 옷차림과 같은 세세한 사항을 떠올렸다. 만약 B에게 과수원길이라는 노래 대신에 과수원길 사진이나 또는 첫사랑 소년의 사진을 보여 주었다면 어떨까? 노래처럼 생생하고 구체적인 기억을 떠올릴 수 있을까? 연구에 따르면 사람들은 시각적 단서보다 음악적 단서에서 더 생생하고 강하게 자전적 기억을 떠올린다고 한다.[158] 자전적 기억에 대한 생생함과 구체성을 음악과 시각으로 비교하는 실험들에서 한결같이 음악 조건에서 mPFC가 더 활성화된다는 것이 확인되었다.

자전적 기억 속의 내용을 구체적이고 세세하게 떠올릴수록 mPFC의 활성도가 높다는 것은 음악에 우리의 자전적 기억과 관련된 심상(imagery)이 더 활성화된다는 것을 의미한다. 우리는 음악, 노래 가사를 통해 시각적 심상뿐만 아니라 그 당시 느꼈던 감정과 연관된 감각을 재경험하게 되는데 이러한 감각경험은 생리적 반응을 유도한다. 심상은 마음에 일어나는 현상이지만 우리 몸은 그 정신적 현상에 생리적으로 반응한다. 레몬을 떠올리면 갑자기 신맛과 함께 입에 침이 고이는 것과 유사한 현상이다. 그래서 mPFC가 손상된 사람은 음

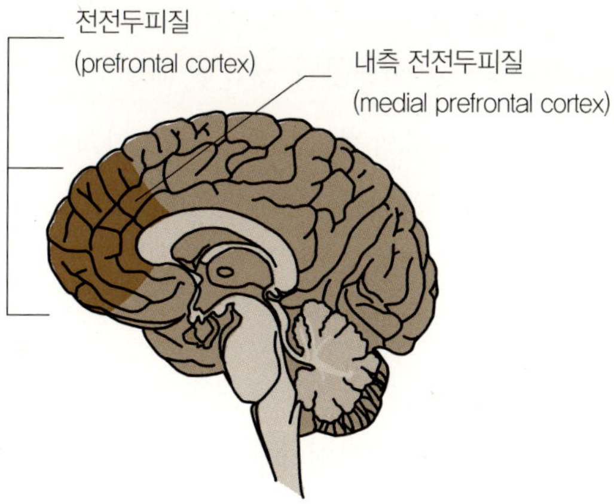

[그림 3-17] 음악과 mPFC 활성화

157) Petr Janata, "The Neural Architecture of Music-Evoked Autobiographical Memories," *Cerebral Cortex* 19(11) (2009): 2579-2594; Amy M. Belfi, Brett Karlan & Daniel Tranel, "Damage to the Medial Prefrontal Cortex Impairs Music-Evoked Autobiographical Memories," *Psychomusicology: Music, Mind, and Brain* 28(4) (2018): 201-208.

158) Amy M. Belfi, Brett Karlan & Daniel Tranel, "Music Evoked Vivid Autobiographical Memories," *Memory* 24(7) (2016): 979-989.

악에 대한 생리적 반응도 나타나지 않는다.[159] 또한 알츠하이머 환자들은 다른 기억에 비해 친숙한 음악에 대한 기억을 비교적 잘 보존하는데 그 이유 중 하나가 mPFC의 영역은 다른 영역에 비해 뇌의 위축(atrophy)이 비교적 느리게 진행되기 때문이기도 하다.[160]

② 밈이 필요한 사람들

과거의 기억을 떠올릴 때 우울한 사람은 기억의 구체성이 떨어지고 과일반화하는 경향이 강하다.[161] 이러한 현상은 인지기능이 저하된 우울한 노인들에게서도 특징적인 현상이다.[162] 기억의 내용에 세부사상이 부재하다. 초등학교 시절을 이야기해 달라는 치료사의 말에 A는 "어린 시절 ○○초등학교를 다녔지."로 끝난다. 반면, B는 "어린 시절 아현동에 있는 ○○초등학교 아닌 그때 국민학교였지. 학교 앞에 호떡집이 있었는데 정말 맛있었어. 하교 때 친구랑 꼭 그걸 하나씩 사 먹고 집에 가곤 했었지……." 초등학교라는 과거의 특정 시기에 대한 회상에서 B는 여러 가지 기억의 내용을 심상으로 떠올리며 세부적인 사항을 말하지만 우울한 그리고 인지기능이 저하된 A는 그렇지 못하다. 바로 A와 같은 사람에게 밈이 필요하다.

노인 대상 치료에서 '인생 회고'는 효과적인 방법 중 하나이다. 궁극적인 목적은 인생 회고를 통해 현재의 긍정적인 변화를 유도하는 것이다. 이 과정에서 과거 기억의 내용을 세부적으로 회고하는 '회고 훈련'은 주로 글쓰기와 같은 방법으로 진행되는데 이러한 훈련이 우울감 감소와 삶의 만족도 개선에 효과적이다. 여기서 훈련이라는 말은 치료사 주도적으로 특정 가이드에 맞추어 글쓰기를 진행하는 것으로 매우 구조화된 방법을 의미한다. 왜냐하면 회상 작업 중 특정 기억에 강박적으로 사로잡혀 있거나 두서없이 방황하는(mind wondering) 회상은 비효율적이기 때문이다.[163]

③ 밈과 음악치료

자전적 기억은 계층적 구조를 갖는다.[164] 계층 구조의 맨 위에는 일반적 기억이 있다. 인생의 어느 시기 어떤 사건 또는 사람을 기억하는 것이다. '어린 시절 시골에서 초등학교를

159) Amy M. Belf et al., "Neurological Damage Disrupts Normal Sex Differences in Psychophysiological Responsiveness to Music," *Psychophysiology* 53 (2016): 15.
160) Janata, 같은 글, 2579.
161) Serrano et al., 같은 글, 273.
162) Sara Phillips & J. Mark Williams, "Cognitive Impairment, Depression and the Specificity of Autobiographical Memory in the Elderly," *British Journal of Clinical Psychology* 36(3) (1997): 341.
163) Serrano et al., 같은 글, 272-273.
164) 앞의 글, 273.

다녔다.' 수준의 기억이다. 이 일반적 기억의 아래로 갈수록 사건과 관련된 세부 사항의 내용을 담고 있다. '초등학교 등하굣길 다니던 논길, 친구들, 신발주머니를 잃어버리고 혼난 사건 등등' 일반적인 기억을 바탕으로 우리는 더 세부적인 사건, 시간, 장소, 사람들과의 상호작용 등을 상기시키고 특정한 사건들을 더욱 명확하게 회상할 수 있다. 그러므로 노래는 일반적인 기억에서 점차 세부적인 기억의 내용으로 들어가는 방식으로 진행한다. 이러한 과정을 통해 내담자는 자서전적인 기억을 더욱 정확하고 상세하게 떠올리게 된다. 다음은 노래를 통해 일반적인 기억에서 상세한 기억을 떠올리게 하는 방법의 예이다.

◎가사 토의

1. 자전적 기억 속 노래를 선택한다.
2. 노래를 듣고 불러 본다. (일반적 기억: 재인과 인출)
3. 노래와 관련된 시간, 사건, 사람, 장소 등을 떠올린다. (구체적 기억/에피소드 기억)
4. 기억과 관련된 당시 정서와 그 기억을 떠올리는 현재의 정서는 어떤지 알아본다. (기억과 정서)
5. 노래, 감정, 자전적 기억 속 사건을 심상으로 떠올리면서 다시 한번 노래를 불러 본다. (지금까지 환기시킨 기억의 내용을 음악을 통해 심상에 떠올리기: 기억의 확인)

여름이면 생각나는 노래는?

〈해변으로 가요〉 노래를 떠올리고 불러 보는 것은 정보의 계층에서 일반적인 정보에 접근하는 것이다. 이후 좀 더 자세하고 구체적인 대학교 1학년 때 처음으로 친구들과 바닷가로 여행 갔을 때인 스무살 때의 여름을 떠올린다(시간과 장소의 구체성). 바닷가에서 모닥불을 피워 놓고 기타 치며 노래를 부르던 밤 만취해서 친구(영철) 등에 업혀서 숙소로 들어왔다(에피소드 기억). 당시에는 몰랐는데 이제 와 생각하니 가진 것은 없었지만 젊은 시절이 좋았다(자전적 기억 회상에 대한 감정).

과거의 기억을 떠올릴 때 시각, 청각, 촉각, 후각 등 기억과 연관된 감각 세포들이 활성화된다. 추억의 소환으로 뇌세포들이 다시 멤버(re+member)가 되어 마음의 극장에서 추억을 상영한다. 마음의 극장에 OST(original sound track)가 흐르면 인물들이 등장하고 그들의 표정, 옷차림, 대화, 손짓, 몸짓 등을 세세하게 보고 장소의 풍광과 계절감도 느껴 본다. 여기서 마음의 극장은 심상이고 OST는 밈(MEAM)이다.

밈을 통한 기억의 구체화 훈련은 인지기능 향상뿐만 아니라 정서 환기에 긍정적인 영향을 주는 방법이다. 치료사는 노인의 기능과 상태에 따라 자전적 기억을 떠올리는 음악을 통해 일반적 기억에서 세부적 기억의 활성화 훈련을 진행한다. 이러한 훈련은 앞에서 언급한 것처럼 우리 뇌의 mPFC 영역을 활성화시킴으로써 뇌기능 향상에 도움이 되는 활동이다.

④ 음악치료 중재 예시

친숙한 노래로 인지기능 향상과 긍정적 정서 환기를 목적으로 하는 활동은 치료사가 내담자에 맞게 창의적으로 구성해야 한다. 어떤 특별한 방법이 정해져 있는 것은 아니다. 중요한 것은 음악을 선택하고 사용하는 것에 대한 구체적인 전략과 방향성이 있어야 한다는 점이다. 예를 들어, 노인이 선호하는 노래를 불러 보고 그냥 대화하는 것이 아니라 대화의 내용은 앞에 기술한 것처럼 일반적 기억에서 세부적인 기억의 내용으로 구체화시킨다. 이 과정에서 노래 부르기뿐만 아니라 시각적 단서 또는 그림 그리기, 글쓰기와 같은 다른 활동과 융합하여 진행할 수도 있다.

음악 자서전

내인생의 three songs!!!

음악심상과 노스탤지어

1. 치료사는 내담자들에게 '향수', '노스탤지어'가 의미하는 단어를 설명한다. '과거에 대한 감상적인 그리움과 감정으로 긍정적인 경험 또는 달콤 쌉싸름한 경험 떠올리기'
2. 치료사는 긴장 이완을 위한 가이드 이후 그리운 과거의 기억을 회상하게 한다.
3. 충분한 이완 이후 내담자들에게 음악을 들려주면서 다음과 같이 가이드를 한다.

> 여러분이 그리워하는 과거의 한순간에 집중해 보세요. 그리고 그때의 상황을 마음속으로 떠올려 보세요. 그 장면 속에서 당신의 눈앞에 펼쳐지는 장소는 어떤 모습인가요? 주변에는 어떤 소리가 들리고, 어떤 냄새가 나는지 느껴 보세요. 마치 지금 그 순간에 있는 것처럼 생생하게 기억을 떠올려 보세요. 그토록 그리워했던 그 시간, 그 장소, 그 사람들을 다시 마주했을 때, 당신의 마음은 어떤 감정으로 물들어 가나요?

4. 간단한 음악 심상 후 내담자들은 자신의 회상 경험을 글로 쓰거나 그림으로 그려 본다.

복고풍 음악치료 세션: DJ에게 사연과 함께 음악 선곡

DJ에게 사연을 보내는 형식으로 사연과 선곡한 노래 보내기. 여기서 DJ는 치료사가 할 수도 있고 집단원 중 한 명이 할 수도 있다.

(3) 노인을 위한 음악치료 3단계

선호 음악을 함께 불러 보고 이야기하는 방식은 음악치료 1단계에 해당한다. 익숙한 노래를 함께 부르는 것은 유대감과 친밀감 형성에 기여한다. 또한 노인의 향수를 자극하면서 기억을 활성화한다. 노인의 기능과 상태에 따라 1단계 수준[165]의 음악치료 접근만 용이한 대상자들도 있다. 중중 치매 노인의 경우 익숙한 옛날 노래를 듣고 조용히 읊조리는 것만으로도 충분히 의미 있는 활동이다. 만약 가능하다면 2, 3단계 수준의 활동으로 발전시킨다. 음악치료는 단계적 접근으로 음악적 경험과 기술의 변화 그리고 그에 따른 치료적 변화가 기대되는 치료의 연속성이 있어야 한다.

- 1단계: 과거에도 즐겨 불렀으며 지금도 익숙하고 잘할 수 있는 노래
- 2단계: 과거에 익숙한 노래와 함께 악기 연주(2중 과제) (집중)
- 3단계: 익숙하고 선호하는 음악이지만 연주해 보지 못한 음악 경험하기(도전과 기술)–노인이 음악을 선택하고 치료사는 노인의 기능 수준에 최적화된 음악 구성 및 편곡

1단계는 특별한 노력이 필요하지 않은 자연스러운 음악활동으로 선호하는 노래를 불러 보고 대화하는 방식이다. 2단계는 집중과 약간의 노력이 필요한 수준으로 음악에 맞추어 악기 연주하기와 같은 이중 과제 수준의 음악활동이다. 3단계는 도전과 기술(challenge and skill)이 필요한 수준이다. 도전과 기술은 칙센트미하이가 몰입 경험을 위해 필요한 9개 요소 중 하나로 선택했을 만큼 성취감 만족감과 같은 정신적 쾌락을 위해 중요한 부분이다.

3단계 수준의 음악활동 또는 음악 프로그램을 구성하기 위해서 치료사는, 첫째, 내담자에 대한 음악적, 신체적, 인지적, 심리적 기능과 상태에 대한 진단과 분석을 실시한다. 둘째, 진단과 분석을 기반으로 음악 편곡, 악기 구성 등 내담자에게 최적화된 음악을 설계한다. 셋째, 이를 임상에 적용한다.

165) 여기서 1단계 수준이라는 것은 치료사의 특별한 전략적 개입이 최소화된 상태를 의미한다.

음악적 간극 '좋아하다'와 '아름답다' 사이에서

소설가 한수산[166]은 자신이 쓴 소설 때문에 정보기관에 끌려가 모진 고문을 받고 제주도에 갔다. 이때 한수산은 크리스토프 에센바흐의 음반을 듣고 다음과 같이 표현하였다.

> 크리스토프 에센바흐가 들려주던 모차르트의 소나타 1악장 앞에 무릎을 꿇으면서 나는 눈물 가득한 눈으로 물었다. 다시 글을 쓸 수 있을까? 그것은 나에게 어떤 음악이었던가. 신의 소리 생명의 소리. 그 찬가였다.

이 글에 등장한 모차르트 소나타는 에센바흐가 1967년 녹음한 모차르트 피아노 소나타 K. 331이었다. 그는 이 음악에 대하여 "나를 부축하여 '살아가는 아름다움'을 향해 걸어가게 만들었다."라고 한다. 그의 음악적 경험은 아름다움을 넘어 거의 종교적 성격을 보인다.

또, 한수산은 『카네기 홀과의 만남』이라는 책에서 자신의 음악 취향에 대하여 다음과 같이 말한다.

> 미리 고백하자면, 나는 바흐에서부터 은방울 자매의 흘러간 가요까지 다 듣는다. 아니 좋아한다고 말하는 게 옳다. 그러다 보니 가지고 있는 디스크도 잡다할 수밖에 없다……. 누가 집에라도 와서 내가 가지고 있는 디스크 쪽을 기웃거릴 때면 어디 치부를 들키는 것 같은 심정을 숨길 수 없다.

이 글에서 우리는 한수산이 바흐와 은방울 자매를 모두 좋아하지만 다른 가치를 갖고 있다는 것을 추측할 수 있다. 은방울 자매의 '마포종점'은 좋아하지만 '아름답다'의 범주에 들어가지 않는 음악이다. '치부를 들키는 것 같은 심정'이라는 말은 '아름답다'와는 맞지 않는 말이기 때문이다.

한수산처럼 '좋아하는 것'과 '아름다운 것'을 분리시키는 분리형 사람들이 있는 반면 일치형도 있다. 은방울 자매의 '마포종점'을 좋아하고 동시에 아름답다고 느끼는 사람들이다.

음악치료에서 내담자의 '좋아하는 것'과 '아름다운 것'은 모두 선호 음악의 범주에 들어간다. 그런데 단순히 '선호 음악'으로 묶기보다는 다시 '좋아하는 음악'과 '아름다운 음악' 사이의 간극이 존재하는 '분리형'인지 그렇지 않은 '일치형'인지에 대한 분석이 필요하다. 각각의 유형에 따라 음악의 최적화 방식이 달라질 수 있기 때문이다.

모차르트 소나타

166) 한수산과 관련된 내용은 홍정수, 오희숙, 『음악미학』(서울: 음악세계, 1999), 9-12의 내용을 발췌하여 요약한 것이다.

(4) 음악치료에서 선택적 최적화 보상 모델

사람들에게 좋아하는 음악과 연주할 수 있는 음악, 즐기는 음악과 감동의 음악 사이의 간극이 발견되는 것은 자연스러운 것이다. 자신이 자주 듣는 라디오 채널은 클래식이지만 모임이나 혼자서 즐겨 부르는 노래는 포크인 경우, 반대로 즐겨 듣는 음악은 트로트이지만 어느 날 감동을 느낀 음악은 클래식인 경우가 있다.

좋아하지만 연주해 보지 못한 음악을 배워서 연주하는 것은 노인들에게 배움이라는 도전과 기술을 필요로 하는 새로운 경험이다. 예를 들어, 피아노곡 〈월광 소나타〉는 A가 즐겨 듣고 좋아하는 음악이다. 그는 한 번도 피아노를 배운 적이 없어서 월광 소나타를 연주할 수 없다. 치료사는 베토벤의 월광 소나타 피아노곡을 쉽게 편곡하여 반주하고 A에게 한 손으로 주선율을 담당하게 한다. 주선율 악기는 피아노, 콰이어차임 또는 잘로폰으로 하여 A가 음악을 주도적으로 이끌어 가는 느낌을 가질 수 있도록 한다. 이때 음악은 A의 수준에 맞게 최적화한다. 치료사의 음악 재구성이 너무 단순할 경우 쉽게 지루해지고 노인의 현재 수준보다 너무 어려울 경우 포기로 이어질 수 있다.

노인들이 익숙하지만 새로운 버전의 음악활동을 통해 몰입(flow)이라는 최고의 즐거움을 경험하는 심리적 상태에 이르게 하기 위해서는 음악활동의 난이도와 흥미도가 중요하다. 몰입이 높을수록 긍정적 정서 경험도 커진다. 여기서 난이도는 현재 노인의 능력보다 약간 어려운 정도로 도전의식과 기술의 향상을 위한 노력이 필요하도록 설정한다. 이 과정은 음악치료에서 선택적 최적화 보상 모델로 [그림 3-18]과 같다.

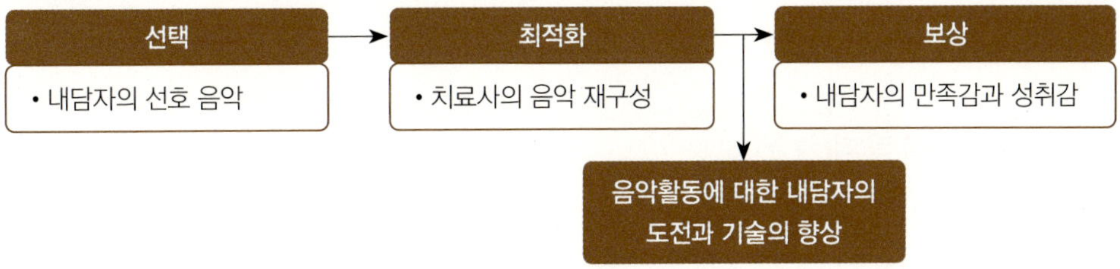

[그림 3-18] 음악치료에서 선택적 최적화 보상 모델

선택적 최적화 보상(Selective Optimization Reward: SOR)은 기존의 선택적 최적화와 보상(Selective Optimization with Compensation)과는 한국어 표현은 같지만 다른 개념이다. 구체적으로 설명하면 다음과 같다.

- **음악 선택**(Music Selection): 치료사는 내담자의 상태와 필요에 따라 적절한 음악을 선택한다. 이 과정은 내담자의 음악적 취향, 감정적 상태, 치료 목표를 고려하여 이루어진다.
- **음악 최적화**(Music Optimization): 선택된 음악은 내담자의 개별적 요구에 맞게 조정된다.
- **보상**(Reward): 최적화된 음악이 내담자에게 긍정적인 효과를 미치게 되며, 이는 정서적 안정, 스트레스 완화, 치료적 진전을 포함할 수 있다. 내담자는 이 음악을 통해 심리적, 정서적 보상을 얻고, 치료 목표를 향해 나아가는 데 도움을 받을 수 있다.

SOR은 치료에서 내담자에게 적합한 음악을 선택하고, 이를 내담자의 필요와 상황에 맞게 최적화하여 긍정적인 효과를 제공하는 개념이다. 치료사는 내담자의 음악적 취향과 감정적 상태를 고려하여 적절한 음악을 선택하고, 이를 최적화하여 내담자에게 맞는 음악적 경험을 제공한다. 이 과정에서 내담자는 정서적 안정과 스트레스 완화 등 긍정적인 보상을 경험할 수 있으며, 이는 치료 목표를 달성하는 데 기여한다.

음악치료 예시

중증 치매 노인을 위한 음악치료에서 치료사는 노인 B가 과거에 좋아했던 엘가의 〈사랑의 인사〉라는 바이올린 소나타를 선택한다(선택). 엘가의 〈사랑의 인사〉의 바이올린 선율을 노래로 재구성하여 노래 안에서 가족 이름 대기 활동을 한다(최적화).

사랑의 인사

사랑하는 첫째 아들 김○○
사랑하는 둘째 아들 김○○
사랑하는 아내 이름 안○○
우리는 행복한 가족

말기암 환자인 75세 L이 좋아하는 음악은 〈O Sole Mio(오 솔레미오)〉이다(선택). 치료사는 〈오 솔레미오〉라는 이태리 가곡을 기타 반주의 포크 음악 분위기에 L의 음역에 맞게 재구성한다(최적화). L이 즐기는 〈오 솔레미오〉는 파바로티 같은 비르투오소의 노래이지만 자신이 직접 불러 보니 듣는 것보다 더 자신의 음악으로 가슴에 와닿는다(보상).

이 활동에서 결과인 보상의 정도는 치료사가 얼마나 정교하고 아름답게 그리고 노인의 수준에 맞게 음악을 최적화하였는지에 따라 달라진다. 노인에게 최적화된 음악일수록 음악활동에 대한 도전 의지가 높아지고 기술이 향상되며 이러한 노력이 클수록 음악활동이 주는 만족감, 성취감, 즐거움 등의 보상이 커진다.

☞ 과거의 인기 있었던 유행가를 클래식한 버전으로 새롭게 편곡하여 연주 또는 합창으로 노래해 봄으로써 익숙함과 동시에 새로운 감성을 경험해 본다. 반대로 어렵고 복잡한 클래식 음악은 쉽게 편곡하여 연주해 본다면 이 역시 색다른 느낌을 줄 것이다(클래식을 가요처럼, 가요를 클래식처럼).

선택적 최적화 보상이론(Selective Optimization with Compensation: SOC model)[167]

노화와 함께 사람들의 정신적, 신체적 기능과 자원은 점점 제한된다. 왕년에 무거운 쌀짐도 거뜬히 들던 힘은 사라지고 한 번만 들어도 기억했던 전화번호는 몇 번을 반복해도 외워지지 않는다. 기능의 상실은 노화의 전형적인 현상이다. 선택적 최적화 보상이론은 노인들의 신체적 기능 쇠퇴에 대처하기 위해 선택, 최적화, 보상이라는 전략을 사용하는 것으로 발테스(Baltes)와 동료 연구자들이 성공적인 노화(successful aging)를 위해 개발한 모델이다. 각각의 개념들은 다음과 같다.

ㅇ 선택(selection)은 목표와 활동에 대한 선택을 의미한다. 선택은 선택적 선택(selective selection)과 손실기반 선택(loss-based selection)으로 구분된다. 선택적 선택은 개인의 선호, 우선순위에 대한 가치를 기반으로 어떤 목표를 추구할 것인지에 대한 의식적 결정을 의미한다. 예를 들어, 젊은 시절부터 배우고 싶었던 기타를 배우는 것 또는 시니어 합창단에 가입하여 합창 활동을 하는 것은 선택적 선택에 해당한다. 손실기반 선택은 개인이 특정 능력이나 자원의 감소를 경험하면서 그에 따라 목표를 조정하는 것을 의미한다. 예를 들어, 호흡기 폐활량의 문제를 인식하고 이를 개선하기 위해 색소폰을 배운다면 이것은 손실기반 선택에 해당한다.

ㅇ 최적화(optimization)는 선택한 목표를 효과적으로 달성하기 위한 노력 및 자원을 전략적으로 할당하는 과정이다. 이 과정에서 시간, 노력, 에너지 같은 개인적인 자원의 배분을 자원할당이라고 하며 개인의 기술을 개선하기 위해 노력하는 것을 자원개선이라고 한다. 예를 들어, A는 항상 즐겨 듣기만 한

167) Baltes B. Baltes & Marcus W. Dickson, "Using Life-Span Models in Industrial-Organizational Psychology: The Theory of Selective Optimization with Compensation," *Applied Developmental Scinece* 5(1) (2001): 52 참조.

아름다운 오페라 아리아를 잘 부르기 위해 매일 1시간씩 발성 연습과 다양한 테너들의 노래들을 듣고 흉내 내 본다(자원할당). 또한 전문 오페라 가수에게 성악 레슨도 받는다(지원개선).

○ 보상(compensation)은 기능의 상실 또는 약해짐을 극복하기 위해 사용하는 전략을 의미한다. 예를 들어, 노화로 청력이 약해질 경우 보청기를 착용함으로써 청력 기능의 문제를 보완한다. 노화와 함께 음역대가 낮아지기에 같은 노래라도 반음 낮추어 불러 전과 같은 기량을 느낄 수 있게 한다. 보상은 노화로 인해 나타나는 문제에 성공적인 적응을 위한 대처를 의미한다.

노화로 인한 기능의 약해짐 또는 상실을 보완 대체하기 위한 전략의 SOC의 예를 보자.

> 전직 피아니스트였던 80세의 K는 자신의 연주 수준을 유지하기 위해 적은 곡을(선택) 더 자주 연습한다(최적화). 또, 청중들에게 변함없는 감동을 주기 위해 악보에서 빨리 연주해야 할 부분의 앞 부분을 의도적으로 느리게 연주하여 청중들이 빠른 부분의 템포를 이전과 다름없이 느낄 수 있도록 하였다(보상).

이 예처럼 선택적 최적화 보상은 기능의 저하로 나타나는 결손을 선택과 최적화로 보상하는 것을 의미한다.

이름은 같지만 필자가 제시한 음악치료에서 선택적 최적화 보상 모델과는 상이한 개념이다.

(5) 음악을 통한 실존적 문제 다루기

노년기는 다른 어떤 시기보다 인간의 실존적 문제에 가장 현실적으로 직면하는 시기이다. 노인들은 주변의 친구 또는 배우자의 죽음을 접하면서 죽음, 고립, 삶의 의미에 대하여 자연스럽게 성찰하게 된다. 또한 지나간 삶에 대한 회고와 자기평가를 통해 자신의 선택과 그 결과에 대한 책임을 되돌아보게 되며, 그에 따라 노년기의 삶은 대통합 또는 절망에 비유되기도 한다.[168] 앞에서도 언급했듯, 과거는 후회스럽고 현재는 고통스러우며 미래는 암울한 노인의 모습은 '절망'에 해당한다. 반면, 과거의 삶을 역경 속에서도 잘 살아냈으며, 현재는 남은 삶을 의미 있고 재미있게 살기 위해 노력하고, 다가올 죽음 앞에 후회 없었던 삶이라고 자부하며 죽음을 수용하는 노인의 모습은 '자아 대통합'에 가깝다. 인생의 마지막에 이러한 자아 대통합을 대표하는 노래로 미국 가수 프랭크 시나트라가 부른 〈My Way〉를 꼽을 수 있다.

얄롬(I. Yalom)은 죽음, 고립, 자유, 무의미를 삶의 깊은 고통의 원천이자 인간이 피할 수

---

168) 에릭슨의 발달 단계 이론 중 노년기 자아 대통합 & 절망 참조.

없는 조건으로 보았다. 그는 실존적 진실과 마주하는 것이 인간을 불안과 고통으로 몰아넣을 수 있지만, 치료는 그 진실을 회피하거나 억제하려 하기보다는 용기 있게 직면할 수 있도록 돕는 과정이 되어야 한다고 강조한다.[169]

불편하지만 수용하고 받아들여야 하는 실존적 진실은 타인의 설득이나 조언을 통해서보다는, 스스로 자각하고 깨달을 때 진정한 치료적 의미를 갖는다. 그리고 이러한 실존적 자각의 촉진을 위한 방법으로 음악활동은 매우 효과적인 도구가 될 수 있다. 음악은 말로 표현하기 어려운 내면의 감정과 기억을 상징적으로 표현할 수 있는 매개체이며, 동시에 자기 자신과 진실하게 마주하게 하는 정서적 공간을 제공한다. 노인들은 음악을 통해 과거를 회상하고, 현재를 감지하며, 다가오는 삶의 마지막 순간을 준비하는 가운데 자신의 삶을 다시 한번 통합하고 이해하는 여정을 경험할 수 있다.

다음은 실존적 문제를 다루는 음악활동 예시이다. 다음의 주제들은 인간이라면 누구나 경험하는 실존적 문제이지만 치료에서는 각각의 주제를 다룰 수 있을 만큼 충분히 준비된 상태에서 진행하는 것이 바람직하다. 제시된 음악활동은 기본적인 예시일 뿐 특별한 방법이나 기법을 제시하는 것은 아니다. 치료사는 각각 노인들의 기능과 상태에 적절한 창의적인 중재를 고안하여 탄력적으로 적용해야 한다.

죽음

◎ 치료 목적

- 삶의 유한성을 받아들이고 생의 의미를 회고하고 표현하도록 돕는다.

◎ 음악활동 예시

- 호스피스 음악치료: 인생회고 노래 만들기
- 먼저 죽은 사람에게 보내는 편지(편지 내용으로 노래 만들기)
- 장례식용 음악 함께 고르기
- 노래 유산 만들기(자녀 손주들에게 남기고 싶은 내용 노래로 만들기)

169) Irvin D. Yalom, *Existential Psychotherapy*(New York: Basic Book, 1980), 9-10.

자유

◎ 치료 목적

- 삶에서 자신의 선택과 책임을 돌아보고 수용하도록 돕는다.

◎ 음악활동 예시

- '내가 선택한 길' 노래 만들기: 과거의 중요한 선택(진로, 결혼, 포기, 도전 등)을 회상하고, 그 선택의 의미와 결과를 가사로 표현해 보기(예: '그때 나는…….', '지금 나는…….', '앞으로 나는…….'과 같은 구조로 구성 또는 기존의 노래를 들어 보고 자신의 선택과 책임을 생각해 보기 '내가 만일', '그땐 그랬지' 등)
- '그때 만약…….' 대안적 삶 탐색: 과거 결정 중 다르게 선택했다면 어땠을까? 음악 심상 여행 또는 기존의 노래에 가사를 바꾸어 노래해 보기

고립

◎ 치료 목적

- 정서적, 사회적 고립감을 인식하고 타인과의 연결감을 회복하여 진정한 자신과의 연결을 회복할 수 있도록 돕는다.

◎ 음악활동 예시

- 혼자서도 괜찮은 음악: 혼자 있는 시간에 위로가 되었던 음악을 나누고 그 이유 이야기하기
- 인생에서 소중한 사람들(가족, 친구, 동료 등)과의 관계를 돌아보고 그들의 이름, 기억, 감정 등을 담아 짧은 노래 만들기
- 함께 소리 만들기: 앙상블 연주, 리듬 쌓기 등

무의미

◎ 치료 목적

- 삶의 방향과 목적에 대해 재정의하고, 지금까지 살아온 삶의 의미를 재발견할 수 있도록 돕는다.

◎ 음악활동 예시

- 내 인생의 OST: 내 인생을 하나의 영화라고 상상하고, 그에 어울리는 배경음악과 주인공인 자신의 테마 음악을 고르거나 만들어 보기
- '내 인생의 의미' 음악 나누기: 내게 삶의 의미를 일깨워 준 음악 또는 인생의 전환점이 된 노래에 대해 이야기 나누기
- 죽기 전에 꼭 남기고 싶은 한 곡: 마지막에 남기고 싶은 음악 또는 메시지를 담은 노래 만들기

인생 대통합의 노래 My Way

And now, the end is near
이제, 끝이 가깝고
And so I face the final curtain
난 마지막 장을 마주하고 있네
My friend, I'll say it clear
내 친구여, 분명히 말해둘 게 있네
I'll state my case of which I'm certain
확신을 가지고 내 사례를 말하겠네
I've lived a life that's full,
난 가득 찬 인생을 살았고,
I traveled each and every highway
난 각각 모든 길을 여행했다네
And more much more than this,
그러나 더, 그 무엇보다 더 중요한 점은
I did it my way
내 방식대로 했어
Regrets, I've had a few
후회라, 몇 번쯤 있었지
But then again, too few to mention
다시 생각해 보면, 말할 만큼 많지도 않지
I did what I had to do
나는 내가 해야 할 일을 했고
And saw it through without exception

예외 없이 끝까지 해냈지
I planned each charted course
나는 미리 계획된 경로를 따랐고
Each careful step along the by way
그 길을 따라 신중하게 한 걸음 한 걸음 내디뎠지
And more much more than this
그러나 더, 그 무엇보다 더 중요한 점은
I did it my way
내 방식대로 했다는 거네
Yes, there were times,
그래, 그런 때도 있었지
I'm sure you knew
자네도 분명히 알았을 거야
When I bit off more than I could chew
내 능력을 넘는 일을 맡았을 때
But through it all when there was doubt
그 모든 어려움을 겪으며 의심이 들기도 했지만
I ate it up and spit it out
난 해냈고 치워 버렸지
I faced it all
난 모든 것을 정면으로 맞섰고
And I stood tall
당당히 버텼지
And did it my way
그리고 내 방식대로 했네
I've loved, I've laughed and cried
난 사랑도 했고, 웃기도, 울기도 했지
I've had my fill, my share of losing
나는 충분히, 내 몫의 상실도 다 겪었지
And now as tears subside
그리고 이제 눈물이 가라앉고 보니
I find it all so amusing
그 모든 일이 참 즐거웠다고 느껴지네
To think I did all that

내가 그 모든 걸 해냈다고 생각하니,
And may I say,
그리고 이렇게 말할 수 있겠지,
Not in a shy way
부끄러움 없이
Oh no, oh no, not me
오, 아니, 그건 내 방식이 아니야,
I did it my way
내 방식대로 했네
For what is a man?
남자는 무엇인가?
What has he got?
그가 무엇을 가졌는가?
If not himself, then he has naught
자신이 없다면, 그는 아무것도 아니야
To say the things he truly feels
진정으로 느끼는 말을 하고,
And not the words of one who kneels
무릎 꿇은 자처럼 말하지 않아야 하지
The record shows
기록이 보여 주듯,
I took the blows
난 풍파를 겪었지만
And did it my way
나는 내 방식대로 했네
Yes, It was my way
그래, 이게 내 방식이었어

My way

제 4 장

음악치료 진단평가와 방법

1. 진단평가
2. 음악치료 방법

내용 미리보기

1. 음악치료 진단평가는 내담자가 음악적 환경에서 드러내는 음악적 · 비음악적 특징을 분석하고 내담자의 문제뿐만 아니라 강점을 찾기 위한 목적으로 시행된다. 치료에서 평가는 진단평가(assessment)와 평가(evaluation)로 구분되는데 진단평가는 '치료를 어떻게 할 것인가?'에 대한 것이고 평가는 '얼마나 변했나? 발전했나?'에 대한 것이다.
2. 음악적 진단평가는 ① 내담자의 감정의 질과 정도에 대한 심층적 이해를 돕고, ② 비음악적 조건과 음악적 조건에서 나타나는 차이를 진단하며, ③ 내담자의 창조적 자기표현을 통해 개별자로서의 특성을 파악할 수 있게 한다.
3. 음악치료 진단평가에서 치료사가 탐색해야 할 사항은 ① 내담자에게 음악치료가 효과적인 방법인지, ② 내담자의 음악적 능력과 관련된 뇌신경학적 그리고 심리적 차원의 진단, ③ 음악적 표현과 일상적 표현의 차이에 대한 고찰, ④ 음악적 반응 범주에 대한 고려이다.
4. 음악치료 진단평가는 의뢰, 배경정보 수집, 진단평가 목적과 유형 결정의 3단계 과정을 거친다.
5. 음악치료 진단평가의 목적과 유형은 ① 내담자의 진단을 확인하는 진단적 진단평가, ② 치료 목적을 설정하고 전략을 구성하기 위한 일반적 진단평가, ③ 음악치료가 내담자에게 적합한 치료인지 평가하는 음악치료 진단평가, ④ 본격적인 치료 전 3~4회기에 걸쳐 음악적, 비음악적 행동을 진단하는 음악치료 초기 임상적 진단평가, ⑤ 장기적으로 음악치료의 효과를 평가하기 위한 장기 음악치료 진단평가로 나뉜다.
6. 음악치료에서는 운동, 감각, 의사소통, 인지, 사회성, 음악성 등의 범주에서 내담자를 진단한다.
7. 치료사는 내담자를 진단하기 위한 진단평가 계획을 세우는데 이때 음악 선곡이나 연주 활동 구성은 치료 목적을 위한 음악 중재 때와는 달리, 진단이 목적이 되어야 한다.
8. 음악은 내담자의 신체적, 인지적, 정서적, 사회적 특성을 평가하는 다목적 도구가 될 수 있다. 한편, 동일한 음악활동이라도 내담자에 따라 평가 영역이 달라질 수 있다.
9. 음악치료에서 내담자의 진단평가 방법은 세 가지로 나뉜다. 첫째, 관찰 가능한 행위를 정량적으로 평가하며, 빈도, 비율, 지속시간, 잠복시간을 측정한다. 둘째, 음악적 표현의 질을 치료사가 직관적으로 분석하고 단계별로 평가한다. 셋째, 치료사가 내담자의 행동과 정서를 정성적으로 평가하여 전체적인 상태를 묘사한다.
10. 음악치료 방법은 치료사가 내담자에게 어떠한 방식의 음악적 경험을 제공할 것인가에 따라 연주하기(playing), 노래하기(singing), 감상하기(listening)로 구분된다.
11. 음악치료에서 내담자의 음악적 기술은 자기 표현과 심미적 체험을 위해 필요하다.
12. 음악치료사는 음악이론에 관한 지식과, 내담자의 심리 상태를 섬세하고 정확하게 읽을 수 있는 통찰력, 그리고 이 모든 것을 표현할 수 있는 연주기술을 갖추고 있어야 한다.
13. 음악치료에서 즉흥연주는 지시적 즉흥연주와 비지시적 즉흥연주로 구분된다. 지시적 즉흥연주는 사전에 주제를 정하고 음악적으로 표현하는 형태이고, 비지시적 즉흥연주는 연주 후 내담자가 연주에 대한 표제를 붙이는 것이다.

14. 음악치료에서 즉흥연주와 재창조연주는 다르다. 즉흥연주는 특별한 기술을 사전에 습득할 필요가 없으며, 최소한의 교육을 필요로 한다. 또한 즉흥연주는 연주를 시작할 때 명확한 역할이 정해지지 않고, 과정이 치료적 의미를 갖는다. 반면, 재창조연주는 특정 기술을 습득해야 하며, 교육을 필요로 한다. 연주 시작 전에 역할이 명확하게 정해지며, 완성된 결과가 치료적 의미를 갖는다.

15. 음악치료에서 즉흥연주는 내담자의 음악적 및 비음악적 특성을 진단하고, 치료과정에서 소통의 수단으로 활용된다. 심층적 음악심리치료에서는 무의식의 통찰과 상징적 표현을 위한 도구로 사용된다. 또한 치료의 변화 과정을 평가하는 자료로도 사용된다.

16. 노래 가사의 두운 또는 각운 같은 시적 장치, 말이 노래가 되고 노래가 말이 되는 것이 자연스러운 리듬과 강세, 노래의 구조, 가사의 심상은 기억을 강화시키는 역할을 한다.

17. 위로의 노래는 그 자체로 치료적 효과를 가진다. 슬픈 노래와 공감하는 노래는 각각 생리적 보상과 감정적 공명을 통해 위로를 제공한다.

18. 생물학적 관점에서 볼 때 집단 노래 부르기는 옥시토신 분비를 자극하여 집단의 결속을 다지는 행위이다.

19. 노래는 음악치료 임상에서 가사 토의, 음악 자서전, 가사 넣기, 노래 패러디, 전략적 노래 만들기, 노래 콜라주, 치료적 노래 만들기 등의 형태로 활용된다.

20. 인간의 의식은 무의식, 전의식, 공의식, 인식, 자의식, 명료의식, 초의식의 스펙트럼을 갖는다.

21. 인식은 감각, 지각, 감정, 기억의 실존적 경험이며, 무의식은 알 수 없는 '날것'이 몸에 감추어진 상태이고, 초의식은 우리 몸이 변형된 지각 경험을 하는 상태이다.

22. 음악을 듣는 행위는 정서적, 인지적 몰입의 정도에 따라 배경음악, 전경음악, 초월적 음악으로 구분된다. 배경음악은 듣기(hearing)로 공의식 상태에서 공지각(co-perceptive), 공반사(co-reflexive) 반응이며 정서적 강도는 약하다. 전경음악은 감상(listening)으로 의식 상태에서 전지각(fully-perceptive), 전반사(fully-reflexive) 반응을 보이며 정서적 반응은 중간에서 강함 정도에 해당한다. 초월적 음악은 몰입(absorption)으로, 초의식 상태에서 전환지각(trans-perceptive) 반응을 보이며, 정서적 반응은 강하다.

23. 수용적 음악치료는 음악감상이 치료의 방법으로, 치료 대상은 음악감상만 가능한 환자, 감상을 선호하는 내담자, 심리치료적 효과를 기대하는 내담자이다. 치료사는 주로 청각 마취, 항불안, 동조화, 음악과 심상 등을 목적으로 음악을 선곡하여 내담자에게 들려준다.

24. 수용적 음악치료에서 음악 선곡은 내담자, 내담자의 현 상태, 치료적 요구, 음악 특성을 고려하여 진행된다. 음악 선곡 시 치료사는 ① 진정의 음악 vs. 자극의 음악, ② 친숙한 음악 vs. 새로운 음악, ③ 음악과 연상을 고려해야 한다.

25. 수용적 음악치료에서 치료사의 언어적 개입은 ① 음악감상 전 사전 토의, ② 이완 유도 및 지시적 심상을 위한 언어 중재, ③ 음악감상 중 언어 가이드, ④ 음악감상 후 프로세스이다.

1. 진단평가

모든 치료에서 그 첫 번째 단계는 내담자에 대하여 '아는 것'이다. 일상에서 누군가를 '안다'라고 할 때, 그것은 서로 인사하고 안면을 익히는 것부터 상대방의 성격, 집안, 경제적 상황, 학벌, 취향 등 한 사람에 대한 총체적인 상황에 대해 파악하는 것을 말한다. 치료에서 내담자를 '아는 것' 역시 이와 별반 다르지 않다. 다만, 치료를 위해 내담자를 '알아 가는' 과정에서는 일상에서의 앎보다도 더 분명한 정확성과 섬세함이 요구된다.

영어의 '진단(diagnosis)'이란 단어는 '분리하다(separate)'와 '알다(know)'의 그리스어에서 파생된 단어이다. 해석하자면 '다른 것과 차별되게 질병을 인식하는 행위'에 해당한다.[1] 치료사는 내담자를 총체적으로 파악하기 위해 내담자에 대한 다양한 정보를 수집해야 하며 이를 위해 다양한 방식의 평가를 진행한다. 보호자와의 인터뷰 또는 치료 의뢰인의 보고서, 추상적인 심리적 개념인 '우울', '자존감', '자기효능감' 등 내적 상태를 수치로 환원한 심리검사 점수, 내담자의 행동에 대한 직접적인 관찰 등이 치료사의 진단평가행위에 해당된다. 치료 전 행해지는 이 모든 진단평가는 의사결정을 위한 안내서 역할을 한다. 여기서 의사결정이란 치료 형태(개인 또는 집단), 치료 목적, 치료 방법 등을 설정하는 것으로 내담자의 치료를 진행하기 위해 치료사가 판단해야 할 제반 사항들을 결정하는 일이다.

음악치료사는 사전 정보(의뢰인이 보고한 기본정보, 심리진단평가점수, 교육평가 점수 등)와 함께 내담자의 비음악적 그리고 음악적 표현과 상호작용 방식 등을 진단하고 평가한다. 음악치료의 진단평가가 심리치료나 정신의학의 진단평가와 구별되는 점이라면, 그것은 내담자를 이해하는 과정에서 음악이 핵심 도구로 사용된다는 것이다. 이 장에서는 음악치료 진단평가에 대하여 알아보자.

1) 진단평가의 정의

의학에서 환자의 문제에 대한 최초의 평가를 진단이라고 한다. 정신의학에서는 치료사의 관찰과 환자의 보고에 기초하여 미국정신의학회(American Psychiatric Association: APA)의 『정신질환의 진단 및 통계 편람(Diagnostic and Statistical Manual of Mental Disorders: DSM)』

1) Robyn F. Cruz & Bernard Feder, 『예술치료에서의 평가와 연구』, 한국심리학회 역(서울: 학지사, 2015), 25.

또는 세계보건기구(World Health Organization: WHO)의 『국제질병분류(International Category of Disease: ICD)』의 진단적 기준에 의거하여 환자의 증상을 분류, 진단한다.

심리치료에서 진단은 심리진단(psychodiagnosis)이라고 표현되는데 주로 내담자의 심리 상태를 측정하고 진단한다. 심리치료에서 심리진단은 우울과 같이 병리적인 심리에 대한 진단뿐만 아니라 다양한 측정도구를 활용하여 자존감, 자기 효능감, 탄력성과 같이 추상적 개념까지도 측정한다. 또한 행동 관찰, 뇌파 측정과 같이 뇌신경과학적 측정을 통한 진단도 이루어진다. 일반 의학에서 정신의학 그리고 심리학에 이르기까지 진단이란 정확하고 적절한 치료를 위한 사전 평가 행위이다.

2) 음악치료 진단평가

음악치료 진단평가는 내담자가 음악적 환경에서 드러내는 음악적, 비음악적 특징을 분석하고 내담자의 문제뿐만 아니라 강점을 찾기 위한 목적으로 시행된다. 음악치료사는 내담자의 주 특징을 진단하여 치료 목표를 세우고 구체적인 음악치료 프로그램을 계획한다.

치료에서 평가는 진단평가와 평가로 구분되는데 일반적으로 치료 시작 전 내담자에 대한 정보를 알아보는 것을 진단평가(assessment), 치료과정 중간 또는 치료 결과에 대해서는 평가(evaluation)이라고 한다. 구분하자면 진단평가는 '치료를 어떻게 할 것인가?'에 대한 것이고 평가는 '얼마나 변했나? 발전했나?'에 대한 것이다. assessment와 evaluation은 모두 치료에서 중요한 과정으로 특히 근거 중심(evidence-based)의 치료를 지향할 때는 더욱 그렇다. 치료라는 과학적 행위는 늘 측정할 수 있는 변화와 성과를 요구하기 때문이다.

3) 음악치료 진단평가의 가치와 의미

정신과 의사, 심리치료사, 특수교육가 등 진단평가 전문가들이 존재함에도 불구하고 왜 굳이 음악치료 진단평가가 필요한가? 사실 진단평가의 목적이 내담자의 병리적이나 심리적 상태 등을 파악하는 것이며 이에 따른 정확하고 적절한 치료를 위한 것이므로 치료 방법으로 음악을 사용할 수 있어도 음악으로 진단한다는 다소 생소할 수 있다. 다음의 예를 보자.

A는 정신과 의사로부터 우울증이라는 진단을 받고 약물 처방과 심리치료를 의뢰받았

> 다. 심리치료사는 A의 우울 정도와 전반적인 심리상태를 알아보기 위해 '우울척도', '자존감척도'를 사용하여 환자의 우울과 자존감의 정도를 측정지의 점수로 알아보았다. 심리측정 결과 A는 심각한 우울과 매우 낮은 자존감을 보였다. 이후 심리치료사는 A를 위한 상담을 진행하였지만 A는 자기 노출을 극도로 꺼리며 상담에 비협조적이었다. 은둔형 외톨이에 가까울 정도로 사람들과의 접촉이 없으며 혼자 음악 듣기가 유일한 취미인 A에게 심리치료사는 언어 중심의 상담보다는 A가 선호하는 음악을 통한 심리치료가 좋을 것이라는 판단하에 음악치료에 의뢰하였다. 그리고 음악치료가 시작되었다.

이 예에서 A는 이미 정신과 의사로부터 우울증을 진단받았고 그 정도의 심각성은 신뢰도 있는 측정 도구의 점수를 통해 입증되었다. 그렇다면 음악치료사는 A의 무엇을 진단평가 해야 할까? 그리고 음악치료사의 진단평가는 어떤 의미가 있는 것일까?

궁극적으로 진단평가는 정확하고 적절한 치료가 진행될 수 있도록 치료과정의 효율성을 높이기 위해서 하는 것이다. 환자의 증상에 대한 자기보고와 의사의 관찰 그리고 신뢰도 있는 측정방식으로 진행한 진단평가는 신뢰할 수 있지만 내담자의 선호 음악과 연주 스타일로 진단한다는 것은 객관적이거나 과학적이라고 하기는 힘들다. 그래서 음악치료 효과성을 입증하기 위한 대부분의 음악치료 실험 연구에서조차도 사전, 사후 평가 측정은 심리 측정지를 사용한다. 음악치료 안에서도 음악으로 내담자를 평가하는 것에 대한 신뢰도는 높지 않다. 그럼에도 음악이 진단평가의 도구로 사용되는 데는 다른 영역에서 할 수 없는 고유한 가치가 있기 때문이다.

(1) 감정의 질과 정도에 대한 이해

우울증 진단은 DSM-5-TR 또는 ICD의 진단평가 기준에 부합하고 신뢰도 높은 평가 도구를 활용한 전문가의 진단을 통해 진행된다. 그 과정에서 우울이라는 추상적 개념은 점수라는 '수치'로 환원되고, 내담자의 상황은 우울증 진단 항목 중 얼마나 또 어디에 해당되는지와 같은 객관화된 데이터를 기반으로 측정된다. 그런데 이러한 방식의 진단평가가 제공하는 소위 객관적 데이터는 내담자의 상태를 파악하는 데 심층적인 정보를 제공하지 못할 때가 많다. 하지만 음악을 활용하게 되면 그 부족한 부분을 보완할 수 있다. 예를 들어, 실연의 상처로 우울한 사람의 자기 반영적 노래 선곡을 비교해 보자. A는 가수 이소라의 〈바람이 분다〉, B는 넬의 〈기억을 걷는 시간〉을 선곡했다. 두 노래는 모두 연인과 헤어진 후의 감정을 담은 내용이지만 A가 선곡한 가사의 내용은 슬픔 중에서도 '비탄(grief)'의 슬픔이다. 반면,

B의 선곡은 '달콤한 슬픔(sweet sorrow)'에 해당한다.[2] 음악은 이렇게 정치(精緻)한 분류와 평가를 통해 '슬픔의 질과 강도'를 더 심층적으로 알 수 있게 해 준다.

이소라–바람이 분다 넬–기억을 걷는 시간

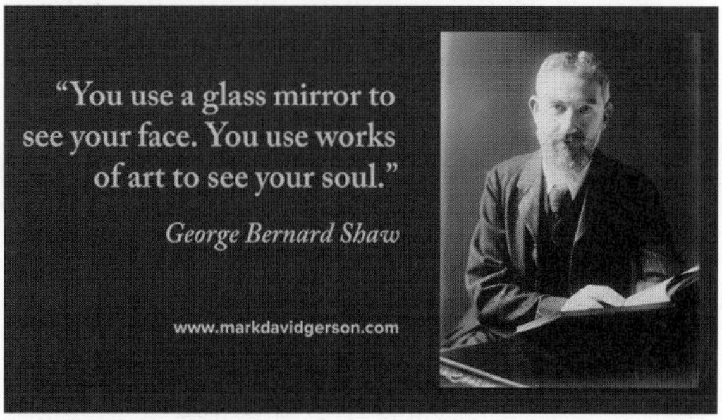

노벨 문학상을 수상한 바 있는 아일랜드 출신의 작가 소설가 버나드 쇼(George Bernard Shaw, 1856~1950)는 "당신의 얼굴을 보려면 거울을 사용하고, 당신의 영혼을 보려면 예술작품을 보아라(You use a glass mirrors to see your face. You use works of art to see your soul)."[3]라고 말한다. 치료적 진단평가의 관점에서 재해석한다면 눈에 보이고 관찰할 수 있는 행동이나 측정지로 환원한 점수를 통한 평가는 거울을 보는 것과 같은 것이다. 반면, 예술 활동을 통한 진단평가는 거울에 비치지 않는 우리 내면의 심층을 들여다보는 행위와 같다.

(2) 음악적 조건과 비음악적 조건의 차이

자폐아동 C는 치료사가 어떤 말을 해도 반응하지 않지만 음악으로 상호작용을 시도하면 반응한다. 치매노인 E는 방금 물어본 질문에도 답을 할 수 없을 정도로 단기기억이 떨어지고 과거의 기억은 거의 떠올리지 못한다. 그러나 과거 자신에게 익숙한 노래는 여전히 기억하고 있으며 익숙한 음악 안에서의 상호작용은 비음악 조건에서보다 더 활발하다. C, E는 음악적 조건과 비음악적 조건의 차이가 뚜렷하다. 이러한 현상은 음악치료 진단평가에서는 쉽게 발견되지만 기존의 진단평가에서는 관찰되기 힘든 부분이다.

---

2) 〈바람이 분다〉는 슬픈 음악의 분류에서 슬픔이라는 정서를 괴로움에 몸부림치듯 쏟아내는 '비탄(grief)'에 해당한다. 반면, 〈기억을 걷는 시간〉은 회상 또는 위로와 같은 적응적 대처의 분위기를 띠어 음악적으로는 슬프지만 평화롭다는 느낌이 든다. 이러한 슬픔은 '달콤한 슬픔(sweet sorrow)'에 해당한다.

3) 이 표현은 버나드 쇼의 연극 〈메투셀라로 돌아가라(Back to Methuselah)〉에서 사용된 말이다.

(3) 창조적 자기표현

음악치료를 포함한 예술치료의 공통점이라면 예술을 통한 창조적 자기표현이 치료의 핵심기전이라는 것이다. 그런데 심리치료분야를 비롯한 비예술적 치료분야의 진단평가에서 창조적 자기표현에 주목하는 일은 드물다. 일반적인 진단평가는 내담자의 증상 리스트를 범주화하여 체크하고 추상적 심리 상태나 개념을 수치화하는 과정에서 내담자들의 보편적 특성을 파악하는 것을 목적으로 한다. 예를 들어, DSM-5에서는 다음과 같은 범주가 다섯 가지 이상 2주 이상 지속될 때 우울증으로 진단한다. ① 슬프거나 공허한 기분이 들기 때문에 우울하고 희망 없는 기분이 이어진다. ② 주변에 있는 모든 것에 대한 흥미를 잃고 즐거움이 없는 상태가 지속된다. ③ 식욕이 급격하게 감소하거나 증가해 단기적으로 몸무게의 변화가 심하다. …… ⑨ 자꾸만 죽음에 대한 생각이 들고 자살을 하려는 계획이나 시도를 반복한다.[4] 벡(A. Beck)이 개발한 우울척도(BDI)는 총 21문항 63점 만점에서 20점 이상인 경우 우울증으로 진단한다.[5] 모두 표준화된 측정과 보편적인 증상의 틀 안에서 내담자를 진단평가하고 있는 것이다.

이러한 평가는 '우울증 환자'라는 카테고리 안에서 치료 목적과 방법을 설정하는 데 도움이 되지만 내담자의 개별자로서의 특성을 파악할 수 있는 근거를 제공해 주지는 못한다. 반면, 음악활동에서 즉흥연주, 노래 만들기와 같은 활동은 내담자 각자의 감정과 사고를 자신만의 고유한 방식으로 표현할 수 있도록 한다. 이러한 개별자들의 창조적 측면을 진단평가에서 파악하는 일은 표준화된 진단평가를 만드는 데는 도움이 되지 못하지만 반대로 내담자들의 개별자적 특성을 파악하는 데는 매우 유용하다.

4) 음악치료 진단평가에서 탐색적 요소

음악치료 진단평가는 궁극적으로 내담자의 주요 문제를 알아내고 치료전략과 치료 목적을 설정하기 위해 시행된다. 이때 치료사는 내담자의 문제점뿐만 아니라 강점과 잠재적 성장 가능성까지도 파악해야 한다. 이를 위해서는 다음과 같은 측면을 고려해야 한다.

---

4) American Psychology Association, *Diagnostic Statistic Manual of Mental Disorder* (5th ed.)(Washington, DC: American Psychiatric Association, 2013), 156.

5) Gordon Jackson-Koku, "Beck Depression Inventory," *Occupational Medicine* 66(2) (2016): 174.

(1) 내담자에 대한 음악치료의 효용성

이 평가는 음악치료를 통해 내담자가 충분한 수혜를 얻을 수 있을까에 대한 답을 얻기 위한 것이다. 음악치료는 이론적으로 모든 사람에게 적용 가능한 치료 접근법이다. 그러나 사람에 따라 음악보다는 다른 치료 접근법이 더 효과적일 수 있다. 어떤 사람에게는 그림과 글쓰기가, 어떤 사람에게는 연극과 무용이 더 적절한 경우도 있다. 따라서 내담자의 성향과 음악적 반응을 고려하여 음악치료가 내담자에게 가장 적절하고 효과적인 방법인지, 혹시 다른 형태의 치료에 더 잘 반응할 가능성은 없는지 생각해 보아야 한다.

헨서(S. Hanser)는 음악치료를 추천하는 의뢰 범주에 첫 번째로 청각적 학습에 더 빠르게 잘 습득하는 강점을 가진 사람, 두 번째로 소리 또는 음악에 잘 반응하는 사람을 들고 있다.[6] 음악에 잘 반응하고 음악을 좋아하는 사람이 음악치료를 통해 수혜를 받을 가능성이 높다는 이야기이다.

(2) 음악적 능력과 관련된 뇌신경학적, 심리학적 차원의 진단

음악치료에서 내담자의 음악적 능력은 내담자가 얼마나 음악을 잘하는지에 대한 평가 자체보다는 음악적 능력이 무엇을 의미하는지 그리고 그것을 음악 외적 영역의 발달에 어떻게 잘 이용할지에 대한 방향을 정할 때 매우 중요한 고려사항이다. 예를 들어, 매우 낮은 지능을 가지고 있지만 음악적 기억은 특출난 사람들이 있다. 음악서번트의 경우이다. 이들은 언어, 사회, 인지 등 전반적인 발달은 지체되어 있지만 음악에는 현저하게 뛰어난 능력을 보인다. 이때 아동의 뛰어난 음악적 능력은 음악을 통해 타인과 관계 맺기, 학습하기와 같이 아동에게 필요한 음악 외적 영역의 발달을 위해 사용된다. 이와 반대로 전반적인 인지, 언어, 사회, 정서에서 특별한 문제는 없지만 음악적 능력이 현저하게 낮은 실음악증의 사람들도 있다. 이런 경우 음악적 능력의 향상을 통한 성취감 취득을 치료 목표로 한다면 그 목표

---

6) Susan Hanser, *The New Music Therapist's Handbook*(Boston: Berklee Press, 1999), 43-47. 헨서는 음악치료 추천 의뢰 범주를 11개로 나누는데 그중 첫 번째, 두 번째가 청각 학습이 빠르고 음악에 잘 반응하는 사람들이다. 그 외 9개는 다음과 같다. ③ 신체적 움직임이 어려운 사람에게 음악감상과 같은 수용적 음악치료, 운동재활을 위해 재활 음악치료 중재가 시행될 수 있다. ④ 인지적 능력이 현저하게 낮아 언어적 치료가 비생산적 사람, ⑤ 문제에 대한 직면 치료가 권장되지 않는 사람들에게 음악치료 안에서 비위협적이고, 실패 없는 성공적 경험을 제공함으로써 강점을 살리고 긍정적 자기 개념을 향상시키는 것을 목적으로 할 경우, ⑥ 규정 준수가 어려운 사람의 경우, 음악치료는 내담자의 선호와 수준에 맞게 음악활동을 적용하기에 내담자들이 치료적 수혜를 받으면서 쉽게 치료에 순응할 수 있다. ⑦ 사고, 느낌, 생각의 소통 또는 표현이 어려운 경우의 사람, ⑧ 타인과 어울리기 어려운 사람, ⑨ 자기 인식이 제한된 사람, ⑩ 전통적인 치료에서 실패했거나 역효과를 경험한 사람, ⑪ 음악치료 중재가 성공적이라는 분명한 근거가 있을 때이다. 그녀의 범주 구분은 사실상 모든 사람에게 음악치료가 가능하다는 것을 말한다. 중요한 것은 음악치료 추천 첫 번째, 두 번째가 음악적 흥미도와 반응도에 있다는 것이다.

는 달성하기 어렵다. 실음악증과 같이 음악적 능력이 다른 전반적인 능력에 비해 현격하게 떨어지는 것은 뇌신경학적 차원에서 음악적 정보처리와 관련된 문제인데 대부분 정확한 원인을 알 수 없고 치료할 수 없는 영역이다. 따라서 내담자에게 음악적 능력의 향상을 기대할 수가 없는 것이다.

한편, 음악적 능력이 사회적, 심리적 요인에 의해 실제 내담자의 능력과 다르게 나타난다면 그 요인을 분석하고 차이를 줄이기 위한 치료사의 중재가 필요하다. 사회공포증이 있는 사람은 타인 앞에서의 연주에 실제 능력보다 현격하게 낮은 실력을 보인다. 이런 경우 심리적 변화와 함께 음악적 변화도 함께 올 수 있다. 이처럼 내담자의 음악적 능력 자체를 진단하기보다는 음악적 능력과 관련된 뇌신경학적, 심리학적 차원의 진단이 우선시되어야 한다는 것이다.

(3) 음악적 표현과 일상적 표현의 차이에 대한 고찰

일반적으로 음악치료에서 내담자의 음악적 표현은 그 사람의 심리적 거울이라고 한다. 음악이 내담자의 상태를 반영해 주는 솔직한 진단의 도구가 된다는 것을 의미한다. 그러나 그렇지 않은 특별한 경우도 종종 있다. 때로는 음악적 표현이 일상적 성격, 행동, 표현 등과 상반되는 경우이다. 일상적인 대화에서는 조용한 모노톤이지만 연주에서는 폭발적인 표현을 하는 사람들, 일상적 대화나 자기표현에서는 자신감이 넘치고 언제나 리더 역할을 하지만 음악에서는 존재감을 드러내지 못하는 사람 등, 음악이라는 표현 매체가 표현 주체인 사람의 성향과 성격을 항상 반영하는 것은 아니다. 음악치료에서도 음악적 표현, 음악적 반응이 일상적인 행동과 사뭇 다르게 나타나는 사람들이 있다. 진단평가에서 중요한 것은 그 원인이 어디에서 기인하는가에 대한 정확한 분석이다.

내담자의 음악적 표현과 일상적 표현의 차이가 나타날 때 그 원인은 개인적 요인과 환경적 요인으로 구별될 수 있다. 개인적 요인으로는 내담자에게 음악 또는 음악활동 자체가 특별한 의미를 가지는 경우를 들 수 있다. 예를 들어, 소심하고, 사회성이 부족한 사람이지만 젬베 연주에 특별한 열정을 갖고 있는 사람이라면 젬베 연주는 그가 일상에서 드러내지 않았던 강력한 내적 에너지를 분출하는 표현의 도구가 된다. 환경적 요인으로는 치료사와의 관계, 상황 등을 들 수 있다. 예를 들어, 치료사에 대한 신뢰가 높고 치료 환경이 안전하다고 느끼는 상태에서 내담자의 반응은 비교적 솔직하다. 반면, 그 반대의 경우 내담자는 자신에게 요구되는 상황에 맞는 반응을 보이거나 자신을 전혀 드러내지 않는 방식으로 반응할 수 있다. 음악적으로도 어떤 사람은 편안한 환경에서는 자유로운 즉흥연주에서 뛰어난 음악적 기량을 뽐내지만 타인의 평가가 두려운 환경에서는 매우 미숙한 음악 실력을 보이기도 한다. 즉, 진단평가의 정확도와 신뢰도를 높이기 위해서는 내담자의 반응과 그 반응이 일어나는 맥락에 대한 이해가 절대적으로 필요한 것이다.

(4) 음악적 반응 범주에 대한 고려

치료사는 내담자의 음악적 반응이 어떤 범주에서 어떤 방식으로 일어나는지를 관찰할 필요가 있다. 고려하여야 할 범주는, 첫째, 특정 음색이나 음의 크기 등에 대한 감각적 반응, 둘째, 감정 표현의 방식(소극적, 과장, 왜곡), 셋째, 음악적 정보처리에 관한 인지적 반응, 넷째, 새로운 환경에서의 반응과 익숙한 환경에서의 반응이 차이 같은 음악적 행동 양상들이다. 음악적 반응의 범주와 표현 내용에 대한 평가는 내담자의 전반적인 상태에 대한 평가일 뿐만 아니라 내담자가 치료사와 치료 환경에 대해 어떻게 평가하고 있는지를 보여 주는 단서가 된다.

5) 음악치료 진단평가 과정

음악치료 진단평가는 의뢰, 배경정보 수집, 진단평가 목적과 유형 결정의 3단계 과정을 거친다.

(1) 의뢰

내담자의 음악치료는 복지사, 의료사회복지사, 상담사, 교사, 의사 혹은 부모에 의해 의뢰(referral)되기도 하며 내담자 자신이 직접 음악치료를 선택하기도 한다. 그런데 음악치료 의뢰 대상 선정 기준은 사실 다른 치료의 경우처럼 증상에 의해 결정되는 것이 아니다. 언어 문제는 언어치료사에, 신체 재활은 물리치료사에 의뢰된다. 조현병은 정신과 의사의 약물 처방이 우선시된다. 이처럼 일반적으로 치료를 위해서는 내담자의 증상과 치료 목적에 따라 어떤 전문가에게 의뢰되어야 하는지가 명확하다. 그러나 어떤 증상의 환자가 음악치료를 받아야 하는지는 분명한 기준이 존재하지 않는다. 음악치료가 다룰 수 있는 환자의 증상은 정신적인 문제는 물론 신체적인 문제를 포함한 거의 모든 병의 영역이라고 할 수 있다. 음악치료의 의뢰 여부를 결정하는 것은 환자의 증상이 아니라 환자의 개별적 특성과 취향 그리고 상황이다.

우선, 내담자의 음악 선호도는 음악치료 의뢰의 가장 큰 동인이다. 음악을 좋아하고 음악에 잘 반응하는 자폐스펙트럼장애 아동의 경우 아동의 음악 선호도가 음악치료를 의뢰하게 되는 일차적인 요인이 된다. 단순히 선호도의 문제를 넘어 음악에 특별한 재능을 보이거나 다른 매체보다 음악에 더 잘 반응하는 경우 음악치료의 필요성과 효용성은 더욱 증가된다. 성인의 경우도 크게 다르지 않다. 평소 음악을 좋아하는 경우 음악심리치료에 대한 기대를 가지고 찾아오기도 한다. 음악에 대한 개인적 선호도는 자발적으로 음악치료를 선택하는 가장 큰 이유이기도 하다.

다음으로, 치료를 위한 보조적인 활동으로 음악치료를 찾는 경우이다. 이 경우 병원 의료진에 의해 의뢰되는 경우가 많다. 병원에서 환자들은 일차치료(primary care)[7]를 받으면서 부가적으로 활력과 즐거움을 목적으로, 때로는 심리치료의 일환으로 음악치료에 참여하기도 한다. 대표적으로 암환자, 호스피스 환자, 어린이 병원의 아동 환자들, 다양한 질환의 장기입원 환자들은 음악활동을 통한 활력과 즐거움 그리고 통증, 불안, 우울 감소를 기대하며 음악치료에 자발적으로 참여하기도 하며 의료진에 의해 의뢰되기도 한다.

마지막으로, 비교적 음악치료가 내담자를 변화시킬 수 있는 의뢰기준이 명확한 경우이다. 신경학적 음악치료에서는 내담자의 운동, 언어재활을 위해 다양한 음악치료 기법이 적용된다. 음악은 재활 훈련을 위한 방법으로 활용되는 것인데 이때는 가시적으로 확인될 수 있는 수준의 신체적 변화에 초점을 둔다. 훈련과 학습 중심의 음악치료이다. 또한 특수아동을 위한 음악치료에서 아동의 학습과 행동 변화를 목적으로 음악이 사용된 경우도 이에 해당된다. 이런 의뢰기준으로 음악치료를 결정할 때에는 음악활동이 학습과 훈련을 목적으로 적용되며 사전, 사후의 변화가 분명히 드러날 수 있어야 한다.

(2) 배경정보 수집하기

음악치료 시행 전 치료사는 내담자 본인, 보호자, 의료기관 관계자, 의사 등으로부터 배경정보를 얻어야 한다. 여기서 배경정보는 음악치료를 할 때 치료사가 얻기 어려운 정보, 치료사가 음악치료 시행 전 반드시 숙지해야 할 사항, 기타 미리 알아 두었을 때 치료에 도움이 되는 정보 등을 말한다.

7) 일차치료는 병원에서 약물, 주사, 수술 등과 같이 의료행위가 의료진에 의해서 이루어지는 것을 의미한다.

아동을 위한 음악치료 신상정보(Intake)

아동 이름:	성별:	생년월일:
의료자:		
면담자 이름:		아동과의 관계:

아동의 증상에 대한 진단을 받았나요? 받았다면 진단명은? 진단일: 진단한 사람:	예	아니요
아동이 복용하고 있는 약이 있나요? 있다면 무엇인지:	예	아니요
아동과의 치료작업에서 치료사가 특별히 주의해야 할 것이 있나요?(예를 들면, 흥분 시 사람을 무는 공격행동, 자해행동 등) 있다면 무엇인가요?	예	아니요
아동이 현재 참여하고 있는 다른 치료가 있나요? 있다면 무엇인가요?	예	아니요
아동이 과거에 음악치료 또는 음악교육을 받은 경험이 있나요? 있다면 기간:	예	아니요
아동이 특별히 선호하는 음악장르, 악기, 가수가 있나요? 있다면?	예	아니요
음악치료를 통해 기대하는 효과는 무엇인가요?		
타 치료에서 언어, 지능, 전반적 발달 상태에 대한 평가 결과가 있다면 측정명과 점수를 기술해 주세요.		

참고: 여기 기술하신 개인적인 내용은 비밀이 보장됩니다.

앞의 예시는 아동의 경우를 고려한 인테이크 배경정보 수집이다. 인테이크 폼은 대상자에 따라 달라진다. 치료사는 대상의 연령(노인, 성인, 청소년 등)이나 상태와 목적(치매, 정신질환, 재활 등)에 따라 사전 배경정보에서 꼭 필요한 사항을 수정 또는 대체할 수 있다. 배경정보 기입 시 너무 길지 않게 하고 치료와 직접적인 관련이 없는 답하기 불편한 내용은 담지 않는 것이 중요하다.

(3) 음악치료 진단평가의 목적과 유형[8)]

① 진단적 진단평가

음악치료 목적에 따른 분류로 진단적 진단평가(diagnostic assessment)는 의료에서 행해지는 '진단'과 다른 의미이다. 병의 진단은 의료인의 전문 영역으로 음악치료사는 내담자를 진단하지 않는다. 음악치료에서 진단적 평가의 의미는 이미 특정 병명으로 진단된 내담자의 진단적 가설을 지지하거나 유사한 다른 증상과 구분하기 위한 평가이다.

② 일반적 진단평가

일반적 진단평가(general assessment)는 치료의 목적을 설정하고 치료전략을 구성하기 위해 내담자의 강점, 약점, 필요 등의 정보를 얻는 평가이다. 치료를 위한 전체적인 전망에 해당하는 진단평가이다. 예를 들어, 상동행동, 틱행동 등과 같은 행동의 문제, 청각 자극에 대한 민감한 반응, 언어발달 상태 등을 관찰하고 진단한다.

③ 음악치료 진단평가

음악치료 진단평가(music therapy assessment)는 음악치료가 내담자에게 적합한 치료인지를 평가하는 것이다. 앞에서 헨서의 주장을 빌려 언급했듯이 소리, 음악에 잘 반응하고 청각적 학습이 잘되는 사람은 적절한 음악치료 대상자이다. 그러나 진단평가 과정에서 소리, 음악보다는 시각적 매체에 더 잘 반응하고 표현한다면 음악보다는 다른 매체를 사용하는 것이 내담자에게 이로울 수 있다.

④ 음악치료 초기 임상적 진단평가 기간

일반적으로 음악치료가 시행되면 처음 3~4회기까지 치료사가 내담자의 음악적, 비음악적 행동을 진단하는데, 이 치료 전 진단평가(Initial period of clinical assessment in music therapy)의 결과를 기반으로 음악치료 중재를 결정한다. 예를 들어, 전반적인 정서 상태, 즉흥연주에 나타난 창조적인 자기표현, 앙상블 연주에서의 타인과의 음악적 소통과 협력 등을 통해 치료사는 치료 목표를 설정하고 내담자에게 적절한 중재를 결정한다.

---

8) Tony Wigram, Inge N. Pedersen & Lars O. Bonde, *A Comprehensive Guide to Music Therapy*(London & Philadelphia: Jessica Kingsley Publishers, 2002), 247. 책의 내용을 필자가 재구성하여 요약한 것이다.

⑤ 장기 음악치료 진단평가

장기 음악치료 진단평가(long-term music therapy assessment)는 음악치료의 효과에 대한 평가로 진단평가(assessment)가 아닌 평가(evaluation)에 해당한다. 음악치료를 통해 내담자에게 어떠한 변화가 나타났는지 결과에 대한 평가이다.

표준화된 음악치료 진단평가는 왜 없는가

표준화된 진단평가에 대한 딜레마는 음악치료를 포함한 다른 예술치료에서 공통적으로 나타나는 현상이다. 진단평가는 객관적이고 과학적인 과정과 평가를 위해 필수적인 것이지만, 예술은 주관적 감정과 표현이기에 하나의 기준으로 평가하기는 어렵다. 예를 들어, 지능검사는 대표적인 표준화된 검사도구로 언어, 수리, 공간능력 등 우리 뇌의 다양한 인지능력 정도를 측정하기 위해 고안된 측정도구이다. 이 측정도구를 통해 나온 점수로 우리는 지능이 높고 낮음을 판단하고 소위 '머리가 좋다, 나쁘다'라고 한다. 이 방식의 지능지수 측정은 미국, 중국, 한국 등 어느 나라에서나 보편적으로 사용하고 있다. 영역별 각 문항은 언어와 문화가 달라도 정답은 같다. 반면, 음악과 같은 예술적 경험과 행위는 문화 의존적 현상이며 상황과 개인적 배경에 따라 언제나 유동적이다. 이러한 한계점에도 불구하고 미술치료에서는 그림을 통해 내담자의 심리상태를 분석하는 다양한 방식의 표준화된 미술치료 진단평가가 개발되어 있다. 예를 들어, HTP(House-Tree-Person: 집, 나무, 사람) 검사, 로르샤흐 검사 등이 미술치료 진단평가에서 대표적으로 사용되는 도구인데 기존의 심리측정도구보다 신뢰도는 낮지만 비교적 인지도가 높고 간편하게 사용되는 진단평가들이다. 반면, 음악치료에서는 미술치료처럼 음악활동에 나타난 내용으로 내담자를 평가하는 표준화된 진단평가가 존재하지 않는다. 미술치료에서 내담자의 그림을 분석하는 것처럼 음악치료에서도 내담자의 즉흥음악을 평가하는 음악치료 진단평가[9]가 있지만 그 평가는 치료사의 자의적인 해석으로 평가의 객관성이 담보되지 않고 있다. 또한 내담자 연주의 고유한 특징을 발견하고 분석하기 위해서는 많은 시간을 요구하는 경우도 있다. 즉, 심리측정이나 미술 진단평가처럼 한 번의 테스트로 내담자를 분석하는 방식의 진단평가로는 내담자에 대한 정확한 진단평가가 어려우며 내담자의 음악을 해석, 분석하는 치료사의 관점 역시 주관적이기 때문에 표준화된 음악치료 진단평가 도구를 개발하는 것은 매우 어려운 일이다. 그러나 치료에서 측정이라는 요소가 치료의 효과성을 평가하는 데 핵심적인 부분이기 때문에 음악치료 분야에서 표준화된 진단평가 도구에 대한 꾸준한 요구가 있어 왔고 이러한 수요에 부응하기 위해 다양한 음악치료 진단평가 방식이 개발되고 있는 실정이다.

---

9) Kenneth Brusica, *Improvisational Models of Music Therapy*(Springfield: Charles C Thomas Publisher, 1987). 이 책에서 저자는 즉흥연주 기반의 다양한 음악치료 진단평가를 소개하고 있다.

6) 음악치료 진단평가 영역

음악치료 진단평가 영역은 치료사, 대상자, 기관 등에 따라 그 분류가 조금씩은 상이하다. 또, 내담자의 기능과 상태에 따라 특정 영역을 더 세분화하여 진단하기도 한다. 예를 들어, 신경재활 음악치료는 내담자의 운동기능에 초점을 맞추어 평가한다. 음악심리치료에서는 인지와 정서가 진단평가에서 핵심적으로 다루어진다. 특수아동을 위한 음악치료에서는 아동의 행동, 정서, 인지기능, 의사소통 등이 전반적으로 평가된다. 따라서 치료사는 다양한 영역의 진단평가에서 중요하게 다루어야 할 영역을 먼저 선별하고 그 영역에 대한 자세한 문항을 만들어 보는 것이 좋다. 전반적으로 운동, 감각, 의사소통, 정서, 인지, 사회성, 음악성으로 구분하여 볼 수 있다.

〈표 4-1〉 음악치료 진단평가 영역

영역	진단내용
대근육 운동 (gross motor)	걷기, 달리기, 앉기, 서기 등과 같은 몸의 큰 근육의 움직임에 해당하는 운동이다. 치료사는 악기 연주에서 내담자의 몸의 움직임뿐만 아니라 음악에 지각적(perceptual), 시각적(visual), 심리운동(pscyho motor)에 따른 몸의 움직임으로 대근육 운동을 진단한다.
소근육 운동 (fine motor)	손과 손가락의 작은 근육의 움직임 그리고 시각과의 상호반응 능력을 진단하는 영역이다. 기타, 오토하프/큐코드와 같은 현악기를 연주하기 위해 피크 집기, 현의 줄을 스트럼하기, 현 뜯기, 피아노 연주하기, 에그셰이커와 같은 작은 타악기 잡기, 흔들기 등이 이러한 진단에 유용한 음악활동이다.
구강운동 (oral motor)	구강운동은 말을 하거나 먹고/마시기와 같은 음식물 섭취와 관련된 운동영역이다. 주로 말하기와 소리내기(vocalization)와 관련된 근육의 힘, 호흡을 진단한다. 노래하기와 관악기 연주는 구강운동 능력을 진단하는 활동이다.
감각 (sensory)	내담자의 감각 반응 또는 감각적 특이점뿐만 아니라 공간에서 몸을 제대로 인식하는지에 대한 신체의 고유수용성,[10] 전정 또는 균형의 진단이다. 환자의 음악활동을 관찰하면서 소리에 대한 청각적 반응, 악기를 보고(시각), 만지고(촉각), 연주하기 위해 손을 뻗어 연주하는 신체 고유수용성 등을 진단할 수 있다.

10) 고유수용성(proprioception)은 우리 몸의 일부를 인식하고 그 부분들을 조절할 수 있게 해 주는 감각이다. 아무것도 보이지 않는 어둠 속에서도 손에 잡고 있는 물통을 입에 가져와 물을 마실 수 있는 능력을 그 예로 들 수 있다.

수용적 의사소통/청지각 (receptive communication/ auditory perception)	수용적 의사소통 기술은 내담자가 자신의 환경에서 청각적 자극과 언어를 어떻게 인식(awareness), 지각(perception), 분별(discrimination)하여 반응하는지 진단하는 영역이다. 음악적으로는 음고, 음색에 대해 분별하는 능력, 내용적으로는 치료사의 지시, 노래 가사의 의미에 대한 이해가 진단 항목이 될 수 있다.
표현 의사소통 (expressive communication)	표현 의사소통은 내담자의 언어 표현뿐만 아니라 비언어적 표현인 제스처, 목소리 내기 등도 포함된다.
인지	결정하기, 지시 따르기, 단기기억, 장기기억, 읽기, 숫자 세기, 쓰기와 같은 학업능력 등 인지능력은 개인의 학습에 영향을 미치는 정신능력과 기능의 측면을 진단하기 위한 것이다.
정서	감정, 또는 정서 상태에 대한 전반적 진단으로 정서 표현의 범주, 정서조절, 정서인식, 정서통제, 정서 불일치 등이 있다.
사회성	사회성 진단은 자신의 이름에 대한 반응, 참여, 턴 테이킹, 주의, 지시 따르기, 관계 기술까지 단순 반응에서부터 적극적인 사회적 관계시도와 탐구 차원의 반응까지 해당된다.
음악성	내담자의 음악성에 대한 진단은 음악치료가 내담자에 적합한지 그리고 의미 있는 치료적 효과를 얻을 수 있을지부터 음악에 대한 내담자의 반응, 음악성, 창조성 등을 진단한다.

7) 음악치료 진단평가의 실제

(1) 진단평가 계획

일반적으로 치료를 위해 내담자를 진단평가할 때는 관찰, 인터뷰, 테스트와 같은 방법이 활용된다. 음악치료에서는 이러한 비음악적 진단평가 방법과 함께 음악활동을 통해 내담자를 진단하는 음악적 진단평가 방법이 더해진다. 그런데 음악적 진단평가는 비음악적 진단평가에 비하여 치료사의 적극적인 개입과 더 많은 아이디어를 필요로 한다. '내담자의 사회성을 알기 위해 어떠한 음악활동을 계획할 것인가?'를 생각할 때 수많은 음악과 다양한 음악활동 중 무엇을 어떻게 할 것인가는 철저히 치료사의 판단이자 책임이기 때문이다.

치료사는 음악치료 세션 전에 치료적용계획서를 통해 진단평가 계획(assessment planning)을 먼저 구상하고 음악활동을 진행해야 한다. 진단평가 계획에서는 치료사가 어떠한 음악활동을 구상하여 적용하는가가 핵심사항이다. 치료사는 사전에 평가하려는 사항에 해당하는 음악활동을 미리 정하여 진단평가 계획을 세운다. 여기서 주목할 것은 치료 목표를 성취하기 위한 음악활동이 아니라 진단을 위한 음악활동을 구성하는 것이다. 예를 들어, 신경학적 음악치료에서 뇌졸중으로 인한 언어장애 환자의 표현언어 발화를 알아보기 위해 송창식의 〈가나다라〉라는 노래를 치료시간에 사용한다. 이 노래를 통해 치료사는 내담자가 특정 자음 발화에 어려움을 보이는 것을 발견할 수 있다. 이후 치료 목적으로 진단평가에서 어려움을 보인 자음이 많이 들어간 노래를 선정하여 훈련하도록 한다. 여기서 〈가나다라〉라는 노래는 진단평가를 위한 노래이고 이후 치료사가 선곡한 노래는 치료 목적을 위한 노래이다.

(2) 음악활동과 진단영역

음악활동을 통한 진단 행위는 복합적 의미와 목표를 지닐 수 있다. 악기 연주는 외현적으로 보기에는 운동 영역이지만 동시에 인지, 정서, 사회 영역을 진단할 수 있는 활동이다. 치료사는 내담자의 악기 연주를 통해 힘의 강도, 움직임의 빠르기 등 운동수준을 측정할 수 있다. 악기 연주 시 리듬 패턴 모방 능력은 인지능력인 집중력과 작업기억의 수준을 가늠할 수 있는 기준이 된다. 치료사와 함께하는 즉흥연주에서 내담자의 반응과 연주패턴은 내담자의 인간관계수준, 즉 사회성을 파악할 수 있는 근거가 되기도 한다. 이처럼 하나의 음악활동에서 치료사는 내담자의 매우 다양한 신체적, 정신적, 사회적 영역에서의 특성을 진단할 수 있다.

한편, 동일한 음악활동이라도 내담자의 기능과 진단에 따라 평가의 목적이 다르기도 하다. 예를 들어, 안치환의 노래 〈내가 만일〉이라는 노래를 가지고 가사 넣기 활동을 한다고 가정하자. 노래 도입부 '내가 만일 (　　)이라면'에 원하는 가사를 넣는 활동이다. 이때 치료사는 내담자의 반응이 나올 때까지 걸리는 시간을 측정한다. 답변이 나올 때까지 10초 걸리는 사람과 2초 걸리는 사람의 반응 속도에 따라 치료사는 전혀 다른 진단을 목적으로 같은 음악을 활용할 수 있다. 예를 들어, 치매노인 대상 진단평가에서 반응 속도가 인지기능에 대한 평가라면 청소년 대상에서 반응 속도는 정서 상태, 성격 유형, 사회성 등을 진단하는 기준으로 사용될 수 있는 것이다. 답변이 나오기까지 지나치게 신중한 태도, 답변 자체를 어려워하는 태도, 즉각적으로 자신의 소망을 이야기하는 태도, 답변할 때 타인의 눈치를 보면서 말하는 태도 등 다양한 반응에서, 또한 답변의 내용을 통해서 청소년의 전반적인 정서와 사고를 진단할 수 있다.

노래: 안치환의 〈내가 만일〉
활동: 가사 넣기 '내가 만일 (　　)이라면'

측정: 자신의 차례에서 '내가 만일 (   )이라면' 답변이 나올 때까지 걸리는 시간

진단평가: 사회성/인지기능

대상	음악활동	양적 측정	질적 측정 (질문에 대한 태도 양상)	진단영역
치매 노인	가사 넣기 내가 만일 ( )이라면	반응 속도	머뭇거린다, 다시 물어본다 등등	인지능력
일반 청소년	가사 넣기 내가 만일 ( )이라면	반응 속도	혼자 골몰히 생각한다, 주변 눈치를 본다, 당황한다 등등	정서/사회성/성격

음악치료 진단은 음악활동, 내담자의 기능과 상태, 치료사의 진단목적과 영역에 의해 결정된다. 악기 연주와 같이 하나의 활동을 통해 인지, 정서, 사회성 등 여러 영역을 진단평가하거나 '가사 넣기'라는 같은 활동을 하더라도 내담자의 기능과 상태에서 따라 진단 영역은 다를 수 있다.

(3) 음악치료 진단평가 방법

음악치료 진단평가를 위해서는 세 가지 정도의 방법이 제시될 수 있다. 첫째는 내담자의 관찰 가능한 직접적인 행위/사건 중심의 평가 방식이다. 예를 들어, 음악을 통해 늘어난 주의집중 시간, 치료사의 리듬 모방을 몇 번의 시도 끝에 성공적으로 수행하였는지, 상동행동과 같은 문제행동 빈도수를 측정하는 방식이다. 관찰 가능한 사건 중심의 음악치료 진단평가는 치매노인을 대상으로 하는 인지기능, 신체 재활 환자들을 위한 언어, 운동 재활에서도 많이 시행한다. 모든 평가는 정량적이다.

① **빈도**(frequency): 얼마나 자주 나타나는 행동인가를 측정하는 방법이다. '1시간 세션 동안 자리이탈 행동이 몇 번이나 있었나, 친구를 욕하고 때리는 공격적인 행동이 몇 번 일어났나' 등이다.

② **비율**(rate): 주어진 기회 또는 지시에 내담자가 이행한 반응을 비율로 표시하는 것이다. 정확한 리듬 따라 하기 5번 시도에 1번 성공했다면 20%의 성공비율에 해당한다.

③ **지속시간**(duration): 행동이 지속된 시간의 측정이다. 예를 들어, 주어진 과제를 착석하여 수행하는 집중 시간 등을 들 수 있다.

④ **잠복시간**(latency): 치료사가 지시한 행동 또는 질문에 답하기까지 걸리는 시간이다. 예

를 들어, 노래 가사 채우기에 적절한 반응 또는 정확한 답변이 나오기까지 걸리는 시간이다.

두 번째로는 음악적 내용과 패턴 그리고 음악적 표현의 질에 대한 치료사의 직관적인 분석 평가 방식이다. 대표적인 예로는 노도프-로빈스 즉흥연주 측정 방법과 슈마커(K. Schumaker)의 질적관계 평가(Assess the Quality of Relationship: AQR)를 들 수 있다. 음악활동에서 내담자와 치료사 사이의 관계성, 음악적 소통과 관련된 수준을 단계별로 구분하여 평가하는 방식이다. 이때 평가의 내용은 정성(qualitative)평가이지만 단계별 평가는 정량적(quantitative)이다(예를 들어, 0=접촉 결여/접촉 거부, 1=감각접촉/감각-접촉, 2=기능적 접촉, 3=자기 접촉/자기인식, 4=타인 접촉, 5=타인 관계/상호작용, 6=협동 경험/상호 정서적 교류). 이러한 방식의 진단평가는 주로 자폐스펙트럼장애나 지적장애와 같은 특수아동들의 진단평가에 많이 사용된다.

세 번째로는 내담자 행동과 정서를 치료사가 정성적으로 평가하는 방식이다. 치료사는 영역별로, 때론 전체적으로 내담자의 상태를 간단하게 묘사적으로 서술한다. 다음은 불안과 공황장애로 치료를 찾은 성인 내담자의 정신과 진단평가 예이다.

〈표 4-2〉 BASIC I.D.[11]

영역	문제
행동 (Behavior)	치료사는 내담자의 불안과 공황장애와 관련된 관측 가능한 행동을 평가한다. 특정 상황이나 장소를 피하는 행동, 불안을 줄이기 위한 반복적인 행동 등
정서 (Affect)	치료사는 내담자가 불안과 관련된 감정인 공포, 걱정과 같은 감정 경험을 탐색한다. 이러한 경험이 다른 상황에서 어떻게 나타나며 얼마나 강렬한지 진단한다.
감각 (Sensation)	내담자의 불안이나 공황발작 동안 경험하는 생리적 감각을 진단한다. 숨가쁨, 어지러움, 가슴의 압박감 등
심상 (Imagery)	치료사는 내담자가 불안이나 공황발작 동안 경험하는 정신적인 이미지에 대하여 알아본다. 이는 불안을 유발하거나 동반하는 고통스러운 이미지, 플래시백 또는 시나리오일 수 있다.

11) 심리학자 라자러스(Arnold Lazarus, 1932~2013)는 "우리의 인성은 지속적인 행동(ongoing Behavior), 정서적 과정(Affective process), 감각(Sensation), 이미지(Imagery), 인지(Congition), 대인관계(Interpersonal relationship) 그리고 생물학적 기능(Biological function)의 결과물이다."라고 정의한다. BASIC I.D. 진단평가는 그의 인성에 대한 구성개념을 바탕으로 만들어진 평가이다. Michaek D. Cassity & Julia E. Cassity, *Multimodal Psychiatric Music Therapy for Adults, Adolescents and Children: A Clinical Manual*(Jessica Kingsley Publishers, 2006), 5-10 참조.

인지 (Cognition)	치료사는 내담자의 불안이나 공황발작 및 관련된 상황에 대한 생각과 믿음을 알아본다. 내담자의 불안이나 공황발작을 야기하는 인지적 왜곡을 진단한다.
대인관계 (Interpersonal)	치료사는 내담자의 대인관계 및 사회적 상호작용을 조사하여 그것이 내담자의 불안에 어떠한 영향을 미치는지 알아본다. 내담자의 지지적 환경, 대인관계 갈등, 불안을 일으키는 사회적 유발 요소를 탐색한다.
약물 (Drugs)	치료사는 내담자의 불안에 영향을 줄 수 있는 약물 사용 패턴의 진단, 증상을 감소시키기 위한 방법으로 알코올 또는 약물 사용 여부를 알아본다.

8) 음악치료 진단평가지 만들기

기존의 진단평가가 내담자에 대한 구체적인 정보를 수집하기에 부족하다고 판단될 경우 또는 치료사의 음악치료 이론적 배경과 너무 상이할 경우 치료사는 내담자를 위한 맞춤형 진단평가지를 만들기도 한다. 이때 치료사는 기존의 진단평가지를 수정・보완하여 치료를 위해 필요한 정보를 좀 더 정확하게 파악할 수 있다. 치료사가 자신의 내담자를 위한 고유한 진단평가지를 만들려고 할 때는 다음과 같은 절차와 내용을 고려해 보는 것이 바람직하다.

◎ 1단계: 무엇이 필요한지 결정하라.

1) 이 진단평가의 목적이 무엇인가?
2) 어떠한 학문적 근거로 치료하는가?(예를 들어, 행동주의, 정신분석, 통합이론 등)
3) 이 진단평가가 어떤 내담자를 대상으로 하는가?(구체적으로 연령 또는 진단명)
4) 치료사는 '정상'과 '건강'에 관하여 어떤 믿음을 갖고 있는가?
5) 이 진단평가를 위하여 어느 정도의 시간을 요하는가?
6) 이 진단평가를 위하여 몇 세션이 요구되는가?
7) 어떤 형식의 진단평가가 치료사에게 가장 효율적인가?(체크리스트, 평정척도, 서술형, 다양한 형식의 조합 등)

◎ 2단계: 다른 진단평가지들을 살펴보라.

다양한 증상, 연령을 위해 고안된 기존의 음악치료 진단평가 도구를 살펴보고 이들 진단평가 도구들이 어떤 형식과 구조로 이루어졌으며 어떻게 정보를 수집했는지, 진단평가 수행이 어떻게 어떤 과정을 거쳐서 이루어졌는지 등을 알아보고 자신에게 필요한 사항을 점검한다.

◎ 3단계: 형식과 과정에 대한 틀을 만들라.

기존의 진단평가 도구에서 내담자에게 필요한 영역들을 첨부하여 내담자를 위한 맞춤형 음악치료 진단평가 도구를 구성한다.

◎ 4단계: 자신이 만든 형식을 세션에 적용하라.

음악치료 의뢰 시 고려점

이론적으로는 음악치료를 해서는 안 될 사람은 없다. 그러나 개인의 상황에 따라 음악치료가 반치료적(counter-therapeutic)으로 작용할 수도 있다. 예를 들어, 음악적 능력을 상실한 전직 전문 음악가의 재활을 목적으로 음악을 사용할 경우 음악이 오히려 큰 상실감을 줄 수 있다. 손가락 재활을 위한 건반악기 연주 훈련은 신경재활 음악치료에서 일반인들에게 빈번하게 적용되는 중재법이지만 전직 피아니스트에게 이러한 훈련은 현재 자신의 상황에 대한 비탄을 가중시킬 수도 있기 때문이다. 건반악기 훈련이 내담자의 손가락 훈련에 분명한 도움을 준다고 하더라도 심리적 상실감이 더 크다면 효과적인 음악치료로 볼 수 없다.[12] 또, 현실 인식 능력이 현저하게 낮고, 환청, 망상 등의 정신과적 증상이 심각한 내담자의 경우 심상음악치료도 적절하지 않다. 그러나 이러한 고려사항은 음악치료 내담자에게 음악치료 자체가 해로울 수 있다는 것을 의미하는 것은 아니다. 단지 음악치료 중재 시 방법론적으로 고려해야 할 사항일 뿐이다.

2. 음악치료 방법

이번에는 음악치료 임상에서 내담자의 변화와 성장을 이끌어 내기 위해 음악을 어떻게 사용할 것인가에 대한 것이다. 임상의 실천(practice)은 치료사의 이론과 철학 그리고 음악적 성향에 따라 다양한 방식으로 구현된다. 예를 들어, 우울증을 호소하는 20대 여성 내담자의 문제가 낮은 자존감에서 기인한다고 판단하여 '자존감 향상'을 목적으로 음악치료를 진행한다면 치료사는 어떠한 방식으로 음악을 사용할까? 어떤 치료사는 자존감 향상을 위해 음악을 통한 성공적 경험을 중요시할 수도 있다. 그럴 때는 내담자와의 음악활동이 아름답고, 창

12) Hanser, 같은 책, 47-48.

조적이며, 자기표현적이고 충분히 안전한 환경에서 이루어져야 할 것이다. 내담자가 음악활동에서 맞고 틀리고에 대한 부담감을 갖지 않도록 음악 선곡과 음악활동에서의 난이도를 잘 조절해야 한다. 또한 즉흥연주를 한다면 처음에는 음계의 특성이 분명한 장조, 단조보다는 5음 음계[13]적 연주로 분명한 불협화음이 잘 생기지 않도록 해야 할 것이다. 어떤 치료사는 자존감 향상을 위해 내담자 자신에 대한 부정적 이미지가 무엇인지 탐색하고 그것이 잘못된 사고라는 것을 깨닫게 해 주기 위해 노래 가사를 개사하여 불러 보기를 선택할 수도 있다. 이런 경우라면 우선은 내담자의 기존 감정과 사고를 반영하는 노래를 선택하여 불러 본다. 그리고 내용 중 공감하는 부분과 그렇지 않은 부분이 있다면 어떻게 바꾸고 싶은지 가사를 바꾸어 보고 마지막으로는 긍정적 이미지의 자신을 묘사하는 노래를 만들어 볼 것이다.

두 치료사의 치료 목적은 같지만 방법은 다르다. 물론 음악치료가 1회로 끝나는 것이 아닐 때가 대부분이므로 이 두 방법이 동시에 적용될 수도 있다. 즉흥연주의 성공적 경험으로 시작하여 노래 만들기를 통해 자신의 사고와 감정을 탐색하는 과정으로 넘어갈 수도, 노래 만들기를 통한 자기 탐색에서 시작하여 자기표현을 위한 즉흥연주로 이어질 수도 있다. 음악치료 방법(Music Therapy Method)은 치료사가 내담자에게 어떠한 방식의 음악적 경험을 제공할 것인가에 따라 달라지며 그 형태는 연주하기(playing), 노래하기(singing), 감상하기(listening)로 나뉜다.

1) 연주하기

연주(演奏)의 사전적 의미는 '악기를 다루어 곡을 표현하거나 들려주는 일'이다.[14] 이에 해당하는 영어 단어는 'playing' 혹은 'performing'인데 전자는 악기를 다루는 행위 그리고 후자는 공연을 완성하는 행위를 의미한다.[15]

악기를 다루고 음악적으로 잘 표현하기 위해서는 '기술'을 필요로 한다. 음악을 듣는 것과 노래하는 것은 특별한 노력을 요하지 않지만 악기 연주를 통해 그 연주를 듣는 타인의 '심미적 욕구'를 충족시키기 위해서는 신체기관의 훈련을 통해 연마된 기술이 요구된다.

---

13) 5음 음계(pentatonic scale)은 어느 문화에서 볼 수 있는 음계이다. 전체 5개의 음으로 구성되어 있는데 대부분 반음이 없는 구조로 음악적으로 긴장이 적다. 또한 조성적 느낌을 가지고 있으면서도 분명한 방향성이 적어 즉흥연주에서 음악적으로 맞고 틀림에 대한 분명한 느낌이 나타나지 않는다.

14) 국립국어원 표준국어대사전. https://stdict.korean.go.kr

15) www.oxfordlearnersdictionaries.com.

(1) 연주를 위한 내담자의 음악기술

'표현'이 어떤 대상 또는 감정을 있는 그대로 사실적으로 나타내는 것이라면 '예술적 표현'은 '공들여서', '아름답게', '상징적'인 의미를 담아 표현하는 것이다. 따라서 예술적 표현은 단순한 재현을 넘어 감정과 의미를 효과적으로 전달하기 위해 고도의 기술과 창의력을 필요로 한다.

음악치료에서 음악의 목적은 단순히 연주를 통한 심미적 표현이라기보다는 음악 외적인 문제를 해결하는 것이다. 하지만 그 과정에도 음악적 기술은 반드시 필요하다. 내담자의 음악적 기술의 향상될수록 치료 효과가 높아진다는 사실은 이미 수없이 많은 반복적 경험을 통해 확인되고 있다. 음악적 기술의 향상이 내담자의 심미적 욕구를 충족시키며, 이는 성취감과 만족감과 같은 긍정적 정서로 이어지기 때문이다.

노도프-로빈스의 창조적 음악치료는 장애아동들의 표현과 기술의 향상을 중요시하는 대표적인 음악치료 모델이다. 창조적 음악치료의 주요 방법인 즉흥연주를 보면 1단계는 치료사가 아동의 행동, 소리표현, 전반적 정서 등을 음악적으로 반영하는 과정이며 2단계는 아동의 음악적 반응을 불러일으키는 과정이고, 3단계는 아동의 음악적 기술을 향상시켜 자유로운 표현을 유도하고 치료사와의 상호반응을 증진시키는 과정이다.[16]

자신을 잘 표현할 수 있어야 자신의 문제를 제대로 이해할 수 있고 올바르게 수용하며 효율적으로 해결할 수 있다. 예를 들어, 문학치료에서 '상실'의 감정을 다루는 시를 쓰게 함으로써 카타르시스를 유도하는 치료과정이 있다고 할 때 문학적 표현능력이 부족한 사람은 '아, 슬프다'라는 직설적 표현에서 더 이상 나가지 못할 것이다. 반면, 문학적 자원이 풍부한 사람은 은유와 상징 등을 동원한 다양한 표현으로 상실의 감정을 보다 구체적이고 아름답게 표현할 수 있다. 단순하고 직설적인 표현보다는 내적 감정을 충분히 살린 아름다운 글이 완성되었을 때 치료 효과가 증진될 것이라는 점에 대해서는, 구태여 학술적 연구를 운운하지 않더라도 모두 공감할 수 있을 것이다.

음악치료에서도 마찬가지이다. 자신의 감정을 음악적으로 표현하는 것은 자신의 감정에 대한 통찰과 그것을 표현할 수 있는 기술을 필요로 한다. '시원섭섭하다'라는 이중적이고 복합적인 감정을 음악으로 표현한다면 어떨까? 아마 '시원섭섭'이란 말은 우리 마음속에 일어나는 다양한 역동적인 움직임을 언어로 압축한 표현일 것이다. 이 압축을 푼다면 어떤 음악이 나올까? 끝났다는 통쾌함과 아쉬움이라는 감정이 동시에 강하게 부딪히는 감정이 음악

16) 제6장 음악치료 모델 중 '1. 창조적 음악치료' 참조.

안에서 펼쳐지는 방식은 아마 사람마다 다를 것이다. 감정의 스펙트럼에서 자신의 감정이 어디에서 어떤 모습을 하고 있는지 음악으로 표현하는 것은 어렵지만 흥미로운 작업이 될 수 있다. 이 작업을 위해서 전제되어야 할 사항은, 첫째, 심리적으로 연주에 대한 부담감으로부터 해방되어야 한다. 누군가 자신의 연주를 평가한다고 느끼거나 기술적으로 잘 연주해야 한다는 부담감에 사로잡혀 있다면 감정의 내용을 충분히 표현하기 어렵다. 둘째, 즉흥연주에서 자유로운 표현은 기술적 자유를 얻을 때 더 효과적이다. 앞에서 언급한 것처럼 문학적 자원이 풍부한 사람이 아름다운 시를 쓰는 것처럼 음악적 자원이 풍부한 사람이 즉흥연주에서 진정한 표현의 자유를 얻을 수 있기 때문이다.

(2) 연주를 위한 치료사의 음악기술

음악치료에서 음악적 기술은 사실 내담자보다는 치료사에게서 절대적으로 더 필요한 부분이다. 치료사의 음악적 자원이 풍부해야만 내담자의 감정과 행동을 음악적으로 모방하거나 반영해 줄 수 있기 때문이다. 음악치료사는 음악이론에 관한 지식은 물론 내담자의 심리상태를 섬세하고 정확하게 읽을 수 있는 통찰력, 그리고 이 모든 것을 표현할 수 있는 연주기술을 갖추고 있어야 한다.

음악에서 음계는 건축의 기본 골조와 같아 기본적인 감정의 기조를 결정한다. 음계라는 기본 골조를 바탕으로 나머지 음악적 구성요소들이 결합하여 시간의 흐름에 따라 음악이 펼쳐진다. 우리는 일반적으로 단조의 느린 음악에 슬픔을, 장조의 빠른 음악에 경쾌함을 느낀다. 장조, 단조라는 기본 골조에 템포라는 시간적인 요소가 더해질 때 음악이 전달하는 감정은 더욱 뚜렷하게 부각된다.

음계는 문화별로 고유의 구성과 배열양식을 가지고 있다. 음악치료사들은 서양 조성음악의 장조, 단조 시스템을 넘어 다양한 문화의 음계를 학습함으로써 내담자와의 연주에서 정서적 색감과 질감을 표현할 수 있게 될 것이다. 다음은 치료사들이 많이 사용하는 음악적 자원의 기초로 사용되는 음계들이다.

① 5음 음계

펜타토닉 음계(pentatonic scale)는 이름처럼 5개의 각기 다른 음 높이들로 구성된 음계로 동서양을 막론하고 대부분의 문화권에 존재하는 음계이다. 사실 펜타토닉은 지역에 따라 다양한 버전이 존재하지만 12356(CDEGA: 도레미솔라) 음들로 구성된 펜타토닉이 가장 일반적으로 알려진 형태이다. 그런데 음악치료에서 12356 구성의 펜타토닉을 사용하여 연주할 경우 단순히 C 코드만 두드러져 화성적으로 너무 단순한 음악으로 들린다.

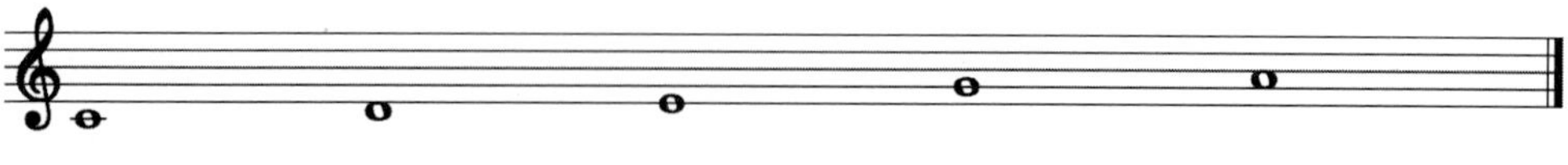

기준음을 C에서 G로 변경할 경우 56123(GACDE, 솔라도레미) C음 기준 펜타토닉보다는 화성적으로 더 풍성한 음악을 만들 수 있다.

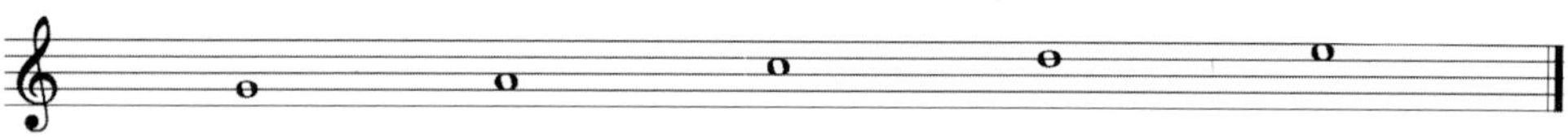

G음 기준의 펜타토닉의 음정 간격을 C음 기준으로 배치하면 12456(CDFGA, 도레파솔라)이 된다. 이럴 경우 연주에서 화성적으로 G 기준음보다 더 풍성하면서도 펜타토닉 음계의 고유한 느낌도 줄 수 있다.

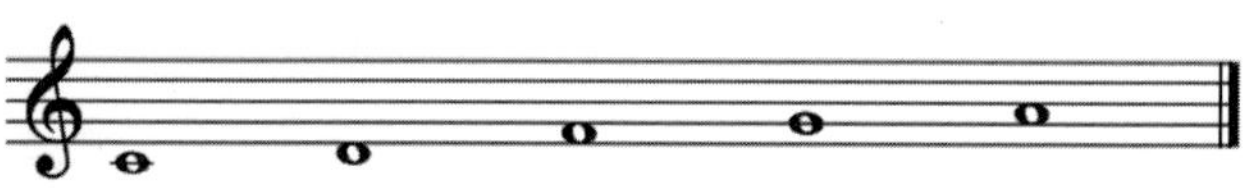

펜타토닉 음계의 특징은 반음이 포함된 7음으로 구성된 온음계와 비교할 때, 반음이 없는 음들의 구성으로 인해 긴장이 적다는 점이다. 또한 장조와 단조에 비해 조성(tonal) 중심적 특성이 약하다. 불협화음을 만들어 낼 가능성이 적은 음들로 구성되어 있고, 조성 중심이 약하기 때문에 펜타토닉 음계는 즉흥연주 시 전체적으로 부드럽고 자연스럽게 어우러지는 듯한 느낌을 준다.

② 교회선법

교회선법(church mode)은 오늘날 장조와 단조의 서양 조성 음계 시스템이 나타나기 전 유럽에서 중세와 르네상스시대에 성가곡과 같은 신성 음악(sacred music)에 널리 사용된 음계이다. 그래서 그레고리안 음계라고도 불린다. 각기 다른 음정 간격 체계의 교회 선법들은 각각 고유한 음악적 특징과 분위기를 가지고 있다. 이들 음계의 이름은 고대 그리스 이름으로 이오니안(Ionian), 도리안(Dorian), 프리지안(Phrygian), 리디안(Lydian), 믹소리디안(Mixolydian), 에올리안(Aeolian), 로크리안(Locrian)으로 불리며 이 중 이오니안 모드가 오늘날 장조로 에올리안 모드가 단조로 발전하였다. 각각의 선법은 현대 음악에서 다양한 장르의 음악에 응용되어 사용되는데 작품 전체가 특정 교회의 선법으로 작곡되기도 하고 전체 음악에서 부분적으로 특정 분위기를 조성하기 위해 사용되기도 한다.

◎ 이오니안

이오니안 모드(Ionian mode)는 현대 장조 음계에 해당한다.

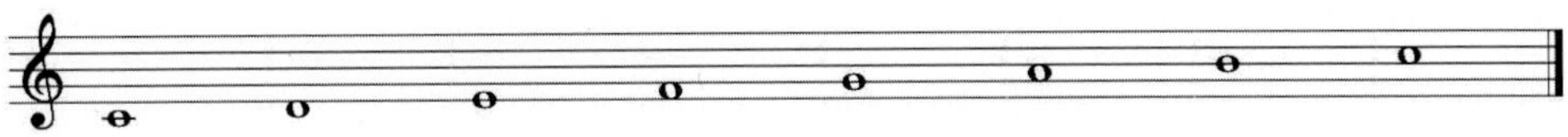

◎ 도리안

도리안 모드(Dorian mode)로 음악을 만들었을 경우 특징적인 무드는 장조보다는 슬프며 단조보다는 밝고 신비스러운 느낌을 준다. 이러한 이유는 도리안 모드가 장조와 단조 사이의 음계로 구성되어 있기 때문이다. E 도리안 모드는 e minor와 유사하지만 제6음이 올림음이다. 이 한 음의 차이가 단조와 장조 사이의 신비하고 밝은 분위기를 만들어 내는 도리안 모드의 특징이다.

도리안 선법 (d)

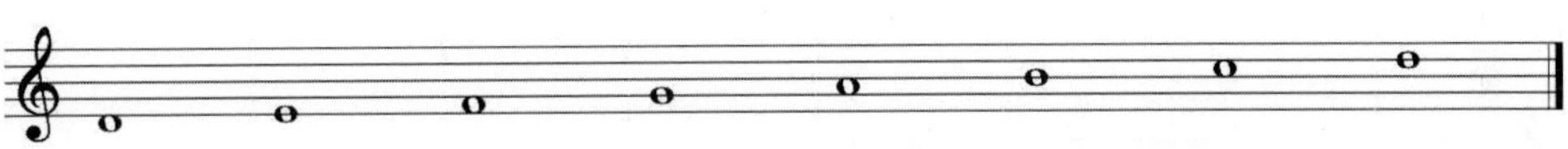

e dorian

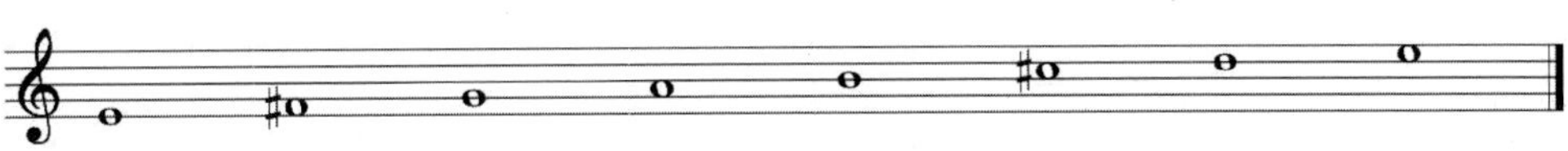

e minor 비교

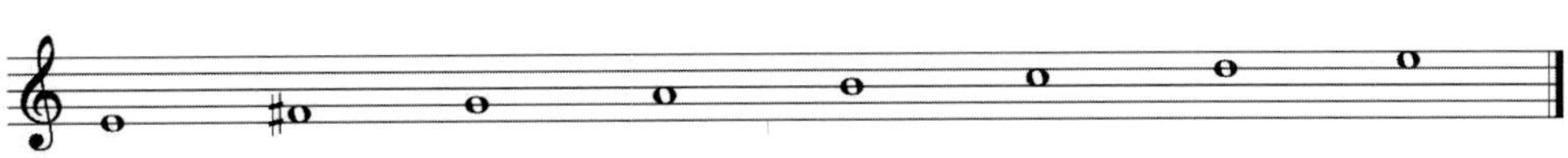

◎ 프리지안

프리지안 모드(Phrygian mode)를 자연 a 단조(natural a minor)에서 구성하면 두 번째 음이 B♭이 된다. 이 음계로 만들어진 음악은 어둡고 불안한 느낌을 주지만 동시에 이국적이고 신비스러운 분위기를 자아내기도 한다. E 프리지안과 e minor 음계로 만들어진 음악을 비교해서 들어 보면 단조의 음악보다 E 프리지안 모드에서 더 어둡고 암울한 듯한 분위기를 느낄 수 있다.

e 프리지안

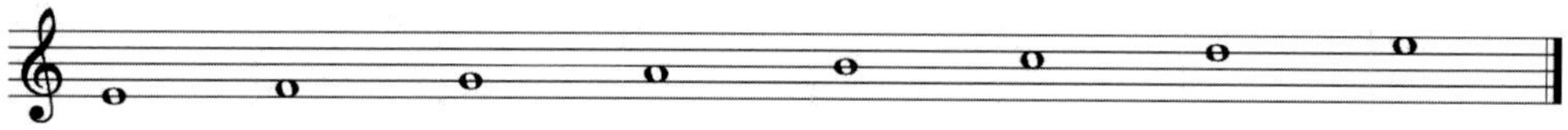

a 프리지안

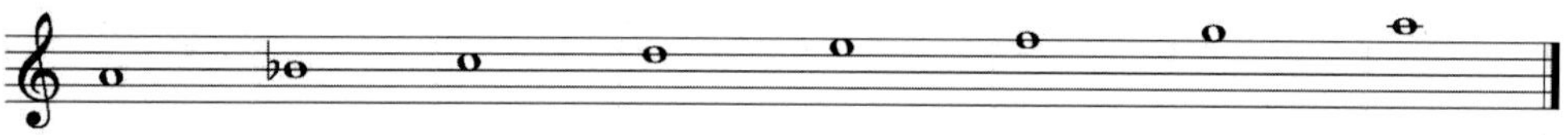

◎ 리디안

리디안 모드(Lydian mode)를 C 장조에서 구성하면 4번째 음이 F#이 된다. 리디안 모드로 만든 음악은 밝고, 몽환적이며, 신비한 느낌을 준다. 영화 〈스타워즈〉에서 Yoda의 테마, 영화 〈E. T.〉의 Flying Theme는 리디안 모드의 느낌을 잘 살린 대표적인 영화음악이다. 음악 시작 화성 진행인 I–II 의 확장 느낌은 흔히 접할 수 있는 구성이다.

F 리디안

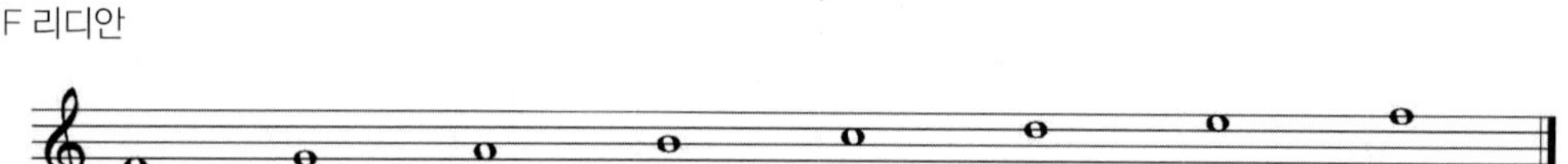

C 리디안

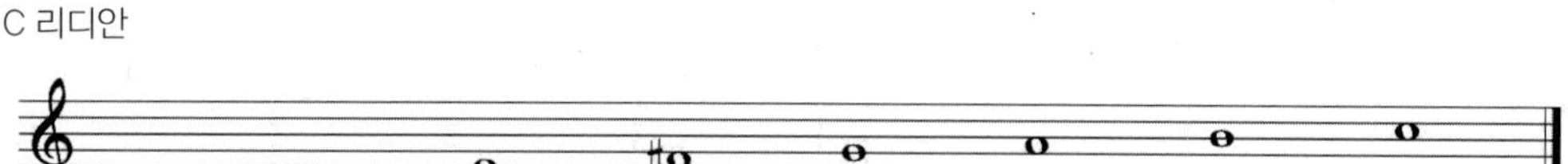

◎ 믹소리디안

C 음을 기준으로 믹소리디안(Mixolydian mode)을 구성하면 제7음이 반음인 낮아진 B♭이 된다. 이끎음 B가 C 음으로 해결되는 C 장조와 비교하면 제7음이 B♭인 믹소리디안 선법은 조성의 방향성이 약하다. 믹소리디안 선법은 록 음악에서 빈번하게 사용되며 I–♭VII–IV–I은 전형적인 믹소리디안 화성 진행이다. 부드럽고 이완된 느낌을 주면서 개방적이고 과감한 분위기를 표현하기에 좋은 선법이다.

G 믹소리디안

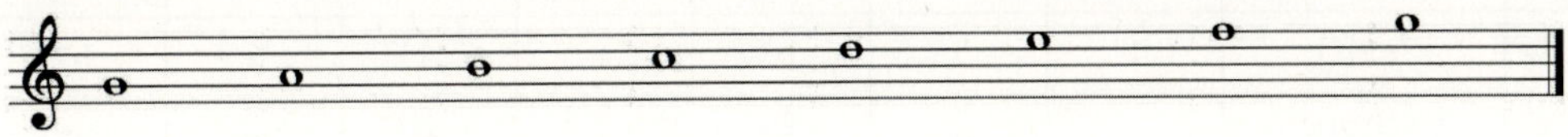

C 믹소리디안

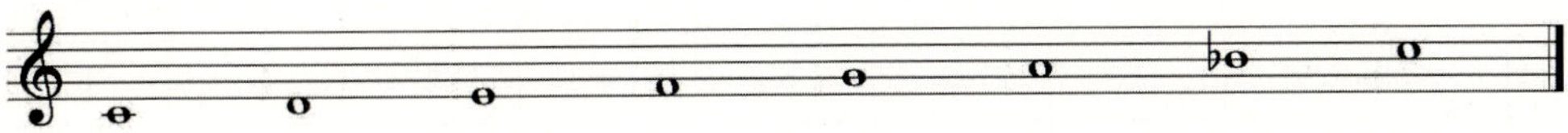

◎ 에올리안

에올리안(Aeolian mode) 선법은 자연 단음계(natural minor scale)에 해당한다. 화성 단음계(harmonic minor scale)는 제7음(이끎음, leading tone)에 반음을 올림으로써 으뜸음(tonic tone)으로 해결하려는 긴장이 강한 반면 에올리안 선법은 7, 8음 사이는 온음이다. 에올리안 선법은 애절하면서도 엄숙한 소리를 만들지만 화성 단음계보다는 좀 더 여유롭고 밝은 편이다.

A natural 에올리안

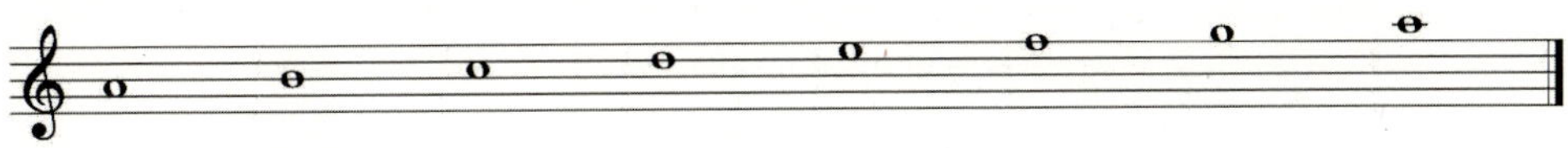

◎ 로크리안

로크리안(Locrian mode) 선법은 조성음악에서 잘 사용되지 않는 선법이다. 근음 화성이 감화음(diminished chord)으로 시작하기에 조성의 느낌이 매우 약하고 불협화음이 많은 선법이다. 일반적으로 조성음악에서 불협화음으로 곡의 분위기를 일시적으로 변화시키기 위해 사용하지만 곡 전체를 로크리안 선법으로 만드는 경우는 드물다.

다음 표는 교회 선법을 C 장조를 기준으로 표기한 것이다.

1	이오니안	1	2	3	4	5	6	7
2	도리안	1	2	b3	4	5	6	b7
3	프리지안	1	b2	b3	4	5	b6	b7
4	리디안	1	2	3	#4	5	6	7
5	믹소리디안	1	2	3	4	5	6	b7
6	에올리안	1	2	b3	4	5	b6	b7
7	로크리안	1	b2	b3	4	b5	b6	b7

서양 장조와 단조 조성 체계에서 장조는 일반적으로 '행복하고 밝은' 감정을 표현하고, 단조는 '슬프고 어두운' 감정을 표현하는 데 사용된다. 이러한 단순한 장조, 단조 조성 체계에 비해 교회 선법은 더 섬세하고 폭넓은 음악적 정서를 표현할 수 있다. 그렇다면 장조를 '밝음', 단조를 '어두움'이라는 정서적 색감을 기준으로 볼 때 각 교회 선법의 스펙트럼은 어떠할까?

[그림 4-1] 교회선법의 정서적 비교: 가장 밝은 리디안에서 가장 어두운 로크리안까지

이오니안 선법을 C 장조, 에올리안 선법을 a 단조로 볼 때 리디안 선법은 장조보다 더 밝은 느낌이며 프리지안과 로크리안은 단조보다 더 어둡고 우울한 느낌을 주는 선법이다. 그리고 장조와 단조 사이에 도리안과 믹소리디안이 위치해 있다.

③ 중동 음계

중동 음계(middle eastern)는 이름처럼 아랍 지역의 음악적 특징을 나타내는 음계이다. 중동 음계로 만들어진 음악은 우리에게는 '아라비안나이트'와 같은 이국적인 연상을 떠올리게 하며 신비로운 느낌을 준다. 물론 아랍 문화권의 사람들에게 이 음계의 음악은 우리의 '아리랑'과 같이 그들의 고유하고 정겨운 정서의 반영이다. 중동 음계는 페르시안 음계라고도 불린다.

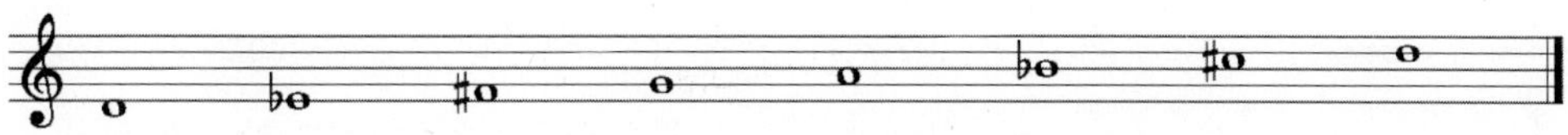

④ 스패니시

다음과 같은 화성 진행은 스페인 음악에서 사랑과 열정을 나타내는 데 사용된다. 음악치료에서는 진행상 에너지, 흥분, 분노 등과 같은 감정을 표현할 때 사용된다.

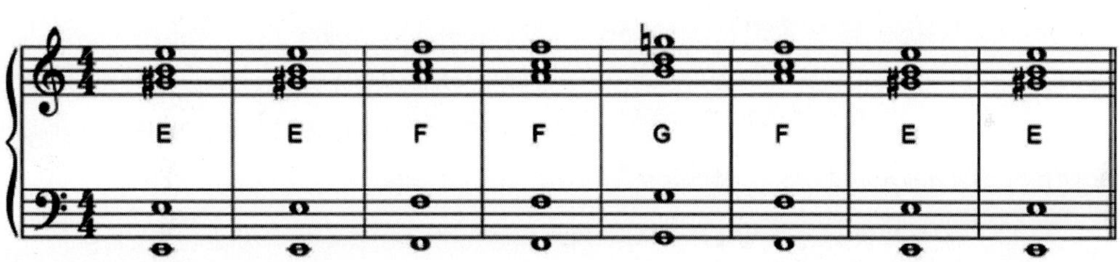

⑤ 블루스

블루스(blues) 음계는 빠르기에 따라 느리고 끈적하면서 우울한 느낌의 음악, 빠르고 경쾌한 춤곡으로 사용되기도 한다.

블루스 음계

블루스 화성 진행

C7	C7 (F7)	C7	C7
F7	F7	C7	C7
G7	F7	C7	C7 (G7)

즉흥연주

미국 NYU 음악치료 대학원에서 내가 들은 첫 수업은 피아노 즉흥연주였다. 첫 시간의 주제는 '지금 여기' 자신의 감정을 피아노로 연주하는 것이었는데 나는 이 수업에서 끝까지 아무것도 연주할 수 없었다. 나의 감정이 무엇인지 몰랐고 그 감정을 어떻게 자유롭게 연주해야 할지 몰랐기 때문이다. 교수님이 나의 감정을 물어보는데 '내가 지금 무엇을 느끼지?' 그 느낌이 무엇인지 전혀 감이 오지 않았다. 난 슬프지도 기쁘지도 않았다. 난 떨리지도 완전히 편안한 상태도 아니었다. 내 마음속에 동요가 일어난 것을 느꼈지만 그것의 실체를 알 수 없었다. 난 떨렸지만 이 떨림이 두려움인지 흥분인지 구분이 되지 않았다. 도대체 무엇이 내 감정이라는 것일까? 그리고 이 복합적인 감정을 피아노로 연주한다면 어떻게 연주해야 할까? 머릿속이 복잡해졌다. 교수님은 나와 피아노에 나란히 앉아서 나의 감정이 무엇이든 자유롭게 연주하라고 격려하였고 내가 조심스럽게 연주를 시작하자 나의 음악에 맞추어 연주하기 시작했다. 나는 그 순간을 참을 수가 없었다. 내 옆에서 뭐 하는 거지? 교수님은 자신은 신경 쓰지 말고 자유롭게 계속 연주하라고 했지만 나의 머릿속은 삼중고로 복잡했다. '나의 감정이 무엇인가?', '나의 감정은 하나가 아닌데 이것을 정확하게 표현하려면 음계는 어떤 것을 선택할지, 템포는 어느 정도로 할지, 리듬과 멜로디는 어떤 구조로 가야 할지……', '내 옆에 교수는 왜 갑자기 나의 음악에 들어온 거지? 그의 연주에 어떻게 맞추어야 하나……' 교수님과 나의 피아노 즉흥연주는 1분도 넘지 못했다. 나의 복잡한 생각을 읽은 교수님은 나와의 피아노 즉흥연주를 여러 번 다시 시도하며 계속 생각하지 말고 음악이 나오는 대로 편하게 연주하라고 했다. 그러나 나에게 생각 없이 느낌만으로 음악을 연주하는 것은 당시로서는 불가능한 것이었다. 나의 느낌은 많은 복잡한 생각에 가려져서 전혀 그 모습을 드러내지 못했다. 또, 작곡을 전공한 나에게 음악은 감성적인 것이라기보다는 이성적이고 분석적인 학문의 대상이었기 때문이다.

즉흥연주는 대학원 내내 나를 괴롭히는 분야였다. 피아노 즉흥연주, 성악 즉흥연주, 집단 음악치료에서 나는 끊임없이 나의 모습을 드러내라는 요구를 받았다. 그것은 음악하는 동안 생각하지 말라는 것이었다. 그것은 지금까지 내가 훈련받은 음악적 규칙에서 자유로워지라는 것이었고 내 감정에 충실하라는 것이었다. 그러나 나는 졸업 때까지 충분히 자유로워지지 못했다. 한 가지 깨달은 것은 내가 작곡을 공부해서 진짜 나의 감정을 표현하는 음악을 즉흥적으로 연주하지 못한 것이 아니라 나 자신에 집중하기보다는 타인과 환경에 민감한 사람이기에 즉흥연주에 집중하지 못했던 것이다. 난 그토록 원하던 '지금 여기' 나의 느낌과 소통하는 즉흥연주를 하는 데 결국 도달하지 못했지만 나에 대하여 한 가지 깨달음은 얻을 수 있었던 것이다. 나 스스로 음악의 치료적 효과를 경험한 순간이었다.

(3) 음악치료에서 즉흥연주

재즈에서 즉흥연주는 무대에서 연주자가 자유롭게 음악적 기량을 발휘하며 자신의 섬세하고 풍부한 감정을 표현하는 일회성 퍼포먼스이다. 이 과정에서 연주자는 '지금 여기'의 느낌과 호흡을 온전히 나누는 듯한 생생한 감동을 청중들에게 제공한다. 즉흥연주의 가장 큰 매력이다.

음악치료에서 즉흥연주는 '지금 여기'의 느낌을 음악으로 표현하고 그 느낌을 나눈다는 데서 근본적으로 재즈 즉흥연주와 맥을 같이한다. 차이점이라면 퍼포먼스의 제공자인 연주자와 퍼포먼스의 수용자인 청중의 구분이 없이 음악치료과정 그 자체가 치료 목적을 위해 치료사와 내담자가 함께 협력하여 심미적 음악을 만들어 가는 하나의 퍼포먼스가 된다는 점이다.

① 관련적(지시적) 즉흥연주 vs. 비관련적(비지시적) 즉흥연주

표제음악은 작곡가가 특정 표제를 바탕으로 이야기, 자연현상, 감정, 동작, 심리현상, 사상 등을 음악으로 묘사하는 작품이다. 작곡가는 사전에 표제를 정하여 계획적으로 작곡하거나, 표제 없이 음악을 작곡한 후 나중에 표제를 붙이기도 한다. 서양 고전 기악 음악에는 베토벤 〈전원 교향곡〉, 차이콥스키 〈비창〉, 비발디 〈사계〉, 슈트라우스 〈차라투스투라는 이렇게 말했다〉 등 다양한 표제의 음악들이 있다. 이러한 표제는 음악의 추상성에 언어적 개념성을 부여함으로써 음악과 음악 외적인 요소를 연결하는 역할을 한다.

음악치료에서 즉흥연주는 크게 두 종류로 구분된다. 첫째, 지시적 즉흥연주(referential improvisation)로, 연주 전 특정 대상이나 주제를 정하여 진행하는 연주를 의미한다. 작곡가들이 사전에 표제를 정하는 것처럼 음악치료에서 내담자는 자신에게 중요하고 의미 있는 경험을 먼저 언어적으로 묘사하고 그것을 음악적 표현과 관련지어 즉흥적으로 연주한다. 지시적 즉흥연주에서는 내담자가 우울, 질투, 분노와 같은 감정이나 사람, 사건, 특정 현상을 이야기의 기승전결처럼 음악적 서사의 방식으로 구성할 수도 있다. 핵심은 언어를 통해 개념적인 구성을 먼저 하고 이를 즉흥적으로 연주함으로써 그 개념을 음악적으로 상징화하는 과정에 있다. 즉, 언어로 표현된 감정이나 생각을 음악적으로 각색하는 작업이라고 할 수 있다.

둘째, 비지시적 즉흥연주(nonreferential improvisation)는 연주 전 특정 감정이나 주제를 정하지 않고 즉흥적으로 연주하는 것을 의미한다. 내담자는 현재의 느낌과 생각에 집중하여 그것을 온전히 음악으로 표현하며, 미리 지시적으로 정해 놓은 감정적 상황이나 사건은 고려하지 않는다. 재즈 연주자들이 연주 중간에 '지금 여기'의 느낌을 교류하면서 즉흥적으로 연주하는 모습은 비지시적 즉흥연주에 가까운 예이다. 엄격히 말하면, 지시적 즉흥연주보다는 비지시적 즉흥연주가 즉흥연주의 본질에 더 가까운 것으로 볼 수 있다.

비지시적 즉흥연주에서는 지시적 즉흥연주와는 반대로 연주 후 내담자가 자신의 음악적 경험을 언어화한다. 내담자는 진행된 연주에 대하여 언어적으로 느낌을 표현하거나 그 음악에 대한 표제를 붙이기도 한다. 예를 들어, 평소 매우 소극적이고 조용한 성격의 어떤 내담자는 음악에 몸을 맡기듯 역동적인 연주 후 "연주 초반에는 부담스러웠는데 중간쯤부터 너무 신이 나고 시원한 느낌이었어요."라고 말하며 자신의 연주에 '착각'이라는 제목을 붙였다. 이는 그동안 자신에 대해 스스로 '착각'하고 있었다는 의미에서이다.

이처럼 비지시적 즉흥연주에서 연주 후 제목을 붙이는 과정은 내담자가 자신의 연주에 대하여 어떠한 의미를 부여하는지 관찰하는 데 도움을 주며, 이를 통해 내담자의 정서적 상태를 파악할 수 있다. 반면, 지시적 즉흥연주에서는 미리 주제를 정함으로써 내담자가 그 주제와 관련된 요소를 어떻게 음악적으로 구상화할지 생각하게 함으로써 자신의 감정과 사고를 스스로 구상화할 기회를 제공한다.

언어의 음악화: 목신의 오후

〈Prélude à l'après-midi d'un faune(목신의 오후에의 전주곡)〉은 드뷔시 특유의 색채감 넘치는 인상주의적 특징을 잘 드러내는 교향시 중 하나이다. 이 음악은 드뷔시가 시인 말라르메(Stéphane Mallarmé, 1842~1898)의 시 〈L'après-midi d'un faune(목신의 오후)〉에서 영감을 받아 1894년 작곡하여 같은 해 12월에 초연하였다. 목신의 오후는 말라르메의 대표작으로 관능적인 꿈의 세계에 대한 탐구와 음악성이 특징이다. 불문학자 김화영의 설명에 따르면 시의 내용은 다음과 같다.

> 아카디아의 라도 강변에서 목욕하는 물의 요정들은 목신(Faune)이 부는 피리 소리에 놀라 도망친다. 백조의 무리인 줄 알았던 요정들이 여자인 것을 안 숲지기 목신은 이들을 추격하여 그중 두 형제를 겁탈하는 데 성공한다. 이 범죄로 제신들의 분노를 불러일으켜 징벌을 받게 된 목신은 잠에 빠진다. 시의 서두에 잠에서 깬 목신이 지나간 일을 회상하고 그의 의식은 꿈과 현실을 넘나든다. 이

사랑과 꿈이 전체 시의 테마[17)]이다.

목신의 오후는 인간의 모습과 짐승(염소)의 모습을 반반 가진 목신과 물의 요정 그리고 숲이라는 배경이 주는 신비로움에 성적 욕망과 관련된 감각적인 시이다. 그러나 내용은 오늘날 관점에서 보면 별로 아름다운 이야기는 아니다. 드뷔시는 자신이 느낀 시의 내용을 고유한 음악기법으로 음악화하였다.

드뷔시-목신의 오후

[그림 4-2] Pál Szinyei Merse, Faun and Nymph, 1867

② 즉흥연주 vs. 재창조연주

음악치료에서 연주는 또 다른 기준을 바탕으로 그 형태가 나뉘기도 한다. 악보나 연습 없는 즉흥연주와 기존의 음악을 치료 상황에 맞추어 다시 새로운 방식으로 연주하는 재창조연주로 구분되는 것이다. 즉흥연주와 재창조연주 중 어느 것을 언제 어떤 내담자에게 사용해야 하느냐에 대한 이론적 기준은 없다.

17) Stéphane Mallarmé, 『목신의 오후』, 김화영 역(서울: 민음사, 1997), 89.

즉흥연주의 경우 인지적으로 또는 음악적으로 현저하게 낮은 능력을 가진 사람부터 높은 지적, 음악적 능력을 가진 사람까지 모두에게 유용한 접근법이다. 재창조연주 역시 세상에 존재하는 수많은 음악을 음악치료 환경에서 표현하고 경험하는 것으로 그 대상과 방법에 제한은 없다. 유아에서 치매 노인까지 모든 사람에게 적용 가능하다. 다만, 즉흥연주와 재창조연주를 음악치료에서 선택적으로 사용하고자 할 때 고려해야 할 점이 있다.

즉흥연주는 치료환경에서 자유롭게 자신을 표현하는 창조적 과정이다. 기존의 음악을 연주하는 것이 아니기 때문에 특정 기술을 연습할 필요가 없으며, 잘하고 못하고에 대한 평가적 부분에서 비교적 자유롭다. 이로 인해 내담자는 자신의 감정을 자유롭게 그리고 창의적으로 표현할 수 있다.

반면, 재창조연주는 기존의 음악을 음악치료 환경에서 다시 연주하는 것이기 때문에 연주할 음악에 대한 연습과 기술의 습득이 필요하다. 따라서 치료사의 교육적 리더십이 요구된다. 예를 들어, 〈10월의 어느 멋진 날에〉라는 노래를 콰이어차임 앙상블로 연주하는 것은 재창조 집단연주에 해당한다. 이 연주를 위해 집단원들은 콰이어차임 악기 연주 방법을 숙지하고, 선곡한 노래에 맞추어 자신의 역할에 맞는 연주를 해야 한다. 이 앙상블에는 지휘자가 필요하며, 이 역할은 치료사 또는 집단원들 중 한 명이 맡을 수도 있다.

음악치료에서 즉흥연주와 재창조연주의 차이점은, 즉흥연주가 음악이 만들어지고 음악 안에서 타인과 상호작용하는 교류적 과정 자체에 중점을 두는 반면, 재창조연주는 작품의 완성도에 의미를 둔다는 점이다. 재창조연주는 연주기술과 음악적 완성도가 내담자의 성공 경험 및 성취도와 연결되기 때문이다.

〈표 4-3〉 즉흥연주와 재창조연주의 차이점

	즉흥연주	재창조연주
특별한 기술 습득	×	○
교육	최소	○
분명한 자기 역할	처음부터 정해지지 않음	처음부터 역할이 정해짐
연주의 치료적 의미	과정 중심	완성 중심

③ 즉흥연주 방법

음악치료에서 즉흥연주는 다양한 치료적 목적으로 활용된다. 첫째, 내담자의 음악적, 비음악적 특징을 진단(assessment)하는 방법으로 사용된다. 둘째, 치료과정에서는 내담자와 치료사 간의 소통을 위한 음악적 교류의 도구로 활용된다. 셋째, 심층적 음악심리치료에서 즉흥연주는 무의식의 통찰과 상징적 표현의 도구로 사용된다. 분석적 음악치료 모델의 창시자인 프리슬리는 즉흥연주를 무의식에 이르는 또는 무의식에 들어가는 방법으로 보았다.[18] 분석적 음악치료에서 즉흥연주는 전통적인 정신분석의 '자유연상법'의 음악적 버전으로 간주된다. 마지막으로 내담자의 즉흥연주는 치료의 변화 과정을 평가(evaluation)하는 자료로도 사용될 수 있다.

이처럼 즉흥연주는 음악치료에서 사용하는 중요한 방법 중 하나이지만 누구나 즉흥연주가 편한 것은 아니다. "지금 여기 당신의 감정과 생각을 자유롭게 표현해 보세요."라는 말에 부담 없이 즉흥적으로 자신을 표현할 수 있는 사람이 얼마나 있을까? 실제로 임상에서 즉흥연주를 생소하고 불편하게 느끼는 사람들이 더 많다. 즉흥연주에 대한 불편한 느낌이 클 경우 음악치료와 음악치료사에 대한 저항으로 이어지기도 한다. "난 자신 없어서 안 할래요.", "뭐 자꾸 이런 걸 시켜요. 난 음악 들으러 왔어요.", "장난하는 것 같아요." 이러한 표현들은 치료사가 즉흥연주를 처음 접해 보는 내담자들에게서 자주 듣는 말이다.

내담자들의 능동적인 참여를 이끌어 내기 위해서는 특별한 전략이 필요한데 그 첫 번째가 즉흥연주에 오락적 요소를 가미하여 재미와 흥미를 불러일으키는 것이다. 이 과정에서 치료사의 적극적 개입과 전문적 기술이 필요하다.

예시) 즉흥연주 게임

치료사가 피아노로 짧은 악구(phrase)를 연주하고 내담자가 그 음악을 종료한다. 이것은 이야기 만들기에서 치료사가 '옛날 먼 옛날에 한 아름다운 여인이 살고 있었습니다.'라고 하면 내담자가 그 뒤를 이어 '그런데 그 아름다운 여인은 말을 하지 못하는 벙어리였습니다.'라고 이야기를 만들어 가는 것과 유사하다. 이야기 만들기를 음악이라는 추상적인 표현으로 전환한 형태이다. 이러한 방식의 접근을 통해 즉흥연주가 부담스럽거나 자신의 생각과 감정이 혼란한 내담자에게 치료사가 음악적 가이드 역할을 할 수 있다.

두 번째는 내담자가 즉흥연주를 통한 자기 표현에 익숙해질 수 있도록 단계적으로 진행하는 것이다. 자기 통제를 잃는 것을 두려워하는 내담자에게 즉흥연주는 불안을 일으킬 수 있다. 언제나 자신이 무엇을 어떻게 할지 정하고 그에 따라 행동하는 사람에게 즉흥연주는

18) Benedikte Scheiby, "Analytical music therapy," in *Music Therapy Handbook,* ed. Barabra Wheeler(New York: The Guilford Press, 2015), 209.

예측할 수 없는 상황에 놓인 것과 마찬가지이기 때문이다. 악보 없이는 연주가 불안하고 불가능한 사람, 사전에 준비된 음악이 아니면 연주할 수 없는 사람들이 즉흥연주에 온전히 몰입하는 것은 매우 어려운 일이다. 특히 이러한 현상은 음악을 전공한 사람들에게서도 빈번하게 나타난다. 이들은 기계적으로 학습한 음악적 기술은 뛰어나지만 심리적으로 음악으로부터 자유롭지는 않기 때문이다. 이러한 사람들에게 처음부터 '자신의 느낌을 표현해 보라'는 자유 즉흥연주는 부담을 가중시켜 불안이 야기시킬 수 있다. 그러므로 내담자가 즉흥연주에 대한 부담감을 최소화한 수준에서 시작하여 점차적으로 즉흥연주에 대한 자발성이 높아지도록 유도하는 것이 필요하다.

예시) 피아노를 잘 연주하지만 즉흥연주에 극도의 불안과 불편감을 느끼는 사람

- **책 읽으면서 피아노 즉흥연주하기**: 피아노 악보 대신 작은 이야기책을 올려놓고, 눈으로는 책을 읽으며 손으로는 피아노를 친다. 눈이 글을 읽는 데 집중함으로써 손의 움직임을 의식적으로 통제하지 못하게 하여, 통제를 벗어난 즉흥연주가 이루어지도록 한다. 이는 음악적 통제를 '의도적으로 통제하지 않기 위한' 즉흥연주 방법이다.
- **투사적 즉흥연주**: 치료사가 '하늘', '땅', '엄마', '아빠', '바다', '나무' 등과 같은 짧은 단어를 제시하면 내담자는 10초 정도의 짧은 시간에 그 단어가 주는 느낌을 바로 피아노로 연주해 본다.
- **꿈의 내용을 연주해 보기**: 내담자의 꿈의 내용을 듣고 치료사와 역할을 분담하여 연주해 본다.
- **인생 이야기 즉흥연주**: 자신의 어린 시절부터 현재까지의 과정 또는 인생에서 첫사랑, 결혼, 이별, 사망, 탄생 등과 같은 의미 있는 사건을 즉흥연주한다.
- **관계 탐색**: 내담자는 배우자, 친구 또는 인생에서 중요한 사람들과 관련된 감정을 음악적으로 표현한다.

즉흥연주에 대한 내담자의 불편감과 저항감이 낮아지고 자유로운 자기표현이 익숙해진 이후에는 비지시적 자유 즉흥연주를 시도한다.

2) 노래하기

음악치료에서 노래는 아동의 언어발달과 학습을 위한 교육적 목적이나 뇌졸중 환자의 신

경학적 문제에 대한 언어재활 수단으로, 혹은 치매 노인과 같은 기억장애 환자의 인지재활을 위해 사용된다. 이 세 가지 경우는 노래가 내담자의 발달과 기능의 향상을 위해 사용되는 예들이다. 또한 노래는 심리치료적 접근을 위한 방법으로도 사용된다. 내담자는 자신의 감정과 생각 혹은 현재의 자신의 상황을 반영해 주는 듯한 노래를 들으며 공감과 위로를 얻기도 하고 노래를 부르며 자신의 감정을 표현하고 해소하는 경험을 하거나 노래를 통해 통찰을 얻기도 한다. 집단이 함께하는 노래 부르기는 타인과 유대감을 형성하게 한다. 음악치료사는 이처럼 다양한 노래의 효능을 고려하여, 치료 목적에 따라 노래의 선곡과 중재 방법을 선정한다. 이번 절에서는 가장 보편적인 음악활동인 노래가 치료에서 어떻게 사용되는지 그리고 그 치료적 근거는 무엇인지에 대하여 알아보자.

(1) 노래의 본질과 음악치료에서의 효용성

표준국어대사전에서 노래는 '가사에 곡조를 붙여 목소리로 부를 수 있게 만든 음악 또는 음악을 목소리로 부름'[19]으로 정의하고 있다. 노래에 해당하는 영어 'song'의 정의는 '인간의 목소리로 표현되는 언어적 내용을 담고 있는 한편의 음악'이다.[20] 인간의 목소리, 내용을 담은 가사, 그리고 그 가사를 운율적으로 표현하는 멜로디가 노래를 구성하는 요소라는 것을 알 수 있다. 그렇다면 노래는 과연 언어와 음악 중 어느 것이 더 큰 비중을 차지할까?

언젠가 방송에서 가수 송창식은 노래를 만들 때 멜로디는 말하는 억양에서 차용한다고 하였다. 그의 〈왜 불러〉라는 노래를 떠올려 본다. 토라져서 가는 남자를 부르자 그 남자의 조금 짜증스러우면서도 차마 외면하지 못하는 감정의 멜로디가 '왜 불러' 첫 노래 구절이 아닐까 상상해 본다. 노래에서 멜로디를 만들 때 어떻게 말하고 싶은가를 생각하고 만든 것이다. 이때 노래는 언어를 음악화(musicalization)한 결과이다.

송창식–
왜 불러

이와 반대로 어떤 작곡가는 멜로디를 만들고 그 멜로디에 어울리는 가사를 찾는다. 자신이 작곡한 멜로디가 어떤 언어로 사람들에게 다가갈 때 가장 잘 어울릴까를 생각하고 가사를 만들거나, 누군가에게 의뢰하거나 직접 시집을 찾아보기도 한다. 마치 사람마다 자신에게 가장 잘 어울리는 색과 디자인의 옷이 있듯이 멜로디에 가장 어울리는 가사라는 옷을 찾

19) 표준국어대사전. www.korean.go.kr

20) Reverso Dictionary. https://dictionary.reverso.net

는 것이다. 이때 노래는 음악을 언어화(verbalization)한 결과이다. 결국 노래는 말로 인지하는 것(knowing)과 느끼는 것(feeling)의 결합이다. 우리는 이것을 인지와 감정 또는 생각과 느낌으로 표현하기도 한다.

그러나 노래는 '음악과 언어의 결합이다.'라는 식의 표현은 인간은 '몸과 마음으로 구성된 존재이다.'라고 해석하는 것과 같은 수준의 이해이다. 이론적으로 몸과 마음은 분리된 개념이지만 인간은 몸 따로 마음 따로 분리해서 생각할 수 없는 존재이다. 노래 역시 언어와 음악의 결합이라기보다는 서로의 개성이 섞여서 새롭게 태어난 산물이다. 미술에서 빨간색과 녹색을 같은 비율로 합하면 노랑색이 되는 것처럼 말이다. 빨간색이 음악에 해당하고 녹색이 언어에 해당한다면 빨간색과 녹색이 양립하여 보이는 것이 아니라 빨강색과 녹색을 혼합한 노랑색이 노래인 것이다.

클래식 음악을 대중가요에서 샘플링한 예를 보자. 비발디의 〈사계〉 중 '겨울'을 접목한 이현우의 〈헤어진 다음날〉이라는 곡은 1990년대 후반 큰 인기를 끌었다. 이 곡은 서정적이면서도 차가운 듯한 바이올린 선율에 이별 후 감정을 이야기하는 가사가 어우러져 많은 사람에게 큰 인기를 얻었다. 비발디가 표현한 겨울 풍경과 그 느낌을 이현우는 연인과 헤어진 다음 날의 감정으로 노래하고 있다. 이현우의 노래는 비발디의 '겨울'과 '헤어진 다음날'이라는 가사의 단순 병합을 뛰어넘는 노래이다. 또, 유명한 시에 멜로디를 붙인 예를 보자. 송창식은 서정주의 시 〈푸르른 날〉에 곡을 붙여 발표하였다. 개인적인 느낌이지만 '눈이 부시게 푸르른 날'이 노래로 불릴 때 더 푸르른 느낌이 나는 것 같다. '시'라는 언어표현이 그에 맞는 멜로디로 구현될 때 우리는 시와는 다른 또 다른 감정을 경험한다. 두 개의 다른 색깔이 혼합하여 새로운 색을 만들어 내는 것처럼 말이다.

송창식–푸르른 날

음악의 언어화

10월이면 자주 듣게 되는 대표적인 가을 노래 〈10월의 어느 멋진 날에〉의 원곡은 〈Danse mot vår(dance towards spring, 봄을 향한 춤)〉란 제목의 봄의 노래이다. 이 노래는 1992년 노르웨이의 가수 엘리자베스 아드레슨이 발표한 노래로 북유럽의 춥고 긴 겨울을 지나 봄을 맞이하는 느낌을 가사로 언어화한 것이다. 그런데 국내에서 이 곡은 가을의 청명함과 사랑이라는 내용의 가사를 붙여 알려졌다. 이 곡의 작사가 한경혜는 멜로디의 느낌을 가을 정취로 언어화하였다. 음악을 언

Serenade to spring 원곡

어화하는 탁월한 선택인 것 같다. 유럽, 특히 북유럽의 봄은 희망, 밝음, 따뜻함, 햇빛과 같은 긍정적인 느낌인 반면, 가을은 겨울로 들어가기 전 싸늘함, 어두움, 침잠과 같은 부정적인 느낌이 강하다. 반면, 우리나라의 가을은 뜨거운 여름을 지나 청명하고 시원한 바람, 따사로운 햇살, 풍성한 열매와 같이 여유롭고 풍성한 느낌을 주는 계절이다. 멜로디가 주는 음악적 느낌은 유사하지만 그 느낌을 언어화하는 과정에서 문화 환경적 요소가 반영된 대표적인 예이다.

음악치료에서 자폐아동과의 상호작용은 언어보다 노래에서 더 효과적일 때가 많다. 치매 노인들에게 어린 시절 즐겨 들었던 노래는 기억을 환기시키는 마중물이기도 하다. 노래와 관련된 사건, 사람, 배경에 대한 연상기억이 자극되기 때문이다. 노래는 때로 누군가의 마음에 깊은 울림을 주기도 한다. 이 울림을 통해 우리는 자신의 감정을 수용하고 깨닫게 되기도 한다. 또한 서로 사이가 좋지 않고 다툼이 잦은 청소년들이 함께 노래하면서 유대감을 형성하기도 한다. 이처럼 음악치료에서 노래의 치료적 효과성을 입증하는 연구는 일일이 언급할 수 없을 정도로 많다. 그러나 노래의 치료적 작용 원리에 대한 논의는 음악치료에서 잘 다루어지지 않는 주제이다.

사실 1+1=2, 1×1=1이 된다는 것은 모든 사람이 알고 있지만 그 이유를 설명하기는 수학자가 아니면 어려울 것이다. 노래가 효과적이라는 것은 누구나 인정하는 사실이지만 그 노래가 우리 뇌와 마음에 어떻게 작동하는지에 대한 설명은 전문가의 몫이다. 진화심리학자들은 노래가 진화 과정에서 생존에 어떠한 이점을 주었는지를 밝힘으로써 노래의 유용성을 설명한다. 과학자(주로 뇌신경과학자와 생리학자)들은 노래의 작동 메커니즘을 과학적으로 설명함으로써 노래 활동의 생리적 효과를 밝혀냈다. 음악치료사는 이러한 지식을 바탕으로 노래를 치료에서 어떻게 사용할지에 대한 방법론을 설정하여 치료적 실천(practice)을 수행하여야 한다.

(2) 기억을 강화시키는 노래

레비틴(D. Levitin)은 그의 저서 『The World in Six Songs』에서 진화심리학, 뇌과학, 인류학 등 다양한 학문을 종합하여 세상의 노래를 여섯 가지 범주로 나누고 있다. 우애의 노래, 기쁨의 노래, 위로의 노래, 지식의 노래, 종교의 노래, 사랑의 노래이다. 그중 지식의 노래는 인류가 정보를 효과적으로 저장하고 인출하기 위한 목적으로 시작되었다고 주장한다. 레비틴은 언어가 없었던 원시 인류가 적의 공격과 같은 위험을 알리고 식량을 구하기 위해 생존에 필수적인 정보를 집단원들에게 전달해야 했고, 이 과정에서 음악적 요소인 음역, 리듬,

다이내믹, 선율, 다양한 음성 등을 사용하여 의사소통하였을 것으로 추정한다. 그러므로 중요한 정보, 즉 지식의 전달은 노래의 중요한 적응적 기제라는 것이다.[21)]

우리의 기억 기능은 말을 매개로 할 때보다 노래를 매개로 할 때 더 효율적으로 작동한다. 그래서 사람들은 효과적인 정보 전달과 그 정보의 확실한 각인을 위해 학습, 광고, 정치 선전 등에 음악을 활용한다. 음악치료에서도 아동들에게 학습이 필요하거나 행동 변화를 목적으로 새로운 정보를 입력해야 할 때, 혹은 치매 노인들의 기억의 저장고에서 효과적으로 정보를 인출해야 할 때 노래가 사용된다.

지식을 얻기 위한 목적으로 우리 인류가 노래를 사용했다는 것은 말보다 노래가 뇌의 정보 수용과 입력에 더 효율적이기 때문이다. 그래서 진화론자들은 노래를 뇌의 에너지 사용을 최소화하기 위해 고안된 방법이라고 본다.[22)] 이 노래들은 경험적으로 입에서 입으로 전달되기 쉬운 구조와 형식을 갖춘 방식을 띠고 있다. 즉, 기억을 수월하게 하기 위해 적합한 음악적 장치를 가지고 있는 것이다. 그 특징은 두운 또는 각운과 같은 시적 장치나 리듬과 강세 같은 음악적 장치 그리고 노래의 구조나 가사의 심상 같은 것들이다.

① 반복 두운 또는 각운과 같은 시적 장치

각운이나 두운이라는 개념은 서구의 알파벳을 사용하는 나라들에서 만들어진 개념이다. 영어와 프랑스어와 같은 서구 언어에서는 다양한 철자의 조합으로 한 음가를 만들 수 있다. 예를 들어, 'know'와 'no'는 철자가 다르지만 같은 음가를 가진다. 따라서 철자가 달라도 같은 음가를 가진 경우 각운이나 두운을 형성할 수 있다. 반면, 한글에서는 모음 하나가 하나의 음가만을 가지며 복모음이 존재하지 않는다. 이는 한글의 단어가 모두 동일한 철자로 이루어진 경우에만 두운이나 각운이 형성된다는 것을 의미한다. 이런 경우 두운이나 각운이라고 칭할 수 있는 운율 맞춤은 모두 동일한 철자를 가진 단어들로 구성되는 것이다.

어쨌든 두운은 시에서 첫 번째, 각운은 시행의 끝에 규칙적으로 같은 운의 소리를 사용하는 것을 말한다. 다소 긴 곡이지만 가수 지코의 〈아무 노래〉 후렴구를 보면 '아무'라는 단어가 앞부분에 반복적으로 나타난다.

---

21) Daniel J. Levitin, 『호무무지쿠스』, 장호연 역(서울: 마티, 2009), 158-159 내용 참조.

22) 앞의 책, 153-205 내용 참조.

아무 노래나 일단 틀어
아무거나 신나는 걸로
아무렇게나 춤춰
아무렇지 않아 보이게
아무 생각 하기 싫어
아무개로 살래 잠시
I'm sick and tired of my every day, keep it up 한 곡 더

패티김의 〈그대 없이는 못 살아〉 노래 가사는 두운과 각운이 규칙적으로 구성된 곡이다.

좋아해 좋아해 당신을 좋아해
저 하늘에 태양이 돌고 있는 한
당신을 좋아해
좋아해 좋아해 당신을 좋아해
밤 하늘에 별들이
반짝이는 한 당신을 좋아해
그대 없이는 못 살아
나 혼자서는 못 살아
헤어져서는 못 살아
떠나가면 못 살아
사모해 사모해 당신을 사모해
강물이 바다로 흘러 가듯이
당신을 사모해
사모해 사모해 당신을 사모해
장미꽃이 비를 기다리듯이
당신을 사모해
그대 없이는 못 살아
나 혼자서는 못 살아
헤어져서는 못 살아
떠나가면 못 살아

② 리듬과 강세

지식을 전달해 주는 정보로 가득한 노래들의 특징 중 하나는 리듬의 반복과 단순한 운율에 맞는 강세이다. 〈독도는 우리 땅〉, 〈한국을 빛낸 100명의 위인들〉과 같은 노래 가사는 리듬과 강세가 명확하다. 〈독도는 우리 땅〉의 경우 4/4박자로 첫 박에 강세가 오며 ♪ = 1이라고 계산한다면 2 1 2 1 / 4 2 1 / 2 1 2 1 / 4 1 /의 구조이다.

♪ ♪ ♩ ♪ ♪ ♩ / ♪ ♪ ♪ ♪ ♪ ♪ ♩ / ♪ ♪ ♩ ♪ ♪ ♩ / ♪ ♪ ♪ ♪ ♩ 𝄽 /
울릉도 동남쪽 / 뱃길따라 이백리 / 외로운 섬 하나 / 새들의 고향

〈독도는 우리 땅〉 노래를 패러디한 영화 기생충의 〈제시카송〉의 경우 4 2 1 / 4 2 1 / 4 2 1 / 4 1 / 의 구조이다.

♪ ♪ ♪ ♪ ♪ ♪ ♩ / ♪ ♪ ♪ ♪ ♪ ♪ ♩ / ♪ ♪ ♪ ♪ ♪ ♪ ♩ / ♪ ♪ ♪ ♪ ♩ 𝄽
제시카는 외동딸 / 일리노이 시카고 / 과 선배는 김진모 / 그는 네 사촌

말을 할 때 강조해야 할 부분을 강조하는 것처럼 노래에서도 중요한 내용은 리듬과 강세로 강조한다. 가사의 의미는 리듬과 강세와 조화를 이룰 때 더 잘 기억된다. 반면, 가사가 음악적 강세와 리듬에 어울리지 못하고 부조화한 상태가 되면 의미전달이 부자연스럽고 노래 부르기도 어색해진다. 외국 곡을 우리말로 번안한 노래 중 원곡의 가사를 직역하여 쓸 경우 이런 문제들이 자주 발생한다. 다음의 노래를 번역하여 부른다고 가정해 보자. 뮤지컬 캣츠의 명곡인 〈Memory〉는 영어 표현의 강세를 잘 활용하여 영어가 원어인 사람들에게 더 없이 가사 전달이 잘되게 만들어진 곡이다. 그런데 이 곡을 한국어로 직역하여 멜로디에 불러보면 매우 어색해진다.

> > >
Midnight, not a sound from the pavement
한밤중, 보도선 아무 소리도 안 들리고

한편, 외국곡을 번안하여 부를 때 직역하지 않고 우리말의 리듬과 강세에 맞추어 개사한 경우를 보자. 1970년대 미국의 인기 그룹 보니엠의 노래 〈One way ticket〉은 우리말 〈날 보러 와요〉로 번안되었다. 4/4박자의 강세는 '강 약 중강 약'으로 첫 박과 세 번째에 강세가 오고 두 번째와 네 번째는 강세가 없다. 첫 박 강세인 '날' 그리고 두 번째 강세인 세 번째 박에 '와요'는 중요한 가사이기에 강세에 위치해 있다. 'one way ticket'을 '편도 차편'으로 직역한 것보다 해당 멜로디에는 '날 보러 와요'가 훨씬 더 자연스럽다. 왜냐하면 음악을 언어화할 때 우리말의 리듬과 강세가 음악에 반영되었기 때문이다. 말이 노래가 되고 노래가 말이 되는 것이 자연스러울 때 정보의 입력이 수월해진다.

③ 노래의 구조

노래 구조는 A－A－B－A와 같이 표기한다. 여기서 알파벳은 일반적으로 4마디 정도의 한 프레이즈 악구를 의미한다. A－A－B－A의 구조에서 A－A는 한 악구의 리듬과 멜로디의 구성이 한 번 반복되고 그다음 B에서 새로운 리듬패턴과 멜로디가 등장하다 다시 A 원래 악구 패턴으로 돌아와 끝나는 구성이다. 노래의 구조는 A－A′－A, A－B－A, A－A－A, A－B－C 등 다양하다. 중요한 것은 여기 알파벳이 의미하는 것이 기억의 요약이라는 것이다. 예를 들어, A라는 악구가 4/4 박자 4마디의 16개의 음들로 구성되어 있다고 치자. 한 악구를 구성하는 각 위치의 다른 음높이를 기억한다면 우리는 16개를 각각 따로 기억해야 한다. 그런데 16개의 음을 하나의 묶음으로 통합하면 16개가 아닌 A 하나로 요약해서 기억하는 것이다. 물론 우리가 한 악구를 쉽게 기억하기 위해서는 조성과 음악적 법칙의 내적 스키마를 가지고 있어야 한다. 언어로 예를 들어 보자. '불청객, 생겼다, 봄, 황사 때문에, 비염이, 알레르기'보다는 '봄의 불청객 황사 때문에 알레르기 비염이 생겼다.'라는 의미를 갖는 문장일 때 더 잘 외울 수 있다. 규칙성이 없이 나열된 경우는 6개의 단어를 모두 외워야 하지만 법칙에 의해 구조화된 문장은 우리 뇌가 하나의 단위로 기억하기 때문이다.

④ 가사의 심상

외부 자극에 의해 심상이 형성되는 것은 인간의 본능적이고 자동적 반응이다. 진화 과정에서 인류는 마음속 시뮬레이션을 통해 외부 공격에 효과적으로 대응하고 생존할 수 있었기 때문이다. 예를 들어, 원시 인류가 숲속에서 갑작스러운 소리나 움직임을 감지했을 때, 그 소리나 움직임이 포식자의 접근을 알리는 신호일 수 있다는 심상적 시뮬레이션이 즉시 활성화되는 것이다. 이러한 심상은 포식자의 위치를 빠르게 상상하고, 도망가거나 방어 자세를 취하는 등의 반응을 유도한다. 이 과정에서 마음속 시뮬레이션은 위험을 미리 예측하고 대비함으로써 생존 확률을 높이는 데 중요한 역할을 했다. 사람마다 심상 경험은 조금씩 차이가 있을 수 있지만 외부 자극에 심상 경험이 따라오는 것은 자연스러운 현상이다.

노래의 가사는 우리에게 자동적으로 관련된 심상을 떠올리게 한다. 예를 들어, '봄이 오면 산에 들에 진달래 피고'라는 노래를 들으면서 우리는 봄, 진달래, 푸른 산과 들의 시각적 심상을 떠올린다. 또, 과거를 회상하는 노래는 그 시절의 감정과 감각을 일깨우기도 한다. 이문세의 〈옛사랑〉이라는 노래 가사는 누군가에게 과거의 아련한 사랑과 추억을 떠올리게 한다. 가사가 없는 음악에서 떠올리는 심상은 사람마다 다를 수 있지만, 가사가 포함된 노래의 심상은 모든 사람에게 유사하게 떠오른다. 심상은 언제나 감각과 감정에 연결되어 있어, 생생한 심상 경험을 불러일으키는 가사는 감정과 감각을 자극하며 기억의 신경회로를 강화시킨다.

총맞은 것처럼???

백지영의 노래 중 〈총 맞은 것처럼〉은 2009년 발표되어 대중적으로 큰 인기를 끌었던 노래이다. 애절한 발라드 음악으로 작사가는 이별의 아픔을 '총 맞은 것처럼'으로 표현하였다. 그런데 필자에게는 '총 맞은 것처럼'이라는 말이 전혀 아프게 들리지 않았다. 왜냐하면 난 한 번도 총에 맞아 보지 않았기에 그것이 얼마나 아픈 건지 어떠한 감각적 심상도 갖지 못하기 때문이다. 만약 '종이에 베인 것처럼'이었다면 그 날카로운 아픔에 충분히 공감하였을 텐데 하고 생각해 본다. 이별의 아픔에 대한 비유적 표현인 '총 맞은 것처럼'은 '죽음', '피로 물든 상처'와 같은 극도의 고통에 대한 시각적 심상을 줄 수도 있다. 그러나 일반적으로는 '~처럼'이라는 직유적 표현을 접할 때 우리는 주요 감각 경험에 근거한 심상을 떠올린다. 예를 들어, '마카롱처럼 달콤한 맛'이라는 말에 우리는 기억 속의 마카롱 맛을 떠올린다. 이때 우리의 해당 감각세포들이 활성화된다. ~처럼 아픈, ~처럼 차가운, ~처럼 향기로운 등 원래 비유의 대상이 감각적 경험과 연관된 경우 공감의 정도가 더 높아질 가능성이 있는 것이다.

(3) 위로의 노래

언젠가 라디오 방송 중 한 사회복지사가 20년간 사회복지를 위해 일했지만 변화가 없음을 한탄하며 자신의 직업에 대한 좌절감, 회의감을 토로하자 소통 전문가인 김창옥은 "예수님은 세상을 변화시키기 위해 2,000년을 일했어도 세상이 이 모양인데 고작 20년 일해 놓고…….''라고 복지사의 한탄에 답변을 했다고 한다. 그런데 그 유머스러운 말 한마디가 복지사의 마음에 큰 위로가 되어 그동안의 마음의 상처가 치유되었다는 사연을 들었다. 직업에 대한 회의감으로 우울해하는 사회복지사에게 특별한 상담 기법을 사용한 것도 아니었지만 생각지도 못했던 누군가의 말 한마디에 복지사는 큰 위로를 얻고 현재의 삶을 살아가는 힘을 얻게 된 것이다.

짧지만 임팩트 있는 한마디 말처럼 우연히 들은 노래 한 곡이 우리에게 위로가 되기도 한다. 위로(慰勞)라는 한자어 뜻처럼 슬픔이나 근심을 덜어 주는 노래에 대한 경험은 누구에게나 한 번쯤은 있을 것이다. 어떤 노래가 위로가 되는지는 사람에 따라 다르지만 위로의 노래는 김창옥의 한마디처럼 나에게 의미 있게 다가오는 말에 멜로디가 붙어 뇌의 보상 회로를 작동시킨다. 신경생리학적으로 인지적 깨달음과 동시에 선율의 아름다움이 도파민을 생성하여 즐거움을 주기 때문이다.[23] 위로의 노래는 그 자체로 치료적 효과를 가지는 '치료로서의 음악(music as therapy)'이다.

생명의 노래

1950년 미국 한 노인이 정신병원의 문을 나섰다. 자살을 하려고 했던 그의 이름은 커넬…….

여섯 살에 아버지를 잃고 열 살부터 노동일 시작, 하루에 옥수수빵 한 조각으로 끼니를 때우는 비참한 어린 시절, 어른이 되어서는 경제 대공황으로 무일푼이 되고, 악착같이 모았던 그의 재산은 불타고……. 60세에 모든 것을 잃고 정신병원에서 죽으려던 커넬……. 그때 어디선가 들려오는 노랫소리, 그 소리가 마음의 근심을 사라지게 했다. 그리고 그는 다시 희망을 품고 치킨집을 개업했다. 그것이 바로 세계 13,300여 곳이 넘는 체인을 만든 식당이 되었다. 그가 KFC의 창업주 커넬 샌더스이다. 그는 60세에 노래로 희망을 얻었다.[24]

계속되는 불행과 실패로 고단한 삶을 마치려 했던 KFC의 창업주가 어디선가 들려온 노래 한 곡으로 용기와 희망을 얻었다는 이야기이다. 그 노래는 바로 찬송가 〈A Charge to Keep I Have〉라고 한다. 독실한 기독교 신자이기도 했던 샌더스에게 어디선가 들려오는 이 노래가 자살이라는 기독교적 죄악에 대한 자각을 불러 왔던 것이다.

---

23) Laura Ferreri et al., "Dopamine Modulates the Reward Experiences Elicited by Music," *Proceedings of the National Academy of Sciences* 116(9) (2019): 3793-3798. 이 논문에서는 음악적 쾌락에 도파민의 작용을 입증하고 있다.

24) KBS1. 다큐 '마법의 송' 중에서 일부 발췌

① 슬픔의 위로

위로의 노래가 필요한 순간은 슬픔과 같은 부정적 감정이 지배할 때이다. 음악에서 슬픔은 기쁨만큼이나 많이 다루어지는 감정이다. 각 문화의 민속 음악에는 언제나 구슬픈 사연의 노래가 존재하고, 현대 대중음악의 대부분을 차지하는 사랑 노래의 반은 슬픈 내용을 담고 있다. 또한 클래식 음악에서도 장송곡처럼 슬픔을 위한 곡에서부터 표제가 붙지 않은 음악까지 슬픔을 표현한 음악은 넘쳐난다. 일상에서의 슬픈 감정은 피하고 싶은 경험일지 몰라도 음악에서의 슬픔은 의도적으로 추구하는 감정의 유희 같기도 하다. 그 이유는 슬픈 음악이 주는 생리적 보상 때문이다.

휴론(D. Huron)은 우리가 슬픔 음악을 즐기는 것은 프로락틴(prolactin)의 상승 때문이라고 설명한다. 프로락틴은 유즙 분비와 위로, 안정, 진정과 같은 '기분 좋은 상태'인 긍정 정서와 관련된 호르몬이다. 그런데 슬픔과 같은 부정적 정서에서도 이 호르몬의 분비는 활발해진다. 슬픔이라는 정신적 통증 상태에서 심리적 항상성을 유지하기 위해 몸이 위로의 호르몬인 프로락틴을 분비하기 때문이다. 눈물의 성분을 분석해 보면 양파와 같은 물질에 의해 나오는 눈물에는 프로락틴이 함유되어 있지 않지만 슬픔으로 인해 흘린 눈물에는 프로락틴 함유율이 높다. 여기서 프로락틴의 역할은 신체적 고통 상태에서 천연 진통제인 엔도르핀이 분비되는 것처럼 슬픔과 같은 정신적 통증에 대응하는 역할을 한다.[25]

우리가 슬픈 음악을 듣고 슬픔을 경험할 때 우리 뇌는 그 슬픔에 대응하기 위해 프로락틴을 분비한다. 슬픔에 빠져 있을 때 슬픈 노래를 듣고 불러 보면서 실컷 운 다음 왠지 시원한 느낌, 또는 가벼워지는 느낌을 가져 봤다면 그것은 위로의 호르몬인 프로락틴 분비로 나타나는 현상이다.

② 공명의 위로

물리학에서 공명(resonance)은 물체의 주파수에 일치하는 외부의 자극을 받으면 그 물체가 진동하는 현상을 말한다. 예를 들어, 실로폰 C, D, E, F, G음 각각에 찻잎을 약간 올려놓고 F음의 사이렌을 울리면 C, D, E, G음은 반응이 없고 실로폰의 F음만 진동하면서 F음 위의 찻잎들이 날아가 버린다. 실질적으로 실로폰에는 아무런 힘을 가하지 않았지만 F음과 같은 주파수의 소리가 외부에서 들리자 F음이 저절로 진동하여 반응하는 것이다. 이런 물리적 현상은 우리 마음에서도 나타난다.

---

25) David Huron, "Why is Sad Music Pleasurable? A Possible Role for Prolactin," *Muscia Scientiae* 15(2) (2011): 146-158.

우리 마음의 주파수에 맞는 노래는 마음을 공명시킨다. 성별과 연령에 따라, 각자 개인이 처한 상황에 따라 그리고 문화 등에 따라 마음의 공명 주파수는 다르겠지만 노래에 공감하고 감동하고 위로받는 모든 내적 과정은 우리 마음이 노래에 공명되었기 때문이다. 우리 마음에 공명을 일으키는 노래, 즉 '나에게 울림이 있는 노래'가 위로가 되는 때는 다음 세 가지 경우이다. 첫째, 노래의 가사가 자신의 처지와 마음을 있는 그대로 이야기할 때이다. 자신을 반영하는 노래는 이해받는다는 느낌을 줌으로써 위로가 된다. 둘째, 노래가 공감과 함께 용기와 격려 또는 희망을 줄 때이다. 〈거위의 꿈〉, 〈다리미〉, 〈괜찮아〉 등 우리 가요에는 유독 격려하는 노래들이 많다. 어떤 노래는 '토닥토닥' 다독이는 것 같은 느낌으로, 또 어떤 노래는 도발적이면서 강렬한 에너지를 전달하는 방식으로 우리를 위로한다. 셋째, 노래를 통해 우리가 생각지 못했던 깨달음을 얻을 때이다. 서유석의 노래 〈너는 늙어 봤냐 나는 젊어 봤단다〉라는 노래는 제목처럼 늙음에 대한 새로운 긍정적 관점을 인식시키는 노래의 예이다.

(4) 우애의 노래

'일소일소 일노일노(一笑一少 一怒一老)'란 말이 있다. 한 번 웃으면 한 번 젊어지고, 한 번 화 내면 한 번 늙는다는 말로 긍정적 경험의 중요성을 강조하는 말이다. 사람마다 자신을 기쁘고 행복하게 하는 것은 다르겠지만 행복한 경험 자체가 몸과 마음에 치료적이라는 것은 오랜 경험적 결과를 통해 공히 인정되고 있는 사실이다. 그리고 이것은 현대 과학에 의해 사실로 입증되었다. 노래 부르기 활동은 스트레스 호르몬인 코르티솔의 분비를 감소시키고 동시에 긍정적 기분에 관여하는 도파민, 세로토닌, 엔도르핀 등의 분비를 증가시킨다.[26] 즐거운 기분은 당연히 면역력[27] 강화에도 효과가 있다.

노래 부르기 활동이 건강에 좋다는 것을 과학적으로 증명하는 일은 어렵지 않다. 스트레스 호르몬으로 알려진 코르티솔 수치를 생각해 보자. 가까운 사람의 상실에서부터 대인관계의 갈등, 운전 중 갑작스러운 사고 등 이 모든 사건은 스트레스 호르몬인 코르티솔 수치를 높인다. 높아진 코르티솔 수치를 낮추는 간단한 방법은 포도당을 소모하는 것이다. 달리기,

---

26) Daisy Fancourt et al., , "Singing Modulates Mood, Stress Cortisol, Cytokine and Neuropetide Activity in Cancer Patients and Carers," *ecancermedicalscience 10* (2016): 631. 이 논문에서는 노래 부르기 활동이 암환자와 그들의 보호자의 신체에 미치는 영향을 보고하고 있다.

27) 음악과 면역기능과 관련된 호르몬으로는 혈장노르에피네프린(NE), 성장 호르몬(GH), 부신피질자극 호르몬(ACTH), 베타엔도르핀(β-EP), 면역글로빈 A(IgA) 등이 많은 논문에서 언급되고 있다. 그러나 몸의 면역기능은 다양한 요인이 작용하므로 필자는 '음악이 면역기능을 높인다.'라는 단언이 아니라 '음악은 면역기능을 높이는 데 일부 긍정적 영향을 주는 요인'으로 작용한다고 본다.

노래하기, 만들기, 춤추기와 같은 육체적 움직임은 부신 피질에서 만들어 낸 코르티솔을 쉽게 소진시킨다.[28] 생리적 관점으로만 보았을 때 노래 부르기는 포도당을 많이 소모하는 활동이기에 노래 활동 이후 기분이 좋아지는 것은 당연한 현상이다. 호흡, 발성을 위한 근육의 사용, 리듬과 박자에 맞춘 몸의 움직임 등 노래 부르기 활동은 포도당을 에너지로 사용하여 코르티솔과 같은 독성을 몸에서 사라지게 하기 때문이다.

노래 부르기로 기분이 좋아지면 코르티솔 수치가 낮아지고 행복 호르몬인 세로토닌 수치는 증가한다. 때론 세로토닌 수치가 높은 행복한 상태에서 나도 모르게 콧노래가 나오기도 한다. 그런데 노래 부르기 활동에서 하나 더 중요한 호르몬이 있다. 바로 옥시토신이다. 옥시토신은 엄마가 아기를 수유할 때, 성관계에서 오르가슴을 느낄 때 분비되는 호르몬으로 알려져 있다. 진화에서 생존에 필수적인 성관계와 자녀양육이라는 적응적 행동을 장려하기 위한 보상의 호르몬으로 사람들 사이의 신뢰, 친밀감, 유대감을 증진시킨다. 체내 옥시토신의 수치가 높을수록 사람들은 서로 더 신뢰하고 끈끈한 유대감으로 연결된다.[29] 그런데 이 옥시토신이 부모-자식 관계도 남녀 관계도 아닌 생물학적 목적이 없는 관계의 사람들 사이에서 분비될 때가 있다. 바로 사람들이 함께 노래를 부를 때이다. 실험에서 사람들은 함께 노래 부르기 후 옥시토신의 혈중 농도가 놀라울 정도로 상승했다.[30] 물론 단순히 호르몬 수치가 인간의 복잡한 감정을 파악하는 잣대가 될 수는 없다. 그러나 기쁨과 같은 인간의 기본감정[31]은 진화에서 적응적 행동을 위한 뇌의 작용이므로 생리화학적 반응은 간과할 수 없는 중요한 요소이다. 그렇다면 함께 노래하기가 어떠한 적응적 작용을 할까?

우리 원시 인류는 먹이 사냥, 자녀양육, 위협으로부터 방어 등에 함께 모여 서로 협력하는 방식을 선택하였다. 그런데 집단원들이 자신의 이익만 추구하고 싸우고 사이가 좋지 못하면 생존에 불리해진다. 따라서 인류는 춤과 노래라는 행위를 통해 사회적 유대감을 형성하고 유지했다. 물론 진화심리학자들의 주장이다.

일부 진화심리학자들은 인간의 집단 노래 부르기 활동을 유인원들의 사회적 그루밍(social grooming)[32] 행동에 해당하는 것으로 해석한다.[33] 인간은 침팬지와 다르게 예술적

28) Levitin, 같은 책, 115 참조.

29) Michael Kosfeld et al., "Oxytocin Increase Trust in Humans," *Nature* 435 (2005): 673.

30) Christina Grape et al., "Does Singing Promote Well Being? An Empirical Study of Professional and Amateur Singers during a Singing Lesson," *Integrative Physiological & Behavioral Science* 38 (2003): 65-74.

31) 다윈(C. Darwin)은 인간의 기본감정을 기쁨(happiness), 분노(anger), 슬픔(sadness), 놀라움(surprise), 두려움(fear), 역겨움(disgust)으로 구분하였다. 이 감정들은 모든 인간에게서 타고난 것이며 어느 문화에서나 공통적인 얼굴표정이 있다고 한다.

뇌를 발전시켰기 때문에 함께 노래 부르기라는 행동을 통해 우정, 유대감을 형성했을 것이며 그 흔적은 현재에도 여전히 남아 있다는 것이다. 이러한 집단적 노래 부르기는 애국가, 교가, 군가 혹은 종교적 노래 등 다양한 형태로 현재에도 지속되고 있다. 생물학적 관점에서 볼 때 집단 노래 부르기는 옥시토신 분비를 자극하여 집단의 결속을 다지는 행위이다. 이는 진화적 관점에서 쾌락이라는 보상을 통해 진화에 유리한 행동을 강화하는 기능을 수행한다고 볼 수 있다.

물론 원시시대 인류의 음악활동 방법과 목적을 현대인들에게 대입하여 '노래하라, 그러면 행복해질 것이다. 함께 노래하라, 그러면 친해질 것이다.'라는 식으로 적용하려 한다면 적절치 않을 것이다. 프로이트가 정신치료에서 이야기 치료(talking cure)[34]가 효과적이라고 했다고 해서 '말하면 치료된다.'라고 볼 수 없는 것과 같다. 프로이트의 이야기 치료가 효과적이기 위해서는 치료사의 개입이 전적으로 필요하다. 치료사는 환자가 이야기를 자유롭고 편안하게 표현할 수 있는 안전한 물리적, 심리적 환경을 제공해 주고, 대화에서 환자가 이야기의 초점을 정확하게 파악하도록 방향을 잡아 주면서, 환자 스스로 통찰할 수 있도록 적절한 질문과 분석을 병행해야 한다. 음악치료에서 노래도 마찬가지이다. 노래하면 신체적, 정신적 건강에 좋다는 것은 과학적으로 증명된 누구나 아는 사실이다. 중요한 것은 누군가에게 삶의 변화를 주기 위해 노래를 치료적으로 사용하는 과정에서의 경험적 혹은 과학적 실천 방식이다.

떼창의 쾌락 '떼창의 심리학'

언젠가부터 '떼창'이 한국을 상징하는 공연문화가 되었다. 메탈리카, 폴 매카트니, 에미넴, 에드 시런, 콜드플레이 등 한국의 떼창에 감동한 외국 뮤지션들은 평생 잊지 못할 전율을 느꼈다고 이야기한다. 또한 한국 관객들의 떼창에 반해 한국 관객과 한국에 대하여 긍정적인 감정을 갖게 되었다고 한다. 가수로서 자신의 노래를 외워서 함께 불러 주는 것에 감동하고 팬들에게 대한 강한 애정을 느끼는 것은 당연한 듯하지만 이것을 당연하다고 느끼는 이유는 아마 진화에서 프로그래밍된 옥시토신의 작용이 아닐까?

---

32) 침팬지와 같은 유인원들이 집단 내에서 신체적 접촉을 하면서 이 잡아 주기, 털 정리해 주기와 같은 위생과 꾸며 주기 행동을 하는 것을 말한다. 이 행동은 집단 내 신뢰와 애정을 표현하는 수단이다.

33) 제2장 음악의 기원 참조.

34) talking cure는 환자가 자신의 경험, 생각, 감정 등을 자유롭게 표현하면서 자신의 내면을 더 잘 이해하고 문제를 해결할 수 있게 되는 방법으로 프로이트가 정신분석에서 사용한 기법이다.

(5) 노래를 활용한 음악치료의 실제

음악치료에서 노래를 어떻게 치료적으로 사용할 것인가는 내담자의 기능, 음악활동에 대한 동기부여 정도(자발성), 치료 목적에 따라 결정된다. 예를 들어, 우울증 환자를 위한 음악치료를 준비하고 있다고 가정해 보자. 우울감 감소와 자존감 향상을 목적으로 노래심리치료를 하려고 한다. 치료사는 내담자가 선호하는 노래를 부르고 자신의 감정과 생각을 나타내는 노래도 만들어 보는 활동을 구상하고 있지만 내담자의 무기력은 어떠한 음악활동도 불가능하게 한다. 이럴 경우 치료사의 중재로는 능동적인 노래 부르기 활동보다는 수동적인 노래 감상과 토의가 적절하다. 왜냐하면 내담자의 음악활동에 대한 자발성이 매우 낮은 상태에서 무리하게 참여를 요구하게 되면 역효과가 날 확률이 커지기 때문이다.

노래를 활용한 중재는 노래를 듣고 토의하는 수동적인 형태에서부터 노래 만들기라는 가장 능동적이고 창조적인 활동까지 순차적으로 구성되기도 하며 처음부터 치료적 노래 만들기로 시작되기도 한다. 내담자의 기능과 자발성, 치료 목적에 따라 중재는 달라지기에 특별한 순서가 있는 것은 아니다.

① 가사토의

가사토의는 선곡한 노래를 듣거나 불러 보고 그 음악의 내용에 대하여 이야기를 나누는 활동이다. 적극적인 음악활동에 거부감을 보이는 수동적인 내담자들에게 초기 접근방법으로 추천할 만하다. 선정한 노래의 가사에 따라 토의의 주제가 결정되므로 치료사는 노래 선정에 신중하여야 한다. 이를 위해, 첫째, 단순한 음악감상은 치료적 활동으로 볼 수 없기에 내담자에게 치료적으로 의미 있는 선곡을 하여야 한다. 둘째, 선곡 시 치료사는 대상에 따라 피해야 할 곡이 있을지 생각해 보아야 한다. 내담자에게 반치료적(counter-therapeutic) 결과를 가져올 수 있는 다음의 두 가지 사항에 주의해야 하기 때문이다.

• 내담자의 종교, 윤리, 정치적 신념에 반하는 음악인가?

예: 존 레논의 〈Imagine〉은 종교인들에게 신을 부정하는 불경한 노래일 수도 있다.

• 내담자가 처한 환경에서 부정적인 연상을 일으키는가?

예: 말기암 환자에게 '모닥불 피워 놓고'라는 노래 가사나 '타다가 꺼지는 순간까지', '인생은 연기 속에 재를 남기고'와 같은 내용은 화장을 연상하게 할 수 있어서 오히려 불안과 불쾌감을 줄 수 있다.

가사 토의 중재 예시

대상: 사별을 경험한 50대 남성 내담자

선곡: 이문세 〈사랑 그렇게 보내네〉

치료 목적: 애도와 수용

이문세-사랑 그렇게 보내네

치료적 근거: 죽음처럼 다시 돌이킬 수 없는 불가역적 사건으로 인한 개인의 고통을 덜어 주기 위해서는 충분한 애도 후 이미 일어난 사건 그리고 그것에 대한 자신의 고통스러운 감정에 대한 수용이 우선적으로 필요하다.

인지행동치료의 한계를 극복하고자 만들어진 수용전념치료(Acceptance-Commitment Therapy: ACT)는 기존의 인지치료에서 내담자의 자동적 사고와 인지적 오류를 탐색하고 논박하는 방식의 치료와 달리 내담자의 사고를 수용하는 심리적 유연성을 기르는 것을 목표로 삼는다. 이는 부정적인 생각과 감정을 회피하면 할수록 오히려 증가하는 역설적인 효과가 나타나기 때문이다. 예를 들어, 이승을 떠난 사랑하는 사람을 억지로 잊으려 할수록 우리는 그 생각으로부터 벗어나지 못하고 더 고통스러워하기도 한다. 자신의 감정과 생각을 억지로 통제하기보다는 수용하고 더 잘 알아차리기 위한 노력이 도움이 된다는 생각이 수용전념치료의 기본적인 치료철학이다.

② 음악 자서전

음악 자서전은 시기별로 인생을 대표할 수 있는 노래들을 선곡해 보는 것이다. 또는 '내 인생의 삼대곡(three songs)'과 같은 주제로 자신의 인생에 가장 중요한 세 곡을 선정해 본다. 음악 자서전은 회상 중심의 음악치료에서 주로 사용된다. 음악 자서전 쓰기의 치료 목적은 근본적으로 '인생 회고'이다. 치료에서 회고의 궁극적인 목적은 현재의 정체성에 대한 올바른 인식과 미래에 대한 긍정적 태도를 견지하게 하기 위함이다. 특히 인생이 얼마 남지 않은 노인 또는 말기암 환자들에게 회상은 에릭슨의 인간발달 마지막 단계인 성공적인 대통합을 위한 중요한 부분이다(제3장 6. 노인을 위한 음악치료 참조).

노래를 통한 음악 자서전은 노래의 친숙성, 노래와 관련된 시대성, 사건과 사람들에 대한 연상기억 그리고 그 기억에 따른 정서적 각성 등을 통해 내담자가 자연스럽고 진솔한 자기노출(자기개방)을 할 수 있도록 유도한다.

◎ 음악 자서전 인생 그래프

x축은 나이, y축은 인생의 희노애락 정도를 나타내는 상승과 하강 그래프로, 중요한 시기

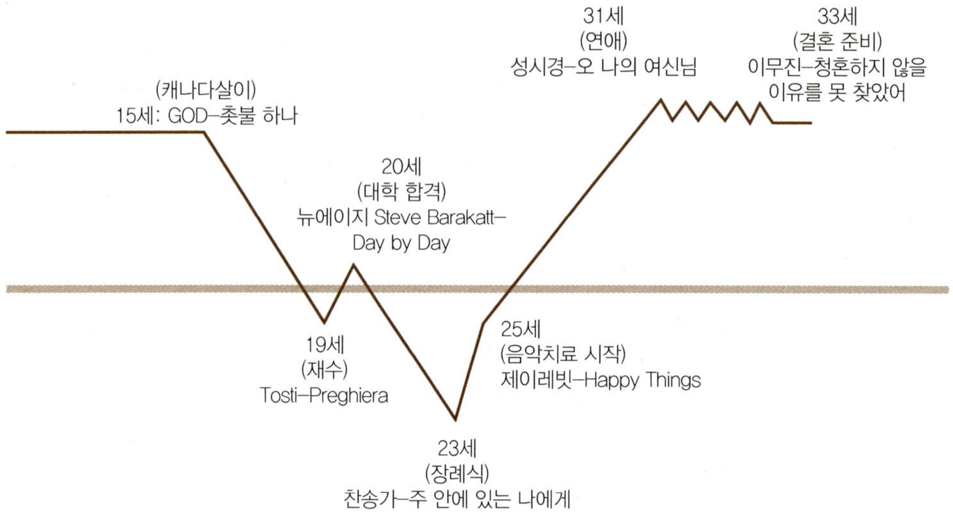

[그림 4-3] 나의 인생 그래프 예시

의 음악과 사건, 사람을 만들어 본다.

③ 가사 넣기

가사 넣기(fill in the blank)는 가사 쓰기의 가장 단순한 방법으로, 익숙한 노래의 일부 가사를 개사하여 불러 보는 활동이다. 이때 치료사는 개사의 방향을 생각하고 노래를 선곡해야 한다. 선곡한 기존의 노래는 이미 특정 내용을 담고 있어야 한다. 그 내용은, 예를 들어 소망, 감정 표현, 관계, 정체성 등 내담자가 노래라는 구조 안에서 자신을 표현하는 데 거부감 없이 편안하게 다가올 수 있도록 유도되어야 한다.

가사 넣기 주제 테마 선택 예시

주제: 소망

선곡: 안치환 〈내가 만일〉

내가 만일 (　　　) 이라면 그대…… 싶어

주제: 감정표현

선곡: 커피소년 〈장가갈 수 있을까〉

(　　　) 할 수 있을까? (　　　) 할 수 있을까?

(　　　) 한다는 것은 두려운 일이야 / 남들처럼 그렇게 (　　　) 할 수 있을까

④ 노래 패러디

패러디는 음악, 문학, 미술 등에서 다른 작가의 작품을 유머 또는 풍자를 통하여 표현하는 방식을 말한다. 노래 패러디(song parody)는 주로 익숙한 멜로디에 가사를 새롭게 개사하여 다른 의미의 노래로 부르는 것이다. 선거, 광고 등에서 많이 사용된다. 원작을 다르게 변형한다는 의미에서 노래 패러디라는 말을 사용한다.

노래 패러디는 가사 넣기와 근본적으로 같은 유형의 방법이다. 가사 넣기가 단어라면 노래 패러디는 문장으로 좀 더 구체적인 내용을 표현하는 것이다. 노래 패러디 활동에서 치료사가 고려해야 할 사항은 다음과 같다.

- 멜로디는 따라 하기 쉽고 구조가 간결한 것을 선택한다.
- 음악 선곡 시 익숙한 멜로디를 선택하되 원래 곡에서 가사의 결합이 너무 강하면 새로운 정보의 입력(개사한 가사)이 어려울 수 있다.
- 노래 패러디의 목적을 분명히 정하고 음악을 선곡한다.

노래 패러디를 위한 곡조는 한 번만 들어도 누구나 '아하!' 하고 알아차릴 만큼 익숙해야 한다. 음악적 구조와 길이는 광고음악 수준이 적당하다. 물론 내담자의 기능에 따라 음악적 수준은 달라질 수 있다. 또, 개사를 위한 음악 선곡 시 원곡의 멜로디와 가사의 결합을 고려해야 한다. 〈애국가〉의 곡조에 개사하는 것은 원곡의 의미가 강해서 새로운 패러디가 나오기 어렵다. 치료사는 노래 패러디의 목적을 분명히 정하고 음악 선곡과 가사 쓰기를 해야 한다. 영화 '기생충'의 〈제시카송〉은 원래 〈독도는 우리 땅〉이라는 노래를 패러디한 것이다. 영화에서 알 수 있듯이 노래 패러디의 목적은 '정보' 입력을 쉽게 하고 기억력을 강화하기 위한 것이다. 음악심리치료에서는 관점을 바꾸어 불러 보거나, 역할 바꾸기로 불러 봄으로써 자신을 객관화해서 보고, 상대방에 대한 이해를 높일 수 있다.

익숙한 클래식 음악의 선율에 가사를 만들어 볼 수도 있다. 바흐 〈미뉴엣〉-사라 본 〈Love's concerto〉, 베토벤 피아노 소나타 월광 2악장-Louise Tucker 〈Midnight blue〉는 대표적으로 클래식 음악 선율에 가사를 붙여서 성공한 곡들이다.

◎ 다른 관점 보기

박정현의 노래 〈You mean everything to me〉는 사랑하는 사람에게 애절한 사랑을 전하는 노래이다. '당신은 나의 모든 것'이라는 노래 제목처럼 전체 가사를 요약하면 '당신의 사랑이 날 행복하게 해 주고 당신 없이는 살 수 없다.'라는 내용이다. 사랑에 빠져 있는 사람이라면 누구나 공감할 수 있는 내용이기도 하다. 건강한 연인들의 사랑을 표현한 노래라는 전제로 보면 넘치는 사랑을 표현하는 아름다운 노래이다. 그런데 만약 이 노래가 자신의 마음을 온전히 표현하고 있다고 생각하는 사람이 의존형 성격장애를 가지고 있다면, 이야기는 달라진다. 더 나아가 만약 상대의 의사와 상관없이 일방적인 사랑을 표현하는 스토커라면 상황은 아름다움과 정반대가 된다. 이들에게 노래를 통한 감정 표현은 더 이상 치료적 의미를 갖지 못한다. 현실에서 누군가에게 의존적이고 집착적인 사랑 표현은 전혀 건강하지 않기 때문이다. 이런 경우 치료사는 다른 관점에서 관계를 생각할 수 있도록 노래 패러디를 제시해 볼 수 있다. 음악치료사 노인규는 연인에게 지나치게 의존하는 의존성 성격장애 여성을 위해 상대에 대한 일방적인 사랑 표현의 가사 대신에 '우리', '서로'라는 상호적인 내용으로 개사한 노래를 불러 보는 활동을 통해 조심스럽게 다른 관점으로 생각하기를 시작하였다. 노래의 내용은 다음과 같다.

기존 가사	수정 가사
그대 가슴에 귀를 대 보면 나는 정말 행복해져요	떨린 가슴에 귀를 대 보면 우린 정말 행복해져요
날 사랑하는 그대 가슴이 너무 건강히 뛰고 있으니	서로를 사랑하는 우리 마음이 서로 연결되어 있으니
따뜻하기까지 한 그대란 사람 언제까지나 내 곁에 머물러 줄 수 있나요?	따뜻하기까지 한 우리 사랑 언제까지나 함께할 수 있나요?
You mean everthing You are everything to me	We make it together We make it together
그대 짓는 표정이 나를 바꿔요	서로 짓는 미소가 서로를 바꿔요
나를 숨쉬게 하는 가슴 속의 주인이죠 나의 그대여	서로 숨쉬게 하는 가슴 속의 주인이죠 우리 사랑이여
그대 입술을 바라볼 때면 나는 정말 행복해져요	서로 얼굴을 바라볼 때면 우린 정말 행복해져요
날 사랑한단 그 꿈같은 말을 애 타던 내 귀에 속삭여 주었으니	서로를 사랑한단 그 꿈같은 현실을 느끼게 해 주었으니
부드럽기까지 한 그대란 사람 언제까지나 내 곁에 머물러 줄 수 있나요?	부드럽기까지 한 우리 사랑 언제까지나 함께할 수 있나요?
가끔씩 그대가 떠나간 걸 그리면 아찔해 오는걸	가끔씩 우리가 이별한 걸 그리면 아찔해 오는걸
믿어도 되나요? 아니 믿고 싶어 영원한걸	믿어도 되나요? 아니 믿고 싶어 영원한걸

You mean everthing
You are everything to me
그대 짓는 표정이 나를 바꿔요
나를 숨쉬게 하는 가슴 속의 주인은
바로 그대여

We make it together
We make it together
서로 짓는 미소가 우리를 바꿔요
우릴 숨쉬게 하는 가슴 속의 주인은
바로 그 사랑

박정현–You mean everything to me

⑤ 전략적 노래 만들기

전략적 노래 만들기(strategic songwriting)는 치료사가 치료 목적과 치료 맥락에 맞는 노래를 작곡하여 사용하는 방법이다. 노래는 내담자의 제반 여건을 반영하고 그들의 정서적 반응을 일깨우고 치료사가 목표한 토론으로 유도할 수 있는 요소를 구성하고 있어야 한다.

- 치료사는 미리 작곡한 간단한 노래를 소개한다.
- 치료사의 모델링 이후 내담자들은 가사를 자신이 원하는 방식으로 또는 치료사의 지시에 따라 가사를 패러디한다.
- 집단치료의 경우 다른 집단원들과 노래를 함께 불러 보거나 후렴이 있는 경우 다 함께 강조해서 후렴을 불러 본다.

알코올 남용 내담자들의 12마디 블루스 음악을 활용한 전략적 노래 만들기 예시

A A′ B

A: 알코올 남용의 결과(망가진 간, 가족의 상실)

A′: 남용 행동을 계속하게 하는 것(나의 나약한 마음, 스트레스, 감정조절 실패)

B: 알코올 남용을 막기 위해 내가 해야 할 행동(나는…….)

⑥ 노래 콜라주

콜라주는 '붙이기'라는 의미로 미술에서 신문지나 벽지, 인쇄물 등을 풀로 붙여 완성한 작품을 의미한다. 이렇게 기존에 존재하는 다양한 인쇄물을 재구성하여 작품을 만드는 방법을 노래 만들기에 응용한 방법이 노래 콜라주(song collage)이다. 치료사는 내담자가 노래 가사를 만들 때 감정과 사고를 표현하기 어렵거나 직접적인 자기표현에 불편감을 느낄 때 기존 노래 가사들의 일부를 가져와 자신의 노래를 만드는 방식을 사용할 수 있다. 순서는 다음과 같다.

① 노래 만들기에 대한 소개
② 노래 만들기 주제 정하기
③ 정한 주제에 해당하는 노래를 찾을 수 있는 원천: 노래책, 인터넷 사이트 등
④ 음악 만들기 또는 가사 만들기(음악과 가사 만들기 중 어떤 것이 먼저인지는 개인적인 성향이므로 필요에 따라 정한다.)
가사 만들기는 정한 주제에 해당하는 노래들을 나열하여 그중 자신이 원하는 가사의 일부를 절(verse)로 붙여서 만드는 가사 콜라주를 한다.
음악 만들기는 음악적 배경, 스타일, 멜로디, 화성, 리듬, 악기 구성 등을 정한다. 음악 만들기는 개러지 밴드(garage band)와 같은 음악 만들기 프로그램을 활용하면 쉽게 접근할 수 있다.
⑤ 수정, 정교화 과정을 거쳐서 완성된 노래를 불러 보고 녹음한다.

〈표 4-4〉 노래 콜라주 가사 만들기 방법 예시(주제: 위로와 희망)

음악치료에서 사용된 가사	원곡
V. 1: * 때로는 세상이 봄날 같고 때로는 안개만 자욱하지. * 솔직히 말하면 차라지 어릴 때가 더 좋았었던 것 같아.	 신승훈 〈이 또한 지나가리라〉 이무진 〈신호등〉
V.2 *	

⑦ 치료적 노래 만들기

자신이 작사, 작곡한 노래를 직접 부르는 사람을 싱어송라이터라고 한다. 가사 쓰기, 곡 쓰기, 노래하기를 혼자 수행할 수 있기 때문에 자신의 음악을 가장 잘 표현할 수 있는 사람이다. 음악치료에서 노래 만들기 기법은 내담자의 '싱어송라이터 돼 보기' 경험이라고 할 수 있다. 내담자는 말하고 싶은 내용의 가사와 그 느낌을 담은 음악을 자신의 목소리로 표현하고, 이를 통해 다른 사람들에게 의미와 감정을 전달할 때 싱어송라이터가 된다. 여기서 치료사의 역할은 내담자가 싱어송라이터가 될 수 있도록 도와주는 음악적 조력자이다.

음악치료에서 이루어지는 치료적 노래 만들기에 대하여 베이커와 위그램은 다음과 같이 정의한다. "내담자 또는 내담자와 치료사가 치료적 관계 안에서 내담자의 사회심리적, 정서적, 인지적 소통의 욕구를 표현하기 위해 가사와 음악을 창조, 사보, 녹음하는 과정이다."[35] 여기서 '내담자의 사회심리적, 정서적, 인지적 소통의 욕구'는 무엇을 표현하고 싶은가, 즉 내용에 해당한다. 그리고 음악 창조 과정인 '노래 만들기'는 어떻게 표현할 것인가, 즉 형식에 해당하는 것이다. 치료사의 치료적 목적을 위한 개입, 음악 만들기 과정에서의 음악적 도움, 협업 또는 지지가 필요하기 때문에 이 작업은 단순히 '노래 만들기'가 아닌 '치료적 노래 만들기'이다.

치료적 노래 만들기 중에서 가사 넣기와 노래 패러디는 가장 쉽게 수행할 수 있는 방법이지만 이미 존재하는 노래에 일부 가사만 변형시키는 것으로 내담자들이 자신이 만든 음악에 대해 '나의 음악'이라는 인식을 갖기는 어렵다. 반면, 음악과 가사를 모두 만들어 하나의 노래를 완성한 경우, 그 과정이 쉽지는 않지만 내담자의 자존감과 자기 효능감을 높일 수 있다. 완성된 노래를 다른 사람들 앞에서 공연하고 녹음할 경우에 이러한 효과는 더 높아지며 자신이 만든 음악에 대한 주인의식과 애착이 강해진다. 당연히 자신이 표현한 내용에 더 진실해지고 그 내용이 어떠한 행동에 대한 다짐일 경우 실천하기 위해 더 노력하게 된다.

노래 만들기, 즉 '송라이팅'은 노래를 구성하는 기본 요소인 가사와 멜로디를 창작하는 작업이므로 누구나 할 수 있는 쉬운 작업은 아니다. 무엇인가 창조한다는 것은 누군가에게는 때로는 부담스럽고 힘든 작업일 수도 있다. 자신의 생각과 감정을 자유롭게 표현하는 표현의 자유는 숙련된 기술과 창의성을 가진 뛰어난 예술가들에게나 해당하는 자유일지도 모른다. 모든 사람은 예술적 표현을 통해 내면의 창의성을 일깨우고 발현할 수 있다고 하지만 실

---

35) Felicity Baker & Tony Wigram, *Songwriting: Methods, Techniques and Clinical Applications for Music Therapy Clinicians, Educators and Students* (Jessica Kingsley Publishers, 2005), 16.

제 임상에서 이러한 진정한 일깨움은 많은 과정과 오랜 시간을 거쳐야 가능할 수 있다.

음악치료에서 노래 만들기를 진행하기 위해서는 처음부터 '음악을 만드는 음악적 자유', '가사를 쓰는 문학적 자유'를 제공하기보다는 기초적 테크닉에 대한 치료사의 가이드가 필요하다. 치료사는 망망대해 조그만 돛단배에 홀로 타고 있는 내담자를 위해 돛을 올리는 방법, 노를 젓는 방법, 나침반 보는 방법 등을 알려 주어 그 사람이 원하는 방향으로 갈 수 있게 도와주는 역할을 해야 한다. 노래 만들기에서 이러한 가이드의 시작은 바로 구조를 제시해 주는 것이다.

가사 만들기의 구조 예시

4행시 시 쓰기

주제: 미래의 나

1행 미래의 나 (　　　　　) 내가 되고 싶다. 미래의 원하는 자신의 모습
2행 (　　　　　　　　　　　　) 미래의 나를 향해 가는 나의 현재 모습
3행 (　　　　　　　　　　　　) 미래의 나를 위해 해 주고 싶은 말
4행 (　　　　　　　　　　　　) 1행의 반복

미래의 나 행복한 내가 되고 싶다
인생의 돛단배를 타고 홀로 떠다니는 나
인생이란 사는 것이 아니라 살아내는 것
미래의 나 행복한 내고 되고 싶다.

질문에 대한 답변을 기반으로 가사 쓰기

* 당신이 더 이상 피할 수 없는 것은 무엇인가? **어른이 되는 것**
* 당신이 용감하게 읊조리고 싶은 것은 무엇인가? **그냥 해라**
* 지금 당신의 삶에 가져오고 싶은 것은 무엇인가? **용기**

어른이 되는 것은 용기가 필요해
무엇을 망설이고 있는가

그냥 해라 그냥 해라

음악 만들기 예시

음악 만들기는 구조와 스타일을 먼저 결정하고 멜로디를 만들 때 진행하기 수월하다. 가사가 완성되었다면 가사에 어울리는 음악 스타일을 결정한다. 가사가 완성되기 전이라도 내담자가 추구하는 음악적 분위기와 느낌에 해당하는 음악을 의논하여 결정한다. 치료사는 블루스, 보사노바, 트로트 등 다양한 음악 스타일을 제시하고 내담자가 추구하는 음악적 분위기와 느낌을 선택할 수 있도록 돕는다.

• 머니 코드[36]로 만드는 발라드

I–V–VI–IV (C–G–Am–F)

• 블루스 화성 진행 음악 구성

I7 ––––I7(IV7)––––––I7–––––––I7 (C7–––C7(F7)––––C7–––C7)

IV7––––––IV7–––––––I7–––––––I7 (F7––––F7––––C7––––––C7)

V7––––––IV7–––––––I7–––––––I7 (G7––––F7–––––C7––––C7)

음악 작업은 노래 만들기를 결정하고 주제와 가사, 멜로디, 화성, 박자와 같은 음악적 요소를 창조해 가는 과정 그리고 음악을 완성하여 들어 보고 연습해 보고 다시 정교하게 음악을 다듬어 가는 모든 과정을 통해 곡을 완성한다. 완성된 곡은 사람들 앞에서 공연하는 것까지 포함하기도 한다. 치료에서 노래 만들기 과정은 많은 생각과 논의를 거치는 과정이다. 이 과정을 요약해 보면 다음과 같다.

치료적 노래 만들기의 과정

① 노래의 주제 및 목적 설정하기

② 브레인스토밍을 통해 즉흥적으로 떠오르는 가사와 멜로디, 아이디어 나열하기

③ 나열된 가사와 멜로디, 아이디어 추리기

---

36) 돈 벌어 주는 코드 진행이라는 말로 머니 코드라고 한다. 많은 팝, 가요 히트곡들에 사용된 화성 진행으로 친숙한 느낌을 준다.

④ 핵심 멜로디(주선율)를 선정하고 가사 붙이기(가사를 먼저 만들고 멜로디를 만들어도 상관없다. 집단 또는 개인의 성향에 따라 가사와 멜로디 순서는 정한다.)
⑤ 핵심이 되는 구절을 바탕으로 노래의 나머지 부분의 구조를 디자인하고 어울리는 화성이나 코드 진행 적용하기
⑥ 전주, 절, 후렴구 등 구조를 완성하고 멜로디와 가사 수정
⑦ 거의 완성된 가사를 여러 번 불러 보고 가사, 화성 등 세부적인 부분 완성
⑧ 노래의 특징을 살려 추가적인 반주와 스타일링 첨가
⑨ 완성된 노래 녹음, 악보 사보 또는 공연

노래와 상황극

노래 상황극은 노래와 사이코 드라마적 요소를 가미한 것으로 집단 음악치료에서 시행한다. 노래 상황극의 방법은 다음과 같다.

① 치료사는 노래 상황극의 주인공이 될 사람을 선정한다.
② 익숙한 노래의 가사를 개사하거나, 노래 패러디를 통해 현재 내담자가 가지고 있는 문제점, 이슈, 감정들을 표현하게 한다. 이때 집단원들이 음악에 맞추어 중간중간 음악적 추임새를 넣는다. 내담자는 집단원들로부터 긍정적 지지의 말 vs. 부정적 비판의 말의 듣는 경험을 한다.
③ 노래 상황극 경험 후 주인공은 자신의 느낌을 집단원들과 나눈다.

표현의 역설

음악을 비롯한 미술, 연극, 무용과 같은 예술을 매개로 하는 치료를 예술심리치료 또는 표현예술치료라고 일컫기도 한다. 예술 활동의 궁극적인 목적이 미학적 표현이라면 치료에서는 치료적 표현이다. 여기서 '치료적 표현'은 솔직하고 거침없는 정제되지 않은 표현에서부터 미학적 표현까지 치료에 영향을 주는 모든 표현을 포함하는 말이다. 그래서 음악치료사들의 치료과정에 자주 등장하는 것이 바로 '자기표현'이다.

음악치료에서 자기표현은 치료 목적이자 방법으로 광범위하게 쓰이는 용어이다. 소위 '표현하면 치료된다'라는 공식처럼 '표현'에는 언제나 중요한 치료적 가치와 의미가 부여된다. 그런데 과연 그럴까? 언젠가 필자는 알코올 폐쇄병동 정신과 의사와 대화를 나누다 그가 예술치료 실습 중인 학생들이나 신참

예술치료사에게 치료를 맡기는 것을 꺼린다는 것을 알게 되었다. 이유는 바로 감정 표현 중심의 예술 활동만 있을 뿐 이후 감정 정리를 하지 못할 경우 환자들은 더 깊은 상실과 우울감을 느끼기 때문이라고 한다. 마음이라는 판도라의 상자를 열어 그 안의 위험하고, 수치스러운 것들을 세상에 펼치게 해 놓고 치료사가 그냥 떠나 버리면 판도라의 상자 안의 내용들을 인정하고 받아들일 충분한 준비가 되지 않은 환자는 그것에 압도되어 버린다. 그리고 더 큰 정신적 고통에 시달리게 된다. '표현하면 치료적이다.'라는 예술치료의 핵심 가치에 너무 집중한 나머지 표현 이후 내담자에 대한 조치 없이 치료를 끝내는 경우 나타날 수 있는 부작용이다.

사실 억압된 감정을 표현하는 것은 누군가에게는 트라우마를 다시 경험하는 것과 같이 위험하고 고통스러운 일이기에 그 경험이 의미 있고 가치 있는 것으로 전환될 수 있는 치료사의 도움이 필요하다. 일반적으로 내담자의 자기 개방이 나중에 수치스럽게 느껴지지 않도록 다른 집단원과 치료사도 적절한 수준의 개방을 한다. 내담자의 고통이 누구나 경험할 수 있는 보편적인 것임을 인식하게 한다. 마지막으로 내담자가 어떠한 방식으로든 희망을 가질 수 있도록 희망을 고취시키는 방식으로 마무리하는 것이 바람직하다. 즉, 개방성, 보편성, 희망의 고취 이 세 가지 또는 세 가지 중 하나라도 내담자가 경험하고 치료실을 나갈 수 있도록 하는 것이 좋다.

3) 음악감상

음악활동 중 '연주하다', '노래하다'는 몸의 능동적인 운동을 요구하는 작업이다. 청각 영역, 운동 영역, 신체감각 영역, 시각 영역 등 능동적인 음악활동은 우리 뇌의 거의 모든 부분을 활성화시킨다. 반면, 음악감상은 귀라는 감각기관을 통해 들어온 청각 정보를 뇌에서 지각, 인지하는 과정이기에 수동적(passive) 또는 수용적(receptive) 음악 경험이라 할 수 있다.

감각기관을 통해 들어온 음악적 정보는 정신세계의 내용들과 만나 특별한 화학작용을 일으킨다. 우리는 먼 기억을 떠올리며 눈물을 흘리기도 하고 알 수 없는 판타지의 세계로 탐험하면서 신비한 체험을 하기도 한다. 이러한 경험은 가상의 정신세계에서 이루어지는 현상이지만 그 결과는 몸으로 나타난다. 음악을 통한 가상의 감각적 심상에 실제처럼 반응하는 것이다. 몸은 개입하지는 않지만 반응한다.

EEG, fMRI, MEG 등과 같은 기계들은 우리 몸과 마음의 상태에 관한 많은 정보를 제공해준다. 그러나 몸의 반응만으로 음악적 경험과 정신적 심상의 내용을 알 수는 없다. 주관적 경험은 보편화할 수 없으며 마음을 영화처럼 촬영하는 기계도 없다. 우리가 음악을 감상하면서 경험하는 다양한 감각적 그리고 영적 체험에 대하여 과학이 보여 줄 수 있는 것은 몸의 생리적 변화와 뇌의 활동성 정도이다.

음악을 통한 정신적 경험은 '자기(self)' 또는 '주체(subjectivity)'의 개별적 경험으로 그것의 실체는 여전히 '현상학(phenomenology)'에 의존한다. 예를 들어, '베토벤의 〈운명 교향곡〉을 듣는 동안 당신은 어떠한 경험을 하였는가?'라는 질문에 우리는 경험의 내용을 내적으로 어떻게 인식(awareness)했는지 언어적 표현으로 드러낸다. '음악을 듣는 동안 영웅의 성장과 고통의 이야기를 듣는 듯했다. 음악의 절정에서 온몸이 오싹할 정도의 전율을 느꼈다.' 이 진술에서 우리는 내담자가 음악에 충분히 몰입하면서 생리적 각성과 서사적(narrative) 심상을 경험하였다는 것을 알 수 있다. 이러한 일인칭 관점의 주관적 진술을 객관화에 가깝게 설명하는 것이 바로 의식(consciousness)이다.

음악을 듣는다는 것은 감각, 느낌, 사고의 작용, 바로 의식의 작용이다. 이번 절에서는 음악감상이라는 방법을 치료적으로 활용하기 위해서 일인칭적 관점보다는 의식이라는 삼인칭적 관점으로 이해하고 적용하는 방법에 대하여 알아보자.

(1) 의식의 스펙트럼[37]

의식의 스펙트럼은 크게 무의식-의식-초의식의 수준으로 구분된다. 의식을 중심으로 왼쪽의 극단에는 무의식이, 오른쪽의 극단에는 초의식이 있다. 중심의 의식은 지각, 감정, 기억이 작용하는 깨어 있는 인식(Wahrnehmungs Bewusstes, awareness) 상태이다. 무의식은 의식의 스펙트럼에서 가장 어두운 끝부분에 자리 잡고 있으며 인간발달과 인류 진화에서 침전된 경험의 내용으로 형성된 '날것'에 해당한다. 초의식은 의식의 스펙트럼에서 가장 밝은 끝부분에 자리 잡고 있는 영역으로 자의식을 넘은 '초의식(transpersonal)'으로 개인적인 의식이 부재한 'no-consciousness', 지각 의식이 통제하지 않는 또 다른 의식의 세계를 의미한다. 의식의 변성 상태인 트랜스, 최면, 엑스터시와 같은 상태이다.

의식과 무의식 사이에서는 지각하지만 집중하지 않는 상태인 공의식(Mitbewusstess, co-consciousness)과 의식에서 가라앉은 내용이지만 아직 무의식의 심연으로 사라지지 않은 자료인 전의식(Vorbewusstess, subconsciousness)이 있다. 중심인 의식(Wahrnehnungsbewusstess, awareness)에서 오른쪽으로 갈수록 주의집중이 높아지는 상태이다. 자의식(IchBewusstess, ego-consciousness)은 적극적인 지각적 경험이다. 공의식이 배경음악을 듣는 것과 같은 수용

---

37) Isabelle Frohne-Hagmann, "Receptive Music Therapy from the Viewpoint of Integrative Music Therapy," in *Receptive Music Therapy: Theory and Practice,* ed. Isabelle Frohn-Hagmann(Reichert Verlag Wiesbaden, 2007), 145-154 참조. 의식의 스펙트럼은 통합적 치료(Integrative Therapie)의 창시자이자 게슈탈트 치료 연구소인 프리츠 펄스 인스티튜트의 공동 창시자인 독일의 심리치료사인 페촐트(Hilarion Petzold)의 이론이다.

적(passive) 감상이라면 자의식은 적극적(active) 음악감상에 해당된다. 인식과 자의식의 단계를 넘어서면 명료의식(KlarBewuesstess, hyperconsciousness)의 단계이다. 이 단계는 직관적이고 창의적이며 여러 정보를 종합적으로 이해하는 능력을 보이는 높은 수준의 의식 상태이다. 명료의식을 지나 초의식(NichtBewusstess, no-consciousness)에 이르면 일상적인 의식 상태를 넘어 의식의 확장, 또는 변성 상태가 된다. 명상을 통해 세상과 하나가 되는 듯한 느낌이나 자신이 우주의 일부로 느껴지는 듯한 영적인 경험들이 이에 해당한다.

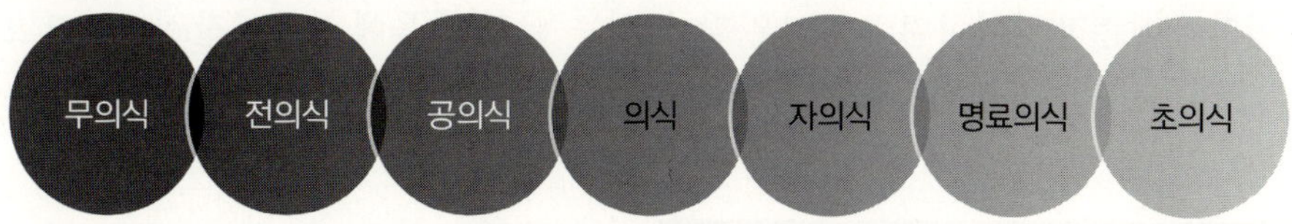

[그림 4-4] 의식의 스펙트럼

(2) 의식과 몸[38]

인간의 의식은 무의식, 전의식, 공의식, 의식, 자의식, 명료의식, 초의식의 스펙트럼을 갖는다. 의식의 스펙트럼에 따라 우리 몸의 지각(perception)과 반사(reflexive)는 달라진다. 우리 몸은 무의식에 비반사적(a-reflexive), 비지각적(a-perceptive)이다. 이는 무의식이 말 그대로 그 실체는 알 수 없는 '날것'의 상태이기 때문이다. 우리가 인식(awareness)[39]하지 못하므로 우리는 그것을 지각하지도 못하고 따라서 반사적으로 반응하지도 못한다.[40] 공의식은 몸의 지각과 반응이 의식과 동시에 일어나고 있는 공지각, 공반사(co-perceptive, co-reflexive) 상태이다. 예를 들어, A는 음악을 들으면서 시험공부를 한다. 시험공부에 집중하며 음악은 배경으로 두지만, 자신도 모르게 현재 듣고 있는 음악의 박자에 볼펜이나 발을 맞추는 반사적 행동을 한다. 의식의 스펙트럼에서 인식(awareness)은 몸이 감각, 감정, 기억의 작용을 온전하게 지각하고 반사적(fully perceptive, fully reflexive)으로 반응하는 단계이다. '지금 여기' 깨어 있는 의식상태이다.

---

38) 앞의 책, 150-152 참조.

39) 의식의 스펙트럼에서 인식은 'Wahrnehnungsbewusstess'로 깨어 있어서 감각을 통한 지각적 의식 상태이다. 다른 말로는 깨어 있는 의식상태(Wachtbewusstess)라고도 한다.

40) 우리의 무의식적 갈등과 욕망이 히스테리성 신체화 증상으로 나타나기도 하지만, 이러한 병리적 상태를 제외하고는 무의식은 의식 저 아래 어두운 심연에 있어 우리는 그 실체를 전혀 지각하지 못한다. 무의식의 내용은 '날것'이라는 표현을 사용하는데, 이는 무의식의 내용이 신호를 보낼 때 그 원래 모습을 변형하여 보내기 때문에 원래의 상태를 '날것'으로 표현한다. 대표적으로 꿈의 이미지는 무의식의 '날것'이 다른 모양의 상징으로 보내는 신호이다.

이후 어떠한 현상 또는 일에 주의를 기울이는 정도가 높을수록 우리 의식의 각성 정도는 높아지며, 몸은 일상적인 지각과 반사적 반응을 넘어 전환적인 형태로 지각하고 반응한다. 예를 들어, 무당이 트랜스 상태에서 날카로운 작두 위에서 춤을 추면서도 통증을 전혀 느끼지 못하는 것은 우리 몸이 전환적인 지각(trans-perceptive) 상태이기 때문이다. 초월적 상태에서는 배고픔이나 고통을 느끼지 못하고 일상적인 상태에서보다 초인적 힘을 발휘하는 현상이 나타나기도 하는데 이는 변형된 또는 확장된 의식상태에서 우리 몸의 지각과 반사적 반응도 달라지기 때문이다. 이 복잡한 이야기를 한 문장으로 요약하면 인식은 감각, 지각, 감정, 기억의 실존적 경험이며 무의식은 알 수 없는 '날것'이 몸에 감추어진 상태이고 초의식은 우리 몸이 변형된 지각 경험을 하는 상태이다.

비일상의식 상태를 지칭하는 용어의 정의

- 의식의 변성 상태(altered state of consciousness): 의식의 변성 상태는 깨어 있으나 일상적인 상태가 아닌 몽상, 명상, 약물에 의해 유발된 상태 등을 포함한다. 우리는 의식의 변성 상태에서 지각(perception), 사고 양식(thinking patterns), 감정 및 자아의 감각(sense of self)의 변화를 경험하기도 한다.
- 최면(hypnosis): 최면은 주의집중, 고양된 피암시성(suggestion) 및 깊은 이완 상태를 요구한다. 여기서 피암시성은 내담자가 최면사가 하는 말이나 지시를 얼마나 잘 수용하는가를 의미한다. 예를 들어, 최면사가 '당신은 종소리를 한 번 들으면 온몸에 힘이 빠지고 편안한 상태가 됩니다.'라고 한다면 내담자는 최면사의 말대로 몸과 마음의 상태가 전환된다. 때론 최면에 걸려 정신적으로 무방비 상태인 내담자의 사고, 감정, 지각, 행동을 조정하여 문제를 치료하기도 한다. '당신은 이제 모든 죄책감으로부터 자유로워졌습니다.', '당신은 이제 담배 냄새가 역겹게 느껴질 것입니다.' 등의 내용이 이에 해당한다. 최면은 통증 관리, 스트레스 감소 또는 특정 심리적 문제 해결, 범죄 수사를 목적으로도 사용된다.
- 트랜스(trance): 트랜스는 의식의 변성 상태의 한 형태이다. 주의 집중도가 높은 상태로 외부 환경에 대한 인식이 줄어드는 탈지각화(de-perceptive) 현상이 일어나며 피암시성에 대한 감수성이 고양된다. 트랜스는 예술 활동 또는 창작 과정에서 자연스럽게 발생할 수도 있으며 최면이나 종교의식에서 누군가에 의해 의도적으로 유발될 수도 있다. 트랜스와 최면은 비슷한 의식상태를 의미하지만 트랜스는 주로 예술적 경험과 관련되어 전환된 의식상태를 의미하는 말로 많이 사용된다.
- 몰입(플로, flow): 플로의 영어 사전적 의미는 '흘러가는, 떠다니는'이며 심리학에서는 어떠한 활동에 완전히 몰입하고 있는 상태를 말한다. 창의적인 작업, 스포츠, 공부, 음악연주 등 다양한 분야에서 나타나며 자아실현, 성취감, 행복감을 높이는 경험이다. 우리는 창작, 연주, 감상이라는 모든 음악활동을 통해 완전한 몰입의 상태를 경험할 수 있다. 그런데 플로라는 개념을 처음 소개한 칙센트미하이(M. Csikszentmihalyi, 1934~2021)가 제시하고 있는 플로의 요소들 중 '분명한 목적', '과제의 적절한 난

이도'는 음악활동 중 '연주'에 가장 가까운 개념이다. 칙센트미하이는 과제가 너무 쉬울 경우 도전 의식이 발동하지 않고 지루할 수 있으며 과제가 너무 어려울 경우 도전이 불안을 일으킬 수 있기 때문에 너무 쉽지도 어렵지도 않은 적절한 난이도의 과제 수행을 플로의 중요한 요소로 간주하였다.[41]

- 절정체험(peak experience): 절정체험은 사랑, 기쁨, 황홀과 같은 강렬한 감정적 또는 심리적 의미(psychological significance)의 순간 경험을 말하는데 명상, 종교적 실천, 창의적 활동 또는 예술적 경험에 의해 유도될 수 있다. 절정체험은 종종 개인의 성장과 변화의 깊은 순간으로 여겨지기도 한다. 음악활동 중에는 세상과 하나 되는 듯한 영적 종교적 경험과 같은 비교적 짧은 순간의 경험이기도 하다.

이 용어들은 공통적으로 일상 의식 상태가 아닌 변형된 의식 상태를 의미하지만, 각 용어의 핵심 개념은 상이하다. 'altered state of consciousness'는 보통의 깨어 있는 상태(ordinary waking state)와 다른 변형된 의식 상태를 의미하는 포괄적인 용어로 사용된다. 'hypnosis'는 높은 피암시성과 이완 상태를, 'trance'는 주의집중과 피암시성이 높아진 상태를 의미한다. 'flow'는 특정 활동에 집중적인 참여에 초점을 두고 있으며, 'peak experience'는 통찰력과 감정적 의미가 깊은 순간을 의미한다. 그러나 이러한 분류에도 불구하고 각각의 단어들의 의미상 경계는 모호하며 맥락에 따라 혼용되기도 한다.

(3) 음악감상의 의식 스펙트럼

음악을 듣는다는 것은 귀라는 감각기관을 통해 들어온 정보를 뇌에서 지각하는 것으로, 단순하게는 듣기(hearing)와 감상(listening)으로 나눌 수 있다. 그러나 음악을 듣는다는 행위는 단순히 물리적인 개념으로 구분할 수 있는 것이 아니라, 정서적이고 인지적인 몰입의 정도에 따라 연속적인 선상에서 이해해야 한다.

예를 들어, 카페에서 과제를 하면서 듣는 배경음악에 대부분의 사람은 음악을 'hearing'한다. 이때 음악은 뇌에서 일차적으로 중요한 과제에 비해 부차적인 배경으로 간주된다. 따라서 음악을 감상(listening)하는 것이 아니라 단순히 듣는 것(hearing)이다. 배경음악(background music: BGM)은 말 그대로 실내 인테리어 벽지처럼 배경에 해당한다.

반면, 음악회에서의 음악은 우리가 귀 기울여 감상하는 대상이 된다. 이 경우 음악은 주의집중의 전경(foreground)에 위치하며, 음악에의 집중과 몰입이 높아질수록 우리는 주변 환경을 지각하고 인식하는 감각과 생각으로부터 멀어지면서 음악 또는 음악이 제공하는 세상과 하나가 되는 듯한 느낌을 통해 흔히 전환된 정신상태로 들어가기도 한다. 다음은 의식상태

41) Arvid Bloom & Paula Skutnick-henley, "Facilitating Flow Experiences among Musicians," *The American Music Teacher* 54(4) (2005): 25.

와 음악의 상호작용이 진행되는 상황에 대한 예이다.

① 배경음악

A는 카페에서 아메리카노 한 잔을 마시며 과제를 하고 있다. 카페에서는 익숙한 크리스마스 캐롤이 재즈 버전 기악음악으로 흘러나오고 있다. 음악은 카페 안의 다양한 소음을 덮어 줄 뿐만 아니라 A의 정서와 각성에 적당히 영향을 주어 과제에 집중하게 도와준다. 과제를 하면서 음악에 맞추어 자신도 모르게 몸을 움직이기도 한다. A는 음악을 지각하지만 경청하지 않는다. 공의식적(co-consciousness) 상태에서 몸은 공반사적으로 반응한다.

② 전경음악

B는 회사 일로 지친 하루를 보내고 소파에 누워서 모차르트의 〈목관을 위한 세레나데〉 'Gran Partita' 3악장 아다지오를 듣고 있다. 목관악기들이 어우러져 울리는 음색과 화성에 아름다움을 느낀다. 음악의 감각적 경험이 주는 즐거움이다. 음악이 B의 짜증과 피로를 가라앉히는 것 같다. 눈을 감고 음악을 감상하면서 B는 유럽의 정취를 떠올린다. 맑고 깨끗한 날씨에 오래된 아름다운 성당이 보이는 아기자기하고 예쁜 카페에서 맛있는 커피와 디저트를 즐기는 자신을 상상한다. 상상만 해도 너무 즐겁다. 그러다가 갑자기 전화벨이 울린다. 음악을 끄고 전화를 받는다.

B의 음악감상 과정은 음악적 요소들의 감각적 수용으로 시작하여, 차츰 음악에 심상을 떠올리는 유추적 또는 서사적 감상으로 이어진 것이다. 감정, 연상, 기억의 정신작용이 일어나는 인식(awareness)의 상태이다. 그러다 전화벨 소리가 나자 그 소리를 지각하고 전화를 받는다. 음악이 전경이지만 우리 몸과 마음은 주위환경의 자극에 주의를 기울이고 적절한 행동을 한다. 우리 몸은 음악에 심리생리적(psychophysiological)으로 반응한다.

③ 초월적 음악

C는 음악회에서 라흐마니노프의 〈피아노 협주곡 2번〉 1악장을 감상하고 있다. 음울하면서도 애절한 듯한 피아노와 오케스트라 음악에 집중하여 들으면서 시베리아 횡단열차를 타고 달리는 장면을 떠올린다. 초여름의 연주회장은 약간 더운 듯하였지만 C는 음악적 심상과 함께 마치 겨울에 있는 것 같은 감각을 경험하고 있다. 어느 순간 음악이 너무 마음속 깊게 들어와 자신이 음악을 듣고 있다는 인식을 하지 못하고 있다. 같이 온 친구가 조용히 그의 귀에 뭐라고 말하지만 그는 전혀 듣지 못한다. 그의 음악적 몰입은 정상적인 지각을 변화

시켰기 때문이다. 몸은 연주회장에 앉아 있지만 하늘을 떠다니는 느낌이고(전환지각, trans-perceptive) 알 수 없는 영적 충만감에 휩싸인다(절정체험). 미적 체험의 절정에서 '나'라는 존재로부터 자유로워지고 세상과 그리고 음악과 일치되는 듯한 고양된 초월적 의식상태이다. 음악적 몰입이 깊을수록 우리 몸은 감각을 변형적으로 지각한다. '지금 여기'라는 지각과 감정에서 분리된 상태이다.

[그림 4-5] 음악 몰입의 스펙트럼: 배경에서 초월까지

〈표 4-5〉 음악감상 수준에 따른 반응양상

수준	배경음악	전경음악	초월적 음악
경청 정도	듣기(hearing)	감상(listening)	몰입(absorption)
의식 수준	공의식	의식(지각, 감정, 기억, 사고)	초의식
몸의 반응	공지각(co-perceptive), 공반사(co-reflexive)	전지각(fully-perceptive), 전반사(fully-reflexive)	전환지각(trans-perceptive)
정서반응	약	중, 강	강

(4) 수용적 음악치료

수용적 음악치료는 음악감상이 치료의 방법으로 사용되는 것이다. 능동적(active)으로 악기를 연주하고 노래하는 행위와 대비되는 개념으로 내담자가 음악을 수동적으로 듣는다는 의미로 수용적(receptive)이라고 표현한다. 음악치료 임상에서 수용적 음악치료의 핵심 정의에 대하여 브루시아(K. Bruscia)는 다음과 같이 기술하고 있다.

> 수용 경험에서 내담자는 음악을 듣고 그 경험에 대해 침묵으로, 언어적으로 또는 다른 방식으로 반응한다. 내담자 또는 치료사는 실시간 라이브 음악연주, 사전에 녹음한 즉흥연주, 연주, 또는 작곡한 곡, 또는 다양한 장르(클래식, 록, 재즈, 컨트리, 뉴에이지 등)의 상업적인 음악 녹음물을 감상한다. 청취 경험은 음악의 물리적, 감정적, 지적, 미적 또는 영적 측면에 초점을 둘 수 있으며 내담자의 반응은 그 경험의 치료적 목적에 따라 설계된다.[42]

42) Kenneth Bruscia, *Defining Music Therapy*(Gilsum: Barcelona Publishers, 1998), 120-121.

브루시아의 정의에는 수용적 음악치료에서 내담자의 음악적 경험에 대한 표현 반응, 음악감상에 사용되는 음악 그리고 치료 목적을 위한 내담자의 반응 유도라는 세 가지의 구성 개념이 포함되어 있다. 첫째, 내담자는 음악을 감상한 후 자신의 경험을 다양한 방식으로 표현한다. 이 표현에는 침묵을 포함한 언어는 물론 그림, 시, 즉흥연주와 같은 다른 방식의 표현까지 포함된다. 둘째, 음악감상에 사용되는 음악에 대한 범주를 정의하고 있다. 그 범주는 치료에서 내담자와 치료사 사이에 실시간으로 연주되는 라이브 음악, 치료사 또는 내담자가 사전에 녹음한 즉흥연주, 작곡한 음악, 기존의 음악 연주, 그리고 상업적으로 판매되는 다양한 녹음 음악이다. 셋째, 치료적 목적에 따라 내담자의 음악적 경험의 초점이 디자인된다. 다시 말해 치료 목적에 따라 치료사가 음악을 선곡한다. 예를 들어, 심리 혹은 생리적으로 음악을 통한 이완이 치료 목적이 되는 경우 '이완과 진정을 위한 음악'이 선곡된다. 반면, 심리치료적 성격을 갖는 음악심상(music for imagery) 여정이라면 음악은 심상 자극(stimulation)을 위해 선곡된다. 내담자의 심상 자극을 위한 음악은 치료사의 직관으로 치료적 이슈에 해당하는 음악이 선곡된다.

브루시아의 정의에 따르면 수용적 음악치료는 음악치료 임상에서 치료사가 치료적 목적을 가지고 내담자에게 치료적인 음악을 들려주는 행위이다. 한편, 수용적 음악치료의 방법이자 음악치료의 대표적인 모델 중 하나인 심상음악치료(Bonny Method of Guided Imagery and Music: BMGIM)는 심상음악치료사가 되기 위한 특별한 훈련 과정을 거친 전문 치료사에 의해 진행되어야 한다. 음악감상을 통해 내담자 내면의 깊은 정신세계를 탐색하고 통찰하는 과정이므로 음악, 내담자, 치료에 대한 전문가적인 이해를 필요로 하기 때문이다.

수용적 음악치료의 대상은 기본적으로 청각 능력에 문제가 없는 사람이라면 누구나 해당될 수 있다. 그러나 특별히 다음 세 부류의 사람들을 그 대상으로 삼는다. 우선은 실제 임상에서 수용적 음악치료의 대상자는 능동적으로 악기를 연주하거나 노래할 수 있는 기능을 갖추지 못하여 음악감상만이 가능한 대상자이다. 그 대상은 신생아 집중실의 미숙아, 말기암, 호스피스 또는 코마 환자 등을 들 수 있다. 다음은 감상 중심의 음악치료를 선호하는 대상자이다. 주로 음악감상을 통해 불안, 통증, 공포, 불면과 같은 부정적 상태에서 이완과 진정의 상태로 심리생리학적 변화를 원하는 내담자들이다. 마지막으로 적극적 음악감상을 통해 심리치료적 효과를 기대하는 내담자이다. 음악감상을 통해 내면을 탐색하고 통찰하여 자신에 대한 이해를 높여 정신적으로 더 건강한 삶을 원하는 내담자들이다.

수용적 음악치료의 목적은 다음과 같다.

① 청각 마취(audio-analgesia)

통증 지각을 최소화하기 위해 음악 또는 소리가 사용된다. 통증을 일으키는 몸의 감각에 집중하는 의식을 분산시키는 음악을 선곡한다. 내담자의 주의 전환에 효과적인 방법은 내담자의 통증을 느끼는 상태와 기분 그리고 음악적 취향에 따라 다르기에 일관적인 방법을 제시할 수는 없다. 가장 보편적인 중재로는 내담자가 친숙한 음악을 감상하면서 긍정적 연상을 하는 주의 전환, 감상하는 음악의 특정 선율 또는 악기만 선택적으로 집중하여 듣기(예를 들어, 바이올린 소나타에서 바이올린 선율에 집중하여 따라가면서 듣기), 음악의 악구에 맞추어 호흡하기와 같은 방식이 통증 감소에 사용된다. 내담자에게 강한 정서적, 인지적 환기를 일으키는 음악일수록 통증 감소에 효과적이다.

② 항불안 음악(anxiolytic music)

불안과 공포를 극복하기 위한 음악감상이다. 불안을 감소하기 위해서는 몸과 마음의 이완을 유도하는 음악을 선곡한다. 왜냐하면 불안과 공포라는 감정은 몸의 위축과 함께 나타나기 때문이다. 의료 환경에서 수술 또는 의료 시술(medical procedure) 전 환자의 불안을 감소시키는 것을 목적으로 내담자에게 긍정적 연상을 떠올리는 음악을 선곡하여 들려준다.

③ 동조화(entrainment)

천식환자 또는 산모 출산 시 호흡 조절을 위해 정확하고 규칙적인 악구의 음악을 선곡하여 들려준다. 보행 훈련을 위한 리듬적 청각 자극(Rhythmic Auditory Stimulation: RAS) 역시 동조화를 위한 음악 선곡에 해당한다. 음악에 몸의 반응을 동조화하기 위해서는 음악의 규칙성, 반복성, 정확성이 중요하다.

④ 음악과 심상(music and imagery)

음악을 감상하면서 내담자는 자신의 창의적인 생각과 판타지, 감정, 기억의 연상 등 다양한 심상을 경험한다. 이러한 음악 심상은, 첫째, 현재의 스트레스에서 벗어나 일시적으로나마 긍정적 경험을 촉진하기 위해, 둘째, 무의식적 내용을 탐색하고 통찰하기 위해, 셋째, 음악감상에 몰입을 통해 초의식에서의 절정체험을 위해 사용되기도 한다.

(5) 수용적 음악치료를 위한 음악 선곡

① 음악 선곡 원칙

수용적 음악치료에서 음악 선곡은 내담자의 선호 음악을 선곡하기도 하며 치료사의 주도로 이루어지기도 한다. 내담자와 언어적 상호작용이 불가능하고 치료사의 적극적인 개입이 필요한 상황일 경우 치료사가 음악을 선곡하는 것이 일반적이다. 치료사는 음악을 선곡할 때 내담자의 상태와 요구에 따라 음악을 선곡한다. 다음은 예시이다.

내담자	내담자의 상태	내담자의 요구	음악 특성	음악 예시
신생아	스트레스 흥분	이완과 진정	진정의 음악	'Music for dreaming' 멜버른 심포니 오케스트라 연주 -자장가와 같은 특징의 기악연주 음악 -60bp(심장박동) 빠르기의 음악 Ensemble Melbourn symphony orchestra music for dreaming
말기암	불안, 공포	진정	평화의 종교음악	'Amazing grace'(기독교인인 경우)
일반 성인	우울	우울의 원인 찾기(나는 왜 우울한가?)	심상자극 음악	심상음악치료의 경우 치료사가 현재 내담자의 상태와 요구에 따라 기존의 프로그램 중에서 선택함

② 음악 선곡의 기준

◎ 진정의 음악 vs. 자극의 음악

진정의 음악(soothing music)은 심신의 이완과 진정을 목적으로 하는 자장가나 뉴에이지 음악과 같은 특징의 음악을 의미한다. 음악은 반복적이고, 예측 가능하며, 안정적인 신체, 생리적 동조화를 이끌어 낼 수 있는 구조여야 한다. 반면, 자극의 음악(stimulative music)은 심상 자극을 유도하는 화성, 리듬, 음색, 다이내믹과 같은 음악적 요소들이 특정 대상이나 상태를 모방하여 표현한 미메시스(mimesis)인 경우이다. 자극과 진정은 단어 의미상 대비되는 개념이지만 실제 수용적 음악치료에서 진정과 자극의 음악 구분은 모호하다. 왜냐하면 음악을 통해 특정 심상을 떠올리며 정서, 생리적으로 높은 각성을 경험하기도 하지만 반대로 음악이 주는 심상 자극에 우리의 몸과 마음이 진정되기도 하기 때문이다. 다음의 음악들을 감상해 보고 진정의 음악, 심상을 통한 진정의 음악, 심상을 통한 몸과 마음의 각성의 음악이 어떤 것인지 비교해 보자.

Arvo Pärt. Spiegel im Spiegel for cello and piano

Bizet. Carmen Suite No. 1. Entr'act (act III) 플루트와 하프

Geirr Tveitt. Vélkomne med æra(Welcome with Honour)(하프와 바순으로 시작하는 신비로운 듯한 음악)

David Arkenstone & Kostia. The cello's song

Enya. Watermark

◎ 친숙한 음악 vs. 새로운 음악

일반적으로 음악치료에서 내담자들은 친숙한 음악에 안정감을 느낀다. 음악에 대한 친숙함은 음악의 출처와 경험을 정확히 기억하는 외현적 기억(explicit memory)과 정확히 알 수는 없지만 정서적으로 친숙하고 들어 본 것 같은 느낌의 암묵적 기억(implicit memory) 모두 해당된다. 예를 들어, 드뷔시의 〈La fille aux cheveux de lin(아마빛 머리의 소녀)〉라는 피아노곡을 듣고 그것이 드뷔시의 곡이라는 것, 그리고 음악과 관련된 연상기억이 떠오른다면 외현적 기억이다. 암묵적 기억은 누구의 곡인지, 언제 들었는지 정확하게 기억나지 않지만 정서적으로 친숙함을 느끼며 어디선가 들어 본 것 같은 느낌의 기억이다. 이때의 심상은 암묵적 기억 속 경험의 내용인 경우가 많다.

수용적 음악치료에서 친숙한 음악의 사용은, 첫째, 스트레스나 불안이 높은 내담자들의 정서적 안정을 목적으로 사용되며, 둘째, 내담자의 단순 기억 자극에서부터 과거 기억을 떠올려 정서적 의미를 탐색함으로써 심리적 통찰을 유도하는 목적으로까지 사용된다. 신생아, 말기암 환자, 치매 노인, 통증과 불안이 높은 병원 입원 환자들에게 친숙한 음악을 들려주는 것이 대표적인 예이다.

한편, 새로운 음악은 주로 내담자의 심상 창출, 경험의 확장, 심리적 자극을 목적으로 사용된다. 내담자에게 새로운 음악은 새로운 감각적 자극을 제공하며, 이를 통해 새로운 심상을 구성하게 하는 기회를 갖게 한다. 또한 새로운 음악을 접하는 것은 내담자에게 익숙하지 않은 감정과 경험을 탐색할 기회를 준다. 낯선 음악은 기존의 경험과 패턴에서 벗어나 새로운 자극을 주기 때문이다. 이는 창의적 사고를 자극하고 감정적 반응을 확장시켜, 내담자가 자신의 감정을 더 깊이 탐색하고 표현할 수 있는 기회를 제공한다. 더 나아가 다양한 장르와 스타일의 새로운 음악을 경험함으로써 내담자는 문화적 배경을 확장하고 여러 관점을 이해하게 된다. 이 과정은 내담자로 하여금 보다 풍부하고 다채로운 심리적 경험을 하게 하여, 전체적인 치료 효과를 증진시키는 데 중요한 역할을 한다.

새로운 음악은 낯설지만 개인의 고유한 심상을 경험하게 한다. 심상 형성의 구성요소는 연주 악기의 음색, 음악의 빠르기, 스케일, 다이내믹, 오케스트레이션 등의 음악적 특징, 현재 내담자의 기분 그리고 음악에 대한 문화적 배경이다.

음악의 친숙함은 음악과 관련된 연상기억을 떠올리기 쉽게 하며, 새로운 음악은 음악 자체의 특성을 통해 심상을 구상하게 한다. 치료사는 음악 선곡 시 친숙한 지루함이나 새로운 낯섦이 아닌, 친숙한 안정감과 새로운 신선함을 느낄 수 있는 음악 선곡이 필요할 때가 많다.

다음의 음악이 친숙하다면 떠오르는 기억의 내용이 무엇인지 생각해 보자. 그 심상의 출처가 어디인지 찾아보자.

Secret Garden/serenade for spring

Pachelbel: Canon in D.

Saite: Gymnopédie No. 1

Rodrigo: Concerto de Aranjuez.2nd movement

다음의 음악이 새로운 경험이라면 어떠한 심상이 떠올랐는지 생각해 보자. 현재 기분과 심상이 관련이 있을까 생각해 보자.

Bach: Prelude in b minor

Respighi: The Birds 'The nightingale'

Shostakovich piano concerto No. 2, Andante

◎ 음악과 연상

치료사가 치료적 목적을 위해 음악을 선곡할 때 음악과 관련되어 나타날 수 있는 모든 연상을 고려하는 것은 사실상 불가능하다. 그러나 다음의 두 가지 기본적인 가이드라인을 제시할 수 있다.

첫째, 선곡된 음악이 내담자에게 부정적인 평가적 조건을 갖는가의 여부이다. 예를 들어, 모차르트 피아노 협주곡 21번 2악장은 아름답고 서정적인 이완의 음악으로 심상유도를 위해 매우 효과적인 작품이다. 그러나 이 음악은 사랑하는 연인들이 자살로 생을 마감하는 비극적인 이야기를 담고 있는 영화 〈엘비라 마디간〉의 주제 음악이기도 하다. 물론 아주 오래된 영화이며 일반적으로 크게 알려진 영화는 아니지만 연세가 있는 분들이라면 익숙한 영화이다. 더군다나 이 영화는 실화를 바탕으로 만들어졌다고 알려져 있어 주제곡인 모차르트의 음악이 누군가에게는 비극적 사랑이라는 슬픔을 연상하게 할 수도 있다. 또한 자장가로 많이 알려진 〈섬집아기〉는 국내의 많은 공포영화에서 사용되었기에 누군가는 이완보다는 공포감을 느낄 수 있다. 이와 같은 경우에서 보듯이 음악 선곡 시 음악과 관련된 강력한 감정을 유도하는 스토리의 유무는 반드시 고려해야 할 대상이다.

둘째, 선곡 음악이 광고음악으로 사용되어 내담자가 음악에 대한 긍정적 이미지와 특정 시각적 심상을 이미 갖고 있는가의 여부이다. 광고에서는 클래식 또는 뉴에이지 음악이 배경음악으로 자주 사용된다. 문제는 이미 노출된 이러한 음악을 감상할 경우, 내담자가 광고의 이미지를 심상으로 떠올릴 수 있다는 것이다. 대표적으로 에릭 사티(Erick Sati)의 〈짐노페디〉, 그리그(Edvard Grieg)의 〈아침 조곡〉 같은 음악들은 다양한 광고에서 사용되어 왔다. 대부분 광고에 사용되는 음악은 긍정적 이미지를 갖고 있어 부정적인 영향은 없지만 순수한 내담자의 심상을 불러오기는 어렵다. 또 다른 예를 들어 보자. 리하르트 슈트라우스의 〈차라투스트라는 이렇게 말했다〉는 음악만 들었을 때는 심오한 음악이다. A는 이 음악을 듣고 익숙하지만 잘 기억하지는 못했다. 그는 음악을 듣고 추운 겨울 어린아이들의 이미지가 떠올랐고 심오한 음악이라기보다는 가볍고 재미있는 느낌이었다. 그가 경험한 심상과 느낌은 바로 TV 아이스크림 광고의 이미지였다(광고 싸만코의 기원). 전날 시청한 드라마의 내용이 꿈으로 나타나는 경우처럼 일상에서 음악과 짝을 이룬 심상이 자동적으로 떠오르기도 한다.

꿈에 나타난 내용이 모두 무의식적 욕망과 갈등을 상징하지는 않는다. 우리가 일상에서 경험한 내용들이 기억의 조각으로 의식의 저편에 가라앉아 있다가 재편성되어 수면 중에 나타나는 것이 꿈이다. 그중 무의식의 신호라고 볼 수 있는 특별한 내용을 탐색하고 그 의미를 밝히는 것이 정신분석치료의 한 과정인데 망망대해에서 바닷속에 빠진 물건을 찾는 것만큼 시간과 노력이 필요한 작업이다.

심상음악치료에서 심상 역시 마찬가지이다. 내담자가 경험하는 모든 심상이 치료적 자료가 되지는 않는다. 음악을 들을 때 떠오르는 심상은 일상적 경험에 근거한 단순한 기억일 수도 있고, 개인의 깊은 무의식에 자리 잡은 욕망이나 갈등을 반영할 수도 있다. 더 나아가 이러한 심상은 인류가 공유하는 집단 무의식의 상징적 이미지일 수도 있다. 예를 들어, 특정 곡이 어린 시절의 추억을 떠올리게 한다면 이는 단순한 기억의 조각이다. 반면, 같은 곡이 어떤 사람에게는 설명할 수 없는 불안감을 유발한다면 이는 개인 무의식의 반영일 수 있다. 또한 종교적 음악이나 고전 음악이 경외감이나 숭고함을 느끼게 하는 것은 집단 무의식과 연결된 심상을 불러일으키는 사례라 할 수 있다.

따라서 음악치료에서 음악이 불러일으키는 다양한 심상을 탐색하고 그 의미를 해석하는 과정은 치료적으로 매우 중요하다. 이는 단순한 기억의 조각들을 통합하는 것에서부터, 내담자의 무의식적 갈등을 표면화하고, 더 나아가 인류가 공유하는 보편적 심상에 이르기까지 폭넓은 치료적 자료를 제공할 수 있다. 이와 같은 작업은 내담자가 자신의 내면 세계와 깊이 연결되고, 자기 이해를 증진시키며, 궁극적으로는 심리적 치유와 성장을 도모하는 데 중요한 역할을 한다.

사랑의 세레나데가 불러온 분노

심상음악치료사 A는 30대 여성과의 심상음악치료 세션 중 Secret garden 앨범의 〈Serenade to spring〉이라는 바이올린 곡을 들려주었다. 우리나라에서는 〈10월의 어느 멋진 날에〉라는 노래로 유명한 곡이다. 치료사는 내담자가 이 음악에 이완, 평안, 생각의 정리와 같은 것을 경험하기를 기대하며 심상음악치료 세션 마지막 부분에 음악을 들려주었다. 그런데 내담자는 음악이 나오자 감고 있는 눈을 뜨고 벌떡 일어나 분노에 치를 떨었다. 당황하고 놀란 치료사는 음악을 끄고 내담자에게 왜 그런지 물어보았다. 내담자는 〈Serenade to spring〉이라는 음악이 자신의 결혼식 축가로 사용된 음악이었으며 6개월 전 남편과 이혼한 상태라고 하였다. 치료사는 내담자와 깊은 대화 없이도 음악에 대한 내담자의 반응에서 이혼의 상처가 여전히 용광로처럼 뜨거운 분노임을 알 수 있었다. 치료사는 내담자의 이야기를 충분히 들어 주고 힘들고 어려운 사연을 치료사와 함께 나누어 주어서 고맙다는 표현으로 세션을 마무리했다고 한다. 음악을 전문적으로 사용하는 심상음악치료사도 각 개인마다의 음악에 대한 부정적 평가적 조건은 내담자가 말하기 전에는 알 수 없다. 그러나 다른 한편으로 내담자가 보이는 음악적 반응으로 그 감정의 질과 깊이를 알 수 있었기에 의미 있는 세션이었다고 한다.

(6) 치료사의 언어적 개입

음악 선택과 함께 치료사는 언어적 개입 여부와 개입의 수준을 결정해야 한다. 신생아 집중 치료실의 아기를 위한 수용적 음악치료에서 치료사의 언어적 개입은 치료적으로 특별한 의미를 갖지 않지만, 성인 우울증 환자를 위한 심상음악치료에서 언어적 개입은 치료에 중요한 부분이다. 다음은 수용적 음악치료의 언어적 프로세스 부분이다.

① 음악감상 전 사전 토의

음악감상 전 치료사와 내담자는 간단하게 대화를 나눈다. 대화를 통해 그날 다룰 이슈를 결정하기도 한다.

② 이완 유도

치료사는 음악감상 전 내담자가 충분히 이완된 상태가 될 수 있도록 다양한 방식의 언어적 중재를 시행한다. 이완을 위해 언어적 중재를 하는 동안 배경음악의 사용 유무는 치료 환경에 따라 치료사가 결정한다. 특정한 내용을 지시하는 지시적 심상일 경우 심상에 적절한 배경음악을 사용하기도 한다.

◎ **간단한 이완 예시**

눈을 감고 깊게 숨을 들이쉬고 내쉬어 보세요.
들이쉬고 내쉬고……. (3번 정도 반복)
이제 어떠한 긴장이나 스트레스는 내려놓고 음악에 당신의 몸과 마음을 맡겨 보세요.

◎ **신체 이완 예시**

발끝에 주의를 기울이세요. 발가락이 느슨하고 이완되는 것을 느껴 보세요.
이제 그 느낌이 발목을 지나 종아리로 전해집니다. 근육이 편안하게 이완됩니다.
따뜻하고 편안한 느낌이 무릎을 지나 허벅지로 흐릅니다. 이제 다리 전체가 완전히 이완되었습니다.
이 이완의 느낌이 엉덩이와 골반으로 전해지면서 당신은 어떠한 긴장이나 불편함도 느끼지 못합니다.
이제 그 느낌을 아랫배로 가져가세요.
이제 이 완전한 이완의 느낌을 등으로 가져와서, 중간과 상부 등의 긴장을 풀어 보세요.
이제 등 전체가 완전히 이완되었습니다.
가슴과 숨에 주의를 기울이세요. 숨을 들이마실 때, 상쾌한 에너지가 몸 안으로 들어오는 것을 상상해 보세요. 내쉴 때, 모든 스트레스와 긴장이 떠나가는 것을 상상해 보세요.
어깨에 주의를 기울이고, 어깨를 아래로 내려놓고 모든 긴장도 놓아 보세요.
그 이완된 느낌이 팔로 흘러내려 손끝까지 퍼져 갈 수 있게 해 보세요. 팔은 무거우며 느슨하고 이완된 상태입니다.
이완된 느낌이 목을 지나 얼굴과 턱으로 퍼지도록 해 보세요.
볼, 이마, 두피의 근육을 이완시키고 얼굴 전체가 완전히 이완된 상태입니다.

◎ **지시적 심상 이완 예시**

마음속에서 평온하고 고요한 장소를 상상해 보세요. 해변, 숲 또는 평화를 느끼게 해 주는 어느 곳이든 좋습니다.
그 평화로운 장소에서 있는 자신을 상상해 보세요. 따뜻한 햇빛, 부드러운 바람, 자연의 부드러운 소리를 느껴 보세요.
당신의 감각은 이 평화로운 환경에 흠뻑 빠져 있습니다.
이곳에서 당신이 깊은 평온과 이완의 느낌으로 가득 차 있는 상상을 해 보세요.

모든 남아 있는 생각이나 걱정을 흐르는 물 위에 떠내려가는 낙엽처럼 떠나게 두세요. 마음은 맑고 평화로워집니다.

치료사는 음악을 들려주면서 동시에 내담자가 특정 심상에 집중할 수 있도록 의도적으로 특정 내용의 내레이션을 하기도 한다. 치료사의 내레이션은 음악과 함께 구체적인 시각적 심상을 제시하여 내담자가 원하는 심상에 몰입하는 것을 도와준다. 예를 들어, 입원 아동의 불안감 감소와 긴장 이완을 위해 치료사는 진정의 기악음악(예: Music for dreaming produced by Cherie Ross)을 들려주면서 동화를 읽어 주듯이 내레이션을 한다. 치료사의 내레이션이 심상을 유도하는 주요 방법이므로 음악의 박자와 빠르기는 일정하고(일반적으로 bp60 정도의 빠르기), 소리는 크지 않고, 음악적 다이내믹이 적고 충분히 예측 가능한 음악적 구조가 적당하다. 또한 음악과 음악 사이에 큰 변화가 느껴지지 않는 연속이 있어야 한다. 음악 전체 트랙에서 음악적 차이가 느껴지지 않는 것이 좋다.

Music for dreaming

◎ **좋아하는 장소에 대한 심상 내레이션**

좋아하는 장소 심상은 입원 환자, 특히 아동들에게 많이 사용되는 방법이다. 자장가와 같은 특징의 배경음악을 들려주면서 치료사는 다음과 같은 내레이션을 한다.

- 가고 싶은 곳

○○가 가고 싶은 곳, ○○가 좋아하는 곳을 생각해 봐. 그곳은 아마 밖에 있을 수도 있고 이 안에 있을 수도 있겠지……. 아마 비밀스러운 장소일 수도 있겠네. 난 그곳이 어딘지 모르지만 ○○는 알고 있지……. 자, 멋진 장소를 생각해 봐. 그곳에서 있는 것이 얼마나 행복한지 느껴 봐. 그곳에는 아마 너와 함께 다른 사람들도 있겠지. (아동의 가족, 친구 또는 애완견 이름을 말할 수도 있다.)

- 바다 위에 태양이 떠오르는 심상 내레이션

푸른 바다를 바라보고 있다고 상상해 보세요. 지금은 이른 아침입니다. 당신은 물 위에서 태양이 조금씩 떠오르는 것을 보고 있습니다. 천천히 노란 태양이 나타나면서 점점 커집니다. 태양 광선의 따뜻함이 온몸으로 느껴집니다. 당신의 머리 위에 부드러운 태양이 느껴집니다. 그리고 태양의 느낌은 어깨에도 느껴집니다. 당신의 손과 팔에서 태양의 따스함이 전해집니다. 이제 태양의 따뜻함은 점차 당신의 등, 배, 다리 그리고 발끝까지 느껴집니다. 이제 태양은 하늘에 높이 떠 있습니다. 그리고 당신의 몸은 따뜻함이 느껴집니다.

- 꽃 초점화

당신의 마음속에 꽃 하나를 떠올려 보세요. 그리고 그 꽃을 자세히 관찰해 보세요. 꽃의 색깔은 어떤지, 꽃잎의 모양은 어떤지, 혹시 꽃에서 향기가 나는지 느껴 보세요. 자, 이제 당신은 꽃의 중심에 집중하면서 꽃의 아름다움을 즐기고 있습니다.

◎ 심상 자극을 위한 동화 예시

Clair de lune

〈반딧불이와 별들의 춤〉

한때 작은 마을의 끝자락에 있는 숲속에는 밤마다 특별한 일이 벌어졌습니다. 그 숲은 마법의 숲으로 불리며, 여름이 되면 밤마다 반딧불이들이 모여 아름다운 춤을 추었습니다. 사람들은 이 광경을 보기 위해 숲을 찾았고, 반딧불이들의 빛이 만들어 내는 황홀한 무대는 누구에게나 따뜻한 기억을 남겼습니다.

어느 날 밤, 어린 소녀 루나는 엄마의 손을 잡고 숲을 찾았습니다. 루나는 반딧불이들의 춤을 처음 보게 될 생각에 가슴이 두근거렸습니다. 숲속에 들어서자마자, 루나는 반짝이는 빛들이 여기저기서 춤추는 모습을 보고 눈을 크게 떴습니다. 그 빛들은 마치 작은 별들이 내려와 춤을 추는 것 같았습니다.

루나와 엄마는 큰 나무 아래에 자리를 잡고 앉았습니다. 그곳에서 반딧불이들은 루나의 주위를 맴돌며 그녀에게 인사를 건넸습니다. 루나는 손을 뻗어 반딧불이 하나를 손바닥 위에 올려놓았습니다. 반딧불이는 루나의 손에서 부드럽게 빛을 내며, 마치 자신의 이야기를 들려주는 것 같았습니다.

그 순간, 숲속 깊은 곳에서 은은한 음악 소리가 들려왔습니다. 루나는 놀라서 소리가 나는 방향을 바라보았습니다. 그곳에는 작은 연못이 있었고, 연못가에는 요정들이 모여서 악기를 연주하고 있었습니다. 요정들의 음악은 반딧불이들의 춤과 완벽하게 어우러져, 숲속은 마치 꿈속의 한 장면처럼 변했습니다.

루나는 조심스럽게 연못가로 다가갔습니다. 요정들은 루나를 반갑게 맞이하며, 함께 춤을 추자고 초대했습니다. 루나는 손을 잡고 요정들과 함께 춤을 추기 시작했습니다. 요정들은 루나에게 숲의 비밀을 하나씩 알려 주었습니다. 반딧불이들의 빛은 별들이 내려와 준 선물이며, 그 빛은 마음이 따뜻한 사람들에게만 보인다는 것이었습니다.

밤이 깊어 갈수록 숲속의 빛과 음악은 더욱더 아름다워졌습니다. 루나는 요정들과 함께 춤을 추며, 이 순간이 영원히 계속되기를 바랐습니다. 마침내 음악이 잦아들고 반딧불이들이 하나둘씩 사라지기 시작했습니다. 요정들은 루나에게 작별 인사를 하며, 다시 만날 날을 약속했습니다.

루나는 엄마의 손을 잡고 집으로 돌아가며, 숲속에서의 특별한 밤을 잊지 못했습니다. 그녀는 마음속에 따뜻한 빛을 간직하며, 매년 여름밤마다 숲을 찾아 반딧불이와 요정들을 만나는 꿈을 꾸었습니다. 그 밤의 기억은 루나에게 언제나 희망과 사랑을 전해 주는 소중한 선물이 되었습니다.

③ 음악감상 중 언어 가이드

전통적인 심상음악치료 모델인 BMGIM(Bonny Method Guided Imagery and Music)에서는 내담자가 편안한 카우치 또는 침대에 누워서 눈을 감고 음악을 감상하면서 떠오르는 또는 경험하는 심상을 치료사에게 이야기한다. 이때 치료사는 내담자의 심상 경험을 인도하는 가이드로서 내담자와 언어적 상호 교류를 한다. 반면, 5~10분 사이의 비교적 짧은 음악감상에서는 내담자가 치료사의 언어적 가이드 없이 음악을 감상한다.

④ 음악감상 후 프로세스

음악감상 후 내담자는 자신의 심상 경험을 언어적으로 표현하고 치료사는 그 경험에 대하여 필요에 따라 공감과 지지 그리고 내담자의 통찰을 도울 수 있는 질문과 해석을 한다.

(7) 기타 수용적 음악치료 기법

수용적 음악치료 기법은 순수한 음악감상, 음악감상과 함께 치료사의 내레이션, 음악감상과 미술활동, 음악과 동작을 들 수 있다. 엄격하게는 순수한 음악감상이 수용적 음악치료에 해당하지만 음악과 함께 이야기 듣기, 음악을 감상하면서 미술작품 만들기, 음악에 맞추어 움직이기 역시 광의에서 수용적 음악치료의 한 범주에 포함될 수 있다.

제 5 장

음악심리치료

1. 음악심리치료의 접근 수준에 따른 분류

2. 심리치료 이론과 기법을 적용한 음악치료

내용 미리보기

1. 음악심리치료는 치료의 시기와 환자의 상태에 따라 지지적 수준, 재교육적 수준, 재구성적 수준으로 진행된다.

2. 지지적 수준의 음악치료는 내담자가 편안하게 자기 표현을 할 수 있도록 지원하며, 정서적 안정과 지지를 제공하는 치료 단계이다. 통찰을 위한 재교육적 수준의 음악치료는 내담자가 음악을 통해 정서와 사고를 탐색하고 자신의 문제를 이해하고 새로운 깨달음을 얻도록 돕는 단계이다. 통찰을 위한 재구성적 수준의 음악치료는 무의식의 깊은 문제를 탐색하여 현재 문제의 원인을 찾는 단계이다.

3. 행동주의 이론 중 고전적 조건 형성은 자극과 자극 간의 연합을 통해 학습이 이루어진다는 이론이다. 음악치료에서는 이러한 원리를 사용하여 특정 음악과 사건을 연관시켜 원하는 반응을 유도할 수 있다. 상향식 접근법은 새로운 조건을 형성하고, 하향식 접근법은 이미 형성된 조건을 활용하여 긍정적 반응을 유도한다.

4. 조작적 조건 형성은 행동의 결과에 따라 행동이 증가하거나 감소한다고 보는 이론이다. 스키너의 실험에 따르면, 정적 강화는 보상 자극을 제공함으로써 행동의 빈도를 높이고, 부적 강화는 불쾌한 자극을 제거하여 행동을 증가시킨다. 음악치료에서는 이러한 원리를 적용해 음악을 통한 강화나 벌로 행동을 조절할 수 있다.

5. 행동주의 음악치료는 내담자의 행동 변화를 측정하고 관찰할 수 있어야 한다는 원칙을 기반으로 한다. 행동수정, 인지발달, 운동 능력 향상 등을 목적으로 음악은 자극제 및 강화제로 사용된다. 이 과정에서 치료사는 선행사건과 음악 그리고 결과 사이의 올바른 유기적 관계를 분석하여 음악 중재를 시행해야 한다.

6. 정신분석은 프로이트에 의해 시작된 심리학 이론 및 치료 방법으로, 무의식을 탐색하고 의식화하는 작업이다. 19세기 독일과 프랑스 의학계에서 히스테리를 연구하던 프로이트는 샤르코의 최면치료법에 영향을 받아 자신의 환자들에게 적용했다. 프로이트와 브로이어는 『히스테리 연구』를 통해 안나 O의 사례를 분석하며 억압된 무의식의 표현이 히스테리 증상을 완화하는 것을 발견했고, 이는 정신분석의 탄생과 발전에 중요한 계기가 되었다.

7. 정신분석에서 음악은 그라프를 시작으로 1950년대 이후부터 본격적인 논의가 시작되었으며 1960년대 말 1970년대 초에 이르러 정신분석 이론을 기반으로 한 음악치료 모델들이 등장하기 시작하였다.

8. 정신역동적 음악치료에서 즉흥연주는 무의식적 일차과정의 내용을 현실적인 음악적 기교와 법칙이라는 이차과정을 통해 표현하는 3차과정이다.

9. 즉흥연주와 음악 심상은 정신분석적 음악치료에서 가장 보편적으로 사용되는 방법이며, 이는 정신분석의 자유연상을 음악적 형태로 변형한 방식으로 이해할 수 있다.

10. 인지치료의 기본 이론은 우리에게 심리적 고통을 야기하는 것은 고통을 일으킨 사건 자체이기보다는 그 사건에 대하여 우리가 부여하는 의미라고 상정한다. 따라서 내담자의 인지적 왜곡을 수정하고 인지적 재구

성을 돕는 것이 치료의 목표가 된다.

11. 인지행동 음악치료는 감정과 사고의 상호작용을 통해 행동의 변화를 유도하는 접근법이다. 음악을 통해 인지적 왜곡이나 자동적 사고를 탐색할 뿐만 아니라 강점을 발견하게 함으로써 감정과 사고의 변화를 유도한다.

12. 긍정심리학은 인간의 행복과 웰빙을 연구하는 분야로, 문제 중심의 심리학에서 건강 중심의 심리학으로의 새로운 전환을 이끌었다. 셀리그먼은 풍요롭고 행복한 삶을 위해 긍정적 정서, 참여, 관계, 의미, 성취의 중요성을 강조하였다. 그는 특히 개인이 어떤 활동에 몰입할 때, 이러한 요소들이 상호작용하여 웰빙을 유의미하게 증진시킬 수 있다고 주장하였다.

13. 긍정적인 정서 경험은 사고와 행동을 확장시켜 간접적이고 장기적인 적응적 효과를 가져오며, 이러한 확장이 개인의 자원으로 축적된다. 프레드릭슨의 확장 및 구축 이론에 따르면, 긍정적 정서 경험은 학습과 자원 축적을 통해 개인 성장에 기여한다.

14. 긍정심리 음악치료에서 중요한 세 가지 요소는, 첫째, 내담자의 기능과 필요에 맞는 최적의 음악을 선택하여 긍정적 정서를 유도하는 것, 둘째, 내담자의 의지와 노력을 요구하는 도전적인 음악활동을 구성하여 성취감을 높이는 것, 셋째, 음악치료에서 얻은 경험이 일상으로 확장되고 개인의 자원으로 축적되도록 돕는 것이다.

1. 음악심리치료의 접근 수준에 따른 분류

음악심리치료(music psychotherapy)는 심리학과 심리치료의 이론을 기반으로 한다. '행동주의 음악치료', '정신분석 음악치료', '인지행동 음악치료', '긍정심리 음악치료' 등 음악치료라는 단어 앞에 다양한 주류 심리학의 명칭들은 각각의 심리학적 이론과 방법이 음악치료에 적용됨을 의미한다.

내담자에게서 나타나는 문제를 해결하기 위한 접근법은 심리치료마다 상이하다. 예를 들어, 어떤 사람이 강박증으로 고통받고 있다고 가정해 보자. 행동주의 치료에서는 관찰되는 강박 행동을 수정, 제거하기 위해 다양한 조건 및 자극 기법이 사용된다. 반면, 정서, 사고의 변화를 중요시하는 치료 접근은 강박증을 유발하는 비합리적 사고나 부정적 감정을 탐색하고 변화시키는 것을 중심 목표로 삼는다. 행동의 변화를 위해서는 생각과 정서라는 내면적 변화가 전제되어야 하기 때문이다. 마지막으로 현재 강박증의 원인이 내담자의 무의식에 자리하고 있다고 본다면, 치료는 내면의 무의식적 갈등을 탐색하고 그 내용을 의식화하는 과정을 통해 문제의 원인을 다루게 된다. 행동치료, 인지치료, 정신분석치료로 분류될 수 있는 이 방법들은 현재의 문제행동치료를 위해 각각 다른 접근법을 취하는 대표적인 예이다. 항상 그런 것은 아니지만, 많은 경우 치료에 걸리는 시간은 행동치료-인지치료-정신분석치료의 순이다. 행동치료는 문제행동의 수정과 제거에 집중하여 치료 기간은 길지 않은 편이다. 반면, 현재의 문제를 의식도 아닌 무의식의 세계에서 찾으려는 정신분석치료는 많은 시간을 요구한다. 음악치료에서도 이러한 현상은 다르지 않다. 다만, 음악심리치료에서는 엄격한 방법론적 구분보다는 지지적 수준(supportive level), 재교육적 수준(reeducative level), 재구성적 수준(reconstructive level)의 과정으로 구분되어 치료가 진행된다.[1] 각 수준의 엄격한 구분 기준은 없지만 치료의 시기와 환자의 상태에 따라 각각의 수준별 접근법이 적용된다.

---

1) Barbara Wheeler, "A Psychotherapeutic Classification of Music Therapy Practice: A Continuum of Procedures," *Music Therapy Perspectives* 1(2) (1983): 8-12. 이 논문에서 휠러는 처음으로 심리치료로서의 음악을 활동중심의 지지적 수준, 통찰을 위한 재교육적 수준, 통찰을 위한 재구성적 수준으로 범주화하였는데, 이 구분은 Lewis Wolberg 저서 *The Technique of Psychotherapy*에서 제시한 범주를 기반으로 한 것이다.

1) 지지적 수준의 음악심리치료

심리치료의 중요한 요소 중 하나는 치료를 받으려는 내담자의 의지이다. 치료에 대한 의지가 충분한 내담자는 자신의 변화를 위해 치료에 적극적으로 참여한다. 타인의 말을 경청하고 자신의 감정과 생각을 솔직하게 이야기하며 치료사의 질문이나 요구사항에 적극적으로 반응하고 따르는 행위는 치료에 대한 동기부여가 확실하고 의지가 충분한 내담자에게 나타나는 모습이다. 이런 내담자일수록 성공적인 치료 효과를 기대할 수 있다. 그래서 음악심리치료에서 솔직하게 잘 말하고 경청하는 언어적 행위는 음악만큼이나 중요한 요소로 간주된다. 내담자와 치료사 간의 언어적 소통에서 공감대 형성이 담보되지 않으면 효율적인 치료가 진행될 수 없기 때문이다.

음악의 사용도 마찬가지이다. 솔직하게 잘 말하고 경청하는 언어적 과정만큼 음악적 표현과 상호작용은 치료에서 중요한 부분을 차지한다. 그런데 음악이 더해지는 음악심리치료에서 음악은 양날의 검이 될 수도 있다. 내담자와의 관계형성, 내담자의 자기개방, 자기 통찰 등이 수월하게 진행되도록 하기 위해서는 말보다 음악이 더 효과적인 경우가 많지만 다른 한편으로는 음악활동이 내담자에게 부담, 위축, 두려움 등 부정적으로 작용될 수도 있기 때문이다.

음악치료실에 처음 오는 대부분의 내담자가 치료를 시작하며 많이 하는 말 중 하나는 "전 음악은 좋아하지만 잘하지 못해요."이다. 이 말은 사실 "난 음악을 듣기만 하고 참여하진 않겠어요.", "같이 노래를 부르거나 합주하는 것은 하겠지만 솔로는 시키지 마세요."와 같이 음악활동에 대한 저항과 부담감을 함축하고 있다. 내담자의 이러한 심리적 부담감과 저항을 최소화하여 편안하고 즐거운 음악활동이 이루어지는 환경을 조성하기 위해서는 치료사의 심리적, 음악적 지지가 필요하다.

심리적 지지란 치료사가 내담자의 자기표현이 충분히 이루어질 수 있도록 안전한 환경을 만들어 주는 일이다. 이를 위해 치료사는 내담자에 대한 비판이나 편견 없는 수용적인 태도와 지지적인 표현을 견지해야 한다. 치료사는 내담자의 음악을 충분히 듣고 필요에 따라 내담자의 감정을 음악적으로 반영함으로써 음악적 지지를 표현할 수 있다. 치료사의 음악적 지지는 내담자의 음악적 표현이 더 풍성해질 수 있도록 해야 한다. 때론 내담자가 표현하지 못하는 감정의 내용까지 음악적으로 대신 표현해 줄 수도 있어야 한다. 이때 내담자가 치료사의 음악으로부터 응원과 위로를 받는 느낌을 가질 수 있도록 하는 것이 중요하다. 치료사는 필요에 따라 레크리에이션 수준의 음악활동(음악 게임), 탐색적 수준의 즉흥연주 또는 가사 내용에 관한 토의 등 내담자의 부담은 최소화하고 자기 노출은 최대화하는 치료적 환경을 조성해야 한다. 다음은 실제 임상에서 지지적 수준의 음악심리치료가 진행된 예이다.

음악치료사는 과거 성매매를 직업으로 하던 10대 후반부터 30대 초반 사이의 여성들을 대상으로 하는 심리재활 프로그램의 일환으로 음악치료 세션을 진행하였다. 기관의 여성들은 새로운 직업을 위한 교육에는 적극적인 반면 음악치료에는 별 관심을 보이지 않았기에 집단원들의 자발성 역시 매우 부족한 상태였다. 그러던 어느 날 치료사는 가수 커피소년의 노래 〈다리미〉를 들려주고 함께 불러 보았다. 대부분의 여성은 이 노래를 처음 들어 보았는데 듣자마자 자신의 마음을 위로해 주고 이해해 주는 것 같은 가사에 흥미를 보이며 음악치료사에게 경계를 풀고 자신의 이야기를 하기 시작했다. 이후 음악치료사는 일명 '다리미 선생님'으로 불리게 되었다.

다리미 다리미 다리미 다리미

다 구겨졌어요 다 해어졌어요
원래는 빳빳했는데 다 구겨졌어요

다 찢겨졌어요 너덜너덜해요
원래는 매끈했는데 많이 망가졌어요

다리미 다리미 다리미 다리미

구부러졌어요 펴지지 않아요
원래는 곧았었는데 구부러졌어요

칙칙해졌어요 빛이 바랬네요
원래는 고왔었는데 많이 상했네요

다리미 다리미 다리미 다리미
다리미 다리미 다리미 다리미

애가 이렇게 한숨 쉴 애가 아닌데
마음에 큰 짐들이 너무 너를 눌렀구나

커피소년–다리미

애가 이렇게 불행할 애가 아닌데
계속 찾아온 걱정이 행복을 가렸구나

하나하나 조각을 맞춰 조심히 다려 줄게
내가 널 다시 펴 줄게 참 곱고 아름다웠던
원래 네 모습으로

못나지 않아 넌 참 예뻐 그 누가 뭐라 해도
이제는 나를 바라봐 분명히 달라질 거야
원래 너의 모습으로

다리미 다리미 다리미 다리미
다리미 다리미 다리미 다리미
다리미

지지적 수준의 음악치료에서 음악은 내담자의 이야기를 끄집어내는 마중물이 되어야 한다. 앞서 제시한 노래 〈다리미〉의 사례는 내담자를 이해하고 위로해 주는 듯한 노래 한 곡이 치료에서 자기개방을 촉진한 좋은 예이다. 지지적 수준에서는 내담자의 치료적 이슈가 되는 문제행동의 원인을 찾거나 해결 방법을 모색하기보다는 문자 그대로 내담자를 수용하고 지지해 주는 것을 목적으로 한다. 그리고 이러한 수용과 지지의 분위기는 치료사와 내담자 사이에 치료를 위한 협력적 동맹 관계 형성에 결정적인 요소가 된다. 치료사와 내담자 사이의 친밀관계와 상호 신뢰감을 기반으로 내담자의 솔직하고 충분한 자기개방이 이루어진다면 전체 치료과정에서 가장 기본이 되는 지지적 수준의 환경이 마련된 것이다. 그러면 그 다음 단계인 재교육적 수준의 음악심리치료 단계로 넘어가 구체적인 치료 목적을 달성하기 위한 접근이 시행된다.

2) 통찰을 위한 재교육적 수준의 음악심리치료

지지적 수준의 음악치료는 만성 조현병 환자, 심각한 신체적 질병 환자, 인지장애 환자에 이르기까지 대부분의 내담자에게 적용되는 수준의 접근이다. 그러나 통찰을 위한 재교육적 수준의 음악심리치료 대상자의 범위는 지지적 수준보다 제한적이다. 자기 통찰이라는 정신적 작업을 수행할 수 있는 능력이 있어야 하기 때문에 심각한 정신장애나 지적장애를 가진 내담자의 경우 이 수준의 음악심리치료적 접근은 불가능하다. 통찰을 위한 재교육적 수준의 음악심리치료에 적절한 내담자로는 약물남용, 성격장애, 정서장애, 신경증, 불안장애 등을 들 수 있다.[2]

통찰을 위한 재교육적 수준의 음악심리치료는 내담자가 올바른 통찰을 얻음으로써 현재 가지고 있는 심리적 고통이나 의존증과 같은 문제행동으로부터 벗어나게 하는 것을 목적으로 한다. 여기서 재교육적이라는 말은 내담자가 인지하고 있는 사고와 감정의 내용을 음악을 통해 새롭게 변화시키는 것을 의미한다. 즉, 음악으로 내담자의 정서적, 인지적 반응을 이끌어 내어 내담자 내면에 억압된 내용을 표출하게 하고 그 과정에서 내담자가 왜곡되게 인식하거나 느끼고 있는 내용에 대한 올바른 통찰과 새로운 깨달음을 얻게 한다. 이때 음악은 언어적 과정을 촉진하기 위한 보조적 수단이자, 동시에 내담자의 감정과 사고를 탐색하는 데 핵심적인 도구가 된다. 실제 임상에서 있었던 예를 들어 보자.

알코올중독으로 인해 폐쇄병동에 입원해 있는 중년 남자들을 대상으로 음악심리치료가 진행되었다. 치료사는 내담자에게 '내가 원하는 것(I want)'과 '내가 해야만 하는 것(I must)'을 주제로 기존의 익숙한 노래 구조에 가사를 새롭게 구성해 보는 것을 시작으로, 간단한 멜로디와 코드로 즉흥 노래를 만들어 보았다. 노래를 만들어 보고 가사에 대한 이야기를 나누는 과정에서 내담자들은 '내가 원하는 것'에서 자신의 미래에 대한 꿈과 희망을, '내가 해야만 하는 것'에서 가장으로서, 아버지로서 그리고 자식으로서 자신의 의무에 대한 이야기를 나누며 모두 알코올 남용 행동이 이 모든 것을 앗아 갔다고 고백했다. 이 과정에서 내담자들은 현재 자신이 가지고 있는 문제에 대한 진지한 인식뿐만 아니라 자신이 진정으로 원하는 삶이 무엇인지 생각해 보고 그러한 삶을 위해 어떠한 노력과 계획이 필요한지 서로 이야기를 나누었다. 치료사가 제시한 주제로 노래를 만드는 활동이 내담자들에게 자신에 대한 통찰과 건강한 삶을 위한 각오와 계획을 스스로 다지게 하는 기회가 된 것이다.

---

2) Barbara Wheeler, "Level of Therapy: The Classification of Music Therapy Goals," *Music Therapy* 6(2) (1987): 40.

3) 통찰을 위한 재구성적 수준의 음악심리치료

통찰을 위한 재교육적 수준의 접근이 내담자의 현재 문제에 대한 올바른 인식을 목적으로 한다면, 통찰을 위한 재구성적 수준에서는 현재 문제의 원인이 어디에서부터 기인했는지 탐색하고 알아본다. 억압된 마음의 내용이 무엇인지, 보이지 않는 내면 세계에서 역동적으로 작용하면서 눈에 보이는 현실에서 문제행동으로 드러내는 무의식의 실체는 무엇인지, 그리고 그 실체가 과거의 어린 시절 특정 경험 또는 관계 패턴 등과 관련이 있는지를 알아보는 과정이며 이 과정에서 음악은 무의식을 자극하고 그 내용을 파악하기 위한 도구로 사용된다.

무의식의 내용을 다루는 전통적인 음악치료 모델로는 프리슬리(Mary Priestley, 1925~2017)의 분석적 음악치료(Analytical Music Therapy: AMT)와 보니(Helen Bonny, 1921~2010)의 심상음악치료(Guided Imagery and Music: GIM)를 들 수 있다. 또한 오스틴(Dian Austin)의 성악심리치료(vocal psychotherapy) 역시 융(Carl Jung)이나 위니컷(Donald Winnicott)과 같은 정신분석가들의 이론을 기반으로 하고 있다. 각각의 음악치료 모델은 즉흥연주, 음악감상, 노래 부르기로 그 주된 접근법이 상이하다. 하지만 우리 정신세계 심연에 이성적 논리와 사고가 작용하지 않고 '날것'으로 존재하는 무의식의 역동과 내용을 음악이라는 구조 안에서 담아내어 표현하게 하고 그 과정에서 내담자가 자신에 대한 통찰을 경험하게 유도한다는 점은 같다. 그리고 이러한 심층적인 통찰의 경험이 인성의 구조화, 재조직화라는 근원적인 변화와 성장으로 이어지게 한다는 것이 치료의 핵심 논리이다.

재교육적 수준이 의식 속에 왜곡된 사고나 감정 또는 문제에 대한 새로운 깨달음을 얻는 것이라면, 재구성적 수준은 의식 너머의 무의식에 대한 통찰을 얻는 것이다. 당연히 다른 수준의 치료보다 내담자의 인내와 노력을 요구한다. 프로이트가 주장하듯이, 의식이라는 빙산의 일각 아래 존재하고 있는 엄청난 크기와 힘을 가진 무의식을 다루는 작업이기 때문이다. 내담자는 치료과정에서 심리적으로 다양한 형태와 수준의 저항을 경험할 수 있으며, 그것이 불편한 감정으로 이어질 수도 있다. 또한 치료를 받고 있음에도 일상에서의 특별한 변화를 느끼지 못하고 시간과 돈만 낭비한다는 생각을 할 수도 있다. 이러한 지난한 과정을 거치기에 재구성적 수준의 치료는 치료에 대한 충분한 동기를 갖고 있는 내담자만이 중도포기 없이 성공적으로 마칠 수 있다. 무엇보다도 치료 작업이 언어와 음악으로 이루어지기에 내담자는 현실인식 능력과 추상적 사고가 가능해야 한다. 심상음악치료에서 내담자가 음악감상 시 떠오른 심상의 내용과 현실을 구분하지 못하거나 치료사와의 대화에서 은유나 상징에 대한 맥락적 이해가 떨어진다면 재구성적 치료에는 적절하지 않은 대상이다. 예를 들어,

치료사가 내담자의 즉흥연주에 대하여 "가슴 아픈 경험을 표현하신 건가요?"라고 질문할 때 "제 심장과 폐는 건강한데요."라는 식으로 답한다면 치료사와 의미 있는 소통을 통해 자신에 대한 통찰을 얻기 힘든 내담자로 분류될 수 있다.

여기 현재 문제의 원인을 무의식에서 찾아서 해결하려는 한 여인의 사례를 보자. A는 직장 동료의 작은 간섭이나 조언에도 심한 불쾌감과 분노를 느꼈다. 음악심리치료는 그녀의 알 수 없는 분노가 어디서 오는지 알기 위해 진행되었다. 어느 날 역할 즉흥연주로 치료사와 그녀는 분노를 유발하는 동료 직원과 그녀의 역할을 번갈아 연주해 보았다. 이 과정에서 그녀는 자신의 상황에 대한 분노가 그녀의 동료에게 투사된 것임을 알게 되었다. 그녀는 내면의 감정을 음악으로 형상화하고 구상하여 표현하는 과정에서 자신의 무의식적 투사에 대하여 인식하게 되었고 그 감정의 실체가 분노라는 것을 충분히 느끼고 알게 되었다.

Dodo birds verdict

영국의 수학자이자 작가인 루이스 캐럴(Lewis Carroll, 1832~1898)의 『이상한 나라의 앨리스(Alice in Wonderland)』[3]는 앨리스라는 소녀의 모험을 담은 동화이다. 이 동화의 내용 중 제3장에서 눈물 웅덩이를 빠져나온 여러 동물이 몸을 말리기 위해 경주를 하게 된다. 그런데 아무도 얼마나 오래 달렸는지 측정하는 데 신경 쓰지 않았다. 도도새에게 누가 이겼는지 물어보았는데 도도새는 모두 상을 받아야 한다고 말한다. 대회에 참여한 등장인물들이 모두 몸을 말렸기에 방법과 시간의 차이가 있다고 하더라도 결과적으로 목적을 이룬 셈이니 '어쨌든 성공'인 셈이다. 이 이야기는 심리치료에서 어떤 방법이 더 효과적인가에 대한 논쟁을 다룰 때 자주 등장하는 이야기이다.[4]

3) 원제는 'Alice's Adventures in Wonderland'이지만 'Alice in Wonderland'로 더 많이 알려져 있다.

4) Saul Rosenzweig, "Some Implicit Common Factors in Diverse Methods of Psychotherapy," *American Journal of Orthopsychiatry* 6(3) (1936): 412-415. 미국의 심리학자이자 치료사인 사울 로젠츠바이크(Saul Rosenzweig, 1907~2004)는 이 논문에서 심리치료에서 특정 기법이나 이론보다는 치료사와 내담자 간의 관계, 지지, 공감, 치료적 동맹과 같은 공통적인 요소들이 성공적인 치료의 핵심이라고 주장하였다. 로젠츠바이크는 '도도새의 판결(dodo bird verdict)'이라는 용어를 인용하여, 심리치료의 성공에는 특정 기법이 아니라 치료사와 내담자 간의 긍정적인 관계와 지원이 중요하다고 강조했다.

심리학과 심리치료에서 지난 세기 동안 수많은 이론과 방법이 등장하면서, 행동치료, 정신분석, 긍정심리치료 등 다양한 접근법이 비교되었고, 각 기법의 효과에 대한 논쟁이 있었다. 그러나 심리치료의 성공에 있어 특정 기법의 중요성보다는, 내담자를 존중하고 따뜻하게 대하는 것이 공통적으로 성공적인 치료를 이끄는 핵심 요소로 밝혀졌다.

2. 심리치료 이론과 기법을 적용한 음악치료

1) 행동치료를 위한 음악

(1) 고전적 조건 형성과 음악치료

행동주의 심리학은 마음이라는 추상적 내용은 언제나 행동이라는 관찰 가능한 방식으로 나타나며, 그 행동은 외부의 자극과 조건에 따라 수정이 가능하다는 학습이론을 전제로 한다. 러시아의 생리학자 파블로프(Ivan Pavlov, 1849~1936)의 개 실험은 행동주의 심리학에서 학습이론의 포문을 연 연구였다. 실험에서 연구자는 개에게 먹이를 줄 때마다 종소리를 들려주었더니, 나중에는 종소리만 들어도 침을 흘린다는 것을 발견하게 된다. 처음에 종소리는 개에게 아무런 의미 없는 자극이었지만, 음식과 같이 제공되면서 나중에는 음식을 연상시켜 개를 흥분시키는 자극이 된 것이다.

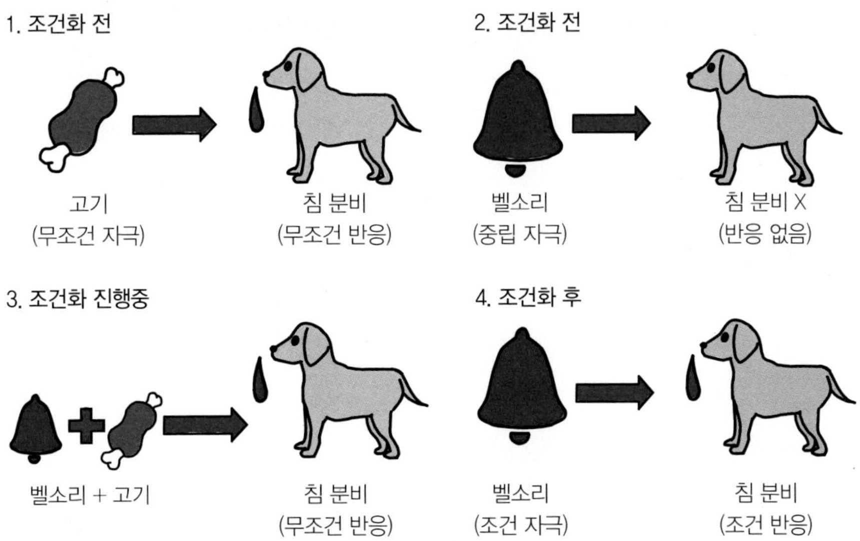

[그림 5-1] 고전적 조건 형성

[그림 5-1]에서 보는 것처럼 고기는 무조건 자극으로 개는 아무 조건 없이도 고기에 침을 흘리는 반응을 한다. 그러다 고기와 종소리가 연합하여 조건이 형성되면, 후에 종소리만으로도 생리적인 조건 반응을 보인다. 종소리에 대한 조건 자극이 형성되면 또 다른 중성 자극으로도 조건을 형성할 수 있다. 종소리와 함께 붉은 불빛을 보여 주면 후에 붉은 불빛만 보아도 개는 침을 흘리게 된다. 이것을 이차적 조건 형성(second-order conditioning)이라고 한다. 또한 종소리와 유사한 자극인 벨소리에 침을 흘리기도 하는데, 이것을 자극 일반화라고 한다. 우리 속담 중 '자라 보고 놀란 가슴 솥뚜껑 보고 놀란다'가 여기에 해당한다.

만약 종소리를 울리면 나오던 고기가 종소리가 울려도 나오지 않는 일이 계속되면, 종소리에 반응하던 조건 반응은 소거된다. 경험에 의해 개는 이제 종소리가 고기라는 맛있는 음식과 더 이상 연합되지 않는다는 것을 알게 되었기 때문이다. 자극에 대한 보다 정교한 훈련을 통해 변별능력을 학습시킬 수도 있다. 예를 들어, 높은 A음의 종소리에서는 음식을 주고, 두 옥타브 낮은 A음의 종소리에서는 음식을 주지 않으면, 개는 높은 A음에만 반응하는 변별을 학습하게 된다. 고전적 조건 형성에서 중요한 것은 자극과 자극, 사건과 사건 사이의 연합에 대한 학습이다.

파블로프의 고전적 조건 형성은 개를 이용한 실험 결과로 인간의 행동과 심리를 이해하고 적용한 것에 대해 비판을 받았었다. 그의 실험 이후 행동주의 심리학자 왓슨(John B. Watson, 1878~1958)은 인간을 대상으로 고전적 조건 형성 실험을 감행하였다. 이 실험은 생후 11개월 된 어린 아기를 대상으로 한 실험[5]이다. 연구자들은 9개월 된 앨버트라는 어린 아기에게 흰쥐를 보여 주었다. 처음에 아기는 흰쥐에 대한 두려움이 전혀 없었다. 두 달 후 아기가 11개월 때, 아기에게 큰 쇠망치 소리를 들려주었다. 아기는 큰 쇠망치 소리에 두려움을 느끼고 곧바로 울음을 터뜨렸다. 이제 실험은 아기에게 혐오자극인 큰 쇠망치 소리와 중립 자극인 흰쥐를 연합하여, 아기가 흰쥐를 볼 때마다 아기가 싫어하는 큰 쇠망치 소리를 들려주었다. 나중에 아기는 큰 쇠망치 소리가 없이도 흰쥐를 무서워하게 되었을 뿐만 아니라 흰 털 달린 동물에 대한 공포증까지 갖게 되었다. 심지어 산타클로스 할아버지와 같은 사람의 흰 털에도 공포반응을 보였다. 이는 듣기 싫고 무서운 소리와 특정 대상을 연합하여 학습시킨 결과이다. 이 실험은 고전적 조건화가 인간에게도 별반 차이 없이 작용한다는 것을 보여 주었다. 그러나 이 실험으로 왓슨은 고작 11개월 된 아기를 대상으로 너무나 비윤리적인 실험을 수행하였다는 지탄을 받게 된다.

---

5) John B. Watson & Rosalie Rayner, "Conditioned Emotional Reactions," *Journal of Experimental Psychology* 3(1) (1920): 1-14.

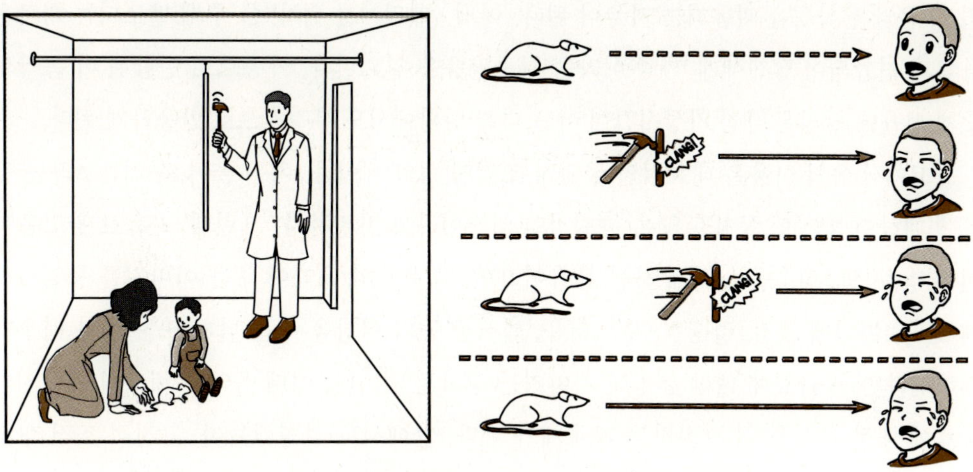

[그림 5-2] 어린 앨버트 실험: 고전적 조건화의 인간 적용 사례

우리 일상에서도 이러한 조건 형성은 넘쳐난다. 특히 의도하지 않아도 감각 경로를 통해 들어온 소리나 음악의 정보는 감정, 사고, 행동에 직접적인 영향을 주는 조건으로 작용하는 경우를 많이 볼 수 있다. 예를 들어, 119 긴급 구조대 사이렌 소리는 우리에게 심리적 긴장감을 준다. 당연히 그에 따른 생리적 반응이 나타나고 소리가 나는 주변을 살펴보고 구급차가 근처로 오면 양보해 주는 행동으로 이어진다. 기상 알람 소리는 어떠한가? 기상 알람 음악이 아무리 아름다워도 이른 아침 기상이라는 불쾌한 조건을 갖는다면 그 음악은 결코 기분 좋은 음악일 수 없다. 예를 들어, 기상 알람 음악이 베토벤의 〈엘리제를 위하여〉 주제 선율이라고 치자. 익숙한 음악이지만 이 음악은 당신에게 좋지도 싫지도 않은 중립적 자극이었다. 그런데 아침에 일찍 일어나는 것이 너무나 괴로운 당신에게 새벽마다 이 음악이 울리

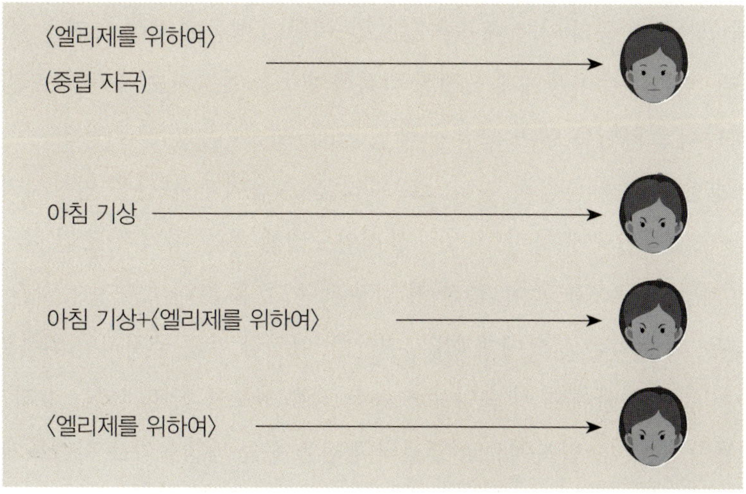

면 이 음악은 아침을 괴롭히는 자극이 된다. 이제 〈엘리제를 위하여〉 주제 멜로디는 괴로운 아침과 연합되어 당신에게 '짜증'이라는 자동반응을 일으킨다. 짜증으로 연합된 이 음악의 주제 선율에 당신은 아침 기상시간이 아닌 다른 상황에서도 부정적으로 반응하게 된다.

광고에서 음악 사용은 대표적인 긍정적 조건 형성의 예이다. 예를 들어, 우리는 A라는 음료에 대하여 좋지도 싫지도 않은 중립적인 입장이라고 가정하자. 그런데 그 음료 광고음악이 열정, 사랑, 젊음을 느끼게 하는 음악이라면, 이 음료와 음악이 주는 이미지를 동일시하게 된다. 여기에 멋짐, 잘생김, 부드러움, 섹시함 등의 인상을 주는 남자 또는 여자 배우가 더해진다면, A 음료에 대한 긍정적 이미지는 강화될 것이다. 이때 음악은 배우의 이미지와 음료에 대한 조건을 더 강화하는 자극제가 된다. 앞에서도 설명했듯이, 고전적 조건 형성의 핵심은 자극과 자극의 연합이 어떻게 일어나는가에 있다. 상품에 대해 직접적으로 설명하여 광고하기보다는 음악이라는 감성적인 경로를 통해 상품의 이미지를 형성하는 것이다. 히트 상품에는 언제나 멋진 광고음악이 존재한다. 음악의 감성적 경로가 상품에 대한 긍정적 조건을 형성하기 때문이다.

음악치료에서 음악적 조건 형성은 새로운 것을 학습시키는 상향식(bottom up) 스타일과 이미 조건화된 사건과 음악을 사용하는 하향식(top down) 스타일이 있다. 첫째, 상향식 스타일은 음악으로 새로운 조건을 형성하는 방식이다. 주로 내담자에게 사회적 상황에서 적절한 행동을 알려 주기 위한 방법으로 사용된다. 예를 들어, 음악치료에서 시작하는 '인사의 노래'나 끝나는 '헤어짐의 노래'는 음악치료 시작과 끝에 대한 시간적 구조를 인식하게 한다. 반복적인 인사 노래와 헤어짐의 노래를 사용함으로써 언어적으로 소통이 불가능한 장애 아동들에게도 음악치료 시간의 시작을 준비하고 끝난 후 정리를 예상하게 한다. 또한 단순하고 잘 기억되는 멜로디에 아동에게 기대되는 행동인 정리하기, 손 씻기, 친구들과 싸우지 않기, 사이좋게 인사하기 등의 가사 내용을 담으면, 아동의 행동에 대한 조건을 형성하는 환경으로 작용한다. 이는 특수아동에게 적절한 사회적 행동을 가르치는 음악적 조건의 예이다.

두 번째 하향식 스타일은 이미 고착된 짝연상(paired associate)을 사용하는 경우이다. 학습되었거나 경험에 의해 긍정적 기억으로 자리 잡은 음악과 사건을 연상시키는 것이다. 이는 특정 음악이 개인에게 특정 감정을 불러일으키게 하는 평가적 조건 형성(evaluative conditioning) 기법이다. 예를 들어, 출산 전 긴장 이완, 호흡 훈련에 특정 음악을 배경음악으로 사용한 경우, 이 음악은 산모에게 이완, 편안함, 안정감 같은 긍정적인 기분과 연관된 조건화를 만들어 실제 출산에서 이 음악을 사용할 경우 산모를 안정시키는 효과적인 음악적 조건으로 작용할 수 있다. 반복적으로 긍정적 경험을 주는 배경음악을 학습하게 한 후 음악 자극에 자동적으로 긍정적 반응을 유도하는 방법이다.

또 다른 예를 보자. 요즘 젊은이들에게 남진의 〈님과 함께〉라는 노래는 좋지도 싫지도 않는 중립적인 음악일 수도 있다. 그러나 남진이라는 가수와 동시대에 살았고 그 노래를 좋아했던 사람들에게 〈님과 함께〉는 건강하고 꿈 많았던 자신의 젊은 시절을 떠올리게 하는 긍정적 조건을 형성한다. 이렇게 긍정적 조건을 형성하는 음악은 집단치료에서 동시대를 살았던 다른 집단원들과 과거의 경험을 나누는 사회적 교류를 유도하고 유대감을 형성하게 한다. 그러므로 음악치료사는 내담자가 특정 음악 또는 특정 음악 스타일에 어떠한 평가적 조건을 형성하고 있는지 파악할 필요가 있다.

(2) 조작적 조건 형성과 음악치료

스키너의 행동주의 심리학 이론을 가장 잘 설명하는 것은 아마 스키너 상자일 것이다. 스키너 상자는 환경의 조작에 따라 행동이 어떻게 바뀌는지 상자 안의 쥐의 실험에서 보여 주고 있다. 스키너의 작동행동의 학습원리를 요약하면 〈표 5-1〉과 같다.

[그림 5-3] 스키너 상자

〈표 5-1〉 스키너의 작동행동의 학습원리

	자극	행동	
정적 강화	자극 제공(+)	행동 증가(+)	지렛대를 누를 때마다 음식을 제공함으로써 행동 증가
부적 강화	자극 제거(−)	행동 증가(+)	실험 상자 바닥에 전기 자극(불쾌한 환경)이 흐르게 하고 지렛대를 누를 때마다 전기 자극 차단(불쾌한 자극으로부터 피하기 위해 지렛대 누르는 행동 증가)

정적 벌	자극 제공(+)	행동 감소(−)	지렛대를 누를 때마다 지렛대가 넘어지면서 다리를 다치게 하면(혐오자극) 지렛대 누르기 발생 감소
부적 벌	자극 제거(−)	행동 감소(−)	쥐가 지렛대를 누를 때마다 먹이가 제거되면 지렛대 누르기 행동 감소(행동이 감소하는 데 기여하는 자극을 제거)

작동행동의 학습원리에서 가장 핵심적인 것은 의지가 개입된다는 점이다. 의지의 개입은 행동에 대해 어떤 결과가 수반되느냐에 따라 결정된다. 예를 들어, 쥐가 지렛대를 누를 때마다 먹이가 제공된다면, 지렛대를 누르는 행동은 강화될 것이다. 이는 먹이라는 긍정적 결과를 수반하기 때문이다. 행동이 증가하면(+) 보상도 증가(+)하는 기능적 관계를 의미하며, 이것을 정적 강화(positive reinforcement)라고 한다.

반면, 부적 강화(negative reinforcement)는 자극을 제거하면 행동이 증가하는 기능적 관계를 의미한다. 예를 들어, 수업시간에 적극적으로 참여하고 자신의 의견을 잘 발표하는 학생에게 과제 제출을 면제해 준다고 할 경우 학생들은 과제를 면제받기 위해 수업시간에 잘 참여하고 의견을 발표할 것이다. 이 경우 과제 면제(−)가 수업시간 참여 및 발표행동 증가(+)로 이어지며, 이는 부적 강화의 예이다. 강화는 부적이건 정적이건 관계없이 행동의 증가를 의미한다.

벌은 반대로 행동의 감소를 위한 중재이다. 예를 들어, 수업시간에 발표할 때마다 교사에게 비난을 받는다면 발표 행동은 감소할 것이다. 비난이라는 자극(+)이 증가할수록 자발적 수업 발표는 줄어들게 된다(−). 이는 정적 벌에 해당한다.

반면, 부적 벌은 자극을 제거하여 행동을 감소시키는 방식이다. 예를 들어, 서로 원하는 방송 프로를 보려고 리모컨을 가지고 형제가 싸울 때, 엄마가 TV를 끄고 리모컨을 뺏어 버린다면, 싸움의 원인이 되는 리모컨이 사라지므로 싸움도 더 이상 일어나지 않게 된다. 이처럼 리모컨을 제거함으로써 싸움이 감소하는 것을 부적 벌이라고 한다.

이와 같은 작동행동의 학습원리를 인간에게 적용하기 위해서는 행동과 그 행동의 결과에 대한 기능적 관계 분석이 먼저 이루어져야 한다. 예를 들어, 교사는 아동이 수업시간에 다른 학생들과 떠들 때마다 타임아웃을 통해 수업에서 배제하는 자극을 벌로 제공한다. 그러나 그 아동의 떠드는 행동은 줄어들지 않고 오히려 증가하는 경향을 보인다. 분석 결과, 아동에게 수업에서 배제되는 벌은 사실상 하기 싫은 공부에서 '해방'되는 것이었다. 따라서 아동의 떠드는 행동을 줄이는 대신, 떠드는 행동을 강화시키는 결과를 초래한 것이다. 교사가 아동의 행동에 대한 분석을 잘못한 경우이다.

이와 유사한 현상은 음악치료에서도 볼 수 있다. A 아동에게 윈드차임벨은 긍정적 강화제였다. 자폐스펙트럼장애를 가진 A 아동은 윈드차임벨 소리에 매료되어 집착하였다. 치료사는 아동이 음악치료 세션에서 생떼를 부리거나 심하게 울 경우, “선생님 말 잘 들으면 이 윈드차임 줄게.”라는 방식으로 아동의 부정적 행동수정을 위해 윈드차임을 사용하였다. 그러나 시간이 지나면서 아동은 윈드차임 악기를 갖고 싶을 때마다 심통을 부렸다. 치료사는 그때마다 윈드차임을 제시하였고, 이러한 반복적인 패턴 때문에 아동은 생떼 후에 자신이 좋아하는 윈드차임을 얻을 수 있다고 인식하게 되었다. 결과적으로 치료사가 긍정적 강화제로 생각했던 윈드차임은 오히려 생떼라는 부정적 행동을 강화시키는 자극제가 된 것이다.

(3) 행동주의 음악치료

행동주의 이론의 원칙은 음악치료에서도 중요한 역할을 한다. 이 이론의 핵심 전제는 ‘마음은 행동으로 관찰할 수 있어야 한다.’는 것이다. 이는 음악치료에서 음악의 효과를 입증하기 위해 행동 변화가 관찰되고 측정될 수 있어야 함을 의미한다. 예를 들어, 음악을 통해 내담자가 성취감을 느끼고 자존감이 높아졌다고 하더라도, 이 변화가 실제로 관찰 가능한 행동으로 나타나지 않으면 그 효과를 신뢰할 수 없다. 즉, 자존감 향상과 같은 추상적인 심리적 변화는 구체적인 행동으로 측정되어야 한다. 예를 들어, 수업시간에 자발적으로 질문 또는 발표하는 횟수의 사전 · 사후 비교를 한다거나, 긍정적 단어의 사용 증가와 같이 내담자의 자존감 향상이라는 심적 변화는 일상의 행동 변화에서 관찰되어 측정될 수 있어야 한다.

사실상 음악치료에서 음악은 궁극적으로 내담자의 행동 변화를 목적으로 하기 때문에 행동주의 음악치료는 임상에 광범위하게 적용된다. 이 중 가장 일반적으로 적용되는 경우는 음악을 통해 인지발달, 행동수정, 운동 능력을 향상시키는 것을 목적으로 할 때이다.

인지발달을 목적으로 하는 음악치료는 음악을 통한 효과적인 학습을 목표로 한다. 예를 들어, 한국어를 잘 구사하지 못하는 외국인 어머니에 의해 양육된 다문화 가정의 아동들은 또래 아동들에 비하여 언어발달이 지연되는 경우가 많다. 언어발달이 이루어져야 할 중요한 시기에 적절한 자극이 부족했기 때문이다. 이러한 경우, 음악치료에서는 노래를 활용하여 언어 이해와 표현 언어 능력 발달을 촉진한다. 노래를 부를 때 아동은 가사를 통해 단어를 배우고, 그 단어가 사용되는 맥락을 이해하게 된다. 이때 노래의 멜로디와 리듬은 가사의 내용을 더 잘 파악하는 데 도움이 된다. 또한 발음 교정을 위해 선곡된 노래를 부르는 과정에서 아동은 반복적인 훈련을 즐겁고 재미있는 음악적 환경에서 수행하게 되며, 이러한 활동은 언어표현력 향상에도 효과적이다.

인지발달을 위한 음악치료가 효과적인 정보 입력을 목표로 한다면, 운동 능력 향상을 위한 음악치료는 효과적인 신체 훈련을 위한 접근법에 해당한다. 보행이나 상지 운동 등 신체 재활을 위한 신경학적 음악치료도 넓게 보면 행동주의 음악치료의 범주에 포함될 수 있다. 이는 음악이 운동 훈련에 사용되어 그 변화를 관찰하고 측정할 수 있기 때문이다. 스탠들리(Standley)는 미숙아들의 빨기 능력을 향상시키기 위해 인공 젖꼭지와 스피커를 연결한 장치를 고안했다. 이 장치에서 아기가 젖꼭지를 제대로 빨면 스피커에서 자장가가 나오게 되어, 음악이 미숙아의 빨기 운동을 강화시키기 위한 수단으로 활용되는 것이다(제3장 2. 미숙아와 신생아를 위한 음악치료 참조).

행동수정을 위한 음악의 사용은 아동을 위한 음악치료, 특히 특수교육이 필요한 아동들에게 효과적으로 적용된다. 선행사건과 음악, 그리고 결과 사이에 유기적 관계가 있을 때 음악의 사용은 더욱 효과적이다. 행동치료에서는 이러한 유기적 관계를 '수반성(contingency)'이라고 한다. 따라서 치료사는 아동의 행동에 수반성을 높일 수 있는 음악을 파악하고 선택하는 것이 중요하다. 예를 들어, 아동이 자리에 잘 착석하거나 수업에 잘 집중하고 친구들과 올바른 상호작용을 했을 때, 치료사는 아동이 좋아하는 악기, 노래, 음악활동을 제공해 줌으로써 보상을 해 준다. 음악이 아동의 특정 행동을 증가시키는 것을 목적으로 사용되는 것이다. 이와 반대로 특정 행동을 줄이기 위한 방법으로 음악이 사용되는 경우도 있다. 아동이 음악활동 중 친구와 다투거나 자리를 이탈할 경우, 악기를 빼앗거나, 좋아하는 배경음악을 끄는 방식으로 조치를 할 수도 있다.

행동주의 심리학은 마음은 행동으로 관찰될 수 있으며, 잘못된 행동은 학습을 통해 수정될 수 있다는 이론을 기반으로 한다. 행동주의 음악치료는 이 이론을 바탕으로 음악을 학습과 행동 조정을 위한 자극제 또는 강화제로 사용하는 접근 방식이다.

2) 정신분석을 위한 음악

(1) 정신분석의 이해

정신분석은 프로이트(Sigmund Freud, 1856~1939)에 의해서 시작된 심리학 이론과 심리치료 방법으로 인간의 감정, 행동, 사고에 영향을 주는 무의식의 존재에 대하여 탐색하고 그것을 의식화하는 치료 작업이다.

19세기 독일어권 의학계는 히스테리 증상을 꾀병으로 간주했다. 이 증상을 설명할 수 있는 병변을 찾을 수 없었기 때문이다. 반면, 프랑스 정신의학계의 대표적인 인물인 샤르코

(Jean-Martin Charcot, 1825~1893)는 히스테리 증상을 일으키는 병변이 뇌의 어딘가에 존재한다고 믿었다. 그러나 당시 그는 그 병변이 정확히 뇌의 어디에 있는지 발견하지 못했다. 샤르코는 히스테리 증상이 나타날 때 뇌의 특정 스위치가 켜지고, 증상이 나타나지 않을 때는 그 스위치가 꺼진다고 생각했다. 마치 전등의 불을 켜면 발작이 일어나고, 불을 끄면 다시 평안해지는 것과 같은 원리로 히스테리 증상과 뇌의 관계를 사변적으로 설명했던 것이다.

같은 시기 비엔나에서 의사로 활동하던 프로이트는 히스테리에 대해 꾀병이라고 판단하는 독일어권 의학계의 회피성 단정보다는 프랑스식의 적극적인 추론에 더 매료되었다. 프로이트는 1885년 비엔나에서 파리로 유학을 가서 샤르코가 있는 살페트리에르 병원에서 약 6개월 동안 히스테리 치료과정을 견학했다. 샤르코의 방법은 최면치료였다. 프로이트는 비엔나로 돌아와 샤르코식의 최면치료를 환자에 적용했지만, 당시 보수적인 독일어권 의학계의 따가운 시선을 받았다. 결국 종합병원에서 쫓겨난 프로이트는 개원을 하고 자신이 배운 방식대로 최면을 활용해 히스테리 환자를 치료했다.

개원한 프로이트는 임상경험이 쌓이고 노련한 히스테리 전문 임상의로 변모하면서 샤르코에게서 배운 이론의 모순을 발견하게 되었다. 샤르코는 히스테리의 원인이 되는 병변이 뇌의 알 수 없는 데서 온다고 추측했지만, 해부학적 지식이 뛰어난 의학도였던 프로이트는 많은 히스테리 환자를 만나면서 히스테리성 신체화 증상과 뇌 병변은 관련이 없다는 것을 발견하게 된 것이다.

무엇보다도 정신분석 탄생의 결정적인 계기는 바로 동료인 브로이어(Josef Breuer, 1842~1925)와 공저로 저술한 『히스테리 연구(Studien über Hysterie)』에서 브로이어의 환자인 안나 O (Anna O)[6] 사례 연구를 통해서이다. 브로이어는 다양한 히스테리 신체화 증상으로 고통받고 있던 안나를 치료하던 중, 최면 상태에서 그녀가 자신의 억압된 내면의 이야기를 말하자 신체화 증상이 완화되는 것을 발견하게 된다. 오늘날 'talking cure'로 알려진 정신분석 방법이 탄생한 것이다. 브로이어는 안나의 사례를 정신분석의 '생식세포(germ cell)'라고 표현할 정도로 정신분석 태동기 최초의 중요한 사건으로 보았다.[7] 과거 '꾀병'으

[그림 5-4] 히스테리 연구
출처: Studien über Hysterie-Vicipaedia(wikipedia.org)

6) 정신분석의 역사에서 Anna O로 유명한 이 사람은 독일계 유태인 여성 베르타 파펜하임(Bertha Pappenheim, 1859~1936)으로 여성운동가이자 사회복지가로 유명한 인물이었다.

7) Dianne Hunter, "Hysteria, Psychoanalysis, and Feminism: The Case of Anna O," *Feminist Studies* 9(3) (1983): 466.

로 무시하거나 또는 '악령'의 소행이라며 엑소시즘의 차원에서 다루었던 히스테리의 원인을 설명하기 위한 중요한 단서를 찾았기 때문이다. 바로 그것은 의식 너머 무의식이라는 정신세계였다. 최면 상태에서 억압된 무의식의 내용을 말로 표현하는 것 자체가 히스테리 신체화 증상을 치료한다는 안나 O의 사례는 인간의 정신세계를 뇌라는 물질의 영역에서만 찾으려던 당시 의학계의 분위기를 고려하면 혁명적인 사건이었다. 정신분석의 탄생은 마음의 병을 뇌라는 물질의 영역에서 치료하려던 환원주의적 사관에서 벗어나, 당시로서는 초과학적 영역인 무의식이라는 새로운 정신세계를 인정하며 정신치료의 새로운 전환점을 만든 것이었다.

[그림 5-5] 정신분석의 탄생

(2) 정신분석에서 외면한 음악?

프로이트는 소위 응용정신분석(applied psychoanalysis)의 차원에서 미술, 조각, 시, 소설 등에 관한 많은 연구를 하였으나 유독 음악에 관해서는 거의 언급하지 않았다. 이성적이고 지적인 것을 선호하는 프로이트에게 감성적이고 추상적인 음악은 그의 성향에 맞는 예술이 아니었기 때문이다.

한편, 일부 학자들은 정신분석적 차원에서 프로이트의 음악 혐오의 원인을 찾기도 한다. 첫째, 어린 시절 음악과 관련된 좋지 않은 기억이 그의 음악 혐오의 원인이라는 것이다. 여동생 안나의 피아노 소리 때문에 독서에 방해를 받았던 프로이트는 음악 자체에 대한 거부감을 가지게 되었다고 한다.[8] 어린 시절의 경험과 갈등이 무의식적으로 성인기의 태도와 행동에 영향을 미친다는 정신분석적 해석이다. 둘째, 프로이트가 위대한 음악가로 생각했던 바그너와의 복잡한 관계에서 그 원인을 찾는다. 유태인인 프로이트는 반유태주의자인 바그너의 사상과 음악을 좋아했지만, 이를 공개적으로 인정할 수 없었다. 임상심리학자이자 음악대학교수인 추마세로(Cora L. Diaz de Chumaceiro)에 따르면, 프로이트는 융에게 보낸 편지에서 "바그너야말로 괴테 이후 가장 성공한 시인"이라고 표현했다.[9] 그러나 당시의 사회적 상황 때문에 유태인인 프로이트가 반유태주의자인 바그너의 음악을 좋아한다는 사실을 드러낼 수 없었고, 이 때문에 그는 음악에 대한 언급을 극도로 자제했다는 것이 연구자들의 추론이다.

하지만 그 이유는 보다 현실적인 곳에서 찾을 수 있을 것으로 보인다. 정신분석에서 내용 중심의 문학과 공간성을 갖는 미술은 분석의 자료로써 오랫동안 환영받아 왔다. 반면, 음악은 내용의 추상성(예를 들어, 멜로디의 흐름을 글의 전개와 같은 맥락으로 볼 수 있으나 그 내용은 상징적이고 추상적이다)과 시간의 흐름에 따라 전개되는 시간 예술이라는 점에서 내용 예술인 문학과 공간 예술인 미술과 차이점을 갖는다.

음악은 음들(notes)의 역동적 움직임을 경험하는 시간 예술이다. 현지 공연을 통해서만 음악을 감상할 수 있던 시대에 정신분석 차원에서 음악을 논하기는 불가능했을 것이다. 즉, 음악이 가지는 시간 예술이라는 특성과 추상성이 정신분석에서 추구하는 내용과 실체에 대한 분석과는 거리가 멀었다. 또한 음악은 같은 작품이라도 연주자의 기술과 지휘자의 음악적 해석에 따라 다른 감정을 불러일으킬 수 있는 변수를 가지고 있다. 미술이나 문학작품이 작

---

8) Ernest Jones, *The Life and Work of Sigmund Freud*(Basic Book, 1953), 320-321.

9) 조두영, 「음악과 정신분석」, 『정신분석』 10(1999): 67-68.

가와 수용자가 직접 연결되는 예술인 반면 음악은 작가인 작곡가와 수용자인 청취자 사이에 중개자인 연주자가 개입하게 되어 작가와 수용자가 직접 연결될 수 없는 구조를 지니고 있다. 더구나 녹음기술이 부재했던 당시에 공연을 통해 이루어지는 음악적 경험은 분석의 대상이 되기 어려웠다. 그래서 음악은 정신분석 탄생 초기 연구의 도구나 대상으로 삼기에는 난감한 예술이었을 것이다.

막스 그라프

(3) 정신분석 음악치료의 등장

1902년 프로이트는 비엔나에 있는 자신의 집에서 매주 정신분석 수요 모임(Wednesday Psychological Society, 후에 Vienna Psychoanalytic Society)[10]을 열기 시작하였다. 프로이트를 위시한 당대의 학자들이 모여서 자신의 연구와 경험을 발표하고 논의하는 정신분석 모임이었다. 그런데 이 모임에는 유일한 음악가가 있었다. 바로 우리에게는 프로이트의 저작 『어린 한스(Little Hans)』로 알려진 한스의 아버지 그라프(Max Graf, 1873~1958)였다. 그라프는 음악 비평가로 이 모임에서 음악과 정신분석을 연결하는 역할을 담당했다. 음악과 정신분석에 관련한 직접적인 저작은 없지만 1946년 발표된 그의 저서 『작곡가와 비평가: 200년의 음악 비평사(Composer and Critic: Two Hundred Years of Musical Criticism)』에서는 프로이트의 이론을 음악적 맥락에서 적용하여 작곡가들의 무의식적 동기와 창작 과정을 이해하려고 하였다. 그라프의 작업은 이후 음악과 정신분석의 융합 가능성을 열어 주었다. 그의 연구는 1950년대 이후 다른 정신분석가들이 음악을 정신분석의 매개로 이용하는 데 영향을 주었다. 무엇보다도 그의 접근 방식은 후대 연구자들이 음악적 창작과 심리적 과정을 보다 깊이 탐구할 수 있는 기반을 제공했다는 점에서 의미가 있다.

그라프 이후 정신분석에서 음악에 관한 논의는 1950년대부터 조금씩 활기를 띠기 시작했다.[11] 이 시기는 1940년대 말 LP가 등장하면서 녹음과 재생 기술의 진보로 음악 수용 방식

---

10) 이 모임은 1908년 공식적인 학술 단체인 비엔나 정신분석 학회(Vienna Psychoanalytic Society)로 발전하였다.

11) 주로 정신분석가들에 의해 발표된 음악과 정신분석 관련 논문들은 다음과 같다. H. Kohut & S. Levarie, "On the enjoyment of listening to music," *The Psychoanalytic Quarterly* 19(1) (1950): 64-87; A. H. Esman, "Mozart: A study in genius," *The Psychoanalytic Quarterly* 20(14) (1951): 603-612; H. Kohut, "Observation on the psychological functions of music," *Journal of the American Psychoanalytic Association* 5(3) (1957): 389-407; D. W. Schwartz, "Rossini: A psychoanalytic approach to the great renunciation," *Journal of the American Psychoanalytic Association* 13(3) (1965): 551-569; P. Noy, "The development of musical ability," *The Psychoanalytic Study of the Child* 23(1)

이 획기적으로 변화하고, 대중이 녹음된 음악을 감상할 수 있게 된 시점과 일치한다. 이와 동시에 음악과 심리치료가 융합된 음악치료라는 새로운 학문이 태동하는 시기이기도 하다.

제2차 세계 대전 후 미국에서는 전쟁에 참여했던 많은 병사가 신체적, 정신적 고통을 치료하기 위해 병원에 입원해 있었는데, 당시 레코드 산업의 부흥으로 병원에서 음악을 사용하는 데 관심을 갖기 시작했다. 음악은 병원에서 주로 환자들의 오락을 위해서 사용되었으며, 때로는 밤에 불면증을 완화하는 도구로, 수술실에서는 수술에 대한 불안과 공포를 감소시키기 위해, 그리고 신체 통증을 분산시키기 위해 사용되기도 했다. 병원에서의 이러한 다양한 음악 활용이 환자들에게 효과적인 중재라는 것이 인정되면서, 음악치료는 새로운 보완적 의료 중재 도구로 자리 잡게 되었다.

초기 미국의 음악치료의 주류는 행동주의 음악치료였지만 1970년대 들어서면서 프로이트, 융, 클라인, 위니컷 등과 같은 많은 정신분석가의 이론을 기반으로 한 음악치료 모델들이 등장하기 시작한다. 미국에서는 심상음악치료(Guided Imagery and Music: GIM)가 1960년대 후반에서 1970년대 초반에 걸쳐 형성되고 있었으며 영국에서는 분석적 음악치료(Analytic Music Therapy: AMT)가 임상가들의 상호치료와 같은 훈습을 거쳐 그 모습을 갖추어 가고 있었다.

(4) 정신분석을 위한 음악 사용

즉흥연주와 음악 심상은 정신분석을 위한 음악치료에서 가장 보편적으로 사용되는 방법으로, 이는 정신분석 치료에서 활용되는 자유연상의 음악치료 버전이라고 볼 수 있다.

① 즉흥연주와 3차 정신과정

정신분석의 주요 과제는 무의식의 의식화이다. 프로이트의 자유연상, 꿈의 해석은 우리

(1968): 332-347; M. L. Nass, "Some considerations of a psychoanalytic interpretation of music," *The Psychoanalytic Quarterly* 40(2) (1971): 303-316; M. L. Nass, "On hearing and inspiration in the composition of music," *The Psychoanalytic Quarterly* 44(3) (1975): 431-449; G. H. Pollock, "Mourning and memorization through music," *Annual of Psychoanalysis* 3(1975): 423-436; S. Feder, "Gustav Mahler: The music of fratricide," *International Review of Psycho-Analysis* 8(1981): 257-284; G. H. Pollock, "Mourning through music: Gustav Mahler," *The Mourning Liberation Process in Health and Disease* (1974): 423-436; P. Ostwald, "Johannes Brahms-music, loneliness and altruism," *Psychoanalytic Exploration of Music* (1990): 291-320. 앞에 기술한 논문은 1950년대 이후 음악과 음악가를 정신분석의 차원에서 연구한 논문들이다. 정신분석 초기 음악에 관한 논문을 거의 찾을 수 없었던 상황과 비교해 보면 1950년대 이후에는 정신분석가들의 음악에 대한 관심이 많이 증가한 것을 볼 수 있다. 그러나 음악은 여전히 정신분석에서 다루기 까다로운 분야로 미술이나 문학에 비하여 발표된 논문의 수가 상당히 적은 편이다.

가 통제하는 의식 너머 무의식의 세계를 탐색하고 통찰하기 위한 대표적인 방법이다. 그렇다면 음악치료에서 정신분석은 어떻게 이루어지는가? 무의식의 심연을 탐색하는 데 음악이 어떤 점에서 효과적인 도구가 될 수 있을까?

정신분석의 자유연상은 정신역동[12]적 음악치료에서 '즉흥연주'에 해당한다. 악기 즉흥연주, 성악 즉흥연주를 통해 치료사와 내담자는 무의식의 내용을 함께 탐색하고 그 의미를 찾아간다. 내담자가 카우치에 누워 자유롭게 자신의 마음에 떠오르는 감정, 심상, 기억, 생각 등을 이야기하는 것과 자유롭게 느낌에 따라 즉흥적으로 연주하는 것은 모두 무의식의 내용을 탐색하고 알아 가기 위한 방법으로 사용된다는 점에서 비교될 만하다. 그러나 정신분석을 위한 음악치료에서 즉흥연주는 자유연상과는 다른 차원의 무의식과의 만남이다.

인간의 정신은 시간과 공간이 무시되고 내용의 축약, 대치가 나타나는 꿈이나 몽상과 같은 원초적인 1차 과정(the primary process)과 현실과 논리에 따르는 2차 과정(the secondary process)으로 구분된다. 그리고 비현실의 내용을 현실의 원리에 맞추어 표현하는 것을 3차 과정(the tertiary process)이라고 한다. 창조적 예술작품들은 비현실적인 정신세계의 일차적 사고 내용을 예술적 기교와 법칙에 해당하는 현실의 원리에 맞추어 고유하게 표현한 것이다. 이것을 음악치료 즉흥연주에 대입해 보면, 즉흥연주라는 행위는 3차 과정에 해당하는 것이다.[13]

> 내담자는 '어젯밤 자신이 새가 되어 하늘을 나는 꿈을 꾸었는데 너무나 행복했었다'고 말한다. 치료사는 꿈에서 느꼈던 행복한 감정을 음악으로 표현해 보라고 한다. 내담자는 꿈의 내용과 그때 느꼈던 감정을 생각하며 피아노의 음들을 조심스럽게 천천히 눌러 본다. 머릿속에 꿈의 내용을 떠올리며 천천히 음과 음들을 연결하여 음정에서 멜로디 그리고 주제 테마로 발전시킨다. 이때 치료사는 내담자의 한 손 피아노 연주에 맞추어 저음의 피아노 부분을 반주한다. 시간이 흐르면서 점차 음악에의 몰입도가 높아진다. 초반의 긴장이 사라지자 자아의 경계가 열리고 내담자와 치료사는 서로에게 마음을 열면서 무엇인

12) 정신역동(psychodynamic)은 프로이트의 전통적인 정신분석과 치료시간과 빈도, 치료사의 역할, 치료 형태에서 상이하지만 무의식적 마음을 탐색하고 어린 시절의 경험이 어떻게 현재의 행동에 영향을 주었는지 집중한다는 점에서는 유사하다. 이 글에서는 전통적인 정신분석에서 파생한 다양한 정신분석 이론에 기반한 음악치료라는 의미에서 정신역동 음악치료라고 지칭하였다.

13) 분석적 음악치료에서 즉흥연주가 3차적 사고 과정으로 유도한다는 것은 프리슬리에게서 훈련받은 독일의 에센(Johannes Eschen)의 표현이다. 에센은 독일의 정신과의사인 아몬(G. Ammon)이 출간한 저서에 나온 3차 정신과정을 즉흥연주에 비교하여 설명하였다. 원전은 Günter Ammon, *Gruppendynamik der Kreativität*(München: Kindler Verlag, 1974).

가 나올 것 같은 '촉진적 환경'[14]이 조성된다. 내담자의 꿈의 기억과 감정이 지금 여기 현실의 음악에 연결되어 창조적으로 표현되는 것이다.

사실 앞의 예를 통해서는 실질적으로 분석의 자료가 되는 음악에 대하여 어떠한 느낌도 가질 수 없다. 예시에서 주목할 것은 이들의 즉흥연주가 내담자의 꿈이라는 내면의 비현실적 1차 사고의 내용을 현실에서 음악을 통해 외현화하고자 하는 2차 사고를 거쳐 창조적으로 표현한 3차 사고과정의 결과라는 것이다.

일반적으로 즉흥연주는 사전에 계획하지 않고 즉각적으로 떠오르는 심상, 느낌, 생각, 판타지 등을 음악적으로 표현하는 것이다. 그러나 모든 꿈이 무의식의 내용이 아니듯 내담자가 연주하는 모든 즉흥연주가 개인 무의식의 내용을 표상화한 것은 아니다. 내담자의 즉흥연주 또는 내담자와 치료사 사이의 즉흥연주가 무의식이라는 내용을 담기 위해서는 전제조건이 조성되어야 한다. 그 조건은 내담자가, 첫째, 자신이 처한 상황이 충분히 안전하다고 느껴야 하며, 둘째, 즉흥연주에 사용하는 음악적 재료, 예를 들어 악기, 음계, 음악형식 등에 친숙해야 하고, 셋째, 함께하는 치료사 또는 파트너와의 친밀감이 형성되어 있어야 한다. 이러한 조건이 충족될 경우, 내담자는 3차적 사고과정에 집중하여 꿈과 현실, 상상과 관찰, 그리고 음악적 표현의 내적 구상과 즉흥적 표현을 자유롭게 넘나들 수 있게 된다.[15] 그 과정에서 내담자는 즉흥연주에 몰입하면서 의식의 변성을 경험하기도 한다.[16] 이 집중된 상태에서 1차 사고과정과 2차 사고과정이 충분히 교류하여 탄생시킨 3차 사고과정의 결과물을 진정한 창조적 산물이라고 한다.

만약 내담자가 즉흥연주에서 준비하고 계산하여 표현하는 분석적 연주를 하거나 연주에 대한 불안과 긴장감, 그리고 평가에 대한 두려움에 사로잡힌다면 이는 현실의 논리인 2차 사고과정에 지배를 받는 것이다. 이러한 환경에서 내담자의 1차 사고과정의 내용은 결코 밖으로 드러날 수가 없다. 또한 1차 사고의 내용을 현실적으로 어떻게 구상화하여 표현할지에 대한 최소한의 음악적 자원도 없다면, 충분히 완성된 3차 사고과정의 결과를 도출하기 힘들다.

사실 아무리 뛰어난 창조적 예술가들이라도 자신의 영감을 예술작품으로 완성하기 위해

14) 촉진적 환경(facilitating environment)이라는 말은 분석적 음악치료사인 에센(J. Eschen)이 사용한 말로 즉흥연주에서 연주 초반 연주에 대한 긴장과 두려움에서 벗어나 백일몽을 꾸는 듯한 상태, 의식이 확장된 상태, 같이 연주하는 상대방에게 충분히 개방된 상태를 의미한다.

15) Johannes Eschen ed., *Analytical Music Therapy*(Jessica Kingsley Publishers, 2002), 21.

16) 앞의 책, 11.

서는 언제나 노력과 고뇌가 수반되어야 한다. 마찬가지로 우리 모두가 고유한 창조성을 마음속에 가지고 있다고 하더라도, 그것을 음악으로 연결하는 데는 많은 전제조건이 요구된다. 그중 핵심적인 것이 바로 앞에서 언급한 안전한 환경, 친밀감, 음악적 접근의 친숙함이다. 이러한 조건에서 내담자는 쉽게 음악에 몰입하여 자아의 경계가 낮아지고 개방적으로 변하는데 이때 나오는 음악이 바로 창조적 자기표현이 구현되는 단계의 음악이자 치료와 통찰의 음악인 것이다.

② 음악심상과 3차 정신과정

정신분석의 꿈 해석과 자유연상 기법은 '심상음악치료'에서 더 구체적이고 섬세하게 구현된다. 심상음악치료가 내담자의 심상을 더 섬세하게 구현하는 이유는 다음과 같다.

첫째, 침대나 카우치에 누워 음악을 들으며 떠오르는 심상을 이야기하는 내담자와 그 이야기를 경청하는 치료사의 모습은 전통적인 프로이트 방식의 정신분석과 매우 흡사하다. 그러나 심상음악치료는 정신분석의 '말'과 '대화'라는 소통 매개에 음악이라는 자극제가 추가된 것이다. 이 음악 자극제는 내담자의 감정을 더 깊이 끌어내고, 보다 구체적이고 풍부한 심상을 유도한다.

둘째, 음악을 들려주고 그에 따른 심상을 이야기하는 방식은 정신분석의 자유연상이나 꿈 해석과 비교할 만하다. 그러나 음악은 즉각적이고 직접적인 감각적 자극을 제공하여, 내담자가 자신의 무의식에 더 쉽게 접근하도록 돕는다.

셋째, 음악 심상은 누군가의 3차 정신과정의 산물을 다시 우리 내면에 투사하는 과정이기도 하다. 위대한 예술가의 산물이건 작자 미상의 구전 가요이건 누군가에게 울림을 주는 음악은 무의식의 심연에 파동을 일으킨다. 꿈은 자연스러운 무의식의 내용이지만 우리가 꿈의 내용에 감동하는 일은 많지 않다. 반면, 음악은 우리에게 감동을 주고 그 감동은 어떤 방식으로든 우리 마음 심연의 내용들과 만나는 것이다. 마치 우리가 스킨스쿠버 장비를 갖추고 바닷속 깊이 들어가 그 심연의 식물, 생물, 그리고 광경들을 경험하는 것처럼 음악을 통해 우리는 마음의 내용들과 조우하게 된다. 우리가 음악에 몰입할수록 심상을 통해 더 자세히 보고, 더 강하게 느끼고, 더 많은 마음의 내용들과 교류한다.

예를 들어, 바흐의 〈나의 예수(Mein Jesu)〉는 예수의 고통과 사랑에 대한 심오하고 영적인 울림을 주는 작품이다. 그의 신앙심, 창의성, 음악적 지식이 결합되어 창조된 3차 정신과정의 산물이다. 이 음악을 감상하면서 어떤 사람은 바흐의 숭고한 종교적 체험을 느끼고, 또 어떤 사람은 자신의 입장에서 그 음악을 다른 관점에서 경험한다. 우울한 사람이라면 우울한 마음의 내용을 음악에 투사하기도 할 것이다. 누군가의 3차 정신과정의 산물이지만 그것은 우리 마음의 내용을 담아내는 투명한 그릇이 된다. 만약 우리 마음이 파란색이면, 그 투명한 그릇은 파란색으로 채워져 파란색이 된다. 다른 사람의 창의적이고 감정적으로 풍부한 음악 작품을 통해 내담자는 자신의 내면 세계를 더 잘 탐색하고 이해할 수 있게 된다.

3) 인지행동치료를 위한 음악

(1) 인지행동치료

행동주의 치료법은 즉각적인 행동의 변화를 유도하는 기법을 사용함으로써 시간적, 경제적으로 효율성이 높은 치료법이다. 그러나 동물 실험 결과를 인간의 경우에 적용하는 논리적 비약의 과정에서 인간의 고유한 사고와 감성을 다루지 못한다는 비판을 받는다. 인간은 사고와 감정의 문제를 행동으로 나타내기도 하고, 행동의 문제가 마음의 문제로 연결되기도 한다. 이러한 행동주의의 한계를 극복하고자 나타난 치료법이 바로 인지행동치료이다.

인지행동치료의 기본 이론은 우리에게 심리적 고통을 야기하는 것이 고통을 일으킨 사건 자체이기보다는 그 사건에 대하여 우리가 부여하는 의미라고 상정한다. 예를 들어, 한 대학생이 시험에서 원하는 성적보다 한참 낮은 점수를 받아서 장학금을 받을 수 없는 상황이 되었다고 치자. 학점 결과를 보고 그 학생은 자동적으로 어떠한 생각을 하게 될까?

A 학생은 낮은 학점을 '난 열심히 했는데 뭔가 잘못된 거야.', B는 '난 되는 일이 없어.', C는 '내가 다른 애들에 비해 멍청한가 봐.'라고 했다면, A는 결과를 부정하고, B는 학점이라는 결과로 자신의 삶 전체를 부정적으로 과대 해석하며, C는 타인과의 상대적 비교로 스스로의 자존감을 깎아내린 것이다. 학점이라는 사건에 대하여 A는 불안과 분노를 느끼며, B는 삶에 대하여 체념 또는 염세주의적 태도를 취하고, C는 우울을 경험한다. 이처럼 낮은 학점이라는 사건에 대해 사람마다 각기 다른 자동적 사고과정을 경험하게 된다.

이에 더해 역기능적 가정을 활성화할 경우 아무런 근거도 없는 역기능적 신념을 형성하여 일어나지도 않은 일에 대한 심리적 고통이 가중되기도 한다. 예를 들어, 학생은 '낮은 학점으로 장학금을 받지 못하면 학교를 휴학해야겠지. 휴학하고 아르바이트하면서 돈을 벌어 다시 복학하면 남들은 취업 준비에 전념하는 시간에 난 돈이나 벌어야 하고 그래서 좋은 회사에 취업하지도 못하고 돈이 없으니까 아르바이트로 전전하면서 취업 준비만 하다 결국 시간만 버리고 난 원하는 꿈도 이루지 못한 채 살겠지. 아, 망했다. 이번 생애는 망했네.'라는 파국적 결말까지 혼자 예상한다. 이처럼 낮은 학점을 받았다는 어떤 사건에 대하여 '나는 못

났어.', '나는 되는 일이 없어.'라는 식의 비합리적인 생각을 갖게 됨으로써 결과적으로 우울, 불안이라는 심리적 고통을 경험하게 되는 것이다.

인지행동치료의 치료작업은 내담자의 자동적 사고, 왜곡된 인지를 탐색하고 이를 합리적 사고로 수정하여, 인지적 재구성을 하는 것이다. 예를 들어, 우울증으로 고통스러운 삶을 살아가는 사람의 핵심 원인이 자신을 쓸모없고 못난 사람으로 생각하는 데서 기인한 것이라면, 그 사람에게 그러한 생각이 잘못되었다는 것을 깨닫게 하고, 그러한 생각이 인생에 전혀 도움이 되지 않는다는 것을 인식하게 한다. 그런 다음 '나는 소중한 사람이다.', '나는 타인과 비교할 수 없는 고유한 사람이다.'라는 식의 새로운 인지를 심어 주는 인지적 재구성 작업이 진행된다.

치료사는 오랜 시간 고착된 내담자의 왜곡된 인지를 바꾸기 위해 논리적이고 합리적인 설득의 방법으로 문제해결 기술, 과제, 노출 치료, 소크라테스식 대화 등 다양한 기법을 사용한다. 그런데 내담자의 비합리적이고 왜곡된 사고의 변화는 타인의 설득, 즉 교육에 의해서만 이루어지는 것은 아니다. 내담자의 진정한 변화는 스스로 깨달음이 동반되어야만 가능하다. 여기서 깨달음은 자신의 생각이 잘못되었다는 것을 단순히 인지하는 것을 넘어 온전히 알고 느끼는 것까지를 의미한다. 하지만 이런 깨달음은 종교인이 아닌 보통 사람들에게는 매우 어려운 일이다.

우리는 자신의 생각이 잘못되었고 전혀 합리적이지 않은 것임을 인지하면서도, 마음을 엄습하는 심리적 소음으로부터 자유로워지기 힘들다. 자신의 생각이 잘못되었다는 것을 머리로 알고만 있을 뿐, 마음으로 온전히 느끼지 못하고 있기 때문이다. 다시 말해 감정과 교류한 사고의 결과가 아니기 때문이다. 행동에 변화를 가져다줄 수 있는 인지적 변화는 단순히 사고의 차원에서 노력한다고 이루어질 수 있는 일이 아니다. 사고와 더불어 인간의 정신세계를 구성하고 있는 감정의 변화가 있을 때 인지행동적 변화가 비로소 가능한 것이다.

(2) 인지행동 음악치료

앞서 설명한 것처럼 사고와 감정은 행동을 이끄는 동인이다. 우리가 사고와 감정 중 어느 것에 치우치지 않고 균형을 잘 맞추어 살아가기 위해서는 감정과 사고가 상호 교류될 수 있도록 하는 것이 중요하다. 사고는 충분한데 감정이 동의하지 않을 경우 행동의 변화는 일어나기 힘들다. 설령 행동의 변화가 나타난다고 하더라도 그것은 일시적일 뿐이다. 감정이라는 윤활유가 없으면 행동은 곧 멈추게 된다. 사고는 감정을 변화시키고, 감정은 사고를 변화시키며, 이 둘은 서로 영향력을 미치는 관계이다. 깨달음이나 온전한 통찰은 감정의 영향을 받았을 때 일어난다. 인지행동치료에서 그 감정의 부분에 음악이 필요한 이유이다. 다음은 음악을 통해 감정과 사고의 변화를 유도한 사례이다.

> 사회공포증으로 타인과의 만남이나 발표에 심각할 정도의 불안을 느껴서 사회적 상황을 회피하는 여대생이 있었다. 치료과정에서 치료사는 내담자의 사회공포증이 자신이 완벽해야만 한다는 강박에서 기인한다는 것을 발견하였다. 치료사는 내담자에게 가수 이승환의 노래 〈내가 바라는 나〉의 가사를 '○○해야만 하는 나'로 바꾸어 부르게 하였다. 조용하게 자신이 원하는 모습을 읊조리는 듯한 노래 가사의 내용 중, 영어의 'want'인 내가 진짜 '원하는 것'과 'must'에 해당하는 내가 '해야만 하는 것'을 구분하게 하기 위해 그리고 그것을 인식하게 하기 위해 노래 가사를 바꾸어 부르게 한 것이다. 이러한 개사 작업을 통해 내담자는 자신에게 불안 증상을 일으키는 잘못된 신념의 실체를 발견하고 자신이 진짜 원하는 것이 무엇인지 파악하며 자신의 감정과 교류하게 되었다. 흥미로운 것은 '완벽해야만 하는 나'라는 제목의 노래를 개사하여 부르면서 치료사의 특별한 중재 없이도 자신을 사회공포증에까지 이르게 한 강박증의 원인인 자신의 그 강박이 얼마나 잘못된 생각인지 스스로 깨닫게 되었다는 것이다.

음악치료에서 노래는 내담자가 자신을 과소평가하고 있다는 사실을 인식하도록 돕기 위해, 인지적 왜곡을 탐색하고 강점을 발견하는 데 사용된다. 내담자의 연령과 문화에 친숙한 노래를 선곡하여 내담자의 강점을 스스로 탐색하게 하거나 집단원들이 강점을 노래로 불러주는 활동은 '당신은 충분히 괜찮은 사람이야.'라고 말로 칭찬하는 것보다 정서적으로 더 큰 설득력을 지니는 경우가 많다. 예를 들어, 옥상달빛의 노래 〈없는 게 메리트〉라는 노래에 내담자의 장점을 찾아 '○○이 메리트라네.'라고 개사하여 부르거나, 마마무의 〈넌 is 뭔들〉이란 노래에 '헤이 거기 미소가 이쁜 남자 바로 너' 부분을 '헤이 거기 배려가 이쁜 여자 바로 너'로 개사하여 자신 또는 타인의 강점을 노래를 통해 칭찬하는 활동을 할 수 있다. 이런 칭찬 노래를 받는 사람이 민망하고 어색해할 것이라고 생각할 수도 있지만, 실제로는 이러한 개사 내용이 은연중에 그들의 마음속에 자리 잡게 된다. 이처럼 너무나 단순한 노래 개사 작업이 개인의 생각을 바꾸는 데 어떻게 작용하는지는 실험을 통해서도 입증된 사실이다.

비틀즈-
Yesterday

미국의 한 중독치료시설의 음악치료사는 중독환자들을 대상으로 비틀즈의 노래 〈Yesterday〉를 '오늘'과 '내일'로 개사하여 부르는 작업을 진행하였다. 이 단순한 작업이 중독환자들에게 자신만의 독창적이고 창의적인 방식으로 현재와 미래를 생각해 볼 기회를 제공하였다. 연구 결과 전체 4분의 3에 해당하는 참여자들이 단 한 번의 음악치료 경험만으로도 회복에 중요한 감정적 변화를 가져왔다고 보고하였다.[17]

음악은 음악치료사뿐만 아니라 심리치료사들 사이에서도 인지적 변화를 위한 중요한 치료적 촉매제로 사용된다. 대표적으로 합리적 정서행동치료(Rational Emotive Behavior Therapy)[18]의 창시자 몰츠비(Maxie Clarence Maultsby, 1932~2016)는 음악을 통한 감정의 환기가 경험에 대한 생각과 상황을 탐색할 수 있게 한다고 보았다. 또한 그는 개인적으로 의미 있는 가사를 반복해서 노래함으로써 그 가사에 담긴 생각과 음악이 더 깊이 연결되는 경험을 하게 된다고 주장하였다.[19] 몰츠비는 노래에서 음악적 요소는 긍정적 조건이고 노래 가사는 이 조건하에 새로운 학습을 용이하게 하는 자극제로 간주하였다. 앞의 예에서처럼 좋아하는 노래에 자신의 긍정적인 부분과 연결시켜 불러 보는 과정은 긍정적 조건에서 인지적 재구성, 즉 새로운 학습을 촉진시키는 활동인 것이다.

내담자의 자동적 사고와 인지적 왜곡을 탐색하는 데 노래만큼 쉽고 효과적인 매체는 없을 것이다. 우리는 기쁨, 사랑, 분노, 고통 등 삶의 다양한 주제의 내용을 노래의 고유한 멜로디와 가사를 통해 호소한다. 그래서 누구나 '나의 노래' 하나 정도는 가지고 있다. 내담자의 '나의 노래'는 경험, 감정, 사고를 반영하는 투사체이며 자신에게 울림을 주는 공명상자이기에 인지행동 음악치료에서 유용한 도구가 된다.

때로는 좀 더 적극적으로 노래 만들기 활동을 통해 내담자의 핵심신념을 탐색한다. 그리고 치료사는 노래 만들기를 통해 변화하고 싶은 자신과 자신의 태도 그리고 목표를 표현하게 함으로써 내담자의 인지적 재구성을 돕는다.

하지만 충분한 사고과정 없이 감정적으로만 노래를 사용할 경우 치료의 효과를 전혀 볼 수 없는 경우도 있다. 실제 청소년을 대상으로 한 음악치료를 중재하던 풋내기 음악치료사의 일화이다.

> 보호관찰 청소년들을 위한 음악치료에서 치료사는 청소년들에게 꿈과 희망, 용기를 북돋우는 노래인 이한철의 '괜찮아 잘될 거야'로 시작하는 〈슈퍼스타〉, 강산에의 〈넌 할 수

---

17) Jennifer D. Jones, "A Comparison of Songwriting and Lyric Analysis Techniques to Evoke Emotional Change in a Single Session with People who are Chemically Dependent," *Journal of Music Therapy* 42(2), (2005): 94-110.

18) 합리적 정서행동치료는 인지행동치료의 모델 중 하나이다.

19) Maxie C, Maultsby, " Combining Music Therapy and Rational Behavior Therapy," *Journal of Music Therapy* 14(1), (1977): 89-97.

있어〉와 같은 노래를 함께 부르고 미래에 대해 토의하였다. 이때 몇몇 청소년들의 꿈과 희망은 부자가 되는 것이었다. '한강뷰의 아파트에서 살고 싶어요.', '돈 벌어서 롤스로이스를 살 거예요.' 등 돈을 어떻게 벌어서 부자가 될지에 대한 계획은 없고 어떻게 쓸지에 대한 계획만 있었다. 이 계획(사고) 없는 희망에 풋내기 치료사는 〈넌 할 수 있어〉 노래로 감정을 고양시켰다. 그리고 몇몇 청소년들의 이러한 태도가 다른 집단원들에게 영향을 주었다. 어떤 청소년은 자신은 '10억이 생기면 1억은 차를 사고 5억은 집을 사고…….' 같은 방식으로 돈을 어떻게 쓸지에 대한 구체적인 계획을 생각하며 기뻐하고 있었다.

돈을 어떻게 벌지에 대한 구체적인 계획이 사고라면, 돈을 어떻게 쓸지에 대한 상상은 감정적인 부분이다. 사고 없는 감정의 상태에서 감정을 더욱 부추기는 음악은 결코 건강한 중재가 아니다. 중요한 것은 노래 이전 자신의 삶에 어떤 계획을 가지고 그 계획을 어떻게 실천하고 성취할지에 대한 충분한 사고이다. 구체적인 계획도 없이 단순히 감정적으로 '괜찮아 다 잘될 거야, 난 할 수 있어.'와 같은 긍정과 희망은 허황된 몽상에 지나지 않는다. 이러한 허황됨을 더욱 부추기는 음악은 반치료적이다. 이러한 상황에서는 '구체적인 계획과 꿈을 이루기 위해 무엇을 어떻게 실천해야 하는가?'라는 내용이 선행되어야 한다. 꿈을 이루기 위한 노력에 방해만 되는 왜곡된 인지가 무엇인지 탐색하고, 그 왜곡된 인지를 재구성하기 위해 음악을 통한 정서적 접근은 매우 효율적일 수 있다.

예를 들어, 현재 청소년 보호시설에 있는 중학교 중퇴 학생의 꿈이 셰프라고 한다면 그 학생의 꿈을 이루기 위해 학교는 어떻게 다녀야 하고 자격증을 어떻게 딸 수 있으며 경제적인 부분은 어떻게 해야 하는지에 대한 계획을 다룬다. 그리고 실현 가능하고 구체적인 계획에 '실패하면 어쩌지.', '아무도 날 인정해 주지 않을 거야.'와 같은 부정적인 사고가 걸림돌이 된다면 그 사고를 변화시키기 위해 용기와 희망이라는 감정적 윤활유, 즉 음악을 더해 줄 때 효과적인 것이다.

인지적 변화를 위한 음악치료에서는 필요에 따라 긴장 이완 기법이나 특정한 상황을 상상하기 위한 자극제로 음악감상이 사용된다. 음악을 감상하면서 긍정적 장면을 시각화할 때 부정적 사고와 감정은 상쇄된다. 또, 가사가 없는 음악은 내담자가 자신의 관점에서 심상을 떠올리게 하여 내면의 사고와 감정을 탐색하는 데 효과적이다. 즉흥연주와 같은 음악활동에서 역할극 역시 자신과 타인의 관계에서 왜곡된 인지를 깨닫게 하는 데 좋은 방법이 되기도 한다. 그 외 음악과 연극적인 요소를 가미한 음악극, 음악 사이코 드라마에서 음악은 감정을 촉발하여 왜곡된 인지 탐색과 인지적 재구성에 효과적인 보조장치로 쓰이기도 한다.

정신분석과 인지행동치료는 반대의 심리치료???

정신분석과 인지행동치료는 인간의 심리와 행동을 이해하는 데 서로 배타적인 입장이다. 그러나 실제 임상에서 인지행동치료와 정신분석이 같은 현상을 해석만 다르게 하는 경우를 볼 수 있다. 1972년 페더(Feather)와 로우즈(Rhoads)가 발표한 사례[20]들을 보자.

한 내담자가 자신이 운전 중 보행자를 칠지 모른다는 공포로 10년 동안 운전을 하지 못했다. 인지행동치료사는 그에게 운전하는 상상을 하게 하였다. 그의 공포처럼 그는 상상 안에서 보행자를 차로 마구 치어 상해를 입히는 경험을 했다. 그런데 그 경험은 엄청난 희열이었다. 2주 후 그의 운전 공포증은 사라졌다. 또 다른 내담자는 자신이 가지고 있는 비밀 정보가 드러날까 두렵고 불안하다는 문제로 10년간 정신분석치료를 받았다. 변화는 전혀 없었다. 이후 새로운 인지행동치료사는 그에게 자신의 파일을 거리에 내놓는 상상을 하게 하였다. 일종의 노출 치료였다. 그리고 곧 공포증은 사라졌다. 결과만으로 보면 공포증 치료에 인지행동치료가 정신분석보다 효과적인 것처럼 보인다. 그러나 정신분석적 차원에서 보면, 성공적인 치료 결과는 공포 뒤에 숨은 무의식적 소망의 표출 덕분이다.[21]

한편, 트라우마 치료에서 정신분석은 인지행동치료적 관점에서 볼 때 둔감화(desensitization)이다. 정신분석 치료과정에서 내담자들에게 자신의 외상을 반복적으로 이야기하는 것 자체가 둔감화의 치료과정이기도 하기 때문이다. 이러한 현상은 음악심리치료에서도 마찬가지이다. 예를 들어, 사이렌 소리에 강한 공포감을 느끼는 공황장애 내담자에게 치료사는 대표적인 행동치료법인 점진적 노출법을 사용하기로 한다. 치료사는 사이렌의 신비로운 소리를 관현악의 아름다운 음악으로 담아낸 드뷔시의 〈관현악을 위한 3개의 야상곡, 녹턴 L. 91〉을 내담자에게 들려주고 음악적 이야기를 나누는 것으로 시작한다. 이후 점차적으로 내담자에게 현실에서 사이렌 소리에 가까운 소리를 노출시키고, 이를 수용하고 참을 수 있는 훈련을 한다. 그런데 지속적으로 사이렌 소리와 관련된 작업을 수행하는 과정에서 내담자는 무의식적 이슈 또는 과거에 억압되었던 기억을 떠올리게 되기도 한다. 내담자의 특정 소리, 음악에 대한 자동적 반응은 행동수정 기법을 사용하여 치료하면서 동시에 음악을 통해 내담자의 깊은 무의식의 내용을 탐색하고 의식화함으로써 근원적인 문제를 해결하기도 한다. 이와 반대의 경우도 마찬가지이다. 무의식 탐색과 통찰을 위해 지속적으로 자극에 노출될 경우 내담자는 그 자극에 대하여 둔감하게 되기도 한다. 무의식적 탐색까지 갈 필요 없이 현재 내담자는 더 이상 문제의 자극에 불편감을 느끼지 않게 되기도 한다. 앞에서 든 예처럼 음악심리치료에서도 행동주의적 접근이 무의식을 의식화하게 하기도 하며 정신분석적 접근이 행동수정의 결과로 나오기도 한다. Dodo birds verdict. 어쨌든 성공!

---

20) Rebecca Curtis, "The Use of Imagery in Psychoanalysis and Psychotherapy," *Psychoanalytical Inquiry* 36(8) (2016): 598, quoted in Ben W. Feather & John M. Rhoads, "Psychodynamic Behavior Therapy: II Clinical Aspects," *Archives of General Psychiatry* 26(6) (1972): 503-511.

21) 앞의 책, 598.

4) 긍정심리를 위한 음악

(1) 긍정심리학

긍정심리학은 인간이 어떻게 하면 행복한 삶을 살 수 있는지 연구하는 심리학의 한 분야이다. 긍정심리학의 등장은 기존의 문제 중심(problem-oriented) 심리학에서 건강 중심(health-oriented) 심리학으로의 새로운 전환이었다. 이는 인간의 어두운 부정적인 감정, 사고, 행동을 연구하는 이상심리학과는 대척점의 영역이다. 기존의 심리치료적 접근법은 우울이라는 정신적 문제에 대해 진단, 탐색(문제의 원인 찾기), 중재, 평가와 같은 과정으로 치료한다. 우울의 정도를 진단하고 그 병의 원인이 어디서 오는지 그리고 그것에 대하여 내담자가 어떻게 지각하고 평가하는지 등 다양한 관점에서 내담자의 문제를 탐색한 후 이를 바탕으로 치료 목표를 세우고 중재에 들어간다. 이후 치료를 통해 내담자의 우울감이 얼마나 변화했는지 평가한다. 전통적인 문제 중심의 접근법이다. 반면, 긍정심리학 기반의 심리치료는 문제에 직접적으로 접근하기보다는 내담자 개인의 강점 찾기, 긍정적 정서 촉진하기, 삶의 의미와 목적 인식하기 등과 같이 심리적 웰빙을 향상시키는 데 초점을 둔다. 지엽적인 문제에 집중하기보다는 전체적인 정신건강 피트니스로 마음의 건강을 단련시킨다.

긍정심리학은 1998년 미국 심리학회(American Psychological Association)에 등장하였다. 당시 미국심리학회 회장이었던 셀리그먼(Martin Seligman)은 "심리학은 인간의 약점과 장애에 대한 학문만이 아니라 인간의 강점과 덕성에 대한 학문이기도 해야 한다. 진정한 치료는 손상된 것을 고치는 것만이 아니라 우리 안에 있는 최선의 가능성을 이끌어 내는 것이어야 한다."[22] 라고 제안하면서 심리학의 새로운 지평을 열었다.

긍정심리학을 명확하게 정의하기는 어렵다. '행복이란 무엇인가?'에 대한 철학적 명제에 대한 답이 전제되어야 하기 때문이다. 다만, 긍정심리학 기반의 심리치료가 기존의 심리치료와 다른 점이라면 문제 없는 삶이 건강한 삶이 아니라 행복, 즐거움, 의미, 감사, 충족 등 우리 삶에서 다양한 긍정적 경험과 정서가 있어야 건강한 삶으로 정의된다는 것이다. 여기서 긍정심리학에 대한 오해의 여지가 있을 수 있는데, 일부는 긍정심리학이 건강하고 행복한 삶을 위해 부정적 경험과 정서를 완전히 배제해야 한다고 생각할 수 있다. 그러나 긍정심리학에서는 적절한 수준의 걱정과 불안이 오히려 적응적 삶에 도움이 될 수 있으며, 고통과 역경을 통해 인생의 중요한 교훈을 얻을 수 있다는 점도 인정한다. 중요한 것은 단순한 감각적 쾌락에서부터

22) 권석만, 『긍정심리학』, (서울: 학지사, 2008), 20.

깊은 깨달음과 같은 고차원적 즐거움, 그리고 일상에서의 작은 행복이나 환희와 같은 일시적인 강렬한 긍정 정서에 이르기까지 인간이 체험하는 광범위한 긍정적 경험을 다양한 맥락과 복합적 차원에서 이해함으로써, 행복하고 풍요로운 삶에 대한 지혜와 통찰을 얻는 것이다.

셀리그먼은 심리적으로 풍요롭고 행복한 삶을 위해 필요한 다섯 가지 요소(PERMA)로 긍정적 정서(positive emotion), 참여(engagement), 관계(relationship), 의미(meaning), 성취(accomplishment)를 제시하였다.[23] 각각의 요소는 서로 분절된 부분이 아니라 자연스럽게 연결되어 있다. 우리는 열정을 가지고 취미생활을 하는 사람들에게서 PERMA의 요소를 쉽게 발견할 수 있다. 예를 들어, 등산, 그림, 음악, 무용 등 다양한 취미에 흠뻑 빠져 있는 사람들은 자신에게 긍정적 정서를 주는 활동에 매료되어 적극적으로 참여하고, 같은 관심을 갖는 사람들과 관계를 맺으며, 그 취미 활동에서 삶의 의미와 성취감을 경험함으로써 풍요로운 삶을 살게 된다. 이 과정에서 우리는 더 나은 기술과 능력 향상을 위해 노력과 인내의 시간을 기꺼이 감수하기도 한다. 이러한 일련의 노력으로 몰입할 수 있는 활동은 일상의 행복을 넘어 때로는 절정체험과 같은 강렬한 정서적 경험으로 이어지기도 하는데, 이것을 몰입(flow)이라고 한다.

몰입의 구성 개념은 완전한 몰입(absorption), 즐거움(enjoyment) 그리고 내적 동기(intrinsic motivation)이다.[24] 무엇인가에 흠뻑 빠져서 있는 강렬한 주의 집중상태로 시간의 흐름도 망각할 정도로 즐거운 경험을 말한다. 활동 자체가 즐거움을 주기에 내적 동기는 높은 참여, 인내, 목적의식, 능력 향상 등으로 나타난다.

우리는 삶에서 어떤 일에 몰입하고 그 활동에서 즐거움을 찾을 때 재미, 행복, 만족, 성취감 같은 긍정적 감정을 경험한다. 반면, 우리는 우울, 분노와 같은 부정적 감정에 사로잡혀 있을 때 어떤 일에 몰입하기 어렵다. 우울은 사람을 무기력하게 하여 아무런 열정을 갖지 못하게 한다. 분노는 강렬한 내적 에너지로 인해 다른 감정과 사고로의 전환을 어렵게 한다. 부정적 정서는 진화에서 생존과 직접적인 연결이 있기에 긍정적 정서보다 우선시된다. 그럼에도 긍정심리학에서는 현재의 문제를 해결하기 위한 문제 중심의 접근이 아닌 긍정이라는 다른 경로의 접근을 제시한다. 그 근거는 바로 긍정적 감정이 부정적 감정을 상쇄시키는 해독제같은 역할을 한다는 것이다.

'한 번 웃으면 한 번 젊어지고 한 번 화내면 한 번 늙는다'는 속담은 현대 과학에서도 밝

---

23) Adam M. Croom, "Music Practice and Participation for Psychological Well-being: A Review of How Music Influences Positive Emotion, Engagement, Relationships, Meaning, Accomplishment," *Music Scientiae* 19(1) (2015): 45.

24) Arnold B. Bakker, "Flow Among Music Teachers and Their Students: The Crossover of Peak Experience," *Journal of Vocational Behavior* 66(2005): 27.

혀진 사실이다. 한 실험에서 60명의 사람에게 공포를 불러일으키는 영화를 보여 주었다(부정 정서). 그리고 그들에게 다시 무작위 순서로 긍정적, 중립적, 부정적 정서의 영화를 보여 주었다. 연구 결과 공포영화 후 긍정적 정서의 영화를 본 사람들이 공포 감정 이전의 상태로 더 빠르게 회복되었다.[25] 실제 의료에서는 암 환자들에게 긍정적 정서 심상을 유도하였을 때 암세포가 줄어든다는 결과를 발표하였다.[26] 이와 같은 실험은 별로 새로운 것도 아니다. 인위적이고 의도적이라도 긍정적 경험이 몸과 마음의 회복, 치료에 효과적이라는 것은 이미 의료계와 심리학계에서 다양한 실험을 통해 입증된 사실이다. 중요한 것은 긍정적 경험이 효과적이라는 결과론적 사실보다는 긍정적 경험을 통해 우리의 정서와 사고 그리고 행동이 어떻게 변화하는가에 대한 현상학적 해석이다. 이에 대하여 프레드릭슨(Barbara Fredrickson)은 긍정 정서 경험이 장기적으로 어떻게 개인의 성장과 변화에 기여하는지에 대하여 확장 및 구축 이론으로 설명하고 있다.

음악적 경험에서 몰입과 절정체험의 차이점

몰입(flow)과 절정체험은 유사하면서도 분명한 차이가 있다. 공통점으로는, 첫째, 강한 몰입(absorption), 둘째, 심리적 및 기능적으로 최적의 상태와 능력의 발휘, 셋째, 행복, 즐거움, 만족과 같은 긍정적 정서 경험, 넷째, 이러한 경험이 장기적으로 개인의 성장과 치료에 효과적이라는 점이다. 그러나 긍정적 경험의 내용과 폭은 다소 차이가 있다.

첫째, 분명한 목적이 있는지 여부이다. 칙센트미하이는 몰입의 경험을 촉진하는 여러 요소 중 분명한 목적이 있어야 함을 명시하고 있다. 예를 들어, 악기를 배운다면 그 악기로 어떤 음악을 연주하는 것을 목표로 열심히 연습하고 성공적인 공연을 하는 것이 목적이 될 수 있다. 반면, 절정체험은 특정 활동과 연관이 있을 수도 있고 없을 수도 있다. 심상음악치료의 창시자인 헬렌 보니는 바이올린 연주 중 절정체험을 경험했다고 한다. 세상과 하나 된 듯한 충만한 행복한 경험, 말로 표현할 수 없는 영적인 경험을 그녀는 절정체험으로 설명한다. 이러한 경험은 처음부터 목적을 설정하고 성취하는 것은 아니다. 연주에의 몰입과 음악의 미적 체험 과정에서 자연스럽게 나타나는 현상이다.

둘째, 몰입과 절정체험 모두 만족, 행복, 충만함과 같은 긍정 정서의 경험이라는 공통분모를 가지고 있지만, 절정체험의 경우 더 감정적이고 신비주의 또는 종교적 체험과 관련된 영적 측면의 경험을 내포하고 있다.

25) Barbara Fredrickson & Robert W. Levenson, "Positive Emotions Speech Recovery from the Cardiovascular Sequelae of Negative Emotions," *Cognition & Emotion* 12(2) (1998): 191-220.

26) David Spiegel & Rhonda Moor, "Imagery and Hypnosis in the Treatment of Cancer Patients," *Oncology-Huntington* 11(8) (1997): 1179-1188 참조.

(2) 긍정 정서의 확장 및 구축

분노, 공포, 역겨움과 같은 감정은 우리가 경험하고 싶지 않은 부정적 감정이지만 진화심리학적 차원에서 보면 꼭 필요한 감정이다. 분노는 파괴로, 공포는 도피로, 역겨움은 거부와 같은 대처 행동으로 해소된다. 부정적 감정은 불쾌함을 유발하지만, 분명한 행동으로 이어지면서 우리의 생존 확률을 높인다. 그러나 현대인들은 자신의 내면에 요동치는 감정을 모두 행동으로 해소할 수는 없다. 자신을 괴롭히는 직장 상사에게 주먹을 날리고 싶은 마음이 있지만, 행동의 결과를 알기에 그렇게 하지 못하고 속으로만 분노한다. 행동하지 못하는, 다시 말해 현실적으로 해소하지 못하는 분노의 감정은 몸과 마음에 독이 된다. 동시에 우리의 사고와 행동을 제한한다. 분노라는 감정에 사로잡혀 '자신을 괴롭히는 상사에게 어떻게 드러나지 않게 복수할까? 자신의 분노의 감정을 어떻게 다스릴까?' 등 모든 생각과 행동은 분노의 감정과 관련된 것으로 좁아진다. 마치 옆을 보지 못하게 눈가리개를 씌운 경주마가 오직 앞만 보고 달리는 것처럼 주변의 모든 것을 무시하고 분노라는 감정에 휩싸이게 된다. 부정적인 감정의 강도가 높을수록 더 빠르고 즉각적인 해결에 집중하기에 우리의 사고와 행동의 범주는 더욱 좁아진다. 부정적인 감정을 경험할 때 삶의 위협적인 상황에서 벗어나기 위해 부정적인 정서와 자극에 더 집중하기 때문이다.

반면, 긍정적인 정서 경험에서는 그 반대의 현상이 일어난다. 흥미는 더 탐험하고 싶은 동기를 부여하고, 만족 또는 성취감은 그 경험을 더 즐기기 원하는 욕구를 일으킨다. 예를 들어 보자.

> 영희는 음악치료 시간에 콰이어차임을 처음 보고 그 악기를 연주해 보았다. 아름다운 소리의 울림 그리고 다른 사람들과 함께 만들어 가는 화성의 조화가 영희에게 즐거운 경험을 선사했다. 이 경험은 영희에게 '좋아요(like)'에 해당하는 것으로 영희의 뇌에 쾌락을 가져다주었다. 이 즐거운 경험은 영희에게 악기를 더 연주하고 싶은 욕망과 더 잘하고 싶은 열망을 일으켰다. '좋아요'는 '원해요(want)'로 이어진다. '좋아요'가 뇌에서 쾌락이라는 실제 경험이라면 '원해요'는 그 쾌락이라는 보상을 위한 동기부여에 해당한다. 이때 강한 동기부여는 음악이나 음악과 연결된 사항으로 확장된다. 영희는 악보 읽기, 화성의 어울림에 대한 지식, 연주기술 익히기를 위해 노력한다. '원해요'는 '배워요(learn)'로 이어진다. 아름다움이라는 긍정적 음악 경험이 확장된 결과이다. 영희에게 콰이어차임 연주는 그 자체가 즐거움을 주는 보상이다. 즐거운 경험은 원인이 된 행동이 지속될 수 있는 또 다른 동인이 되면서 이 모든 과정은 발전적 순환구조로 자리 잡게 된다. 게다가 영희는 음악

기술과 지식이라는 자원뿐만 아니라 집단원들과 함께하는 앙상블 연주를 통해 소속감, 유대감을 느끼면서 사회심리적 자원까지 축적하게 된다.

실제로 사회복귀 시설에서 6개월 이상 음악치료를 경험한 사람들을 대상으로 한 질적 연구[27] 결과, 음악치료를 통해 경험한 변화가 긍정심리학자 프레드릭슨의 긍정 정서의 확장 및 구축 이론(broaden and build theory)과 거의 일치했다. 연구에 따르면 사회복귀시설에서 음악치료를 경험한 사람들은 새로운 음악적 지식을 함양하고 정서 관리 방법을 습득하는 과정에서 음악을 통해 만족감을 느꼈을 뿐만 아니라 집단원들과의 유대감도 경험하였다. 무엇보다도 음악치료 경험 후 이들에게 나타난 현상은 음악을 배우고자 하는 욕구였다. 이들은 피아노, 기타와 같은 악기를 배우고 일상에서 다양한 음악을 접하고 즐기기 위해 컴퓨터, 스마트폰 등 음악과 관련된 기기에 익숙해지려고 하는 노력을 기울였다. 이는 음악치료에서 긍정적 음악 경험이 개인의 변화와 성장에 유익한 방식으로 나타난다는 것을 보여 준다.

부정적인 감정은 생존을 위협하는 상황에서 직접적이고 즉각적인 반응으로 적응적 이점을 제공한다면, 긍정적인 감정은 사고와 행동의 확장을 통해 간접적이고 장기적인 적응적 효과를 가져오며, 이러한 확장이 개인의 자원으로 축적된다. 이것이 긍정심리학자 프레드릭슨이 주장하는 긍정 정서의 확장 및 구축 이론이다.[28] 긍정적 정서 경험은 우리의 사고와 행동을 확장시키며 그 결과 얻어진 학습 경험을 통해서 우리는 미래의 상황에 효과적으로 대처할 수 있는 인지적, 정서적 자원을 축적하게 된다. 그리고 이러한 자원의 축적은 개인 성장의 밑거름이 된다.

(3) 긍정심리를 위한 음악

매슬로는 "가장 훌륭한 경험……. 가장 행복한 순간, 황홀한 순간, 환희의 순간은 아마도 사랑에 빠져 있거나 음악을 듣고 있을 때 또는 책이나 그림에서 갑자기 감탄의 충격을 받았을 때 그리고 위대한 창조적인 순간이다."[29] 라면서 이 순간을 '절정체험(peak experience)'이라고 하였다. 그는 섹스와 음악을 절정체험에 이르는 가장 쉬운 방법으로 지목했으며, 특

---

27) 이소리, 강경선, 「음악치료를 경험한 사회복귀시설 이용자의 일상에서 음악의 전략적 사용에 관한 근거이론연구」, 『재활심리연구』 21(1) (2014): 57-75.

28) Barbara Fredrickson, "The broaden-and-build theory of positive emotions," *Philosophical Transactions of the Royal Society of London. Series B: Biological Sciences* 359(1449) (2004): 1369-1377.

29) Abraham Maslow, *Toward a Psychology of being*, 2nd ed. (Oxford: Van Nostrand, 1968), 71.

히 음악은 다른 예술 형태보다 감각적이면서도 초월적이고 영적인 영향을 미친다고 평가했다. 그런데 여기서 매슬로가 지칭하는 음악은 오락 음악이 아니라 예술성을 인정받은 클래식 음악만을 의미한다. 개인적으로 클래식 음악 애호가였던 매슬로는 음악을 통해 초월적 상태에서 경험하는 황홀한 절정체험이 심리치료와 유사한 효과를 낸다고 주장하기도 했다.[30] '미적 체험은 치료적이다.'라는 의미이다.

긍정심리 음악치료에서 미적 체험은 가장 핵심적인 요소이다. 그렇다면 내담자의 미적 체험은 어떠한 치료적 의미와 가치를 지니는가? 앞에서 언급한 바와 같이, 미적 체험은 뇌에서 쾌락을 느끼는 것으로, 이것은 '좋아요(like)'라는 감정을 유발하고, 이로 인해 '원해요(want)'라는 내적 동기가 촉진된다. 음악을 통한 긍정적 정서 경험은 내담자가 음악활동에 능동적으로 참여하도록 유도하며, 이 과정에서의 절정체험 또는 몰입 경험은 성취감, 충만함, 사회적 연결성, 의미와 같은 발전적 쾌락을 가져다준다.

긍정 정서를 불러일으키는 음악과 음악활동이 내담자의 발전으로 이어지게 하기 위해서 음악치료사는 다음 세 가지를 고려해야 한다. 첫째, 내담자의 기능, 상태, 필요에 맞추어 긍정적 정서와 행동을 유도하는 최적의 음악을 선택해야 한다. 음악에 대한 긍정 정서 경험은 평온에서부터 강렬한 전율까지 폭넓다. 예를 들어, 사티의 〈짐노페디〉를 들으며 평온을 느끼는 것과 베토벤 9번 교향곡 4악장에서 전율을 느끼는 것은 모두 긍정적 정서의 경험이지만, 서로 다른 질감을 가진다. 우리는 상황과 기분에 따라 각기 다른 질감의 음악적 경험을 필요로 한다. 평온한 음악이 적합할 때도 있고, 강렬한 에너지를 지닌 음악이 필요할 때도 있다. 마찬가지로 내담자에 따라서 최적의 음악은 다양하다. 예를 들어, 자폐스펙트럼장애 아동에게는 치료사와의 상호 교류를 유도하는 음악이, 우울한 노인에게는 과거의 아름다운 기억을 회상하게 하는 음악이, 분노와 불만에 가득 찬 청소년에게는 감정을 발산할 수 있는 랩음악이 적합할 수 있다. 음악치료에서 내담자에게 최적화된 음악은 재미, 감동, 흥미, 성취감과 같은 긍정적 정서를 고취시키며, 이는 우울, 불안, 분노 감소와 같은 부정적 정서, 다시 말해 심리적 독소를 해소시키는 데 도움을 준다.

둘째, 내담자의 의지와 노력을 필요로 하는 음악활동을 구성한다. 음악활동은 일정 수준의 기술을 필요로 하며, 집단 음악활동은 기술뿐만 아니라 협업을 필요로 한다. 음악적 기술의 향상과 음악을 통한 사회적 유대감의 성장은 더 나은 실력과 성취를 위한 내적 동기가 된

---

30) Alf Gabrielsson & Siv Lindström Wik, "Strong Experience Related to Music: A Descriptive System," *Musicae Scientiae* 7 (2003): 159.

다. 내담자가 현재의 음악적 능력보다 더 나은 기술을 발휘할 때, 더 만족스러운 결과를 경험할 수 있다. 성취감과 만족감은 노력을 통해 이루어지므로 음악활동은 내담자의 현재의 능력보다 약간 더 도전적인 수준으로 설정하는 것이 바람직하다.

셋째, 음악치료에서 얻은 경험이 내담자의 일상생활로 확장되고 개인의 자원으로 축적될 수 있도록 한다. 앞에서 언급한 바와 같이, 음악치료에서 음악적 경험은 기술, 정서, 사고에서의 확장 및 구축으로 이어져야 한다. 먼저, 음악적 기술과 지식의 확장이다. 다음으로, 즐거움, 몰입, 성취감, 절정체험과 같은 긍정적 정서 경험이 일상으로 확장되어 부정적 정서를 해소시키는 것이다. 마지막으로, 음악을 통해 타인과 사회적 유대감을 형성하는 사회적 자원과 이를 통해 자신에 대한 긍정적 인지를 구축하는 것이다.

제 6 장

음악치료 모델 소개

1. 창조적 음악치료
2. 분석적 음악치료
3. 성악심리치료
4. 심상음악치료
5. 신경학적 음악치료

내용 미리보기

1. 창조적 음악치료는 음악 중심 음악치료이다. 심리치료는 인성(personality)이론을 기반으로 하고 있는데 음악 중심 음악치료에서 심리치료의 인성이론에 해당하는 부분이 바로 '음악'이다.

2. 창조적 음악치료는 음악이 치료를 위한 수단이기보다는 치료의 목적이 된다. 창조적 음악치료에서 임상적 목적과 음악적 목적은 분리할 수 없다.

3. 우리가 음악을 통해 창조적이고, 표현적이며, 미학적이고, 상호소통적이며, 초월적 경험을 할 때 그것은 우리 삶을 풍성하게 해 주는 내적 보상이 된다. 그러므로 아동 내면의 음악아(music child)를 일깨워 음악하기(musicing) 경험을 제공하는 것이 창조적 음악치료의 음악적 목적이자 임상적 목적이다.

4. 즉흥연주는 창조적 음악치료의 핵심 방법이다. 치료사의 풍부한 음악적 자원, 직관, 민감성은 즉흥연주에 필요한 요소들이다.

5. 창조적 음악치료의 절차는 '아동과 음악적으로 만나기 → 아동의 반응 일깨우기 → 아동의 음악적 기술, 표현의 자유 그리고 상호적 반응 발달'이다.

6. 창조적 음악치료의 특징은 비지시성과 미학적 조형이다.

7. 분석적 음악치료는 무의식을 의식화시키는 방법으로 즉흥연주를 사용한다는 점에서 전통적인 정신분석과 차별화된다.

8. 분석적 음악치료에서는 음악적으로 개인내면적(intrapersonal), 대인관계적(interpersonal), 초월적(transpersonal) 차원의 접근뿐만 아니라 전이, 역전이, 저항 등과 같은 이슈를 다룬다.

9. 프리슬리의 분석적 음악치료에서 즉흥연주는 의식 탐색, 무의식 분석, 자아강화를 위해 사용된다.

10. 분석적 음악치료에서 즉흥연주의 특징이라면 치료과정에서 음악적 경험만큼 언어적 과정도 중요한 부분을 차지한다. 언어를 음악화하기, 음악을 언어화하기의 과정이 순차적이고 심층적으로 이루어진다. 그러므로 분석적 음악치료는 상징적 사고를 할 수 있는 정도의 지능, 정신상태, 언어능력을 갖춘 사람에게 적절하다.

11. 성악심리치료는 음악심리치료의 매개체로 목소리를 사용하는 모델이다. 호흡에서부터 토닝, 자유연상 노래 부르기까지 목소리로 다양한 스펙트럼의 정서를 표현함으로써 내담자의 심리적 통찰 그리고 변화와 성장을 목적으로 한다.

12. 성악심리치료는 정신분석 이론을 배경으로 한다. 이 중 융의 분석 심리학과 위니컷의 대상관계 이론은 오스틴의 이론에 큰 축이 되는 이론이다.

13. 오스틴은 치료에서 두 개의 코드로 단순하고 반복적인 음악 구성에 자유연상 노래 부르기라는 기법을 사용한다. 자유연상 노래 부르기에서 치료사는 내담자가 함께 노래를 부르며 내담자의 필요와 상태에 적절하게 유니즌, 하모나이징, 그라운디, 더블링과 같은 기법을 사용한다.

14. 심상을 치료에 이용하는 것은 시대와 문화를 막론하고 보편적인 방법이었다. 근대 정신의학에서 심상을 적

극적으로 사용하기 시작한 것은 프로이트였다. 이후 심상은 심리치료의 중요한 방법이 된다. 음악을 활용하여 심상을 유도하는 방법은 1970년대 미국의 음악치료사 보니에 의해서 개발되었다.

15. 심상음악치료는 프로이트의 카우치에 누워서 긴장을 이완하고 무엇이든 마음속에 떠오르는 심상(자유연상)을 말하는 비지시적이고 자발적인 포맷을 기반으로 내용적으로는 매슬로와 융의 작업을 포함한다. 특히 매슬로의 절정체험 이론은 심상음악치료에서 음악적 경험 자체가 치료적이라는 치료로서의 음악(music as therapy)의 개념과 일맥상통한다.

16. 보니의 의식의 스펙트럼은 중심인 에고에서 확장될수록 자의식으로부터 멀어질수록 종교적, 신비적 경험을 비롯하여, 프로이트의 정신분석적 개념과 융의 집단 무의식적 개념들이 등장한다.

17. 심상음악치료의 방법은 내담자가 이완된 상태에서 치료사가 프로그램한 음악을 들으면서 음악에 따른 심상을 이야기하는 형태이다. 심상음악치료의 과정은 도입, 이완과 초점, 음악감상, 마무리의 단계로 나뉜다.

18. 심상음악치료의 대상자는 상징적 사고를 할 수 있는 정신능력을 갖춘 사람이어야 한다.

19. 신경학적 음악치료는 뇌신경학적 손상을 가진 환자들을 대상으로 음악활동(악기 연주, 노래 부르기, 음악과 동작)에 음악적 요소(리듬, 빠르기, 강약, 선율의 방향성 등)를 조율하고 구성하여 신체적 재활 훈련을 통해 병인으로 발생된 신체적 장애를 극복하거나 신체적 기능을 향상시키기 위한 행위를 일컫는 것이다.

20. 뇌는 반복적인 경험이나 훈련에 의해 변화하는 뇌 가소성을 가진다. 이러한 원리를 기반으로 음악활동은 신체 재활을 위해 사용되는데, 이때 음악적 자극이 환기(arousal)와 활성화(activation)를 유도하여 운동 반응을 이끌어 낸다. 음악활동은 환자가 신체적으로 동조화될 수 있는 수준에서 시작하여 목표 상태로 점진적으로 변화시킨다.

21. 신경학적 음악치료는 언어재활, 감각운동재활, 인지재활의 영역으로 분류된다.

22. 언어재활을 위한 신경학적 음악치료에는 멜로디 억양치료(Melodic Intonation Therapy: MIT), 리듬적 말하기 신호(Rhythmic Speech Cueing: RSC), 음악적 말하기 자극(Musical Speech Stimulation: MUSTIM), 구강 운동 및 호흡 훈련(Oral Motor and Respiratory Exercise: OMREX)이 있다.

23. 감각운동 재활을 위한 신경학적 음악치료로는 리듬 청각 자극(Rhythmic Auditory Stimulation: RAS), 패턴화된 감각증진(Patterned Sensory Enhancement: PSE), 치료적 악기 연주(Therapeutic Instrumental Music Performance: TIMP)를 들 수 있다.

24. 인지재활을 위한 음악치료로는 음악적 주의조절 훈련(Musical Attention Control Training: MACT), 음악적 무시 훈련(Musical Neglect Training: MNT), 음악적 기억훈련(Musical Mnemonic Training: MMT) 등 다양한 기법이 있다.

1. 창조적 음악치료

1959년 미국의 작곡가이자 피아니스트이면서 음대 교수였던 노도프(Paul Nordoff, 1909~1977)는 영국 선필드(Sunfield) 학교에서 특수교육가 로빈스(Clive Robbins, 1927~2011)를 만나게 된다. 당시 노도프는 직업적으로 성공한 삶을 살고 있었지만 자신의 음악에 무엇인가 공허함을 느끼고 있었다. 그러던 중 선필드에서의 특수교육과 치료에 음악을 사용하는 것을 보고 그의 나이 49세에 지금까지와는 다른 새로운 음악적 커리어를 쌓기로 결정하게 된다. 음악치료사로서의 삶이다. 그는 미국에서 안정적인 교수직을 버리고 로빈스와 함께 유럽 여러 도시를 다니며 주로 특수아동을 대상으로 음악치료 임상과 연구를 수행하였다.[1] 당시 노도프와 로빈스는 그들의 작업을 책과 오디오, 비디오 기록으로 남겼으며 그 기록은 지금까지 많은 음악치료사에게 유용한 교육적 자료가 되고 있다.

미국과 영국, 음악가와 특수교육가라는 각기 다른 배경을 갖고 있던 이 두 사람이 오늘날 노도프-로빈스 음악치료(Nordoff Robbins Music Therapy: 이하 NR-MT)[2] 모델을 탄생시킬 수 있었던 동력은 바로 슈타이너(Rudolf Steiner, 1861~1925)의 인지주의(anthroposophy)[3] 철학이라는 공통분모가 있었기 때문이다. 선필드 학교는 인지주의적 철학과 교육관에 의해 설립되어 운영되던 학교였으며 로빈스는 이러한 철학에 매료되어 이 학교의 교사로 일하게 되었다. 노도프 역시 미국에서뿐만 아니라 유럽의 다양한 기관에서 인지주의 교육을 받을 정도로 슈타이너의 이념에 심취한 인물이었다. 인지학의 영향으로 노도프는 당시 미국에서 주류였던 행동주의 음악치료에 편승하지 않았다. 인간의 본질 속에 내재해 있는 영혼(soul)과 정신(spirit)의 작용을 중요시하는 인지학과, 자극, 반응, 조건과 같은 외부 요인을 통해 인간의 행동을 조정하고 변화시킬 수 있다는 행동주의 심리학은 인간에 대한 이해에 있어서 서로 대척점에 있다고 보았기 때문이다.[4]

---

1) Nicki Cohen, *Advanced Methods of Music Therapy Practice:* Analytical music therapy, the Bonny Method of Guided Imagery and Music, Nordoff-Robbins Music Therapy, and Vocal Psychotherapy(Jessica Kingley Publishers, 2018), 131-134 참조.

2) 노도프와 로빈스는 그들의 음악치료를 '창조적 음악치료'로 명명했다. 1999년 세계음악치료협회에서 '창조적 음악치료'를 음악치료 5대 모델 중 하나로 선정한 후 이들의 이름을 따서 '노도프-로빈스 음악치료'로 부르기도 한다. 현재는 음악치료 석사학위 졸업 후 노도프-로빈스 전문 임상훈련을 받고 자격증을 취득한 음악치료사를 '노도프 로빈스 음악치료사'라고 한다.

3) 'anthroposophy'는 인간을 의미하는 그리스어 'Anthroposo'와 지혜 'Sophia'의 합성어로 문자 그대로 풀이하면 '인간의 지혜'이다.

4) Cohen, 같은 책, 134. 노도프는 당시 미국의 전국음악치료사협회(National Association Music Therapy: NAMT)를 통해

노도프-로빈스의 음악치료는 '창조적 음악치료'라고 불린다. "즉흥연주로 음악을 창조하고 아동의 변화를 창조하며, 그 변화가 점진적인 진보를 창조한다."는 의미에서이다.[5] 치료사는 창조적 음악행위[6]를 통해 아동의 변화와 성장을 이끌며 아동은 치료사와의 음악적 경험을 통해 변화한다. 여기서 '변화'는 음악, 행동, 정서 등 아동의 모든 측면에서 일어나는 전인적 변화로 이것은 '창조적 과정'에 해당한다.

인지주의 철학과 노도프 & 로빈스의 음악치료

슈타이너의 철학과 교육관은 노도프-로빈스 음악치료 모델 탄생에 직접적인 영향을 준 이론이다. 여기서 슈타이너의 인지주의 철학을 간단하게 설명하기는 힘들다. 인지주의 철학은 동양사상, 인도 철학, 괴테의 사상, 신비주의 철학, 심지어 인종주의 논란까지 일으키는 많은 복합적인 내용을 담고 있기 때문이다. 그 복잡한 내용에 대한 총체적인 이해는 철학 교과서를 통해 진행될 일이고 우리는 여기서 노도프와 로빈스가 슈타이너의 인지주의 철학을 어떻게 받아들였는지에 집중하는 것으로 충분할 것이다. 노도프 로빈스 음악치료와 관련해서 중요한 관점은 슈타이너의 교육이념이 인간의 전체성을 강조하는 전인교육이라는 점이다. 또 한 가지는 전인교육을 위한 중요한 방법으로 모든 교육이 예술적으로 이루어져야 한다는 점이다. 즉, 노래를 잘하고 그림을 잘 그리기 위한 예술교육이 아니라 예술이라는 매개체를 통해 전인교육을 하는 것이다.

예술을 통한 교육으로 전인적 인간으로 길러 내는 것은 슈타이너 인지학의 기초가 된다. 이러한 사상은 노도프-로빈스의 음악치료에서도 잘 나타나는 이론과 방법이기도 하다. 즉흥연주로 아동과 만나고 교류하는 것은 아동의 장애 여부를 떠나 한 사람과의 만남이고 그 사람의 전인적인 발달을 위한 것이다. 장애라는 문제와 그 문제만을 해결하기 위한 지엽적인 접근이 아니다. 처음 노도프가 음악치료에 관심을 가졌지만 당시 미국의 주류인 행동주의 음악치료에 합류하지 않았던 이유도 바로 그의 인지주의 철학과 맞지 않았기 때문이다. 무엇보다 인지주의 철학에서 중요하게 생각하는 것은 정신적인 부분이다. 행동주의와는 전혀 반대되는 철학인 셈이다.

노도프-로빈스 음악치료는 전체성, 창조성과 같은 주요 개념에서 인지주의의 영향을 받았지만 그렇다고 해서 이들의 방법을 '인지주의 음악치료'라 칭하기는 어렵다. 현재 독일을 중심으로 유럽권 음악치료에서 주로 진행되고 있는 인지주의 음악치료(Anthroposophy Music Therapy: AnMt)는 전통적인 인지주의 교육 및 치료의 이론과 방법을 기반으로 하는 모델인데 이 방법과 이론은 노도프-로빈스 음악치료와 구분된다.

음악치료 관련 정보를 알아보았으나 행동주의 심리학에 기반한 이론과 기법은 그가 생각하는 음악치료와 매우 달랐다.

5) Kenneth Brucia, *Improvisational Models of Music Therapy*, (Charls C. Thomas Publisher, 1987), 24.

6) 치료사는 임상에서 아동의 치료적 변화를 이끌어 내기 위해 자신의 음악적 자원을 창조하여 즉흥연주한다.

1) 창조적 음악치료의 이론적 배경

창조적 음악치료는 음악중심 음악치료(music centered music therapy)이다. 심리치료가 인성(personality)이론을 기반으로 하듯이 음악중심 음악치료에서 심리치료의 인성이론에 해당하는 부분이 바로 '음악'이다. 음악치료 이론 역시 음악에 기초한다.[7], [8] 물론 창조적 음악치료의 이론적 배경을 설명할 때면 언제나 등장하는 이론들이 있다. 인지주의, 인본주의, 정신역동, 초월심리학 등이다. 그러나 비음악적 영역의 학문들이 음악치료를 설명할 때 언제나 문제가 되는 것은 음악에 대한 이해와 설명이 배제되거나 왜곡된다는 것이다. 음악과 거리가 먼 신경학, 교육학, 심리학 등과 같은 영역에서 음악의 본질적 측면을 다루기 힘들며 이러한 영역들은 임상과정에서 구체적으로 어떤 음악이 어떻게 치료적으로 사용되고 작용하는지 충분한 관심을 기울이지도 않는다.[9] 예를 들어, 행동주의 음악치료에서 음악을 통해 내담자의 충동 행동이 얼마나 줄었는지, 신경학적 음악치료의 리듬 청각 자극(Rhythmic Auditory Stimulation: RAS) 기법이 내담자의 보행에 어떠한 영향을 주었는지는 음악치료의 효과성을 알기 위한 중요한 부분이다. 그러나 내담자가 신경학적 음악치료를 받는 동안 음악에 대한 경험과 표현은 다루어지지 않는다.

신경학적 음악치료에서 내담자의 운동과 훈련에 의미 없는 음악의 사용된다면 그것은 음악치료가 아니라 물리치료이다. 행동주의 음악치료에서도 내담자의 행동에 대한 동기부여는 내담자의 음악에 대한 반응 정도가 중요하게 작용한다. 내담자의 음악 선호와 반응 정도가 음악치료 결과에 미치는 영향은 무시할 수 없는 중요한 부분이다. 그러나 여기서 음악 선호와 반응에 대한 고려는 효과적인 결과를 위한 도구로서의 차원이다. 비음악적 영역인 언어, 인지, 정서 등의 변화를 목적으로 음악을 치료의 수단으로 사용하는 것이다.

반면, 창조적 음악치료는 음악이 치료를 위한 수단이기보다는 치료의 목적이 된다. 이것이 창조적 음악치료와 다른 음악치료 모델과의 차이점이다. 브루시아(K. Brucia)는 "창조적 음악치료에서 임상적 목적은 음악적 목적 안에 포함된다."[10]라고 하였고, 에이건(K. Aigen)

---

7) Kenneth Aigen, "Music Centered Dimensions of Nordoff-Robbins Music Therapy," *Music Therapy Perspectives* 32(1) (2014): 20.

8) 필자는 1996년 뉴욕대학교에서 로빈스의 수업을 수강하였다. 수업 중 로빈스는 창조적 음악치료는 다양한 철학적 심리학적 배경을 기반으로 하지만 특정 이론과 철학으로 창조적 음악치료를 설명할 수 없으며 창조적 음악치료의 핵심은 '음악' 자체임을 강조하였다(개인적 통신 1996).

9) Aigen, 같은 글, 20.

10) Brucia, 같은 책, 27.

역시 임상적 목적과 음악적 목적은 분리할 수 없다고 보았다. 창조적 음악치료에서 음악적 경험과 표현을 임상적 목적만큼 중요하게 여기는 것은 노도프-로빈스 음악치료 평가 척도[11]에서도 볼 수 있다. 내담자를 평가하는 가장 높은 수준의 치료적 성장은 치료사와 내담자 사이의 음악적 관계, 교류에 나타난 '표현의 자유', '창조성', '소통', '자신감', '독립성'과 같은 개념이다. 기존의 치료에서 언어, 인지, 신체, 정서 등 영역별 발달에 대한 지엽적이고 정량적인 평가와는 거리가 먼 추상적이고 전체적이며 정성적 평가이다. 왜냐하면 음악적 교류, 표현, 창의성과 같은 음악적 발달이 다른 임상적 발달을 포함하고 있기 때문이다. 물론 내담자의 음악적 발달을 통한 임상적 변화를 위해서는 전문 음악치료사의 뛰어난 음악적 직관과 음악 기술이 필요하다. 음악 자체가 내담자에게 내적 보상으로 작용할 수 있도록 치료사의 전문적이고 세심한 중재가 필요하기 때문이다.

창조적 음악치료의 가장 핵심적인 이론을 요약하자면 다음과 같다. 아름다움을 경험하고자 하는 것은 인간의 고유한 욕동(drive)이다. "우리가 음악을 통해 창조적이고, 표현적이며, 미학적이고, 상호소통적이며, 초월적 경험을 할 때 그것은 고유한 내적 보상이 된다."[12] 이 내용을 생물학적으로 단순하게 해석하자면 "음악은 인간의 쾌감회로를 작동하게 한다. 인간은 음악적 쾌감이라는 보상 때문에 음악을 추구한다."로 요약될 수 있다.[13]

에이건은 치료에서 음악의 고유하고도 본질적인 가치를 네 가지 측면으로 설명하고 있다. 첫째, 창조적 과정이다. 창조적 과정에서 우리는 내면의 우울, 절망, 그리고 우리 일상에서 회피했던 것과 만나게 된다. 둘째, 표현적 음악 과정에서 우리는 감정과 더 친밀하게 접촉하게 된다. 셋째, 미적 체험은 모든 사람의 고유한 욕망으로 아름다움을 창조하는 활동에 참여하고자 하는 동기로 이어진다. 넷째, 상호소통, 공동체 경험은 자신보다 더 큰 무언가에 소속되어 참여하고 있는 느낌을 준다. 그는 우리 삶에서 음악을 접하면서 얻게 되는 보상이 삶을 풍성하게 해 준다고 주장한다.[14] 그런데 이러한 일상적이면서도 의미 있는 경험이 누구에게나 주어지는 것은 아니다. 많은 음악치료 내담자는 질병과 장애로 인해 극도로 고립된 삶을 살고 있으며, 타인과 소통하거나 자기 내면의 창조성을 발휘할 기회를 얻지 못하는

11) 노도프와 로빈스는 내담자와 치료사 관계척도(client-therapist relationship scale), 음악적 교류척도(musical communication scale), 음악적 반응 척도(musical response scale) 세 가지 음악치료 평가 척도를 개발하였다.

12) Aigen, 같은 글, 23.

13) 음악이 진화에 꼭 필요한 적응적 기제인지 아니면 진화과정에서 우연한 산물인지에 관한 음악의 기원 논쟁에서 인간의 음악행위는 뇌의 쾌감회로를 작동시킨다는 데는 공감하는 부분이다. 이것이 현재 뇌과학적으로도 밝혀진 부분이기도 하다.

14) Aigen, 같은 글, 23.

경우가 많다. 따라서 내담자에게 내면의 음악아(music child)를 일깨워 창조적이고 미학적인 표현과 경험을 제공하고, 타인과 음악적으로 소통하여 의미 있는 관계를 형성하며, 더 나아가 음악을 통한 초월적 경험까지 음악하기(musicing) 경험을 제공하는 것이 창조적 음악치료의 음악적 목적이자 임상적 목적이다.

음악아

노도프와 로빈스의 음악아(music child)는 인지주의 창시자 슈타이너의 교육관인 '모든 인간은 음악에 선천적으로 반응한다. 우리의 인성 구조 안에는 음악적 자아(musical self)가 존재한다.'는 개념이 반영된 것이다.[15] 노도프와 로빈스의 음악아에서 'child'는 '본능', '타고난'을 의미한다. 노도프와 로빈스는 '음악아'와 반대되는 개념으로 다양한 질병과 장애로 인해 음악 안에서 자기표현, 자기실현과 같은 경험을 할 수 없는 사람을 '제한아(conditioned child)'로 구분한다. 그러므로 제한아가 '음악하기'를 통해 이 제한된 환경과 능력으로부터 벗어나 창조적이고 표현적이며 미학적이자 소통적인 경험을 하는 음악아가 되게 하는 것이 창조적 음악치료의 임상적이자 동시에 음악적인 목적이다.

'음악아'는 창조적 음악치료의 핵심 철학이다. 필자 역시 모든 인간이 음악적으로 반응하고 표현하는 본능과 능력을 타고난다는 것에 공감한다. 하지만 현재로서 '음악아'는 '진실', '사실', '과학'으로 받아들여지기보다는 슈타이너, 노도프, 로빈스와 같은 인물들의 음악에 대한 철학적 가설로 보아야 한다. 인간의 공감능력과 비교해 보자. 모든 인간은 타인의 마음에 공감하고 이해하는 공감능력을 가지고 태어난다는 것을 우리는 경험적으로 인정한다. 타인의 마음을 공감하는 능력은 인간이 공동체를 이루고 살면서 생존율을 높이기 위한 적응적 기제이다.

그런데 이런 인간의 공감능력이 타고난 시스템의 작용이라는 것이 증명된 것은 뇌의 거울신경체계가 존재한다는 것이 밝혀지면서이다. 이 발견 이후 인간의 공감능력에 대한 이론은 과학적 사실이 되었다. 반면, 음악 본능은 다소 설명하기 모호하다. 인류의 음악행위가 생존에 꼭 필수적인 적응적 행위라는 주장과 언어발달 과정에서 우연히 발생한 부산물이라는 주장 중 그 어느 것이 더 신뢰받을 수 있는 것인지는 판단할 방법이 없다. 또, 뇌에서 음악을 어떻게 처리하는지는 현대 과학에서 어느 정도 밝히고 있지만 여전히 음악 관련 장애(실음악증)나 절대음감, 서번트와 같은 현상의 원인은 명확하게 알 수 없다. 결국 인간의 음악행위에 관해서는 아직까지 과학적 차원에서 정확하게 밝혀내지 못한 부분이 많은 것이다. 고대 그리스의 철학자 플라톤과 고대 중국의 공자가 모두 인성에 '좋은 음악' 그리고 피타고라스가 영혼에 좋은 음악을 주장한 것처럼 '음악아'라는 개념은 노도프와 로빈스의 지식과 경험을 바탕으로 한 사변적 산물이다.

15) Brucia, 같은 책, 31.

그렇다면 창조적 음악치료에서 음악하기(musicing)란 구체적으로 무엇인가? 음악과 관련된 모든 행위를 musicing,[16] '음악하기'라고 하는데 이 분사 형태의 단어가 암시하고 있듯이 이들이 말하는 음악은 명사가 아니라 무엇인가 한다는 동사의 개념으로 사용되고 있다. 연주와 감상을 넘어 음악활동에 동반되는 모든 역동적인 경험을 음악에 포함하고 있기 때문이다. 즉, '음악하기'라는 말은 우리 삶과 더 직접적인 연결성을 갖는 말이다.

'음악하기'는 우리 삶을 풍성하게 해 준다.[17] 우리는 음악을 통해 감각적 즐거움에서 몰입의 경험, 때로는 미적 체험을 통한 절정 상태뿐만 아니라 음악활동과 관련된 다양한 경험을 한다. 우리 삶을 풍요롭게 하는 음악의 기능은 장애와 질병을 가지고 있는 사람들에게도 마찬가지로 작용한다. 다만, 장애와 질병이 감동, 재미, 몰입, 기쁨, 환희, 성취감 등과 같은 음악적 경험을 방해하고 차단할 가능성을 높일 뿐이다. 클래식 음악을 좋아하는 사람은 베토벤의 〈운명교향곡〉을 30분 정도 감상하고 그 감동을 경험할 수 있지만 클래식 음악에 관심도 없고 주의집중을 1분 이상 하지 못하는 자폐아동에게 이 음악은 단순한 청각 소음에 불과하다. 젬베를 배우고 연주하면서 몰입하는 경험은 재미와 성취감을 준다. 그러나 젬베를 음악적으로 의미 있게 연주할 수 없는 사람에게 성취감은 없다.

창조적 음악치료사는 신체, 인지, 사회 또는 정서적 문제로 인해 스스로 성취감, 즐거움, 몰입, 감동 등과 같은 음악적 경험을 하지 못하는 사람들에게 음악치료 안에서 이들이 이러한 경험을 할 수 있도록 특별한 조건을 만든다. 예를 들어, 내담자가 표현할 수 있는 음악적 역량이 하나의 템포에 큰 소리, 작은 소리 정도의 다이내믹만 연주할 수 있다면, 그 사람은 음악에서 리타르단도(점점 느리게), 크레센도(점점 세게), 디미누엔도(점점 작게), 아첼레란도(점점 빠르게)와 같은 음악적 감정 경험을 할 수 없다. 치료사는 내담자가 음악을 통한 폭넓은 정서적 경험을 할 수 있도록 내담자의 음악적 표현 범위의 확장을 돕는다. 또한 치료사는 내담자가 내는 의미 없는 소리조차 아름다운 음악의 일부가 될 수 있도록 음악적으로 미학적 조성(aesthetic shaping)을 할 수 있어야 한다.[18] 이 모든 것은 내담자의 삶을 풍요롭게 하

---

16) 'musicing' 또는 'musicking'이라는 용어는 음악학자 크리스토퍼 스몰(Christopher Small)이 1998년에 출간한 책 『Musicking: The Meanings of Performing and Listening』에서 사용하였다. 음악하기는 악기 연주나 콘서트 참석과 같은 전형적인 음악활동뿐만 아니라 이러한 활동을 둘러싼 사회문화적 맥락을 포함하는 것으로 이는 연주자와 청중 간의 관계, 특정 문화적 맥락 내에서 음악에 부여된 의미, 음악이 의사소통과 사회적 상호작용의 형태로 작용하는 방식을 포함한다. 다시 말해 'musicking'은 음악을 소리의 생성뿐만 아니라 의미의 창출과 사회적 연결 형성도 포함하는 역동적인 과정으로 이해하는 것이다.

17) Aigen, 같은 글, 19. 에이건은 창조적 음악치료에서 핵심 개념인 삶을 풍성하게 하는 음악하기는 커뮤니티 음악치료 및 자원기반(resource-oriented) 음악치료와 공유되는 부분이라고 말한다.

18) Cohen, 같은 책, 140.

는 '음악하기'의 경험이며 온전한 음악적 경험은 삶의 장애로부터 자유롭게 하고 성장해 나아가는 자원이 된다. 그러므로 창조적 음악치료에서 임상적 목적과 음악적 경험은 분리할 수 없는 것이다.[19]

2) 창조적 음악치료 기법

주로 특수아동을 대상으로 한 음악치료에서 노도프는 피아노를 연주하고 아동에게는 드럼이나 심벌과 같은 악기가 제공되었다. 로빈스는 아동의 연주를 도와주는 협력 치료사의 역할을 하였다. 이들은 음악치료에서 기존의 작곡된 음악을 연주하기도 하고 즉흥적으로 음악을 만들기도 하였는데 치료의 핵심적인 부분은 아동의 창조성을 드러낼 수 있는 즉흥연주였다.

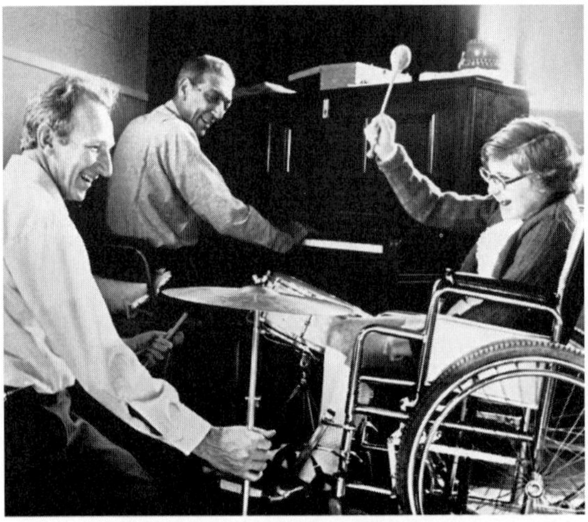

[그림 6-1] 노도프와 로빈스의 음악치료

출처: https://amtapro.musictherapy.org/nordoff-robbins-music-therapy/

즉흥연주는 창조적 음악치료에서의 핵심 방법으로 그 기법은 음악적 자원을 치료사가 어떻게 사용하는가에 대한 음악적 기법, 즉흥연주가 내담자와의 치료과정에서 어떤 방식으로 진행되는지에 관한 절차적 기법, 그리고 즉흥연주 자체가 어떠한 특징을 가져야 하는지에 대한 창조적 음악치료의 고유기법으로 구분하여 볼 수 있다.

19) Aigen, 같은 글, 20.

첫째로는 음악적 기법의 측면이다. 치료사는 내담자와의 소통, 반영 등을 위해 다양한 음악적 자원을 사용한다. 여기서 자원은 금, 석탄, 천연가스 등등 자연 세계의 자원처럼 원재료이다. 음악치료에서는 치료사의 음악적 지식과 기술에 해당한다. 치료사는 오음음계, 중동음계, 교회 선법, 블루스 음계 등 음악적 지식을 내담자의 필요에 맞게 응용하여 사용할 수 있는 음악적 기술을 갖추고 있어야 한다. 이것은 음악적 자원이다. 중요한 것은 이 음악적 자원을 가장 치료적으로 아름답게 사용할 수 있는 치료사의 민감성이다. 다이아몬드는 광물이지만 아름답게 세공하면 매우 값비싼 보석이 된다. 이 원재료의 세공에 해당하는 것이 음악치료사의 능력이다.

즉흥연주의 음악적 기법을 목적과 방법이라는 단순한 틀 안에서 기술하기는 어렵다. 왜냐하면 음악치료에서 즉흥연주는 현재 상황, 즉 맥락, 치료사와 내담자의 관계, 음악적 기술에 치료사의 음악 사용에 대한 직관과 민감성이 매번 다르게 작용할 수 있기 때문이다. 짜증을 부리는 아동을 진정시키기 위해 긴장이 낮고 평안한 느낌을 주는 오음음계로 즉흥연주를 할 수도 있고, 때론 아동의 짜증을 그대로 반영하는 공격적인 스페인풍의 음악을 연주할 수도 있다. 내담자의 감정을 반영하는 치료사의 즉흥연주는 반드시 어떠해야 한다는 정답은 없으며 음악적 판단은 언제나 치료사의 직관에 의해 결정된다. 음악적 자원이 풍부한 치료사가 상황과 내담자에 맞게 잘 사용한다면 치료는 아름다운 보석을 세공하는 일처럼 멋진 결과를 도출해 낼 수 있을 것이다.

두 번째로는 절차적 기법이다. 창조적 음악치료의 절차는 '아동과 음악적으로 만나기 → 아동의 반응 일깨우기 → 아동의 음악적 기술, 표현의 자유 그리고 상호적 반응 발달'이다. 첫 절차는 '아동과 음악적으로 만나기'로, 치료사가 아동이 무의미하게 만들어 내는 음성, 악기소리, 행동 등을 음악적으로 모방(mirroring) 또는 반영(reflecting)하면서 아동이 '지금 여기' 무엇을 하고 있는지 인식하게 하는 것이다. 아무리 인지기능이 저하되어 있더라도 대부분의 아동은 자신의 모든 것이 음악을 통해 반영될 때 '뭐지?'라는 느낌을 갖고 반응하기 시작한다. 음악을 통한 치료사와 아동의 만남의 단계이다. 다음 절차는 아동의 '음악적 반응 일깨우기'로 치료사는 아동이 치료 상황에 적극적으로 참여하게끔 아동의 음악적 반응을 일깨우는 음악을 만들어 간다. 이때 치료사의 음악은 아동을 음악적 활동에 참여하게 하기 위한 동기부여의 도구로 작용되어야 한다. 그리고 이제 아동이 치료사의 음악에 자발적이고 의도적으로 음악을 사용하기 시작하면 마지막 절차로 단계로 들어가는데 바로 음악적 기술, 자유로운 표현, 치료사와의 상호반응성을 발전시키는 단계이다. 지금까지 만들어진 관계를 기반으로 아동이 치료를 받는 과정에서 좀 더 아름답고 상호소통적이며 자유로운 표현을 할 수 있도록 음악 기술발달에 집중하는 단계이다.

세 번째로는 창조적 음악치료의 고유한 기법(indigenous technique)[20]이다. 창조적 음악치료의 고유함을 가장 잘 대표하는 것은, 먼저 비지시성(non-directivity)이다. 음악치료사는 '나를 보세요.', '가까이 오세요.', '드럼을 두드리세요.'와 같은 지시적인 말 대신에 음악적으로 표현하고 음악적 구조 안에서 단서를 주기도 한다. 멜로디, 하모니, 리듬, 템포, 다이내믹, 음색, 질감(touch), 음악적 스타일 등이 고유한 특성의 힘과 자극을 가지고 있기에 이러한 요소들을 의도적으로 선택하여 사용한다. 내담자를 지지하고, 초대하고, 안아 주고 때론 직면하는 모든 표현이 음악을 통해 이루어진다. 다음은 미학적 조형이다. 미학적 조형은 창조적 음악치료의 가장 핵심적이면서 고유한 기법이다. 치료사는 내담자가 자신의 음악을 의미 있고 아름답게 느낄 수 있도록 치료사가 지닌 음악적 기술과 지식 그리고 직관과 민감성을 바탕으로 음악을 사용하는 능력을 발휘해야 한다.

2. 분석적 음악치료

음악과 정신분석의 융합적 산물인 분석적 음악치료(analytic music therapy)는 영국의 음악가이자 음악치료사였던 프리슬리(Mary Priestley, 1925~2017)와 그의 동료들에 의하여 탄생한 음악치료 모델이다. 프리슬리는 영국 왕립음악대학과 스위스 제네바 음악원에서 바이올린, 작곡, 피아노를 수학하였고 클라인(M. Klein, 1882~1960)학파의 정신분석가에게 10년간 정신분석 교육 및 훈련을 받았다.[21]

분석적 음악치료의 탄생과정은 프로이트 정신분석의 탄생과정과 매우 유사하다. 프로이트가 처음 매주 수요일 정기적인 정신분석 모임을 갖고 상호치료를 시작했던 것처럼 프리슬리와 그의 동료들 역시 정기적인 모임을 통해 실험적인 상호치료를 진행하였다. 정신분석 모임과 다른 점이라면 음악이 무의식 탐색과 통찰을 위한 방법으로 사용되었다는 것이

20) Cohen, 같은 책, 140. 코헨은 창조적 음악치료의 고유한 기법으로 비지시성(non-directivity), 참여(engagement), 지지적 음악 공동활동(supportive music coactivity), 미학적 조형(aesthetic shaping), 인식과 반응(awareness and response)을 든다. 그러나 이러한 구분에 앞서 그녀는 창조적 음악치료에서 기법을 설명하는 것은 매우 어려운 작업이라고 설명하고 있다. 왜냐하면 기법은 분명한 이론에 근거한 방법론적인 것인데 창조적 음악치료에서는 '음악' 자체가 곧 이론이기 때문이다.

21) Benedikte B. Scheiby, "Ananlytic Music Therapy," in *Music Therapy Handbook*, ed. Barbara L. Wheeler (The Guilford Press, 2015), 206.

다. 프리슬리는 언어라는 개념화된 상징체계가 담아내기 어려운 감정, 심상, 사고 또는 신체적 지각 등을 음악과 연결하여 상징적으로 표현함으로써 개인내면적(intrapersonal) 그리고 대인관계(interpersonal) 이슈를 의식화시킬 수 있다고 보았다. 프리슬리와 함께 라이트(Peter Wright)와 워들(Marjorie Wardle)은 총 96회의 상호치료(intertherapy)를 통해 분석적 음악치료라는 모델을 개발하게 된다.[22]

분석적 음악치료는 현재 유럽의 덴마크와 독일에서는 Analytically Oriented Music Therapy로 기존의 AMT가 아닌 AOM으로 칭한다. AOM '분석적 음악치료'는 프로이트의 정신분석과 융의 분석심리학적 이론에만 제한된 것이 아니라 소통이론, 발달심리이론, 개인 성격발달에서 심리적 요소 등과 관련된 이론들을 수용하여[23] 이론적으로 기존의 AMT보다 확장된 형태이다.

앞서 언급했듯이 분석적 음악치료는 정신분석에서 탄생한 음악치료 모델이다. 그러나 프리슬리는 '정신분석과 분석적 음악치료와는 매우 다르다.'[24]라고 주장한다. 분석적 음악치료가 전통적인 정신분석과는 분명히 구별되는 고유한 영역임을 말하는 것이다. 비교하자면 철학에서 심리학이 파생되어 인간의 감정, 사고, 행동을 새로운 관점에서 해석하고 이해하는 독립된 학문으로 자리 잡은 것처럼 무의식의 심연을 탐색하는 정신분석에서 파생된 분석적 음악치료도 음악을 통한 고유한 방법과 해석의 영역인 것이다.

1) 분석적 음악치료의 이론적 배경

(1) 프리슬리에 영향을 준 정신분석 이론들

분석적 음악치료의 이론은 프로이트, 융, 클라인의 정신분석 개념에 기초한다.[25] 하들리(S. Hadley)는 프리슬리의 이론을 개인내면적(intrapersonal), 대인관계적(interpersonal) 그리고 초월적(transpersonal)인 세 가지 차원에서 범주화하였다.

첫째, 개인내면적 차원에서는 프로이트의 자아구조 모델인 '도덕적 초자아', '사고하는 자

---

22) Mary Priestley & Johannes Eschen, "Analytical Music Therapy-Origin and Development," in *Analytical Music Therapy*, ed. Johannes Eschen(Jessica Kingsley Publishers, 2002), 11.

23) Tony Wigram, Inge N. Pedersen & Lars O. Bonde, *A Comprehensive Guided to Music Therapy: Theory, Clinical Practice, Research and Training*(Jessica Kingsley Publishers, 2002), 123.

24) Priestley & Eschen, 같은 책, 11.

25) Susan Hadley, "Theoretical bases of analytical music therapy," in *Analytical Music Therapy*, ed. Johannes Eschen (Jessica Kingsley Publishers, 2002), 34-38 참조.

아', '본능적 이드'가 서로 조화롭게 균형을 이룰 때 건강하다고 여겼으며 병리적 현상은 이들 성격 구조 중 하나가 다른 요소들을 제압할 때 나타난다고 보았다. 예를 들어, 도덕적인 초자아가 지배적으로 작동하여 본능적인 이드를 무의식 속에 가둘 때 이드의 내용들은 다양한 방식으로 자신의 존재를 알린다. 꿈, 백일몽, 실수 등과 같은 일상적인 것에서부터 심각한 신체화 증상을 동반한 신경증까지 무의식의 표현 방법은 다양하다. 치료는 무의식에 억압된 내용을 탐색하고 의식으로 통합하는 과정이다. 여기까지는 전통적인 정신분석과 유사하다. 그러나 분석적 음악치료는 무의식을 의식화시키는 방법으로 즉흥연주를 사용한다는 점에서 전통적인 정신분석과 차별화된다. 예를 들어, 프리슬리의 즉흥연주 기법 중 하나인 분리(splitting)는 치료사와 내담자가 각각 특정 경험이나 갈등 요소의 양극단을 연주해 봄으로써 자신에 대한 통찰을 얻게 한다. 내담자는 '내가 바라는 나'와 '현실의 나' 또는 '나쁜 나'와 '좋은 나'의 상반된 역할을 음악으로 표현해 본다. 프리슬리의 즉흥연주 분리 기법은 클라인의 분열(splitting) 이론과 융의 그림자(shadow) 이론을 기반으로, 의식에서 분리되고 그림자로 가려진 무의식적 요소를 의식으로 통합하는 것을 목적으로 한다.

프리슬리의 배경 이론 중 두 번째 개념은 대인관계적 부분이다. 프리슬리는 개인이 겪는 대인관계의 문제는 자신의 미성숙한 부분을 타인에게 투사하기 때문이라고 보았다. 즉, 자신이 외면하고 억압한 일부를 타인에게 전가함으로써 갈등 관계를 일으킨다는 것이다. 이러한 대인관계적 이슈 역시 즉흥연주 분리 기법 중 역할극(role play) 연주를 통해 문제의 기원과 원인을 통찰한다.

마지막으로는 초월적(transpersonal) 개념이다. 물론 프리슬리는 '초월적'이라는 표현을 직접적으로 언급하지는 않았지만 그녀는 즉흥연주에 대해 '연주에 몰입하는 동안 내담자는 말로 표현할 수 없는 시간과 공간을 초월한 느낌을 경험할 수 있으며 자신의 개성을 잊고 더 위대한 존재감을 경험하는 의식의 변성도 체험할 수 있다.'고 주장한다. 또한 '음악이 우리를 창조하고 우리는 더 이상 음악을 창조하지 않는다. [……] 마치 음악은 이미 만들어진 것 같다.'[26]라는 설명에서 그녀가 즉흥연주를 통한 절정체험과 의식의 변성이 치료의 중요한 부분임을 상정하고 있다는 것을 알 수 있다.

이 외에도 정신분석에서 치료사와 내담자 사이의 역동을 나타내는 전이, 역전이, 저항 등의 개념이 언어뿐만 아니라 음악적 차원에서도 나타난다는 사실을 분석하고 다룬다.

---

26) Hadley, 같은 책, 37-38 참조.

2) 분석적 음악치료 기법

즉흥연주는 오스틴의 성악심리치료, 노도프와 로빈스의 창조적 음악치료, 앨빈의 자유즉홍연주 등 대부분의 음악치료에서 사용되는 방법이다. 즉흥연주가 어떻게 사용되는지 기법에 관련한 사항은 음악적 영역과 언어적 영역으로 구분할 수 있다. 오스틴의 경우 성악즉흥연주에서 I–IV도의 2개 코드 진행과 내담자의 음악에 대한 유니즌, 미러링, 그라운딩과 같은 구체적인 음악기법을 소개하고 있다. 그러나 프리슬리의 경우는 음악적 요소가 아닌 정신분석적 개념의 언어적 요소가 음악으로 구현되고 연출되는 기법을 사용한다. 예를 들어, 분리(splitting)는 내담자가 양극단의 감정, 상황, 다른 사람의 역할을 대신해 보는 역할극처럼 음악적으로 감정, 사고, 타인을 표현하는 것이다. 이것은 멜라니 클라인의 투사적 동일시(projective identification)에서 나온 기법으로 음악적으로 치료사와 내담자가 만들어 가는 영역이다.

프리슬리는 치료에서 즉흥연주를 의식을 탐색하는 기법, 무의식 분석기법, 자아강화기법으로 범주화하여 기술하고 있다.[27] 그러나 이러한 기법들은 정신분석적 개념이다. 이 기법들을 임상에 적용할 때 음악을 어떻게 사용할지는 치료사의 치료적 직관에 따라야 한다. 예를 들어, 즉흥연주의 안아 주기(holding) 기법이 사용되는 이유는 내담자가 충분히 안전하고 편안하게 느낄 수 있도록 치료사가 지지적 음악환경을 조성하기 위함이다. 따라서 지지적 음악환경에 대한 화성 진행, 멜로디, 빠르기, 배경리듬 등 음악과 관련된 사항은 치료사가 내담자의 여러 조건을 고려하여 주관적으로 선택해야만 한다.

(1) 의식을 탐색하는 기법

- **안아 주기**(holding): 내담자가 음악 안에서 자기 감정의 절정까지 경험하는 동안 치료사는 내담자의 음악적 표현을 충분히 보듬어 주는 역할을 한다. 다른 말로는 '담아 주기(containing)'라고도 한다.
- **분리**(splitting): 내담자의 억압되거나 상실된 감정을 탐색하기 위해 음악 안에서 다양한 극단의 감정을 경험하게 하거나 음악적 역할극으로 갈등과 투사를 다루는 것이다. 예를 들어, 엄마에 대한 분노와 동시에 애정을 각각 연주해 본다.

27) Cohen, 같은 책, 86-88 참조.

- **감정탐색**(investigation of emotional investment): 내담자가 다양한 상황과 사람들에 관하여 어떻게 느끼는지 탐색하게 하는 것이다. 이 기법은 내담자가 자신의 감정을 비교하고 그것들을 원근의 거리에서 볼 수 있게 도와준다.
- **신체와 소통**(entering into somatic communication): 이 기법은 내담자의 심리적 문제가 신체화 증상으로 나타날 때 사용한다. 즉흥연주에서 치료사는 내담자 역할을 연주하고 내담자는 신체화 증상 자체를 음악으로 연주해 본다.

(2) 무의식 분석기법

- **심상유도**(guided imagery): 치료사가 내담자의 심상을 음악적으로 구체화하는 작업으로 이후에는 음악에 대한 토의 또는 음악적 심상을 그림으로 그려 본다.
- **신화**(myths): 치료사는 간단한 버전의 신화나 동화를 읽어 주고 신화의 내용을 내담자와 함께 즉흥연주한다.
- **꿈작업**(dream intracommunication): 치료사는 내담자가 이야기한 꿈의 내용과 꿈의 내용을 분절하여 부분적으로 즉흥연주를 한다. 그리고 이 꿈이 현실의 삶에 어떤 의미인지 이야기 한다.
- **꿈해결**(dream resolution): 내담자가 악몽이나 불안한 꿈을 꾸었을 때 실제 내담자가 꾸었던 꿈의 결말을 바꾸어 즉흥연주를 한다.

(3) 자아강화기술

- **현실 리허설**(reality rehearsal): 현실 리허설은 말 그대로 내담자가 인생에서 취할 방향을 선택하고 이에 대하여 치료사와 리허설해 보는 것이다. 이 기술은 내담자는 원하는 목표를 달성하는 데 방해가 되는 모든 내적 두려움, 불안, 파괴적 충동이 무엇인지 제기해 보고, 직면하고 극복하거나 받아들일 수 있게 한다.
- **전체성**(wholeness): 내담자가 악기를 선택하여 혼자 연주하는 동안 치료사는 내담자의 연주를 경청한다. 이때 치료사는 내담자에게 어떠한 병리 또는 질병이 없는 온전한 자신을 연주해 보도록 요구한다.
- **관계탐색**(exploring relationship): 내담자는 자신의 인생에서 중요한 사람과의 관계를 역할극 연주로 치료사와 연주해 본다.
- **확인과 축하**(affirmations/celebration): 내담자와 치료사가 삶의 기쁨, 평화를 축하하는 연주를 한다.

- **비언어적 소통**(subverbal communication): 치료사와 내담자는 특정 주제나 제목 없이 자유롭게 연주한다.
- **중요한 패턴**(patterns of significance): 탄생, 죽음과 같은 인생의 중요한 사건의 경험에 대한 감정을 연주한다.
- **자살**(suicide): 내담자가 자살 경향을 표현할 때 그것에 대하여 음악적으로 표현하게 한다.
- **계획된 퇴행**(programmed regression): 내담자는 인생에서 자신이 원하는 특정 시기로 돌아가 보고 그 경험을 연주해 본다.

분석적 음악치료에서 즉흥연주의 특징이라면 치료과정에서 음악적 경험만큼 언어적 과정도 중요한 부분을 차지한다는 것이다. 앞에 기술한 기법들은 즉흥연주에서 언어로 주제를 정하고 그것을 즉흥연주로 표현하거나(referential improvisation) 반대로 즉흥연주 후 연주한 음악에 대하여 자신의 경험을 말로 표현한다. 분석적 음악치료에서 언어를 음악화하기, 음악을 언어화하기는 동등하게 중요한 치료의 과정이다.[28] 분석적 음악치료의 다음 절차를 보면 음악과 언어의 과정은 순차적이고 심층적으로 나타난다.

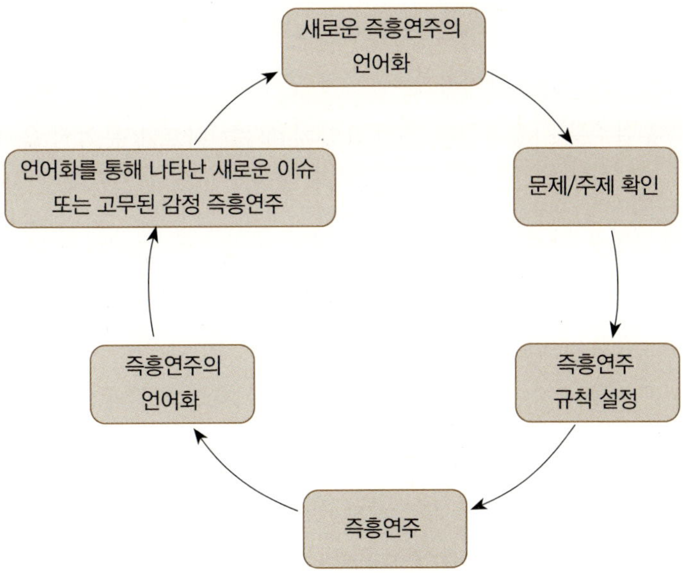

[그림 6-2] 분석적 음악치료의 절차[29]

28) Priestley & Eschen, 같은 책, 13. 프리슬리는 치료적 측면이 언어에 있는지, 음악에 있는지에 관한 한 내담자의 질문에 음악과 언어 모두에 있다고 답한다.

29) Scheiby, 같은 책, 212.

앞의 과정을 분석적 음악치료 즉흥연주 사례를 통해 적용해 보자.

> 28세 여성 직장인은 치료사에게 자신에게 관심을 보이는 동료 남자 직원에 대하여 불쾌한 감정을 느낀다고 말한다. 문제는 그 불쾌한 감정을 숨기지 못하고 다른 사람들이 알 수 있을 정도로 동료 남자 직원에게 쌀쌀하게 대하며 다른 사람들이 자신을 좋지 않게 볼까 걱정한다. 그럼에도 그 남자에 대한 불쾌감은 참을 수가 없다고 한다. 치료사는 동료 남자 직원에 대한 내담자의 감정을 탐색하기 위해(문제/주제 확인) 내담자에게 자신이 느끼는 감정을 연주하게 하고 치료사는 동료 남자 직원을 연주하기로 한다(즉흥연주 규칙 설정). 치료사와 내담자는 피아노 이중주 즉흥연주를 한다(즉흥연주). 즉흥연주 후 연주와 자신의 감정에 대하여 치료사와 이야기를 한다(즉흥연주의 언어화). 내담자는 동료 남자 직원 역할로 치료사의 부드러운 연주에 짜증이 났었다고 한다. 이 과정에서 내담자는 누군가의 친절과 보살핌에 종종 불편하고 짜증 내는 반응을 보이는 것이 처음이 아님을 발견하게 된다(언어화를 통해 나타난 새로운 이슈).

이 과정처럼 분석적 음악치료에서 음악과 언어는 동등한 위치에서 내담자의 내면을 탐색하고 통찰하는 데 사용된다. 이것은 노도프와 로빈스의 창조적 음악치료에서 치료적 측면을 음악적 경험에 두는 것과는 큰 차이가 있다. 주로 언어적 소통이 어려운 특수아동들과의 음악적 소통으로 즉흥연주를 사용하는 창조적 음악치료와는 다르게 분석적 음악치료는 상징적 사고를 할 수 있는 정도의 지능, 정신상태, 언어능력을 갖춘 사람에게 적절하다. 프리슬리는 심한 환각과 망상을 가진 정신병 환자이거나 즉흥연주 후 연주에 대한 주제를 언어적으로 유추할 수 없는 사람은 전통적인 분석적 음악치료에서 보다 간단하고 더 구체적으로 지시적인 설명이 있는 음악치료를 해야 한다고 주장하였다.[30]

'음악을 언어화하기', '언어를 음악화하기'는 분석적 음악치료의 핵심과정이다. 그러나 어떤 내담자는 자신의 소리 표현을 언어로 선택하는 것이 어렵게 느껴지기도 하고 반대로 자신의 언어를 음악으로 표현하는 것이 힘든 경우도 있다. 이럴 경우 프리슬리는 '음악'이라는 말 대신에 "당신이 느끼는 감정을 소리로 내 봅시다."라고 표현한다고 한다. 왜냐하면 '음악'이라는 단어가 주는 평가적 굴레, 즉 '음악'을 잘해야 한다는 부담을 주지 않기 위해서이다.[31]

---

30) Bruscia, 같은 책, 116-117.

31) Priestley & Eschen, 같은 책, 13.

3. 성악심리치료

성악심리치료(vocal psychotherapy)는 미국 뉴욕에서 활동하는 음악치료사 오스틴(Diane Austin)에 의해 발전된 치료 모델이다. 원어의 'vocal'을 '성악'으로 번역하여서 전통적인 클래식 노래 부르기인 '성악', '성악가'를 연상할 수 있지만 여기서 'vocal'은 이름처럼 음악심리치료의 매개체로 목소리를 사용한다는 것을 의미한다. 호흡에서부터 토닝, 자유연상 노래 부르기까지 목소리로 다양한 스펙트럼의 정서를 표현하고 그 과정에서 자신에 대한 통찰을 얻는 것을 목적으로 한다. 신경학적 음악치료에서 목소리의 사용이 호흡과 말하기, 언어능력 향상 같은 기능적 발달에 초점을 둔다면 성악심리치료는 내담자의 심리적 통찰 그리고 변화와 성장을 목적으로 한다.

성악심리치료의 발단은 오스틴이 보컬 선생님으로 학생들을 가르치던 중 수업의 효과성을 위해 학생들에게 내면의 깊은 호흡을 이끌어 내고 목소리를 통해 몸과 마음의 소리를 듣고 연결하려는 시도에서 시작되었다. 이 과정에서 오스틴은 학생들이 자신의 호흡과 내면의 소리에 집중하면서 지금까지 외면했던 또 다른 자신의 마음과 감정에 접촉하게 된다는 것을 발견하였다. 오스틴은 이러한 경험을 통해 목소리의 치료적 가치와 의미를 깨닫게 되었다.[32]

오스틴은 오랜 시간 일반 성인, 신경증, 트라우마 상처가 있는 사람들 등 우리 주변에서 흔히 볼 수 있는 사람들의 마음속 깊은 상처와 문제를 목소리를 활용하여 몸의 진동과 마음의 느낌을 통해 진정한 내면의 목소리를 찾는 작업을 해 왔다.

1) 성악심리치료의 이론적 배경

오스틴의 성악심리치료는 다양한 정신분석 이론을 기반으로 한다. 그중 기본적인 큰 축의 이론이 되는 것은 융(Carl Jung, 1875~1961)의 분석심리학 이론이다. 그녀가 처음 융의 분석심리학을 접하게 된 계기는 "창조적인 사람은 융을 좋아한다."라는 친구의 말 때문이라고 한다.[33] 이 우연하고도 막연한 끌림으로 입문하게 된 융의 분석심리학이 그녀의 성악심리

32) 필자는 1996년 미국 뉴욕대학교 음악치료대학원에서 오스틴의 '성악심리치료' 수업을 수강하였다. 이후 한국에서 성악심리치료 워크숍을 진행한 오스틴과의 개인적 소통을 통해 알게 된 정보이다.

치료 이론과 치료 모델을 구축하는 데 결정적인 영향을 주게 된다.

무의식을 성적 욕망이나 공격성과 같은 부정적 에너지로만 본 프로이트와 달리 융은 무의식을 개인 무의식과 인류의 보편적인 유산인 집단 무의식으로 구분하였으며 무한한 창조성의 원천으로 보았다. 그래서 그의 이론은 창조적 예술치료사들에게 특히 매력적으로 느껴지는데 그 이유는 바로 상징, 신화, 환상, 꿈과 같이 시각적 심상과 스토리텔링적 요소일 것이다.

융에 따르면 "음악은 환자와의 분석작업에서 원형적 요소에 깊게 도달한다".[34] 음악이 집단무의식 속 원형적인 요소들과 연결된다는 의미로 특정한 음악적 주제(motif)나 구조가 우리 마음속에 존재하는 보편적인 상징이나 주제와 공명한다는 것이다. 이러한 음악의 영향력을 치료적 차원에서 적극 활용한 사람이 바로 오스틴이었다.

오스틴은 음악을 통해 인간의 개인 무의식과 집단 무의식의 내용을 의식화시킬 수 있다고 보았다.[35] 음악이 개인적 경험의 내용뿐만 아니라 인류의 집단무의식 속 원형(archtype)과 연결하는 다리가 된다는 것이다.

오스틴 성악심리치료의 이론적 배경에 또 다른 중요한 요소 중 하나는 바로 대상관계 이론(object relation theory)이다. 정신분석에서 파생된 대상관계 이론에서는 인간이 태어나서 자신을 둘러싼 주변의 인간관계, 즉 어머니, 아버지, 형제자매와 같은 '대상'과의 관계를 통해 자기를 형성한다고 본다. 인생의 초기 대상관계가 건강하지 못할 경우, 예를 들어 감정기복이 심해서 아기에게 일관적인 사랑과 돌봄을 주지 않았던 엄마에게서 자란 아기는 성인이 되어 어린 시절 외상 경험으로 인해 건강한 인간관계가 어려워지는 경우가 많다.

오스틴은 여러 대상관계 이론가 중 특히 위니컷(D. Winnicott, 1896~1971)의 영향을 많이 받았다.[36] 위니컷의 놀이, 창조성, 참자기의 발견이라는 개념은 음악과 같이 예술을 매개로 치료하는 예술치료사들에게 가장 설득력 있는 이론 중 하나이다. 내담자와 예술을 통한 놀이, 창조성의 세계 그리고 그 안에서 '진정한 자기'의 발견이라는 일련의 과정들은 오스틴에게 예술치료행위가 충분히 논리적 근거를 갖출 수 있음을 확신시켜 주었다. 오스틴은 자신의 성악심리치료에서 위니컷의 이론을 음악놀이, 충분히 좋은 엄마[37]와 같은 치료

---

33) Dian Austin, *The Theory and Practice of Vocal Psychotherapy*(Jessical Kingsley Publishers, 2008), 38.

34) Willam McGuire & R. F. C. Hull, eds. *C. G. Jung Speaking*(Princeton University Press, 1977), 275.

35) Austin, 같은 책, 39.

36) 앞의 책, 52-56 참조.

37) '충분히 좋은 엄마(the good enough mother)'는 위니컷의 이론으로 아기에 육체적 심리적으로 지지적이고 안정적인 환경을 제공하는 엄마를 의미한다.

사, 아기와 같은 내담자로 구현한다. 두 개의 코드로 내담자와 즉흥노래하는 보컬 홀딩 테크닉에서 내담자와 하나의 목소리로 노래하는 유니즌은 아기와 엄마의 공생 관계, 하모나이징(harmonizing)은 엄마라는 안전한 존재를 믿고 적당한 거리에서 놀이에 집중하는 아기와 엄마 사이의 조화로운 관계이다.[38] 여기서 충분히 좋은 엄마의 역할을 하는 치료사는 내담자가 자발적으로 자신의 모든 숨겨진 부분이 드러나도록 환경을 조성한 후 음악적으로 담아주는(containing) 사람이다.

2) 성악심리치료 기법

(1) 호흡

성악심리치료는 물질의 세계에서 존재하는 몸을 비물질적 세계에 존재하는 마음과 연결하기 위한 작업이다. 그 시작은 몸의 존재에 대한 가장 기본적인 인식인 호흡에서부터 시작된다. 치료에서는 긴장이완을 목적으로 들숨과 날숨에 온 정신을 집중하는 호흡 훈련이다. 때론 필요에 따라 색, 향과 같은 심상에 집중하는 호흡 훈련이 진행되기도 한다.

(2) 보컬 홀딩 테크닉

오스틴의 성악심리치료의 대표적인 기법은 보컬 홀딩 테크닉(vocal holding techniques)이다. 치료의 과정은 다음과 같다. 치료사와 내담자는 음악 연주 전 간단히 이야기를 나눈다. 그리고 피아노 앞에 나란히 앉아서 음악에 사용될 두 개의 코드를 선택한다. 여기서 두 개의 코드는 I−IV도이며 내담자의 취향과 선호 또는 감정에 부합하는 분위기를 만들기 위해 7 또는 9화음, 장조 또는 단조, 그리고 조성(key)을 선택한다. 예를 들어, C 장조에서 I−IV의 화성 흐름과 a단조에서 I_7−IV_7의 화성의 흐름은 전혀 다른 정서적 느낌을 준다.

내담자가 원하는 질감의 화성을 선택하면 치료사는 2코드 피아노 반주에 맞추어 노래를 부르기 시작한다. 그 코드 반주에 맞추어 내담자가 자유롭게 노래하면 치료사는 내담자의 필요에 따라 유니즌(unision)[39] 미러링(mirroring)[40] 그리고 그라운딩(grounding)[41]과 같은

---

38) 오스틴과의 개인적 소통

39) 유니즌은 치료사와 내담자가 함께 노래하는 것이다. 심리적으로 아기와 엄마가 분리되지 않은 하나의 동일체의 상태를 의미한다.

40) 미러링은 내담자가 노래하는 선율과 가사를 치료사가 거울처럼 다시 반복하여 부르는 것을 말한다.

41) 그라운딩은 치료사가 내담자의 노래에 근음코드(root chord)를 부르는 것이다. 내담자의 노래에 치료사가 음악적으로 홈베이스(home base)를 구성하는 것이다.

2개 코드 노래 부르기 방법

기법으로 내담자의 음악에 함께 참여한다. 두 개의 코드만을 사용하는 안정적이고 일관된 화성, 그라운딩한 리듬, 그리고 치료사가 함께 노래하는 즉흥 노래 부르기는 내담자가 편안하게 노래 부르는 데 부담 없는 환경이다. 무엇보다도 음악적 단순성과 반복성이라는 환경은 음악이 흐름에 따라 트랜스와 같은 의식의 변성을 유도하여 내담자의 무의식에 접근하는 것을 돕는다.[42]

(3) 자유연상 노래하기

프로이트의 자유연상(free association)은 내담자가 카우치에 누워서 무엇이든 머릿속에 떠오르는 이미지, 기억 그리고 그것들과 관련된 감정 등을 이야기하는 것이다. 이때 내담자가 자유롭게 하는 말, 이야기는 일관성이 있을 필요는 없다. 내담자는 하나의 주제를 이야기하다 다른 주제로 넘어가기도 하고 현재 주제에서 과거의 기억을 떠올리고 그 감정을 이야기하기도 하는 등 머릿속에 떠오르는 대로 자신의 이야기를 하는 것이 프로이트의 자유연상이다. 프로이트는 초기 정신분석을 위해 최면을 사용했지만 곧 최면을 버리고 무의식을 탐색하는 기법 중 하나로 자유연상법을 사용하였다. 의식의 변성 상태가 아닌 일상 의식 상태에서 내담자의 자유로운 언어표현을 통해 무의식의 세계를 탐색하는 방법이다.

프로이트의 자유연상 기법과 유사한 목적과 방법이 음악치료에서는 즉흥연주이다. 오스틴의 자유연상 노래 부르기는 앞에서 언급한 보컬 홀딩 테크닉 기법인 2코드를 사용해서 즉흥적으로 내담자의 머릿속에 떠오르는 말을 노래로 표현하는 것이다. 그런데 여기서 우리가 주의해야 할 것은 프로이트의 자유연상은 말, 오스틴은 말과 음악이 더해진 것이라는 단순한 논리로 자유연상 노래 부르기를 인식하지 말아야 한다는 점이다. 프로이트의 자유연상과 오스틴의 자유연상 노래 부르기는 본질적으로 내담자에게 다른 경험을 제공한다. 우선, 물리적인 환경이 다르다. 프로이트의 자유연상은 전통적인 정신분석치료가 그렇듯 내담자는 카우치에 누워서 이야기한다. 반면, 오스틴의 자유연상 노래는 치료사와 내담자가 함께 나란히 피아노 앞에 앉아서 노래를 부른다. 다음으로 치료사의 개입 정도가 다르다. 오스틴의 자유연상 노래 부르기에서 치료사는 노래를 통해 비교적 적극적인 개입을 한다. 내담자의 노래를 음악적으로 유니즌, 하모나이징, 그라운딩 기법으로 부르기도 하며 가사의

42) Dian Austin, "Vocal psychotherapy," in *The Oxford Handbook of Music Therapy,* ed. Jane Edwards(Oxford University Press, 2016), 626.

내용을 미러링하거나 때론 내담자가 차마 하지 못하는 감정의 내용을 치료사가 대신하기도 한다. 이때 내담자가 목소리로 담아내지 못한 내용을 치료사가 '나'라는 일인칭을 사용하여 대신 노래로 부르는 '더블(double)'이라는 방법을 사용하기도 한다. 그것은 내담자에게 불편한 사고와 감정일 수 있고 무의식의 내용일 수도 있으며 때론 내담자가 차마 말로 표현할 수 없는 자신의 경험일 수도 있다.[43]

마지막으로 음악의 최면적 요소이다. 오스틴은 "음악의 단순성과 두 개 코드의 최면적 반복……. 트랜스와 같은 의식의 변성을 유도하고 무의식에 접근하기 쉽게 한다."[44]라고 하면서 자유연상 노래 부르기가 최면적 성격을 지니고 있다는 것을 언급했다. 즉, 치료사가 조성하는 음악적 환경이 내담자의 의식의 경계와 자아의 방어기제를 넘어서 무의식적 내용까지 충분히 담아내는 충분한 용기(container)라는 것이다.

오스틴의 음악적 용기(musical container)라는 표현은 음악이 내담자의 감정을 담아내는 용기가 된다는 것을 의미한다. 내담자는 음악을 통해 감정을 더 정직하게 표현할 수 있으므로 음악 안에서의 표현은 언어를 뛰어넘는 내용을 담고 있다. 그러므로 자유연상 노래 부르기는 내담자의 의식 속 마음의 내용에서부터 깊은 심연의 무의식적 내용까지 이끌어 내고 담아낼 수 있는 도구라는 것이 오스틴의 주장이다.

(4) 기타 기법

성악심리치료의 핵심은 개인의 진정한 고유의 목소리를 찾는 과정이다. 이 과정은 오랫동안 내외부적 환경과 요구에 의해 차단되고 고립되었던 자신의 목소리 일부를 찾아가는 과정이기 때문에 많은 장벽을 넘어야 하는데 그 방법으로 종교적 명상에서 많이 사용하는 토닝(toning)이 중재로 사용되기도 한다. 토닝은 단순한 목소리의 울림으로 정화의 경험, 신체와 정신의 에너지의 흐름을 느끼게 한다. 때론 얼음같이 굳어 버린 경직된 자신을 녹이기 위한 방법으로 일상에서의 소리들을 실험적으로 표현해 보기도 한다. 신음 소리, 옹알이 소리, 흐느낌, 미친 사람 같은 웃음, 비명, 환희의 소리, 놀람의 소리, 짜증의 소리 등등 우리가 일상에서 사람들 앞에서 나타내기 어려워서 감춰 두었던 자연스러운 소리들을 표현해 보면서 경직된 몸에 갇혀 있던 진정한 자기의 목소리를 찾는 작업이다.

---

43) 앞의 책, 632.
44) 앞의 책, 626.

4. 심상음악치료

심상의 사전적 정의는 "직접적인 자극에 의해서가 아닌 기억과 상상에 의한 어떤 것의 정신적 표상"이다.[45] 이미지(image)가 마음속의 그림이나 표상을 의미하는 단어로 시각적 표상으로 제한된 것이라면 심상(imagery)은 시각을 포함한 후각, 청각, 촉각, 운동감각과 같은 모든 감각이 외부 자극이 없는 상태에서 일어나는 유사 감각적 경험을 의미한다.

심상은 마음에서 일어나는 물리적 실체가 없는 정신 현상이지만 물리적으로 존재하는 우리 몸에 직접적인 영향을 준다. 예를 들어, 누군가 신 레몬을 먹는 것을 보는 것만으로도 우리 입에 침이 고이기도 한다. 내가 직접적으로 레몬의 맛을 경험하는 것이 아님에도 우리 감각이 반응하는 것이다. 내 마음속의 상상이 몸으로 나타나는 것이 바로 심상이다.

심상을 치료의 자원으로 활용하는 것은 힌두교, 불교, 유대교, 기독교 등의 종교와 고대 중국, 그리스, 이집트 등 다양한 문화에서 나타난 인류의 보편적인 행위였으나 대부분 주술에 가까웠다.[46] 심상이 본격적으로 치료라는 학문의 영역으로 들어오게 된 것은 프로이트에 의해서이다. 바로 프로이트가 무의식이라는 정신세계를 탐색하고 의식화시키는 방법으로 자유연상과 꿈의 분석 방법을 선택했기 때문이다.

프로이트를 시작으로 심상을 이용한 치료는 유럽에서 정신분석가들을 중심으로 지난 세기 동안 꾸준히 진화하였다. 대표적으로 스위스 융(C. Jung, 1875~1961)의 적극적 심상(active imagination), 프랑스 드조유(R. Desoille, 1890~1966)의 지시적 몽상법(the guided waking dream method), 독일 로이너(H. Leuner, 1919~1996)의 정서적 심상유도(guided affective imagery) 등을 들 수 있다. 이 진화의 과정에서 로이너는 전통적인 심상치료에 음악 사용을 미국의 음악치료사 보니(Helen Bonny, 1921~2010)에게 제안하여 현대 심상음악치료(guided imagery and music) 탄생을 촉발한 인물이기도 하다.

정신과 의사였던 로이너의 'Katathymes Bilderleben'[47] 심상치료법은 1970년대 초반 유럽에서뿐만 아니라 미국에서도 관심을 받고 있었다. 그는 우연한 계기로 미국에서 향정

---

45) Collins English Dictionary(HarperCollins, 1995)

46) Joe Utay & Magan Miller, "Guided Imagery as an effective therapeutic technique: A brief reivew of its history and efficacy research," *Journal of Instructional Psychology* 33(1) (2006): 40.

47) 'Kata'는 그리스어 어원의 '-에 수반된', '-에 의거한'을 의미하고 'thym'은 감정, 정서 또는 마음, 영혼을 뜻한다. 독일어 'Bild'는 '형상', '그림'을 'erleben'은 '경험'을 뜻하는 것으로 전체 단어를 거칠게 직역해 보면 '감정을 수반한 심상 경험'에 해당한다.

신성 약물인 LSD[48] 효과를 실험하던 메릴랜드 정신연구소(Maryland Psychiatric Research Center)에서 음악을 담당했던 공동 연구원인 음악치료사 보니를 만나 심상 유도에 음악을 사용해 볼 것을 추천한다. 치료사가 "푸른 초원을 상상해 보세요."라는 언어 지시 유도 심상 대신 푸른 초원을 연상하게 하는 음악을 들려줌으로써 내담자에게 자연스럽게 푸른 초원 심상을 유도하는 방법을 제시한 것이다. 보니는 로이너의 추천대로 우선 가까운 친구와 친척들을 대상으로 예비 실험을 해 보았다. 참여자들을 깊은 이완 상태로 유도하고 자신이 선곡한 음악들을 들려주었는데 특정 이미지를 제시하지 않아도 참여자들은 로이너의 주제 심상들과 유사한 이미지를 쉽게 떠올렸다.[49] 이것이 오늘날 예술적 경험으로 심상을 유도하는 새로운 차원의 심상음악치료의 시작이었다. 보니는 로이너의 'Guided Affective Imagery'에서 이름을 따서 처음에서는 'Guided Affective Imagery and Music'으로 명명했다가 음악과 심상이 동등하게 중요함을 강조하기 위해 'affective'를 빼고 'Guided Imagery and Music'이란 이름으로 결정한다.[50] 직역하면 '유도된 심상과 음악'이지만 국내에서는 '심상음악치료' 또는 GIM으로 부르는 것이 일반적이다.

1) 심상음악치료의 이론적 배경

(1) 심상음악치료와 주류 심리학적 이론

심상음악치료의 창시자인 보니는 심상음악치료의 이론적 배경에 대하여 "심상음악치료는 프로이트의 카우치에 누워서 긴장을 풀고 무엇이든 마음속에 떠오르는 심상(자유연상)을 말하는 비지시적이고 자발적인 포맷을 기반으로, 내용적으로는 매슬로와 융의 작업을 포함한다."[51]라고 설명하고 있다. 그녀의 설명처럼 심상음악치료는 침대나 카우치에 누워서 음악을 들으며 떠오르는 심상을 이야기하는 내담자 그리고 내담자의 이야기를 경청하는 치료사라는 점이 외형적으로 프로이트식의 고전적 정신분석치료와 유사하다. 프로이트 방식의 자유연상에 음악이라는 중간 매개가 개입한 것이 다를 뿐이다.

48) LSD(Lysergic acid Diethylamide)의 공식 명칭은 리세르그산 디에틸아미드이다. 환각 효과를 나타내는 향정신성 약물로 현재는 금지되었지만 1950~1970년대 미국인들 사이에서 유행했던 약물이다.

49) Helen Bonny, *GIM Therapy: Past, Present and Future Implication*(ICM Books, 1980), 26.

50) Marilyn F. Clark, Evolution of the Bonny method of guided imagery and music, in *Guided Imagery and Music: The Bonny Method and Beyond,* eds. K. Brusica & D. Grocke(Barocelona Publishers, 2002), 12-13.

51) Kenneth Bruscia, "A psychodynamic orientation to the Bonny method," in *Guided Imagery and Music: The Bonny method and beyond*, eds. K. E. Brusica and D. E. Grock(Barcelona Publishers, 2002), 225.

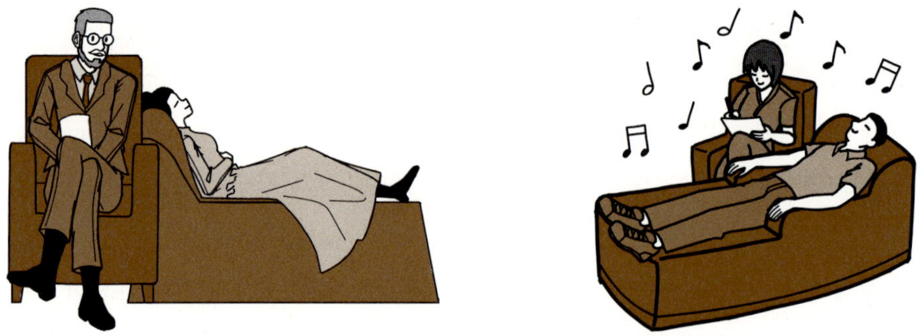

[그림 6-3] 전통적인 정신분석 치료 형태와 심상음악치료 형태 그림 비교

한편, 심상 내용분석에 있어서는 프로이트(S. Freud)의 정신분석, 융(C. Jung)의 분석심리학, 로저스(C. Rogers)와 매슬로(A. Maslow), 펄스(F. Perls) 등의 인본주의 심리학 그리고 아사지올리(R. Assagioli), 그로프(S. Grof), 윌버(K. Wilber) 등의 초월심리학까지 다양한 이론을 기반하고 있다.[52] 마치 모든 심리학적 이론을 망라해 보려는 듯한 느낌을 주기도 한다. 보니는 융의 분석심리학에서 원형, 신화, 집단 무의식, 그림자와의 만남 등의 개념을 가져와 분석의 자료로 사용하였다.[53] 한편, 매슬로와 로저스의 인본주의 심리학에서는 '인간의 자기 발전적 성장 본능'이라는 철학에 공감한다. 또한 펄스의 '지금 여기'라는 경험을 중시하는 것 역시 심상음악치료에서 심상의 내용을 분석하는 이해 중심의 정신치료를 넘어 음악을 통한 내담자의 경험 그 자체가 치료적인 가치를 갖는다는 경험중심의 치료와 일맥상통한다. 이렇듯 대표적인 주류 심리학적 이론이 심상음악치료에서 '심상'과 '치료'라는 개념을 중심으로 한 설명의 이론적 배경이 된다. 그러나 이러한 설명 방식에는 심상음악치료의 핵심 치료기전인 '음악'이 배제되어 있다. 예를 들어, '음악을 통해 떠오르는 심상의 내용을 분석하여 내담자의 무의식적 욕망을 의식화시킨다.'는 프로이트식 치료법이나 음악을 통해 나타난 심상이 무엇을 상징하는지, 어떠한 원형인지를 알아 가는 융식의 분석에서, 음악은 분석의 보조도구일 뿐 치료적 중심도구는 아니다. 하지만 심상음악치료에서 음악을 중간 도구인 심상유도제로 여기는 것은 오류이다. 심상음악치료에 대한 이러한 방식의 이해는 심리치료에 음악을 사용하는 '치료에서 음악(music in therapy)'이라는 개념과 다르지 않다. 심상음악치료에서 음악은 도구이기보다는 목적에 가깝다. 음악적 경험 자체가 중요시되기 때문

52) Kenneth Bruscia & Denise Grocke, eds. *Guided Imagery and Music: The Bonny Method and Beyond*(Barcelona Publishers, 2002), 207-257. 이 책의 part III에서는 심상음악치료의 이론적 기반이 되는 오리엔테이션을 융의 분석심리학, 정신역동, 게슈탈트, 초월심리학으로 다루고 있다.

53) Cohen, 같은 책, 107.

이다. 보니는 심상음악치료 탄생 초기부터 예술음악을 통한 절정체험, 초월적 경험 등 음악의 효과 그 자체가 치료적이라고 믿고 있었다. 심상음악치료에서는 음악이 주인공이며 음악적 경험 자체가 치료적 역할을 하는 '치료로서의 음악(music as therapy)'이라는 개념이 보니의 주장이다. 이러한 보니의 이론이 가장 잘 반영된 것이 바로 매슬로의 '절정체험'이다.

절정체험은 매슬로가 주장한 치료적 요소 중 하나이다. 그는 절정체험을 무엇인가에 완벽하게 집중한 상태로 '자아를 뛰어넘는', '자아를 잃어버린' 것과 같은 초월적 쾌락의 상태로 보았으며 이러한 절정체험에 이르는 가장 쉬운 방법으로 음악과 섹스를 지목하였다.[54] 그런데 여기서 음악은 엄격하게는 클래식 예술음악을 의미한다. 클래식 음악 애호가였던 매슬로는 정신을 고양시키고 정신적 쾌락을 주는 클래식 음악만이 미적 체험을 통해 절정체험을 제공할수 있다고 주장한다.[55] 그는 "음악과 예술은 심리치료와 똑같은 일을 한다."[56]고 할 정도로 예술적 감흥과 같은 강력한 긍정적 정서 경험이 치료적이라고 생각한 인물이기도 하다. 매슬로의 클래식 예술음악을 통한 절정체험은 '치료로서의 음악'을 내세운 보니의 개념과 일맥상통한다.

매슬로의 '절정체험', '자기초월'의 개념은 음악의 신비적 영적 체험의 치료적 효과에 대한 이론적 근거를 제공해 주는 중요한 부분이기도 하였다. 매슬로의 영향으로 보니는 '절정체험'을 촉발할 수 있는 요소를 포함하는 음악 프로그램을 만들기도 하였다.[57]

(2) 음악과 의식

심상음악치료의 과정에서 내담자가 음악을 경험하는 과정은 음악 듣기(hearing), 경청하기(listening), 음악에 몰입(absorption)을 통한 절정체험(peak experience)까지 폭넓은 의식의 스펙트럼 안에서 이루어진다. 시작은 듣기이다. 치료사가 내담자를 이완시키고 집중할 내용을 말하면서 곧바로 음악이 흘러나온다. 내담자는 음악을 지각하고 경청한다. 깨어 있는 의식의 작용이다. 내담자는 음악 전체, 또는 멜로디와 음색이라는 음악의 개별 구성요소에 집중하기도 하면서 자연스럽게 심상을 떠올린다. 그리고 의식에 떠오른 심상들은 음악

54) Alf Gabrielsson & Siv Lindström Wik, "Strong Experience Related to Music: A Descriptive System," *Musicae Scientiae* 7(2) (2003): 159.

55) Thomas Schäfe, Mario Smukalla & Sarah-Ann Oelker, "How Music Change Our Lives: A Qualitative Study of the Long-Term Effects of Intense Musical Experience," *Psychology of Music* 42(4) (2014), 526-527. 물론 클래식 음악만이 절정체험을 유도한다는 주장은 매슬로 개인적인 주장이다. 음악과 절정체험 연구에서 절정체험은 음악 장르에 따라 다르게 나타난다는 것은 구별할 수 없다고 보고 있다.

56) Gabrielsson & Lindström Wik, 같은 글, 159.

57) Cohen, 같은 책, 107.

의 흐름과 함께 다양한 감정과 감각적 경험을 동반한 이야기의 시리즈를 만들어 간다. 내담자가 음악과 심상에 몰입하는 단계이다. 음악을 통해 만들어지는 정신세계의 심상들에 몰입이 깊어지면 내담자는 현실세계의 감각과 지각으로부터 멀어지면서 확장된 의식의 변성 상태, 즉 트랜스 상태로 들어가게 된다. 이 모든 경험이 이후 다시 일상의식으로 돌아오면서 음악과 함께한 심상 여행은 종료된다.

심상음악치료에서 '음악' 중심으로 이론을 설명할 때 핵심적인 이론은 바로 의식의 스펙트럼이다. 심상음악치료는 음악이라는 외적 자극이 내면의 정신세계에서 다양한 심상을 불러일으키고 그 심상의 내용과 경험의 깊이가 중요한 요소이기 때문에 음악감상을 하는 동안 내담자의 의식상태에 대한 이해가 필요하다. 보니는 심상음악치료에서 의식의 스펙트럼을 [그림 6-4]와 같이 묘사하고 있다. 자아(ego)라는 의식을 중심으로 점점 밖으로 확장되는 의식상태를 설명하고 있다. 가장 중심의 자아(ego)는 자의식이 강한 상태이며 점점 의식이 확

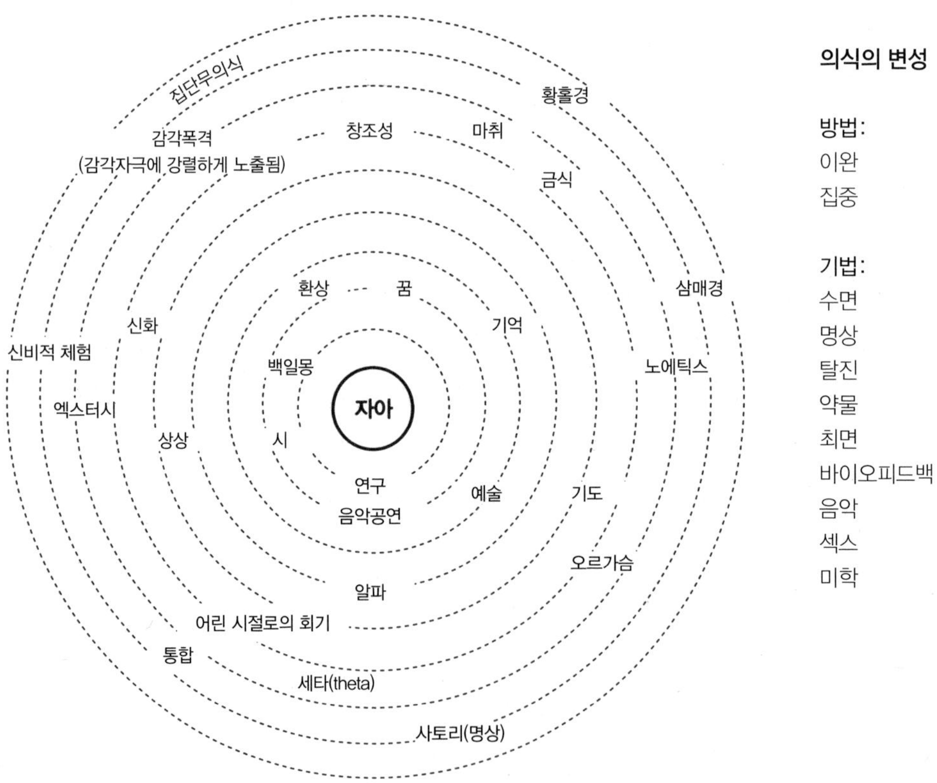

[그림 6-4] 보니의 의식의 스펙트럼[58]

---

58) Heln Bonny, "Music and Consciousness," *Nordic Journal of Music Therapy* 8(2) (1999): 173.

장될수록 그리고 자아로부터 멀어질수록 프로이트의 정신분석적 개념과 융의 집단 무의식적 개념들이 등장한다.

2) 심상음악치료 기법

심상음악치료는 내담자가 이완된 상태에서 치료사가 프로그램한 음악[59]을 들으면서 음악에 따른 심상을 이야기하는 형태이다. 심상음악치료의 과정은 도입, 이완과 초점, 음악감상, 마무리의 단계로 나뉜다.

- 도입: 치료사와 내담자가 만나 자연스럽게 이야기를 나누면서 내담자가 다루고 싶은 주제나 문제에 초점을 맞춘다.
- 이완과 초점: 주제를 결정하면 내담자는 침대 또는 편안한 카우치에 누워서 몸을 이완시킨다. 이때 치료사는 내담자를 이완시키기 위한 점전직 근육 이완법, 이야기 연상법과 같은 기법들을 사용하여 내담자가 신체적으로 이완되며 정신적으로 산만해지지 않고 집중할 수 있도록 한다. 치료사는 내담자에게 음악을 들려주기 직전 도입에서 다루었던 주제를 말한다. 이는 내담자가 음악심상여행 전 초점에 대해 집중할 수 있도록 돕기 위함이다.
- 음악심상여행: 치료사는 내담자에게 적절한 음악 프로그램을 선택하여 음악을 들려준다. 전통적인 보니 방식의 심상음악치료(Bonny Method of GIM: BMGIM)[60]의 음악감상 시간은 25~40분 정도이며 각각의 음악 프로그램은 음악 순서와 주제가 정해져 있다.
- 정리(마무리): 음악이 종료되고 내담자는 일상 의식 상태로 돌아와 음악 심상여행 동안 경험했던 심상에 대하여 치료사와 이야기한다. 필요에 따라 심상 경험을 그림 그리기, 글쓰기 또는 음악 연주로 표현하기도 한다.

다음의 예는 심상음악치료의 전형적인 과정이다.

---

59) 여기서 사용되는 음악은 주로 가사가 없는 클래식 음악이 사용된다. 최근에는 클래식뿐만 아니라 뉴에이지나 영화음악도 사용되지만 가사 없는 음악 사용은 유지되고 있다.

60) 보니가 심상음악치료를 개발한 이후 음악 선곡, 방법, 세션 시간 등에서 약간식 변형된 형태의 심상음악치료들이 등장하였다. 이러한 다른 버전의 심상음악치료들과 구분하기 위해 전통적인 보니 방식의 심상음악치료를 'Bonny Method of GIM' 약어로 'BMGIM'으로 구분하여 칭한다.

사례

도입: A는 가정주부로 엄마로서의 자신이 삶이 무엇인가 텅 비어 있는 것 같은 허무함을 느끼고 있다. 그녀는 현재의 삶에 만족하지 못한다. 직장을 가지고 있는 여성들을 부러워하면서 자신도 특별한 사람으로 대접받고 싶어 한다. 그러나 새로운 삶에 도전할 용기는 없다. 과거는 후회스럽고 현재는 공허하고 미래는 두렵기만 하다. 치료세션의 초점은 그녀 스스로 독립적이고 충실한 삶을 살아야 한다는 의식을 갖게 하는 데 있다.

치료사는 세션에 사용할 음악으로 반추(reflections)를 선택한다. 이 프로그램의 음악 순서와 시간은 다음과 같다.[61]

음악: 반추(reflections designed by Stokes-Stearns)

1. 레스피기, 로마의 소나무(6.5분)(Respighi, Pine of Rome, Gianicola)
2. 드뷔쉬, 물에 잠긴 성당(6.5분)(Debussy, The Engulfed Cathedral)
3. 홀스트, 행성(9.5분)(Holst, The planets, Saturn)
4. 홀스트, 행성(8분)(Holst, The planets, Venus)
5. 모차르트, 목관을 위한 세레나데 아다지오(Mozart, Serenade for Winds, Adagio)

음악 순서는 처음 초대하는 듯한 심상유도를 위해 근대 인상주의풍의 음악으로 시작한다. 이후 2, 3, 4로 갈수록 음악의 복잡성과 정서적 강도가 높아진다. 본격적인 심상여행을 위한 음악이다. 다섯 번째 마지막 음악은 정리하고 일상의식으로 돌아올 수 있도록 매우 조성적이며 음악적으로 안정된 구조의 음악이다. 음악을 감상한 후 내담자는 자신의 경험을 일상 의식상태에서 치료사에게 이야기하거나 심상을 그림으로 그려 보거나 필요에 따라서는 글로 써 보기도 한다.

3) 심상음악치료에서 고려할 점

- 심상음악치료의 내담자는 상징적인 사고를 할 수 있어야 하며 현실과 환상을 구분할 수 있어야 한다. 상징적 사고가 불가능한 너무 낮은 지능을 가진 사람이나 현실과 환상

---

61) 선곡된 음악 그리고 음악 순서는 심상음악치료 프로그램 중 하나를 따른 것이다.

을 구분하지 못하는 정신병을 가진 사람은 적합한 대상이 아니다.

• 심상음악치료에서 음악 프로그램은 이미 구조화되어 만들어진 음악을 사용한다. 이 구성은 이미 많은 심상음악치료사가 음악분석을 통해 그 적합성을 인정받은 음악들이다. 치료사가 임의로 새로운 음악을 사용하거나 만들어 사용하는 일은 거의 없다.

5. 신경학적 음악치료

일반적으로 음악치료라고 하면 많은 사람은 심리학과 연관 지어 생각한다. 음악의 치료적 적용을 '마음'이라는 영역으로 한정하여 생각하기 때문일 것이다. 그러다 1990년대에 이르러서 뇌과학의 발달과 함께 음악치료에서도 근거 중심의 과학적 이론을 근간으로 하는 음악치료 이론과 중재 방법이 등장하는데 이것이 신경학적 음악치료이다.

신경학적 음악치료는 영어로 Neurologic Music Therapy이다. 여기서 neurologic은 신경학적 질환을 가진 환자들을 대상으로 한다는 것을 의미한다. 신경학적인 부분에 대한 검사의 경우 '정신상태, 정신운동발달, 뇌신경, 운동계, 감각계, 반사, 소뇌기능, 보행 및 운동조화'의 범주로 진행하는데 이러한 부분에 대한 신경학적 손상을 가진 환자가 대상이 된다. 예를 들어, 뇌졸중, 파킨슨병, 사고로 인한 뇌손상 등이 대표적인 신경학적 음악치료의 대상자들이다.

신경학적 음악치료에서 음악(music)은 리듬, 박자, 템포 같은 시간적 요소, 그리고 소리의 강약에 해당하는 힘의 요소, 음이 상승하고 하강하는 공간적 요소의 활용 등을 포함하는 포괄적인 개념이다. 신경학적 음악치료에서 치료(therapy)는 재활이 필요한 환자들을 위한 학습과 훈련을 의미한다. 종합하면 신경학적 음악치료는 뇌신경학적 손상을 가진 환자들을 대상으로 음악활동(악기 연주, 노래 부르기, 음악과 동작)에 음악적 요소(리듬, 빠르기, 강약, 선율의 방향성 등)를 조율하고 구성하여 신체적 재활 훈련을 통해 병인으로 발생된 신체적 장애를 극복하거나 신체적 기능을 향상시키기 위한 행위를 일컫는 것이다. 신경학적 음악치료는 1990년대 미국의 콜로라도 대학교를 중심으로 철저히 체계적이고 표준화된 음악치료 임상 기법을 제공하는 것을 목적으로 시작되었다. 과학에서 요구하는 보편성, 재현성을 음악치료에도 적용하기 위해 객관적으로 관찰할 수 있고 과학적으로 측정할 수 있는 음악의 효과를 추구한다.

1) 신경학적 음악치료의 이론적 배경

신경학적 음악치료에서 뇌와 음악에 관한 이론적 토대는 세 가지를 들 수 있다. 첫째는 뇌 가소성(brain plasticity) 이론으로 뇌가 반복적인 경험이나 훈련에 의해 변화한다는 이론이다. 실제로 우리 뇌피질의 모양이나 형태는 그 사람이 어떤 일을 하는 사람이냐에 따라 다르다. 음악가와 비음악가의 뇌 구조와 형태는 다르다. 음악가들 사이에서도 전공 악기에 따라서도 뇌의 모양과 형태가 다르다. 바이올린 연주자와 피아노와 연주자의 뇌는 운동 영역의 모양이 다르다. 우리가 어떤 환경에서 어떤 훈련을 하고 살아왔는지에 따라 뇌의 모양과 형태가 달라지기 때문이다. 당연히 더 많이 쓰는 뇌 영역의 모양과 형태는 발달한다.[62] 우리 뇌의 특정 영역이 뇌졸중 또는 뇌경색과 같은 문제로 손상될 경우 그 영역은 다시 재생되지 않는다. 그러나 손상된 신경세포들과 연결되었던 다른 신경세포들은 죽은 신경세포들을 대신할 수 있는 새로운 네트워크를 구성한다. 예를 들어, 신경세포집단 A는 B, C, D, E, F 등 주변과 연결되었는데 A가 죽었을 경우 이때 B, C, D, E, F는 그들의 신경망을 새롭게 조직해서 A가 하던 일을 대신해 준다. 물론 그냥 대신해 주는 것은 아니고 재활 훈련이라는 많은 노력을 들여야만 이들이 A가 하던 일을 대신해 줄 수 있게 된다. 그리고 이 노력은 A가 그 기능을 잃게 된 시점을 기준으로 빠르면 빠를수록 좋다. 예를 들어, 뇌졸중으로 뇌의 언어 운동 영역(브로카 영역) 부분이 손상되었다면 말하는 데 문제가 발생한다. 그 자리 뇌신경세포들이 죽었기 때문이다. 이때 발병 이후 빠르게 집중적인 재활 훈련을 할 경우 우리 뇌는 그 주변의 신경세포들의 연결망을 재조직화하여 전에 하던 기능을 넘겨받는다.

두 번째로 음악은 뇌의 환기(arousal)와 활성화(activation)를 유도하여 운동 반응을 이끌어 낸다는 이론이다. 신경학적 음악치료에서 특히 중요하게 고려하는 점은 정확한 음악의 리듬, 박자, 그리고 명확한 패턴, 강약과 같은 요소들이다. 이러한 음악적 요소들은 생리적 활동성, 즉 심장박동, 혈압 같은 자율신경계, 호르몬과 같은 내분비계, 또는 근육 활동성, 결정기능, 운동 조절과 같은 중앙신경계를 자극하는 요소로 작용한다. 즉, 실질적인 활동을 위한 준비 단계인 생리적 반응을 자극하는 역할을 하는 것이다. 이후 활성화, 즉 행동으로 이어진다.

환기와 활성화는 우리 뇌와 신경계가 환경에 적절하게 상호작용하도록 하는 조절기능을 한다. 음악의 규칙적인 리듬과 명확한 패턴 및 구조는 환자의 재활 훈련에 필요한 환기와 활성화를 촉진시킨다. 굉장히 간단한 이치이다. 비교하자면 우리가 러닝머신 위에서 운동할

62) 이 책 제3장 2. 미숙아와 신생아를 위한 음악치료 참조.

때 음악 없이 운동하는 것과 내 신체 리듬에 맞는 선호 음악과 함께하는 것의 차이이다. 음악은 심리적 즐거움을 제공하며 보다 긴 시간 동안, 보다 높은 강도로 운동할 수 있게 해 준다. 음악치료사는 환자에게 필요한 운동목표를 위해 적절한 강도, 빠르기, 운동 가동범위를 구성하고 강한 환기를 일으키는 음악적 요소들을 조율하거나 새롭게 구성하는 방식으로 환자의 신체 훈련을 돕는다.

신경학적 음악치료의 마지막 핵심 개념은 동조화의 원리이다. 환자는 음악에 심리적, 신체적으로 동조화됨으로써 불균형에서 균형으로 약함에서 강함으로 무질서에서 질서 있는 상태로 변화될 수 있다. 예를 들어, 뇌졸중으로 인해 편마비로 보행에 어려움이 있는 환자에게 2박자의 리듬, 환자의 보행속도에 해당하는 빠르기, 환자의 기분과 신체를 환기시키는 음악적 분위기로 보행 훈련을 한다고 가정해 보자. 2박자라는 걸음걸이에 해당하는 기본 비트는 유지하면서 점차 음악의 빠르기를 환자가 인식하지 못하는 정도로 조금씩 변화시킨다. 환자는 음악의 박자와 빠르기에 동조화되면서 느리고 불균형한 걸음걸이에서 균형 잡힌 걸음걸이와 적절한 빠르기 속도로 보행을 하게 된다. 그리고 이러한 음악적 환경에서 익힌 훈련이 음악이 없는 일상의 상태까지 연장될 수 있도록 한다. 동조화의 원리를 기반으로 음악을 중재하기 위해서는 환자의 현재 상태에서 목표상태에 이르기 위해 기능에 맞는 체계적인 수준의 음악훈련이 필요하다.

지금까지의 설명을 간단하게 요약해 보면, 뇌의 특정 부분의 세포가 제 기능을 하지 못할 때 우리는 뇌의 가소성을 활용하여 재활 작업을 진행한다. 재활에서 음악은 뇌의 가소성을 촉진시키기 위한 신체 운동의 효율성을 높이기 위한 장치가 된다. 이 재활 작업의 촉진 원리는 동조화이다. 우리 몸을 건강한 균형의 상태로 회복시키기 위해 치료사가 체계적으로 구성한 음악을 통해 동조화 작업을 진행하는 것이다.

2) 신경학적 음악치료 기법

신경학적 음악치료는 언어재활, 감각운동재활, 인지재활로 분류된다. 각각의 영역에 따라 음악치료 기법도 달라진다. 다음은 각 영역의 대표적인 기법을 소개한 것이다.

(1) 언어재활을 위한 음악치료

우리 뇌에 언어를 관장하는 영역 중 대표적인 두 영역은 브로카 영역과 베르니케 영역이다. 브로카 영역은 주로 운동 언어를 관장하는 곳으로 이곳에 문제가 있을 경우 말은 이해

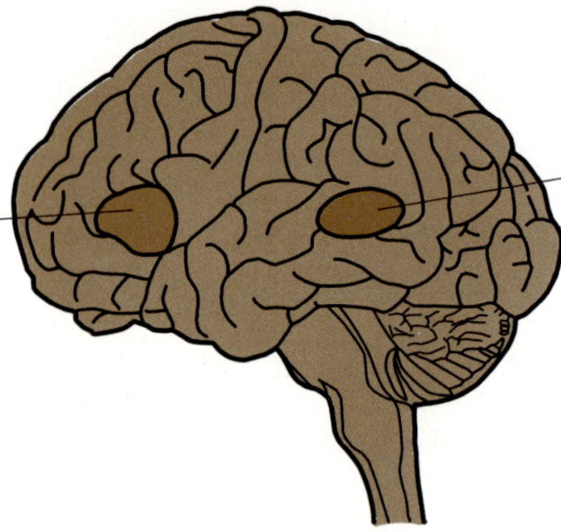

[그림 6-5] 브로카 영역과 베르니케 영역

하지만 표현을 할 수 없게 되고, 베르니케 영역에 문제가 있을 경우 유창하게 말은 하지만 언어 이해능력의 손상으로 타인과 의미 있는 대화가 어려워진다. 그리고 언어를 관장하는 부분을 포함한 뇌의 광범위한 손상이 있을 경우 말하는 것도 이해하는 것도 모두 안 되는 전체 실어증(global aphasia)이 나타날 수 있다.

언어재활을 위한 음악치료 대상자는 이렇게 뇌에 직접적인 언어영역 손상을 입은 실어증 환자, 또는 척추나 경추 손상과 신체적 문제로 호흡 훈련이 필요한 환자 그리고 말더듬과 같은 문제를 가진 환자들이다.

이와 같은 말과 언어에 문제가 있는 내담자 음악치료 의뢰가 오면, 치료사는 환자의 기능 수준을 파악하고, 적절한 중재기법을 결정하고, 환자에게 맞춘 난이도로 치료를 진행한다. 언어재활을 위한 음악치료 기법은 다양한 방법이 소개되어 있지만 멜로디 억양치료, 리듬적 말하기 신호, 음악적 말하기 자극, 구강운동 및 호흡 훈련이 주로 쓰인다.

① 멜로디 억양치료

멜로디 억양치료(Melodic Intonation Therapy: MIT)의 주 대상자는 뇌의 좌반구 브로카 영역의 손상으로 인해 말하기에 문제가 있는 브로카 실어증 환자들이다. 이 기법의 원리는 좌뇌 브로카 영역의 손상으로 말을 하지 못하는 경우 우뇌의 같은 영역에 좌뇌에서 하던 일을 훈련시켜 발화를 유도하는 것이다. 즉, 손상되지 않은 뇌의 부위가 손상된 부위의 역할을 일부 담당하게 하는 훈련이다.

대부분의 경우 언어는 좌뇌에서 담당한다. 그리고 음악은 두뇌 전체에서 담당하는데 그 중 멜로디는 우뇌에서 우세하게 담당한다. 보르크그레빙크(H. M. Borchgrevink) 실험[63]에 따르면 사람들은 우뇌 마취 상태에서 음악의 시간적 요소인 리듬 분별력에는 문제가 없었지만 선율적 요소인 음고, 조성, 선율 윤곽을 분별하는 능력은 사라졌다고 한다. 이 실험은 음악의 선율적 요소는 우뇌에서 우세하게 관장한다는 것을 말해 준다. 멜로디 억양치료는 좌뇌 손상으로 말을 못하는 환자에게 우뇌의 동일한 영역을 훈련시켜 멜로디에서 노래로 발전시켜 훈련하는 방법이다. 멜로디 억양치료의 구체적인 방법은 다음과 같다.

- 1단계: 환자에게 필요한 목표 단어, 문장을 선택
  선택한 단어와 문장은 환자의 기능 호전에 따라 점차 확대한다. 예를 들어, '어머니', '주세요'에서 '어머니 물 주세요'처럼 목표 단어와 문장을 확대해 나간다.
- 2단계: 선택한 단어 또는 문장에 멜로디를 구성
  멜로디는 쉽고 단순하여 잘 따라 할 수 있도록 구성한다.
- 3단계: 왼손 태핑
  우뇌의 활성화를 위해 왼손으로 태핑한다.
- 4단계: 치료사는 멜로디를 허밍하며 내담자가 멜로디를 익힐 수 있도록 반복한다.
- 5단계: 멜로디에 목표 문장을 순차적으로 노래하기(치료사와 내담자가 함께 마주 보고 노래하기)
- 6단계: 치료사의 노래 참여 점차 줄이기
- 7단계: 음악 없이 내담자 혼자 목표 문장 말하기

멜로디 억양치료는 많은 해외 임상연구에서 브로카 실어증 환자의 언어재활에 효과성이 입증된 치료 방법으로 기법은 수준에 따라 체계적인 단계로 구성되어 있다.

② 리듬적 말하기 신호

리듬적 말하기 신호(Rhythmic Speech Cueing)는 선율적 요소는 거의 배제하고 리듬에 맞추어 느린 랩을 하는 것과 같은 훈련을 하는 기법이다. 주로 말의 속도 조절, 조음, 말의 실행, 유창성 등에 어려움이 있는 내담자에게 메트로놈 또는 북과 같은 악기 연주로 정확한 박자와 빠르기의 기본 박을 들려주면서 충분히 예상할 수 있는 환경을 제공한다. 그리고 박자에

---

63) Hans M. Borchgrevink, "Cerebral lateralization of speech and singing after intracarotid amytal injection," *Aphasia Assessment and Treatment* (1980): 186-191.

맞추어 노래 가사를 말한다. 내담자가 안정적으로 말할 수 있는 빠르기에서부터 시작하여 점차로 속도를 조절한다. 사용하는 표현은 환자의 기능 수준과 일상생활에서의 사용빈도를 고려하여 결정하고, 음절, 낱말, 구, 절 등으로 구분하여 리듬에 맞춰 단계적으로 훈련한다.

③ 음악적 말하기 자극

음악적 말하기 자극(Musical Speech Stimulation: MUSTIM) 방법은 자동적으로 반사적(reflexive) 반응을 나타낼 만큼 매우 익숙한 노래를 사용하여 발화를 이끌어 내는 방법이다. 예를 들어, '꽃'이라는 단어를 말하지 못하는 브로카 실어증 환자가 있다. '꽃' 사진을 보여 주면 그것이 꽃이라는 것을 알고 있으나 운동 언어 실어증으로 인해 말하지 못한다. 치료사는 내담자가 젊은 시절 즐겨 듣고 익숙한 노래이자 그의 애창곡인 조용필의 〈돌아와요 부산항에〉를 선택한다. 치료사가 노래 전주를 연주하자 내담자는 음악에 맞추어 몸을 움직이고 목소리로 흥얼거리기 시작한다. 전주가 끝나고 노래가 시작되자 자신도 모르게 '꽃 피는 동백섬에'라고 노래 시작의 '꽃'이라는 단어를 노래 안에서 발화한다.

독립적으로 '꽃'이라는 단어를 발화하는 것은 뇌의 브로카 영역의 손상으로 불가능하지만 〈돌아와요 부산항에〉라는 노래 안에서 '꽃'이라는 단어는 뇌의 안쪽 피질하의 기억 그리고 감정과 연관된 루트에서 뿌리 깊게 각인된 반사적인 반응이기에 이러한 현상이 가능하다. 즉, 우리 뇌에 과학습(overlearned)되어 자동적, 반사적으로 반응하는 노래들을 언어 발화 훈련에 사용하는 것이다.

음악적 말하기 자극을 언어재활에 사용하기 위해서 치료사는 다음의 사항을 고려해야 한다. 첫째, 내담자의 음악적 배경에 대한 사전 정보를 충분히 알고 있어야 한다. 내담자에게 충분히 반사적 반응을 일으킬 만한 노래를 선곡해야 하기 때문이다. 둘째, 노래 안에서 단어 완성하기, 괄호 넣기를 통해 발화를 유도하기 위해서 음악적으로 긴장 이완의 구성일 때 더 효과적이다. 셋째, 정서적 각성이 높은 노래일수록 내담자의 반사적 언어를 노래 안에서 유도하기 쉽다.

④ 구강운동 및 호흡 훈련

구강운동 및 호흡 훈련(Oral Motor and Respiratory Exercise: OMREX)은 소리의 발성 및 관악기(입으로 부는 취주악기)를 사용한 음악적 훈련을 통해 조음의 조절, 호흡의 강화, 말하기에 관여하는 근육 강화와 같은 기능을 향상시키는 것을 목적으로 한다. 이 훈련이 적용되는 주 대상자는 조음기관에 마비가 있거나 호흡기능이 저하된 환자이다. 예를 들어, 하모니카로 OMREX를 시행한다고 치자. 하모니카를 입으로 불 때 입 주변의 입둘레근(orbicularis oris muscle)이 자극된다. 악기를 불기 위해 호흡을 내쉬고 들이쉬는 호흡 훈련을 통해 내늑간근(internal intercostal muscles), 외늑간근(external intercostal muscles) 등 호흡근의 운동을 하게 된다. 만약 하모니카로 '트레몰로'를 연주한다면 입운동뿐만 아니라 혀의 움직임까지 훈련하게 된다.

(2) 감각운동재활을 위한 음악치료

신경학적 음악치료에서 감각운동 영역의 초점은 음악을 통해 신체 움직임을 훈련하는 데 있다. 섬세한 손가락의 작은 움직임을 훈련하는 소근육 운동에서부터 보행 훈련과 같은 대근육 운동까지 내담자가 훈련해야 할 영역에 맞추어 리듬, 빠르기, 강세, 선율과 같은 음악적 요소를 조율한다. 감각운동재활을 위한 음악치료 기법은 리듬 청각 자극(Rhythmic Auditory Stimulation: RAS), 패턴화된 감각증진(Patterned Sensory Enhancement: PSE), 치료적 악기 연주(Therapeutic Instrumental Music Performance: TIMP)가 있다.

① 리듬 청각 자극

RAS는 리듬적 시간정보를 제공하여 내담자가 시간적 청각 자극에 신체적으로 동조화되도록 훈련하는 방법이다. 예를 들어, 뇌졸중으로 인한 편측 보행 불균형 환자에게 보행 훈련을 위한 RAS를 시행한다고 치자. 우선, 현재 환자의 보행 속도, 보폭, 균형을 측정한 후, 환자에게 적당한 음악을 선정하고 구성한다. 음악은 환자가 선호하는 음악을 편곡하여 사용할 수도 있고 새로운 음악을 사용하기도 한다. 음악 구성은 보행에 관련된 2박자 또는 4박자로, 빠르기는 환자의 현재 분당 속도 bpm(beat per minute) 걸음과 유사하게 시작한다. 음악의 박자와 빠르기의 정확성을 위해 메트로놈을 사용한다. 환자의 보행이 음악에 편안하게 체화되면 속도를 조절한다.

② 패턴화된 감각증진

음악에서 음들의 역동적인 움직임은 언제나 다양한 패턴을 형성한다. 음들의 상행, 하행, 도약, 순차 진행 등 음악의 선율적 방향성 패턴인 공간적 요소, 쿵짝짝, 쿵짝짝, 왈츠, 쿵짝쿵짝 등 리듬패턴과 빠르기의 시간적 요소 그리고 음악적 강약에 대한 다이내믹의 힘의 요소가 패턴화된 움직임 재활을 위해 사용된다. 예를 들어, 물을 마시는 행위는 손을 뻗어 손으로 컵을 집어 들고 그것으로 입을 가져오는 일련의 패턴이 요구되는 행동이다. 이처럼 우리 일상에서 많은 기능적인 행동은 특정 패턴을 요구한다. 패턴화된 움직임 훈련을 위해 음악의 공간, 시간, 힘의 요소를 이용하는 것이 패턴화된 감각증진 기법이다. 이는 음악의 청각적 형태(Gestalt), 소니피케이션(sonification)을 이용한 움직임 훈련이다. 예를 들어, 손을 위로 들어 올리는 훈련에 상행하는 멜로디, 손을 내리는 훈련에 하행하는 멜로디, 고개를 돌리는 움직임에 아르페지오와 같이 목적하는 움직임에 일정의 음악 패턴을 배열하여 구성한다.

③ 치료적 악기 연주

치료적 악기 연주는 재활 훈련에 악기와 악기 연주법이 사용되는 것이다. 비교하자면 물리치료나 작업치료에서 특정 기구를 사용하는 것처럼 악기 연주 훈련이 재활 훈련법이 된다. 예를 들어, 손 운동을 위한 악기 연주는 환자에게 필요한 손의 기능을 고려하여 악기를 선택하고 훈련한다. 피아노 치기, 셰이커 잡고 흔들기, 칼림바 뜯기, 카바사 문지르기 등은 손의 힘, 균형, 조절을 위한 운동이기도 하다. 치료사는 환자의 필요에 따라 악기를 선택하고 음악기술을 훈련한다. 또한 음악치료 중재를 설정할 때 환자에게 필요한 훈련을 음악적으로 전환하여 구성함으로써 음악훈련 후 일상의 움직임에 직접적인 영향을 주는 것을 고려한다. 이것을 전환적 디자인 모델(transformational design model: TDM)이라고 한다. TDM의 절차는 다음과 같다.

- 1단계: 환자의 비음악적 행동에 대한 기능적 진단평가를 조사한다. 여기서 비음악적 행동이라는 것은 환자의 현재 기능 평가를 말한다(예를 들어, 보행의 불균형, 손 기민성의 문제).
- 2단계: 진단평가 정보를 기반으로 치료 목적을 설정한다(균형 잡힌 보행, 손의 힘 기르기).
- 3단계: 환자를 위한 비음악적 활동을 구성한다(보행훈련, 키보드 글자 치기).
- 4단계: 비음악적 활동을 음악적 활동으로 전환한다(RAS 훈련, 피아노 연주).
- 5단계: 음악적 활동의 결과가 다시 일상 활동으로 이어지게 한다.

TDM 음악치료 중재 사례

52세 남성 A 씨는 뇌졸중으로 우측 편마비 증세를 보였다. 특히 오른손의 손가락 움직임이 불편하여 많은 재활 훈련을 필요로 하는 상태이다. 치료사는 환자의 손가락 움직임 범위, 기민성, 힘, 장악력(쥐는 힘) 등 진단평가 결과를 기반으로 치료 목표를 설정하였다. A 씨의 일차적인 치료 목표는 오른쪽 첫 번째(엄지), 두 번째(검지), 세 번째 손가락(중지)의 움직임의 기민성과 힘을 기르는 것이다. 치료사는 이러한 훈련에 적합한 치료적 악기와 환자에게 친숙한 음악을 구성하였다. A 씨는 치료사의 케논 연주에 맞추어 칼림바 연주를 시작으로 다양한 악기를 연주하면서 재활 훈련을 하였다. 이후 일상생활에서 손가락 기민성과 힘의 기능이 월등히 향상되었다.

▲ 칼림바

(3) 인지재활을 위한 음악치료

인지재활을 위한 음악치료는 주로 치매, 자폐스펙트럼장애, 뇌손상 환자 등 인지기능 장애환자들을 대상으로 주의집중, 기억력, 집행기능 향상을 목적으로 한다. 신경학적 음악치료에서 인지재활을 위한 음악치료 기법은 음악적 주의조절 훈련(Musical Attention Control Training: MACT), 음악적 무시 훈련(Musical Neglect Training: MNT), 음악적 기억훈련(Musical Mnemonic Training: MMT) 등 다양한 기법이 있으며 모두 '훈련'이라는 단어가 포함된 것에서 알 수 있듯이 음악을 통한 반복 학습과 뇌 훈련을 통한 인지기능 향상을 목적으로 한다.

① 음악적 주의조절 훈련

우리가 어떤 과제를 수행하기 위해서는 가장 먼저 주의집중을 강화하는 것이 중요하다. 특정 일에 주의집중을 해야만 그것에 대한 정보를 효과적으로 처리하고, 지속적인 주의집중을 통해 문제를 해결하거나 정보를 더 정교하게 처리할 수 있다. 음악적 주의조절 훈련은 노래의 특정 가사, 앙상블 악기 연주에서 특정 악기 선율 또는 리듬, 음색 등에 선택적, 지속적, 교대 주의를 기울여 과제를 수행하는 방식의 훈련이다.

예) MACT

대상: 경증 치매노인 집단

음악치료 절차

- 내담자들은 원형으로 자리를 잡는다.
- 치료사는 리로이 앤더슨(Leroy Anderson)의 〈타자기(The Typewriter)〉라는 음악을 들려준다. 이 음악은 타자기와 오케스트라가 함께 연주하는 곡이다.
- 치료사는 전체 오케스트라 음악에서 타자기의 벨소리를 들을 때마다 그 소리에 박수를

치라고 한다(집단 원형에서는 옆사람의 어깨를 주물러 주다가 벨소리가 나면 방향을 바꾸어 할 수도 있다).

이 활동은 전체 오케스트라 음악에서 타자기의 벨소리만 선택적으로 집중하여 듣게 하는 훈련이다. 지금은 사라진 과거의 향수를 불러일으키는 타자기가 오케스트라와 함께 연주하는 듯한 재미있는 음악이며 밝고 명랑하고 비교적 빠른 템포로 주의집중과 각성, 선택적 주의집중에 좋은 음악이다.

MACT는 내담자가 음악활동에 충분히 호기심을 갖고 주의를 기울이게 할 만큼 각성적 반응을 유도하는 음악, 내담자가 과제를 수행할 수 있을 정도의 난이도 설정이 중요하다. 내담자의 기능에 따라 초점, 지속주의, 선택적 주의, 교대주의, 분할주의까지 다양한 버전과 수준의 음악활동이 있어야 내담자의 주의집중을 놓치지 않고 이어 갈 수 있다.

② 음악적 무시 훈련

음악적 무시 훈련은 시각적으로 편측 무시 현상을 보이는 뇌손상 환자를 대상으로 이루어진다. 시각 기능의 문제가 아닌 뇌의 문제로 환자들은 주로 우뇌 손상으로 좌측 시각 정보를 알아차리지 못하는 무시 증상을 보인다.[64] 이 증상의 환자들은 마치 왼쪽이 사라진 사람

[그림 6-6] 왼쪽이 정상인의 그림이고 오른쪽이 편측 무시 환자의 그림이다.

출처: https://rehametrics.com/en/spatial-neglect/

64) 우리 뇌는 정보를 교차하여 처리하는데 우뇌의 문제는 몸의 좌측의 문제로 나타나고 좌뇌의 문제는 몸의 우측으로 나타난다. 그러므로 우뇌 손상으로 인한 편측 무시는 좌측에서 나타난다.

처럼 시계를 그릴 때도 6시 이후부터 12까지는 그리지 않는다. 이러한 뇌손상 환자들에게 음악훈련이 효과적인 이유는 음악활동이 우뇌의 활성화를 촉진하기 때문이다. 음악적 무시 훈련은 RAS나 MIT처럼 매뉴얼에 따라 중재하기보다는 치료사의 창의적인 아이디어로 환자의 무시측이 자극될 수 있는 음악활동을 구성할 수 있다.

예 1) 음악감상 훈련

치료사는 환자의 왼쪽에서 기타를 치며 노래하면서 중간중간 차임벨, 톤차임, 윈드차임과 같은 악기를 효과음으로 들려준다. 환자는 시각적으로 볼 수 없지만 음악의 발생지가 왼쪽에서 나오는 것임을 알 수 있다. 또, 시야 밖에 있는 악기를 만지거나 진동의 촉각 경험을 한다. 이러한 감각 기반 중심의 훈련은 환자의 시각, 청각, 촉각 경로를 활성화시켜 환자가 무시측 사물을 인지할 수 있게 한다.

[그림 6-7] 무시측 수용적 음악감상

예 2) 악기 연주 훈련

치료사는 정상 시야에서 무시측까지 악기를 배열한다. 예를 들어, 공명실로폰을 C-D-E-F-G-A-B-C로 배열하고 시각 무시 환자들에게 무시된 측의 지각 수준을 향상시키는 악기 연주 훈련을 시행한다. 중심 G에서 좌측 F까지 정상 시야이고 중심 F에서 우측 A까지 무시측일 때 〈학교종〉 노래인 '솔솔 라라 솔솔 (미)' 여기서 미는 E음으로 무시측에 있지만 환자는 무시된 공간안에서 'E' 음을 완성하기 위해 노력할 것이다.

[그림 6-8] 편측 무시 개선을 위한 음계기반 악기 배열

③ 음악적 기억 훈련

특정 정보를 효과적으로 저장하기 위해 노래의 형식을 활용하는 사례는 일상에서 자주 볼 수 있다. 언어적 정보에 음악적 요소인 멜로디와 리듬을 결합시킬 때 정보를 더 잘 학습하고 기억하고 회상할 수 있기 때문이다. 대표적인 예로 교육용 역사 암기 노래인 〈역사는 흐른다〉는 일정한 리듬과 운율에 역사적 사건을 나열함으로써 방대한 역사적 정보를 효율적으로 입력하고 인출할 수 있도록 돕는다. 외워야 할 정보를 짧은 리듬과 멜로디에 담아 반복적으로 회상하게 하는 방식은 드라마나 영화에서도 종종 볼 수 있다. 이러한 방법을 임상에서 환자의 필요에 맞게 사용하는 것이 음악적 기억 훈련이다.

예시) 경도 인지장애 노인을 위한 MMT 약 챙기기 노래 〈둥근 해가 떴습니다〉

둥근 해가 떴습니다. 자리에서 일어나서
정수기로 걸어가서 시원한 물 받아요.
약통을 열고 하나씩 물과 함께 꿀꺽꿀꺽
머리 빗고 옷을 입고 거울을 봅니다.

④ 기타 인지재활을 위한 음악훈련

기타 인지재활을 위한 음악훈련으로는 집행기능, 기억력 향상을 위해 다양한 방법이 적용된다. 기억력과 집행기능 향상을 위한 음악훈련은 치료사가 내담자의 기능, 음악선호도, 음악적 반응 양상에 따라 창의적으로 중재를 구성하여 내담자 재활 훈련에 사용하는 것이 좋다(제4장 2. 음악치료 방법-2) 노래하기-(2) 기억을 강화시키는 노래 참조).

부록

국내 음악치료사 자격증 (전국음악치료사협회 vs. 한국음악치료학회)

1. 전국음악치료사협회의 음악치료 자격

1) 시행일자: 2010년부터 음악치료사 자격제도 시행

2) 자격증명: 음악중재전문가(Korean Certified Music Therapist: KCMT)

3) 자격종류: 등록 민간자격

4) 등록번호: 제2011-0565호

5) 자격 발급기관: (사)전국음악치료사협회

6) 자격등급: 단일 등급

7) 시험일정: 연 2회 시행(2월, 8월)

8) 응시자격: 다음 요건을 모두 충족해야 함

- 협회가 인정하는 교육기관으로부터 음악치료전공 학위 취득자[음악치료 전공(학사, 석사) 졸업생 및 졸업예정자]
- 인턴십 1,040시간 이상 수료자(2012년 입학자까지 1,000시간)(인턴십 1,040시간 미만 수료자의 경우 인턴십과 임상실습 및 기타인정시간을 합쳐서 1,040시간을 수료해야 함)
  → 인턴십(최소 640시간 이상)+임상실습 및 기타인정시간 400시간 이상=1,040시간
- 사단법인 전국음악치료사협회의 일반 회원

9) 자격시험

① 시험 과목: 총 3과목(사지선다형)
- 음악중재이론(50문항)
- 음악중재기술(50문항)
- 음악중재윤리(25문항)

② 출제 위원: 전국 17개 대학 및 대학원 음악치료학과 교수진
- 각 대학 교수진이 출제한 문제은행을 근거로 학교별 교수님 세 분을 위촉하여 음악중재이론 및 음악중재기술 각각 50문항, 음악중재윤리 25문항 출제

③ 합격 기준: 각 과목당 70점 이상(과목당 70점 미만의 경우 과락)

10) 제출서류
- 자격시험 응시원서
- 졸업증명서 혹은 졸업예정증명서
- 성적증명서
- 인턴십 확인서, 임상실습 확인서, 인턴십 총 확인서(해당자의 경우)

11) 자격취득 비용: 총 18만 원
- 일반 회원 가입비: 3만 원
- 일반 회원 연회비: 2만 원
- 자격시험 응시료: 10만 원
- 자격시험 합격 후 정회원 전환비: 3만 원

12) 자격증의 갱신
- 매 5년마다 갱신
- 자격 유지 기간(5년) 동안 협회 보수 교육 총 1,000점 이수
- 최소 500점 이상 협회 교육을 통해 이수
- 자격 유지 기간 동안 연회비 납부

2. 한국음악치료학회의 음악치료 자격

1) 시행일자: 2010년부터 음악치료사 자격증 제도 도입
2) 자격증명: 임상음악전문가(Board Certified Music Therapist: BCMT)
3) 자격종류: 등록 민간자격
4) 등록번호: 제2012-0161호
5) 자격 발급기관: (사)한국음악치료학회
6) 자격등급: 1급(제22차 임상음악전문가 자격증 시험부터 2급 및 준 2급 폐지)
7) 시험일정: 연 2회 시행(2월, 8월)
8) 응시자격: 다음 요건을 모두 충족해야 함
- 학회가 인정하는 국내외 대학교에서 음악치료 전공 학사 이상의 학위 취득자[음악치료 전공(학사, 석사) 졸업생 및 졸업예정자]
- 음악치료 임상실습 및 인턴십 1,040시간 이상 수료자
- 본 학회의 회원

9) 자격시험(임상음악전문가 1급 기준)

① 시험 내용: 총 100문항

– 음악치료 기초이론, 방법, 대상 등 관련 내용

② 출제 위원: 전국 17개 대학 및 대학원 음악치료학과 교수진

– 각 대학 교수진이 출제한 문제은행을 근거로 교수님 세 분을 위촉하여 음악치료 기초 이론, 방법, 대상 등 관련 내용 출제

③ 합격 기준: 70점 이상

10) 제출서류

– 자격시험 신청서

– 졸업증명서 혹은 졸업예정증명서

– 인턴십 확인서, 임상실습 확인서

– 이수교과목 확인서

– 최종학력 성적증명서

– 개인정보제공 및 활용 동의서

– 증명사진

11) 자격취득 비용: 총 15만 원

– 학회비: 5만 원

– 자격시험 응시료: 10만 원

12) 자격증의 갱신

– 매 5년마다 갱신

– 자격 유지 기간(5년) 동안 300점 이상의 보수교육

– 자격 유지 기간 동안 학회 연회비 납부

음악치료 자격 비교

항목	전국음악치료사협회(KAMT)	한국음악치료학회
자격명칭	음악중재전문가 (Korean Certified Music Therapist: KCMT)	임상음악전문가 (Board Certified Music Therapist: BCMT)
자격종류	등록 민간자격	등록 민간자격
등록번호	제2011－0565호	제2012－0161호
자격 발급기관	(사)전국음악치료사협회	(사)한국음악치료학회
자격등급	단일 등급	1급
자격 시험 일정	연 2회(2월, 8월)	연 2회(2월, 8월)
응시 자격	• 사단법인 전국음악치료사협회의 일반 회원 • 음악치료(학사, 석사) 졸업생 및 졸업예정자 • 인턴십 1,040시간 이상 수료자	• 음악치료(학사, 석사) 졸업생 및 졸업예정자 • 실습 및 인턴십 1,040시간 이상 수료자
시험구성	필기(125문항)	필기(100문항)
응시과목	• 음악중재이론(50문항) • 음악중재기술(50문항) • 음악중재윤리(25문항)	• 과목명은 명시되지 않음 • (음악치료 기초이론, 방법, 대상 등 관련 내용)
합격기준	각 과목당 70점 이상 (과목당 70점 미만 과락)	각 과목당 70점 이상
제출 서류	• 자격시험 응시원서 • 졸업증명서 혹은 졸업예정증명서 • 성적증명서 • 인턴십 확인서, 임상실습 확인서 • (인턴십 총 확인서)	• 자격시험 신청서 • 졸업증명서 혹은 졸업예정증명서 • 인턴십 확인서, 임상실습 확인서 • 이수교과목 확인서 • 최종학력 성적증명서 • 개인정보제공 및 활용 동의서 • 증명사진
자격 시험 응시료	10만 원	10만 원
자격증 유효 기간	취득 후 5년	취득 후 5년
자격증 갱신	5년 단위 갱신 (5년간 보수교육 1,000점 이상 이수)	5년 단위 갱신 (5년간 보수교육 300점 이상 이수)

참고문헌

제1장 음악의 치료적 사용과 음악치료의 정의

김익진(2009). 프랑스 고전주의 시대의 멜랑콜리의 수용과 인식: 문학치료적 관점에서. **프랑스 어문교육, 31**, 387-405.

승윤희(2006). 학교음악교육에 있어서 음악치료의 의미와 교육적 활용방법. **음악과 민족, 32**, 439-464.

승윤희(2021). **음악교육심리학**. 학지사.

오희숙(2009). **음악속의 철학**. 심설당.

Ahonen, M. (2019). Ancient philosophers on mental illness. *History of Psychiatry, 30*(1), 3-18.

Aigen, K. (2013). *The Study of Music Therapy: Current Issued and Concepts*. Routledge.

American Music Therapy Assoication(AMTA). https://www.musictherapy.org/about/musictherapy/

Blecha, P. (2004). *Taboo Tunes: A History of Banned Bands & Censored Songs*. Backbeat Books.

Brusica, K. (1998a). *The Dynamics of Music Psychotherapy*. Barcelona Publishers.

Brusica, K. (1998b). *Defining Music Therapy* (2nd ed.). Barcelona Publishers.

Bunt, L., & Hoskyns, S. (2002). *The Handbook of Music Therapy*. Brunner-Routledge.

Buranelli, V. (1975). *The Wizard from Vienna: Franz Anton Mesmer*. Coward McCann.

Chertok, L., & Saussure, S. (1979). *The Therapeutic Revolution: From Mesmer to Freud*. Brunner/Mazel Publishers.

Curtis, R. (2016). The use of imagery in psychoanalysis and psychotherapy. *Psychoanalytical Inquiry, 36*(8), 593-602.

Deutsch Musiktherapeuticsche Gesellschaft. https://www.musiktherapie.de/musiktherapie/was-ist-musiktherapie/

Dunbar, R. I. (2023). The origins and function of musical performance. *Frontiers in Psychology, 14*, 1-13.

Edwards, J. (2016). Conceptualizing music therapy: Five area that frame the field. In J. Edwards (Ed.), *The Oxford Handbook of Music Therapy* (pp. 1-13). Oxford University Press.

Facher, J. (2006). Music and altered stated of consciousness. In D. Aldrige & J. Facher (Eds.),

Music and Altered States: Consciousness, Transcendence, Therapy and Addictions (pp. 15-37). Jessica Kingsely Publishers.

Forestier, R. (2013). **예술치료의 모든 것.** 김익진 역. 강원대학교 출판부.

Gallo, D. A., & Finger, S. (2000). The power of a musical instrument: Franklin, the Mozarts, Mesmer, and the glass armonica. *History of Psychology, 3*(4), 326.

Hammond, D. C. (2013). A review of the history of hypnosis through the late 19th century. *American Journal of Clinical Hypnosis, 56*(2), 174-191.

Hodges, D. A. (2003). *Handbook of Music Psychology.* National Association for Music Therapy.

Horden, P. (2000). *Music as Medicine: The History of Music Therapy since Antiquity*. Ashgate.

Jenkins, J. S. (1993). Medicine and music in Vienna at the time of Mozart. *Journal of the Royal Society of Medicine, 86*(11), 657-659.

Kennaway, J. (2011). Musical hypnosis: Sound and selfhood from Mesmerism to brainwashing. *Social History of Medicine, 3*, 271-289.

King, A. H. (1945, January). *The musical glasses and glass harmonica.* In *Proceedings of the Royal Musical Association* (Vol. 72, pp. 97-122). Cambridge University Press.

Knill, P. J. Levine, E. G., & Levine, S. K. (2011). **치료미학: 표현예술치료의 이론과 실제.** 이모영, 이소역 공역. 시그마프레스. (원서출판, 2004).

Kopiez, R., Bangert, M., Goebl, W., & Altenmüller, E. (2003). Tempo and loudness analysis of a continuous 28-hour performance of erik satie's composition "vexations". *Journal of New Music Research, 32*(3), 243-258.

Kossak, M. S. (2009). Therapeutic Attunement: A transpersonal view of expressive arts therapy. *The Arts in Psychotherapy, 36*, 13-18.

Lippman, E. A. (1964). *Musical Thought in Ancient Greece*. Da Capo Press.

Maehle, A. H. (2014). The powers of suggestion: Albert Moll and the debate on hypnosis. *History of Psychiatry, 25*(1), 3-19.

Mesmer, A. F. (1980). *Mesmerism*: A Translation of the Original Scientific and Medical Writings of F. A. Mesmer, M. D. (G. Bloch, Trans.). William Kaufmann. (Original work published in 1779).

Moreno, J. J. (1992). The music therapist: Creative arts therapy and contemporary shaman. In D. Campbell (Ed.), *Music Physician for Times to Come* (pp. 167-186). Quest Book.

Neher, A. (1962). A physiological explanation of unusual behavior in ceremonies involving drums. *Human Biology, 34*(2), 151-160.

Oohashi, T., Kawai, N., Honda, M., Nakamura, S., Morimoto, M., Nishina, E., & Maekawa, T. (2002). Electroencephalographic measurement of possession trance in the field. *Clinical Neurophysiology, 113*(3), 435-445.

Park, J., Yagyu, T., Saito, N., Kinoshita, T., & Hirai, T. (2002). Dynamics of brain electric field during recall of Salpuri dance performance, *Perceptual and Motor Skill 95*, 955-962.

Rauscher, F. H., Shaw, G., & Ky, K. N. (1993) Music and spatial task performance. *Nature, 365,* 611.

Reiser, D. (2016). The encounter in Vienna: Modern psychotherapy, guided imagery, and Hasidism Post-World War I. *Modern Judaism-A Journal of Jewish Ideas and Experience, 36*(3), 277-302.

Rouget, G. (1985). *Music and Trance: A Theory of the Relations between Music and Possession.* The University of Chicago Press.

Schaefer, T., Smukalla, M., & Oelker, S. A. (2014). How music changes our lives: A qualitative study of long-term effect of intense musical experience. *Psychology of Music, 42*, 525-544.

Schellenberg, E., & Hallam (2006). Music listening and cognitive abilities in 10 and 11 year-olds: The Blure effect. *Annals of the New York Academy of Sciences, 1060*(1), 202-209.

Solomon, A. (2004). 한낮의 우울. 안승남 역. 민음사. (원서출판, 2001).

Stamou, L. (2002). Plato and Aristotle on music and music education: Lessons from ancient Greece. *International Journal of Music Education 1*, 3-16.

Tierney, A. J. (2000). Egas Moniz and the origins of psychosurgery: A review commemorating the 50th anniversary of Moniz's Nobel Prize. *Journal of the History of the Neurosciences, 9*(1), 22-36.

Toop, D. (2016). *Into the Maelstrom: Music, Improvisation and the Dream of Freedom: Before 1970.* Bloomsbury Publishing.

West, M. (2000). Music therapy in Antiquity. In P. Horden (Ed.), *Music as Medicine* (pp. 51-68). Ashgate.

Wigram, T., Pedersen, I. N., & Bonde, L. O. (2002). *A Comprehensive Guide to Music Therapy: Theory, Clinical Practice, Research and Training.* Jessica Kingsley Publishers.

Winkelman, M. (2004). Shamanism as the original neurology. *Zygon, 39*, 193-217.

제2장 음악치료의 이론적 토대

이석원 (2013). 음악인지과학. 심설당.

Amaducci, L., Grass, F., & Boller, F. (2002). Maurice Ravel and right-hemisphere musical creativity: influence of disease on his last musical works? *European Journal of Neurology 9,* 75-82.

Altenmüller, E., FingeR, S., & Boller, F. (2015). *Music, neurology, and neuroscience: Historical connections and perspectives* (Vol. 216). Elsevier.

Amaducci, L., Grassi, E., & Boller, F. (2002). maurice Ravel and right-hemisphere musical creativity: influence of disease on his last musical works? *European Journal of Neurology, 9*(1), 75-82.

Blacking, J. (1973). *How Musical is Man?* Farbe & Farbe.

Brust, J. C. (2001). Music and the neurologist: a historical perspective. *Annals of the New York Academy of Sciences, 930*(1), 143-152.

Dissanayake, E. (2003). The core of art-making special. *Journal of the Canadian Association for Curriuclum Studies, 1*(2), 13-38.

Drăgulin, S., & Constantin, F. A. (2017). Sound-to-color synesthesia and its influence on the level of emotion. *Cogniţie Muzicală, 1*(1), 53-58.

Forestier, R. (2012). 예술치료의 모든 것. 김익진 역. 강원대학교 출판부.

Goldstein, A. (1980). Thrills in response to music and other stimuli. *Physiological Psychology, 8,* 126-129.

Henriques, J. B., & Davidson, R. J. (1999). Left frontal hypoactivation in depression. *Journal of Abnormal Psychology, 100*(4), 535-545.

Hevner, K. (1936). Experimental studies of the elements of expression in music. *The American Journal of Psychology, 48*(2), 246-268.

Jack, R. E., Garrod, O. G., Yu, H., Caldara, R., & Schyns, P. G. (2012). Facial expressions of emotion are not culturally universal. Proceedings of the *National Academy of Sciences, 109*(19), 7241-7244.

Johnson, M. K., Kim, J. K., & Risse, G. (1985). Do alcoholic Korsakoff's syndrome patients acquire affective reactions?. *Journal of Experimental Psychology: Learning, Memory, and Cognition, 11*(1), 22-36.

Juslin, P. N. (2013). From everyday emotions to aesthetic emotions: Towards a unified theory of musical emotions. *Physics of Life Reviews, 10*(3), 235-266.

Kaplan, P. W. (2003). Musicogenic epilepsy and epileptic music: a seizure's song. *Epilepsy & Behavior, 4*(5), 464-473.

Kleinman, K. (2015). Darwin and Spencer on the orIgin of music: Is music the food of love? *Progress in Brain Research, 217*, 3-15.

Levitin, D. (2008). *The World in Sox Songs: How the Musical Brain Created Human Nature*. 장호연 역. 호모무지쿠스. 마티.

Lenhoff, H. M., Wang, P. P., Greenberg, F., & Bellugi, U. (1997). Williams syndrome and the brain. *Scientific American, 277*(6), 68-73.

Maess, B, Koelsch, S., Gunter, T. C., & Friederici, A. D. (2001). Musical syntax is processed in Broca's area: An MEG study. *Nature Neuroscience, 4*, 540-545.

Mithen, S.(2008). 노래하는 네안데르탈인. 김명주 역. 뿌리와 이파리.

Miller, I. (2003). Schuman resonance. *Nexus Magazine, 10*(3).

Nesse, R. M. (1991). What good is feeling bad. *The Sciences, 31*(6), 30-37.

Ockelford, A. (2007). A music module in working memory? Evidence from the performance of a prodigious musical savant. *Musicae Scientiae, 11*(2_suppl), 5-36.

Overy, K. (2003). Dyslexia and music: From timing deficits to musical intervention. *New York Academy of Sciences, 999*, 497-505.

Panksepp, J. (1995). The emotional source of 'chills' induced by music. *Music Perception, 13*, 171-208.

Peretz, I., & Coltheart, M. (2003). Modularity of music processing. *Nature Neuroscience, 6*(7), 688-691.

Peretz, I., & Hyde, K. L. (2003). What is specific to music processing? Insights from congenital amusia. *Trends in Cognitive Sciences, 7*(8), 362-367.

Pinker, S. (1997). *How the Mind Works*. Norton.

Punkanen, M., Eerola T., & Erkkila, J. (2011). Biased emotional preferences in depression: Decressed liking of angry and energetic music by depressed patients. *Music and Medicine, 3*(2), 114-120.

Russell, J. A. (1980). A circumplex model of affect. *Journal of Personality and Social Psychology, 39*(6), 1161-1178.

Sacks, O. (2007). **뮤지코필리아**. 장호연 역. 알마.

Scherer, K., & Zentner, M. (2001). Emotional effects of music: Production rules. In P. Juslin & J. Sloboda (Eds.), *Music and Emotion* (pp. 361-414). Oxford University Press.

Schneck, D. J., & Berger, D. S. (2006). *The Music Effect: Music Physiology and Clinical Applications*. Jessica Kingsley Publishers.

Sloboda, J. A., Hermelin, B., & O'Connor, N. (1985). An exceptional musical memory. *Music Perception, 3*(2), 155-169.

Snyder, B. (2000). *Music and Memory: An Introduction*. The MIT Press.

Tarr, B., Launay, B., & Dunbar, R. (2014). Music and social bonding: "Self-other" merging and neurophormonal mechanisms. *Frontiers in Psychology, 5*, 1096.

제3장 음악과 인간발달

권용주, 강경선(2020). 청소년을 위한 랩음악치료 가사분석연구. **한국음악치료학회지**, 22(1), 25-42.

국립보건연구원(2018). Korean Neonatal Network Annual Report. 질병관리청.

대한민국 법제처(2021). 장애인 등에 대한 특수교육법(법률 제18637호, 2021. 12. 28. 일부개정). 국가법령정보센터. https://www.law.go.kr/법령/장애인등에대한특수교육법

대한민국 법제처(2022). 노인복지법(법률 제19060호, 2022. 10. 18. 일부개정). 국가법령정보센터. https://www.law.go.kr/법령/노인복지법

신인숙, 김애자(2006). 태교와 음악 환경이 유아의 음악 능력에 미치는 영향. **아동교육**, 15(1), 123-137.

이혜인(2020). 건강장애아동 음악치료에 대한 소아청소년 관련 전문의들의 인식도 연구. 성신여자대

학교 대학원 석사학위논문.

홍정수, 오희숙(1999). 음악미학. 음악세계.

Abeles, H. F., & Custodero, L. A. (2017). 음악교육의 주요이슈: 21세기의 이론과 실천. 김용희, 정진원, 오지향 외 공역. 음악세계. (원서출판, 2010).

American Psychiatric Association, D. S. M. T. F., & American Psychiatric Association, D. S. (2013). *Diagnostic and statistical manual of mental disorders: DSM-5* (Vol. 5, No. 5). American psychiatric association.

Allen, R. (2010). A comparative study of the effects of music on emotional state in normal adults and those with high functioning autism. Ph. D. Thesis, Goldsmith, University of London.

Alluri, V., Mittal, A., Sc, A., Vuoskoski, J. K., & Saarikallio, S. (2022). Maladaptive music listening strategies are modulated by individual traits. *Psychology of Music, 50*(6), 1779-1800.

Arnet, J. (1991). Adolescents and heavy metal music; From the mouths of metalheads. *Youth & Society, 23,* 76-98.

Augustine, A. A., & Hemenover, S. H. (2009). On the relative effectiveness of affect regulation strategies: A meta-analysis. *Cognition and Emotion, 23*(6), 1181-1220.

Baltes, B. B., & Dickson, M. W. (2001). Using life-span models in industrial-organizational psychology: The theory of selective optimization with compensation. *Applied Developmental Science, 5*(1), 51-62.

Baker, F.(2016). *Therapeutic Songwriting: Development in Theory, Methods and Practice.* Springer.

Barrett, F. S., Grimm, K. J., Robins, R. W., Wildschut, T., Sedikides, C., & Janata, P. (2010). Music-evoked nostalgia: Affect, memory, and personality. *Emotion, 10*(3), 390.

Belfi, A. M., Chen, K. H., Schneider, B., & Tranel, D. (2016). Neurological damage disrupts normal sex differences in psychophysiological responsiveness to music. *Psychophysiology, 53*(1), 14-20.

Belfi, A. M., Karlan, B., & Tranel, D. (2016). Music evokes vivid autobiographical memories. *Memory, 24*(7), 979-989.

Belfi, A. M., Karlan, B., & Tranel, D. (2018). Damage to the medial prefrontal cortex impairs music-evoked autobiographical memories. *Psychomusicology: Music, Mind, and Brain, 28*(4), 201-208.

Berger, K. S. (1994). *The Developing Person Through the Life Span* (3rd ed.). Worth Publishers.

Blood, A. J., & Zatorre, R. J. (2001). Intensely pleasurable responses to music correlate with activity in brain regions implicated in reward and emotion. *Proceedings of the National Academy of Sciences, 98*(20), 11818-11823.

Brown, W. A., Cammuso, K., Sachs, H., Winklosky, B., Mullance, J., Bernier, R. et al. (2003). Autism-related language, personlity, and cognition in people iwht absolute pitch: Results of a preliminary study. *Journal of Autism and Developmental disorders, 33*(2), 163-167.

Bruscia, K. E. (1987). *Improvisational Models of Music Therapy*. Charles C Thomas, Publisher.

Cattell, R. B., & Anderson, J. C. (1953). The measurement of personality and behavior disorders by the IPAT Music Preference Test. *Journal of Applied Psychology, 37*(6), 446.

Chamorro-Premuzic, T., & Furnham, A. (2007). Personality and music: Can traits explain how people use music in everyday life? *British Journal of Psychology, 98*(2), 175-185.

Chang, E. F., & Merzenich, M. M. (2003). Environmental noise retards auditory cortical development. *Science, 300*(5618), 498-502.

Cheung, W. Y., Wildschut, T., Sedikides, C., Hepper, E. G., Arndt, J., & Vingerhoets, A. J. (2013). Back to the future: Nostalgia increases optimism. *Personality and Social Psychology Bulletin, 39*(11), 1484-1496.

Chirico, A., Serino, S., Cipresso, P., Gaggioli, A., & Riva, G. (2015). When music "flows". State and trait in musical performance, composition and listening: A systematic review. *Frontiers in Psychology, 6,* 906.

Costa, P. T., & McCrae, R. R. (1988). Personality in adulthood: A six-year longitudinal study of self-reports and spouse ratings on the NEO Personality Inventory. *Journal of Personality and Social Psychology, 54*(5), 853.

Davis, F. (1977). Nostalgia, identity and the current nostalgia wave. *Journal of Popular Culture, 11*(2), 414-424.

Evans, T., Whittingham, K., & Boyd, R. (2012). What helps the mother of a preterm infant become securely attached, responsive and well-adjusted? *Infant Behavior and Development, 35*(1), 1-11.

Ettenberger, M., & Ardila, Y. M. B. (2018). Music therapy song writing with mothers of preterm babies in the Neonatal Intensive Care Unit (NICU)-A mixed-methods pilot study. *The Arts in Psychotherapy, 58*, 42-52.

Frith, S. (1981). *Sound Effects: Youth, Leisure, and the Politics of Rock 'n' Roll*. Pantheon.

Gabrielsson, A., & Wik, S. L. (2003). Strong experiences related to music: Adescriptive system. *Musicae scientiae, 7*(2), 157-217.

Gardstrom, S. C. (1999). Music exposure and criminal behavior: Perceptions of juvenileoffenders. *Journal of Music Therapy*, *19*, 207-221.

Garrido, S., & Schubert, E. (2013). Adaptive and maladaptive attraction to negative emotions in music. *Musicae Scientiae, 17*(2), 147-166.

Garrido, S., & Schubert, E. (2015a). Moody melodies: Do they cheer us up? A study of the effect of sad music on mood. *Psychology of Music, 43*(2), 244-261.

Garrido, S., & Schubert, E. (2015b). Music and people with tendencies to depression. *Music Perception: An Interdisciplinary Journal, 32*(4), 313-321.

Gebauer, L., Skewes, J., Westphael, G., Heaton, P., & Vuust, P. (2014). Intact brain processing of musical emotions in autism spectrum disorder, but more cognitive load and arousal in happy vs. sad music. *Frontiers in Neuroscience, 8*, 192.

Gerhardt, K. J., & Abrams, R. M. (2004). Fetal hearing: Implications for the neonate. In M. Nocker-Ribaupierre (Ed.), *Music Therapy for the Premature and Newborn Infants* (pp. 21-32). Barcelona Publishers.

Gondwe, K. W., & Holditch-Davis, D. (2015). Posttraumatic stress symptoms in mothers of preterm infants. *International Journal of Africa Nursing Sciences, 3*, 8-17.

Gonzalez, T., & Grant Hyes, B. (2009). Rap music in school counseling based on Don Elligan's Rap therapy. *Journal of Creativity in Mental Health, 4*, 161-172.

Hargreaves, D., & North, A. C. (1999). The functions of music in everyday life: Redefining the social in music psychology. *Psychology of Music, 27*, 71-83.

Haslbeck, F. B., & Bassler, D. (2018). Music from the very beginning-a neuroscience-based framework for music as therapy for preterm infants and their parents. *Frontiers in Behavioral Neuroscience, 12*, 112.

Heaton, P., Hermelin, B., & Pring, L. (1999). Can children with autistic spectrum disorders perceive affect in music? An experimental investigation. *Psychological Medicine, 29*, 1405-1410.

Hemming, J. (2013). Is there a peak in popular music preference at a certain song-specific age? A replication of Holbrook & Schindler's 1989 study. *Musicae Scientiae, 17*(3), 293-304.

Hodges, D. A. (2019). *Music in the Human Experience: An Introduction to Music Psychology.* Routledge.

Holbrook, M. B., & Schindler, R. M. (1989). Some exploratory findings on the development of musical tastes. *Journal of Consumer Research, 16*(1), 119-124.

Huron, D. (2011). Why is sad music pleasurable? A possible role for prolactin. *Musicae Scientiae, 15*(2), 146-158.

Janata, P. (2009). The neural architecture of music-evoked autobiographical memories. *Cerebral Cortex, 19*(11), 2579-2594.

Johnson, J. D., Jackson, L. A., & Gatto, L. (1995). Violent attitudes and deferred academic aspirations: Deleterious effects of exposure to rap music. *Basic and Applied Social Psychology, 16*, 27-41.

Kanner, L. (1943). Autistic disturbances of affective contact. *Nervous Child, 2*(3), 217-250.

Knott, D., Krater, C., MacLean, J., Robertson, K., Stegenga, K., & Robb, S. L. (2022). Music Therapy for children with oncology & hematological conditions and their families: Advancing the standards of psychosocial care. *Journal of Pediatric Hematology/Oncology Nursing, 39*(1), 49-59.

Kopiez, R., Weigang, J., Platz, F., & Düvel, N. (2021). Farewell to Holbrook & Schindler's (1989). "Song-Specific Age"?-Little Evidence for Lifelong Influence of Age-Specific Musical Preferences. *Music & Science, 4*, 1-20.

Krueger, C. (2010). Exposure to maternal voice in preterm infants: A review. *Advances in Neonatal Care, 10*(1), 13-18.

Loewy, J. (2015). Medical music therapy for children. In B. Wheeler (Ed.), *Music Therapy Handbook* (pp. 425-440). Guilford Press.

Loewy, J., Hallan, C., Friedman, E., & Martinez, C. (2005). Sleep/sedation in children undergoing EEG testing: A comparison of chloral hydrate and music therapy. *Journal of PeriAnesthesia Nursing, 20*(5), 323-331.

Longhi, E., Pickett, N., & Hargreaves, D. J. (2015). Wellbeing and hospitalized children: Can music help? *Psychology of Music, 43*(2), 188-196.

Lordier, L., Meskaldji, D. E., Grouiller, F., Pittet, M. P., Vollenweider, A., Vasung, L., ... & Hüppi, P. S. (2019). Music in premature infants enhances high-level cognitive brain networks. *Proceedings of the National Academy of Sciences, 116*(24), 12103-12108.

Lordier, L., Loukas, S., Grouiller, F., Vollenweider, A., Vasung, L., Meskaldij, D. E., ... & Hüppi, P. S. (2019). Music processing in preterm and full-term newborns: A psychophysiological interaction (PPI) approach in neonatal fMRI. *Neuroimage, 185*, 857-864.

Lynn, R., & Gault, A. (1986). The relation of musical ability to general intelligence and the major primaries. *Research in Education, 36*(1), 59-64.

Lynn, R., Wilson, R. G., & Gault, A. (1989). Simple musical tests as measures of Spearman's g. *Personality and Individual Differences, 10*(1), 25-28.

Martin, G., Clarke, M., & Pearce, C. (1993). Adolescent suicide: Music preference as an indicator of vulnerability. *Journal of the American Academy of Child and Adolescent Psychiatry, 32*, 530-535.

McCrae, R. R., & Costa, P. T., Jr. (2020). *Personality in Adulthood: A Five-Factor Theory Perspective*. Guildford.

Miller, L. K. (1989). *Musical Savant: Exceptional Skill in the Mentally Retarded*. Psychology press.

Miserandiono, M. (2013). 성격심리학[*Personality Psychology*]. 정영숙, 조옥귀, 조현주, 장문선 공역. 시그마프레스. (원서출판, 2012).

Molnar-Szakacs, I., & Heaton, P. (2012). Music: a unique window into the world of autism. *Annals of the New York Academy of Sciences, 1252*(1), 318-324.

Moon, C., Cooper, R. P., & Fifer, W. P. (1993). Two-day-olds prefer their native language. *Infant Behavior and Development, 16*(4), 495-500.

Munawar, K., Kuhn, S. K., & Haque, S. (2018). Understanding the reminiscence bump: A systematic review. *PloS one, 13*(12), e0208595.

Nelson, D. J. (1987). An interpretation of the Piagetian model in light of the theories of Case. *Bulletin of the Council for Research in Music Education*, 23-34.

Nöcker-Ribaupierre, M., & Bradt, J. (2013). Guidelines for music therapy practice in pediatric care. *Guidelines for Music Therapy Practice in Pediatric Care*. Barcelona Publishers, 66-115.

North, A., & Hargreaves, D. (2008). *The Social and Applied Psychology of Music*. Oxford University Press.

North, A. C., Hargreaves, D. J., & O'Neil, S. A. (2000). The importance of music to adolescents. *British Journal of Education Psychology, 70*, 255-272.

Ockelford, A. (2015). The Sounds of Intent project: modelling musical development in children. *Tizard Learning Disability Review, 20*(4), 1-16.

Perani, D., Saccuman, M. C., Scifo, P., Spada, D., Andreolli, G., Rovelli, R., ... & Koelsch, S. (2010). Functional specializations for music processing in the human newborn brain. *Proceedings of the National Academy of Sciences, 107*(10), 4758-4763.

Peretz, I., & Hyde, K. L. (2003). What is specific to music processing? Insights from congenital amusia. *TRENDS in Cognitives Sciences, 7*(8), 362-367.

Phillips, S., & Williams, J. M. G. (1997). Cognitive impairment, depression and the specificity of autobiographical memory in the elderly. *British Journal of Clinical Psychology, 36*(3), 341-347.

Punkanen, M., Eerola, T., & Erkkilä, J. (2011). Biased emotional preferences in depression: Decreased liking of angry and energetic music by depressed patients. *Music and Medicine, 3*(2), 114-120. doi: 10.1177/1943862110395597 10.1177/1943862110395597.

Ramachandran, V. S., & Oberman, L. M. (2006). Bronken mirrors: A theory of autism. *Scientific American, 295*(5), 62-69.

Rentfrow, P. J., & Gosling, S. D. (2003). The do re mi's of everyday life: The structure and personality correlates of music preferences. *Journal of Personality and Social Psychology, 84*(6), 1236.

Rimland, B. (1978). savant capabilities of autistic children and their cognitive implication. In G. Serban (Ed.), *Cognitive Defects in the Development of Mental Illness* (pp. 43-64). Brunner/Mazel.

Roberts, B. W., Walton, K. E., & Viechtbauer, W. (2006). Patterns of mean-level change in personality traits across the life course: a meta-analysis of longitudinal studies. *Psychological Bulletin, 132*(1), 1.

Routledge, C., Wildschut, T., Sedikides, C., & Juhl, J. (2013). Nostalgia as a resource for psychological health and well-being. *Social and Personality Psychology Compass, 7*(11), 808-818.

Ruthsatz, J., & Detterman, D. K. (2003). An extraordinary memory: The case study of a musical prodigy. *Intelligence, 31*(6), 509-518.

Saarkallio, S., & Erkkila, J. (2007). The role of music in adolescents' mood regulation. *Psychology of Music, 35*(1), 88-109.

Saarikallio, S., Gold, C., & McFerran, K. (2015). Development and validation of the Healthy-Unhealthy Music Scale. *Child and Adolescent Mental Health, 20*(4), 210-217.

Salk, L. (1973). The role of the heartbeat in the relations between mother and infant. *Scientific American, 228*(5), 24-29.

Scheel, K. R., & Westefeld, J. S. (1999). Heavy metal music and adolescent suicidality: An empirical investigation. *Adolescence, 34*, 253-273.

Schlaug, G., Norton, A., Overy, K., & Winner, E. (2005). Effects of music training on the child's brain and cognitive development. *Annals of the New York Academy of Sciences, 1060*(1), 219-230.

Sedikides, C., Leunissen, J., & Wildschut, T. (2022). The psychological benefits of music-evoked nostalgia. *Psychology of Music, 50*(6), 2044-2062.

Sedikides, C., Wildschut, T., Arndt, J., & Routledge, C. (2008). Nostalgia: Past, present, and future. *Current Directions in Psychological Science, 17*(5), 304-307.

Selfout, M. H., Delsing, M. J., Ter Bogt, T. F., & Meeus, W. H. (2008). Heavy metal and hip-hop style preferences and externalizing problem behavior: A two-wave longitudinal study. *Youth & Society, 39*(4), 435-452.

Serrano, J. P., Latorre, J. M., Gatz, M., & Montanes, J. (2004). Life review therapy using autobiographical retrieval practice for older adults with depressive symptomatology. *Psychology and Aging, 19*(2), 272-277.

Shoemark, H., & Dearn, T. (2016). Music therapy in the medical care of infants. In J. Edward (Ed.), *The Oxford Handbook of Music therapy* (pp. 24-52). Oxford University Press.

Singer, S. I., Levine, M., & Jou, S. (1993). Heavy metal music preference, delinquent friends, social control, and delinquency. *Journal of Research in Crime and Delinquency, 30*, 317-329.

Standley, J. (2012). Music therapy research in the NICU: an updated meta-analysis. *Neonatal Network, 31*(5), 311-316.

Surana, A., Goyal, Y., & Alluri, V. (2020). Static and dynamic measures of active music listening as indicators of depression risk. arXiv preprint arXiv:2009.13685.

Thomson, C. J., Reece, J. E., & Di Benedetto, M. (2014). The relationship between music-related mood regulation and psychopathology in young people. *Musicae Scientiae, 18*(2), 150-165.

Took, K. J., & Weiss, D. S. (1994). The relationship between heavy metal and rap music on adolescent turmoil: Real or artifact? *Adolescence, 29*, 613-621.

Trainor, L. J., Clark, E. D., Huntley, A., & Adams, B. A. (1997). The acoustic basis of preferences for infant-directed singing. *Infant Behavior and Development, 20*(3), 383-396.

Treffert, D. (2006). **서번트신드롬: 위대한 백치천재들 이야기.** 이양희 역. 홍익출판사.

Trehub, S. E., Unyk, A. M., & Trainor, L. J. (1993). Maternal singing in cross-cultural perspective. *Infant Behavior and Development, 16*(3), 285-295.

Urberg, K. A., Degirmencioglu, S. M., Tolson, J. M., & Halliday-Scher, K. (2000). Adolescent social crowds: Measurement and relationship to friendships. *Journal of Adolescent Research, 15*, 427-445.

Van den Tol, A. J., & Edwards, J. (2015). Listening to sad music in adverse situations: How music selection strategies relate to self-regulatory goals, listening effects, and mood enhancement. *Psychology of Music, 43*(4), 473-494.

Vuoskoski, J. K., & Eerola, T. (2011). The role of mood and personality in the perception of emotions represented by music. *Cortex, 47*(9), 1099-1106.

Wachman, E. M., & Lahav, A. (2011). The effects of noise on preterm infants in the NICU. *Archives of Disease in Childhood-Fetal and Neonatal Edition, 96*(4), F305-F309.

Webb, T. L., Miles, E., & Sheeran, P. (2012). Dealing with feeling: a meta-analysis of the effectiveness of strategies derived from the process model of emotion regulation. *Psychological Bulletin, 138*(4), 775.

Wheeler, B. L. (Ed.). (2015). *Music Therapy Handbook*. Guilford Publications.

Wildschut, T., Sedikides, C., Arndt, J., & Routledge, C. (2006). Nostalgia: content, triggers, functions. *Journal of Personality and Social Psychology, 91*(5), 975.

Yalom, I. D. (1980). *Existential psychotherapy*. Basic Books.

Yalom, I. D. (1985). *The Theory and Practice of Group Psychotherapy* (4th ed.). Basic Books.

Zelkowitz, P., Na, S., Wang, T., Bardin, C., & Papageorgiou, A. (2011). Early maternal anxiety predicts cognitive and behavioural outcomes of VLBW children at 24 months corrected age. *Acta Paediatrica, 100*(5), 700-704.

Zhou, X., Sedikides, C., Wildschut, T., & Gao, D. G. (2008). Counteracting loneliness: On the restorative function of nostalgia. *Psychological Science, 19*(10), 1023-1029.

www.law.go.kr/법령/모자보건법시행령

제4장 음악치료 진단평가와 방법

국립국어원 표준국어대사전. https://stdict.korean.go.kr

American Psychiatric Association, D. S. M. T. F., & American Psychiatric Association, D. S. (2013). *Diagnostic and statistical manual of mental disorders: DSM-5* (Vol. 5, No. 5). American psychiatric association.

Baker, F., & Wigram, T. (2005). *Songwriting: Methods, techniques and clinical applications for music therapy clinicians, educators and students*. Jessica Kingsley Publishers.

Bloom, A. J., & Skutnick-Henley, P. (2005). Facilitating flow experiences among musicians. *The American Music Teacher, 54*(5), 24.

Bruscia, K. (1998). *Defining Music Therapy*. Barocelona Publishers.

Cassity, M., & Cassity, J. E. (2006). *Multimodal Psychiatric Music Therapy for Adults, Adolescents and Children: A Clinical Manual*. Jessica Kingsley Publishers.

Cruz, R. F., & Feder, B. (2015). **예술치료에서의 평가와 연구**. 한국심리치료학회 역. 학지사. (원서출판, 2013).

Fancourt, D., Williamon, A., Carvalho, L. A., Steptoe, A., Dow, R., & Lewis, I. (2016). Singing modulates mood, stress, cortisol, cytokine and neuropeptide activity in cancer patients and carers. *Ecancermedicalscience, 10*, 631.

Ferreri, L., Mas-Herrero, E., Zatorre, R. J., Ripollés, P., Gomez-Andres, A., Alicart, H., ... & Rodriguez-Fornells, A. (2019). Dopamine modulates the reward experiences elicited by music. *Proceedings of the National Academy of Sciences, 116*(9), 3793-3798.

Frohn-Hagmann, I. (2007). Receptive music therapy from the viewpoint of integrative music therapy. In I. Frohn-Hagmann (Ed.), *Receptive Music Therapy: Theory and Practice* (pp. 145-170). Reichert Verlag.

Grape, C., Sandgren, M., Hansson, L. O., Ericson, M., & Theorell, T. (2002). Does singing promote well-being?: An empirical study of professional and amateur singers during a singing lesson. *Integrative Physiological & Behavioral Science, 38*, 65-74.

Hanser, S. (1999). *The New Music Therapist's Handbook*. Berklee Press.

Huron, D. (2011). Why is sad music pleasurable? A possible role for prolactin. *Musicae Scientiae, 15*(2), 146-158.

Jackson-Koku, G. (2016). Beck depression inventory. *Occupational Medicine, 66*(2), 174-175.

Kosfeld, M., Heinrichs, M., Zak, P. J., Fischbacher, U., & Fehr, E. (2005). Oxytocin increases trust in humans. *Nature, 435*(7042), 673-676.

Levitin, D. J. (2009). **호모무지쿠스**. 장호연 역. 마티. (원서출판, 2008).

Mallarmé, S. (1997). **목신의 오후**. 김화영 역. 민음사. (원서출판, 1876).

Scheiby, B. (2015). Analytical music therapy. In B. Wheeler (Ed.), *Music Therapy Handbook* (pp. 206-219). The Guildford Press.

Wigram, T. (2000). A method of music therapy assessment of the diagnosis of autism and communication disorders in children. *Music Therapy Perspectives, 18*(1), 13-22.

Wigram, T., Pedersen, I. N., & Bonde, L. O. (2002). *A Comprehensive Guide to Music Therapy*. Jessica Kingsley Publishers.

www.oxfordlearnersdictionaries.com.

제5장 음악심리치료

권석만(2008). **긍정심리학**. 학지사.

이소리, 강경선(2014). 음악치료를 경험한 사회복귀시설 이용자의 일상에서 음악의 전략적 사용에 관한 근거이론연구. **재활심리연구**, 21(1), 57-75.

조두영(1999). 음악(音樂)과 정신분석(精神分析). **정신분석**, 10(1), 64-94.

Bakker, A. B. (2005). Flow among music teachers and their students: The crossover of peak experiences. *Journal of Vocational Behavior, 66*(1), 26-44.

Croom, A. M. (2015). Music practice and participation for psychological well-being: A review of how music influences positive emotion, engagement, relationships, meaning, and accomplishment. *Musicae Scientiae, 19*(1), 44-64.

Curtis, R. (2016). The use of imagery in psychoanalysis and psychotherapy. *Psychoanalytic Inquiry, 36*(8), 593-602.

Eschen, J. T. (2002). *Analytical Music Therapy*. Jessica Kingsley Publishers.

Feather, B. W., & Rhoads, J. M. (1972). Psychodynamic behavior therapy: II. Clinical aspects. *Archives of General Psychiatry, 26*(6), 503-511.

Fredrickson, B. L. (2004). The broaden-and-build theory of positive emotions. *Philosophical transactions of the royal society of London. Series B: Biological Sciences, 359*(1449), 1367-1377.

Fredrickson, B. L., & Levenson, R. W. (1998). Positive emotions speed recovery from the cardiovascular sequelae of negative emotions. *Cognition and Emotion, 12*, 191-220.

Gabrielsson, A., & Wik, S. L. (2003). Strong experiences related to music: Adescriptive system. *Musicae scientiae, 7*(2), 157-217.

Hunter, D. (1983). Hysteria, psychoanalysis, and feminism: The case of Anna O. *Feminist Studies, 9*(3), 465-488.

Jones, D. J. (2005). A comparison of songwriting and lyric analysis techniques to evoke emotional change in a single session with people who are chemically dependent. *Journal of Music Therapy 42*(2), 94-110.

Jones, E. (1953). *The life and work of Sigmund Freud*. Basic Books.

Maslow, A. (1968). *Toward a Psychology of Being*. Von Nostrand.

Maultsby, M. (1977). Combining music therapy and rational behavior therapy. *Journal of Music Therapy, 14*(1), 89-97.

Spiegel, D., & Moore, R. (1997). Imagery and hypnosis in the treatment of cancer patients. *Oncology-Huntington, 11*(8), 1179-1188.

Watson, J. B., & Rayner, R. (1920). Conditioned emotional reactions. *Journal of Experimental Psychology, 3*(1), 1-14.

Wheeler, B. (1983). A psychotherapeutic classification of music therapy practice: A continuum of procedures. *Music Therapy Perspectives, 1*(2), 8-12.

Wheeler, B. (1987). Level of therapy: The classification of music therapy goals. *Music Therapy, 6*(2), 39-49.

제6장 음악치료 모델 소개

Aigen, K. (2014). Music-centered dimensions of Nordoff-Robbins music therapy. *Music Therapy*

Perspectives, 32(1), 18-29.

Austin, D. (2008). *The Theory and Practice of Vocal Psychotherapy*. Jessical Kingsley Publishers.

Austin, D. (2016). Vocal psychotherapy. In J. Edward (Ed.), *The Oxford Handbook of Music Therapy* (pp. 622-638). Oxford University Press.

Bonny, H. L. (1980). *GIM therapy: Past, Present and Future Implications.* ICM Books.

Bonny, H. L. (1999). Music and consciousness. *Nordic Journal of Music Therapy, 8*(2), 171-179.

Borchgrevink, H. M. (1980). Cerebral lateralization of speech and singing after intracarotid amytal injection. *Aphasia: Assessment and treatment,* 186-191.

Bruscia, K. E. (1987). *Improvisational Models of Music Therapy*. Charles C Thomas, Publisher.

Bruscia, K. E. (2002). A psychodynamic orientation ot the Bonny method. In K. E. Brusica & D. E. Grocke (Eds.), *Guided Imagery and Music: The Bonny Method and Beyond* (pp. 225-244). Barcelona Publishers.

Clark, M. F. (2002). Evolution of the Bonny method of guided imagery and music (BMGIM). In K. E. Brusica & D. E. Grocke (Eds.), *Guided Imagery and Music: The Bonny Method and Beyond* (pp. 5-27). Barcelona Publishers.

Cohen, N. S. (2017). *Advanced Methods of Music Therapy Practice: Analytical Music Therapy, the Bonny Method of Guided Imagery and Music, Nordoff-Robbins Music Therapy, and Vocal Psychotherapy.* Jessica Kingsley Publishers.

Collins English Dictionary. (1995). HarperCollins.

Eschen, J. T. (2002). *Analytical Music Therapy.* Jessica Kingsley Publishers.

Gabrielsson, A., & Wik, S. L. (2003). Strong experiences related to music: A descriptive system. *Musicae Scientiae, 7*(2), 157-217.

McGuire, W., & Hull, R. F. C. (Eds.). (1977). *C. G. Jung Speaking*. Princeton University Press.

Schäfer, T., Smukalla, M., & Oelker, S. A. (2014). How music changes our lives: A qualitative study of the long-term effects of intense musical experiences. *Psychology of Music, 42*(4), 525-544.

Scheiby, B. B. (2015). Analytic music therapy. In B. L. Wheeler (Ed.), *Music Therapy Handbook* (pp. 206-219). Guilford Publications.

Utay, J., & Miller, M. (2006). Guided Imagery as an Effective Therapeutic Technique: A Brief Review of its History and Efficacy Research. *Journal of Instructional Psychology, 33*(1), 40-43.

Wigram, T., Pedersen, I. N., & Bonde, L. O. (2002). A comprehensive guide to music therapy: Theory. *Clinical Practice, Research and Training*. Jessica Kingsley Publishers.

찾아보기

인명

내용

저자 소개

강경선(Kang, Kyung Sun)

독일 뮌스터 대학교 음악치료 박사

미국 뉴욕 대학교 음악치료 석사

경희대학교 작곡 학사

현) 성신여자대학교 일반대학원 음악치료학과 교수

한국음악치료 교수회 회장

한국발달장애학회 이사

한국예술심리치료학회 부회장

K-MOOC 선정 블루리본 강좌(우수강좌) 〈음악은 왜 치료적인가〉 온라인 강좌 강의자

음악은 어떻게 치료적인가
감정, 인지, 신경과학적 기반에서 음악치료 이해를 위한 입문
How Is Music Therapeutic?
An Introduction to the Emotional, Cognitive and Neuroscientific Foundation of Music Therapy

2025년 8월 20일 1판 1쇄 인쇄
2025년 8월 30일 1판 1쇄 발행

지은이 • 강경선
펴낸이 • 김진환
펴낸곳 • ㈜학지사
04031 서울특별시 마포구 양화로 15길 20 마인드월드빌딩
대표전화 • 02-330-5114 팩스 • 02-324-2345
등록번호 • 제313-2006-000265호

홈페이지 • http://www.hakjisa.co.kr
인스타그램 • https://www.instagram.com/hakjisabook

ISBN 978-89-997-3479-3 93180

정가 25,000원